中国农业银行统计年鉴

AGRICULTURAL BANK OF CHINA STATISTICAL YEARBOOK

(1979—2008)

主编　项俊波

责任编辑：黄海清
责任校对：李俊英
责任印制：裴　刚

图书在版编目（CIP）数据

中国农业银行统计年鉴.1979—2008（Zhongguo Nongye Yinhang Tongji Nianjian）/项俊波主编.—北京：中国金融出版社，2009.10
ISBN 978-7-5049-5205-9

Ⅰ.中…　Ⅱ.项…　Ⅲ.农业银行—统计资料—中国—1979~2008—年鉴
Ⅳ.F832.33-54

中国版本图书馆 CIP 数据核字（2009）第 148398 号

出版
发行　中国金融出版社
社址　北京市丰台区益泽路 2 号
市场开发部　(010)63272190，66070804（传真）
网上书店　http://www.chinafph.com
(010)63286832，63365686（传真）
读者服务部　(010)66070833，82672183
邮编　100071
经销　新华书店
印刷　天津银博印刷有限公司
尺寸　185 毫米×260 毫米
印张　45.25
字数　1240 千
版次　2009 年 10 月第 1 版
印次　2009 年 10 月第 1 次印刷
定价　166.00 元
ISBN 978-7-5049-5205-9/F.4765
如出现印装错误本社负责调换　联系电话（010）63263947

中国农业银行统计年鉴

AGRICULTURAL BANK OF CHINA STATISTICAL YEARBOOK

（1979—2008）

主　　编　项俊波

副 主 编　张　云

编　　委　（以姓氏笔画为序）

于　进　马泽君　王　纬　孙　龙
李振江　余　明　周万阜　韩　明
霍岳军

编　　写

孙颗红　温　琤　赵成晖　李燕甦
马建刚　杨新建　余　姬　李晓君
于　非　张优优　马利霞　张世明
张小菊

核　　稿

肖悦刚　吕忠伟　王鲁兵　胡　庆
黄　静　李　莉　刘　冬

序

岁月荏苒，中国的改革开放已经走过了三十年。伴随着改革开放的纵深推进，农业银行秉承“大行德广　伴您成长”的服务理念，产品创新层出不穷，客户群体日趋丰富，内部控制不断加强，管理水平持续提高，已经成长为一家实力雄厚、网点最多、网络最广、服务优质、信誉良好的大型商业银行。

统计工作是农业银行的基础性工作。三十年来，统计工作紧紧围绕管理决策以及外部监管的要求，不断创新制度体系，改进统计方法，优化统计手段，提升统计效率，为科学决策提供了大量翔实的统计信息，积累了丰富的统计资料。

2009 年 1 月 15 日，中国农业银行股份有限公司正式成立，实现了从国有独资商业银行向股份制商业银行的转变。站在新的历史起点，从宏观经济金融全局出发，总结、审视农业银行三十年来的发展历程，对于股份制改革后的中国农业银行有着十分重要的意义。为此，我们对农业银行恢复成立三十年来的统计资料进行整理、挖掘，同时收集整理有关国民经济、宏观金融的统计数据，编辑形成了《中国农业银行统计年鉴（1979—2008）》。

《中国农业银行统计年鉴（1979—2008）》包括改革发展综述、业务经营概况、“三农”金融服务、贷款累计发放收回、金融市场份额、金融运行概览与国民经济态势等七部分内容，以文字、图表和数据等多种方式，全面、连续地记录了农业银行三十年来的改革发展历程，并对近年来农业银行实施县域蓝海战略、践行服务“三农”职责所取得的成果进行了总结。该年鉴尤其突出了主要经营指标的时间序列分析和区域比较分析，为深入研究农业银行的历史与未来提供了一个专业、系统的数据平台。

金融市场竞争日益激烈，波动加剧，数据信息在经营管理中的作用更加突出，已经成为商业核心竞争能力的重要组成部分。希望农业银行全体员工高度重视数据信息的沟通、共享和应用，深入把握现代商业银行经营管理的实质和科学内涵，为全面实现农业银行“3510”发展战略而努力奋斗！

项俊波

二〇〇九年五月

编者说明

一、《中国农业银行统计年鉴（1979—2008）》系统收录了中国农业银行境内合计及各分行1979年至2008年主要业务经营数据，同时摘录了有关国民经济、金融运行等数据。

二、本年鉴正文分为改革发展综述、业务经营概况、“三农”金融服务、贷款累计发放收回、金融市场份额、金融运行概览、国民经济态势等七部分。同时，为方便读者使用，对部分统计指标的含义、统计方法以及历史变动情况予以简要说明。

三、本年鉴第六部分金融运行概览数据选编自《中国金融统计（1949—2005）》，全国性数据未包括香港特别行政区、澳门特别行政区和台湾省数据。

四、本年鉴第七部分国民经济态势主要依据历年《中国统计年鉴》加工整理形成，全国性数据未包括香港特别行政区、澳门特别行政区和台湾省数据。

五、本年鉴未对因单位取舍不同而产生的数据误差进行调整。

六、本年鉴中业务经营概况、“三农”金融服务、贷款累计发放收回等数据均为未审计数据；境内合计数据未包括中国农业银行香港分行、新加坡分行以及子公司数据；统计指标口径执行中国人民银行金融统计制度、中国银行业监督管理委员会非现场监管报表制度的有关规定。

目　录

第一部分　改革发展综述

第二部分　业务经营概况

第三部分　“三农”金融服务

第四部分　贷款累计发放收回

第五部分　金融市场份额

第六部分 金融运行概览

第七部分 国民经济态势

第一部分

改革发展综述

三十年跌宕起伏，而今迈步从头越

——中国农业银行近三十年改革发展综述

一元复始，万象更新。

2009年年初，伴随着改革开放三十周年的东风，中国农业银行顺利完成重组改制，终于“化蛹成蝶”——2009年1月15日，中国农业银行股份有限公司正式成立。这不仅标志着农业银行股份制改革取得了阶段性的重大成功，也标志着国有独资商业银行股份制改革的圆满“收官”。

三十年风雨兼程，我们一起走过。回顾历史，农业银行与共和国的发展始终紧密相连。三十年，中国的经济日新月异；三十年，农业银行的发展波澜壮阔。伴随着改革开放的伟大实践，农业银行始终坚持为农服务的基本方向，不断加强和改善农村金融服务，不断拓展业务领域，在服务农村、服务经济社会发展方面作出了重要贡献。与此同时，农业银行自身也实现了长足发展，成为我国金融体系的重要力量，在农村金融体系中发挥着骨干和支柱的作用。

三十年跌宕起伏，现今仍任重道远。股改不是终点，而是农业银行新的历史起点。“雄关漫道真如铁，而今迈步从头越”，我们坚信，在党中央、国务院的正确领导下，有社会各界的大力支持，满怀豪情的四十五万农行人一定能够实现“3510”的战略目标，把农业银行建设成为一家面向“三农”、城乡联动、融入国际、综合经营、致力于为最广大客户群体提供优质金融服务的现代化商业银行，谱写改革发展的新篇章！

历　史　篇

浪起潮涌三十年，沧海桑田几变迁。中国农业银行的发展，是一个曲折而又辉煌的历程，从一家国有专业银行转变为国有商业银行，历经了“四起三落”的变革。农业银行的起起落落，从一个侧面记录了共和国的沧桑，特别是改革开放以来的发展壮大，一直紧扣共和国的脉搏，与我国经济社会的发展息息相关。

——第一次建立与撤销（1951—1952年）

1951年7月，农业合作银行正式成立。作为人民银行领导下的专业银行之一，农业合作银行承担农业拨款和贷款工作，组织领导农村金融工作以及信用合作社工作。

农业合作银行建立后，没有建立分支机构。在当时的形势下，农业合作银行按照党和国家的方针政策，为促进农村经济和互助合作运动的发展积极开展工作。1952年7月，由于人民银行总行精简机构，农业合作银行被撤销，农村金融工作归由人民银行统一领导。

由于农业合作银行与以后建立的农业银行在性质、任务等方面基本相同，金融界和专家学者把农业合作银行与后来的农业银行都视为农业银行。

——第二次建立与撤销（1955—1957年）

1955年3月，为了适应我国农业生产发展的需要，支持农业合作化运动，打击农村高利贷活动，国务院批准建立中国农业银行。中国农业银行成为中国人民银行的一个直辖行，管理农村银行业务。

农业银行第二次成立后，积极开展农村金融业务，建立了一系列贷款管理制度，组织办理了贫农合作基金贷款、极贫户贷款以及农田水利、国营农业、牧业贷款，为支持农业生产发展，促进农业合作化，打击农村高利贷发挥了重要作用。同时，农业银行组织开展了整顿农村信用社的工作，指导农村信用合作事业健康发展，在帮助农业生产合作社搞好财务会计工作、改进财务管理、健全财务会计制度方面也做了大量卓有成效的工作。

在逐渐发展壮大的过程中，由于人民银行和农业银行业务并存等原因，1957 年 4 月，国务院发出了《关于撤销中国农业银行的通知》，决定将农业银行的各级机构与人民银行合并。农业银行再次被撤销。

——第三次建立与撤销（1963—1965 年）

为了集中管理和有效使用国家农业资金，在周恩来总理的建议下，中国农业银行于 1963 年 11 月在北京正式成立，成为国务院的直属机构。

中国农业银行第三次成立后，统一管理支农资金，建立贫下中农无息专项贷款，对农贷资金实行基金制，接办投资拨款监督工作，全面清理 1961 年以前的农业贷款，接办社队会计辅导工作和整顿信用社、打击高利贷，对促进农业生产的发展发挥了积极作用。

为避免人民银行与农业银行在农村基层机构的重复设置和多头领导的问题，1965 年 11 月，中共中央发出《中央关于中国农业银行同中国人民银行合并问题的批示》，批准农业银行与人民银行合并。农业银行第三次被撤销。

——第四次建立与发展（1979 年至今）

1978 年 12 月，党中央在十一届三中全会上原则通过《中共中央关于加快农业发展若干问题的决定（草案）》，明确提出“恢复中国农业银行，大力发展农村信贷事业。”1979 年 2 月，中国农业银行恢复成立。从此，农业银行进入了一个崭新的发展时期。

（一）专业银行时期的发展（1979—1993 年）

在这一时期，按照国务院确定的“统一管理支农资金，集中办理农村信贷，领导农村信用合作社，发展农村金融事业”职责定位，农业银行作为国家设立的专门为支农服务的专业银行，把“三农”作为基本服务对象，在支持联产承包责任制推行、农林牧副渔业全面发展、农副产品收购、贫困地区脱贫等方面做了大量的工作。农业银行建立了完整的“三农”金融服务和管理体系，大力布设县乡网点，推行所（营业所）社（信用社）联合，成为当时农村市场覆盖面最广的银行。通过十多年的专业化经营，农村金融市场形成了由农业银行统一管理、农业银行和农信社分工协作的二元化农村金融服务体制，农业银行也成长为全面办理农村各种金融业务的综合性专业银行。

（二）国有独资商业银行时期的发展（1994—2006 年）

1993 年 12 月，国务院颁布了《关于金融体制改革的决定》，决定组建三家政策性银行，将政策性金融和商业性金融分离，解决国有专业银行身兼二职的问题，实现国有专业银行向国有商业银行的转变。自 1994 年起，随着中国农业发展银行的成立，中国农业银行迈开了向国有商业银行转变的步伐。随后，中国农业银行经历了机构分设、行社脱钩和资产剥离等一系列重大金融体制的改革。

1994 年 4 月，中国农业发展银行组建后，中国农业银行向中国农业发展银行划转了政策性业务。随后，中国农业银行又向农业发展银行划转了部分人员和财产。

1996 年 8 月，国务院颁布了《关于农村金融体制改革的决定》，决定将农村信用社与中国农业银行脱离行政隶属关系，其业务管理和金融监管分别由农村信用社联社和中国人民银行承担。各级农业银行开展农业银行与农信社之间人、财、物和资金的界定与划转工作。1996 年年底左右，农村信用社以省为单位先后宣布与农业银行脱离行政隶属关系。

1999 年 10 月，中国长城资产管理公司成立，主要负责收购、管理、处置从农业银行剥离的不良资产，这对于历史包袱沉重的农业银行实现向商业银行的转变是一次难得的历史机遇。农业银行成立了相应的组织机构，全力做好剥离不良资产工作，于 2000 年 7 月剥离 3458 亿元不良资产。

在农业发展银行分设、信用社脱钩、不良资产剥离等重大变革的过程中，农业银行确立了“巩固乡镇、拓展城市”的发展战略，坚持城乡并举的办行方针，积极向国有商业银行转变。一方面，按照商业化原则，转变服务“三农”的指导思想和经营方式，寻找“三农”业务的经济增长点；另一方面，明确了加快推进城市金融业务的发展方向，充分发挥城市业务对“三农”业务的支持和促进作用，形成了农业银行独特的城乡二元结构，在农村金融体系中发挥了骨干和支柱作用。

（三）股份制改革之路（2007 年至今）

2007 年，全国金融工作会议确定了中国农业银行“面向‘三农’、整体改制、商业运作、择机上市”的改革原则，这标志着农业银行进入了建设股份制现代化商业银行的新时期。

农业银行新一届党委按照市场定位和要求，厘清面向“三农”和商业运作的关系，创建了县域事业部制管理模式，努力开拓“三农”和县域蓝海市场。

2008 年 10 月 21 日，国务院批准了《农业银行股份制改革实施总体方案》，农业银行股改进入实质性操作阶段。

2008 年 11 月 6 日，中央汇金公司与农业银行举行了外汇注资仪式，双方签订了《中央汇金投资有限责任公司向中国农业银行注资确认书》，完成了注资工作。

2009 年 1 月 9 日，中国农业银行股份有限公司创立大会召开。创立大会审议通过了《中国农业银行股份有限公司章程（草案）》及董事会、监事会组成人员等有关议案。会后，中国农业银行股份有限公司第一届董事会第一次会议和第一届监事会第一次会议召开。

2009 年 1 月 15 日，中国农业银行股份有限公司完成工商注册登记，依法成立。

2009 年 1 月 16 日，中国农业银行股份有限公司成立大会在京召开，中国农业银行股份有限公司正式挂牌。

股　改　篇

2007 年年初召开的全国金融工作会议，确定了农业银行股改“面向‘三农’、整体改制、商业运作、择机上市”的十六字原则，指明了农业银行股份制改革的大方向，农业银行股改大幕正式拉开。

——收官之作，农业银行股改意义深远

农业银行的股份制改革，是国有独资商业银行股份制改革的收官之作，无论是对我国金融体系改革的深化，还是对农业银行自身的发展都具有重要意义。

（一）农业银行股份制改革关系到国有独资商业银行股份制改革的全局和成败。国有独资商

业银行在我国金融体系中占有十分重要的地位，事关国家金融安全。作为国有独资商业银行股改收官之战，农业银行的改革成功与否事关国内外对中国国有商业银行改革的最终评价。

（二）股份制改革有利于增强农业银行服务“三农”的能力。推进社会主义新农村建设的核心是要解决好“三农”问题，实现农业发展、农村繁荣和农民增收，离不开金融支持。农业银行多年来在服务农村、服务经济社会发展中作出了重要贡献。通过股份制改革，农业银行将制定和深入落实面向“三农”的发展战略，积极探索大型商业银行服务“三农”的有效途径，不断提高“三农”服务能力和水平，更好地为社会主义新农村建设提供金融支持。

（三）股份制改革有利于提高农业银行自身竞争力。由于历史分工、政策性贷款以及自身管理不善等原因，农业银行存在点多面广、战线长、历史包袱重、经营效率较低等问题。通过改革，在国家的政策支持下化解沉重的历史包袱，充实资本金，将夯实农业银行的财务基础，各项核心指标将达到监管要求和先进银行的平均水平。从此，农业银行将和同业站在同一平台上竞争，市场形象也将随之大幅提升。

更为关键的是，股份制改革将推动农业银行的产权结构、公司治理、经营机制、管理方式和企业文化发生彻底转变，有利于建立现代商业银行的根本内核，使农业银行早日实现建成国际一流现代化全能型商业银行的奋斗目标。

——三条主线，农业银行股改方向明确

2008 年 10 月，国务院审议并原则通过了农业银行股份制改革实施总体方案，确定了农业银行股份制改革的总体目标，即“按照现代商业银行的要求，以建立健全现代公司治理制度为核心，以服务‘三农’为方向，积极稳妥地推进各项改革，转换经营机制，努力成为资本充足、治理规范、内控严密、运营安全、服务优质、效益良好、创新能力和国际竞争力强的现代化商业银行”。

根据国家确定的股改目标，农业银行提出在股改工作中必须牢牢抓住三条主线：一是以建立健全现代金融企业制度为改革的出发点与落脚点，把农业银行办成真正的现代化商业银行。二是全面落实面向“三农”的市场定位与责任，切实发挥在农村金融体系中的骨干与支柱作用。三是依托改革带来的良好财务基础和机制创新优势，以改革促发展，确保“3510”奋斗目标的顺利实现。

——四项工作，农业银行股改稳步推进

农业银行的股份制改革横跨国有商业银行和农村金融两个领域，涉及面广，复杂性大，难度较高。农业银行动员全行力量，以财务重组、整体改制、服务“三农”和完善公司治理四项工作为重点，稳步推进股改进程。

一是财务重组。财务重组是股份制改革的前提，主要包括注资、剥离不良资产等内容。

2007 年 3 月以来，农业银行在全行部署安排不良资产处置准备工作。经过一年多的努力，基本完成了不良资产摸底清查、尽职调查、档案资料整理和不良资产责任人认定、追究等工作。2008 年 11 月 21 日，经财政部批准，农业银行按 2007 年年底账面数剥离处置不良资产 8156. 95 亿元，其中可疑类贷款 2173. 23 亿元、损失类贷款 5494. 45 亿元、非信贷资产 489. 27 亿元。不良资产剥离后，由财政部委托农业银行成立专门的资产处置机构对所剥离的不良资产进行清收管理。

2008 年 10 月 29 日，中央汇金投资有限责任公司向农业银行注入 1300 亿元人民币等值的外汇资产，同时财政部保留在原中国农业银行的权益 1300 亿元人民币作为投入的资本金，汇金公

司和财政部各拥有农业银行50%的权益。

经过财务重组，农业银行的资产质量和盈利能力大幅改善，资本实力和财务基础得以显著增强。

二是整体改制。财务重组后，农业银行积极筹备股份公司设立事项，完成了资产确权和评估、外部审计、公司治理架构搭建以及按照法律程序进行的一系列股份公司设立报批等工作。2009年1月9日，农业银行召开中国农业银行股份有限公司创立大会暨第一次股东大会，选举产生了第一届董事会和监事会，聘任了高级管理人员。1月15日，农业银行完成工商变更登记手续，并更名为“中国农业银行股份有限公司”。1月16日，在北京召开了中国农业银行股份有限公司成立大会。农业银行股份有限公司由原中国农业银行整体改制设立，完整承继了原农业银行的资产、负债和所有业务。股份公司的成立，是中国农业银行发展历史上的里程碑，也是中国银行业发展过程中的重要事件，标志着国有商业银行股份制改革收官之战取得阶段性成果。

三是服务“三农”。服务“三农”是农业银行改革与发展的重要方向，坚持面向“三农”的市场定位，是农业银行股改最显著的特征。为做好新时期大型银行服务“三农”的工作，农业银行确立了“三农”和县域蓝海市场发展战略，制定了“三农”业务中长期发展规划，出台了服务“三农”总体实施方案，明确了服务“三农”的目标、领域、措施和步骤。2007年，农业银行选择具有代表性的吉林、安徽、福建、湖南、广西、四川、甘肃、重庆等8家省（市、区）分行，开展面向“三农”金融服务试点，积极探索服务“三农”的新思路和新办法；选择浙江、福建、山东、广西、四川、甘肃等6家省（区）分行，按照“条线管理、单元经营、重心下沉、单独核算、正向激励、有效约束”的运作模式，开展“三农”金融事业部改革试点，探索服务“三农”的组织与机制保障。在试点工作的同时，农业银行还积极探索“三农”服务产品创新，大力推广“惠农卡”和小额贷款等工作。截至2008年12月31日，农业银行涉农贷款余额达到9330亿元，约占全行贷款余额的30%，扣除剥离因素，比年初增加1351亿元；发行惠农卡810万张，小额贷款发放余额46.6亿元，惠及农户29.2万户，初步探索出了一条大型银行商业化支农的新路子。

四是公司治理机制建设。国有银行实施股份制改革，关键是加快体制转变，强化经营管理，建立现代商业银行的公司治理机制。在农业银行制定的“3510”战略发展规划中，对公司治理建设提出了明确的目标，要求5年内基本建立适应专业化、集团化和国际化发展潮流的公司治理结构，10年内公司治理能力达到国际一流大型商业银行水平。据此，农业银行在借鉴国内外同业先进经验的基础上，在法人治理、组织架构、运作流程、风险管理与内部控制、财务会计、信息披露、人力资源、绩效评价、信息化建设、企业文化等方面，出台了进一步完善公司治理的实施方案，加快推进重点领域的内部改革，促进体制机制和管理方式与现代商业银行的要求逐步接轨。

“长风破浪会有时，直挂云帆济沧海。”经过一系列改革创新，农业银行在体制、机制、职能和定位等方面，都发生了巨大而深刻的变革，开启了发展的崭新篇章，正大步朝着建设现代一流商业银行的目标迈进。

发展篇

中国农业银行具有最广泛的客户基础、庞大的物理分销渠道和电子网络。截至2008年年末，农业银行在岗员工44.1万人；在境内设有32家一级分行、5家直属分行，经银行监管部门批准并经工商行政管理部门登记注册的机构总数为2.4万家；在新加坡、中国香港设有分行，在伦敦、东京、纽约设有代表处；拥有先进的计算机系统和技术平台，具有雄厚的资金实力。连续多年入选英国《银行家》世界1000家大银行及美国《财富》全球企业500强。2008年，在《财富》杂志全球500强排名中，中国农业银行位列第223位；穆迪信用评级为A1/稳定。

一路风雨沧桑，一路历程辉煌。

多年来，中国农业银行坚持以服务最广大客户为己任，致力于为客户提供优质、高效、便捷的金融服务，在稳健经营、有效发展的同时，积极承担社会责任，为金融支持国民经济持续发展和社会进步作出了积极贡献，自身综合实力持续增强，经营效益显著提高。截至2008年年末，农业银行资产总额达7.01万亿元人民币，各项存款、各项贷款总额分别达到6.10万亿元和3.10万亿元；全行实现净利润515亿元。

——心系民生，强化专业金融支持

多年来，农业银行心系国计民生，将自身业务发展与国家、社会发展及人民生活改善紧密结合，认真贯彻执行国家宏观经济政策，不断优化资源配置，调整投放重点，积极推行“绿色信贷”，加大对交通（公路、铁路、航空）、清洁能源、石油、电信等基础设施和关系国计民生的重点行业的信贷投放，严格控制对钢铁、水泥等“两高一剩”行业劣质客户贷款。

近年来，农业银行在与国家部委、中央企业、行业龙头客户合作和境内外联动营销等方面取得一系列重大进展：

——与铁道部签订5000亿元战略合作协议，对一批国家重点铁路项目提供信贷支持；

——在与交通运输部签订《“十一五”期间全面合作框架协议》的基础上，组建了交通运输部客户服务团队，湖北、湖南等有关分行与当地交通厅的合作也进入实质性运作阶段；

——响应中央扩大内需的号召，进一步深化与重点省、市政府的战略合作伙伴关系，与江苏省政府、广东省政府、浙江省政府、山东省政府、石家庄市政府、唐山市政府等签署了战略合作协议，还与上述各省、市的大型重点企业签订了相关合作协议，协议金额达8070亿元人民币，主要用于支持上述区域“三农”、机场建设、沿海开发、现代制造业、高新技术、高速公路和铁路等重点项目建设；

——与招商局集团、海航集团、诚通集团、兵工集团、来宝集团、麦当劳（中国）有限公司、宝姿集团、南方电网、华能集团、国家开发投资集团、华润集团、大唐集团、长江三峡总公司、首钢、鞍钢、武钢、宝钢、中铝集团、海螺集团、中石化、中海油、中石油、中化集团、巴斯夫（中国）、中国电信、中国联通、中国网通、中国移动等数十家境内外大型集团的业务合作全面推进。

自2001年国家实施西部大开发战略以来，农业银行在西部12个省（市、区）的13家分行，累计投放的各项贷款占到农业银行同期各项贷款累放额的15%左右，为推动西部大开发战略的深入实施作出积极贡献。

在此基础上，依托客户、信贷、营销网络三大资源优势，农业银行投资银行业务实现跨越式发展。2008年，投行业务收入24.2亿元人民币，同比增长近6倍，在中间业务收入中的占比同比增长7个百分点，成为全行增长最快的中间业务品种，投行业务收入已成为全行中间业务收入的重要支柱。

——夯实基础，全面推进零售业务转型

近年来，农业银行不断强化基础建设，实施精细管理，加快经营转型，增强创新能力，全面推进个人业务持续、有效发展，储蓄存款、个人贷款、基金、理财等核心业务的竞争力进一步提

升。截至2008年年末，农业银行人民币储蓄存款余额3.74万亿元，在四大行中占比29.03%，排名第二位。积极创新个贷业务发展模式，探索个贷专业化、集约化和规模化经营，完成了个人贷款自助循环功能的系统开发，处于同业领先地位。推出了“金钥匙基金宝”基金定期定投业务及自主品牌的实物黄金业务，“金钥匙”品牌的市场知名度不断提升。

同时，农业银行充分发挥自身网点、网络和城乡联动优势，大力发展银行卡业务。进一步优化产品结构，努力改善用卡环境，提高运行质量，银行卡业务规模、效益明显提高。截至2008年年末，农业银行贷记卡发卡总量达927万张，特约商户总数15.2万户，自有POS机近13.88万台，ATM机具总数3万台；银行卡业务实现总收入128.23亿元。发卡总量、消费额、卡存款、ATM机具总数、银行卡收入五项指标均居同业第一位；银行卡交易笔数和交易金额居同业第二位。

——融入国际，为客户提供全球化金融服务

在经济全球化和金融创新的浪潮中，农业银行依托强大的本币业务优势，积极推进境内外联动和本外币一体化经营，大力开展外资贷款、外汇存汇兑、国际结算、结售汇、外汇信贷、外汇担保等业务，为客户提供全方位的金融服务。如今，外汇业务已成为农业银行的战略性主体业务。截至2008年年末，农业银行境内外币总资产比1998年年末增长近8倍，外币各项存款、各项贷款分别增长98%和26%。自2003年起，国际结算、结售汇连续四年居同业第三位，边贸结算业务长期居同业第一位。2007年外汇账面利润比1998年翻了一番，中间业务收入实现了40%以上的快速增长，盈利能力显著增强。外汇产品数量大大增加，形成了金钥匙、金光道、金穗卡、金e顺“四金”产品体系下的15大类180余种外汇产品。农业银行与105个国家和地区的1194家银行建立了代理行合作关系，合作内容从传统的国际结算、外汇清算与外汇交易扩展到同业存款、贸易融资、人民币拆借、QFII托管、出口信贷和客户互委等各个领域，为客户提供全球金融服务和整体解决方案。

——科技创新，为业务经营插上现代化翅膀

农业银行信息化建设从1983年起步，经历了从单一业务品种到综合业务服务、从单机处理到全国数据大集中的巨大变革，科技工作硕果累累，管理水平不断提高。特别是近十年，农业银行信息化建设实现了质的飞跃，信息系统基础设施初具规模，系统网络基础架构不断完善，金融产品创新成果丰硕，信息安全保障能力明显提高。研发推广了以“三类应用”、“五大技术平台”为重点的管理信息系统，为协同办公、流程管理、分析决策与营销等提供了必要的技术支持，在加强风险控制、强化内部管理、规范工作流程、提高工作效率、辅助市场营销、提升决策水平等方面发挥了积极作用。一个以农业银行全国数据中心为核心，以36个省域前置系统为节点，以全国农业银行2万多个城乡营业网点为支撑，集中连接全国农业银行17万余名柜员、3万多台自助设备、25万余台POS的全国集中式计算机网络系统已经形成，为农业银行的业务发展和经营管理提供了强大的科技支撑。

如今，农业银行投入一个新产品，第二天就可推至全辖2万多个营业网点、17多万名柜员，集中处理的全行核心业务日均交易量达5728余万笔，50毫秒内就可处理完成一笔交易，网上银行日均交易量达到400余万笔……农业银行的信息化建设走出了一条自主创新之路，为全行业务经营和改革发展架起了一条信息高速路。农业银行连续五年名列“中国企业信息化500强”前10名。

支 农 篇

民惟邦本，本固邦宁。我国有9亿农村人口，建设社会主义新农村，帮助农民脱贫致富奔小康，是构建和谐社会最重要的环节。长期以来，农业银行认真贯彻执行党中央、国务院“三农”方针政策，深入研究农业农村经济结构战略性调整趋势，在推进商业化改革的同时，坚持服务“三农”，积极发挥县域商业金融主渠道作用和联结城乡的桥梁、纽带作用，逐步形成了商业性金融支农的独特优势，为“三农”发展作出了重要贡献。

目前，农业银行44%的网点、51%的人员分布在县域。2008年年末，农业银行累计发放涉农贷款7667亿元，占全行各项贷款累放额的26%；涉农贷款余额9294亿元，占全行各项贷款总额的30%；涉农贷款比年初增加1650亿元，占全行贷款增量的45%。农业银行在农村金融中的骨干和支柱作用日益明显。

——勇于创新，试点工作呈亮点

2007年9月，农业银行选择吉林、安徽、福建、湖南、广西、四川、甘肃、重庆8家有代表性的分行，在17个地区、123个县支行率先开展“三农”金融服务试点，从信贷管理、服务创新、资源配置、绩效考核、风险控制等方面，探索切实可行的服务“三农”新思路、新模式和新举措。从2008年10月开始，在全行深入开展深化和扩大服务“三农”试点，进一步探索大型商业银行服务“三农”的有效模式。2009年10月，农业银行将在全国37家分行全面铺开和推进服务“三农”工作。

试点期间，各级农业银行立足当地经济发展实际，不断增加粮食、生猪、春耕、抗灾救灾和扶贫开发等关系民生的各个领域的信贷投放，受到了社会各界的广泛好评。目前，农业银行是我国涉农贷款投放规模最大、服务领域最宽、服务客户最多，且唯一拥有农业信贷专业化经营管理体系的商业银行。

——金穗飘香，惠农卡广受好评

为破解农民“贷款难”的瓶颈制约，农业银行专门为2.4亿农户研发了“金穗惠农卡”。惠农卡目前已具备小额贷款自助、小额信贷循环使用、资金汇兑、电子缴费、生产消费“二合一”、涉农补贴资金兑付等六大实用功能。截至2008年年末，全行已发放惠农卡810多万张，贷款余额47亿元，贷款户数19万户。“小卡片承载大民生”，惠农卡在广大农村赢得了广泛赞誉。

——因地制宜，村镇银行始发展

2008年8月18日，由农业银行作为发起人设立的两家村镇银行，在湖北省和内蒙古自治区同时开业，开创了我国大型国有商业银行发起设立村镇银行的先河，标志着农业银行多渠道服务“三农”迈出了新步伐。

——全面布局，金融支农任重道远

农业银行时刻牢记党和国家赋予农业银行面向“三农”的神圣使命，积极探索金融服务“三农”的新思路、新模式，制订了服务“三农”总体实施方案。为更好地实现金融支农的目标，农业银行明确了服务“三农”的支持重点，并在制度体系和服务内容上进行了全面布局。

（一）创新制度体系

根据“三农”贷款时间急、金额小、用信频、期限短等特点，农业银行在准入、担保、流程和授权等方面作了大量创新，尝试建立一套有别于城市业务的信贷政策制度体系。一是下沉经营重心，扩大审批权限，让服务“三农”的机构“能放贷”。二是完善信用评级体系，让“三农”客户“进得来”。三是创新担保方式，让“三农”客户“贷得到”。四是简化业务流程，使“三农”贷款“贷得快”。

（二）明确支持重点

一是明确服务“三农”的职能重点。一方面，在农业产业化、农村基础设施等规模化融资领域发挥骨干作用，提升农村金融服务水平。另一方面，在切实解决农户、中小企业、粮棉大县、贫困县等“贷款难”问题上取得突破，扩大服务“三农”的覆盖面。

二是明确服务“三农”的区域重点。对粮棉大县、贫困县、经济强县和特殊地区县差别定位，分别制订了相应的专项服务方案。粮棉大县以促进粮棉增产、农民增收和农产品转化增值为重点；贫困县以促进农民脱贫致富和培育县域支柱产业为重点；经济强县以促进县域经济发展壮大和城乡一体化发展为重点；边远、高寒、沙漠化、石漠化、生态条件恶劣地区，主要通过内外部政策扶持，努力改善经营条件，履行好公共金融服务职能，促进边疆安定、民族团结和少数民族地区经济社会发展。

三是明确服务“三农”的行业重点。确定了农业产业化、农村商品流通、农业农村基础设施、小城镇建设、特色资源开发、农村中小企业、农民生产生活和公共金融服务等八个领域，作为服务“三农”的重点。

（三）实行专业服务

农业银行从服务城乡两个市场的实际出发，对“三农”和县域业务采取专业化管理模式，实行专门的组织体系、专业队伍、政策制度、资源配置和绩效考评体系。

农业银行总行成立了“三农”金融工作推进委员会，统筹推进全行“三农”服务工作。下设“三农”政策与规划部、“三农”对公业务部、“三农”个人金融部三个职能部门，以及“三农”会计核算、信贷管理、风险管理、绩效考评、人力资源等五个支持管理中心。一、二级分行比照总行成立“两部五中心”，所有县域支行整体进入“三农”板块，作为面向“三农”的营销和服务平台，专心、专业、专门为“三农”服务。

为了从根本上调动基层行发展“三农”金融业务的积极性，农业银行对“三农”业务的内部资源配置作了特别安排。一是单独下达信贷计划，确保“三农”贷款增长速度高于全行平均水平。二是切实保障资金需求。对农村商业金融需求旺盛地区的县域支行，安排专项资金予以支持。对贫困地区、欠发达地区的县域支行，提供优惠利率的系统内借款。三是单独安排费用。在成本分摊、资金计价、人员配备、费用安排、工资总额等方面向“三农”倾斜。对财力相对匮乏的县域支行，给予特别扶持。四是实行“三农”和城市业务“双百分制”考核政策，促使各级行更好地服务“三农”。

产　品　篇

近年来，面对国内金融竞争的加剧和客户需求的快速升级，农业银行不断提高创新能力，加快产品研发步伐，打造核心竞争力。一方面，积极建立和完善产品研发管理体制，充实产品研发队伍力量，畅通需求搜集渠道，理顺开发和推广流程；另一方面，充分借助现代信息科技力量，提高市场响应速度，加大产品开发力度，不断推出各种个性化、差异化的新产品，逐步构造功能齐全、独具特色的农业银行产品体系。

目前，全行已经形成了功能比较齐全的“四金 + 三农”的产品体系，包括“金钥匙”个人金融产品系列，“金光道”对公金融产品系列，“金穗卡”产品系列和“金 e 顺”电子金融产品系列，以及专门面向“三农”的产品体系，共有产品 360 余项。

——丰富产品，打造个人理财“金钥匙”

农业银行以打造国内最大零售银行为方向，实施个人业务优先发展战略，着力打造个人业务优势品牌。目前，“金钥匙”个人金融产品系列共有产品 70 余项，为个人客户理财业务提供了广阔的选择空间。

除各种储蓄、贷款产品等传统优势产品外，农业银行推出了本利丰、汇利丰、西联汇款、外汇宝、漫游汇款等一大批特色优势产品，深受市场欢迎。

为大力拓展个人理财业务，农业银行在部分分行推出了“金钥匙”个人理财业务，建立、推广了个人理财系统或综合理财账户，塑造了一批具有品牌效应的理财工作室，不断提高优质客户服务能力。“金钥匙”理财贵宾客户服务管理体系日趋完善，个人优质客户管理系统在全行范围内推广。

——特色服务，铺设企业财富“金光道”

农业银行积极发展对公业务，不断深化与公司类客户、政府机构、事业法人单位以及金融同业机构的合作，创新对公金融产品，提高服务能力。目前，全行“金光道”对公金融产品系列有产品 150 多种，现金管理、债市通、基金代销、银保通、经营性物业抵押贷款等众多业务品种具有较强的市场竞争力。

农业银行自 2002 年开始研发现金管理平台，现金管理业务“从无到有、从小到大”，取得了突出成果，营销了一大批现金管理客户，现金管理业务量快速增长；债市通是农业银行开展的一项综合性中间业务，囊括了代理交易、代理结算、投资咨询、信息服务、集合投资计划、资产管理等从基本到高级的全部债券业务，自推出以来，该产品一直保持良好的市场份额，交易量位居市场前列。此外，农业银行在基金代销、财政代理、国债交易业务、黄金业务及外汇衍生品交易等多项业务上均实现了较大发展，为企业财富管理打造了一条“金光道”。

——大力营销，“金穗卡”走进千家万户

农业银行自 1991 年开办银行卡业务以来，以提升质量、提高效益为目标，实现了银行卡业务的持续快速发展，产品功能日趋完善，产品结构不断优化，服务水平显著提高。目前，农业银行的银行卡产品主要有金穗信用卡（准贷记卡）、金穗借记卡、金穗国际借记卡和贷记卡，发卡模式从分散方式逐步向集中模式过渡，发卡系统日臻完善。

继 2004 年实现发卡量同业第一、2005 年实现发卡方跨行交易量同业第一以来，2006 年农业银行的银行卡业务又实现了消费额、发卡方跨行交易额两项同业第一。2007 年，农业银行银行卡发卡总量、贷记卡发卡量和银行卡总收入三大指标实现历史性突破，分别超过 3 亿张、300 万张和 100 亿元，达到历史最好水平。2008 年，银行卡业务再创新高，累计发卡量达到 3. 36 亿张，比年初增长 2303 万张，继续保持同业第一的领先优势。

此外，农业银行还陆续推出了同业领先的电话转账业务、自助机具卡卡转账、异地存款业务及智能导航终端，进一步丰富了自助机具功能，增强了机具分流柜台业务和直接创效的能力。

——依托科技，实现电子服务“金 e 顺”

随着金融信息化的发展和业务的不断创新，农业银行大力发展电子银行业务，在电子银行业务的市场拓展、品牌建设、产品研发、服务创新、内部管理和制度建设等方面做了大量工作，特别是以网上银行为核心的电子银行业务稳步发展，业绩突出。目前，农业银行“金 e 顺”电子金融产品系列包括网上银行、电话银行、手机银行、消息服务、自助银行、自助金库、家居银行等金融产品。

——服务“三农”，产品体系创新见成效

面向“三农”是中央对农业银行改革发展的明确要求，是农业银行股份制改革的首要原则和基础导向。农业银行全力推进“三农”产品的研发和产品体系建设。一是建立统分结合的产品研发体制，理顺产品需求信息的传递和反馈渠道，提高对“三农”金融需求的响应速度。二是继续加大银行卡、个人理财、电子银行等成熟城市金融产品向农村推广的力度，同时积极开发针对性和适用性强的农村金融产品，如金穗惠农卡、惠农信用卡、简式快速贷款、自助循环贷款、绿色家园贷款、面向个体工商户的准贷记卡产品等。三是区分不同类型的县域客户，按照细分客户群体提供多种类的金融产品，对农业产业化龙头企业、农村基础设施项目、特色资源项目等客户群体，推出量身定制的创新产品体系和综合服务解决方案；对种养大户、个体工商户等，开发简单、标准化的小额贷款品种；对农村中小企业，开发不动产抵押贷款、动产融资、设备租赁、保理等产品。

爱 心 篇

弘扬慈善精神，发展公益事业，是国家发展、社会和谐、人民幸福的重要因素，也是社会主义精神文明建设的主要内容。农业银行大力倡导团结互助、关爱奉献的慈善精神，积极开展捐资助学、扶贫济困、慈善捐赠等活动，大力支持社会公益慈善事业。2008 年，农业银行公益救济性捐赠额达 11147 万元。

——深入基层，行内助困暖人心

关心全行困难员工，深入基层、深入员工，开展深入细致的走访慰问和送温暖活动，帮助困难员工改善生活条件，进一步增强员工归属感和凝聚力。2008 年，全行共组织助困项目 1624 个，救助资金达 3054.4 万元，受助人数达 24279 人。其中，湖南分行筹集送温暖资金 249 万元，慰问困难职工、劳动模范、下岗职工、退休人员 1992 人；云南分行积极开展了为重病特困员工募捐活动，为患病员工刘寅捐款合计 17 万元；地震灾害时，四川分行积极支援重灾行开展自救，先后紧急购置帐篷、棉被、发电机等救灾物资近 600 万元，及时运送分发到都江堰、北川、什邡、安县、绵竹、青川等重灾行，确保受灾员工的基本生活需要。此外，农业银行定期组织一线员工慰问活动，及时安排资金改善农村网点建设，并向基层网点捐赠书籍、球拍等文体用品，改善员工文化生活。

——响应号召，定点扶贫力度大

积极参与定点扶贫工作，在为贫困地区提供帮扶资金的同时，充分发挥自身人才、资金和信息优势，努力探索新的扶贫形式，定点扶贫效果不断提高，在全行范围形成了扶贫济困的良好风

尚。自2002年开始，农业银行每年向国务院确定的定点扶贫县——河北献县、武强县支出扶助资金100万元，资助农业银行希望小学，帮助学校改扩建及购置教育设备等。此外，还定期向定点扶贫县捐赠《农民日报》等报刊，并组织员工捐款捐物，有效改善当地教育状况，促进贫困县经济发展。2008年，全行共组织定点扶贫项目413个，使用资金733.51万元，受助人数达27464人。其中，辽宁分行自1996年包扶朝阳市朝阳县尚志乡以来，坚持做好对尚志乡的定点扶贫工作。截至2008年年底，全行捐款共计65万元，捐赠各种衣物8000余件、物资20多吨。该行2007年度被辽宁省委、省政府评选为定点扶贫先进单位。江西分行通过实地调查走访、召开村民代表座谈会等方式，深入掌握扶贫点——九江都昌县土塘镇长山村的基本情况，制订了四年扶贫工作计划，累计下拨扶贫资金10万元协助当地新建长山小学教学大楼、郑家山公路。据统计，该行全年投入定点扶贫资金达39.9万元。陕西分行连续三年帮扶安康岚皋县城关镇耳扒村扶贫开发，2008年又投入现金17万元，帮助修路、修建引水池、沼气池，赠送价值8万元的车辆1台，支持该村脱贫致富，走上富裕之路。

——积极参与，社会公益展风采

积极捐资助学，改善贫困地区教育状况。积极倡导助学兴教的良好风尚，采取多渠道、多形式捐资助学，支持贫困地区教育事业，改善贫困地区教育落后状况。农业银行在东部沿海9家省级分行青年员工中组织开展了“农行富蕴助学计划——为了边陲的孩子”捐款助学活动。号召全行各级团组织和广大团员青年向边疆贫困家庭子女伸出友爱之手，帮助他们完成学业，为缓解“少边穷”地区教育困境、改善师资和教育环境，奉献爱心。助学帮困，圆梦飞翔，2008年农业银行共组织支教助学活动769次，累计捐款418.95万元，积极帮助失学儿童和贫困学生完成学业，为构建社会主义和谐社会作出了贡献。其中，浙江分行开展与贫困学生“手拉手”、春蕾助学、百岗助百童等活动73次，捐赠金额65万元；云南分行为边远贫困地区捐赠50万元建立希望小学；贵州分行向三都县拉揽乡小学校捐赠15台电脑、100床棉被、1175件衣服；西藏分行为错那镇及错那县完全小学捐赠资金及物资折合人民币共计21.6万元，解决该小学价值近9万多元的现代化办公和电教设备，切实改善了该镇办公、办学条件。

开展形式多样的慈善活动，大力支持文化、体育事业发展。2008年5月至7月，全行赞助450万元，支持开展全国农村数字电影万场同映活动，在全国1万个农村数字电影放映点举行了数字电影展映周2万场巡回放映，有效缓解了农村偏远地区看电影难的问题，推动了农村文化传播和精神文明建设，得到了广大农民的好评与赞许。此外，全行赞助800万元，支持2008年10月在福建泉州召开的第六届全国农民运动会，为农民体育运动提供有力支持。上海分行向上海世博局捐赠200万元，支持上海世博会。福建莆田分行支持妈祖阁及妈祖文化博物馆建设捐赠12万元，龙岩分行援建“红军长征路图书长廊”捐助12万元。

——扶弱助残，于细微处见真情

关注特殊群体。2007年10月，上海举办世界夏季特殊奥运会，上海分行为支持特奥会向中国残疾人福利基金会和上海残疾人福利基金会捐赠100万元。北京残奥会前夕，总行向中国残疾人奥林匹克运动管理中心捐赠50万元，支持残奥中国代表团。重庆分行与重庆市残联建立战略合作关系，在2008年共计发放残疾人康复扶贫贴息贷款2175万元，支持了8户残疾人企业发展生产，促进1100余户残疾人就业，有力促进了社会和谐。

关注贫困人群。深圳分行向“生育关怀行动”公益活动捐款2万元。福建分行开展“真情助困进万家”活动，向82家困难户捐助慰问金5万元。四川分行参加向困难户献爱心活动，捐款1.5万元，捐助衣物近400件，并为四川省贫困儿童捐款2.1万元。

慈善募捐活动。青岛分行在山东银行业协会组织的“慈善一日捐”活动中，捐款15.65万元。吉林分行机关员工在长春市政府组织的“慈善救助双日捐”活动中，捐款3.77万元。宁波分行开展“慈善一日捐”活动，累计捐款18.69万元。广东中山、江门、汕头等行开展“慈善万人行”活动，募集捐款2.66万元。

——捐款捐物，灾后重建勇承担

农业银行在自然灾害发生后迅速反应，在做好自身抗灾救灾工作的同时，积极开展赈灾捐赠，全力救助受灾群众，帮助灾区开展灾后重建及生产恢复工作。2007年8月，陕西岚皋县遭遇特大洪灾，陕西分行工作组及时赶赴灾区慰问受灾群众，并捐赠救灾款10万元。2008年2月，南方遭遇雨雪冰冻灾害，农业银行党委书记、行长项俊波同志第一时间前往湖南冰冻灾区查看灾情，热心慰问受灾群众，指导农业银行灾后重建工作，并代表总行向湖南灾区捐款200万元。

在举世震惊的“5·12”汶川大地震中，农业银行作为受灾最严重的金融机构之一，努力克服自身困难，在尽快恢复网点营业的同时，积极踊跃捐款捐物，用实际行动积极支持抗震救灾和灾后重建。2008年，全行共向地震灾区捐款18404万元，其中单位捐款为3000万元，个人捐款为9652万元，特殊党费5752万元。同时，组织开展“用农行网银，助灾区重建”活动，从每笔网上银行交易手续费中拿出0.1元捐献给慈善机构，用于支援地震灾区重建家园、恢复生产，此项捐款金额达400万元。

荣　誉　篇

2007年度，农业银行在英国《银行家》世界1000家大银行中排名第65位；2008年在美国《财富》全球企业500强中排名第223位。

在“中国企业信息化500强”排行榜上列第7位，并获得“集团信息化建设成就奖”和“最佳技术战略奖”。

荣获全国银行间同业拆借中心“2007年度优秀交易成员”、“全国银行间本币市场交易量100强”、“全国银行间本币市场交易活跃前100名”。

荣获财政部“2007年度记账式国债承销优秀奖”、“2007年度凭证式国债承销优秀奖”。

荣获中国外汇交易中心银行间外汇市场“年度最优秀做市商”、“交易量最大做市商”、“做市交易最大做市商”。

荣获德意志银行颁发的欧元清算“卓越奖”和德国商业银行颁发的欧元清算“直通率奖”。

荣获美国纽约银行和英国汇丰银行颁发的美元清算“直通率奖”。

荣获新浪网“最佳代客境外理财银行”称号。

在《21世纪经济报道》金融理财金贝奖评选中荣获“最佳结构性理财产品奖”和“最佳代客境外理财产品奖”。

荣获中国金融认证中心颁发的“中国网上银行业务拓展奖”。

在“第四届中国品牌影响力高峰论坛年会”上荣获“中国电子银行最具影响力品牌”。

在“中国财经风云榜”网络评选活动中荣获“中国银行业杰出营销奖——中国农业银行基金网上直销”。

在中国电子商务协会主办的“中国电子金融发展年会”上，“金e顺”获得“用户满意电子金融品牌”称号，“95599”获得“用户满意电子金融客户服务品牌”称号，电子银行以服务“三农”突出贡献获得“最佳三农服务奖”。

在南方报业集团《理财周报》主办的“2007年首届中国最佳银行理财产品评选”中，“金钥匙·本利丰”人民币理财第十一期“V1－双赢”新股申购型产品荣获“中国新股申购型银行理财产品最具潜力奖”。

在中国主流媒体理财联盟主办的“2007年度中国理财总评榜”颁奖盛典上，荣获“用户最满意银行奖”，“本利丰”人民币理财产品获得“最具创新的银行理财产品奖”。

在华夏机构投资者论坛主办的“2007华夏机构投资者年会暨华夏理财总评榜”颁奖盛典上，“金钥匙理财”荣获“卓越理财品牌”。

荣获中国教育发展基金会授予的“金融教育先进集体”称号。

2008年1月，农业银行“金e顺”电子银行品牌在“第四届（2007）中国品牌影响力高峰论坛年会”上荣获“中国电子银行最具影响力品牌”。

2006年、2007年，连续两年荣获中国金融认证中心颁发的“中国网上银行业务拓展奖”。

2008年1月，在和讯网发起的“中国财经风云榜”网络评选活动中，基金网上直销业务获得“中国银行业杰出营销奖”。

2008年，网上银行获全国商业银行“最佳业务拓展奖”。

荣获财政部与人民银行评选的2008年度凭证式国债承销优秀奖。

2008年度记账式国债承销综合排名第一、进出口行金融债承销量排名第二。

在2008年Shibor报价行排名第五，在四大国有商业银行中排名第一。

荣获金融时报社与中国社科院评选的2008年度最佳外币理财银行。

在2008年“中国国际金融（银行）技术暨设备展览会”上，“个人自主循环贷款”以同业领先水平的业务系统功能，灵活方便的自助办贷方式一举夺得“优秀金融产品奖”。

荣获《21世纪经济报道》与21世纪研究院评选的金贝奖——年度最佳QDII产品奖及年度最佳结构性产品奖。

在“中国银行业文明规范服务系列活动”和“中国银行业迎奥运文明规范服务系列活动”中，农业银行共有102家分支机构被中国银行业协会评为2008年度“中国银行业文明规范服务示范单位”。

被中央国家机关社会综合治理领导小组评为2008年度先进单位，被北京市防火安全委员会评为2008年度消防安全工作先进单位。

安全保卫部被北京市公安局荣记2008年度暨“奥运安保”集体三等功。

荣获2008年度“北京市计划生育红旗单位”、2008年度“中央国家机关计划生育先进单位”、2008年度“北京市爱国卫生红旗单位”、2008年度“首都全民义务植树单位”荣誉称号。

银行卡部被美国华盛顿世界IT精英组织（COMPUTERWORLD HONORS PROGRAM——计算机世界荣誉奖励计划，CHP）授予“2008年Computerworld荣誉桂冠”。

在中国国际金融展上，“金穗惠农卡”、“个人自助循环贷款”双双荣获“2008金融展优秀金融产品奖”。

荣获中国青年志愿者协会颁发的“中国志愿者工作组织奖”。

荣获中国银联授予的“银联卡跨行交易杰出贡献奖”、“银联标准卡推广杰出贡献奖”。

荣获中国人民银行颁发的“奥运支付环境建设工作先进集体奖”。

荣获国家金卡工程协调领导小组颁发的金蚂蚁奖。

荣获万事达卡国际组织授予的“2008年最佳产品设计奖”。

在由证券时报社主办、《山西证券》协办的“首届中国金融机构CIO年会暨第九届中国优秀财经证券网站”评选颁奖典礼上荣膺“中国优秀财经证券网站”最佳营销推广奖。

个人住房贷款系列产品在“2008搜狐金融理财网络调查报告”暨年底评选活动中荣获“房贷业务优秀服务奖”。

荣获第二届中国电子金融发展年会组委会颁发的首届中国电子金融“金爵奖”——用户满意的电子金融品牌“金e顺”及“‘三农’金融服务突出贡献奖”。

展 望 篇

会当凌绝顶，一览众山小。农业银行新一届党委提出，要通过全行齐心协力、埋头苦干，把农业银行建设成为一家面向“三农”、城乡联动、融入国际、综合经营、致力于为最广大客户群体提供优质金融服务的现代化商业银行。

苟日新，日日新，又日新。为确保实现这一远景目标，农业银行党委提出了“3510”发展目标。即用3年时间，把农业银行建成资本充足、内控严密、运营安全、服务优质、效益良好、创新能力和竞争能力较强的大型公众持股银行，使农业银行面貌发生显著变化；用5年时间，把农业银行建设成为国家满意、股东满意、社会满意、员工满意，跻身于国际知名先进银行行列的现代化大型商业银行，使农业银行面貌发生根本性变化；用10年时间，把农业银行建设成为公司治理先进、综合竞争力强、核心业务指标达到国际先进银行水平的世界一流的现代商业银行。

雄关漫道真如铁，而今迈步从头越。股份公司挂牌，对农业银行来说，既是一座里程碑，又是一个新的历史起点。长风破浪会有时，直挂云帆济沧海。股改后的农业银行将坚定不移地沿着党中央、国务院指引的航向前进，以科学发展观为指导，以建设现代金融企业制度为目标，以服务“三农”为使命，满怀信心，锐意改革，不断创新，尽快把农业银行建设成为面向“三农”、城乡联动、融入国际、综合经营，致力于为最广大客户群体提供优质金融服务的现代化商业银行！

第二部分

业务经营概况

改革　发展　创新　腾飞*

——中国农业银行近三十年业务经营发展概要

中国农业银行的前身——农业合作银行成立于1951年7月，在历经了“四起三落”的变革之后，中国农业银行于1979年开始了其三十年的飞速发展。伴随着改革开放的东风，三十年来，农业银行的业务健康发展并不断突破，在规模和效益上都取得了卓越的成就。

一、改革开放三十年，宏观经济快速腾飞

1978年党的十一届三中全会召开，标志着我国进入了改革开放的历史新时期。三十年来，在中国共产党的带领下，全国各族人民团结一致，坚持改革开放，取得了社会主义现代化建设的辉煌成就，实现了人民生活由温饱不足向总体小康的历史性跨越。我国在国际经济社会的影响力和地位空前提高，中国的宏观经济实现了前所未有的飞跃。

（一）国内生产总值稳步增长

1978年，我国国内生产总值只有3645亿元，在世界主要国家中位居第10位。人均国民总收入仅190美元，位居全世界最不发达的低收入国家行列。改革开放的推进，不断为经济社会发展注入生机和活力，我国经济迅速走上快速发展的轨道。1979年至2007年，国内生产总值年均实际增长9.8%，不仅明显高于1953年至1978年平均增长6.1%的速度，而且也大大高于同期世界经济年平均增长3.0%的速度。

经济的快速增长使经济总量呈现加速扩张态势。国内生产总值由1978年的3645亿元迅速跃升至2007年的249530亿元。其中，从1978年上升到1986年的1万亿元用了8年时间，上升到1991年的2万亿元用了5年时间，此后10年到2001年平均每年上升近1万亿元，2001年超过10万亿元大关，2002年至2006年进入高速增长期，平均每年上升2万亿元，2006年超过20万亿元，在此基础上，2007年一年又增加3.76万亿元。

经济总量的加速扩张大大缩小了我国与世界主要发达国家的差距。三十年来，我国国内生产总值居世界的位次由1978年的第10位上升到目前的第4位，仅次于美国、日本和德国。

（二）人均收入水平不断增加

在国内生产总值快速增长的同时，三十年来，我国的人均国内生产总值也成倍增加。人均国内生产总值在由1978年的381元上升到1987年的1112元后，1992年达到2311元，2003年超过万元大关，达到10542元，2007年又迅速攀升至18934元，扣除价格因素，2007年比1978年增长近10倍，年均增长8.6%。按照世界银行的划分标准，我国已经由低收入国家跃升至世界中等偏下收入国家行列，对于我国这样一个经济发展起点低、人口基数庞大的国家，能够取得这样的进步，确实是一个了不起的成绩。

---

* 本文中第一、第二部分内容主要依据国家统计局网站（www.stats.gov.cn）相关资料进行整理而成。

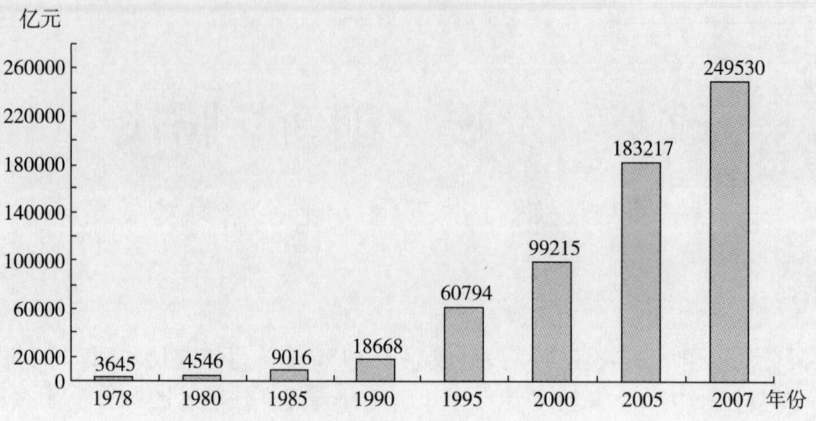

图 1　1978—2007 年国内生产总值

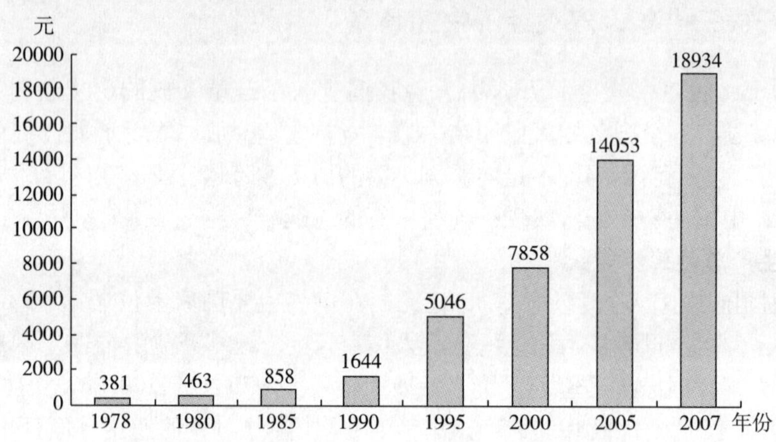

图 2　1978—2007 年人均国内生产总值

（三）国家财政实力大幅增强

经济的快速发展和规模的扩大，带来了国家财力的增加。1978 年国家财政收入仅 1132 亿元，1985 年翻了一番，达到 2005 亿元；1993 年再翻一番，达到 4349 亿元；1999 年跨上 1 万亿元台阶，达到 11444 亿元；2003 年超过 2 万亿元，达到 21715 亿元；2007 年，国家财政收入已经超过 5 万亿元，达到 51322 亿元，1979 年至 2007 年年均增长 14.1%。财力的增加对促进经济

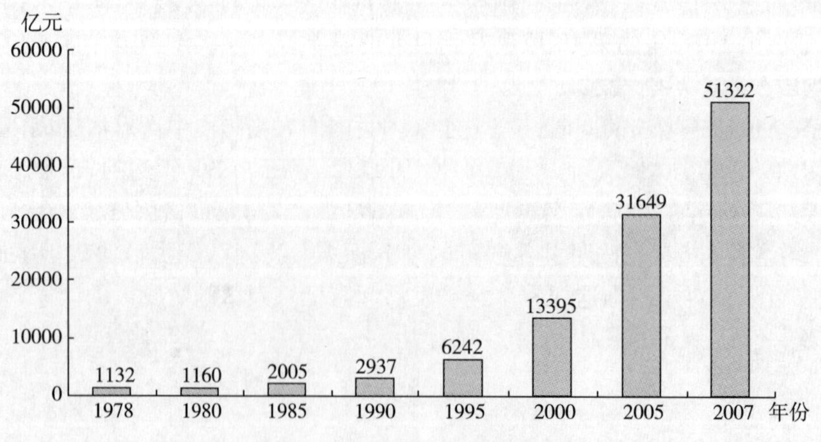

图 3　1978—2007 年财政收入

发展、加强经济和社会中的薄弱环节、切实改善民生、有效应对各种风险和自然灾害的冲击提供了有力的资金保障。

（四）外汇储备实现历史性变迁

1978 年，我国外汇储备仅 1.67 亿美元，人均只有 0.17 美元，折合成人民币不足 1 元钱，短缺是当时外汇储备的基本特征，出口创汇是发展对外贸易的基本动力。随着我国对外经济的发展壮大，经常项目贸易盈余不断积累，外汇储备的短缺迅速成为历史，1990 年外汇储备超过百亿美元，达到 111 亿美元；1996 年超过千亿美元，达到 1050 亿美元；2006 年超过 1 万亿美元，达到 10663 亿美元，超过日本位居世界第一位，2007 年我国外汇储备扩大到 15282 亿美元，稳居世界第一位。

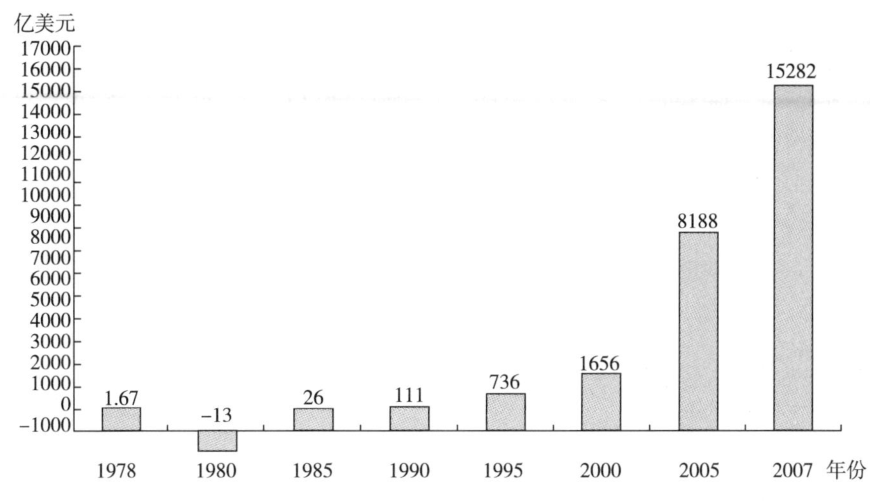

图 4　1978—2007 年外汇储备余额

（五）经济结构不断优化升级

三十年来，改革进程的加快和经济的快速增长，促进了经济结构不断优化升级。1979 年至 2007 年，第一产业、第二产业和第三产业增加值年均分别增长 4.6%、11.4% 和 10.8%。三次产业增加值在国内生产总值中所占的比例由 1978 年的 28.2∶47.9∶23.9 调整为 2007 年的 11.3∶48.6∶40.1。与 1978 年相比，2007 年第一产业比重下降 16.9 个百分点，第二产业比重上升 0.7 个百分点，第三产业比重大幅上升 16.2 个百分点。三十年来，三次产业在调整中均得到长足发展，农业基础地位不断强化，工业实现持续快速发展，服务业迅速发展壮大。

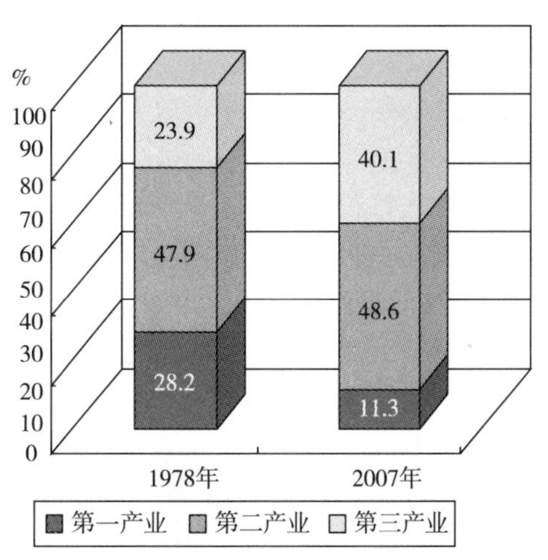

图 5　1978 年和 2007 年三次产业结构

经济结构在不断调整的同时也在不断优化，表现出以下新的特点：一是工业结构基本实现了由技术含量低、劳动密集程度高、门类单一的结构向劳动密集、技术密集、门类齐全的发展格局转变。二是城镇化步伐明显加快，基本实现了由城乡分割向城乡协调共同发展的转变。大量乡村人口由农村向城镇转移，促进了城乡经济的协调发展。三是国有经济战略性调整取得重大进展，基本实现了由单一的公有制经济向多种所有制经济共同发展的转变。国有企业占比的下降并没有改变国有经济的控制力，在一些重要领域和关键环节仍占绝对优势。

（六）分配结构调整日趋合理

改革开放三十年，我国的分配结构出现了明显调整，基本实现了由平均主义突出、收入渠道单一，向以劳动报酬为主、资本和技术等收入为辅的多种分配方式并存的转变。1979 年至 2007 年，我国财政收入年均增长 14. 1%；城镇居民人均可支配收入年均增长 7. 2%；农村居民人均纯收入年均增长 7. 1%。与此同时，不断深化收入分配制度改革，确立劳动、资本、技术和管理等生产要素按贡献参与分配的原则，进一步完善了以按劳分配为主体、多种分配方式并存的分配制度。2007 年，在城镇居民家庭人均全部年收入中，工薪收入占 68. 6%，比 1990 年下降 7. 2 个百分点；经营净收入占 6. 3%，财产性收入占 2. 3%，转移性收入占 22. 7%，分别比 1990 年提高 4. 8 个百分点、1. 3 个百分点和 1. 0 个百分点。2007 年，在农村居民家庭人均纯收入中，工资性收入占 38. 6%，比 1985 年提高 20. 5 个百分点；家庭经营性收入占 53. 0%，下降 21. 4 个百分点；财产性收入从无到有，已占到 3. 1%。

二、变革发展三十年，银行同业不断壮大

改革开放以来，我国金融业在改革创新中不断发展壮大，金融机构和从业人员数量大幅增加，金融资产规模明显扩大，各种不同性质的银行机构遍布全国，承担着吸收存款、发放贷款的职能，保险机构从小到大、证券机构从无到有呈现出快速发展势头，初步形成了银行、证券、保险等功能比较齐全的金融机构体系。金融业的不断发展壮大在优化资源配置、支持经济改革、促进经济平稳快速发展和维护社会稳定方面发挥了重要作用。

作为金融体系最重要的组成部分，三十年来，银行业取得了长足的发展。到 2007 年年底，我国银行业单位数为 40815 个，从业人员为 2567384 人。目前，我国已经形成多种性质银行并存的局面，有力地促进了经济增长和扩大就业。

（一）现代银行体系基本确立

改革开放以来，我国银行业成功实现了由“大一统”银行体系向现代银行体系的历史性转变，从原来只有中国人民银行一家，发展到已拥有近万家法人性质的银行业金融机构。既有商业银行，又有政策性银行；既有大型商业银行，又有中小商业银行；既有主要服务于城市的城市信用社、城市商业银行，又有主要服务于农村的农村信用社、农村商业银行和合作银行；既有传统意义上的银行业金融机构，又有如村镇银行、贷款公司和农村资金互助社等新型银行业金融机构；既有中资银行业金融机构，又有外资银行业金融机构。银行业机构提供的金融服务也不断丰富和完善，从简单的存、贷、汇业务，到现在多样化、个性化的金融服务，传统银行业务模式发生重大转变，金融超市功能开始逐步显现。与三十年前相比，我国银行业组织体系更加健全，机构种类更加丰富，市场竞争更加充分，服务功能更加完善。

（二）银行业整体实力明显增强

从资产规模上看，在改革开放初期的 1978 年，我国银行业资产总量不过数千亿元，三十年后的今天，我国银行业资产总量已经超过 50 万亿元，比改革开放初期增长了 100 多倍。资产总量在速度和规模上都取得了较大增长。

在资产规模快速增长的同时，三十年来，我国银行业的资产质量也有很大幅度的提升。不良贷款率已从1978年的30%左右下降到目前的8%左右，其中已股改国有商业银行平均不良贷款率仅为2%左右，已经达到或接近国际先进银行的平均水平。

此外，我国银行业从原来的资本严重不足甚至为负值，经过不断深化改革，目前资本充足率平均水平已达到8.4%左右，其中已股改国有银行的资本充足率平均达到了12%左右。到2007年年底，资本充足率达标的银行已有161家，达标银行资产占商业银行总资产的80%。

（三）银行改革不断深化

银行改革始终伴随着银行业的发展，并成为银行业发展的主要动力。经过三十年的不断改革和发展，中央银行管理体制改革迈出关键性步伐，以“一行三会”为主体的新的央行管理体制初步确立。国有商业银行改革稳步推进，重新迸发出勃勃生机。股份制银行和政策性银行从无到有，从小到大，从弱到强。农村信用社改革全面推开，并取得阶段性成果。适应市场化、国际化要求的商业银行体制基本确立，市场化程度大幅提升。通过引进各类资本对银行实行股份制改造，实现了银行业产权的多元化。现代公司治理机制逐步建立健全，管理与决策的科学化水平不断提升。流程银行建设得到有力推进，业务流程全面优化。内部控制机制建设迈出重大步伐，全面风险管理能力显著提高。科学激励约束和绩效考核机制逐步完善，能上能下、能进能出的用人机制和合理、有效的薪酬分配机制不断完善，广大员工的积极性得到极大的激发。

（四）利率市场化改革稳步推进

利率市场化是银行业改革和发展的关键。1993年，我国明确了利率市场化改革的基本设想，1995年初步提出利率市场化改革的基本思路，并从“九五”计划的第一年起开始付诸实施：国家开始将一些资金置于货币市场中，通过市场机制来确定其价格，实现资金定价的市场化，其中二级市场先于一级市场；存款利率改革先放开大额、长期，对一般存款利率是实行严格管制的；贷款利率改革走的是逐渐扩大浮动幅度的路子；在本、外币利率改革次序上，外币利率改革先于本币。

2003年，党的十六届三中全会又着重提出在金融宏观调控方面，要稳步推进利率市场化，建立健全由市场供求决定的利率形成机制，中央银行通过货币政策工具引导市场利率，利率市场化的前景越来越清晰。

（五）银行服务水平迈上新台阶

坚持金融为国民经济服务的基本指导方针，不断转变服务理念，创新服务手段，提高服务效率，银行业服务国民经济的功能进一步提升，作用进一步突出。三十年来，我国银行业提供的贷款基本上满足了社会对资金的需求，信贷结构和质量不断提升，为经济社会发展提供了有力的金融支持，金融主力军作用得到充分发挥。主动适应经济发展和金融需求的变化，努力提供便利化、多样化、个性化的金融产品，金融创新步伐加快，服务充分性不断提高。充分发挥银行业在宏观调控中的独特功能，在历次宏观调控中有效发挥了金融杠杆作用，有力促进了经济平稳较快发展，推动了经济结构调整和经济发展方式转变，银行业作为金融业的主体，在国民经济发展中的核心作用显著提升。

三、服务创新三十年，农业银行飞速发展

改革开放三十年，中国经济取得了前所未有的辉煌成就，中国银行业也在探索中不断前行，形成了健康快速发展的局面。作为国家重要的金融机构，中国农业银行在改革开放的时代背景下，抓住机遇，不断创新。

（一）服务能力大幅提高

1980年年末，农业银行共有机构27828个，系统职工人数为284655人。此后，机构数与职工数一

直保持增长，1995 年年末，机构总数达 67029 个，职工总数达 564731 人。随着经营方针的调整，农业银行对机构设置进行了重新布局，撤并了大量效益较差的基层网点，机构数逐年下降，职工数也有一定幅度的减少。2008 年年末，农业银行境内共有机构 24064 个，境内机构在岗人员 441623 人。

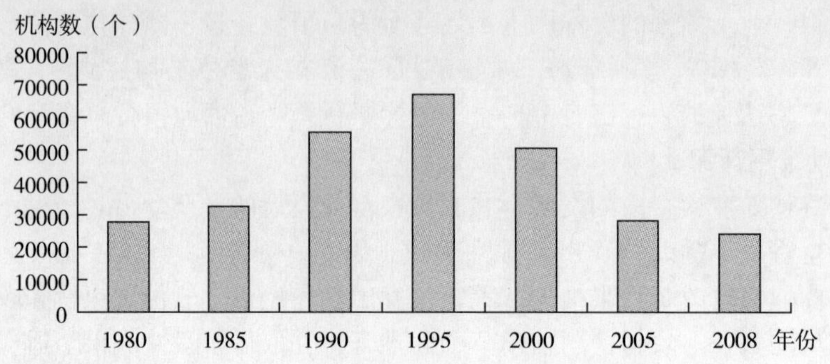

图 6　中国农业银行机构数量变化情况

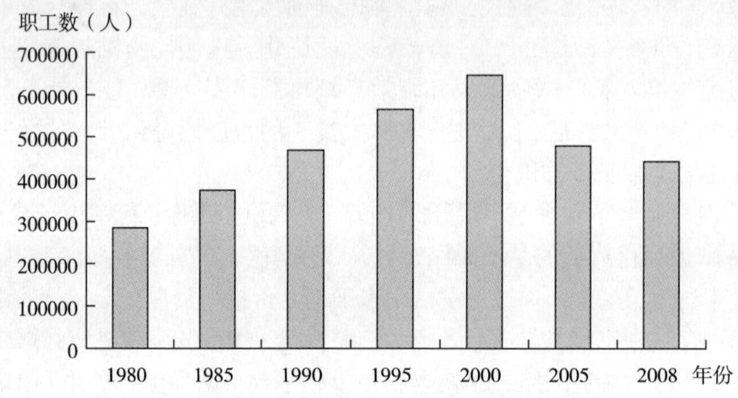

图 7　中国农业银行在岗人员数量变化情况

在精简机构的同时，农业银行对基层的设备进行改造，大力推进信息化建设，以提升全行的科技水平，提高经营效率。自 1983 年以来，农业银行经历了从单一业务品种到综合业务服务、从单机处理到全国数据大集中的巨大变革，信息化建设成果斐然。近年来，农业银行大力发展自助终端设备，自助银行与 ATM 从无到有，快速增长，大大提高了经营效率。

如今，一个以农业银行全国数据中心为核心，以 36 个省域前置系统为节点，以全国农业银行 2 万多个城乡营业网点为支撑，集中连接全国农业银行 17 万余名柜员、3 万余台自助设备、25 万余台 POS 的全国集中式计算机网络系统已经形成，为农业银行业务发展和经营管理提供了强大的科技支撑。

（二）各项存款迅猛增长

1979 年年末，农业银行人民币各项存款余额为 280. 07 亿元，其中储蓄存款 21. 20 亿元，单位存款 258. 44 亿元，其他存款 0. 43 亿元。1979 年至 2008 年，农业银行存款一直保持稳定的增长态势，截至 2008 年年末，人民币各项存款余额为 60185. 69 亿元，其中储蓄存款 37227. 63 亿元，单位存款 21736. 24 亿元，其他存款 1221. 82 亿元。从外币存款业务来看，1988 年年末，农业银行外币存款仅为 1. 98 亿美元，2008 年年末达 100. 42 亿美元。三十年来，农业银行的人民币存款增长了 200 多倍，外币存款增长了近 50 倍，为银行业务拓展和经营发展提供了稳定的资金来源*。

* 在 1995 年，由于信用社与农业银行分离，农业银行存款的统计口径有所调整，信用社存款从各项存款中划转至同业存放款项下，分析中未剔除上述统计口径调整的影响。

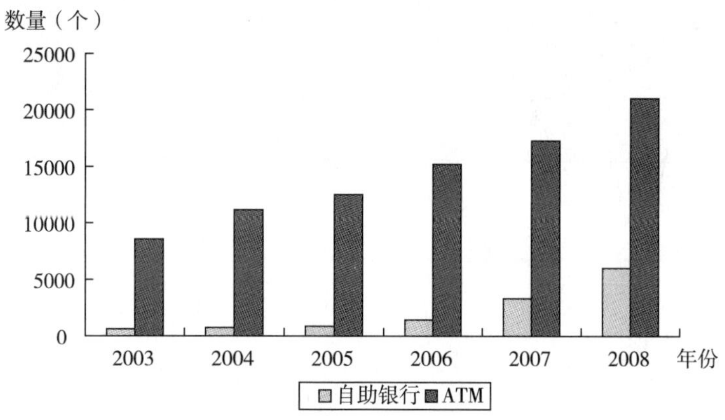

图 8　中国农业银行自助设备数量变化情况

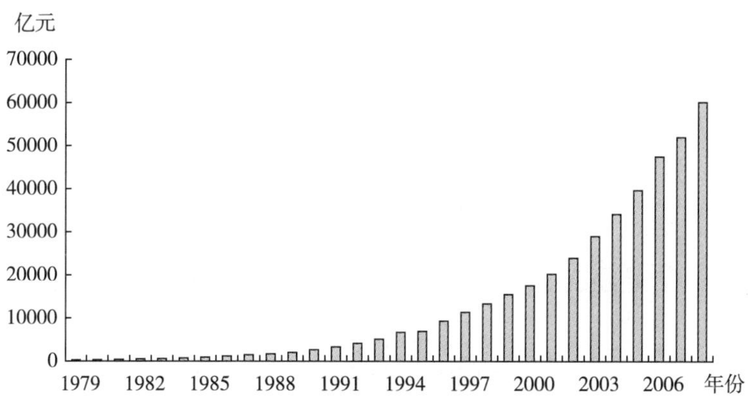

图 9　中国农业银行人民币各项存款变化情况

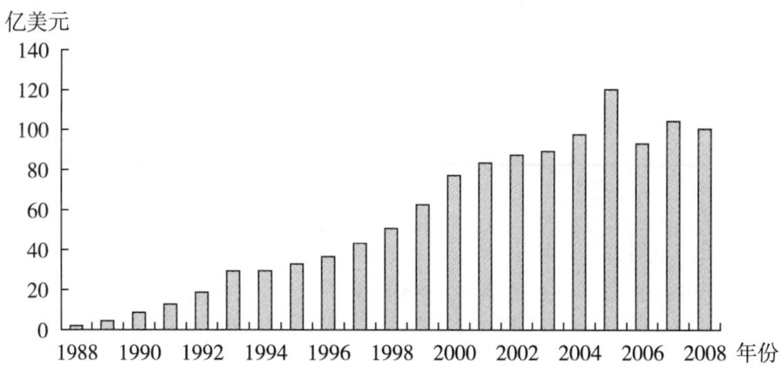

图 10　中国农业银行外币各项存款变化情况

1979 年至 2008 年，农业银行的人民币各项存款一直保持着较高的增长速度。其中，1980 年、1986 年、1994 年及 1996 年的年增长率均在 30% 以上，年平均增长率达 20.54%。而外币各项存款的增长速度更快，1988 年至 2008 年的年平均增长率为 25.45%。

农业银行在存款业务上的拓展力度较大，业务增长速度高于社会平均水平，为企业发展提供了稳定的资金来源。对比农业银行人民币各项存款与 GDP 的数量关系，可以看出，各项存款占 GDP 的比重逐年上升，1979 年占比为 7%，2008 年为 21%。从增长速度的对比来看，三十年来，农业银行的人民币各项存款增长速度与 GDP 增长速度一直保持相对一致的变化趋势，且增速高于同期 GDP 的增速。

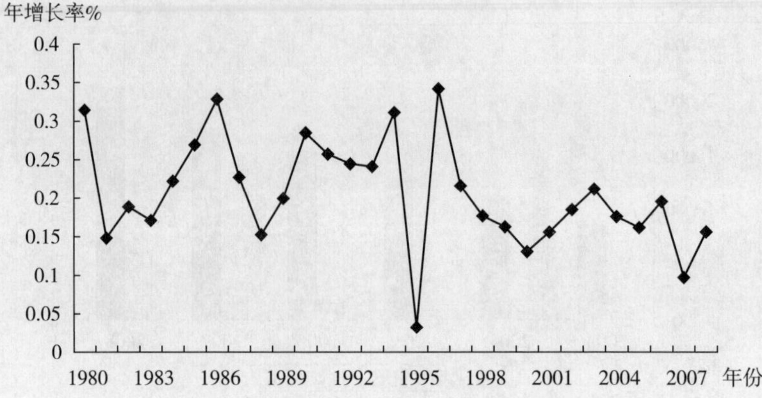

图 11　中国农业银行人民币各项存款年增长率趋势

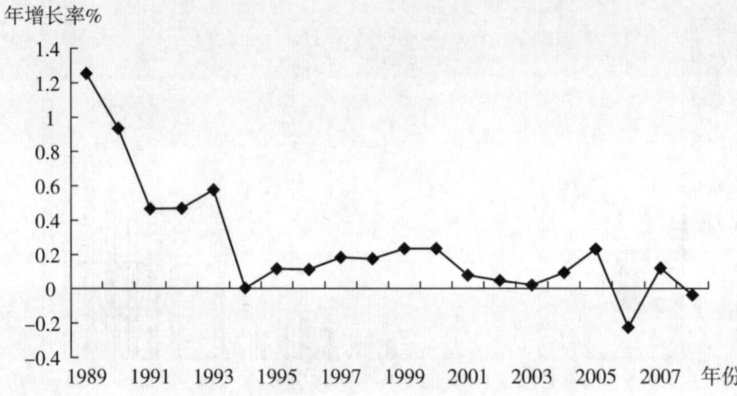

图 12　中国农业银行外币各项存款年增长率趋势

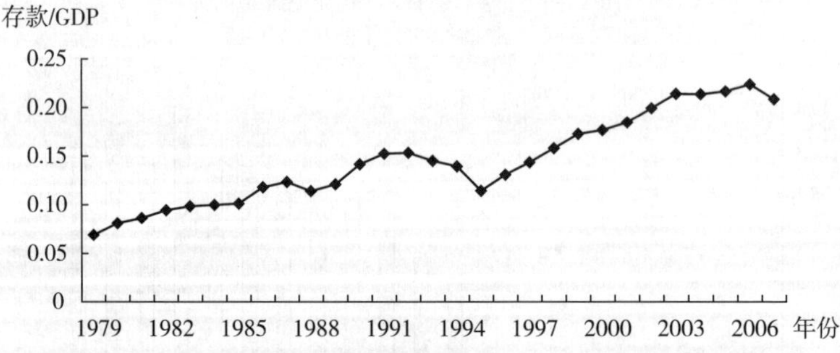

图 13　中国农业银行人民币各项存款占 GDP 比重变化趋势

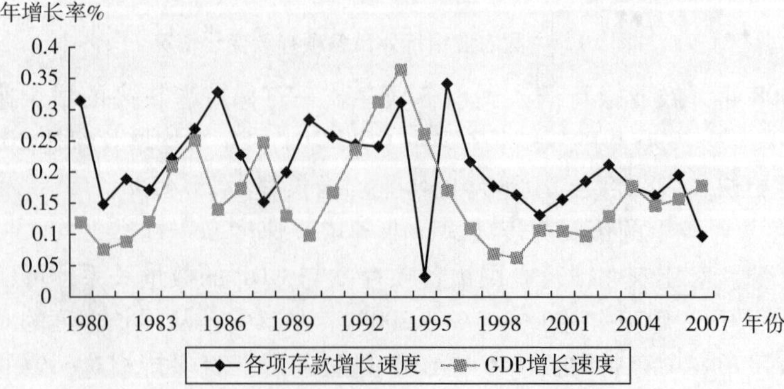

图 14　中国农业银行人民币各项存款与 GDP 增长速度比较

（三）各项贷款稳步增加

1979年年末，农业银行人民币各项贷款余额为410.98亿元，其中，流动资金贷款为310.94亿元，固定资产贷款为0.07亿元，农业贷款为99.97亿元。截至2008年年末，人民币各项贷款余额为30235.85亿元，与1980年相比增加了71.57倍；从外币贷款业务发展情况来看，1988年年末，外币各项贷款余额仅为2.01亿美元，截至2008年年末，外币各项贷款余额达76.19亿美元，与1988年相比增长了36倍。农业银行的贷款总体上呈现出增长态势。

由于1994年中国农业发展银行成立，农业银行向农业发展银行划转了部分政策性贷款业务。1999年10月中国长城资产管理公司成立，收购、管理、处置从农业银行剥离的不良资产，农业银行共向长城资产管理公司剥离不良资产3458亿元；2008年，农业银行为股改做准备，对全行的资产进行清理，并对不良资产进行了剥离，农业银行的人民币各项贷款余额在1994年、2000年和2008年分别有不同程度的下降。

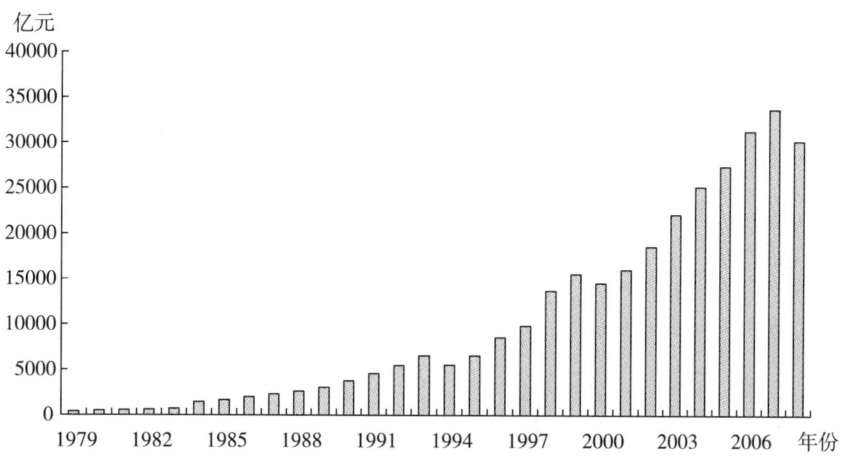

图15　中国农业银行人民币各项贷款变化情况

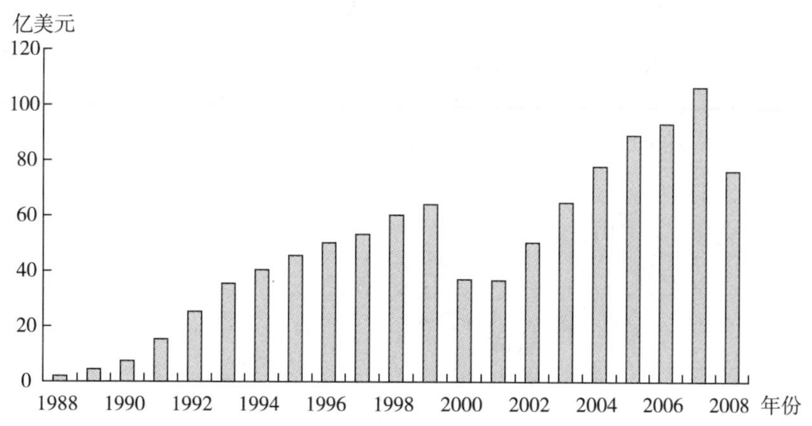

图16　中国农业银行外币各项贷款变化情况

从增长速度的变化情况来看，在经历了1984年高达103.79%的增速后，农业银行的人民币贷款一直保持着相对稳定的增长，三十年的人民币各项贷款年平均增长率为17.31%。其中，1985年至1993年增长平稳，1994年至2000年增长有一定波动，近年来再次趋于平稳。外币贷款的增长波动较大，20世纪90年代前期高速增长，此后增长速度下降。二十年的外币贷款年平均增长率为25.46%。

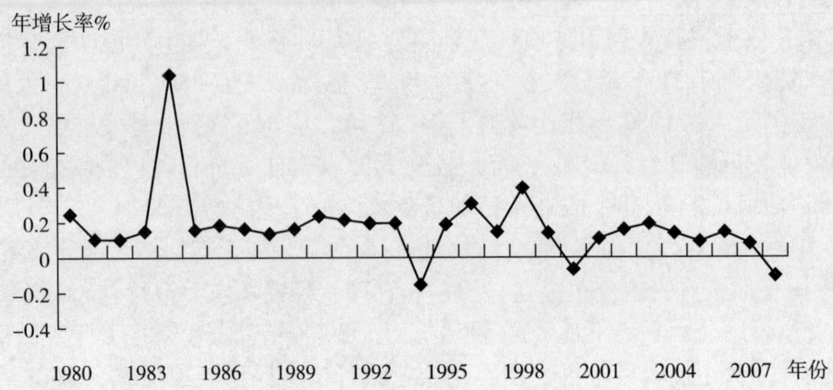

图 17　中国农业银行人民币各项贷款年增长率趋势

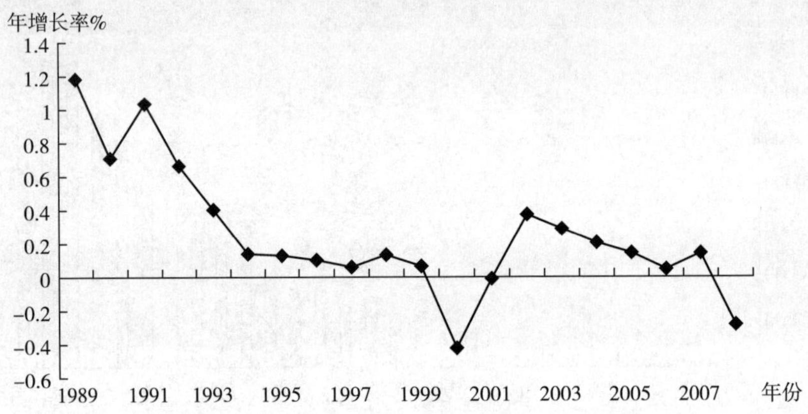

图 18　中国农业银行外币各项贷款年增长率趋势

三十年来，农业银行人民币各项贷款占 GDP 的比重虽然有一定波动，但基本保持在 10%至 20%之间，二者的数量关系相对稳定；从增速的波动情况来看，农业银行人民币各项贷款的增长波动更加剧烈，在 2000 年及 2008 年出现了负增长情况，但波动周期与 GDP 的波动较为接近。

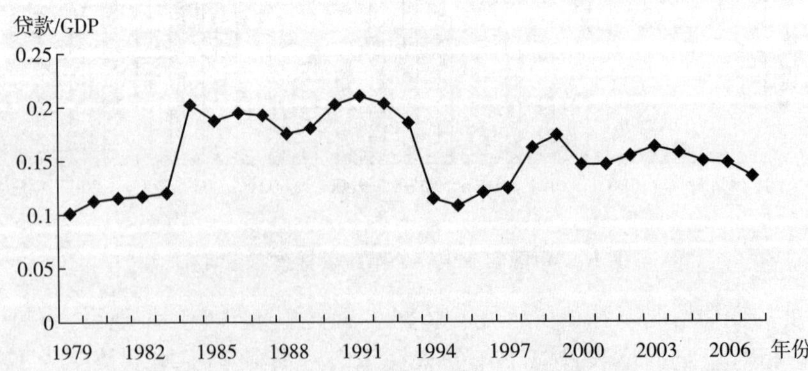

图 19　中国农业银行人民币各项贷款占 GDP 的比重变化趋势

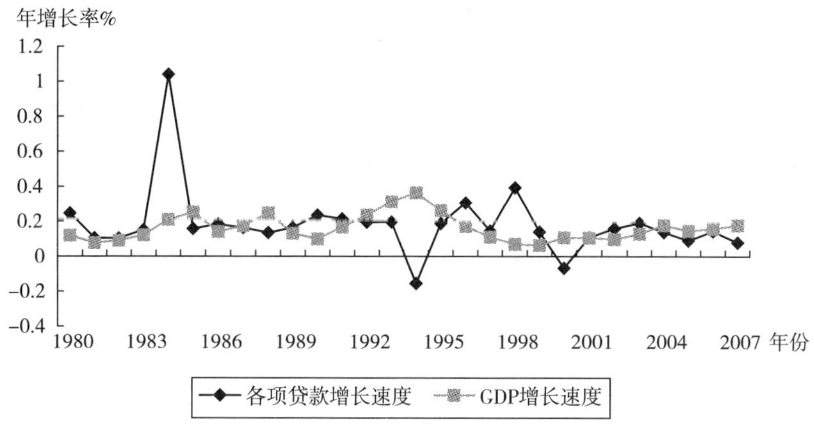

图 20　中国农业银行人民币各项贷款与 GDP 增长速度比较

（四）储蓄存款快速增长，存款结构日趋合理

将人民币各项存款分成三大类：储蓄存款、单位存款和其他存款。1979 年年末，农业银行储蓄存款仅为 21.20 亿元，单位存款 258.44 亿元，其他存款 0.43 亿元。截至 2008 年年末，储蓄存款达 37227.63 亿元，单位存款 21736.24 亿元，其他存款 1221.82 亿元。三十年间，储蓄存款的增幅达 37206.43 亿元，增长了 1754 倍；单位存款增幅达 21477.80 亿元，增长了 82 倍。1992 年，储蓄存款为 1972.43 亿元，单位存款为 1952.62 亿元，储蓄存款第一次在总量上超过单位存款，成为农业银行各项存款的主要构成部分。

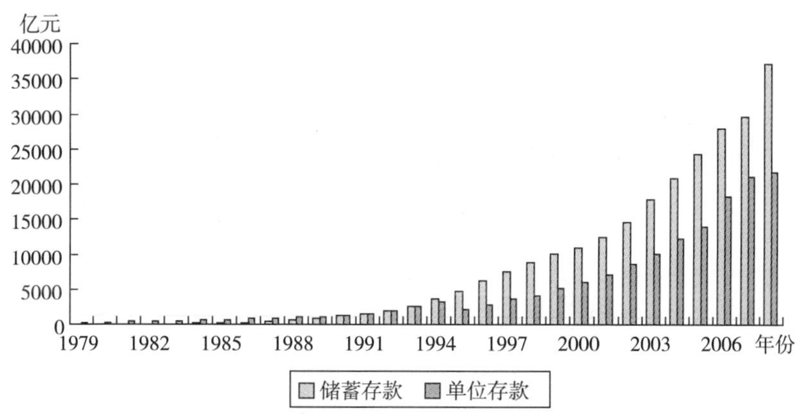

图 21　中国农业银行人民币单位存款与储蓄存款比较

对比两类存款的年增长率变化曲线，储蓄存款在 1980 年至 1996 年间一直保持着较高的增长速度，此后进入了较为平稳的增长期，2008 年增速有所加快。储蓄存款三十年的年平均增长率为 30.31%，高于各项存款的平均增长速度；单位存款的增长则一直保持相对平稳的速度，三十年的平均增长率为 17.24%，略低于各项存款的平均增长速度。*

1979 年年末，各项存款的构成中，单位存款占 92%，储蓄存款仅占 8%，单位存款与储蓄存款的比例差别大，存款业务对单位存款的依赖性过高，存款结构不合理。此后，农业银行储蓄存款业务进入了一个快速发展时期，1992 年年末，储蓄存款与单位存款的比例基本持平。2008 年年末，储蓄存款占各项存款的比重上升至 62%，单位存款的比重为 36%，存款结构达到了比

* 其中，1995 年单位存款出现负增长的原因是因为统计口径的调整。1995 年之前的单位存款中包括信用社存款；1995 年之后，信用社存款划转至同业存放款项下。

较合理的水平。

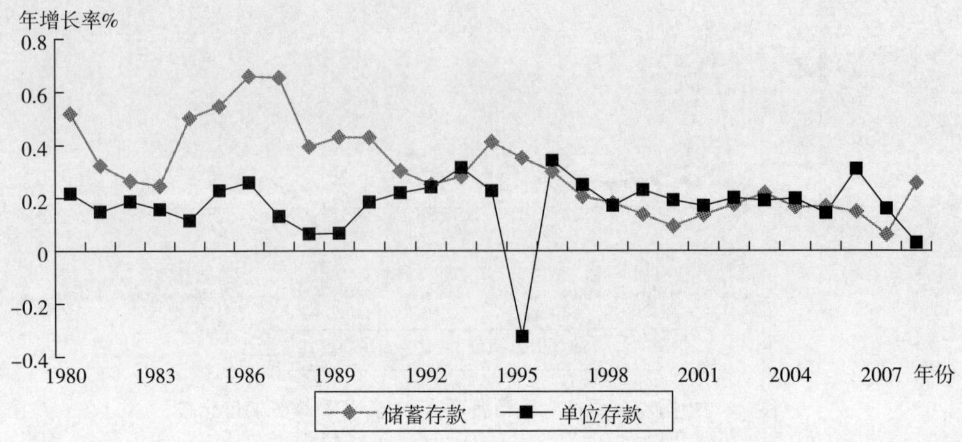

图 22　中国农业银行人民币单位存款与储蓄存款年增长率趋势

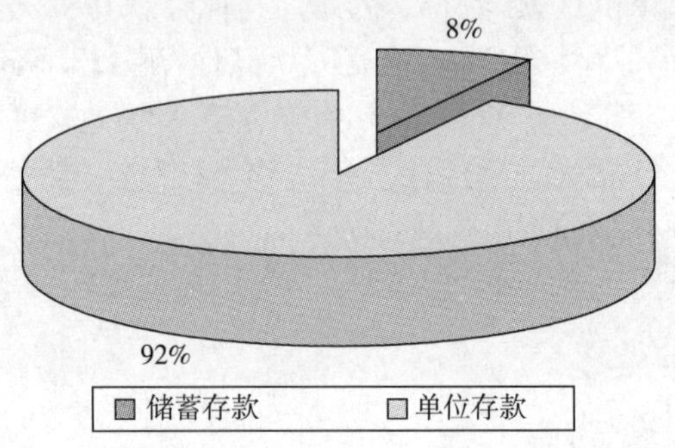

图 23　中国农业银行 1979 年年末人民币各项存款结构

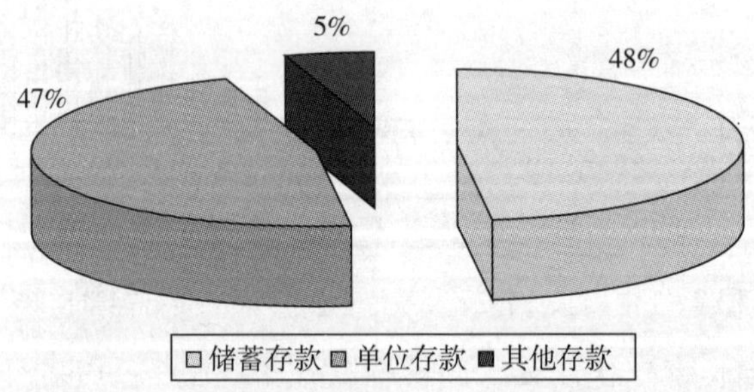

图 24　中国农业银行 1992 年年末人民币各项存款结构

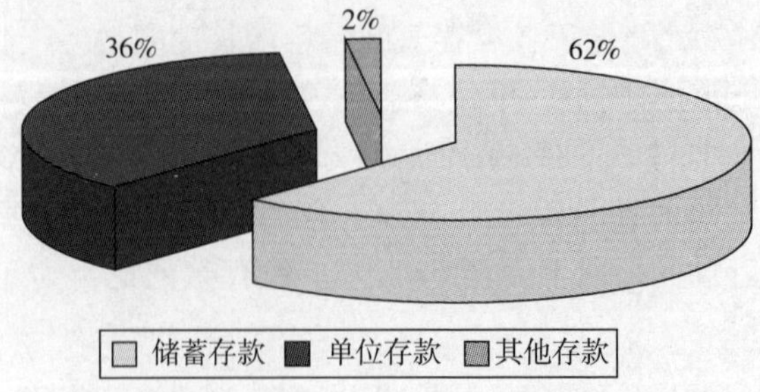

图 25　中国农业银行 2008 年年末人民币各项存款结构

（一）境内合计人民币业务主要情况

中国农业银行境内合计人民币信贷资金来源运用表

（1979）

单位：亿元

项　目	年末余额	比年初增减额	项　目	年末余额	比年初增减额
一、各项存款	280.07		一、各项贷款	410.98	
1. 企业存款	27.90		1. 流动资金贷款	310.94	
（1）工业存款			（1）工业贷款	1.11	
（2）商业存款	19.94		（2）商业贷款	279.94	
（3）乡镇企业存款	7.96		（3）乡镇企业贷款	29.89	
（4）单位定期存款			2. 固定资产贷款	0.07	
2. 农业存款	230.54		（1）国营工业技改贷款		
（1）国营农业企事业存款	34.06		（2）国营商业技改贷款		
（2）集体个体农业存款	4.06		（3）国营农业技改贷款	0.07	
（3）信用社存款	192.42		（4）基本建设贷款		
（4）信用社存款准备金			3. 农业贷款	99.97	
3. 储蓄存款	21.20		（1）国营农业贷款	6.48	
（1）活期储蓄存款			（2）集体农业贷款	85.09	
（2）定期储蓄存款			（3）农户贷款	3.73	
4. 其他存款	0.43		（4）信用社贷款	4.67	
二、金融债券			（5）扶贫贴息贷款		
三、财政性存款	18.10		（6）外资配套贷款		
四、向人民银行借款	61.05		（7）开发性贷款		
五、同业存放款项			4. 特种贷款		
六、信贷基金			5. 其他贷款		
七、纯益			二、缴存准备金		
八、其他	111.27		三、在人民银行存款	1.26	
			四、存放同业款项		
			五、现金	17.65	
			六、代理业务	40.60	
资金来源合计	**470.49**		**资金运用合计**	**470.49**	

中国农业银行境内合计人民币信贷资金来源运用表

（1980）

单位：亿元

项　　目	年末余额	比年初增减额	项　　目	年末余额	比年初增减额
一、各项存款	368.04	87.97	一、各项贷款	512.01	101.03
1. 企业存款	34.88	6.98	1. 流动资金贷款	389.01	78.07
（1）工业存款			（1）工业贷款	2.46	1.35
（2）商业存款	34.88	14.94	（2）商业贷款	333.56	53.62
（3）乡镇企业存款		-7.96	（3）乡镇企业贷款	52.99	23.10
（4）单位定期存款			2. 固定资产贷款	1.49	1.42
2. 农业存款	279.48	48.94	（1）国营工业技改贷款		
（1）国营农业企事业存款	40.72	6.66	（2）国营商业技改贷款	0.36	0.36
（2）集体个体农业存款	21.37	17.31	（3）国营农业技改贷款	1.13	1.06
（3）信用社存款	217.39	24.97	（4）基本建设贷款		
（4）信用社存款准备金			3. 农业贷款	113.76	13.79
3. 储蓄存款	32.20	11.00	（1）国营农业贷款	8.27	1.79
（1）活期储蓄存款			（2）集体农业贷款	94.12	9.03
（2）定期储蓄存款			（3）农户贷款	3.54	-0.19
4. 其他存款	21.48	21.05	（4）信用社贷款	7.83	3.16
二、金融债券			（5）扶贫贴息贷款		
三、财政性存款	25.28	7.18	（6）外资配套贷款		
四、向人民银行借款	96.15	35.10	（7）开发性贷款		
五、同业存放款项			4. 特种贷款		
六、信贷基金	200.00	200.00	5. 其他贷款	7.75	7.75
七、纯益			二、缴存准备金		
八、其他	28.86	-82.41	三、在人民银行存款	49.45	48.19
			四、存放同业款项	0.01	0.01
			五、现金	26.06	8.41
			六、代理业务	130.80	90.20
资金来源合计	**718.33**	**247.84**	**资金运用合计**	**718.33**	**247.84**

中国农业银行境内合计人民币信贷资金来源运用表

（1981）

单位：亿元

项　　目	年末余额	比年初增减额	项　　目	年末余额	比年初增减额
一、各项存款	422.57	54.53	一、各项贷款	565.02	53.01
1. 企业存款	52.64	17.76	1. 流动资金贷款	437.02	48.01
（1）工业存款			（1）工业贷款	4.20	1.74
（2）商业存款	38.97	4.09	（2）商业贷款	370.68	37.12
（3）乡镇企业存款	13.67	13.67	（3）乡镇企业贷款	62.14	9.15
（4）单位定期存款			2. 固定资产贷款	4.24	2.75
2. 农业存款	308.07	28.59	（1）国营工业技改贷款		
（1）国营农业企事业存款	44.53	3.81	（2）国营商业技改贷款	1.41	1.05
（2）集体个体农业存款	10.56	-10.81	（3）国营农业技改贷款	2.83	1.70
（3）信用社存款	252.98	35.59	（4）基本建设贷款		
（4）信用社存款准备金			3. 农业贷款	120.05	6.29
3. 储蓄存款	42.56	10.36	（1）国营农业贷款	13.92	5.65
（1）活期储蓄存款	7.83		（2）集体农业贷款	93.29	-0.83
（2）定期储蓄存款	34.73		（3）农户贷款	4.91	1.37
4. 其他存款	19.30	-2.18	（4）信用社贷款	7.93	0.10
二、金融债券			（5）扶贫贴息贷款		
三、财政性存款	29.30	4.02	（6）外资配套贷款		
四、向人民银行借款	148.58	52.43	（7）开发性贷款		
五、同业存放款项			4. 特种贷款		
六、信贷基金	220.00	20.00	5. 其他贷款	3.71	-4.04
七、纯益			二、缴存准备金		
八、其他	18.42	-10.44	三、在人民银行存款	39.95	-9.50
			四、存放同业款项	7.50	7.49
			五、现金	26.40	0.34
			六、代理业务	200.00	69.20
资金来源合计	**838.87**	**120.54**	**资金运用合计**	**838.87**	**120.54**

中国农业银行境内合计人民币信贷资金来源运用表

（1982）

单位：亿元

项　　目	年末余额	比年初增减额	项　　目	年末余额	比年初增减额
一、各项存款	502.20	79.63	一、各项贷款	623.08	58.06
1. 企业存款	65.24	12.60	1. 流动资金贷款	478.43	41.41
（1）工业存款			（1）工业贷款	5.55	1.35
（2）商业存款	48.37	9.40	（2）商业贷款	399.51	28.83
（3）乡镇企业存款	16.24	2.57	（3）乡镇企业贷款	73.37	11.23
（4）单位定期存款	0.63	0.63	2. 固定资产贷款	7.76	3.52
2. 农业存款	362.68	54.61	（1）国营工业技改贷款		
（1）国营农业企事业存款	50.24	5.71	（2）国营商业技改贷款	2.71	1.30
（2）集体个体农业存款	10.72	0.16	（3）国营农业技改贷款	5.05	2.22
（3）信用社存款	301.72	48.74	（4）基本建设贷款		
（4）信用社存款准备金			3. 农业贷款	131.63	11.58
3. 储蓄存款	53.76	11.20	（1）国营农业贷款	19.82	5.90
（1）活期储蓄存款	10.12	2.29	（2）集体农业贷款	92.01	-1.28
（2）定期储蓄存款	43.64	8.91	（3）农户贷款	9.08	4.17
4. 其他存款	20.52	1.22	（4）信用社贷款	10.72	2.79
二、金融债券			（5）扶贫贴息贷款		
三、财政性存款	35.63	6.33	（6）外资配套贷款		
四、向人民银行借款	218.54	69.96	（7）开发性贷款		
五、同业存放款项			4. 特种贷款		
六、信贷基金	220.23	0.23	5. 其他贷款	5.26	1.55
七、纯益			二、缴存准备金		
八、其他	72.28	53.86	三、在人民银行存款	52.73	12.78
			四、存放同业款项	87.72	80.22
			五、现金	28.28	1.88
			六、代理业务	257.07	57.07
资金来源合计	**1048.88**	**210.01**	**资金运用合计**	**1048.88**	**210.01**

中国农业银行境内合计人民币信贷资金来源运用表

（1983）

单位：亿元

项　　目	年末余额	比年初增减额	项　　目	年末余额	比年初增减额
一、各项存款	588.04	85.84	一、各项贷款	716.23	93.15
1. 企业存款	66.98	1.74	1. 流动资金贷款	555.37	76.94
（1）工业存款			（1）工业贷款	8.10	2.55
（2）商业存款	48.73	0.36	（2）商业贷款	467.25	67.74
（3）乡镇企业存款	17.17	0.93	（3）乡镇企业贷款	80.02	6.65
（4）单位定期存款	1.08	0.45	2. 固定资产贷款	10.00	2.24
2. 农业存款	427.90	65.22	（1）国营工业技改贷款		
（1）国营农业企事业存款	55.09	4.85	（2）国营商业技改贷款	3.86	1.15
（2）集体个体农业存款	5.41	-5.31	（3）国营农业技改贷款	6.14	1.09
（3）信用社存款	336.40	34.68	（4）基本建设贷款		
（4）信用社存款准备金	31.00	31.00	3. 农业贷款	144.41	12.78
3. 储蓄存款	66.96	13.20	（1）国营农业贷款	25.45	5.63
（1）活期储蓄存款	14.70	4.58	（2）集体农业贷款	83.18	-8.83
（2）定期储蓄存款	52.26	8.62	（3）农户贷款	18.83	9.75
4. 其他存款	26.20	5.68	（4）信用社贷款	16.25	5.53
二、金融债券			（5）扶贫贴息贷款		
三、财政性存款	39.12	3.49	（6）外资配套贷款		
四、向人民银行借款	272.87	54.33	（7）开发性贷款	0.70	0.70
五、同业存放款项			4. 特种贷款		
六、信贷基金	220.23		5. 其他贷款	6.45	1.19
七、纯益	4.06	4.06	二、缴存准备金		
八、其他	31.91	-40.37	三、在人民银行存款	48.95	-3.78
			四、存放同业款项	46.00	-41.72
			五、现金	30.38	2.10
			六、代理业务	314.67	57.60
资金来源合计	**1156.23**	**107.35**	**资金运用合计**	**1156.23**	**107.35**

中国农业银行境内合计人民币信贷资金来源运用表

（1984）

单位：亿元

项目	年末余额	比年初增减额	项目	年末余额	比年初增减额
一、各项存款	718.80	130.76	一、各项贷款	1459.64	743.41
1. 企业存款	156.72	89.74	1. 流动资金贷款	1220.26	664.89
（1）工业存款	13.93	13.93	（1）工业贷款	47.50	39.40
（2）商业存款	106.56	57.83	（2）商业贷款	1015.08	547.83
（3）乡镇企业存款	35.40	18.23	（3）乡镇企业贷款	157.68	77.66
（4）单位定期存款	0.83	-0.25	2. 固定资产贷款	13.90	3.90
2. 农业存款	394.76	-33.14	（1）国营工业技改贷款	0.93	0.93
（1）国营农业企事业存款	63.92	8.83	（2）国营商业技改贷款	5.55	1.69
（2）集体个体农业存款	7.72	2.31	（3）国营农业技改贷款	7.40	1.26
（3）信用社存款	220.55	-115.85	（4）基本建设贷款	0.02	0.02
（4）信用社存款准备金	102.57	71.57	3. 农业贷款	202.35	57.94
3. 储蓄存款	100.51	33.55	（1）国营农业贷款	50.42	24.97
（1）活期储蓄存款	21.54	6.84	（2）集体农业贷款	72.58	-10.60
（2）定期储蓄存款	78.97	26.71	（3）农户贷款	43.71	24.88
4. 其他存款	66.81	40.61	（4）信用社贷款	31.16	14.91
二、金融债券			（5）扶贫贴息贷款		
三、财政性存款	18.90	-20.22	（6）外资配套贷款		
四、向人民银行借款	594.83	321.96	（7）开发性贷款	4.48	3.78
五、同业存放款项	8.38	8.38	4. 特种贷款		
六、信贷基金	206.60	-13.63	5. 其他贷款	23.13	16.68
七、纯益	5.34	1.28	二、缴存准备金	69.22	69.22
八、其他	61.65	29.74	三、在人民银行存款	33.09	-15.86
			四、存放同业款项	8.09	-37.91
			五、现金	44.46	14.08
			六、代理业务		-314.67
资金来源合计	**1614.50**	**458.27**	**资金运用合计**	**1614.50**	**458.27**

中国农业银行境内合计人民币信贷资金来源运用表

(1985)

单位：亿元

项　　目	年末余额	比年初增减额	项　　目	年末余额	比年初增减额
一、各项存款	912.35	193.55	一、各项贷款	1687.70	228.06
1. 企业存款	202.05	45.33	1. 流动资金贷款	1405.31	185.05
(1) 工业存款	13.56	-0.37	(1) 工业贷款	61.59	14.09
(2) 商业存款	156.97	50.41	(2) 商业贷款	1155.74	140.66
(3) 乡镇企业存款	30.79	-4.61	(3) 乡镇企业贷款	187.98	30.30
(4) 单位定期存款	0.73	-0.10	2. 固定资产贷款	22.02	8.12
2. 农业存款	474.87	80.11	(1) 国营工业技改贷款	3.50	2.57
(1) 国营农业企事业存款	62.76	-1.16	(2) 国营商业技改贷款	7.95	2.40
(2) 集体个体农业存款	7.45	-0.27	(3) 国营农业技改贷款	10.55	3.15
(3) 信用社存款	197.04	-23.51	(4) 基本建设贷款	0.02	
(4) 信用社存款准备金	207.62	105.05	3. 农业贷款	221.76	19.41
3. 储蓄存款	155.32	54.81	(1) 国营农业贷款	58.92	8.50
(1) 活期储蓄存款	34.55	13.01	(2) 集体农业贷款	66.44	-6.14
(2) 定期储蓄存款	120.77	41.80	(3) 农户贷款	53.82	10.11
4. 其他存款	80.11	13.30	(4) 信用社贷款	33.07	1.91
二、金融债券	4.68	4.68	(5) 扶贫贴息贷款		
三、财政性存款	19.65	0.75	(6) 外资配套贷款		
四、向人民银行借款	751.57	156.74	(7) 开发性贷款	9.51	5.03
五、同业存放款项	18.75	10.37	4. 特种贷款	4.59	4.59
六、信贷基金	203.65	-2.95	5. 其他贷款	34.02	10.89
七、纯益	9.68	4.34	二、缴存准备金	77.76	8.54
八、其他	70.64	8.99	三、在人民银行存款	165.10	132.01
			四、存放同业款项	13.05	4.96
			五、现金	47.36	2.90
			六、代理业务		
资金来源合计	**1990.97**	**376.47**	**资金运用合计**	**1990.97**	**376.47**

中国农业银行境内合计人民币信贷资金来源运用表

（1986）

单位：亿元

项　　目	年末余额	比年初增减额	项　　目	年末余额	比年初增减额
一、各项存款	1211.80	299.45	一、各项贷款	1996.12	308.42
1. 企业存款	262.77	60.72	1. 流动资金贷款	1629.45	224.14
（1）工业存款	19.24	5.68	（1）工业贷款	99.55	37.96
（2）商业存款	196.72	39.75	（2）商业贷款	1241.97	86.23
（3）乡镇企业存款	45.66	14.87	（3）乡镇企业贷款	287.93	99.95
（4）单位定期存款	1.15	0.42	2. 固定资产贷款	38.52	16.50
2. 农业存款	588.39	113.52	（1）国营工业技改贷款	13.31	9.81
（1）国营农业企事业存款	83.53	20.77	（2）国营商业技改贷款	11.24	3.29
（2）集体个体农业存款	9.94	2.49	（3）国营农业技改贷款	13.92	3.37
（3）信用社存款	265.86	68.82	（4）基本建设贷款	0.05	0.03
（4）信用社存款准备金	229.06	21.44	3. 农业贷款	279.83	58.07
3. 储蓄存款	257.68	102.36	（1）国营农业贷款	89.51	30.59
（1）活期储蓄存款	54.38	19.83	（2）集体农业贷款	65.17	-1.27
（2）定期储蓄存款	203.30	82.53	（3）农户贷款	64.10	10.28
4. 其他存款	102.96	22.85	（4）信用社贷款	42.08	9.01
二、金融债券	10.20	5.52	（5）扶贫贴息贷款	0.17	0.17
三、财政性存款	26.86	7.21	（6）外资配套贷款	3.14	3.14
四、向人民银行借款	774.67	23.10	（7）开发性贷款	15.66	6.15
五、同业存放款项	14.51	-4.24	4. 特种贷款	11.59	7.00
六、信贷基金	225.26	21.61	5. 其他贷款	36.73	2.71
七、纯益	10.92	1.24	二、缴存准备金	108.90	31.14
八、其他	94.93	24.29	三、在人民银行存款	176.91	11.81
			四、存放同业款项	40.31	27.26
			五、现金	46.91	-0.45
			六、代理业务		
资金来源合计	**2369.15**	**378.18**	**资金运用合计**	**2369.15**	**378.18**

中国农业银行境内合计人民币信贷资金来源运用表

（1987）

单位：亿元

项　　目	年末余额	比年初增减额	项　　目	年末余额	比年初增减额
一、各项存款	1487.30	275.50	一、各项贷款	2319.26	323.14
1. 企业存款	305.00	42.23	1. 流动资金贷款	1871.90	242.45
（1）工业存款	25.47	6.23	（1）工业贷款	133.10	33.55
（2）商业存款	221.69	24.97	（2）商业贷款	1388.73	146.76
（3）乡镇企业存款	54.28	8.62	（3）乡镇企业贷款	350.07	62.14
（4）单位定期存款	3.56	2.41	2. 固定资产贷款	46.88	8.36
2. 农业存款	656.99	68.60	（1）国营工业技改贷款	12.66	-0.65
（1）国营农业企事业存款	94.65	11.12	（2）国营商业技改贷款	14.30	3.06
（2）集体个体农业存款	12.34	2.40	（3）国营农业技改贷款	17.01	3.09
（3）信用社存款	285.51	19.65	（4）基本建设贷款	2.91	2.86
（4）信用社存款准备金	264.49	35.43	3. 农业贷款	338.68	58.85
3. 储蓄存款	426.19	168.51	（1）国营农业贷款	111.14	21.63
（1）活期储蓄存款	99.91	45.53	（2）集体农业贷款	72.06	6.89
（2）定期储蓄存款	326.28	122.98	（3）农户贷款	79.26	15.16
4. 其他存款	99.12	-3.84	（4）信用社贷款	36.46	-5.62
二、金融债券	10.65	0.45	（5）扶贫贴息贷款	13.47	13.30
三、财政性存款	29.81	2.95	（6）外资配套贷款	5.66	2.52
四、向人民银行借款	834.54	59.87	（7）开发性贷款	20.63	4.97
五、同业存放款项	55.15	40.64	4. 特种贷款	16.09	4.50
六、信贷基金	234.37	9.11	5. 其他贷款	45.71	8.98
七、纯益	13.92	3.00	二、缴存准备金	160.91	52.01
八、其他	70.99	-23.94	三、在人民银行存款	141.54	-35.37
			四、存放同业款项	71.69	31.38
			五、现金	43.33	-3.58
			六、代理业务		
资金来源合计	**2736.73**	**367.58**	**资金运用合计**	**2736.73**	**367.58**

中国农业银行境内合计人民币信贷资金来源运用表

（1988）

单位：亿元

项　　目	年末余额	比年初增减额	项　　目	年末余额	比年初增减额
一、各项存款	1713.73	226.43	一、各项贷款	2632.15	312.89
1. 企业存款	351.36	46.36	1. 流动资金贷款	2131.51	259.61
（1）工业存款	28.86	3.39	（1）工业贷款	154.43	21.33
（2）商业存款	253.18	31.49	（2）商业贷款	1569.39	180.66
（3）乡镇企业存款	62.15	7.87	（3）乡镇企业贷款	407.69	57.62
（4）单位定期存款	7.17	3.61	2. 固定资产贷款	58.45	11.57
2. 农业存款	672.22	15.23	（1）国营工业技改贷款	17.15	4.49
（1）国营农业企事业存款	92.23	-2.42	（2）国营商业技改贷款	15.19	0.89
（2）集体个体农业存款	15.08	2.74	（3）国营农业技改贷款	19.84	2.83
（3）信用社存款	287.17	1.66	（4）基本建设贷款	6.27	3.36
（4）信用社存款准备金	277.74	13.25	3. 农业贷款	396.80	58.12
3. 储蓄存款	593.71	167.52	（1）国营农业贷款	134.10	22.96
（1）活期储蓄存款	154.24	54.33	（2）集体农业贷款	82.78	10.72
（2）定期储蓄存款	439.47	113.19	（3）农户贷款	86.79	7.53
4. 其他存款	96.44	-2.68	（4）信用社贷款	33.69	-2.77
二、金融债券	12.90	2.25	（5）扶贫贴息贷款	26.61	13.14
三、财政性存款	27.68	-2.13	（6）外资配套贷款	7.81	2.15
四、向人民银行借款	993.80	159.26	（7）开发性贷款	25.02	4.39
五、同业存放款项	87.87	32.72	4. 特种贷款	23.04	6.95
六、信贷基金	244.92	10.55	5. 其他贷款	22.35	-23.36
七、纯益	15.20	1.28	二、缴存准备金	202.33	41.42
八、其他	47.21	-23.78	三、在人民银行存款	132.64	-8.90
			四、存放同业款项	127.31	55.62
			五、现金	48.88	5.55
			六、代理业务		
资金来源合计	**3143.31**	**406.58**	**资金运用合计**	**3143.31**	**406.58**

中国农业银行境内合计人民币信贷资金来源运用表

(1989)

单位：亿元

项　目	年末余额	比年初增减额	项　目	年末余额	比年初增减额
一、各项存款	2055.46	341.73	一、各项贷款	3058.17	426.02
1. 企业存款	369.43	18.07	1. 流动资金贷款	2483.38	351.87
（1）工业存款	28.43	-0.43	（1）工业贷款	189.20	34.77
（2）商业存款	266.23	13.05	（2）商业贷款	1873.57	304.18
（3）乡镇企业存款	56.25	-5.90	（3）乡镇企业贷款	420.61	12.92
（4）单位定期存款	18.52	11.35	2. 固定资产贷款	65.58	7.13
2. 农业存款	722.52	50.30	（1）国营工业技改贷款	20.33	3.18
（1）国营农业企事业存款	94.29	2.06	（2）国营商业技改贷款	15.17	-0.02
（2）集体个体农业存款	16.68	1.60	（3）国营农业技改贷款	21.32	1.48
（3）信用社存款	320.86	33.69	（4）基本建设贷款	8.76	2.49
（4）信用社存款准备金	290.69	12.95	3. 农业贷款	463.93	67.13
3. 储蓄存款	848.51	254.80	（1）国营农业贷款	164.46	30.36
（1）活期储蓄存款	147.60	-6.64	（2）集体农业贷款	95.77	12.99
（2）定期储蓄存款	700.91	261.44	（3）农户贷款	90.60	3.81
4. 其他存款	115.00	18.56	（4）信用社贷款	33.97	0.28
二、金融债券	10.11	-2.79	（5）扶贫贴息贷款	37.72	11.11
三、财政性存款	42.99	15.31	（6）外资配套贷款	10.16	2.35
四、向人民银行借款	1182.87	189.07	（7）开发性贷款	31.25	6.23
五、同业存放款项	159.81	71.94	4. 特种贷款	26.02	2.98
六、信贷基金	257.01	12.09	5. 其他贷款	19.26	-3.09
七、纯益	12.26	-2.94	二、缴存准备金	258.75	56.42
八、其他	11.02	-36.19	三、在人民银行存款	250.00	117.36
			四、存放同业款项	105.03	-22.28
			五、现金	59.58	10.70
			六、代理业务		
资金来源合计	**3731.53**	**588.22**	**资金运用合计**	**3731.53**	**588.22**

中国农业银行境内合计人民币信贷资金来源运用表

（1990）

单位：亿元

项　　目	年末余额	比年初增减额	项　　目	年末余额	比年初增减额
一、各项存款	2640.55	585.09	一、各项贷款	3774.34	716.17
1. 企业存款	438.39	68.96	1. 流动资金贷款	3071.00	587.62
（1）工业存款	34.63	6.20	（1）工业贷款	249.54	60.34
（2）商业存款	310.18	43.95	（2）商业贷款	2359.28	485.71
（3）乡镇企业存款	66.33	10.08	（3）乡镇企业贷款	462.18	41.57
（4）单位定期存款	27.25	8.73	2. 固定资产贷款	76.43	10.85
2. 农业存款	853.67	131.15	（1）国营工业技改贷款	26.38	6.05
（1）国营农业企事业存款	115.03	20.74	（2）国营商业技改贷款	15.57	0.40
（2）集体个体农业存款	19.21	2.53	（3）国营农业技改贷款	23.31	1.99
（3）信用社存款	434.44	113.58	（4）基本建设贷款	11.17	2.41
（4）信用社存款准备金	284.99	-5.70	3. 农业贷款	562.93	99.00
3. 储蓄存款	1212.10	363.59	（1）国营农业贷款	203.00	38.54
（1）活期储蓄存款	182.36	34.76	（2）集体农业贷款	113.61	17.84
（2）定期储蓄存款	1029.74	328.83	（3）农户贷款	99.41	8.81
4. 其他存款	136.39	21.39	（4）信用社贷款	37.47	3.50
二、金融债券	9.68	-0.43	（5）扶贫贴息贷款	47.71	9.99
三、财政性存款	58.74	15.75	（6）外资配套贷款	16.65	6.49
四、向人民银行借款	1438.88	256.01	（7）开发性贷款	45.08	13.83
五、同业存放款项	275.88	116.07	4. 特种贷款	25.79	-0.23
六、信贷基金	268.02	11.01	5. 其他贷款	38.19	18.93
七、纯益	11.55	-0.71	二、缴存准备金	340.15	81.40
八、其他	33.01	21.99	三、在人民银行存款	387.77	137.77
			四、存放同业款项	168.11	63.08
			五、现金	65.94	6.36
资金来源合计	**4736.31**	**1004.78**	**资金运用合计**	**4736.31**	**1004.78**

中国农业银行境内合计人民币信贷资金来源运用表

（1991）

单位：亿元

项　　目	年末余额	比年初增减额	项　　目	年末余额	比年初增减额
一、各项存款	3319.51	678.96	一、各项贷款	4578.07	803.73
1. 企业存款	546.46	108.07	1. 流动资金贷款	3675.29	632.93
（1）工业存款	44.24	9.61	（1）工业贷款	307.89	58.35
（2）商业存款	380.38	70.20	（2）商业贷款	2868.97	509.69
（3）乡镇企业存款	86.36	20.03	（3）乡镇企业贷款	498.43	64.89
（4）单位定期存款	35.48	8.23	2. 固定资产贷款	99.86	23.43
2. 农业存款	1027.66	173.99	（1）国营工业技改贷款	37.00	10.62
（1）国营农业企事业存款	136.49	21.46	（2）国营商业技改贷款	17.05	1.48
（2）集体个体农业存款	24.48	5.27	（3）国营农业技改贷款	26.96	3.65
（3）信用社存款	532.09	97.65	（4）基本建设贷款	18.85	7.68
（4）信用社存款准备金	334.60	49.61	3. 农业贷款	695.45	132.52
3. 储蓄存款	1577.64	365.54	（1）国营农业贷款	248.64	45.64
（1）活期储蓄存款	242.94	60.58	（2）集体农业贷款	143.10	29.49
（2）定期储蓄存款	1334.70	304.96	（3）农户贷款	114.85	15.44
4. 其他存款	167.75	31.36	（4）信用社贷款	41.35	3.88
二、金融债券	14.81	5.13	（5）扶贫贴息贷款	58.39	10.68
三、财政性存款	71.62	12.88	（6）外资配套贷款	21.90	5.25
四、向人民银行借款	1749.93	311.05	（7）开发性贷款	67.22	22.14
五、同业存放款项	301.33	25.45	4. 特种贷款	25.93	0.14
六、信贷基金	279.07	11.05	5. 其他贷款	81.54	14.69
七、纯益	16.05	4.50	二、缴存准备金	431.32	91.17
八、其他	33.91	0.90	三、在人民银行存款	427.84	40.07
			四、存放同业款项	278.31	110.20
			五、现金	70.69	4.75
资金来源合计	**5786.23**	**1049.92**	**资金运用合计**	**5786.23**	**1049.92**

中国农业银行境内合计人民币信贷资金来源运用表

（1992）

单位：亿元

项　目	年末余额	比年初增减额	项　目	年末余额	比年初增减额
一、各项存款	4130.94	811.43	一、各项贷款	5468.10	890.03
1. 企业存款	769.22	222.76	1. 流动资金贷款	4300.13	624.84
（1）工业存款	61.92	17.68	（1）工业贷款	402.30	94.41
（2）商业存款	530.33	149.95	（2）商业贷款	3315.32	446.35
（3）乡镇企业存款	132.48	46.12	（3）乡镇企业贷款	582.51	84.08
（4）单位定期存款	44.49	9.01	2. 固定资产贷款	139.18	39.32
2. 农业存款	1183.40	155.74	（1）国营工业技改贷款	53.86	16.86
（1）国营农业企事业存款	151.24	14.75	（2）国营商业技改贷款	22.69	5.64
（2）集体个体农业存款	39.37	14.89	（3）国营农业技改贷款	35.70	8.74
（3）信用社存款	580.09	48.00	（4）基本建设贷款	26.93	8.08
（4）信用社存款准备金	412.70	78.10	3. 农业贷款	846.93	151.48
3. 储蓄存款	1972.43	394.79	（1）国营农业贷款	310.57	61.93
（1）活期储蓄存款	368.87	125.93	（2）集体农业贷款	182.83	39.73
（2）定期储蓄存款	1603.56	268.86	（3）农户贷款	126.18	11.33
4. 其他存款	205.89	38.14	（4）信用社贷款	30.47	-10.88
二、金融债券	18.60	3.79	（5）扶贫贴息贷款	76.71	18.32
三、财政性存款	72.37	0.75	（6）外资配套贷款	25.12	3.22
四、向人民银行借款	2081.12	331.19	（7）开发性贷款	95.05	27.83
五、同业存放款项	457.38	156.05	4. 特种贷款	26.12	0.19
六、信贷基金	282.05	2.98	5. 其他贷款	155.74	74.20
七、纯益	19.29	3.24	二、缴存准备金	518.05	86.73
八、其他		-33.91	三、在人民银行存款	340.55	-87.29
			四、存放同业款项	578.07	299.76
			五、现金	87.56	16.87
			六、其他	69.42	69.42
资金来源合计	**7061.75**	**1275.52**	**资金运用合计**	**7061.75**	**1275.52**

中国农业银行境内合计人民币信贷资金来源运用表

（1993）

单位：亿元

项　　目	年末余额	比年初增减额	项　　目	年末余额	比年初增减额
一、各项存款	5130.18	999.24	一、各项贷款	6565.02	1096.92
1. 企业存款	1098.33	329.11	1. 流动资金贷款	4704.27	404.14
（1）企业活期存款	1043.96	319.23	（1）工业贷款	532.14	129.84
工业活期存款	72.59	10.67	（2）商业贷款	3397.52	82.20
商业活期存款	59.65	-470.68	农副产品收购贷款	2470.19	384.86
乡镇企业活期存款	272.30	139.82	贸易短期贷款	927.33	-302.64
其他活期存款	639.42	639.42	（3）乡镇企业贷款	774.61	192.10
（2）企业定期存款	54.37	9.88	2. 固定资产贷款	153.14	13.96
2. 农业存款	1463.49	280.09	（1）基本建设贷款	34.93	8.00
（1）农业存款	176.02	-14.59	（2）技术改造贷款	118.21	5.96
（2）信用社存款	780.61	200.52	3. 农业贷款	857.62	10.69
（3）信用社存款准备金	506.86	94.16	4. 其他贷款	849.99	668.13
3. 储蓄存款	2533.00	560.57	二、缴存中央银行款项	711.17	193.12
（1）活期储蓄存款	511.75	142.88	三、在中央银行存款	536.20	195.65
（2）定期储蓄存款	2021.25	417.69	四、存放同业款项	296.88	-281.19
4. 其他存款	35.36	-170.53	五、现金	135.47	47.91
二、财政性存款	80.89	8.52	六、其他	950.27	835.85
三、向人民银行借款	2718.75	637.63			
四、同业存放款项	205.46	-251.92			
五、其他	617.30	598.70			
六、所有者权益	397.43	96.09			
资金来源合计	**9150.01**	**2088.26**	**资金运用合计**	**9150.01**	**2088.26**

中国农业银行境内合计人民币信贷资金来源运用表

（1994 年上半年）

单位：亿元

项　目	6 月末余额	比年初增减额	项　目	6 月末余额	比年初增减额
一、各项存款	5846.27	716.09	一、各项贷款	6820.63	255.61
1. 企业存款	1276.02	179.75	1. 短期贷款	6085.68	234.85
（1）企业活期存款	1205.88	163.15	（1）农业短期贷款	734.01	95.87
工业活期存款	96.86	24.27	（2）商业短期贷款	3290.62	-51.07
商业活期存款	67.29	7.64	农副产品收购贷款	2310.16	-160.03
乡镇企业活期存款	298.06	25.76	贸易短期贷款	980.46	108.96
其他活期存款	743.67	105.48	（3）工业短期贷款	516.06	67.95
（2）企业定期存款	70.14	16.59	（4）乡镇企业短期贷款	710.68	64.55
2. 农业存款	1439.90	-23.59	（5）科技开发贷款	20.65	-1.01
（1）农业存款	161.96	-14.06	（6）其他短期贷款	813.66	58.56
（2）信用社存款	692.40	-88.21	2. 中长期贷款	734.95	20.76
（3）信用社存款准备金	585.54	78.68	（1）农业中长期贷款	236.10	16.62
3. 储蓄存款	3080.88	547.89	（2）商业中长期贷款	58.24	2.42
（1）活期储蓄存款	611.66	99.91	（3）工业中长期贷款	80.59	-3.45
（2）定期储蓄存款	2469.22	447.98	（4）乡镇企业中长期贷款	130.82	2.34
4. 其他存款	49.47	12.05	（5）基本建设贷款	36.47	1.54
二、财政性存款	71.77	-9.12	（6）技术改造贷款	121.40	3.19
三、向人民银行借款	2769.91	51.16	（7）其他中长期贷款	71.33	-1.90
四、同业存放款项	287.89	82.43	二、现金	130.85	-4.62
五、长期借款	34.59	0.90	三、在人民银行存款	537.09	0.89
六、其他	649.90	66.29	四、缴存准备金	785.90	74.73
七、所有者权益	484.99	87.56	五、存放同业款项	403.38	106.50
			六、投资	250.66	93.18
			七、固定资产净值	275.17	73.11
			八、其他	941.64	395.91
资金来源合计	**10145.32**	**995.31**	**资金运用合计**	**10145.32**	**995.31**

注：此表数字为划转农业发展银行之前的数字。

中国农业银行境内合计人民币信贷资金来源运用表

（1994 年下半年）

单位：亿元

项　　目	年末余额	比6月末增减额	项　　目	年末余额	比6月末增减额
一、各项存款	6721.82	942.93	一、各项贷款	5524.59	558.25
1. 企业存款	1414.43	203.08	1. 短期贷款	4859.39	492.76
（1）企业活期存款	1310.15	168.79	（1）农业短期贷款	756.08	50.66
工业活期存款	91.53	-4.86	（2）商业短期贷款	2053.75	426.21
商业活期存款	82.69	19.40	农副产品收购贷款	916.11	259.00
乡镇企业活期存款	315.13	17.84	贸易短期贷款	1137.64	167.21
其他活期存款	820.80	136.41	（3）工业短期贷款	540.94	29.54
（2）企业定期存款	104.28	34.29	（4）乡镇企业短期贷款	794.12	84.84
2. 农业存款	1730.74	293.68	（5）科技开发贷款	21.68	1.11
（1）农业存款	194.53	35.25	（6）其他短期贷款	692.82	-99.60
（2）信用社存款	866.99	174.49	2. 中长期贷款	665.20	65.49
（3）信用社存款准备金	669.22	83.94	（1）农业中长期贷款	120.49	15.09
3. 储蓄存款	3564.56	482.76	（2）商业中长期贷款	60.07	2.91
（1）活期储蓄存款	721.25	110.21	（3）工业中长期贷款	81.58	1.46
（2）定期储蓄存款	2837.67	366.91	（4）乡镇企业中长期贷款	144.25	13.49
（3）个人金穗卡	5.64	5.64	（5）基本建设贷款	33.42	-2.74
4. 其他存款	12.09	-36.59	（6）技术改造贷款	161.33	42.54
二、财政性存款	98.36	26.45	（7）其他中长期贷款	64.06	-7.26
三、向人民银行借款	3554.63	785.42	二、现金	141.77	10.27
四、同业存放款项	398.33	63.19	三、在人民银行存款	573.39	31.11
五、长期借款	39.96	5.61	四、缴存准备金	933.72	145.64
六、其他	982.76	334.91	五、存放同业款项	681.71	-1522.49
七、所有者权益	448.00	24.00	六、投资	312.57	61.95
			七、固定资产净值	244.81	-30.48
			八、其他	3831.30	2928.26
资金来源合计	**12243.86**	**2182.51**	**资金运用合计**	**12243.86**	**2182.51**

注：1994 年 6 月 30 日为农业银行与农业发展银行划账日，6 月 30 日前后农业银行各项统计数字无可比性。

中国农业银行境内合计人民币信贷资金来源运用表

（1995）

单位：亿元

项　　目	年末余额	比年初增减额	项　　目	年末余额	比年初增减额
一、各项存款	6939.43	1753.82	一、各项贷款	6560.53	1035.94
1. 企业存款	1909.29	494.86	1. 短期贷款	5835.64	976.25
（1）企业活期存款	1711.77	401.62	（1）农业短期贷款	955.25	199.17
工业活期存款	111.13	19.60	（2）商业短期贷款	2527.09	473.34
商业活期存款	130.82	48.13	农副产品收购贷款	1135.73	219.62
乡镇企业活期存款	331.87	16.74	贸易短期贷款	1391.36	253.72
其他活期存款	1137.95	317.15	（3）工业短期贷款	615.43	74.49
（2）企业定期存款	197.52	93.24	（4）乡镇企业短期贷款	959.00	164.88
2. 农业存款	216.79	22.26	（5）科技开发贷款	25.19	3.51
3. 储蓄存款	4813.35	1248.79	（6）其他短期贷款	753.68	60.86
（1）活期储蓄存款	961.15	239.90	2. 中长期贷款	724.89	59.69
（2）定期储蓄存款	3837.80	1000.13	（1）农业中长期贷款	166.11	45.62
（3）个人金穗卡	14.40	8.76	（2）商业中长期贷款	60.20	0.13
4. 其他存款		-12.09	（3）工业中长期贷款	70.48	-11.10
二、财政性存款	102.75	4.39	（4）乡镇企业中长期贷款	146.49	2.24
三、向人民银行借款	861.19	-2693.44	（5）基本建设贷款	50.01	16.59
四、同业存放款项	2116.06	181.52	（6）技术改造贷款	190.42	29.09
五、长期借款	33.55	-6.41	（7）其他中长期贷款	41.18	-22.88
六、其他	658.44	-324.32	二、现金	147.79	6.02
七、所有者权益	407.78	-40.22	三、在人民银行存款	581.18	7.79
			四、缴存准备金	1168.21	234.49
			五、存放同业款项	670.41	-11.30
			六、投资	454.68	142.11
			七、固定资产净值	284.35	39.54
			八、其他	1252.05	-2579.25
资金来源合计	**11119.20**	**-1124.66**	**资金运用合计**	**11119.20**	**-1124.66**

注：1995 年，“信用社存款”、“信用社存款准备金”由“农业存款”调整到“同业存放款项”中反映，“比年初增减额”考虑了统计口径调整的影响。

中国农业银行境内合计人民币信贷资金来源运用表

(1996)

单位：亿元

项　　目	年末余额	比年初增减额	项　　目	年末余额	比年初增减额
一、各项存款	9310.40	2370.97	一、各项贷款	8566.47	2005.94
1. 企业存款	2611.69	702.40	1. 短期贷款	7706.82	1871.18
（1）企业活期存款	2270.00	558.23	（1）农业短期贷款	1230.66	275.41
（2）企业定期存款	341.69	144.17	（2）商业短期贷款	3142.01	614.92
2. 农业存款	238.83	22.04	其中：农副产品收购贷款	1340.51	204.78
3. 储蓄存款	6249.70	1436.35	（3）工业短期贷款	842.91	227.48
（1）活期储蓄存款	1287.41	311.86	（4）乡镇企业短期贷款	1291.43	332.43
（2）定期储蓄存款	4962.29	1124.49	（5）三资企业短期贷款		
4. 其他存款	210.18	210.18	（6）私营企业及个体贷款		
二、代理财政性存款	34.49	-68.26	（7）贴现		
三、发行金融债券	1.58	1.58	（8）其他短期贷款	1199.82	420.95
四、国家投资债券	0.08	0.08	2. 中长期贷款	859.65	134.76
五、卖出回购证券	-20.40	-20.40	（1）基本建设贷款	123.66	73.65
六、向中央银行借款	2687.01	1825.82	（2）技术改造贷款	221.15	30.73
七、同业往来款项	833.19	-1282.87	（3）其他长期贷款	514.84	30.38
1. 同业存放款项	658.78	-1457.28	二、现金	123.04	-24.75
2. 同业拆借款项	174.41	174.41	三、准备金存款	2318.96	1150.75
八、委托及代理负债业务	206.66	206.66	四、存放中央银行特种存款	3.62	3.62
九、所有者权益	314.51	-93.27	五、存放中央银行财政性存款	85.64	-495.54
十、其他	-753.16	91.25	六、同业往来款项	780.49	110.08
			1. 存放同业款项	203.17	-467.24
			2. 拆放同业款项	577.33	577.33
			七、有价证券及投资	607.46	152.78
			八、委托及代理资产业务	135.85	135.85
			其中：发展少数民族经济贷款	13.37	13.37
			九、外汇占款	-7.17	-7.17
资金来源合计	**12614.35**	**3031.55**	**资金运用合计**	**12614.35**	**3031.55**

注：1996 年，统计指标设置和口径进行比较大的调整，“比年初增减额”考虑了统计口径调整的影响。

中国农业银行境内合计人民币信贷资金来源运用表

（1997）

单位：亿元

项　　目	年末余额	比年初增减额	项　　目	年末余额	比年初增减额
一、各项存款	11322.41	2012.00	一、各项贷款	9809.57	1243.10
1. 企业存款	3294.24	682.54	1. 短期贷款	8871.72	1164.90
（1）企业活期存款	2767.96	497.96	（1）农业短期贷款	1530.49	299.84
（2）企业定期存款	526.28	184.58	（2）商业短期贷款	3474.81	332.80
2. 农业存款	263.80	24.97	其中：农副产品收购贷款	1460.51	120.00
3. 储蓄存款	7523.65	1273.95	（3）工业短期贷款	955.50	112.59
（1）活期储蓄存款	1617.41	330.00	（4）乡镇企业短期贷款	1514.54	223.11
（2）定期储蓄存款	5906.25	943.95	（5）三资企业短期贷款	129.15	22.41
4. 其他存款	240.72	30.53	（6）私营企业及个体贷款	75.68	4.85
二、代理财政性存款	36.08	1.59	（7）贴现	102.17	28.15
三、发行金融债券	0.88	-0.70	（8）其他短期贷款	1089.38	141.15
四、国家投资债券	0.18	0.10	2. 中期贷款	12.84	12.84
五、卖出回购证券	-2.26	18.14	3. 长期贷款	925.01	65.36
六、向中央银行借款	2058.95	-628.06	（1）基本建设贷款	127.91	4.25
七、同业往来款项	759.16	-74.03	（2）技术改造贷款	230.54	9.39
1. 同业存放款项	687.62	28.85	（3）其他长期贷款	566.56	51.72
2. 同业拆借款项	71.54	-102.87	二、现金	144.63	21.59
八、委托及代理负债业务	106.55	-100.12	三、准备金存款	2427.91	108.95
九、所有者权益	377.13	62.61	四、存放中央银行特种存款	0.16	-3.46
十、其他	-1061.66	-308.50	五、存放中央银行财政性存款	85.83	0.19
			六、同业往来款项	511.08	-269.41
			1. 存放同业款项	96.24	-106.93
			2. 拆放同业款项	414.84	-162.49
			七、有价证券及投资	526.88	-80.58
			八、委托及代理资产业务	86.50	-49.35
			其中：发展少数民族经济贷款	3.89	-9.48
			九、外汇占款	4.86	12.03
资金来源合计	**13597.41**	**983.05**	**资金运用合计**	**13597.41**	**983.05**

中国农业银行境内合计人民币信贷资金来源运用表

(1998)

单位：亿元

项　目	年末余额	比年初增减额	项　目	年末余额	比年初增减额
一、各项存款	13324.29	2001.89	一、各项贷款	13667.60	3858.03
1. 企业存款	3863.84	569.60	1. 短期贷款	10083.16	1211.39
(1) 企业活期存款	3148.94	380.98	(1) 农业短期贷款	1775.55	245.05
(2) 企业定期存款	714.90	188.62	(2) 商业短期贷款	3748.66	273.85
2. 农业存款	300.42	36.62	其中：农副产品收购贷款	1254.89	-205.62
3. 储蓄存款	8881.85	1358.20	(3) 工业短期贷款	1097.89	142.39
(1) 活期储蓄存款	1962.13	344.72	(4) 乡镇企业短期贷款	1747.63	233.09
(2) 定期储蓄存款	6919.73	1013.48	(5) 三资企业短期贷款	184.08	54.93
4. 其他存款	278.18	37.46	(6) 私营企业及个体贷款	98.95	23.27
二、代理财政性存款	37.46	1.38	(7) 贴现	103.60	1.43
三、发行金融债券	0.22	-0.66	(8) 其他短期贷款	1326.76	237.38
四、国家投资债券	0.00	-0.17	2. 中期贷款	254.97	242.13
五、卖出回购证券	-1.03	1.23	3. 长期贷款	3329.50	2404.51
六、向中央银行借款	3781.95	1723.00	(1) 基本建设贷款	703.53	575.62
七、同业往来款项	788.76	29.60	(2) 技术改造贷款	219.20	-11.34
1. 同业存放款项	711.29	23.67	(3) 其他长期贷款	2406.79	1840.22
2. 同业拆借款项	77.47	5.93	二、现金	139.09	-5.54
八、委托及代理负债业务	88.65	-17.90	三、准备金存款	2107.58	-320.33
九、所有者权益	1061.90	684.78	四、存放中央银行特种存款	0.07	-0.09
十、其他	-1031.47	30.19	五、存放中央银行财政性存款	24.74	-61.09
			六、同业往来款项	288.95	-222.13
			1. 存放同业款项	56.96	-39.28
			2. 拆放同业款项	232.00	-182.84
			七、有价证券及投资	1684.50	1157.62
			八、委托及代理资产业务	67.59	-18.91
			其中：发展少数民族经济贷款	0.80	-3.09
			九、外汇占款	70.64	65.78
资金来源合计	**18050.75**	**4453.34**	**资金运用合计**	**18050.75**	**4453.34**

注：由于1998年5月农业发展银行部分业务划转农业银行，故“年末余额”数据为农业银行常规、专项业务合并数据；“比年初增减额”为比上年农业银行常规业务增减额。

中国农业银行境内合计人民币信贷资金来源运用表

（1999）

单位：亿元

项　　目	年末余额	比年初增减额	项　　目	年末余额	比年初增减额
一、各项存款	15492.79	2168.39	一、各项贷款	15550.61	1856.85
1. 企业存款	4595.89	731.97	1. 短期贷款	11172.03	660.04
（1）企业活期存款	3780.14	631.12	（1）工业短期贷款	1230.68	132.79
（2）企业定期存款	815.75	100.85	（2）商业短期贷款	4504.89	200.87
2. 机关团体存款	181.62	67.25	其中：农副产品收购贷款	1172.60	-82.29
3. 储蓄存款	10098.46	1216.59	（3）农业短期贷款	1737.44	-38.15
（1）活期储蓄存款	2556.00	593.85	（4）乡镇企业短期贷款	1900.39	152.76
（2）定期储蓄存款	7542.46	622.74	（5）三资企业短期贷款	242.11	58.04
4. 农业存款	341.78	41.35	（6）私营企业及个体短期贷款	155.47	56.52
5. 其他存款	275.04	111.24	（7）其他短期贷款	1401.05	97.21
二、代理财政性存款	46.60	9.14	其中：个人短期消费贷款	110.80	110.80
三、金融债券	0.14	-0.09	2. 中期流动资金贷款	348.07	146.75
四、应付及暂收款	214.59	-10.56	3. 中长期贷款	3940.96	1064.11
其中：应付及预提利息	18.05	-64.66	（1）基本建设贷款	1152.37	434.46
五、卖出回购证券	600.26	600.01	（2）技术改造贷款	221.74	-14.63
六、向中央银行借款	3960.15	178.20	（3）其他长期贷款	2566.85	644.27
七、同业往来款项	654.51	-134.26	其中：个人中长期消费贷款	155.24	94.73
1. 同业存放款项	642.11	-69.19	4. 票据融资	89.55	-14.05
2. 同业拆借款项	12.40	-65.07	二、有价证券及投资	1780.82	96.32
八、委托存款及委托贷款基金（净）	21.83	-0.04	三、应收及预付利息	942.46	101.56
1. 委托存款及委托贷款基金	92.37	3.69	其中：应收利息	759.76	118.35
2. 减：委托贷款及委托投资	70.54	3.72	四、买入返售证券	1.70	0.42
九、各项准备	150.09	73.94	五、存放中央银行准备金存款	2408.38	302.03
其中：贷款呆账准备金	145.03	71.91	六、缴存中央银行财政性存款	32.82	8.01
十、所有者权益	781.89	-279.78	七、同业往来款项	250.14	-38.81
其中：实收资本	1301.67	-18.45	1. 存放同业款项	49.24	-7.72
十一、其他	-567.11	-100.30	2. 拆放同业款项	200.91	-31.09
			八、代理金融机构贷款	0.57	-0.23
			其中：代理人行专项贷款	0.57	-0.23
			九、库存现金	297.76	158.66
			十、外汇占款	90.47	19.84
资金来源总计	**21355.74**	**2504.65**	**资金运用总计**	**21355.74**	**2504.65**

中国农业银行境内合计人民币信贷资金来源运用表

（2000）

单位：亿元

项　　目	年末余额	比年初增减额	项　　目	年末余额	比年初增减额
一、各项存款	17515.89	2023.10	一、各项贷款	14497.16	1956.87
1. 企业存款	5452.56	856.67	1. 短期贷款	9110.99	640.14
（1）企业活期存款	4483.93	703.78	（1）工业短期贷款	1060.06	143.63
（2）企业定期存款	968.63	152.88	（2）商业短期贷款	3457.29	-20.67
2. 机关团体存款	273.57	91.96	其中：农副产品收购贷款	740.81	-83.67
3. 储蓄存款	11032.25	933.79	（3）农业短期贷款	1287.83	-25.86
（1）活期储蓄存款	3274.80	718.80	（4）乡镇企业短期贷款	1412.76	76.13
（2）定期储蓄存款	7757.45	214.99	（5）三资企业短期贷款	243.82	2.46
4. 农业存款	371.87	30.09	（6）私营企业及个体短期贷款	204.20	49.02
5. 其他存款	385.65	110.60	（7）其他短期贷款	1445.03	415.42
二、代理财政性存款	65.44	18.84	其中：个人短期消费贷款	137.41	26.62
三、金融债券	0.12	-0.02	2. 中期流动资金贷款	433.04	92.43
四、应付及暂收款	254.30	3251.75	3. 中长期贷款	4795.60	1156.32
其中：应付及预提利息	56.37	38.33	（1）基本建设贷款	1202.40	190.90
五、卖出回购证券	100.24	-500.02	（2）技术改造贷款	165.93	-4.12
六、向中央银行借款	1268.08	-2692.07	（3）其他长期贷款	3427.27	969.55
七、同业往来	743.05	88.54	其中：个人中长期消费贷款	552.24	398.11
1. 同业存放	708.88	66.78	4. 票据融资	157.54	67.98
2. 同业拆借	34.16	21.76	二、有价证券及投资	2220.81	440.69
八、委托存款及委托贷款基金（净）	25.18	3.14	三、应收及预付利息	802.05	54.84
1. 委托存款及委托贷款基金	103.63	11.27	其中：应收利息	617.14	51.07
2. 减：委托贷款及委托投资	78.45	8.13	四、买入返售证券	33.57	31.87
九、各项准备	124.44	-25.65	五、存放中央银行准备金存款	2159.54	-248.84
其中：贷款呆账准备金	122.16	-22.87	六、缴存中央银行财政性存款	36.41	3.59
十、所有者权益	727.16	-54.73	七、同业往来	313.60	64.81
其中：实收资本	1294.67	-7.00	1. 存放同业	46.65	-2.16
十一、其他	-445.13	117.87	2. 拆放同业	266.95	66.97
			八、代理金融机构贷款	0.41	-0.07
			其中：代理人行专项贷款	0.41	-0.07
			九、库存现金	223.58	-74.17
			十、外汇占款	91.64	1.16
资金来源总计	**20378.77**	**2230.75**	**资金运用总计**	**20378.77**	**2230.75**

注：2000 年，中国农业银行向长城资产管理公司剥离部分不良资产，“比年初增减额”考虑了资产剥离的影响。

中国农业银行境内合计人民币信贷资金来源运用表

（2001）

单位：亿元

项　　目	年末余额	比年初增减额	项　　目	年末余额	比年初增减额
一、各项存款	20242.53	2726.64	一、各项贷款	16045.95	1548.79
1. 企业存款	6359.47	906.92	1. 短期贷款	9449.94	338.95
（1）企业活期存款	5153.74	669.82	（1）工业短期贷款	1213.13	153.07
（2）企业定期存款	1205.73	237.10	（2）商业短期贷款	3415.50	-41.80
2. 机关团体存款	396.57	122.99	其中：农副产品收购贷款	663.89	-76.93
3. 储蓄存款	12537.73	1505.48	（3）农业短期贷款	1255.07	-32.76
（1）活期储蓄存款	4065.84	791.04	（4）乡镇企业短期贷款	1449.52	36.76
（2）定期储蓄存款	8471.89	714.44	（5）三资企业短期贷款	269.03	25.21
4. 农业存款	377.01	5.15	（6）私营企业及个体短期贷款	252.07	47.87
5. 其他存款	571.75	186.10	（7）其他短期贷款	1595.63	150.60
二、代理财政性存款	85.43	20.00	其中：个人短期消费贷款	126.10	-11.31
三、金融债券	0.06	-0.05	2. 中期流动资金贷款	570.28	137.24
四、应付及暂收款	248.09	-6.22	3. 中长期贷款	5768.88	973.28
其中：应付及预提利息	41.53	-14.84	（1）基本建设贷款	1409.94	207.53
五、卖出回购证券	0.01	-100.24	（2）技术改造贷款	158.46	-7.46
六、向中央银行借款	1539.12	271.04	（3）其他长期贷款	4200.48	773.21
七、同业往来款项	972.28	229.24	其中：个人中长期消费贷款	1090.22	537.98
1. 同业存放款项	938.87	229.99	4. 票据融资	256.85	99.32
2. 同业拆借款项	33.42	-0.75	二、有价证券及投资	2592.69	371.88
八、委托存款及委托贷款基金（净）	24.71	-0.47	三、应收及预付利息	806.59	4.54
1. 委托存款及委托贷款基金	140.29	36.66	其中：应收利息	629.30	12.16
2. 减：委托贷款及委托投资	115.58	37.13	四、买入返售证券	1.09	-32.48
九、各项准备	177.09	52.65	五、存放中央银行准备金存款	2670.61	511.07
其中：贷款呆账准备金	177.09	54.93	六、缴存中央银行财政性存款	51.50	15.10
十、所有者权益	787.85	60.68	七、同业往来款项	723.98	410.39
其中：实收资本	1292.67	-2.00	1. 存放同业款项	42.77	-3.88
十一、其他	-889.11	-443.97	2. 拆放同业款项	681.21	414.26
			八、代理金融机构贷款	0.33	-0.08
			其中：代理人行专项贷款	0.33	-0.08
			九、库存现金	192.66	-30.92
			十、外汇占款	102.64	11.00
资金来源总计	**23188.06**	**2809.29**	**资金运用总计**	**23188.06**	**2809.29**

中国农业银行境内合计人民币信贷资金来源运用表

(2002)

单位：亿元

项目	年末余额	比年初增减额	项目	年末余额	比年初增减额
一、各项存款	23985.41	3843.64	一、各项贷款	18580.41	2500.74
1. 企业存款	7568.12	1206.31	1. 短期贷款	10031.81	640.71
（1）企业活期存款	5918.64	915.70	（1）工业短期贷款	1366.78	153.69
（2）企业定期存款	1649.48	290.62	（2）商业短期贷款	3422.58	7.08
2. 机关团体存款	562.08	165.51	其中：农副产品收购贷款	616.58	-47.44
3. 储蓄存款	14719.38	2181.49	（3）建筑业短期贷款	227.39	227.39
（1）活期储蓄存款	5235.42	1203.09	（4）农业短期贷款	1242.09	-12.97
（2）定期储蓄存款	9483.97	978.40	（5）乡镇企业短期贷款	1542.20	92.61
4. 农业存款	423.91	46.85	（6）三资企业短期贷款	270.57	1.55
5. 其他存款	711.92	243.48	（7）私营企业及个体短期贷款	391.58	139.52
二、代理财政性存款	251.23	62.52	（8）其他短期贷款	1568.62	31.85
三、金融债券	0.06	-0.01	其中：个人短期消费贷款	140.27	14.13
四、应付及暂收款	270.95	21.47	2. 中期流动资金贷款	709.45	139.17
其中：应付利息	43.17	1.67	3. 中长期贷款	7242.48	1473.71
五、卖出回购资产	0.00	-0.01	（1）基本建设贷款	1808.60	399.18
六、向中央银行借款	1533.32	-38.60	（2）技术改造贷款	166.34	7.96
七、同业往来	1378.26	404.75	（3）其他中长期贷款	5267.53	1066.58
1. 同业存放	1371.25	432.18	其中：个人中长期消费贷款	1774.94	684.22
2. 同业拆借	7.01	-27.43	4. 票据融资	535.80	245.21
八、委托存款及委托投资基金（净）	17.80	-7.39	其中：贴现及买断式转贴现	535.80	245.21
1. 委托存款及委托投资基金	174.30	33.52	5. 各项垫款	60.88	1.95
2. 减：委托贷款及委托投资	156.50	40.91	二、有价证券及投资	3613.14	1049.63
九、各项准备	205.06	27.99	三、应收及预付利息	836.26	0.81
其中：贷款损失准备金	205.06	27.99	其中：应收利息	621.26	-37.20
十、所有者权益	815.77	26.14	四、买入返售资产	61.29	60.19
其中：实收资本	1292.52	-0.15	五、存放中央银行准备金存款	3186.74	503.74
十一、其他	-1084.64	-199.85	六、缴存中央银行财政性存款	61.75	10.27
			七、同业往来	724.31	1.42
			1. 存放同业	65.96	24.28
			2. 拆放同业	658.35	-22.85
			八、代理金融机构贷款	0.28	-0.05
			其中：代理人行专项贷款	0.28	-0.05
			九、库存现金	208.78	16.14
			十、外汇占款	100.25	-2.24
资金来源总计	**27373.22**	**4140.65**	**资金运用总计**	**27373.22**	**4140.65**

中国农业银行境内合计人民币信贷资金来源运用表

（2003）

单位：亿元

项　　目	年末余额	比年初增减额	项　　目	年末余额	比年初增减额
一、各项存款	29061.23	5075.82	一、各项贷款	22118.20	3537.79
1. 企业存款	9075.97	1507.86	1. 短期贷款	10880.30	848.49
（1）企业活期存款	7146.92	1228.28	（1）工业短期贷款	1629.77	263.00
（2）企业定期存款	1929.05	279.58	（2）商业短期贷款	3366.63	-55.95
2. 机关团体存款	684.21	122.13	其中：农副产品收购贷款	545.21	-71.36
3. 储蓄存款	17915.78	3196.40	（3）建筑业短期贷款	214.49	-12.90
（1）活期储蓄存款	7169.44	1934.03	（4）农业短期贷款	1230.21	-11.88
（2）定期储蓄存款	10746.34	1262.37	（5）乡镇企业短期贷款	1679.27	137.07
4. 农业存款	417.90	-6.01	（6）三资企业短期贷款	322.60	52.02
5. 其他存款	967.36	255.44	（7）私营企业及个体短期贷款	539.36	147.78
二、代理财政性存款	286.00	34.77	（8）其他短期贷款	1897.98	329.36
三、金融债券	0.06	0.00	其中：个人短期消费贷款	149.18	8.91
四、应付及暂收款	606.05	335.11	2. 中期流动资金贷款	853.55	144.10
其中：应付利息	61.11	17.95	3. 中长期贷款	9231.29	1988.81
五、卖出回购资产		0.00	（1）基本建设贷款	2455.14	646.54
六、向中央银行借款	1548.37	15.04	（2）技术改造贷款	213.89	47.55
七、同业往来	1353.67	-24.59	（3）其他中长期贷款	6562.26	1294.73
1. 同业存放	1345.33	-25.92	其中：个人中长期消费贷款	2595.66	820.72
2. 同业拆借	8.34	1.33	4. 票据融资	1092.34	556.54
八、委托存款及委托投资基金（净）	12.68	-5.13	其中：贴现及买断式转贴现	1081.29	545.49
1. 委托存款及委托投资基金	237.81	63.51	5. 各项垫款	60.72	-0.16
2. 减：委托贷款及委托投资	225.13	68.64	二、有价证券及投资	4791.43	1178.29
九、各项准备	244.41	39.36	三、应收及预付利息	917.37	81.11
其中：贷款损失准备金	244.41	39.36	其中：应收利息	535.78	-85.48
十、所有者权益	847.74	31.97	四、买入返售资产	283.10	221.82
其中：实收资本	1292.52	0.00	五、存放中央银行准备金存款	3513.18	326.44
十一、其他	-1373.71	-289.08	六、缴存中央银行财政性存款	100.86	39.11
			七、同业往来	380.30	-344.01
			1. 存放同业	109.84	43.89
			2. 拆放同业	270.46	-387.90
			八、代理金融机构贷款	0.37	0.09
			其中：代理人行专项贷款	0.37	0.09
			九、库存现金	233.04	24.26
			十、外汇占款	248.64	148.39
资金来源总计	**32586.49**	**5213.27**	**资金运用总计**	**32586.49**	**5213.27**

中国农业银行境内合计人民币信贷资金来源运用表

（2004）

单位：亿元

项　　目	年末余额	比年初增减额	项　　目	年末余额	比年初增减额
一、各项存款	34173.21	5111.98	一、各项贷款	25146.26	3028.07
1. 企业存款	10826.15	1750.17	1. 短期贷款	11928.61	1048.31
（1）企业活期存款	8442.05	1295.12	（1）工业短期贷款	2104.40	474.62
（2）企业定期存款	2384.10	455.05	（2）商业短期贷款	3485.92	119.30
2. 机关团体存款	914.20	229.99	其中：农副产品收购贷款	513.89	-31.32
3. 储蓄存款	20874.86	2959.07	（3）建筑业短期贷款	156.17	-58.32
（1）活期储蓄存款	8781.65	1612.20	（4）农业短期贷款	1250.85	20.64
（2）定期储蓄存款	12093.21	1346.87	（5）乡镇企业短期贷款	1786.88	107.61
4. 农业存款	441.18	23.28	（6）三资企业短期贷款	367.00	44.40
5. 其他存款	1116.82	149.46	（7）私营企业及个体短期贷款	578.97	39.61
二、代理财政性存款	167.45	-118.54	（8）其他短期贷款	2198.42	300.44
三、金融债券	0.05	0.00	其中：个人短期消费贷款	148.34	-0.83
四、应付及暂收款	614.33	8.28	2. 中期流动资金贷款	931.73	78.17
其中：应付利息	80.55	19.44	3. 中长期贷款	10638.78	1407.49
五、卖出回购资产	16.60	16.60	（1）基本建设贷款	3163.22	708.08
六、向中央银行借款	1520.53	-27.84	（2）技术改造贷款	255.62	41.73
七、同业往来	1320.10	-33.58	（3）其他中长期贷款	7219.94	657.68
1. 同业存放	1313.62	-31.71	其中：个人中长期消费贷款	3031.80	436.15
2. 同业拆借	6.48	-1.86	4. 票据融资	1581.55	489.21
八、委托存款及委托投资基金（净）	10.53	-2.15	其中：贴现及买断式转贴现	1572.58	491.29
1. 委托存款及委托投资基金	362.51	124.70	5. 各项垫款	65.60	4.89
2. 减：委托贷款及委托投资	351.98	126.84	二、有价证券及投资	6348.17	1556.74
九、各项准备	280.97	36.56	三、应收及预付利息	795.49	-121.88
其中：贷款损失准备金	280.97	36.56	其中：应收利息	391.70	-144.08
十、所有者权益	883.39	35.65	四、买入返售资产	531.83	248.73
其中：实收资本	1269.64	-22.88	五、存放中央银行准备金存款	3757.27	244.09
十一、其他	-1472.23	-98.51	六、缴存中央银行财政性存款	173.61	72.75
			七、同业往来	295.79	-84.51
			1. 存放同业	92.82	-17.02
			2. 拆放同业	202.97	-67.49
			八、代理金融机构贷款	0.20	-0.17
			其中：代理人行专项贷款	0.20	-0.17
			九、库存现金	251.72	18.68
			十、外汇占款	214.60	-34.04
资金来源总计	**37514.94**	**4928.45**	**资金运用总计**	**37514.94**	**4928.45**

中国农业银行境内合计人民币信贷资金来源运用表

（2005）

单位：亿元

项　　目	年末余额	比年初增减额	项　　目	年末余额	比年初增减额
一、各项存款	39702.82	5529.61	一、各项贷款	27405.80	2259.54
1. 企业存款	12078.13	1251.99	1. 短期贷款	12682.33	753.72
（1）企业活期存款	8980.82	538.78	（1）工业短期贷款	2685.99	581.59
（2）企业定期存款	3097.31	713.21	（2）商业短期贷款	3640.50	154.57
2. 机关团体存款	1448.92	534.72	其中：农副产品收购贷款	469.08	-44.82
3. 储蓄存款	24357.58	3482.72	（3）建筑业短期贷款	112.98	-43.19
（1）活期储蓄存款	10481.67	1700.03	（4）农业短期贷款	1339.03	88.18
（2）定期储蓄存款	13875.91	1782.70	（5）乡镇企业短期贷款	1726.53	-60.35
4. 农业存款	383.63	-57.55	（6）三资企业短期贷款	407.73	40.73
5. 其他存款	1434.55	317.73	（7）私营企业及个体短期贷款	616.99	38.02
二、代理财政性存款	197.12	29.67	（8）其他短期贷款	2152.58	-45.83
三、金融债券	0.05	0.00	其中：个人短期消费贷款	124.91	-23.43
四、应付及暂收款	821.31	206.98	2. 中期流动资金贷款	922.40	-9.32
其中：应付利息	105.58	25.03	3. 中长期贷款	11567.04	928.26
五、卖出回购资产	900.76	884.16	（1）基本建设贷款	4195.58	1032.35
六、向中央银行借款	1509.61	-10.92	（2）技术改造贷款	278.48	22.86
七、同业往来	1909.80	589.71	（3）其他中长期贷款	7092.99	-126.95
1. 同业存放	1905.45	591.83	其中：个人中长期消费贷款	3012.49	-19.31
2. 同业拆借	4.35	-2.13	4. 票据融资	2157.77	576.22
八、委托存款及委托投资基金（净）	13.84	3.31	其中：贴现及买断式转贴现	2132.38	559.81
1. 委托存款及委托投资基金	814.70	452.19	5. 各项垫款	76.26	10.66
2. 减：委托贷款及委托投资	800.86	448.88	二、有价证券及投资	10147.16	3798.99
九、各项准备	309.11	28.13	三、应收及预付利息	888.92	93.43
其中：贷款损失准备金	309.11	28.13	其中：应收利息	159.25	-232.46
十、所有者权益	858.29	-25.10	四、买入返售资产	1446.53	914.70
其中：实收资本	1221.26	-48.39	五、存放中央银行准备金存款	4037.91	280.64
十一、其他	-1442.09	30.13	六、缴存中央银行财政性存款	237.71	64.09
			七、同业往来	259.84	-35.95
			1. 存放同业	78.70	-14.13
			2. 拆放同业	181.15	-21.82
			八、代理金融机构贷款	0.19	-0.01
			其中：代理人行专项贷款	0.19	-0.01
			九、库存现金	281.78	30.05
			十、外汇占款	74.78	-139.81
资金来源总计	**44780.62**	**7265.68**	**资金运用总计**	**44780.62**	**7265.68**

中国农业银行境内合计人民币资产负债项目统计表

(2006)

单位：亿元

项　　目	年末余额	比年初增减额	项　　目	年末余额	比年初增减额
一、各项存款	46712.74	6978.18	一、现金及银行存款	338.27	40.00
1. 储蓄存款	27753.79	3408.04	二、贵金属	2.07	1.98
2. 单位存款	17817.33	3364.96	三、存放中央银行款项	6272.07	2234.15
3. 应解汇款及临时存款	55.89	5.04	四、存放同业款项	131.21	53.14
4. 保证金存款	985.12	178.66	1. 存放境内同业款项	131.15	53.11
5. 保险公司存放款项	99.50	20.83	2. 存放境外同业款项	0.06	0.03
6. 邮政储汇局存放合作性款项	1.11	0.64	五、往来资金（轧差）	194.07	126.92
二、财政性存款	4.01	4.01	六、应收利息	14.22	-72.35
三、向中央银行借款	1508.67	-0.94	七、各项贷款	30518.35	3087.17
四、同业存放款项	1621.35	-222.94	1. 票据融资	2468.68	285.79
1. 境内同业存放款项	1620.91	-222.51	2. 贸易融资	76.75	23.40
2. 境外同业存放款项	0.45	-0.44	3. 贷款	27882.45	2777.76
五、同业拆借款项	33.17	28.82	4. 其他贷款	90.48	0.22
1. 境内同业拆借款项	33.17	28.82	八、拆借同业款项	309.69	128.69
2. 境外同业拆借款项			1. 拆借境内同业款项	309.69	128.69
六、往来资金（轧差）			2. 拆借境外同业款项		
七、卖出回购款项	10.00	-891.83	九、其他应收款	155.58	-41.02
八、汇出汇款	281.78	27.18	十、投资	10915.29	698.69
九、应付利息	214.48	108.90	十一、买入回售票据、信贷资产及金融机构证券	899.16	-547.37
十、应交税金	28.07	5.10	十二、待摊费用	42.93	-8.97
十一、应付工资	68.92	15.45	十三、固定资产净值	659.31	10.96
十二、应付福利费	12.49	3.76	固定资产原价	992.10	40.97
十三、其他应付款	357.37	89.65	减：累计折旧	332.79	30.01
十四、转贷款资金	0.87	-0.41	十四、固定资产清理	0.90	-0.86
十五、发行债券	0.03	-0.02	十五、在建工程	92.99	11.91
十六、委托及代理负债资产轧差	23.17	-11.26	十六、无形资产	23.83	1.10
十七、其他负债	311.65	164.37	十七、待处理抵债资产	290.73	-65.36
负债总计	**51188.78**	**6298.01**	十八、委托及代理资产负债轧差		
一、实收资本	1219.49	-3.90	十九、其他资产	1575.49	718.55
二、资本公积	30.32	0.04	二十、资产减值准备	379.75	60.28
三、盈余公积	5.26	-0.03	其中：贷款损失准备	307.34	-1.76
其中：法定公益金	0.01	-0.75			
四、未分配利润	-387.43	22.97			
所有者权益总计	**867.64**	**19.06**	**资产总计**	**52056.42**	**6317.07**

注：2006 年，统计指标设置和口径进行比较大的调整，“比年初增减额”考虑了统计口径调整的影响。

中国农业银行境内合计人民币资产负债项目统计表

（2007）

单位：亿元

项　　目	年末余额	比年初增减额	项　　目	年末余额	比年初增减额
一、各项存款	52059.45	5474.61	一、现金及银行存款	421.44	83.17
1. 储蓄存款	29657.27	1903.48	二、贵金属	0.49	-1.58
2. 单位存款	21102.32	3413.17	三、存放中央银行款项	6978.36	706.29
3. 应解汇款及临时存款	46.54	-9.36	四、存放同业款项	84.66	-46.55
4. 保证金存款	1061.98	76.59	1. 存放境内同业款项	84.64	-46.51
5. 保险公司存放款项	140.41	40.91	2. 存放境外同业款项	0.02	-0.04
6. 邮政储汇局存放合作性款项	50.93	49.83	五、往来资金（轧差）	1638.62	1442.99
二、财政性存款		-3.99	六、应收利息	5.53	-8.70
三、向中央银行借款	1508.67	0.00	七、各项贷款	33754.22	3235.87
四、同业存放款项	2220.84	471.56	1. 贴现及转贴现净值	2049.66	-419.02
1. 境内同业存放款项	2219.95	471.12	2. 贸易融资	115.04	38.29
2. 境外同业存放款项	0.89	0.44	3. 贷款	31498.72	3616.27
五、同业拆借款项	89.84	56.67	4. 其他贷款	90.80	0.33
1. 境内同业拆借款项	89.84	56.67	八、拆借同业款项	176.34	-133.35
2. 境外同业拆借款项			1. 拆借境内同业款项	176.34	-133.35
六、往来资金（轧差）			2. 拆借境外同业款项		
七、卖出回购款项	412.50	402.50	九、其他应收款	72.51	-83.06
八、汇出汇款	248.63	-33.15	十、投资	12261.26	1345.97
九、应付利息	420.67	206.19	十一、买入回售票据、信贷资产及金融机构证券	1394.97	495.81
十、应交税金	39.99	11.92	十二、待摊费用	24.08	-18.85
十一、应付工资	77.23	8.32	十三、固定资产净值	699.30	39.99
十二、应付福利费	5.70	-6.79	固定资产原价	1044.12	52.02
十三、其他应付款	316.85	-40.52	减：累计折旧	344.82	12.04
十四、转贷款资金	0.41	-0.46	十四、固定资产清理	0.61	-0.29
十五、发行债券	0.04	0.00	十五、在建工程	78.64	-14.34
十六、委托及代理负债资产轧差	12.44	-10.73	十六、无形资产	21.23	-2.60
十七、其他负债	2337.05	2025.40	十七、待处理抵债资产	168.80	-121.94
负债总计	**59750.31**	**8561.52**	十八、委托及代理资产负债轧差		
一、实收资本	1216.12	-3.38	十九、其他资产	3553.02	1977.53
二、资本公积	30.63	0.31	二十、资产减值准备	524.39	144.64
三、盈余公积	5.28	0.01	其中：贷款损失准备	338.63	31.14
其中：法定公益金		-0.01			
四、未分配利润	-192.63	193.24			
所有者权益总计	**1059.39**	**190.20**	**资产总计**	**60809.70**	**8751.72**

中国农业银行境内合计人民币资产负债项目统计表

（2008）

单位：亿元

项目	年末余额	比年初增减额	项目	年末余额	比年初增减额
一、各项存款	60185.69	8177.18	一、现金及银行存款	432.19	10.75
1. 储蓄存款	37227.63	7570.36	二、贵金属	0.37	-0.12
2. 单位存款	21736.24	633.92	三、存放中央银行款项	10526.14	3547.78
3. 应解汇款及临时存款	39.89	-6.65	四、存放同业款项	60.58	-19.63
4. 保证金存款	1051.43	-10.55	1. 存放境内同业款项	60.57	-19.62
5. 保险公司存放款项	130.50	9.91	2. 存放境外同业款项	0.01	-0.01
二、财政性存款			五、往来资金（轧差）	21.94	-1616.68
三、向中央银行借款	3.14	-1505.53	六、应收利息	86.85	82.53
四、同业存放款项	2057.50	-214.28	七、各项贷款	30235.85	3799.71
1. 境内同业存放款项	2056.61	-214.28	1. 票据融资	2594.39	544.73
2. 境外同业存放款项	0.89	-0.01	2. 贸易融资	98.52	-10.10
五、同业拆借款项	152.10	62.26	3. 贷款	27534.81	3259.74
1. 境内同业拆借款项	152.10	62.26	4. 其他贷款	8.13	5.33
2. 境外同业拆借款项			八、拆借同业款项	200.42	56.73
六、往来资金（轧差）	23.55	23.55	1. 拆借境内同业款项	200.42	56.73
七、卖出回购款项	280.45	-132.05	2. 拆借境外同业款项		
八、汇出汇款	218.78	-29.85	九、其他应收款	175.88	144.00
九、应付利息	682.93	262.26	十、投资	21770.30	9519.29
十、应交税金	130.98	90.99	十一、买入回售票据、信贷资产及金融机构证券	2434.43	1039.51
十一、应付工资	83.81	6.57	十二、待摊费用	12.27	-11.81
十二、应付福利费	0.27	-5.43	十三、固定资产净值	958.44	259.14
十三、其他应付款	1322.03	1005.18	固定资产原价	1053.14	9.02
十四、转贷款资金		-0.41	减：累计折旧	94.70	-250.12
十五、发行债券	0.04	0.00	十四、固定资产清理	2.03	1.42
十六、委托及代理负债资产轧差	11.52	-0.93	十五、在建工程	82.65	4.01
十七、其他负债	75.71	42.03	十六、无形资产	269.13	247.89
负债总计	**65228.48**	**7781.53**	十七、待处理抵债资产	0.05	-12.63
一、股本	2600.00	1383.88	十八、委托及代理资产负债轧差		2.52
二、资本公积	237.72	207.09	十九、递延资产	71.50	71.50
三、盈余公积		-5.28	二十、其他资产	1777.68	704.37
其中：法定公益金			二十一、资产减值准备	860.56	336.17
四、未分配利润	191.93	384.56	其中：贷款损失准备	835.10	496.46
所有者权益总计	**3029.65**	**1970.26**	**资产总计**	**68258.13**	**9751.79**

注：2008 年 11 月 21 日，经财政部批准，本行以 2007 年 12 月 31 日为基准日，按账面值剥离处置信贷类和非信贷类不良资产 8156.95 亿元。在上述不良资产中，以 2007 年 12 月 31 日中国人民银行对本行 1506.02 亿元免息再贷款等额置换不良资产；其余 6650.93 亿元形成应收财政部款项，计入“投资”中。除投资外，各统计指标的“比年初增减额”考虑了资产剥离的影响。

（二）境内合计外币业务主要情况

中国农业银行境内合计外币信贷资金来源运用表

（1988）

单位：万美元

项　目	年末余额	比年初增减额	项　目	年末余额	比年初增减额
一、各项存款	19805		一、各项贷款	20074	
1. 定期储蓄存款	6975		1. 一般外汇贷款	14276	
2. 活期储蓄存款	3115		2. 三资企业贷款	5204	
3. 企事业单位存款	7278		3. 利用世界银行贷款	594	
4. 单位定期存款	1705		4. 利用亚洲银行贷款		
5. 港澳及国外同业存款	732		5. 利用外国政府贷款		
二、同业往来款项	2597		二、同业往来款项	4711	
三、系统内往来款项	5837		三、系统内往来款项	6098	
四、借入资金合计	3291		四、出口押汇	457	
1. 借入国外商业银行资金	2300		五、买入外币票据	432	
2. 借入世界银行资金	991		六、存放港澳及国外同业款项	9362	
3. 借入外国政府资金			七、境外拆出资金		
4. 境外短期拆入资金			八、库存现金	1473	
五、结算保证金	1345		九、其他	3837	
六、自有外汇营运资金	5141				
七、结益	820				
八、其他	7608				
资金来源合计	**46444**		**资金运用合计**	**46444**	

中国农业银行境内合计外币信贷资金来源运用表

（1989）

单位：万美元

项目	年末余额	比年初增减额	项目	年末余额	比年初增减额
一、各项存款	44633	24828	一、各项贷款	43816	23742
1. 定期储蓄存款	22774	15799	1. 一般外汇贷款	28081	13805
2. 活期储蓄存款	5969	2854	2. 三资企业贷款	14554	9350
3. 企事业单位存款	12293	5015	3. 利用世界银行贷款	798	204
4. 单位定期存款	3593	1888	4. 利用亚洲银行贷款		
5. 港澳及国外同业存款	4	－728	5. 利用外国政府贷款	383	383
二、同业往来款项	2051	－546	二、同业往来款项	7083	2372
三、系统内往来款项	57448	51611	三、系统内往来款项	61944	55846
四、借入资金合计	10964	7673	四、出口押汇	16	－441
1. 借入国外商业银行资金	7100	4800	五、买入外币票据	3	－429
2. 借入世界银行资金	1569	578	六、存放港澳及国外同业款项	17382	8020
3. 借入外国政府资金	383	383	七、境外拆出资金	5431	5431
4. 境外短期拆入资金	1912	1912	八、库存现金	2339	866
五、结算保证金	1846	501	九、其他	21518	17681
六、自有外汇营运资金	14079	8938			
七、结益	2773	1953			
八、其他	25738	18130			
资金来源合计	**159532**	**113088**	**资金运用合计**	**159532**	**113088**

中国农业银行境内合计外币信贷资金来源运用表

（1990）

单位：万美元

项　　目	年末余额	比年初增减额	项　　目	年末余额	比年初增减额
一、各项存款	86397	41764	一、各项贷款	74869	32234
1. 定期储蓄存款	39905	17131	1. 一般外汇贷款	41916	13835
2. 活期储蓄存款	8920	2951	2. 三资企业贷款	32953	18399
3. 企事业单位存款	23762	11469	二、利用外资贷款	831	-350
4. 单位定期存款	13805	10212	1. 利用世界银行贷款	334	-464
5. 港澳及国外同业存款	5	1	2. 利用亚洲银行贷款		
二、同业往来款项	4006	1955	3. 利用外国政府贷款	497	114
三、系统内往来款项	66109	8661	三、同业往来款项	12993	5910
四、借入资金合计	8309	-743	四、系统内往来款项	70385	8441
1. 借入国外商业银行资金	7100		五、存放港澳及国外同业款项	39009	21627
2. 借入世界银行资金	1209	-360	六、境外拆出资金	27152	21721
3. 借入亚洲银行资金			七、向国外投资		
4. 借入外国政府资金		-383	八、库存现金	3530	1191
五、境外短期拆入资金	1514	-398	九、其他	38680	17143
六、自有外汇营运资金	35665	21586			
七、结益	4222	1449			
八、其他	61227	33643			
资金来源合计	**267449**	**107917**	**资金运用合计**	**267449**	**107917**

中国农业银行境内合计外币信贷资金来源运用表

(1991)

单位：万美元

项　目	年末余额	比年初增减额	项　目	年末余额	比年初增减额
一、各项存款	126683	40286	一、各项贷款	152258	77389
1. 定期储蓄存款	55821	15916	1. 一般外汇贷款	79090	37174
2. 活期储蓄存款	11025	2105	2. 三资企业贷款	73168	40215
3. 企事业单位存款	41424	17662	二、利用外资贷款	2881	2050
4. 单位定期存款	18410	4605	1. 利用世界银行贷款	1300	966
5. 港澳及国外同业存款	3	-2	2. 利用亚洲银行贷款	1089	1089
二、同业往来款项	6408	2402	3. 利用外国政府贷款	492	-5
三、系统内往来款项	100181	34072	三、同业往来款项	35426	22433
四、借入资金合计	14747	6438	四、系统内往来款项	89937	19552
1. 借入国外商业银行资金	8191	1091	五、存放港澳及国外同业款项	30814	-8195
2. 借入世界银行资金	3752	2543	六、境外拆出资金	14228	-12924
3. 借入亚洲银行资金	2312	2312	七、向国外投资	65	65
4. 借入外国政府资金	492	492	八、库存现金	3747	217
五、境外短期拆入资金	760	-754	九、其他	77272	38592
六、自有外汇营运资金	45747	10082			
七、结益	6793	2571			
八、其他	105309	44082			
资金来源合计	**406628**	**139179**	**资金运用合计**	**406628**	**139179**

中国农业银行境内合计外币信贷资金来源运用表

（1992）

单位：亿美元

项　目	年末余额	比年初增减额	项　目	年末余额	比年初增减额
一、各项存款	18.60	5.93	一、各项贷款	25.34	10.11
1. 企业存款	10.25	4.27	1. 短期贷款		
（1）活期企业存款	7.39	3.25	2. 长期贷款		
（2）定期企业存款	2.86	1.02	二、利用外资贷款	0.74	0.45
2. 储蓄存款	8.21	1.53	1. 利用世界银行贷款	0.23	0.10
（1）活期储蓄存款	1.45	0.35	2. 利用亚洲银行贷款	0.35	0.24
（2）定期储蓄存款	6.76	1.18	3. 利用外国政府贷款	0.16	0.11
3. 其他存款	0.14	0.14	4. 利用国外商业银行短期贷款		
二、同业存放款项	1.33	0.69	5. 利用国外商业银行长期贷款		
其中：境外同业存放款项			三、存放同业款项	6.97	0.35
三、同业拆入款项	0.11	0.11	四、同业拆出款项	1.99	0.57
四、系统内往来款项	11.33	1.31	五、系统内往来款项	10.36	1.37
五、长期借款	3.31	1.84	六、向国外投资	0.01	0.00
1. 借入世界银行资金	0.70	0.32	七、库存现金	0.57	0.20
2. 借入亚洲银行资金	0.41	0.18	八、其他	10.83	3.10
3. 借入外国政府资金	0.11	0.06			
4. 借入外国商业银行短期资金	2.09	1.27			
5. 借入外国商业银行长期资金					
六、其他	14.92	3.63			
七、所有者权益	7.21	2.64			
其中：实收资本					
资金来源合计	**56.81**	**16.15**	**资金运用合计**	**56.81**	**16.15**

中国农业银行境内合计外币信贷资金来源运用表

（1993）

单位：亿美元

项　　目	年末余额	比年初增减额	项　　目	年末余额	比年初增减额
一、各项存款	29.23	10.63	一、各项贷款	35.53	10.19
1. 企业存款	14.50	4.25	1. 短期贷款	24.31	
（1）活期企业存款	10.17	2.78	2. 长期贷款	11.22	
（2）定期企业存款	4.33	1.47	二、利用外资贷款	2.37	1.63
2. 储蓄存款	11.52	3.31	1. 利用世界银行贷款	1.13	0.90
（1）活期储蓄存款	3.06	1.61	2. 利用亚洲银行贷款	0.45	0.10
（2）定期储蓄存款	8.46	1.70	3. 利用外国政府贷款	0.17	0.01
3. 其他存款	3.21	3.07	4. 利用国外商业银行短期贷款		
二、同业存放款项	2.46	1.13	5. 利用国外商业银行长期贷款	0.62	0.62
其中：境外同业存放款项	0.13	0.13	三、存放同业款项	7.11	0.14
三、同业拆入款项	3.21	3.10	四、同业拆出款项	3.80	1.81
四、系统内往来款项	35.27	23.94	五、系统内往来款项	31.43	21.07
五、长期借款	4.44	1.13	六、向国外投资	0.17	0.16
1. 借入世界银行资金	1.60	0.09	七、库存现金	1.29	0.72
2. 借入亚洲银行资金	0.46	0.05	八、其他	3.88	-6.95
3. 借入外国政府资金	0.08	-0.03			
4. 借入外国商业银行短期资金	0.23	-1.86			
5. 借入外国商业银行长期资金	1.75	1.75			
六、其他	3.88	-11.04			
七、所有者权益	7.09	-0.12			
其中：实收资本	4.49	4.49			
资金来源合计	**85.58**	**28.77**	**资金运用合计**	**85.58**	**28.77**

中国农业银行境内合计外币信贷资金来源运用表

（1994）

单位：亿美元

项　目	年末余额	比年初增减额	项　目	年末余额	比年初增减额
一、各项存款	29.40	0.17	一、各项贷款	40.45	4.92
1. 企业存款	4.52	-9.98	1. 短期贷款	30.02	5.71
（1）活期企业存款	1.11	-9.06	2. 长期贷款	10.43	-0.79
（2）定期企业存款	3.41	-0.92	二、利用外资贷款	5.17	2.80
2. 储蓄存款	13.80	2.28	1. 利用世界银行贷款	1.45	0.32
（1）活期储蓄存款	6.24	3.18	2. 利用亚洲银行贷款	0.40	-0.05
（2）定期储蓄存款	7.56	-0.90	3. 利用外国政府贷款	0.07	-0.10
3. 其他存款	11.08	7.87	4. 利用国外商业银行短期贷款	0.80	0.80
二、同业存放款项	2.40	-0.06	5. 利用国外商业银行长期贷款	2.45	1.83
其中：境外同业存放款项	0.10	-0.03	三、存放同业款项	6.85	-0.26
三、同业拆入款项	3.26	0.05	四、同业拆出款项	4.18	0.38
四、系统内往来款项	44.84	9.57	五、系统内往来款项	41.38	9.95
五、长期借款	7.74	3.30	六、向国外投资	0.09	-0.08
1. 借入世界银行资金	2.22	0.62	七、库存现金	1.20	-0.09
2. 借入亚洲银行资金	0.43	-0.03	八、其他	9.14	5.26
3. 借入外国政府资金	0.07	-0.01			
4. 借入外国商业银行短期资金	1.64	1.41			
5. 借入外国商业银行长期资金	2.77	1.02			
六、其他	13.83	9.95			
七、所有者权益	6.99	-0.10			
其中：实收资本	3.90	-0.59			
资金来源合计	**108.46**	**22.88**	**资金运用合计**	**108.46**	**22.88**

中国农业银行境内合计外币信贷资金来源运用表

（1995）

单位：亿美元

项　目	年末余额	比年初增减额	项　目	年末余额	比年初增减额
一、各项存款	32.84	3.44	一、各项贷款	45.64	5.19
1. 企业存款	9.04	4.52	1. 短期贷款	37.31	7.29
（1）活期企业存款	2.01	0.90	2. 长期贷款	8.33	-2.10
（2）定期企业存款	7.03	3.62	二、利用外资贷款	6.47	1.30
2. 储蓄存款	15.52	1.72	1. 利用世界银行贷款	1.76	0.31
（1）活期储蓄存款	4.44	-1.80	2. 利用亚洲银行贷款	0.49	0.09
（2）定期储蓄存款	11.08	3.52	3. 利用外国政府贷款	0.13	0.06
3. 其他存款	8.28	-2.80	4. 利用国外商业银行短期贷款	0.24	-0.56
二、同业存放款项	3.46	1.06	5. 利用国外商业银行长期贷款	2.63	0.18
其中：境外同业存放款项	0.20	0.10	三、存放同业款项	8.63	1.78
三、同业拆入款项	3.63	0.37	四、同业拆出款项	3.61	-0.57
四、系统内往来款项	54.69	9.85	五、系统内往来款项	49.31	7.93
五、长期借款	9.17	1.43	六、向国外投资	0.08	-0.01
1. 借入世界银行资金	2.42	0.20	七、库存现金	1.42	0.22
2. 借入亚洲银行资金	0.59	0.16	八、其他	15.21	6.07
3. 借入外国政府资金	0.16	0.09			
4. 借入外国商业银行短期资金	0.72	-0.92			
5. 借入外国商业银行长期资金	3.97	1.20			
六、其他	20.34	6.51			
七、所有者权益	6.24	-0.75			
其中：实收资本	4.07	0.17			
资金来源合计	**130.37**	**21.91**	**资金运用合计**	**130.37**	**21.91**

中国农业银行境内合计外币信贷资金来源运用表

（1996）

单位：亿美元

项目	年末余额	比年初增减额	项目	年末余额	比年初增减额
一、各项存款	36.54	3.70	一、各项贷款	50.25	4.61
1. 企业存款	17.30	8.26	1. 境内短期贷款	43.45	6.14
（1）活期企业存款	9.30	7.29	其中：境内中资企业短期贷款		
（2）定期企业存款	8.00	0.97	境内三资企业短期贷款		
2. 储蓄存款	16.90	1.38	2. 境内中长期贷款	6.80	-1.53
（1）活期储蓄存款	3.38	-1.06	其中：境内中资企业中长期贷款		
（2）定期储蓄存款	13.52	2.44	3. 进出口押汇		
3. 其他存款	2.34	-5.94	4. 票据融资		
二、境内中长期借款		-1.30	二、投资	0.04	-0.04
三、卖出回购证券			1. 购买有价证券		
四、境外筹资	9.55	1.68	2. 其他投资	0.04	-0.04
1. 转贷外国政府贷款资金	0.15	-0.01	三、境外筹资转贷款	7.82	1.35
2. 转贷国际金融组织贷款资金	4.03	1.02	1. 转贷外国政府贷款	0.11	-0.02
3. 境外其他筹资资金	5.36	0.67	2. 转贷国际金融组织贷款	2.16	-0.09
五、向中央银行借款	0.03	0.03	3. 转贷其他境外筹资贷款	5.55	1.46
六、同业存放款项	3.64	0.18	四、存放中央银行款项	2.02	2.02
1. 境内同业存放款项	3.61	0.35	五、存放同业款项	7.88	-0.75
2. 境外同业存放款项	0.03	-0.17	1. 存放境内同业款项	4.54	
七、同业拆入款项	3.02	-0.61	2. 存放境外同业款项	3.34	
八、系统内往来款项	58.78	4.09	六、拆放同业款项	3.47	-0.14
九、委托及代理负债业务净额			1. 拆放境内同业款项	3.35	
十、所有者权益	7.47	1.23	2. 拆放境外同业款项	0.12	
十一、其他	26.33	5.99	七、系统内往来款项	52.95	3.64
			八、现金	1.54	0.12
			九、其他	19.39	4.18
资金来源合计	**145.36**	**14.99**	**资金运用合计**	**145.36**	**14.99**

中国农业银行境内合计外币信贷资金来源运用表

（1997）

单位：亿美元

项目	年末余额	比年初增减额	项目	年末余额	比年初增减额
一、各项存款	43.21	6.67	一、各项贷款	53.22	2.97
1. 企业存款	19.30	2.00	1. 境内短期贷款	43.32	-0.13
（1）活期企业存款	10.50	1.20	其中：境内中资企业短期贷款	23.59	23.59
（2）定期企业存款	8.80	0.80	境内三资企业短期贷款	9.80	9.80
2. 储蓄存款	19.75	2.85	2. 境内中长期贷款	5.42	-1.38
（1）活期储蓄存款	3.33	-0.05	其中：境内中资企业中长期贷款	0.93	0.93
（2）定期储蓄存款	16.42	2.90	3. 进出口押汇	4.13	4.13
3. 其他存款	4.15	1.81	4. 票据融资	0.35	0.35
二、境内中长期借款	0.37	0.37	二、投资	0.01	-0.03
三、卖出回购证券			1. 购买有价证券		
四、境外筹资	8.19	-1.36	2. 其他投资	0.01	-0.03
1. 转贷外国政府贷款资金	0.29	0.14	三、境外筹资转贷款	6.69	-1.13
2. 转贷国际金融组织贷款资金	2.91	-1.12	1. 转贷外国政府贷款	0.12	0.01
3. 境外其他筹资资金	4.99	-0.37	2. 转贷国际金融组织贷款	1.84	-0.32
五、向中央银行借款	0.02	-0.01	3. 转贷其他境外筹资贷款	4.74	-0.81
六、同业存放款项	1.83	-1.81	四、存放中央银行款项	1.13	-0.89
1. 境内同业存放款项	1.79	-1.82	五、存放同业款项	6.53	-1.35
2. 境外同业存放款项	0.03		1. 存放境内同业款项	3.20	-1.34
七、同业拆入款项	2.48	-0.54	2. 存放境外同业款项	3.33	-0.01
八、系统内往来款项	67.47	8.69	六、拆放同业款项	3.40	-0.07
九、委托及代理负债业务净额	0.01	0.01	1. 拆放境内同业款项	2.77	-0.58
十、外汇买卖	3.87	-1.95	2. 拆放境外同业款项	0.63	0.51
十一、境内联行存放	5.68	-0.30	七、系统内往来款项	61.81	8.86
十二、所有者权益	4.47	-3.00	八、现金	1.70	0.16
十三、其他	26.22	11.69	九、其他	29.33	9.94
资金来源合计	**163.82**	**18.46**	**资金运用合计**	**163.82**	**18.46**

中国农业银行境内合计外币信贷资金来源运用表

（1998）

单位：亿美元

项　　目	年末余额	比年初增减额	项　　目	年末余额	比年初增减额
一、各项存款	50.76	7.55	一、各项贷款	60.26	7.04
1. 企业存款	19.12	-0.18	1. 境内短期贷款	50.05	6.73
（1）活期企业存款	7.29	-3.21	其中：境内中资企业短期贷款	35.20	11.61
（2）定期企业存款	11.83	3.03	境内三资企业短期贷款	7.87	-1.93
2. 储蓄存款	28.59	8.84	2. 境内中长期贷款	5.14	-0.28
（1）活期储蓄存款	2.87	-0.46	其中：境内中资企业中长期贷款	0.98	0.05
（2）定期储蓄存款	25.72	9.30	3. 进出口押汇	5.04	0.91
3. 其他存款	3.05	-1.10	4. 票据融资	0.02	-0.33
二、境内中长期借款	0.24	-0.13	二、投资	1.27	1.26
三、卖出回购证券			1. 购买有价证券		
四、境外筹资	6.57	-1.62	2. 其他投资	1.27	1.26
1. 转贷外国政府贷款资金	0.58	0.29	三、境外筹资转贷款	5.68	-1.01
2. 转贷国际金融组织贷款资金	2.76	-0.15	1. 转贷外国政府贷款	0.11	-0.01
3. 境外其他筹资资金	3.13	-1.86	2. 转贷国际金融组织贷款	1.84	
五、向中央银行借款	0.02		3. 转贷其他境外筹资贷款	3.73	-1.01
六、同业存放款项	1.52	-0.31	四、存放中央银行款项	0.99	-0.14
1. 境内同业存放款项	1.51	-0.28	五、存放同业款项	4.52	-2.01
2. 境外同业存放款项	0.01	-0.02	1. 存放境内同业款项	2.59	-0.61
七、同业拆入款项	1.78	-0.70	2. 存放境外同业款项	1.93	-1.40
八、系统内往来款项	88.40	20.93	六、拆放同业款项	8.47	5.07
九、委托及代理负债业务净额	-0.04	-0.05	1. 拆放境内同业款项	2.75	-0.02
十、外汇买卖	8.48	4.61	2. 拆放境外同业款项	5.72	5.09
十一、境内联行存放	-5.30	-10.98	七、系统内往来款项	93.73	31.92
十二、所有者权益	2.35	-2.12	八、现金	1.99	0.29
十三、其他	66.74	40.52	九、其他	44.60	15.27
资金来源合计	**221.51**	**57.69**	**资金运用合计**	**221.51**	**57.69**

中国农业银行境内合计外币信贷资金来源运用表

（1999）

单位：亿美元

项　　目	年末余额	比年初增减额	项　　目	年末余额	比年初增减额
一、各项存款	62.64	11.88	一、各项贷款	59.36	0.01
1. 单位存款	20.86	1.74	1. 短期贷款	48.75	-1.30
（1）单位活期存款	7.73	0.44	其中：中资企业贷款	6.46	-28.74
（2）单位定期存款	13.13	1.30	外商投资企业贷款	4.03	-3.84
2. 储蓄存款	38.26	9.67	2. 中长期贷款	4.52	-0.62
（1）活期储蓄存款	3.58	0.71	其中：中资企业贷款	1.19	0.21
（2）定期储蓄存款	34.69	8.97	3. 进出口贸易融资	6.07	1.03
3. 其他存款	3.52	0.47	4. 票据融资	0.02	0.00
二、境内中长期借款	1.50	1.26	其中：贴现	0.01	0.01
三、境外筹资	7.20	0.63	二、投资	1.95	0.68
四、向中央银行借款	0.02	0.00	1. 购买有价证券	0.62	0.62
五、应付及暂收款	3.05	3.05	2. 其他投资	1.33	0.06
其中：应付利息	1.74	1.74	三、境外筹资转贷款	4.76	-0.92
六、同业存放	2.24	0.72	四、应收及预付款	6.98	6.98
1. 境内同业存放	2.23	0.72	其中：应收及预付利息	5.07	5.07
2. 境外同业存放	0.01	0.00	五、存放中央银行	1.35	0.36
七、同业拆入	0.99	-0.79	六、存放同业	6.03	1.51
八、委托基金存款（净）	0.01	0.05	1. 存放境内同业	1.96	-0.63
九、外汇买卖	13.50	5.02	2. 存放境外同业	4.08	2.15
其中：结售汇	11.73	4.36	七、拆放同业	23.13	14.66
十、境内联行存放	-5.02	0.28	1. 拆放境内同业	2.45	-0.30
十一、各项准备	0.03	0.03	2. 拆放境外同业	20.67	14.95
其中：贷款呆账准备金	0.00	0.00	八、库存现金	3.69	1.70
十二、所有者权益	1.48	-0.87			
十三、购入外汇营运资金	19.03	19.03			
十四、其他	0.58	-15.30			
资金来源合计	**107.26**	**24.99**	**资金运用合计**	**107.26**	**24.99**

注：1999 年，各项贷款口径不含“境外筹资转贷款”，为保证数据的可比性，统一按 2001 年的口径进行了调整。

中国农业银行境内合计外币信贷资金来源运用表

（2000）

单位：亿美元

项　目	年末余额	比年初增减额	项　目	年末余额	比年初增减额
一、各项存款	77.27	14.63	一、各项贷款	34.41	-0.73
1. 单位存款	24.41	3.55	1. 短期贷款	26.00	-1.03
（1）单位活期存款	7.61	-0.12	其中：中资企业贷款	3.31	-0.17
（2）单位定期存款	16.80	3.67	外商投资企业贷款	2.98	-0.98
2. 储蓄存款	49.89	11.62	2. 中长期贷款	3.81	0.57
（1）活期储蓄存款	3.60	0.03	其中：中资企业贷款	1.11	0.39
（2）定期储蓄存款	46.28	11.59	3. 进出口贸易融资	4.59	-0.28
3. 其他存款	2.98	-0.54	4. 票据融资	0.02	0.00
二、境内中长期借款	1.43	-0.06	其中：贴现	0.01	0.00
三、境外筹资	4.40	-2.80	二、投资	11.38	9.43
四、向中央银行借款		-0.02	1. 购买有价证券	9.90	9.27
五、应付及暂收款	6.59	3.55	2. 其他投资	1.49	0.15
其中：应付利息	2.48	0.74	三、境外筹资转贷款	2.62	-0.53
六、同业存放	2.69	0.45	四、应收及预付款	9.46	4.26
1. 境内同业存放	2.68	0.44	其中：应收及预付利息	4.11	0.82
2. 境外同业存放	0.02	0.01	五、存放中央银行	1.64	0.29
七、同业拆入	2.20	1.21	六、存放同业	2.87	-3.17
八、委托基金存款（净）	0.00	-0.02	1. 存放境内同业	1.84	-0.11
九、外汇买卖	11.58	-1.91	2. 存放境外同业	1.02	-3.05
其中：结售汇	11.12	-0.61	七、拆放同业	28.63	5.92
十、境内联行存放	-5.77	-0.76	1. 拆放境内同业	1.65	-0.38
十一、各项准备	0.01	-0.02	2. 拆放境外同业	26.97	6.30
其中：贷款呆账准备金	0.00	0.00	八、库存现金	2.67	-1.03
十二、所有者权益	0.69	-0.79			
十三、购入外汇营运资金	-8.09	0.91			
十四、其他	0.67	0.09			
资金来源合计	**93.68**	**14.45**	**资金运用合计**	**93.68**	**14.45**

注：2000 年，中国农业银行向长城资产管理公司剥离部分不良资产，“比年初增减额”考虑了资产剥离的影响。

中国农业银行境内合计外币信贷资金来源运用表

（2001）

单位：亿美元

项　　目	年末余额	比年初增减额	项　　目	年末余额	比年初增减额
一、各项存款	83.38	6.11	一、各项贷款	36.65	-0.38
1. 单位存款	27.33	2.92	1. 短期贷款	27.23	1.24
（1）单位活期存款	10.81	3.19	其中：中资企业贷款	3.00	-0.32
（2）单位定期存款	16.53	-0.27	外商投资企业贷款	4.16	1.17
2. 储蓄存款	53.61	3.72	2. 中长期贷款	3.87	0.07
（1）活期储蓄存款	4.80	1.19	其中：中资企业贷款	1.50	0.40
（2）定期储蓄存款	48.81	2.53	3. 进出口贸易融资	2.95	-1.64
3. 其他存款	2.44	-0.54	4. 票据融资	0.10	0.08
二、境内中长期借款	1.40	-0.03	其中：贴现	0.09	0.08
三、境外筹资	3.17	-1.23	5. 境外筹资转贷款	2.50	-0.13
四、向中央银行借款			二、投资	40.45	29.07
五、应付及暂收款	4.59	-2.00	1. 购买有价证券	27.16	17.26
其中：应付利息	1.67	-0.81	2. 其他投资	13.29	11.81
六、同业存放	5.36	2.66	三、应收及预付款	7.81	-1.65
1. 境内同业存放	5.35	2.68	其中：应收及预付利息	3.54	-0.57
2. 境外同业存放	0.00	-0.01	四、存放中央银行	1.94	0.30
七、同业拆入	1.80	-0.40	五、存放同业	25.35	22.49
八、委托基金存款（净）	0.00		1. 存放境内同业	1.93	0.09
九、外汇买卖	12.10	0.52	2. 存放境外同业	23.42	22.40
其中：结售汇	11.76	0.64	六、拆放同业	2.36	-26.27
十、境内联行存放	-4.06	1.71	1. 拆放境内同业	1.16	-0.50
十一、各项准备	0.64	0.62	2. 拆放境外同业	1.20	-25.77
其中：贷款呆账准备金	0.64	0.64	七、库存现金	2.72	0.05
十二、所有者权益	0.64	-0.05			
十三、购入外汇营运资金	11.15	19.24			
十四、其他	-2.85	-3.52			
资金来源合计	**117.29**	**23.62**	**资金运用合计**	**117.29**	**23.62**

中国农业银行境内合计外币信贷资金来源运用表

（2002）

单位：亿美元

项　目	年末余额	比年初增减额	项　目	年末余额	比年初增减额
一、各项存款	87.35	3.87	一、各项贷款	50.29	13.62
1. 单位存款	29.07	1.70	1. 短期贷款	27.93	5.84
（1）单位活期存款	14.69	4.42	其中：境内中资企业短期贷款	4.30	1.30
（2）单位定期存款	14.38	-2.73	境内外商投资企业短期贷款	7.35	3.19
2. 储蓄存款	54.89	1.23	2. 中长期贷款	10.13	6.26
（1）活期储蓄存款	5.80	1.00	其中：境内中资企业中长期贷款	1.54	0.04
（2）定期储蓄存款	49.08	0.23	3. 进出口贸易融资	4.12	1.17
3. 其他存款	3.40	0.94	4. 票据融资	0.23	0.12
二、境内中长期借款		-1.40	5. 各项垫款	5.28	0.13
三、卖出回购资产	0.00	0.00	6. 境外筹资转贷款	2.60	0.10
四、境外筹资	4.41	1.24	二、投资	50.55	10.10
五、向中央银行借款			三、应收及预付款	9.88	1.98
六、应付及暂收款	6.21	1.62	四、买入返售资产		
其中：应付利息	0.92	-0.75	五、存放中央银行	2.12	0.17
七、同业存放款项	4.98	-0.38	六、存放同业款项	15.79	-9.63
1. 境内同业存放款项	4.97	-0.38	1. 存放境内同业款项	1.71	-0.24
2. 境外同业存放款项	0.01	0.00	2. 存放境外同业款项	14.08	-9.39
八、同业拆入款项	7.34	5.54	七、拆放同业款项	7.02	4.66
1. 境内同业拆入款项	7.34	5.54	1. 拆放境内同业款项	1.71	0.56
2. 境外同业拆入款项			2. 拆放境外同业款项	5.31	4.10
九、委托基金存款（净）	0.00	0.00	八、库存现金	2.82	0.07
十、外汇买卖	10.92	-1.22			
其中：结售汇	11.84	0.02			
十一、境内联行存放	-1.11	2.85			
十二、各项准备	0.96	0.32			
十三、所有者权益	0.94	0.36			
十四、购入外汇营运资金	19.70	8.54			
十五、其他	-3.22	-0.37			
资金来源总计	**138.47**	**20.98**	**资金运用总计**	**138.47**	**20.98**

中国农业银行境内合计外币信贷资金来源运用表

（2003）

单位：亿美元

项　　目	年末余额	比年初增减额	项　　目	年末余额	比年初增减额
一、各项存款	89.26	1.90	一、各项贷款	64.71	14.42
1. 单位存款	33.46	4.40	1. 短期贷款	37.61	9.68
（1）单位活期存款	18.15	3.46	其中：境内中资企业短期贷款	5.49	1.19
（2）单位定期存款	15.32	0.94	境内外商投资企业短期贷款	14.57	7.21
2. 储蓄存款	50.82	-4.07	2. 中长期贷款	12.47	2.31
（1）活期储蓄存款	6.67	0.87	其中：境内中资企业中长期贷款	4.24	2.69
（2）定期储蓄存款	44.15	-4.94	3. 进出口贸易融资	6.32	2.20
3. 其他存款	4.97	1.57	4. 票据融资	0.26	0.04
二、境内中长期借款			5. 各项垫款	5.30	0.01
三、卖出回购资产	12.11	12.11	6. 境外筹资转贷款	2.76	0.16
四、境外筹资	3.46	-0.95	二、投资	72.46	21.90
五、向中央银行借款			三、应收及预付款	54.63	44.74
六、应付及暂收款	43.07	36.85	四、买入返售资产	0.10	0.10
其中：应付利息	0.55	-0.37	五、存放中央银行	2.21	0.10
七、同业存放款项	5.15	0.17	六、存放同业款项	3.76	-12.03
1. 境内同业存放款项	5.09	0.12	1. 存放境内同业款项	1.92	0.21
2. 境外同业存放款项	0.06	0.05	2. 存放境外同业款项	1.84	-12.24
八、同业拆入款项	1.97	-5.37	七、拆放同业款项	33.09	26.07
1. 境内同业拆入款项	1.97	-5.37	1. 拆放境内同业款项	2.81	1.09
2. 境外同业拆入款项			2. 拆放境外同业款项	30.28	24.97
九、委托基金存款（净）	0.00	0.00	八、库存现金	2.80	-0.01
十、外汇买卖	29.12	18.20			
其中：结售汇	30.08	18.24			
十一、境内联行存放	0.21	1.32			
十二、各项准备	1.60	0.64			
十三、所有者权益	1.38	0.43			
十四、购入外汇营运资金	50.00	30.30			
十五、其他	-3.54	-0.32			
资金来源总计	**233.76**	**95.29**	**资金运用总计**	**233.76**	**95.29**

中国农业银行境内合计外币信贷资金来源运用表

（2004）

单位：亿美元

项　　目	年末余额	比年初增减额	项　　目	年末余额	比年初增减额
一、各项存款	97.70	8.45	一、各项贷款	77.93	13.22
1. 单位存款	43.02	9.56	1. 短期贷款	44.62	7.00
（1）单位活期存款	25.42	7.27	其中：境内中资企业短期贷款	6.95	1.45
（2）单位定期存款	17.60	2.29	境内外商投资企业短期贷款	21.01	6.45
2. 储蓄存款	47.39	-3.43	2. 中长期贷款	14.98	2.51
（1）活期储蓄存款	8.22	1.55	其中：境内中资企业中长期贷款	8.15	3.91
（2）定期储蓄存款	39.17	-4.98	3. 进出口贸易融资	9.24	2.92
3. 其他存款	7.29	2.32	4. 票据融资	0.35	0.09
二、境内中长期借款			5. 各项垫款	5.79	0.50
三、卖出回购资产	15.24	3.12	6. 境外筹资转贷款	2.95	0.20
四、境外筹资	5.43	1.97	二、投资	86.82	14.36
五、向中央银行借款			三、应收及预付款	50.32	-4.31
六、应付及暂收款	38.83	-4.23	四、买入返售资产		-0.10
其中：应付利息	0.74	0.19	五、存放中央银行	2.86	0.64
七、同业存放款项	8.13	2.99	六、存放同业款项	8.07	4.31
1. 境内同业存放款项	8.07	2.98	1. 存放境内同业款项	2.40	0.48
2. 境外同业存放款项	0.06	0.01	2. 存放境外同业款项	5.68	3.84
八、同业拆入款项	10.75	8.78	七、拆放同业款项	36.38	3.29
1. 境内同业拆入款项	10.75	8.78	1. 拆放境内同业款项	1.72	-1.09
2. 境外同业拆入款项			2. 拆放境外同业款项	34.66	4.38
九、委托基金存款（净）	-0.01	-0.01	八、库存现金	3.08	0.28
十、外汇买卖	25.99	-3.12			
其中：结售汇	26.06	-4.02			
十一、境内联行存放	7.80	7.60			
十二、各项准备	1.92	0.33			
十三、所有者权益	2.68	1.30			
十四、购入外汇营运资金	60.38	10.38			
十五、其他	-9.39	-5.85			
资金来源总计	**265.46**	**31.70**	**资金运用总计**	**265.46**	**31.70**

中国农业银行境内合计外币信贷资金来源运用表

（2005）

单位：亿美元

项目	年末余额	比年初增减额	项目	年末余额	比年初增减额
一、各项存款	120.35	22.65	一、各项贷款	89.09	11.16
1. 单位存款	62.02	18.99	1. 短期贷款	45.14	0.53
（1）单位活期存款	27.33	1.91	其中：境内中资企业短期贷款	6.22	-0.73
（2）单位定期存款	34.69	17.09	境内外商投资企业短期贷款	21.41	0.40
2. 储蓄存款	51.67	4.28	2. 中长期贷款	18.46	3.48
（1）活期储蓄存款	7.85	-0.37	其中：境内中资企业中长期贷款	12.54	4.39
（2）定期储蓄存款	43.82	4.65	3. 进出口贸易融资	15.89	6.65
3. 其他存款	6.66	-0.63	4. 票据融资	0.11	-0.24
二、境内中长期借款	0.01	0.01	5. 各项垫款	5.95	0.16
三、卖出回购资产	18.12	2.89	6. 境外筹资转贷款	3.54	0.59
四、境外筹资	4.31	-1.11	二、投资	98.70	11.88
五、向中央银行借款			三、应收及预付款	88.01	37.70
六、应付及暂收款	103.25	64.41	四、买入返售资产		
其中：应付利息	0.69	-0.05	五、存放中央银行	3.98	1.12
七、同业存放款项	12.14	4.00	六、存放同业款项	13.64	5.56
1. 境内同业存放款项	11.99	3.92	1. 存放境内同业款项	2.34	-0.06
2. 境外同业存放款项	0.14	0.08	2. 存放境外同业款项	11.30	5.62
八、同业拆入款项	3.10	-7.66	七、拆放同业款项	24.44	-11.95
1. 境内同业拆入款项	3.10	-7.66	1. 拆放境内同业款项	2.89	1.17
2. 境外同业拆入款项			2. 拆放境外同业款项	21.55	-13.11
九、委托基金存款（净）	0.00	0.01	八、库存现金	2.82	-0.26
十、外汇买卖	9.08	-16.91			
其中：结售汇	9.08	-16.99			
十一、境内联行存放	-6.51	-14.31			
十二、各项准备	2.03	0.10			
十三、所有者权益	3.44	0.76			
十四、购入外汇营运资金	65.40	5.02			
十五、其他	-14.04	-4.65			
资金来源总计	**320.68**	**55.21**	**资金运用总计**	**320.68**	**55.21**

中国农业银行境内合计外币资产负债项目统计表

（2006）

单位：亿美元

项目	年末余额	比年初增减额	项目	年末余额	比年初增减额
一、各项存款	94.68	5.51	一、现金及银行存款	3.01	0.11
1. 储蓄存款	30.00	-2.27	二、贵金属		0.00
2. 单位存款	58.01	7.70	三、存放中央银行款项	5.91	1.92
3. 应解汇款及临时存款	1.09	-0.34	四、存放同业款项	15.71	2.27
4. 保证金存款	4.69	0.27	1. 存放境内同业款项	3.46	1.12
5. 保险公司存放款项	0.88	0.14	2. 存放境外同业款项	12.25	1.15
二、财政性存款			五、往来资金（轧差）		
三、向中央银行借款			六、应收利息	0.93	-0.11
四、同业存放款项	17.86	5.73	七、各项贷款	90.84	2.77
1. 境内同业存放款项	17.68	5.69	1. 票据融资	0.00	-0.04
2. 境外同业存放款项	0.18	0.04	2. 贸易融资	24.81	7.49
五、同业拆借款项	2.33	-2.25	3. 贷款	58.35	-3.73
1. 境内同业拆借款项	2.29	-0.81	4. 其他贷款	7.67	-0.95
2. 境外同业拆借款项	0.04	-1.44	八、拆借同业款项	53.48	29.04
六、往来资金（轧差）	14.13	11.71	1. 拆借境内同业款项	4.49	1.61
七、卖出回购款项	9.48	-8.64	2. 拆借境外同业款项	48.99	27.44
八、汇出汇款	0.39	0.03	九、其他应收款	0.96	-0.09
九、应付利息	1.05	0.36	十、投资	141.15	42.60
十、应交税金		0.00	十一、买入回售票据、信贷资产及金融机构证券		
十一、应付工资			十二、待摊费用		
十二、应付福利费			十三、固定资产净值		
十三、其他应付款	0.78	0.00	固定资产原价		
十四、转贷款资金	0.56	-0.08	减：累计折旧		
十五、发行债券			十四、固定资产清理		
十六、委托及代理负债资产轧差	17.47	-4.89	十五、在建工程		
十七、其他负债	198.52	92.82	十六、无形资产	0.02	0.00
负债总计	**357.26**	**100.31**	十七、待处理抵债资产	1.61	-0.17
			十八、委托及代理资产负债轧差		
一、实收资本			十九、其他资产	52.02	24.70
二、资本公积		0.00	二十、资产减值准备	2.95	0.93
三、盈余公积	0.00	0.00	其中：贷款损失准备	1.44	0.51
其中：法定公益金					
四、未分配利润	5.39	1.81			
所有者权益总计	**5.39**	**1.80**	**资产总计**	**362.66**	**102.11**

中国农业银行境内合计外币资产负债项目统计表

（2007）

单位：亿美元

项目	年末余额	比年初增减额	项目	年末余额	比年初增减额
一、各项存款	104.35	9.66	一、现金及银行存款	2.83	-0.18
1. 储蓄存款	26.34	-3.66	二、贵金属		
2. 单位存款	69.51	11.49	三、存放中央银行款项	207.21	201.30
3. 应解汇款及临时存款	1.84	0.74	四、存放同业款项	12.60	-3.11
4. 保证金存款	5.97	1.27	1. 存放境内同业款项	6.37	2.91
5. 保险公司存放款项	0.70	-0.18	2. 存放境外同业款项	6.24	-6.01
二、财政性存款			五、往来资金（轧差）		
三、向中央银行借款			六、应收利息	0.99	0.06
四、同业存放款项	14.74	-3.13	七、各项贷款	106.40	15.56
1. 境内同业存放款项	14.47	-3.22	1. 票据融资	0.00	0.00
2. 境外同业存放款项	0.27	0.09	2. 贸易融资	27.68	2.87
五、同业拆借款项	4.11	1.78	3. 贷款	71.51	13.16
1. 境内同业拆借款项	4.11	1.82	4. 其他贷款	7.21	-0.47
2. 境外同业拆借款项		-0.04	八、拆借同业款项	50.20	-3.28
六、往来资金（轧差）	216.50	202.57	1. 拆借境内同业款项	6.16	1.67
七、卖出回购款项	37.76	28.28	2. 拆借境外同业款项	44.03	-4.95
八、汇出汇款	0.22	-0.17	九、其他应收款	0.26	-0.70
九、应付利息	0.73	-0.32	十、投资	133.73	-7.41
十、应交税金	0.00	0.00	十一、买入回售票据、信贷资产及金融机构证券	5.85	5.85
十一、应付工资			十二、待摊费用		
十二、应付福利费			十三、固定资产净值		
十三、其他应付款	0.81	0.03	固定资产原价		
十四、转贷款资金	0.54	-0.02	减：累计折旧		
十五、发行债券			十四、固定资产清理		
十六、委托及代理负债资产轧差		-17.46	十五、在建工程		
十七、其他负债	258.77	60.26	十六、无形资产	0.01	0.00
负债总计	**638.53**	**281.47**	十七、待处理抵债资产	0.95	-0.66
			十八、委托及代理资产负债轧差	0.04	0.04
一、实收资本			十九、其他资产	130.10	78.08
二、资本公积	0.02	0.02	二十、资产减值准备	8.87	5.92
三、盈余公积		0.00	其中：贷款损失准备	1.62	0.18
其中：法定公益金					
四、未分配利润	3.73	-1.86			
所有者权益总计	**3.75**	**-1.85**	**资产总计**	**642.28**	**279.62**

中国农业银行境内合计外币资产负债项目统计表

（2008）

单位：亿美元

项　　目	年末余额	比年初增减额	项　　目	年末余额	比年初增减额
一、各项存款	100.42	-3.93	一、现金及银行存款	2.59	-0.24
1. 储蓄存款	23.21	-3.13	二、贵金属		
2. 单位存款	70.76	1.24	三、存放中央银行款项	6.21	-200.99
3. 应解汇款及临时存款	1.48	-0.35	四、存放同业款项	80.95	68.37
4. 保证金存款	3.40	-2.57	1. 存放境内同业款项	52.91	46.55
5. 保险公司存放款项	1.57	0.87	2. 存放境外同业款项	28.04	21.82
二、财政性存款			五、往来资金（轧差）	9.74	9.74
三、向中央银行借款			六、应收利息	0.67	-0.31
四、同业存放款项	22.31	7.57	七、各项贷款	76.19	-8.43
1. 境内同业存放款项	22.19	7.72	1. 票据融资	0.00	0.00
2. 境外同业存放款项	0.13	-0.15	2. 贸易融资	22.09	-4.21
五、同业拆借款项	6.18	2.07	3. 贷款	53.49	-4.41
1. 境内同业拆借款项	6.18	2.07	4. 其他贷款	0.60	0.19
2. 境外同业拆借款项			八、拆借同业款项	30.82	-18.72
六、往来资金（轧差）		-216.50	1. 拆借境内同业款项	2.10	-3.41
七、卖出回购款项		-37.76	2. 拆借境外同业款项	28.72	-15.31
八、汇出汇款	0.14	-0.08	九、其他应收款	4.55	4.37
九、应付利息	0.80	0.07	十、投资	213.17	79.45
十、应交税金	0.00	0.00	十一、买入回售票据、信贷资产及金融机构证券		-5.85
十一、应付工资			十二、待摊费用		
十二、应付福利费			十三、固定资产净值		
十三、其他应付款	8.10	7.29	固定资产原价		
十四、转贷款资金	0.48	-0.06	减：累计折旧		
十五、发行债券			十四、固定资产清理		
十六、委托及代理负债资产轧差			十五、在建工程		
十七、其他负债	262.53	127.72	十六、无形资产	0.01	
负债总计	**400.97**	**-113.61**	十七、待处理抵债资产		-0.38
一、实收资本			十八、委托及代理资产负债轧差	0.03	0.00
二、资本公积	-0.36	-0.37	十九、其他资产		-2.54
三、盈余公积			二十、资产减值准备	34.27	25.40
其中：法定公益金			其中：贷款损失准备		-1.62
四、未分配利润	-9.96	-13.69			
所有者权益总计	**-10.32**	**-14.07**	**资产总计**	**390.66**	**-127.68**

注：2008年11月21日，经财政部批准，本行以2007年12月31日为基准日，按账面值剥离处置信贷类和非信贷类不良资产8156.95亿元。在上述不良资产中，以2007年12月31日中国人民银行对本行1506.02亿元免息再贷款等额置换不良资产；其余6650.93亿元形成应收财政部款项，计入“投资”中。除投资外，各统计指标的“比年初增减额”考虑了资产剥离的影响。

（三）境内合计本外币合计主要情况

中国农业银行境内合计本外币合计资产负债项目统计表

（2006）

单位：人民币亿元

项　　目	年末余额	比年初增减额	项　　目	年末余额	比年初增减额
一、各项存款	47452.05	6997.86	一、现金及银行存款	361.75	40.11
1. 个人存款	27988.04	3381.91	二、贵金属	2.07	1.98
2. 单位存款	18270.32	3411.94	三、存放中央银行款项	6527.79	2220.04
3. 应解汇款及临时存款	64.43	1.97	四、存放同业款项	253.87	67.37
4. 保证金存款	1021.75	179.62	1. 存放境内同业款项	158.17	61.24
5. 保险公司存放款项	106.41	21.77	2. 存放境外同业款项	95.70	6.13
6. 邮政储汇局存放合作性款项	1.11	0.64	五、往来资金（轧差）	80.92	36.03
二、财政性存款	213.61	16.79	六、应收利息	21.49	-73.45
三、向中央银行借款	1508.67	-0.94	七、各项贷款	31227.67	3085.75
四、同业存放款项	1760.85	-181.38	1. 票据融资	2468.71	285.42
1. 境内同业存放款项	1758.98	-181.20	2. 贸易融资	270.49	77.35
2. 境外同业存放款项	1.87	-0.18	3. 贷款	28338.06	2732.41
五、同业拆借款项	51.37	10.08	4. 其他贷款	150.40	-9.44
1. 境内同业拆借款项	51.06	21.72	八、拆借同业款项	727.31	349.09
2. 境外同业拆借款项	0.31	-11.64	1. 拆借境内同业款项	344.78	140.48
六、往来资金（轧差）			2. 拆借境外同业款项	382.53	208.61
七、卖出回购款项	436.10	-611.99	九、其他应收款	220.85	-24.52
八、汇出汇款	284.86	27.31	十、投资	12017.46	1005.56
九、应付利息	222.66	111.54	十一、买入回售票据、信贷资产及金融机构证券	1359.72	-86.81
十、应交税金	28.07	5.10	十二、待摊费用	42.93	-8.97
十一、应付工资	68.92	15.45	十三、固定资产净值	659.31	10.96
十二、应付福利费	12.49	3.76	固定资产原价	992.10	40.97
十三、其他应付款	404.29	94.39	减：累计折旧	332.79	30.01
十四、转贷款资金	5.22	-1.19	十四、固定资产清理	0.90	-0.86
十五、发行债券	0.03	-0.02	十五、在建工程	92.99	11.91
十六、委托及代理负债资产轧差	159.62	-55.27	十六、无形资产	23.96	1.07
十七、其他负债	127.48	39.61	十七、待处理抵债资产	303.28	-67.17
负债总计	**52736.28**	**6471.09**	十八、委托及代理资产负债轧差		
一、实收资本	1219.49	-3.90	十九、其他资产	124.62	2.21
二、资本公积	30.32	0.03	二十、资产减值准备	402.82	66.98
三、盈余公积	5.28	-0.04	其中：贷款损失准备	352.40	25.41
其中：法定公益金	0.01	-0.75			
四、未分配利润	-345.31	36.13			
所有者权益总计	**909.77**	**32.22**	**资产总计**	**53646.05**	**6503.31**

中国农业银行境内合计本外币合计资产负债项目统计表

（2007）

单位：人民币亿元

项　　目	年末余额	比年初增减额	项　　目	年末余额	比年初增减额
一、各项存款	52821.72	5497.45	一、现金及银行存款	442.09	80.32
1. 个人存款	29849.65	1861.61	二、贵金属	0.49	-1.58
2. 单位存款	21610.07	3467.82	三、存放中央银行款项	8491.93	2173.74
3. 应解汇款及临时存款	59.96	-4.47	四、存放同业款项	176.71	-77.16
4. 保证金存款	1105.58	83.53	1. 存放境内同业款项	131.15	-27.04
5. 保险公司存放款项	145.53	39.13	2. 存放境外同业款项	45.57	-50.12
6. 邮政储汇局存放合作性款项	50.93	49.83	五、往来资金（轧差）	57.15	-29.69
二、财政性存款		-3.99	六、应收利息	12.74	-8.76
三、向中央银行借款	1508.67	0.00	七、各项贷款	34531.42	3303.77
四、同业存放款项	2328.52	439.68	1. 票据融资	2049.69	-419.03
1. 境内同业存放款项	2325.64	438.66	2. 贸易融资	317.21	46.73
2. 境外同业存放款项	2.88	1.02	3. 贷款	32021.06	3683.01
五、同业拆借款项	119.87	68.50	4. 其他贷款	143.46	-6.94
1. 境内同业拆借款项	119.87	68.81	八、拆借同业款项	543.01	-184.30
2. 境外同业拆借款项		-0.31	1. 拆借境内同业款项	221.36	-123.42
六、往来资金（轧差）			2. 拆借境外同业款项	321.65	-60.88
七、卖出回购款项	688.33	604.27	九、其他应收款	74.39	-88.68
八、汇出汇款	250.25	-34.60	十、投资	13238.12	1220.66
九、应付利息	425.99	203.33	十一、买入回售票据、信贷资产及金融机构证券	1437.71	538.55
十、应交税金	39.99	11.92	十二、待摊费用	24.08	-18.85
十一、应付工资	77.23	8.32	十三、固定资产净值	699.30	39.99
十二、应付福利费	5.70	-6.79	固定资产原价	1044.12	52.02
十三、其他应付款	322.78	-40.73	减：累计折旧	344.82	12.04
十四、转贷款资金	4.32	-0.89	十四、固定资产清理	0.61	-0.29
十五、发行债券	0.04	0.00	十五、在建工程	78.64	-14.34
十六、委托及代理负债资产轧差	12.17	-147.33	十六、无形资产	21.32	-2.63
十七、其他负债	3651.50	2438.29	十七、待处理抵债资产	175.72	-127.56
负债总计	**62257.07**	**9037.41**	十八、委托及代理资产负债轧差		
一、实收资本	1216.12	-3.38	十九、其他资产	3927.62	2594.47
二、资本公积	30.75	0.43	二十、资产减值准备	585.70	182.88
三、盈余公积	5.28	0.00	其中：贷款损失准备	350.50	31.75
其中：法定公益金		-0.01			
四、未分配利润	-161.86	180.29			
所有者权益总计	**1090.28**	**177.36**	**资产总计**	**63347.35**	**9214.78**

中国农业银行境内合计本外币合计资产负债项目统计表

（2008）

单位：人民币亿元

项　目	年末余额	比年初增减额	项　目	年末余额	比年初增减额
一、各项存款	60872.03	8101.25	一、现金及银行存款	449.90	7.80
1. 个人存款	37386.25	7536.60	二、贵金属	0.37	-0.12
2. 单位存款	22219.83	609.76	三、存放中央银行款项	10568.61	2076.68
3. 应解汇款及临时存款	50.04	-9.92	四、存放同业款项	613.80	441.73
4. 保证金存款	1074.68	-30.90	1. 存放境内同业款项	422.15	295.51
5. 保险公司存放款项	141.24	-4.30	2. 存放境外同业款项	191.65	146.22
二、财政性存款			五、往来资金（轧差）	64.96	7.81
三、向中央银行借款	3.14	-1505.53	六、应收利息	91.46	79.92
四、同业存放款项	2210.00	-169.46	七、各项贷款	30756.54	3692.09
1. 境内同业存放款项	2208.25	-168.32	1. 票据融资	2594.41	544.72
2. 境外同业存放款项	1.75	-1.14	2. 贸易融资	249.49	-51.90
五、同业拆借款项	194.37	74.50	3. 贷款	27900.40	3195.98
1. 境内同业拆借款项	194.37	74.50	4. 其他贷款	12.25	3.28
2. 境外同业拆借款项			八、拆借同业款项	411.04	-94.79
六、往来资金（轧差）			1. 拆借境内同业款项	214.78	30.54
七、卖出回购款项	280.45	-407.88	2. 拆借境外同业款项	196.26	-125.33
八、汇出汇款	219.73	-30.53	九、其他应收款	206.98	173.78
九、应付利息	688.41	262.42	十、投资	23227.25	9999.47
十、应交税金	131.01	91.02	十一、买入回售票据、信贷资产及金融机构证券	2434.43	996.77
十一、应付工资	83.81	6.57	十二、待摊费用	12.27	-11.81
十二、应付福利费	0.27	-5.43	十三、固定资产净值	958.44	259.14
十三、其他应付款	1377.38	1054.60	固定资产原价	1053.14	9.02
十四、转贷款资金	3.26	-1.06	减：累计折旧	94.70	-250.12
十五、发行债券	0.04	0.00	十四、固定资产清理	2.03	1.42
十六、委托及代理负债资产轧差	11.29	-0.88	十五、在建工程	82.65	4.01
十七、其他负债	132.35	47.62	十六、无形资产	269.20	247.87
负债总计	**66207.51**	**7517.21**	十七、待处理抵债资产	0.05	-15.65
			十八、委托及代理资产负债轧差		2.52
一、实收资本	2600.00	1383.88	十九、递延资产	71.50	71.50
二、资本公积	235.28	204.53	二十、其他资产	40.00	-119.83
三、盈余公积		-5.28	二十一、资产减值准备	1094.81	505.61
其中：法定公益金			其中：贷款损失准备	835.10	484.60
四、未分配利润	123.87	289.23			
所有者权益总计	**2959.14**	**1872.36**	**资产总计**	**69166.66**	**9389.58**

注：2008 年 11 月 21 日，经财政部批准，本行以 2007 年 12 月 31 日为基准日，按账面值剥离处置信贷类和非信贷类不良资产 8156.95 亿元。在上述不良资产中，以 2007 年 12 月 31 日中国人民银行对本行 1506.02 亿元免息再贷款等额置换不良资产；其余 6650.93 亿元形成应收财政部款项，计入“投资”中。除投资外，各统计指标的“比年初增减额”考虑了资产剥离的影响。

（四）境内合计人民币业务主要指标时间序列比较分析表

中国农业银行境内合计人民币各项存款、各项贷款、储蓄存款时间序列比较分析表

（1979—2008）

单位：亿元

年月＼项目	各项存款		各项贷款		储蓄存款	
	月末余额	比年初增减额	月末余额	比年初增减额	月末余额	比年初增减额
1979年12月	280.07		410.98		21.20	
1980年12月	368.04	87.97	512.01	101.03	32.20	11.00
1981年12月	422.57	54.53	565.02	53.01	42.56	10.36
1982年12月	502.20	79.63	623.08	58.06	53.76	11.20
1983年12月	588.04	85.84	716.23	93.15	66.96	13.20
1984年12月	718.80	130.76	1459.64	743.41	100.51	33.55
1985年12月	912.35	193.55	1687.70	228.06	155.32	54.81
1986年12月	1211.80	299.45	1996.12	308.42	257.68	102.36
1987年12月	1487.30	275.50	2319.26	323.14	426.19	168.51
1988年12月	1713.73	226.43	2632.15	312.89	593.71	167.52
1989年12月	2055.46	341.73	3058.17	426.02	848.51	254.80
1990年1月	2082.71	27.25	3029.98	-28.19	883.45	34.94
1990年2月	2161.08	105.62	2992.82	-65.35	937.68	89.17
1990年3月	2192.61	137.15	2989.53	-68.64	972.75	124.24
1990年4月	2208.11	152.65	2974.87	-83.30	996.94	148.43
1990年5月	2252.38	196.92	2970.52	-87.65	1024.35	175.84
1990年6月	2339.57	284.11	3045.44	-12.73	1056.98	208.47
1990年7月	2386.74	331.28	3076.00	17.83	1089.92	241.41
1990年8月	2426.12	370.66	3145.64	87.47	1114.47	265.96
1990年9月	2474.14	418.68	3290.11	231.94	1134.89	286.38
1990年10月	2563.18	507.72	3480.10	421.93	1162.88	314.37
1990年11月	2657.70	602.24	3620.00	561.83	1187.25	338.74
1990年12月	2640.55	585.09	3774.34	716.17	1212.10	363.59
1991年1月	2692.55	52.00	3764.57	-9.77	1250.75	38.65
1991年2月	2783.11	142.56	3738.09	-36.25	1322.08	109.98
1991年3月	2802.79	162.24	3757.72	-16.62	1362.83	150.73
1991年4月	2812.27	171.72	3745.00	-29.34	1386.14	174.04
1991年5月	2839.21	198.66	3739.62	-34.72	1407.93	195.83
1991年6月	2900.11	259.56	3812.75	38.41	1435.04	222.94
1991年7月	2972.76	332.21	3845.91	71.57	1462.97	250.87
1991年8月	3020.86	380.31	3902.41	128.07	1482.12	270.02
1991年9月	3082.99	442.44	4033.68	259.34	1501.69	289.59
1991年10月	3201.34	560.79	4272.34	498.00	1528.27	316.17
1991年11月	3360.90	720.35	4455.81	681.47	1556.86	344.76
1991年12月	3319.51	678.96	4586.23	811.89	1577.64	365.54

中国农业银行境内合计人民币各项存款、各项贷款、储蓄存款时间序列比较分析表

（1979—2008）

单位：亿元

项目 年月	各项存款		各项贷款		储蓄存款	
	月末余额	比年初增减额	月末余额	比年初增减额	月末余额	比年初增减额
1992 年 1 月	3330. 86	11. 35	4569. 21	-8. 86	1608. 57	30. 93
1992 年 2 月	3496. 87	177. 36	4558. 87	-19. 20	1699. 43	121. 79
1992 年 3 月	3502. 85	183. 34	4604. 74	26. 67	1727. 07	149. 43
1992 年 4 月	3502. 71	183. 20	4618. 85	40. 78	1741. 43	163. 79
1992 年 5 月	3560. 76	241. 25	4644. 56	66. 49	1762. 80	185. 16
1992 年 6 月	3647. 85	328. 34	4736. 16	158. 09	1794. 44	216. 80
1992 年 7 月	3732. 88	413. 37	4809. 67	231. 60	1813. 32	235. 68
1992 年 8 月	3788. 52	469. 01	4880. 14	302. 07	1827. 16	249. 52
1992 年 9 月	3814. 12	494. 61	4934. 65	356. 58	1851. 01	273. 37
1992 年 10 月	3909. 89	590. 38	5081. 85	503. 78	1875. 86	298. 22
1992 年 11 月	4025. 94	706. 43	5239. 92	661. 85	1900. 95	323. 31
1992 年 12 月	4130. 94	811. 43	5468. 10	890. 03	1972. 43	394. 79
1993 年 1 月	4314. 08	183. 14	5464. 31	-3. 79	2056. 03	83. 60
1993 年 2 月	4321. 98	191. 04	5507. 69	39. 59	2109. 84	137. 41
1993 年 3 月	4247. 59	116. 65	5469. 57	1. 47	2099. 16	126. 73
1993 年 4 月	4277. 97	147. 03	5540. 74	72. 64	2094. 64	122. 21
1993 年 5 月	4315. 70	184. 76	5553. 43	85. 33	2122. 68	150. 25
1993 年 6 月	4367. 46	236. 52	5608. 80	140. 70	2178. 49	206. 06
1993 年 7 月	4419. 23	288. 29	5639. 96	171. 86	2243. 65	271. 22
1993 年 8 月	4516. 01	385. 07	5716. 65	248. 55	2302. 93	330. 50
1993 年 9 月	4628. 19	497. 25	5858. 04	389. 94	2358. 45	386. 02
1993 年 10 月	4793. 68	662. 74	6034. 99	566. 89	2418. 31	445. 88
1993 年 11 月	4986. 85	855. 91	6257. 18	789. 08	2477. 82	505. 39
1993 年 12 月	5183. 83	1052. 89	6528. 68	1060. 58	2526. 42	553. 99

中国农业银行境内合计人民币各项存款、各项贷款、储蓄存款时间序列比较分析表

（1979—2008）

单位：亿元

年月＼项目	各项存款		各项贷款		储蓄存款	
	月末余额	比年初增减额	月末余额	比年初增减额	月末余额	比年初增减额
1994 年 1 月	5089.60	-40.58	6512.33	-52.69	2602.46	69.46
1994 年 2 月	5378.69	248.51	6513.99	-51.03	2798.99	265.99
1994 年 3 月	5466.91	336.73	6560.18	-4.84	2890.49	357.49
1994 年 4 月	5489.29	359.11	6608.22	43.20	2917.93	384.93
1994 年 5 月	5619.74	489.56	6659.56	94.54	2986.75	453.75
1994 年 6 月（划转前）	5846.26	716.08	6820.63	255.61	3080.88	547.88
1994 年 6 月（划转后）	5778.55	648.37	4965.90	-1599.12	3081.71	548.71
1994 年 7 月	5906.25	776.07	5044.94	-1520.08	3172.39	639.39
1994 年 8 月	6019.78	889.60	5133.72	-1431.30	3241.90	708.90
1994 年 9 月	6140.99	1010.81	5128.41	-1436.61	3323.30	790.30
1994 年 10 月	6338.40	1208.22	5305.65	-1259.37	3406.37	873.37
1994 年 11 月	6587.51	1457.33	5427.37	-1137.65	3500.13	967.13
1994 年 12 月	6714.86	1584.68	5524.21	-1040.81	3561.35	1028.35
1995 年 1 月	6732.42	10.60	5607.70	83.11	3702.98	138.42
1995 年 2 月	7122.97	401.15	5698.92	174.33	3922.70	358.14
1995 年 3 月	7118.23	396.41	5655.79	131.20	3953.49	388.93
1995 年 4 月	7189.49	467.67	5797.88	273.29	4018.01	453.45
1995 年 5 月	7290.10	568.28	5844.27	319.68	4103.29	538.73
1995 年 6 月	7521.48	799.66	5858.90	334.31	4225.08	660.52
1995 年 7 月	7756.22	1034.40	6018.90	494.31	4340.67	776.11
1995 年 8 月	7890.01	1168.19	6122.49	597.90	4415.36	850.80
1995 年 9 月	8012.62	1290.80	6156.19	631.60	4507.76	943.20
1995 年 10 月	8230.93	1509.11	6330.97	806.38	4599.99	1035.43
1995 年 11 月	8451.66	1729.84	6470.92	946.33	4716.36	1151.80
1995 年 12 月	8687.90	1966.08	6553.76	1029.17	4813.49	1248.93

中国农业银行境内合计人民币各项存款、各项贷款、储蓄存款时间序列比较分析表

（1979—2008）

单位：亿元

项目 / 年月	各项存款		各项贷款		储蓄存款	
	月末余额	比年初增减额	月末余额	比年初增减额	月末余额	比年初增减额
1996 年 1 月	7192.99	253.56	6671.10	110.57	4920.66	107.31
1996 年 2 月	7360.71	421.28	6724.40	163.87	5205.47	392.12
1996 年 3 月	7657.70	718.27	6784.43	223.90	5396.55	583.20
1996 年 4 月	7842.80	903.37	6934.47	373.94	5501.18	687.83
1996 年 5 月	8009.98	1070.55	7010.96	450.43	5596.64	783.29
1996 年 6 月	8220.85	1281.42	7055.51	494.98	5729.06	915.71
1996 年 7 月	8401.94	1462.51	7202.73	642.20	5826.37	1013.02
1996 年 8 月	8541.12	1601.69	7319.84	759.31	5898.97	1085.62
1996 年 9 月	8630.50	1691.07	7357.59	797.06	5976.42	1163.07
1996 年 10 月	8789.12	1849.69	7553.05	992.52	6034.34	1220.99
1996 年 11 月	8919.88	1980.45	7647.27	1086.74	6092.35	1279.00
1996 年 12 月	9134.98	2195.55	7785.42	1224.89	6174.81	1361.46
1997 年 1 月	9201.60	-108.80	8663.81	97.34	6320.97	71.27
1997 年 2 月	9543.76	233.36	8720.63	154.16	6632.09	382.39
1997 年 3 月	9792.14	481.74	8828.21	261.74	6727.86	478.16
1997 年 4 月	9895.74	585.34	8925.74	359.27	6779.30	529.60
1997 年 5 月	10007.68	697.28	8978.71	412.24	6832.53	582.83
1997 年 6 月	10232.13	921.73	9042.76	476.29	6944.34	694.64
1997 年 7 月	10412.41	1102.01	9116.68	550.21	7052.03	802.33
1997 年 8 月	10580.07	1269.67	9211.52	645.05	7143.49	893.79
1997 年 9 月	10813.47	1503.07	9308.46	741.99	7267.22	1017.52
1997 年 10 月	10923.41	1613.01	9391.09	824.62	7346.14	1096.44
1997 年 11 月	11064.42	1754.02	9499.73	933.26	7416.21	1166.51
1997 年 12 月	11328.77	2018.37	9809.17	1242.70	7522.98	1273.28

中国农业银行境内合计人民币各项存款、各项贷款、储蓄存款时间序列比较分析表

（1979—2008）

单位：亿元

项目 / 年月	各项存款		各项贷款		储蓄存款	
	月末余额	比年初增减额	月末余额	比年初增减额	月末余额	比年初增减额
1998年1月	11216.72	-105.69	9806.26	-3.31	7674.79	151.14
1998年2月	11531.13	208.72	9832.58	23.01	7928.33	404.68
1998年3月	11824.68	502.27	9942.56	132.99	8092.91	569.26
1998年4月	11935.47	613.06	11404.38	1594.81	8154.38	630.73
1998年5月	12066.40	743.99	11495.40	1685.83	8251.28	727.63
1998年6月	12269.58	947.17	11676.70	1867.13	8329.43	805.78
1998年7月	12411.41	1089.00	11773.39	1963.82	8426.44	902.79
1998年8月	12600.24	1277.83	11975.30	2165.73	8489.62	965.97
1998年9月	12824.38	1501.97	12232.13	2422.56	8574.69	1051.04
1998年10月	12995.01	1672.60	12343.94	2534.37	8684.63	1160.98
1998年11月	13169.77	1847.36	12504.15	2694.58	8785.91	1262.26
1998年12月	13348.92	2026.51	13666.08	3856.51	8880.44	1356.79
1999年1月	13623.07	298.78	13701.89	34.29	9071.87	190.02
1999年2月	13872.31	548.02	13795.47	127.87	9526.36	644.51
1999年3月	14317.80	993.51	13920.06	252.46	9731.94	850.09
1999年4月	14438.20	1113.91	14097.53	429.93	9836.00	954.15
1999年5月	14579.99	1255.70	14186.89	519.29	9939.41	1057.56
1999年6月	14798.60	1474.31	14393.42	725.82	10002.38	1120.53
1999年7月	14788.70	1464.41	14492.98	825.38	10017.93	1136.08
1999年8月	14946.26	1621.97	14663.01	995.41	10013.13	1131.28
1999年9月	15082.37	1758.08	14883.59	1215.99	10037.31	1155.46
1999年10月	15093.83	1769.54	14968.14	1300.54	10015.42	1133.57
1999年11月	15284.84	1960.55	15154.24	1486.64	10033.74	1151.89
1999年12月	15492.19	2167.90	15550.61	1883.01	10098.53	1216.68

中国农业银行境内合计人民币各项存款、各项贷款、储蓄存款时间序列比较分析表

(1979—2008)

单位：亿元

项目 年月	各项存款		各项贷款		储蓄存款	
	月末余额	比年初增减额	月末余额	比年初增减额	月末余额	比年初增减额
2000 年 1 月	15525. 77	32. 98	15647. 63	97. 02	10293. 75	195. 29
2000 年 2 月	15965. 09	472. 30	15697. 26	146. 65	10701. 87	603. 41
2000 年 3 月	16312. 94	820. 15	15841. 98	291. 37	10792. 76	694. 30
2000 年 4 月	16337. 51	844. 72	15836. 32	285. 71	10789. 94	691. 48
2000 年 5 月	16419. 65	926. 86	15068. 87	522. 56	10756. 57	658. 11
2000 年 6 月	16782. 66	1289. 87	13779. 64	698. 50	10862. 09	763. 63
2000 年 7 月	16721. 42	1228. 63	13578. 78	881. 74	10862. 96	764. 50
2000 年 8 月	16888. 59	1395. 80	13697. 60	1079. 43	10845. 92	747. 46
2000 年 9 月	17159. 84	1667. 05	13963. 17	1383. 26	10917. 62	819. 16
2000 年 10 月	17062. 99	1570. 20	14045. 34	1493. 93	10870. 35	771. 89
2000 年 11 月	17267. 97	1775. 18	14290. 56	1742. 47	10921. 39	822. 93
2000 年 12 月	17520. 99	2028. 20	14497. 72	1957. 43	11032. 78	934. 32
2001 年 1 月	17714. 37	198. 48	14668. 07	170. 91	11467. 12	434. 87
2001 年 2 月	17909. 95	394. 06	14779. 75	282. 59	11625. 80	593. 55
2001 年 3 月	18502. 10	986. 21	15052. 68	555. 52	11833. 16	800. 91
2001 年 4 月	18481. 95	966. 06	15203. 26	706. 10	11840. 19	807. 94
2001 年 5 月	18463. 48	947. 59	15347. 61	850. 45	11804. 28	772. 03
2001 年 6 月	19131. 02	1615. 13	15598. 38	1101. 22	12012. 37	980. 12
2001 年 7 月	18907. 42	1391. 53	15672. 05	1174. 89	12005. 45	973. 20
2001 年 8 月	19341. 23	1825. 34	15720. 82	1223. 66	12091. 78	1059. 53
2001 年 9 月	19550. 03	2034. 14	15815. 01	1317. 85	12181. 22	1148. 97
2001 年 10 月	19585. 75	2069. 86	15771. 65	1274. 49	12253. 78	1221. 53
2001 年 11 月	19735. 67	2219. 78	15845. 88	1348. 72	12327. 03	1294. 78
2001 年 12 月	20244. 54	2728. 65	16045. 94	1548. 78	12537. 89	1505. 64

中国农业银行境内合计人民币各项存款、各项贷款、储蓄存款时间序列比较分析表

（1979—2008）

单位：亿元

项目 年月	各项存款		各项贷款		储蓄存款	
	月末余额	比年初增减额	月末余额	比年初增减额	月末余额	比年初增减额
2002年1月	20404.08	159.54	16080.90	34.96	12757.54	219.81
2002年2月	20765.73	521.19	16161.32	115.38	13349.23	811.50
2002年3月	21205.35	960.81	16430.32	384.38	13495.48	957.75
2002年4月	21457.45	1212.91	16574.48	528.55	13613.86	1076.13
2002年5月	21739.28	1494.74	16777.16	731.22	13740.36	1202.63
2002年6月	22268.21	2023.67	17178.91	1132.98	13961.29	1423.56
2002年7月	22505.39	2260.85	17308.68	1262.74	14099.27	1561.54
2002年8月	22872.96	2628.42	17568.07	1522.14	14203.94	1666.21
2002年9月	23274.01	3029.47	18029.74	1983.80	14338.55	1800.82
2002年10月	23487.66	3243.12	18172.50	2126.56	14430.52	1892.79
2002年11月	23843.55	3599.01	18360.01	2314.07	14613.82	2076.09
2002年12月	23985.41	3740.87	18580.41	2534.47	14719.38	2181.65
2003年1月	24684.38	698.97	19253.01	672.60	15518.66	799.27
2003年2月	25190.18	1204.77	19461.72	881.31	15893.52	1174.14
2003年3月	25990.65	2005.24	19896.63	1316.22	16188.89	1469.51
2003年4月	26206.17	2220.76	20132.88	1552.47	16349.35	1629.97
2003年5月	26650.32	2664.91	20510.46	1930.05	16587.52	1868.14
2003年6月	27348.80	3363.40	21107.60	2527.19	16796.83	2077.45
2003年7月	27647.59	3662.18	21489.55	2909.14	17021.27	2301.89
2003年8月	28056.87	4071.46	21639.00	3058.59	17198.37	2478.99
2003年9月	28548.61	4563.20	21882.55	3302.14	17431.66	2712.28
2003年10月	28722.26	4736.85	22002.56	3422.15	17594.93	2875.55
2003年11月	28932.61	4947.20	22105.81	3525.40	17798.50	3079.12
2003年12月	29061.23	5075.82	22118.20	3537.79	17915.78	3196.40

中国农业银行境内合计人民币各项存款、各项贷款、储蓄存款时间序列比较分析表

(1979—2008)

单位：亿元

项目 年月	各项存款		各项贷款		储蓄存款	
	月末余额	比年初增减额	月末余额	比年初增减额	月末余额	比年初增减额
2004 年 1 月	30167.17	1105.94	22746.46	628.27	19180.68	1264.90
2004 年 2 月	30724.60	1663.37	23199.55	1081.35	19351.50	1435.72
2004 年 3 月	31407.74	2346.51	23661.00	1542.80	19503.16	1587.37
2004 年 4 月	31605.92	2544.69	24010.72	1892.52	19595.17	1679.39
2004 年 5 月	31851.81	2790.58	23986.33	1868.13	19700.02	1784.23
2004 年 6 月	32260.38	3199.15	24199.26	2081.06	19857.20	1941.42
2004 年 7 月	32189.97	3128.74	24183.58	2065.38	20013.18	2097.40
2004 年 8 月	32531.82	3470.59	24277.23	2159.04	20098.07	2182.28
2004 年 9 月	32874.86	3813.63	24565.56	2447.36	20232.87	2317.08
2004 年 10 月	33036.45	3975.22	24539.67	2421.47	20358.18	2442.40
2004 年 11 月	33495.95	4434.72	24719.26	2601.06	20604.08	2688.30
2004 年 12 月	34173.21	5111.98	25146.26	3028.07	20874.86	2959.07
2005 年 1 月	34717.98	544.77	25493.10	346.84	21438.75	563.89
2005 年 2 月	35314.52	1141.31	25646.40	500.14	22448.71	1573.86
2005 年 3 月	36327.51	2154.30	25960.35	814.09	22682.51	1807.65
2005 年 4 月	36369.82	2196.61	25921.54	775.27	22775.43	1900.57
2005 年 5 月	36760.32	2587.11	26002.59	856.33	22889.91	2015.06
2005 年 6 月	37436.59	3263.38	26439.97	1293.71	23100.27	2225.42
2005 年 7 月	37650.89	3477.68	26346.80	1200.54	23408.20	2533.34
2005 年 8 月	38274.11	4100.90	26642.86	1496.60	23552.26	2677.41
2005 年 9 月	38845.77	4672.56	27043.85	1897.59	23773.68	2898.82
2005 年 10 月	38837.98	4664.77	26943.87	1797.61	23856.86	2982.01
2005 年 11 月	39409.62	5236.41	27216.45	2070.18	24121.04	3246.18
2005 年 12 月	39702.82	5529.61	27405.80	2259.54	24357.58	3482.72
2006 年 1 月	40708.29	973.73	27944.03	512.85	25585.84	1240.09

中国农业银行境内合计人民币各项存款、各项贷款、储蓄存款时间序列比较分析表

（1979—2008）

单位：亿元

项目 年月	各项存款		各项贷款		储蓄存款	
	月末余额	比年初增减额	月末余额	比年初增减额	月末余额	比年初增减额
2006 年 2 月	41630.18	1895.61	28251.79	820.61	26058.46	1712.71
2006 年 3 月	42708.90	2974.34	29058.74	1627.57	26281.21	1935.46
2006 年 4 月	42988.85	3254.29	29530.81	2099.64	26415.90	2070.15
2006 年 5 月	43539.67	3805.11	29960.93	2529.75	26465.44	2119.68
2006 年 6 月	43946.84	4212.28	29873.03	2441.86	26617.21	2271.46
2006 年 7 月	44000.87	4266.31	30033.39	2602.21	26820.87	2475.12
2006 年 8 月	44544.78	4810.21	30104.98	2673.80	27018.22	2672.47
2006 年 9 月	44979.94	5245.38	30290.88	2859.70	27223.74	2877.99
2006 年 10 月	45122.77	5388.20	30278.42	2847.24	27321.20	2975.45
2006 年 11 月	45720.69	5986.12	30545.95	3114.77	27583.65	3237.90
2006 年 12 月	46712.74	6978.18	30518.35	3087.17	27753.79	3408.04
2007 年 1 月	47454.87	870.04	31313.87	795.52	27970.78	216.99
2007 年 2 月	48289.01	1704.17	31799.32	1280.97	29499.65	1745.86
2007 年 3 月	49470.89	2886.06	31992.86	1474.51	29783.16	2029.37
2007 年 4 月	49203.23	2618.39	32576.39	2058.04	29563.20	1809.41
2007 年 5 月	49143.11	2558.28	32669.33	2150.98	29213.55	1459.76
2007 年 6 月	50268.15	3683.31	32941.46	2423.11	29301.52	1547.73
2007 年 7 月	50475.35	3890.52	33084.43	2566.08	29539.78	1785.99
2007 年 8 月	50946.80	4361.97	33344.19	2825.83	29523.69	1769.90
2007 年 9 月	51047.32	4462.49	33604.80	3086.45	29317.22	1563.42
2007 年 10 月	50276.57	3691.74	33879.98	3361.63	28660.81	907.02
2007 年 11 月	50979.97	4395.14	33790.93	3272.58	29097.42	1343.63
2007 年 12 月	52059.45	5474.61	33754.22	3235.87	29657.27	1903.48
2008 年 1 月	52531.38	471.93	34589.12	834.90	30386.27	729.00
2008 年 2 月	53974.81	1915.36	35029.73	1275.51	31849.32	2192.05
2008 年 3 月	55016.29	2956.84	35171.31	1417.09	32302.63	2645.36
2008 年 4 月	55224.40	3164.95	35650.50	1896.27	32668.22	3010.95
2008 年 5 月	56041.30	3981.85	35916.40	2162.18	33096.79	3439.52
2008 年 6 月	56768.69	4709.24	35967.43	2213.21	33428.44	3771.17
2008 年 7 月	57371.55	5312.10	36175.55	2421.33	34134.44	4477.17
2008 年 8 月	58162.78	6103.33	36339.05	2584.83	34761.58	5104.31
2008 年 9 月	58660.39	6600.94	36871.64	3117.42	35255.78	5598.51
2008 年 10 月	59053.74	7045.23	36356.03	2601.81	35967.75	6310.48
2008 年 11 月	59691.69	7683.18	29229.25	2793.10	36624.97	6967.70
2008 年 12 月	60185.69	8177.18	30235.85	3799.71	37227.63	7570.36

注：1. 1995 年 4 月，农业发展银行部分业务划转农业银行，故自 1998 年 4 月起，“各项存款”、“各项贷款”数据为常规、专项业务合并数据。

2. 1995 年 8 月，国务院颁布了《关于农村金融体制改革的决定》，决定将农村信用社与中国农业银行脱离行政隶属关系，其业务管理和金融监管分别由农村信用社联社和中国人民银行承担。1995 年年底，农村信用社以省为单位正式与农业银行脱离行政隶属关系。故自 1996 年结转数起，各项存款不再包含信用社以及信用社存款准备金，1996 年各项存款结转数为 6939.43 亿元。

中国农业银行境内合计人民币同业存放款项、投资、存放同业款项时间序列比较分析表

（2006—2008）

单位：亿元

项目 / 年月	同业存放款项		投资		存放同业款项	
	月末余额	比年初增减额	月末余额	比年初增减额	月末余额	比年初增减额
2006 年 1 月	1821.01	-23.29	9815.19	-401.41	77.68	-0.39
2006 年 2 月	1876.67	32.37	10571.14	354.54	125.26	47.19
2006 年 3 月	1958.94	114.64	11046.28	829.68	209.45	131.37
2006 年 4 月	1690.66	-153.64	10937.89	721.28	143.25	65.18
2006 年 5 月	1747.64	-96.65	10817.76	601.16	120.64	42.56
2006 年 6 月	1773.58	-70.72	10619.82	403.21	199.98	121.91
2006 年 7 月	1760.96	-83.33	10776.93	560.32	202.88	124.81
2006 年 8 月	1666.03	-178.26	10619.58	402.97	220.94	142.87
2006 年 9 月	1539.14	-305.16	10814.92	598.31	153.21	75.13
2006 年 10 月	1531.63	-312.66	11055.73	839.13	157.59	79.51
2006 年 11 月	1657.68	-186.62	10882.76	666.15	153.02	74.95
2006 年 12 月	1621.36	-222.94	10915.29	698.69	131.21	53.14
2007 年 1 月	2295.00	545.72	11546.48	631.18	131.36	0.14
2007 年 2 月	2048.19	298.90	10782.95	-132.35	131.95	0.73
2007 年 3 月	1885.49	136.20	11980.84	1065.55	174.94	43.72
2007 年 4 月	1994.28	245.00	12307.21	1391.92	176.34	45.13
2007 年 5 月	2103.21	353.93	12219.19	1303.90	164.55	33.34
2007 年 6 月	2338.96	589.68	11597.33	682.04	131.84	0.63
2007 年 7 月	2605.73	856.45	11834.54	919.25	122.32	-8.89
2007 年 8 月	2546.81	797.53	12549.98	1634.69	113.66	-17.55
2007 年 9 月	2472.73	723.45	12504.10	1588.81	96.22	-35.00
2007 年 10 月	3373.15	1623.87	12487.70	1572.41	85.81	-45.41
2007 年 11 月	3244.51	1495.23	12471.05	1555.76	86.54	-44.67
2007 年 12 月	2220.84	471.56	12261.26	1345.97	84.66	-46.55
2008 年 1 月	2940.64	719.79	11697.38	-563.88	61.39	-23.27
2008 年 2 月	2912.82	691.98	12500.40	239.14	52.77	-31.89
2008 年 3 月	2742.75	521.91	12660.61	399.35	42.77	-41.89
2008 年 4 月	2678.93	458.09	13463.04	1201.78	37.07	-47.60
2008 年 5 月	2743.08	522.23	13607.63	1346.37	36.64	-48.02
2008 年 6 月	2650.20	429.36	13588.10	1326.84	35.23	-49.43
2008 年 7 月	2764.24	543.40	13763.24	1501.98	28.81	-55.85
2008 年 8 月	2380.65	159.81	13780.45	1519.19	24.18	-60.48
2008 年 9 月	2257.86	37.02	14196.03	1934.77	25.83	-58.83
2008 年 10 月	2253.95	-17.83	14692.39	2431.13	69.71	-14.95
2008 年 11 月	2360.99	89.21	14661.55	2410.54	66.63	-13.57
2008 年 12 月	2057.40	-214.37	21770.30	9519.29	60.58	-19.63

（五）境内合计外币业务主要指标时间序列比较分析表

中国农业银行境内合计外币各项存款、各项贷款、储蓄存款时间序列比较分析表

（1988—2008）

单位：亿美元

项目 年月	各项存款		各项贷款		储蓄存款	
	月末余额	比年初增减额	月末余额	比年初增减额	月末余额	比年初增减额
1988 年末	1.98		2.01		1.01	
1989 年末	4.46	2.48	4.38	2.37	2.87	1.86
1990 年末	8.64	4.18	7.57	3.19	4.88	2.01
1991 年末	12.67	4.03	15.51	7.94	6.68	1.80
1992 年 1 月	12.50	-0.17	15.58	0.35	6.67	-0.01
1992 年 2 月	12.49	-0.18	14.31	-0.92	7.18	0.50
1992 年 3 月	12.75	0.08	15.89	0.66	7.42	0.74
1992 年 4 月	13.52	0.85	16.54	1.31	7.58	0.90
1992 年 5 月	14.30	1.63	17.29	2.06	7.72	1.04
1992 年 6 月	14.81	2.14	19.32	4.09	7.81	1.13
1992 年 7 月	15.59	2.92	19.43	4.20	8.14	1.46
1992 年 8 月	16.70	4.03	21.21	5.98	8.17	1.49
1992 年 9 月	17.69	5.02	22.14	6.91	8.30	1.62
1992 年 10 月	18.68	6.01	23.58	8.35	8.39	1.71
1992 年 11 月	18.73	6.06	25.30	10.07	8.43	1.75
1992 年 12 月	20.36	7.69	28.74	13.51	8.24	1.56
1993 年 1 月	20.30	1.70	27.21	1.87	8.34	0.13
1993 年 2 月	21.30	2.70	34.39	9.05	8.88	0.67
1993 年 3 月	20.67	2.07	30.77	5.43	8.44	0.23
1993 年 4 月	20.25	1.65	32.23	6.89	8.74	0.53
1993 年 5 月	21.34	2.74	32.75	7.41	9.31	1.10
1993 年 6 月	23.72	5.12	35.70	10.36	10.47	2.26
1993 年 7 月	24.25	5.65	35.52	10.18	10.04	1.83
1993 年 8 月	25.30	6.70	37.58	12.24	12.65	4.44
1993 年 9 月	24.68	6.08	36.04	10.70	10.58	2.37
1993 年 10 月	24.67	6.07	35.92	10.58	10.81	2.60
1993 年 11 月	25.32	6.72	35.48	10.14	10.97	2.76
1993 年 12 月	26.57	7.97	36.67	11.33	11.27	3.06

中国农业银行境内合计外币各项存款、各项贷款、储蓄存款时间序列比较分析表

(1988—2008)

单位：亿美元

项目 / 年月	各项存款		各项贷款		储蓄存款	
	月末余额	比年初增减额	月末余额	比年初增减额	月末余额	比年初增减额
1994年1月	28.61	-0.71	38.60	3.07	11.65	3.19
1994年2月	29.44	0.12	38.75	3.22	12.05	3.59
1994年3月	30.17	0.85	39.96	4.43	12.50	4.04
1994年4月	31.45	2.13	40.38	4.85	12.80	4.34
1994年5月	31.39	2.07	41.00	5.47	12.92	4.46
1994年6月（划转前）	31.66	2.34	41.97	6.44	12.46	4.00
1994年6月（划转后）	31.30	1.98	38.79	3.26	12.87	4.41
1994年7月	30.76	1.44	38.10	2.57	13.22	4.76
1994年8月	30.61	1.29	38.48	2.95	13.37	4.91
1994年9月	30.22	0.90	39.02	3.49	13.46	5.00
1994年10月	30.40	1.08	38.78	3.25	13.55	5.09
1994年11月	30.56	1.24	39.39	3.86	13.67	5.21
1994年12月	32.91	3.59	41.48	5.95	13.75	5.29
1995年1月	29.14	-0.26	41.22	0.77	13.99	0.19
1995年2月	30.28	0.88	41.88	1.43	14.54	0.74
1995年3月	30.77	1.37	43.19	2.74	14.43	0.63
1995年4月	30.86	1.46	43.49	3.04	14.72	0.92
1995年5月	31.35	1.95	43.66	3.21	14.87	1.07
1995年6月	31.63	2.23	44.40	3.95	15.03	1.23
1995年7月	31.62	2.22	44.90	4.45	15.22	1.42
1995年8月	31.45	2.05	44.97	4.52	15.33	1.53
1995年9月	31.89	2.49	45.49	5.04	15.37	1.57
1995年10月	31.68	2.28	45.73	5.28	15.43	1.63
1995年11月	31.81	2.41	45.59	5.14	15.47	1.67
1995年12月	33.43	4.03	45.85	5.40	15.69	1.89

中国农业银行境内合计外币各项存款、各项贷款、储蓄存款时间序列比较分析表

（1988—2008）

单位：亿美元

项目 年月	各项存款		各项贷款		储蓄存款	
	月末余额	比年初增减额	月末余额	比年初增减额	月末余额	比年初增减额
1996年1月	33.94	1.10	46.24	0.60	15.58	0.06
1996年2月	34.47	1.63	46.58	0.94	15.86	0.34
1996年3月	35.00	2.16	48.16	2.52	15.99	0.47
1996年4月	35.09	2.25	48.07	2.43	15.85	0.33
1996年5月	35.62	2.78	47.76	2.12	16.01	0.49
1996年6月	35.63	2.79	48.28	2.64	16.12	0.60
1996年7月	35.31	2.47	48.79	3.15	16.37	0.85
1996年8月	35.76	2.92	48.76	3.12	16.53	1.01
1996年9月	35.01	2.17	48.13	2.49	16.39	0.87
1996年10月	36.08	3.24	48.68	3.04	16.81	1.29
1996年11月	36.22	3.38	48.58	2.94	16.80	1.28
1996年12月	36.35	3.51	49.95	4.31	16.84	1.32
1997年1月	35.75	-0.79	50.69	0.44	17.00	0.10
1997年2月	35.60	-0.94	50.68	0.43	17.53	0.63
1997年3月	35.45	-1.09	51.60	1.35	17.65	0.75
1997年4月	39.07	2.53	51.83	1.58	17.72	0.82
1997年5月	37.14	0.60	52.21	1.96	17.85	0.95
1997年6月	36.00	-0.54	51.57	1.32	18.09	1.19
1997年7月	35.70	-0.84	51.12	0.87	18.38	1.48
1997年8月	36.78	0.24	51.37	1.12	18.58	1.68
1997年9月	37.41	0.87	42.18	-8.07	18.93	2.03
1997年10月	38.73	2.19	51.77	1.52	19.16	2.26
1997年11月	40.22	3.68	51.83	1.58	19.45	2.55
1997年12月	42.66	6.12	52.72	2.47	19.85	2.95

中国农业银行境内合计外币各项存款、各项贷款、储蓄存款时间序列比较分析表

（1988—2008）

单位：亿美元

项目 年月	各项存款		各项贷款		储蓄存款	
	月末余额	比年初增减额	月末余额	比年初增减额	月末余额	比年初增减额
1998 年 1 月	41.05	-2.16	52.50	-0.72	19.86	0.11
1998 年 2 月	42.83	-0.38	53.00	-0.22	21.18	1.43
1998 年 3 月	43.82	0.61	53.09	-0.13	22.03	2.28
1998 年 4 月	45.40	2.19	53.43	0.21	22.83	3.08
1998 年 5 月	44.79	1.58	54.02	0.80	23.61	3.86
1998 年 6 月	45.61	2.40	55.24	2.02	24.49	4.74
1998 年 7 月	47.31	4.10	55.42	2.20	25.67	5.92
1998 年 8 月	48.60	5.39	55.80	2.58	26.74	6.99
1998 年 9 月	51.00	7.79	56.09	2.87	27.39	7.64
1998 年 10 月	51.61	8.40	56.38	3.16	27.83	8.08
1998 年 11 月	51.71	8.50	57.98	4.76	28.09	8.34
1998 年 12 月	50.81	7.60	60.16	6.94	28.67	8.92
1999 年 1 月	51.01	0.25	59.88	0.54	28.92	0.33
1999 年 2 月	51.61	0.85	59.68	0.34	29.90	1.31
1999 年 3 月	51.34	0.58	59.62	0.27	30.69	2.10
1999 年 4 月	51.68	0.92	59.53	0.19	31.35	2.76
1999 年 5 月	52.80	2.04	59.42	0.07	32.05	3.46
1999 年 6 月	54.00	3.24	60.71	1.37	33.13	4.54
1999 年 7 月	55.51	4.75	60.23	0.88	34.22	5.63
1999 年 8 月	57.35	6.59	59.72	0.38	35.35	6.76
1999 年 9 月	58.36	7.60	59.35	0.01	36.47	7.88
1999 年 10 月	60.15	9.39	59.47	0.13	37.47	8.88
1999 年 11 月	61.17	10.41	59.03	-0.31	38.41	9.82
1999 年 12 月	62.76	12.00	59.33	-0.02	38.29	9.70

中国农业银行境内合计外币各项存款、各项贷款、储蓄存款时间序列比较分析表

（1988—2008）

单位：亿美元

项目 年月	各项存款		各项贷款		储蓄存款	
	月末余额	比年初增减额	月末余额	比年初增减额	月末余额	比年初增减额
2000年1月	62.49	-0.15	59.27	-0.08	39.12	0.86
2000年2月	63.97	1.33	59.29	-0.10	40.38	2.12
2000年3月	65.23	2.59	59.71	0.11	41.43	3.17
2000年4月	66.59	3.95	59.14	-0.39	42.14	3.88
2000年5月	67.75	5.11	57.08	-0.75	43.14	4.88
2000年6月	69.78	7.14	48.38	-0.73	44.44	6.18
2000年7月	71.44	8.80	38.18	-1.60	45.52	7.26
2000年8月	73.15	10.51	37.47	0.22	46.75	8.49
2000年9月	73.88	11.24	37.14	-0.09	47.43	9.17
2000年10月	74.76	12.12	36.54	-0.21	48.30	10.04
2000年11月	76.15	13.51	36.34	-0.09	49.12	10.86
2000年12月	77.40	14.75	34.45	-0.70	49.93	11.66
2001年1月	77.84	0.57	37.29	0.26	50.79	0.91
2001年2月	78.40	1.13	36.97	-0.06	50.77	0.88
2001年3月	78.45	1.18	37.20	0.17	50.29	0.40
2001年4月	78.65	1.38	37.35	0.32	50.58	0.70
2001年5月	80.28	3.01	37.43	0.40	51.06	1.17
2001年6月	80.66	3.39	37.53	0.50	51.44	1.56
2001年7月	81.26	3.99	36.91	-0.12	52.03	2.14
2001年8月	81.59	4.32	36.82	-0.21	52.59	2.70
2001年9月	81.62	4.34	36.97	-0.06	52.89	3.00
2001年10月	81.75	4.48	36.68	-0.35	53.16	3.27
2001年11月	82.54	5.26	37.20	0.17	53.45	3.56
2001年12月	83.48	6.21	36.67	-0.36	53.66	3.77

中国农业银行境内合计外币各项存款、各项贷款、储蓄存款时间序列比较分析表

（1988—2008）

单位：亿美元

项目 / 年月	各项存款		各项贷款		储蓄存款	
	月末余额	比年初增减额	月末余额	比年初增减额	月末余额	比年初增减额
2002 年 1 月	81. 64	-1. 74	36. 92	0. 26	53. 48	-0. 13
2002 年 2 月	82. 80	-0. 58	36. 96	0. 31	54. 03	0. 42
2002 年 3 月	83. 28	-0. 10	37. 20	0. 54	54. 49	0. 88
2002 年 4 月	83. 27	-0. 11	37. 32	0. 67	54. 33	0. 72
2002 年 5 月	84. 27	0. 89	37. 13	0. 48	54. 58	0. 97
2002 年 6 月	84. 29	0. 90	41. 97	5. 31	54. 50	0. 89
2002 年 7 月	84. 55	1. 17	46. 16	9. 51	54. 38	0. 78
2002 年 8 月	84. 92	1. 54	46. 77	10. 11	54. 28	0. 67
2002 年 9 月	84. 38	1. 00	48. 23	11. 57	54. 38	0. 77
2002 年 10 月	86. 03	2. 65	48. 25	11. 59	54. 47	0. 86
2002 年 11 月	86. 68	3. 29	49. 66	13. 01	54. 66	1. 05
2002 年 12 月	87. 35	3. 97	50. 29	13. 63	54. 89	1. 28
2003 年 1 月	85. 70	-1. 65	51. 64	1. 36	54. 94	0. 05
2003 年 2 月	85. 54	-1. 81	52. 30	2. 01	54. 99	0. 11
2003 年 3 月	85. 50	-1. 85	54. 56	4. 27	55. 07	0. 18
2003 年 4 月	87. 20	-0. 16	56. 55	6. 26	54. 92	0. 03
2003 年 5 月	87. 84	0. 48	58. 27	7. 98	55. 03	0. 14
2003 年 6 月	88. 80	1. 45	60. 31	10. 03	55. 24	0. 35
2003 年 7 月	88. 87	1. 52	61. 43	11. 14	54. 93	0. 04
2003 年 8 月	89. 71	2. 36	62. 41	12. 13	54. 02	-0. 87
2003 年 9 月	87. 78	0. 42	63. 24	12. 96	52. 69	-2. 20
2003 年 10 月	89. 49	2. 13	63. 75	13. 46	51. 70	-3. 18
2003 年 11 月	88. 68	1. 33	63. 56	13. 27	51. 01	-3. 88
2003 年 12 月	89. 26	1. 90	64. 71	14. 42	50. 82	-4. 07

中国农业银行境内合计外币各项存款、各项贷款、储蓄存款时间序列比较分析表

（1988—2008）

单位：亿美元

项目 / 年月	各项存款		各项贷款		储蓄存款	
	月末余额	比年初增减额	月末余额	比年初增减额	月末余额	比年初增减额
2004年1月	90.48	1.22	67.46	2.75	50.59	-0.23
2004年2月	89.77	0.51	71.42	6.71	48.98	-1.84
2004年3月	91.51	2.26	73.96	9.25	48.41	-2.41
2004年4月	89.42	0.16	73.14	8.43	47.65	-3.17
2004年5月	91.54	2.29	73.63	8.92	47.66	-3.16
2004年6月	94.35	5.10	73.06	8.35	47.33	-3.49
2004年7月	95.47	6.22	72.11	7.40	47.90	-2.92
2004年8月	97.72	8.47	71.62	6.90	48.48	-2.34
2004年9月	98.74	9.49	70.91	6.20	49.27	-1.55
2004年10月	98.81	9.56	70.48	5.77	49.06	-1.76
2004年11月	96.50	7.24	73.32	8.60	48.04	-2.78
2004年12月	97.70	8.45	77.93	13.22	47.39	-3.43
2005年1月	98.51	0.81	79.28	1.35	47.62	0.23
2005年2月	107.49	9.79	78.91	0.98	47.48	0.09
2005年3月	119.94	22.24	81.26	3.33	48.61	1.22
2005年4月	116.46	18.76	82.64	4.71	48.25	0.86
2005年5月	115.54	17.84	85.43	7.50	47.90	0.51
2005年6月	120.55	22.84	87.23	9.30	47.98	0.59
2005年7月	116.23	18.53	85.77	7.84	47.42	0.04
2005年8月	112.23	14.53	90.30	12.37	46.72	-0.67
2005年9月	111.42	13.72	91.03	13.10	46.38	-1.01
2005年10月	110.72	13.02	89.66	11.73	46.43	-0.96
2005年11月	108.67	10.97	90.73	12.80	45.55	-1.83
2005年12月	120.35	22.65	89.09	11.16	51.67	4.28

中国农业银行境内合计外币各项存款、各项贷款、储蓄存款时间序列比较分析表

（1988—2008）

单位：亿美元

项目 / 年月	各项存款		各项贷款		储蓄存款	
	月末余额	比年初增减额	月末余额	比年初增减额	月末余额	比年初增减额
2006 年 1 月	83. 36	-5. 81	88. 04	-0. 03	31. 96	-0. 30
2006 年 2 月	87. 14	-2. 03	89. 34	1. 27	32. 16	-0. 11
2006 年 3 月	89. 59	0. 42	90. 21	2. 14	32. 42	0. 15
2006 年 4 月	86. 92	-2. 25	91. 11	3. 04	31. 94	-0. 32
2006 年 5 月	90. 15	0. 98	92. 81	4. 74	30. 83	-1. 44
2006 年 6 月	103. 72	14. 55	94. 34	6. 27	31. 29	-0. 97
2006 年 7 月	98. 62	9. 45	93. 16	5. 09	31. 15	-1. 12
2006 年 8 月	97. 52	8. 35	91. 46	3. 39	30. 99	-1. 27
2006 年 9 月	97. 63	8. 46	90. 15	2. 08	31. 21	-1. 06
2006 年 10 月	96. 89	7. 72	88. 57	0. 50	31. 23	-1. 03
2006 年 11 月	97. 47	8. 30	88. 67	0. 60	30. 12	-2. 14
2006 年 12 月	94. 68	5. 51	90. 84	2. 77	30. 00	-2. 27
2007 年 1 月	93. 14	-1. 56	93. 22	2. 39	28. 36	-1. 64
2007 年 2 月	96. 25	1. 56	94. 71	3. 87	28. 73	-1. 27
2007 年 3 月	94. 08	-0. 61	98. 63	7. 80	27. 98	-2. 02
2007 年 4 月	88. 78	-5. 91	100. 23	9. 40	26. 88	-3. 12
2007 年 5 月	109. 33	14. 63	104. 80	13. 96	33. 98	3. 98
2007 年 6 月	113. 19	18. 49	107. 08	16. 25	33. 04	3. 04
2007 年 7 月	105. 40	10. 71	109. 33	18. 50	31. 62	1. 62
2007 年 8 月	101. 37	6. 68	111. 79	20. 95	30. 69	0. 69
2007 年 9 月	96. 86	2. 17	111. 89	21. 06	29. 36	-0. 64
2007 年 10 月	97. 74	3. 04	110. 33	19. 50	28. 49	-1. 51
2007 年 11 月	104. 80	10. 11	109. 74	18. 90	26. 96	-3. 04
2007 年 12 月	104. 35	9. 66	106. 40	15. 56	26. 34	-3. 66
2008 年 1 月	94. 01	-10. 34	110. 58	4. 18	24. 74	-1. 60
2008 年 2 月	93. 33	-11. 03	110. 21	3. 81	24. 06	-2. 27
2008 年 3 月	93. 70	-10. 66	111. 13	4. 73	22. 95	-3. 39
2008 年 4 月	116. 61	12. 25	109. 82	3. 42	21. 95	-4. 38
2008 年 5 月	137. 89	33. 54	108. 28	1. 89	21. 72	-4. 61
2008 年 6 月	144. 07	39. 72	110. 40	4. 00	21. 71	-4. 62
2008 年 7 月	149. 40	45. 04	109. 68	3. 29	21. 55	-4. 79
2008 年 8 月	156. 00	51. 65	105. 43	-0. 97	21. 96	-4. 38
2008 年 9 月	154. 89	50. 53	100. 46	-5. 93	22. 31	-4. 03
2008 年 10 月	150. 77	46. 42	90. 03	-16. 37	22. 39	-3. 95
2008 年 11 月	100. 10	-4. 25	64. 82	-19. 80	22. 80	-3. 53
2008 年 12 月	100. 42	-3. 93	76. 18	-8. 43	23. 21	-3. 13

中国农业银行境内合计外币同业存放款项、投资、存放同业款项时间序列比较分析表

（2006—2008）

单位：亿美元

项目 年月	同业存放款项		投资		存放同业款项	
	月末余额	比年初增减额	月末余额	比年初增减额	月末余额	比年初增减额
2006年1月	12.79	0.65	101.90	3.35	8.79	-4.65
2006年2月	12.98	0.84	105.65	7.11	9.24	-4.19
2006年3月	14.37	2.24	107.60	9.06	7.26	-6.18
2006年4月	15.03	2.90	114.45	15.90	13.33	-0.10
2006年5月	15.52	3.38	122.32	23.77	11.88	-1.55
2006年6月	14.54	2.40	129.95	31.40	7.99	-5.44
2006年7月	14.61	2.47	129.83	31.28	8.64	-4.79
2006年8月	15.51	3.38	129.91	31.36	8.33	-5.10
2006年9月	16.45	4.32	134.19	35.65	22.11	8.68
2006年10月	17.11	4.98	133.90	35.36	8.83	-4.61
2006年11月	17.31	5.17	134.96	36.41	13.68	0.24
2006年12月	17.86	5.73	141.15	42.60	15.71	2.27
2007年1月	16.91	-0.96	140.23	-0.92	15.60	-0.11
2007年2月	20.16	2.28	144.50	3.36	12.18	-3.53
2007年3月	22.30	4.43	141.79	0.64	9.66	-6.05
2007年4月	23.26	5.39	142.14	1.00	8.28	-7.43
2007年5月	25.38	7.51	139.68	-1.46	7.80	-7.91
2007年6月	22.50	4.62	137.15	-3.99	6.86	-8.85
2007年7月	20.99	3.11	135.23	-5.92	10.35	-5.36
2007年8月	16.41	-1.46	133.60	-7.55	11.68	-4.03
2007年9月	17.03	-0.84	128.18	-12.96	14.90	-0.81
2007年10月	17.68	-0.19	124.10	-17.05	7.97	-7.74
2007年11月	16.40	-1.48	121.81	-19.33	7.05	-8.66
2007年12月	14.74	-3.13	133.73	-7.41	12.60	-3.11
2008年1月	14.30	-0.44	130.28	-3.45	8.56	-4.04
2008年2月	13.36	-1.38	127.36	-6.37	8.98	-3.62
2008年3月	12.91	-1.83	131.28	-2.45	8.71	-3.89
2008年4月	13.17	-1.57	113.75	-19.99	9.91	-2.69
2008年5月	15.72	0.98	110.68	-23.05	6.78	-5.82
2008年6月	15.93	1.19	106.50	-27.23	15.65	3.05
2008年7月	17.74	3.00	103.66	-30.08	7.55	-5.06
2008年8月	18.60	3.86	102.06	-31.68	11.37	-1.23
2008年9月	16.39	1.65	92.42	-41.32	17.30	4.69
2008年10月	17.29	2.55	137.65	3.92	195.32	182.72
2008年11月	18.88	4.14	213.20	79.48	94.11	81.53
2008年12月	22.31	7.57	213.17	79.45	80.95	68.37

（六）境内合计本外币合计业务主要指标时间序列比较分析表

中国农业银行境内合计本外币合计各项存款、各项贷款、储蓄存款时间序列比较分析表

（2006—2008）

单位：人民币亿元

项目 年月	各项存款		各项贷款		储蓄存款	
	月末余额	比年初增减额	月末余额	比年初增减额	月末余额	比年初增减额
2006年1月	41380.24	926.04	28653.68	511.76	25843.46	1237.34
2006年2月	42330.89	1876.69	28970.24	828.32	26317.05	1710.93
2006年3月	43427.13	2972.93	29781.98	1640.06	26541.10	1934.98
2006年4月	43685.68	3231.49	30261.18	2119.26	26671.97	2065.85
2006年5月	44262.59	3808.40	30705.12	2563.20	26712.63	2106.50
2006年6月	44776.11	4321.92	30627.34	2485.43	26867.42	2261.30
2006年7月	44787.16	4332.96	30776.15	2634.24	27069.22	2463.09
2006年8月	45320.87	4866.68	30832.82	2690.91	27264.89	2658.77
2006年9月	45752.05	5297.85	31003.82	2861.90	27470.55	2864.42
2006年10月	45886.15	5431.96	30976.27	2834.35	27567.26	2961.13
2006年11月	46485.20	6031.01	31241.42	3099.50	27819.93	3213.81
2006年12月	47452.05	6997.86	31227.67	3085.75	27988.04	3381.91
2007年1月	48179.26	854.99	32038.92	811.28	28191.34	203.30
2007年2月	49034.07	1709.80	32532.45	1304.81	29722.05	1734.02
2007年3月	50198.54	2874.27	32755.71	1528.07	29999.59	2011.55
2007年4月	49887.36	2563.09	33348.73	2121.09	29770.33	1782.29
2007年5月	49979.54	2655.27	33471.09	2243.45	29473.52	1485.49
2007年6月	51130.13	3805.86	33756.93	2529.28	29553.10	1565.07
2007年7月	51273.64	3949.37	33912.49	2684.85	29779.28	1791.24
2007年8月	51713.23	4388.95	34189.37	2961.73	29755.73	1767.70
2007年9月	51774.85	4450.58	34445.22	3217.57	29537.73	1549.69
2007年10月	51006.59	3682.31	34704.08	3476.43	28873.59	885.55
2007年11月	51755.48	4431.21	34602.95	3375.30	29296.93	1308.89
2007年12月	52821.72	5497.45	34531.42	3303.77	29849.65	1861.61
2008年1月	53206.87	385.16	35383.69	852.27	30564.03	714.39
2008年2月	54637.97	1816.26	35812.88	1281.46	32020.32	2170.68
2008年3月	55673.95	2852.24	35951.32	1419.90	32463.69	2614.05
2008年4月	56040.67	3218.96	36419.25	1887.83	32821.90	2972.26
2008年5月	56999.28	4177.56	36668.68	2137.26	33247.69	3398.05
2008年6月	57756.89	4935.18	36724.69	2193.27	33577.36	3727.72
2008年7月	58393.25	5571.54	36925.66	2394.24	34281.79	4432.15
2008年8月	59228.99	6407.28	37059.58	2528.16	34911.64	5061.99
2008年9月	59716.44	6894.73	37556.63	3025.22	35407.87	5558.22
2008年10月	60082.88	7312.10	36970.55	2439.14	36120.57	6270.93
2008年11月	60375.88	7605.10	29672.27	2607.81	36780.84	6931.19
2008年12月	60872.03	8101.25	30756.54	3692.09	37386.25	7536.60

中国农业银行境内合计本外币合计同业存放款项、投资、存放同业款项时间序列比较分析表

（2006—2008）

单位：人民币亿元

项目 年月	同业存放款项		投资		存放同业款项	
	月末余额	比年初增减额	月末余额	比年初增减额	月末余额	比年初增减额
2006年1月	1924.10	-18.13	10636.55	-375.34	148.53	-37.97
2006年2月	1981.01	38.79	11420.75	408.86	199.58	13.09
2006年3月	2074.17	131.94	11908.94	897.05	267.63	81.13
2006年4月	1811.18	-131.04	11855.39	843.49	250.12	63.62
2006年5月	1872.06	-70.16	11798.59	786.70	215.92	29.42
2006年6月	1889.83	-52.40	11658.83	646.94	263.87	77.38
2006年7月	1877.45	-64.78	11812.10	800.20	271.81	85.31
2006年8月	1789.51	-152.72	11653.47	641.57	287.25	100.75
2006年9月	1669.26	-272.97	11876.22	864.32	328.09	141.60
2006年10月	1666.45	-275.78	12110.79	1098.90	227.15	40.65
2006年11月	1793.44	-148.78	11941.33	929.43	260.31	73.81
2006年12月	1760.85	-181.38	12017.46	1005.56	253.87	67.37
2007年1月	2426.66	537.82	12637.10	619.64	252.67	-1.21
2007年2月	2204.22	315.37	11901.53	-115.93	226.19	-27.68
2007年3月	2057.99	169.15	13077.44	1059.98	249.61	-4.27
2007年4月	2173.50	284.66	13402.48	1385.02	240.11	-13.77
2007年5月	2297.41	408.57	13287.87	1270.41	224.22	-29.66
2007年6月	2510.28	621.44	12641.83	624.37	184.09	-69.79
2007年7月	2764.68	875.83	12858.70	841.24	200.67	-53.20
2007年8月	2670.91	782.06	13560.09	1542.63	201.98	-51.90
2007年9月	2600.64	711.80	13466.85	1449.39	208.13	-45.74
2007年10月	3505.20	1616.35	13414.61	1397.15	145.30	-108.58
2007年11月	3365.83	1476.99	13372.45	1354.99	138.67	-115.21
2007年12月	2328.52	439.68	13238.12	1220.66	176.71	-77.16
2008年1月	3043.38	714.86	12633.50	-604.61	122.92	-53.79
2008年2月	3007.85	679.33	13405.41	167.29	116.57	-60.15
2008年3月	2833.49	504.97	13582.06	343.95	103.90	-72.82
2008年4月	2771.23	442.70	14259.29	1021.17	106.47	-70.25
2008年5月	2852.40	523.88	14376.57	1138.45	83.76	-92.95
2008年6月	2759.52	431.00	14318.63	1080.51	142.60	-34.11
2008年7月	2885.71	557.18	14472.13	1234.01	80.42	-96.30
2008年8月	2507.80	179.28	14477.96	1239.84	101.88	-74.84
2008年9月	2369.72	41.20	14826.15	1588.03	143.77	-32.94
2008年10月	2372.34	-7.11	15631.98	2393.86	1402.93	1226.22
2008年11月	2490.18	110.72	16118.73	2890.95	709.86	537.79
2008年12月	2210.00	-169.46	23227.25	9999.47	613.80	441.73

（七）境内各分行人民币主要业务指标表

中国农业银行境内各分行人民币各项存款

（1979—2008）

单位：百万元

地区	1979 年	1980 年		1981 年		1982 年	
	年末余额	年末余额	比年初增减额	年末余额	比年初增减额	年末余额	比年初增减额
总行							
北京	884.64	1269.87	385.23	1592.20	322.33	1976.60	384.40
天津	379.00	483.98	104.98	610.86	126.88	822.25	211.39
河北	1613.32	2351.87	738.55	2653.82	301.95	3451.11	797.29
山西	745.37	981.68	236.31	1083.76	102.08	1486.99	403.23
内蒙古	505.94	632.90	126.96	678.02	45.12	822.61	144.59
辽宁	1292.88	1607.96	315.08	1973.25	365.29	2340.06	366.81
吉林	602.33	644.86	42.53	983.14	338.28	1144.72	161.58
黑龙江	1302.52	1916.57	614.05	2122.09	205.52	1941.31	-180.78
上海	1305.76	1644.37	338.61	1739.64	95.27	2229.06	489.42
江苏	2902.84	3384.19	481.35	3820.40	436.21	4504.24	683.84
浙江	1414.01	1683.31	269.30	2103.07	419.76	2680.54	577.47
安徽	804.07	974.38	170.31	992.07	17.69	1210.13	218.06
福建	716.12	1091.31	375.19	1403.70	312.39	1593.10	189.40
江西	674.11	893.75	219.64	980.89	87.14	1104.12	123.23
山东	2029.25	3099.64	1070.39	3969.91	870.27	4865.12	895.21
河南	1074.11	1623.33	549.22	1643.27	19.94	1735.84	92.57
湖北	1158.30	1268.60	110.30	1465.74	197.14	1741.79	276.05
湖南	1023.86	1358.62	334.76	1459.38	100.76	1594.77	135.39
广东	1720.08	2499.64	779.56	2806.80	307.16	3346.82	540.02
广西	605.15	795.30	190.15	878.48	83.18	995.28	116.80
海南							
四川	1805.74	2325.72	519.98	2434.33	108.61	2862.13	427.80
贵州	310.36	351.19	40.83	401.07	49.88	505.57	104.50
云南	644.10	856.15	212.05	1029.87	173.72	1255.04	225.17
西藏							
陕西	775.64	941.94	166.30	980.95	39.01	1139.75	158.80
甘肃	428.21	516.88	88.67	576.44	59.56	676.93	100.49
青海	265.50	295.53	30.03	352.80	57.27	403.40	50.60
宁夏	112.05	157.27	45.22	195.65	38.38	260.66	65.01
新疆	911.48	1153.15	241.67	1325.38	172.23	1529.98	204.60
重庆							
大连							
青岛							
宁波							
厦门							
深圳							
新疆兵团							
境内合计	**28006.74**	**36803.96**	**8797.22**	**42256.98**	**5453.02**	**50219.92**	**7962.94**

中国农业银行境内各分行人民币各项存款

（1979—2008）

单位：百万元

地区	1983 年		1984 年		1985 年	
	年末余额	比年初增减额	年末余额	比年初增减额	年末余额	比年初增减额
总行						
北京	2154.02	177.42	2264.05	110.03	3228.07	964.02
天津	1027.42	205.17	1200.73	173.31	1492.00	291.27
河北	4521.52	1070.41	4830.38	308.86	6285.51	1455.13
山西	1819.67	332.68	2002.55	182.88	2535.96	533.41
内蒙古	947.25	124.64	1041.96	94.71	1338.94	296.98
辽宁	2863.37	523.31	3098.45	235.08	3011.07	669.65
吉林	1274.57	129.85	1058.65	-215.92	1536.94	478.29
黑龙江	1874.51	-66.80	2269.01	394.50	2654.96	385.95
上海	2675.37	446.31	3163.09	487.72	3184.10	21.01
江苏	4932.72	428.48	5286.23	353.51	6156.40	870.17
浙江	3143.99	463.45	3870.14	726.15	5083.17	1213.03
安徽	1455.67	245.54	1922.15	466.48	2441.58	519.43
福建	1692.23	99.13	2352.57	660.34	3023.74	671.17
江西	1256.39	152.27	1678.99	422.60	2160.71	481.72
山东	6143.97	1278.85	7153.24	1009.27	9058.04	1904.80
河南	2440.33	704.49	3204.25	763.92	4985.49	1781.24
湖北	1944.72	202.93	2789.34	844.62	3459.53	670.19
湖南	1841.01	246.24	2366.58	525.57	3078.03	711.45
广东	4078.47	731.65	5443.63	1365.16	7678.14	2234.51
广西	1101.64	106.36	1660.90	559.26	2062.24	401.34
海南						
四川	3168.42	306.29	4189.05	1554.93	4884.95	695.90
贵州	475.69	-29.88	848.93	373.24	1041.69	192.76
云南	1375.43	120.39	1717.93	342.50	2279.84	561.91
西藏						
陕西	1211.88	72.13	1501.86	289.98	2063.95	562.09
甘肃	837.41	160.48	1254.71	417.30	1468.17	213.46
青海	454.30	50.90	568.88	114.58	581.97	13.09
宁夏	301.85	41.19	385.28	83.43	429.49	44.21
新疆	1790.43	260.45	2162.82	372.39	2345.91	183.09
重庆			593.20	58.90	716.46	123.26
大连					968.00	210.97
青岛						
宁波						
厦门						
深圳						
新疆兵团						
境内合计	**58804.25**	**8584.33**	**71879.55**	**13075.30**	**91235.05**	**19355.50**

中国农业银行境内各分行人民币各项存款

（1979—2008）

单位：百万元

地区	1986年		1987年		1988年	
	年末余额	比年初增减额	年末余额	比年初增减额	年末余额	比年初增减额
总行	15.13	15.13	3.33	-11.80	0.86	-2.47
北京	3393.30	165.23	3966.04	572.74	4761.00	794.96
天津	2044.07	552.07	2519.05	474.98	2969.64	450.59
河北	8125.68	1840.17	10045.85	1920.17	11263.09	1217.24
山西	3289.26	753.30	4003.68	714.42	4670.98	667.30
内蒙古	1757.59	418.65	2281.93	524.34	2738.04	456.11
辽宁	3947.50	936.43	5019.01	1071.51	6325.77	1306.76
吉林	2644.33	1107.39	3152.91	508.58	4018.36	865.45
黑龙江	3404.99	750.03	4407.53	1002.54	5550.61	1143.08
上海	4427.42	1243.32	5268.06	840.64	6323.70	1055.64
江苏	8723.24	2566.84	10259.75	1536.51	11558.44	1298.69
浙江	6964.00	1880.83	7331.91	367.90	6765.55	563.73
安徽	3452.54	1010.96	4137.91	685.37	4691.89	553.98
福建	3883.15	859.41	4839.10	955.95	4739.46	-99.64
江西	2880.57	719.86	3682.51	801.94	4129.47	446.96
山东	10236.85	1178.81	11338.27	2064.57	12986.62	1648.35
河南	5865.11	879.62	7885.40	2020.29	8959.95	1074.55
湖北	4647.79	1188.26	5746.61	1098.82	6842.67	1096.06
湖南	4384.50	1306.47	5379.82	995.32	5123.06	-256.76
广东	11591.99	3913.85	13463.75	2910.79	17601.12	4137.37
广西	3074.54	1012.30	3868.88	794.34	4204.94	336.06
海南			1180.94	141.91	1611.38	430.44
四川	6420.89	1535.94	8060.19	1639.30	8689.20	629.01
贵州	1485.31	443.62	1835.37	350.06	2009.42	174.05
云南	3149.60	869.76	3837.34	687.74	4364.86	527.52
西藏						
陕西	2876.16	812.21	3616.99	740.83	3803.19	186.20
甘肃	1773.26	305.09	2257.96	484.70	2622.66	364.70
青海	699.71	117.74	800.84	101.13	937.79	136.95
宁夏	548.28	118.79	663.86	115.58	719.59	55.73
新疆	3151.01	805.10	3939.30	788.29	4560.63	621.33
重庆	1013.11	296.65	1237.08	223.97	1319.59	82.51
大连	1308.96	340.96	1520.88	211.92	1908.04	387.16
青岛			1177.49	214.34	1374.40	196.91
宁波					1227.48	97.40
厦门						
深圳						
新疆兵团						
境内合计	**121179.84**	**29944.79**	**148729.53**	**27549.69**	**171373.45**	**22643.92**

中国农业银行境内各分行人民币各项存款

（1979—2008）

单位：百万元

地区	1989年		1990年		1991年	
	年末余额	比年初增减额	年末余额	比年初增减额	年末余额	比年初增减额
总行	2.02	1.16	10.26	8.24	422.39	412.13
北京	5528.03	767.03	6973.53	1445.50	8623.92	1650.39
天津	3452.99	483.35	4597.70	1144.71	5561.42	963.72
河北	13731.74	2468.65	16942.87	3211.13	21573.82	4630.95
山西	5817.53	1146.55	7329.60	1512.07	8517.02	1187.42
内蒙古	2913.14	175.10	3806.45	893.31	4297.60	491.15
辽宁	7718.31	1392.54	9821.93	2103.62	12181.25	2359.32
吉林	4259.71	241.35	5357.21	1097.50	6664.61	1307.40
黑龙江	7099.08	1548.47	9125.13	2026.05	11178.38	2053.25
上海	7807.17	1483.47	9994.12	2186.95	13698.28	3704.16
江苏	14168.63	2610.19	19153.29	4984.66	23899.00	4745.71
浙江	8488.07	1722.52	11503.15	3015.08	14581.35	3078.20
安徽	5456.01	764.12	6930.64	1474.63	8593.79	1663.15
福建	5200.39	730.24	6624.21	1423.82	8302.53	1678.32
江西	4927.18	797.71	6106.07	1178.89	7483.70	1377.63
山东	15293.31	2306.69	19107.72	3814.41	22354.88	3247.16
河南	10217.23	1257.28	12284.28	2067.05	16783.15	4498.87
湖北	8288.07	1445.40	10343.17	2055.10	12700.99	2357.82
湖南	6505.61	1382.55	8416.27	1910.66	10538.92	2122.65
广东	19042.28	3476.91	24586.47	5544.19	31225.85	6639.38
广西	4901.84	696.90	6787.21	1885.37	8368.94	1581.73
海南	1795.11	183.73	2424.42	629.31	3029.44	605.02
四川	10626.21	1937.01	13777.79	3151.58	17684.01	3906.22
贵州	2320.58	311.16	2943.67	623.09	4009.60	1065.93
云南	5605.75	1240.89	7317.61	1711.86	9114.26	1796.65
西藏						
陕西	4626.25	823.06	5731.82	1105.57	7065.49	1333.67
甘肃	3006.44	383.78	3634.77	628.33	4194.68	559.91
青海	943.88	6.09	1055.44	111.56	1196.75	141.31
宁夏	875.66	156.07	1081.98	206.32	1331.35	249.37
新疆	5324.19	763.56	7514.14	2189.95	9365.10	1850.96
重庆	1600.97	281.38	2032.94	431.97	2689.13	656.19
大连	2247.23	339.19	2983.44	736.21	3600.74	617.30
青岛	1655.24	280.84	2130.41	475.17	2656.47	526.06
宁波	1521.26	293.78	2213.89	692.63	2885.68	671.79
厦门	338.88	69.57	508.26	169.38	721.52	213.26
深圳	2239.89	204.14	2903.09	663.20	4854.50	1951.41
新疆兵团						
境内合计	**205545.88**	**34172.43**	**264054.95**	**58509.07**	**331950.51**	**67895.56**

中国农业银行境内各分行人民币各项存款

(1979—2008)

单位：百万元

地区	1992年		1993年		1994年上半年	
	年末余额	比年初增减额	年末余额	比年初增减额	6月末余额	比年初增减额
总行	102.46	-319.93	277.56	175.10	621.64	344.08
北京	10860.20	2236.28	16749.25	5889.05	16701.93	-47.32
天津	6615.80	1054.38	8213.65	1597.85	10224.18	2010.53
河北	24934.07	3360.25	30919.78	5985.71	33968.86	3049.08
山西	10425.54	1908.52	12667.01	2241.47	14010.82	1343.81
内蒙古	4957.18	659.58	6300.45	1343.27	6152.11	-148.34
辽宁	14800.52	2619.27	18057.77	3257.25	19054.62	996.85
吉林	7667.67	1003.06	9347.23	1679.56	9831.68	484.45
黑龙江	12793.64	1615.26	14413.14	1619.50	14990.83	577.69
上海	20096.99	6398.71	26462.93	6365.94	35003.96	8541.03
江苏	29258.68	5359.68	38358.32	9099.64	45698.50	7340.18
浙江	17776.77	3195.42	21955.22	4178.45	27121.59	5166.37
安徽	10073.67	1479.88	12332.14	2258.47	13834.18	1502.04
福建	10920.53	2618.00	12306.32	1385.79	13757.48	1451.16
江西	9173.11	1689.41	12256.50	3083.39	12920.65	664.15
山东	25885.85	3530.97	32638.62	6752.77	37073.89	4435.27
河南	17070.10	286.95	22010.40	4940.30	26167.19	4156.79
湖北	14310.54	1609.55	18451.06	4140.52	21741.72	3290.66
湖南	13133.55	2594.63	17756.13	4622.58	19955.66	2199.53
广东	46851.54	15625.69	54962.77	8111.23	65448.30	10485.53
广西	10763.17	2394.23	14554.71	3791.54	15596.77	1042.06
海南	5815.30	2785.86	8108.88	2293.58	8516.22	407.34
四川	21163.71	3479.70	24278.02	3114.31	28343.53	4065.51
贵州	4867.77	858.17	5388.61	520.84	5462.76	74.15
云南	11011.99	1897.73	13305.47	2293.48	14393.82	1088.35
西藏						
陕西	8377.43	1311.94	10289.66	1912.23	11784.41	1494.75
甘肃	4871.30	676.62	5962.34	1091.04	6699.15	736.81
青海	1396.12	199.37	1612.37	216.25	1476.45	-135.92
宁夏	1561.70	230.35	1853.64	291.94	1999.10	145.46
新疆	6502.66	882.58	7569.05	1066.39	7106.90	-462.15
重庆	3271.35	582.22	4259.86	988.51	4944.92	685.06
大连	4410.83	810.09	5061.49	650.66	5422.02	360.53
青岛	3483.29	826.82	5118.53	1635.24	6294.28	1175.75
宁波	3571.50	685.82	4140.69	569.19	4833.04	692.35
厦门	1326.06	604.54	1935.70	609.64	2674.06	738.36
深圳	8953.75	4099.25	8453.77	-499.98	10289.93	1836.16
新疆兵团	4037.17	292.15	4688.46	651.29	4510.77	-177.69
境内合计	**413093.51**	**81143.00**	**513017.50**	**99923.99**	**584627.92**	**71610.42**

中国农业银行境内各分行人民币各项存款

（1979—2008）

单位：百万元

地区	1994年下半年		1995年		1996年	
	年末余额	比6月末增减额	年末余额	比年初增减额	年末余额	比年初增减额
总行	840.43	218.79	668.34	-172.09	1688.44	1020.10
北京	21399.49	5159.21	19592.41	5900.80	27352.90	7760.49
天津	12261.18	2089.05	14005.70	4260.99	18466.73	4461.03
河北	40796.27	7125.08	34661.77	7416.32	44814.78	10153.01
山西	16486.45	2576.21	14817.33	3567.32	19486.79	4669.46
内蒙古	8860.10	2729.27	7878.06	1394.42	9519.59	1641.53
辽宁	22977.38	4038.10	24283.80	5594.12	32040.48	7756.68
吉林	11849.23	2106.82	13051.13	3125.82	17347.87	4296.74
黑龙江	18341.80	3344.18	20037.32	5456.56	27198.87	7161.55
上海	36647.35	1746.24	46089.58	12124.09	59920.64	13831.06
江苏	51614.44	6195.21	58252.06	15790.33	77485.22	19233.16
浙江	27000.24	24.41	27308.46	8513.03	39504.96	12196.23
安徽	15293.74	1940.28	15620.82	5332.76	21692.94	6072.12
福建	15257.45	1598.82	15598.13	3387.52	20172.67	4574.54
江西	15624.81	2956.08	15412.57	3370.28	19907.59	4495.02
山东	44266.50	7737.43	46029.40	11708.92	59310.63	13281.23
河南	29584.22	4301.28	30267.69	7375.69	42580.02	12312.33
湖北	24620.05	3389.04	26683.05	5892.14	39942.24	13259.19
湖南	22283.14	2741.39	19671.56	4205.63	26540.68	6869.12
广东	70625.31	5283.20	69854.87	19025.10	95230.15	25375.28
广西	18803.26	3305.29	17784.80	3134.85	22393.46	4608.66
海南	8659.56	162.02	7976.60	611.24	9235.91	1259.31
四川	31209.04	3123.51	30148.79	7504.85	37787.41	7638.62
贵州	6311.73	1052.87	6688.31	1770.63	9582.63	2894.32
云南	18155.60	3957.53	20616.04	6034.82	28370.32	7754.28
西藏			3263.00		5008.12	1745.12
陕西	13341.30	1718.76	13208.77	3456.59	18304.26	5095.49
甘肃	8154.97	1547.00	9243.46	2413.21	12366.99	3123.53
青海	2069.00	637.11	2092.13	348.80	2439.61	347.48
宁夏	2628.18	651.00	2819.94	633.53	3413.48	593.54
新疆	9937.19	3286.45	10838.77	2762.23	13848.39	3009.62
重庆	5407.06	523.89	5506.83	1457.46	11217.75	5710.92
大连	6974.06	1562.28	7076.71	1785.78	9127.67	2050.96
青岛	7111.67	859.63	8179.42	1915.77	10583.84	2404.42
宁波	5368.89	565.32	5421.74	1419.11	8437.86	3016.39
厦门	3214.46	540.99	3740.02	881.32	4165.55	425.53
深圳	12175.34	1890.82	12047.90	1220.69	14962.83	2914.93
新疆兵团	6031.31	1607.53	7505.68	1498.41	9590.04	2084.36
境内合计	**672182.20**	**94292.09**	**693942.96**	**175382.04**	**931040.31**	**237097.35**

中国农业银行境内各分行人民币各项存款

(1979—2008)

单位：百万元

地区	1997年		1998年		1999年	
	年末余额	比年初增减额	年末余额	比年初增减额	年末余额	比年初增减额
总行	3037.39	1348.95	5104.84	2067.45	8193.96	3089.12
北京	31044.17	3691.27	38625.82	7581.65	46554.36	7928.54
天津	22462.75	3996.02	26435.33	3972.58	30819.95	4384.62
河北	54899.40	10084.62	64523.12	9623.72	72231.36	7708.24
山西	23569.53	4082.74	26995.84	3426.31	32117.65	5121.81
内蒙古	11812.59	2293.00	14632.23	2819.64	17287.00	2654.77
辽宁	41292.19	9251.71	50329.80	9037.61	58405.99	8065.71
吉林	21545.76	4197.89	24439.61	2893.85	27629.99	3190.38
黑龙江	33049.34	5850.47	36863.19	3813.85	42842.24	5979.05
上海	69238.44	9317.80	77404.61	8166.17	85570.04	8165.43
江苏	96023.41	18538.19	111427.62	15404.21	130626.61	19198.99
浙江	51209.72	11704.76	65881.22	14671.50	82896.83	17015.61
安徽	26548.07	4855.13	31096.68	4548.61	34616.76	3520.08
福建	24919.09	4746.42	30091.05	5171.96	35786.52	5695.47
江西	23958.31	4050.72	28180.02	4221.71	32473.26	4294.01
山东	69712.60	10401.97	79153.61	9441.01	87364.43	8210.82
河南	53595.23	11015.21	63140.86	9545.63	70156.76	7015.90
湖北	46744.45	6802.21	44717.01	-2027.44	50760.11	6043.10
湖南	30013.59	3472.91	33819.32	3805.73	39836.22	6016.90
广东	119345.39	24115.24	150339.49	30994.10	180321.64	29982.15
广西	25466.28	3072.82	30473.48	5007.20	37176.84	6703.36
海南	10489.21	1253.30	11383.91	894.70	12581.59	1197.68
四川	47019.00	9231.59	57616.19	10597.19	69021.66	11405.47
贵州	11601.78	2019.15	14056.56	2454.78	17257.92	3201.37
云南	34498.49	6128.17	38502.66	4004.17	42872.38	4369.72
西藏	5721.84	713.72	5882.80	160.96	6818.70	935.90
陕西	22536.24	4231.98	25312.98	2776.74	29058.22	3745.24
甘肃	14717.83	2350.84	17039.67	2321.84	19381.23	2341.63
青海	2973.09	533.48	3701.53	728.44	4406.33	704.80
宁夏	4508.27	1094.79	5180.03	671.76	6086.25	906.22
新疆	16080.39	2232.00	18903.38	2822.99	21592.37	2688.64
重庆	14535.85	3318.10	19014.54	4478.69	23952.84	4938.30
大连	10814.39	1686.72	12273.82	1459.43	14465.45	2191.63
青岛	12750.46	2166.62	14589.67	1839.21	16028.48	1438.81
宁波	10808.68	2370.82	13366.26	2557.58	15328.25	1961.99
厦门	4733.37	567.82	4488.28	-245.09	4981.40	493.12
深圳	17336.10	2373.27	23948.79	6612.69	26448.99	2500.20
新疆兵团	11627.98	2037.94	13493.45	1865.47	15328.16	1834.71
境内合计	**1132240.67**	**201200.36**	**1332429.27**	**200188.60**	**1549278.74**	**216839.49**

中国农业银行境内各分行人民币各项存款

（1979—2008）

单位：百万元

地区	2000年		2001年		2002年	
	年末余额	比年初增减额	年末余额	比年初增减额	年末余额	比年初增减额
总行	8998.40	804.44	9175.60	177.20	12272.71	3097.11
北京	55662.84	9108.48	75302.37	19639.53	89738.66	14619.43
天津	33057.72	2237.77	37888.51	4830.79	46180.20	8549.07
河北	79999.57	7768.21	88116.34	8116.77	99817.49	11946.34
山西	37822.44	5704.79	44793.78	6971.34	54599.95	10103.28
内蒙古	20207.41	2920.41	23423.37	3215.96	29273.42	6009.00
辽宁	63898.19	5492.20	70626.54	6728.35	77707.48	7150.11
吉林	30770.66	3140.67	34943.42	4172.76	39119.04	4262.42
黑龙江	49573.31	6731.07	57192.70	7619.39	64249.25	7339.11
上海	93975.83	8405.79	108400.75	14424.92	138131.83	30805.27
江苏	147398.92	16772.31	166784.64	19385.72	201245.59	34934.04
浙江	96422.05	13525.22	114851.85	18429.80	143285.64	28980.52
安徽	37384.67	2767.91	42118.53	4733.86	50884.60	8952.82
福建	41842.30	6055.78	48630.61	6788.31	55420.43	6825.24
江西	35405.26	2932.00	39810.08	4404.82	46523.51	6868.82
山东	94244.99	6880.56	106661.72	12416.73	126853.89	21506.20
河南	74707.54	4550.78	86135.22	11427.68	102222.27	16236.96
湖北	57632.66	6872.55	66563.05	8930.39	80266.69	13833.36
湖南	46498.99	6662.77	52631.02	6132.03	61068.25	8525.46
广东	202832.91	22511.27	226028.19	23195.28	263859.54	39598.86
广西	44150.53	6973.69	49695.13	5544.60	58081.54	8632.19
海南	13441.37	859.78	14840.70	1399.33	17912.32	3090.58
四川	80648.51	11626.85	98847.46	18198.95	116751.21	18302.97
贵州	21001.42	3743.50	24423.73	3422.31	29467.89	5618.73
云南	48988.26	6115.88	56972.03	7983.77	63657.60	7366.49
西藏	7602.44	783.74	11161.82	3559.38	14788.26	3661.48
陕西	33335.72	4277.50	40666.53	7330.81	49702.86	9108.87
甘肃	22135.85	2754.62	25279.67	3143.82	29297.19	4130.30
青海	5488.29	1081.96	7003.30	1515.01	8186.75	1196.04
宁夏	7056.52	970.27	8008.89	952.37	9256.11	1267.75
新疆	24746.75	3154.38	25986.38	1239.63	30423.51	4649.67
重庆	28019.83	4066.99	33420.52	5400.69	38494.39	5153.34
大连	16532.25	2066.80	19118.94	2586.69	21930.77	2823.04
青岛	17822.49	1794.01	20681.30	2858.81	24706.96	3995.11
宁波	17953.96	2625.71	21333.78	3379.82	25729.48	4476.67
厦门	6000.82	1019.42	8395.29	2394.47	10672.84	2270.29
深圳	30973.38	4524.39	39041.05	8067.67	44174.10	5156.47
新疆兵团	17353.90	2025.74	19297.97	1944.07	22586.63	3320.36
境内合计	**1751588.95**	**202310.21**	**2024252.78**	**272663.83**	**2398540.85**	**384363.77**

中国农业银行境内各分行人民币各项存款

（1979—2008）

单位：百万元

地区	2003年		2004年		2005年	
	年末余额	比年初增减额	年末余额	比年初增减额	年末余额	比年初增减额
总行	9395.50	-2877.21	11652.70	2257.20	13535.89	1883.19
北京	107038.21	17299.55	123773.83	16735.62	148866.57	25092.74
天津	63557.80	17377.60	83533.40	19975.60	99690.63	16157.23
河北	118312.99	18495.50	148088.99	29776.00	172964.51	24875.52
山西	68938.13	14338.18	86820.67	17882.54	104637.55	17816.88
内蒙古	36856.36	7582.94	47583.79	10727.43	59874.52	12290.73
辽宁	86626.14	8918.66	93717.41	7091.27	104153.88	10436.47
吉林	45125.19	6006.15	51701.78	6576.59	57066.96	5365.18
黑龙江	71370.61	7121.36	78928.24	7557.63	85524.36	6596.12
上海	178997.55	40865.72	209907.31	30909.76	232132.63	22225.32
江苏	255789.77	54544.18	302252.54	46462.77	361287.12	59034.58
浙江	180842.56	37556.92	206834.98	25992.42	236638.55	29803.57
安徽	63232.50	12347.90	78363.67	15131.17	92213.17	13849.50
福建	69122.18	13701.75	82012.75	12890.57	98757.79	16745.04
江西	54590.34	8066.83	62117.82	7527.48	70368.86	8251.04
山东	156705.75	29851.86	180141.60	23435.85	204576.27	24434.67
河南	116032.36	13810.09	132203.73	16171.37	146418.37	14214.64
湖北	95952.60	15685.91	110220.12	14267.52	125097.59	14877.47
湖南	72914.54	11846.29	84481.23	11566.69	96047.74	11566.51
广东	313357.51	49497.97	364623.11	51265.60	429140.05	64516.94
广西	68692.78	10611.24	81658.83	12966.05	96523.89	14865.06
海南	20512.45	2600.13	21907.00	1394.55	24032.04	2125.04
四川	141822.57	25071.36	166690.49	24867.92	194935.02	28244.53
贵州	36366.75	6898.86	46038.69	9671.94	52986.85	6948.16
云南	74323.10	10665.50	88104.87	13781.77	105893.52	17788.65
西藏	16232.37	1444.11	18194.28	1961.91	21696.75	3502.47
陕西	60495.50	10792.64	71949.90	11454.40	87523.25	15573.35
甘肃	36463.91	7166.72	44878.65	8414.74	52735.93	7857.28
青海	9679.52	1492.77	10670.66	991.14	12436.04	1765.38
宁夏	11152.06	1895.95	11458.49	306.43	12699.54	1241.05
新疆	37175.16	6751.65	42548.36	5373.20	48535.43	5987.07
重庆	47002.22	8507.83	53233.29	6231.07	60997.10	7763.81
大连	23572.37	1641.60	25778.36	2205.99	28690.36	2912.00
青岛	30037.08	5330.12	37060.55	7023.47	40512.80	3452.25
宁波	32257.43	6527.95	36785.99	4528.56	42888.84	6102.85
厦门	12790.44	2117.60	15529.62	2739.18	22376.46	6846.84
深圳	55845.10	11671.00	74393.59	18548.49	90007.59	15614.00
新疆兵团	26943.71	4357.08	31479.68	4535.97	35817.29	4337.61
境内合计	**2906123.11**	**507582.26**	**3417320.97**	**511197.86**	**3970281.71**	**552960.74**

中国农业银行境内各分行人民币各项存款

（1979—2008）

单位：百万元

地区	2006年		2007年		2008年	
	年末余额	比年初增减额	年末余额	比年初增减额	年末余额	比年初增减额
总行	24237.37	10701.46	37458.63	13221.25	25590.29	-11868.34
北京	182669.65	34000.54	203079.63	21440.95	203214.08	5134.45
天津	122783.61	23158.06	147229.88	24446.28	139092.28	-8137.60
河北	211877.32	38921.96	246226.36	34349.09	299573.60	53347.25
山西	122874.64	18239.55	144050.18	21174.15	180739.67	36689.49
内蒙古	72883.70	13014.07	84597.42	11713.71	99276.87	14679.46
辽宁	116835.01	12687.33	106592.65	-10242.33	115357.46	8764.81
吉林	62623.25	5556.98	61078.24	-1544.99	73293.39	12220.18
黑龙江	89026.42	3502.91	91951.64	2925.22	110108.22	18156.59
上海	285056.13	51177.33	297307.15	21223.40	325685.06	28377.91
江苏	427136.68	66116.42	494687.28	67551.23	583872.35	89195.64
浙江	284021.54	47577.09	322632.45	38634.82	381904.46	59272.01
安徽	107437.32	15229.54	122680.63	15242.83	145056.28	22378.16
福建	123021.11	24571.96	125352.91	2331.79	143647.15	18323.36
江西	81503.52	11135.33	88689.19	7185.64	105648.67	16964.22
山东	235350.39	30799.84	263551.82	28201.40	324382.08	60830.52
河南	164670.87	18254.33	181195.02	16524.17	204297.52	23104.72
湖北	142146.05	17078.46	164985.34	22839.27	204500.42	39531.06
湖南	111046.65	15012.65	123513.98	12467.33	144988.13	21474.15
广东	490873.87	61774.53	523753.57	32879.75	605795.86	82042.37
广西	112539.41	16015.15	127687.86	15148.47	144485.79	16810.26
海南	26755.45	2732.63	29757.84	3002.41	35669.85	5912.01
四川	224464.74	29535.56	257620.18	33155.41	324567.94	66948.91
贵州	58413.31	5430.82	63116.18	4714.92	70524.31	7409.13
云南	129873.98	23218.67	146414.47	16540.51	160211.81	13802.88
西藏	24939.69	3246.53	29957.26	5017.56	36720.03	6762.76
陕西	107360.74	19824.38	125825.45	18464.70	149358.30	23532.84
甘肃	61644.80	8916.62	69498.43	7853.63	83629.10	14130.67
青海	15529.15	3094.23	18329.35	2800.18	23400.35	5073.92
宁夏	14902.79	2207.13	16814.62	1911.81	20350.70	3536.09
新疆	55804.27	7279.64	59198.17	3393.89	66686.88	7488.71
重庆	72307.86	11319.63	83005.92	10698.07	103020.90	20014.98
大连	36215.66	7645.28	36999.37	783.68	41875.57	4876.20
青岛	48684.83	8243.33	54110.82	5425.99	62819.14	8708.33
宁波	52422.16	9597.40	58534.15	6111.99	66514.52	7980.37
厦门	24618.95	2282.80	31229.15	6610.20	32386.31	1157.16
深圳	104667.37	12480.29	120034.21	18119.39	132572.87	12538.65
新疆兵团	42053.81	6237.23	47197.47	5143.70	47750.79	553.32
境内合计	**4671274.07**	**697817.66**	**5205944.87**	**547461.46**	**6018569.00**	**817717.56**

中国农业银行境内各分行人民币储蓄存款

（1979—2008）

单位：百万元

地区	1979年	1980年		1981年		1982年	
	年末余额	年末余额	比年初增减额	年末余额	比年初增减额	年末余额	比年初增减额
总行							
北京	30.26	120.08	89.82	146.97	26.89	192.49	45.52
天津	13.23	19.53	6.30	25.48	5.95	35.73	10.25
河北	73.12	101.35	28.23	134.48	33.13	182.44	47.96
山西	17.14	13.50	-3.64	16.68	3.18	21.51	4.83
内蒙古	17.66	20.60	2.94	30.74	10.14	45.37	14.63
辽宁	23.70	36.09	12.39	44.97	8.88	49.25	4.28
吉林	14.48	4.70	-9.78	4.60	-0.10	6.53	1.93
黑龙江	113.86	179.39	65.53	231.53	52.14	255.53	24.00
上海	16.18	62.12	45.94	88.31	26.19	38.31	-50.00
江苏	129.39	486.18	356.79	633.99	147.81	845.86	211.87
浙江	150.88	207.49	56.61	251.13	43.64	345.36	94.23
安徽	48.15	62.99	14.84	73.99	11.00	96.48	22.49
福建	151.56	191.02	39.46	241.68	50.66	308.23	66.55
江西	85.02	104.38	19.36	130.29	25.91	161.95	31.66
山东	61.85	46.61	-15.24	38.76	-7.85	36.71	-2.05
河南	93.76	141.71	47.95	205.72	64.01	242.18	36.46
湖北	76.13	75.62	-0.51	114.14	38.52	147.50	33.36
湖南	80.00	111.92	31.92	145.73	33.81	193.54	47.81
广东	206.05	291.53	85.48	399.70	108.17	479.78	80.08
广西	92.99	117.20	24.21	144.83	27.63	188.80	43.97
海南							
四川	159.30	208.29	48.99	268.56	60.27	357.97	89.41
贵州	18.80	30.79	11.99	46.77	15.98	69.67	22.90
云南	59.57	80.91	21.34	120.22	39.31	173.12	52.90
西藏							
陕西	94.56	124.96	30.40	160.09	35.13	199.69	39.60
甘肃	29.14	38.47	9.33	54.99	16.52	72.16	17.17
青海	17.98	23.96	5.98	67.02	43.06	80.40	13.38
宁夏	9.85	13.85	4.00	20.25	6.40	32.59	12.34
新疆	235.21	304.64	69.43	414.41	109.77	516.58	102.17
重庆							
大连							
青岛							
宁波							
厦门							
深圳							
新疆兵团							
境内合计	**2119.82**	**3219.88**	**1100.06**	**4256.03**	**1036.15**	**5375.73**	**1119.70**

中国农业银行境内各分行人民币储蓄存款

（1979—2008）

单位：百万元

地　区	1983 年		1984 年		1985 年	
	年末余额	比年初增减额	年末余额	比年初增减额	年末余额	比年初增减额
总　行						
北　京	279.09	86.60	73.53	-205.56	111.47	37.94
天　津	58.89	23.16	232.30	173.41	333.22	100.92
河　北	261.57	79.13	432.26	170.69	712.40	280.14
山　西	40.01	18.50	115.93	75.92	266.09	150.16
内蒙古	62.82	17.45	93.11	30.29	167.02	73.91
辽　宁	63.04	13.79	87.99	24.95	212.08	131.04
吉　林	9.98	3.45	47.64	37.66	162.50	114.86
黑龙江	335.05	79.52	450.81	115.76	589.55	138.74
上　海	297.50	259.19	569.94	272.44	824.74	254.80
江　苏	468.49	-377.37	671.26	202.77	1023.90	352.64
浙　江	512.32	166.96	659.06	146.74	949.23	290.17
安　徽	123.50	27.02	180.76	57.26	302.00	121.24
福　建	354.55	46.32	494.37	139.82	790.58	296.21
江　西	211.13	49.18	321.29	110.16	495.77	174.48
山　东	48.61	11.90	87.24	38.63	268.33	181.09
河　南	337.33	95.15	522.90	185.57	854.73	331.83
湖　北	206.35	58.85	466.63	260.28	792.98	326.35
湖　南	249.03	55.49	362.19	113.16	549.44	187.25
广　东	598.40	118.62	900.39	301.99	1475.60	575.21
广　西	236.71	47.91	346.40	109.69	508.09	161.69
海　南						
四　川	478.60	120.63	844.71	434.96	1250.35	405.64
贵　州	87.42	17.75	139.98	52.56	206.32	66.34
云　南	239.04	65.92	358.67	119.63	522.13	163.46
西　藏						
陕　西	254.21	54.52	349.85	95.64	508.57	158.72
甘　肃	104.65	32.49	163.03	58.38	262.09	99.06
青　海	100.68	20.28	124.99	24.31	160.17	35.18
宁　夏	46.93	14.34	67.97	21.04	90.71	22.74
新　疆	629.67	113.09	788.27	158.60	949.98	161.71
重　庆			97.57	28.72	151.94	54.37
大　连					39.96	33.01
青　岛						
宁　波						
厦　门						
深　圳						
新疆兵团						
境内合计	**6695.57**	**1319.84**	**10051.04**	**3355.47**	**15531.94**	**5480.90**

中国农业银行境内各分行人民币储蓄存款

(1979—2008)

单位：百万元

地　区	1986 年		1987 年		1988 年	
	年末余额	比年初增减额	年末余额	比年初增减额	年末余额	比年初增减额
总　行						
北　京	197.25	85.78	344.63	147.38	564.20	219.57
天　津	479.84	146.62	692.04	212.20	854.36	162.32
河　北	1437.12	724.72	2795.18	1358.06	4191.44	1396.26
山　西	509.08	242.99	893.73	384.65	1441.36	547.63
内蒙古	291.64	124.62	524.07	232.43	823.60	299.53
辽　宁	555.11	343.03	1287.84	732.73	2305.21	1017.37
吉　林	411.78	249.28	865.22	453.44	1496.56	631.34
黑龙江	914.54	324.99	1520.28	605.74	2412.10	891.82
上　海	1322.18	497.44	1873.28	551.10	2359.35	486.07
江　苏	1841.19	817.29	3211.18	1369.99	4110.65	899.47
浙　江	1406.90	457.67	1912.63	505.73	1906.46	316.94
安　徽	546.04	244.04	928.71	382.67	1313.49	384.78
福　建	1126.66	336.08	1568.75	442.09	1743.87	175.12
江　西	761.01	265.24	1131.94	370.93	1485.39	353.45
山　东	876.01	607.68	2357.73	1589.35	4408.76	2051.03
河　南	1410.44	555.71	2446.69	1036.25	3327.70	881.01
湖　北	1312.97	519.99	2076.31	763.34	2799.88	723.57
湖　南	957.40	407.96	1545.97	588.57	1845.92	299.95
广　东	2417.72	942.12	3424.77	1442.83	5065.08	1640.31
广　西	783.41	275.32	1213.75	430.34	1625.77	412.02
海　南			624.68	188.90	857.05	232.37
四　川	1889.20	638.85	2636.82	747.62	3216.74	579.92
贵　州	319.34	113.02	513.83	194.49	618.72	104.89
云　南	738.33	216.20	1109.13	370.80	1404.23	295.10
西　藏						
陕　西	783.16	274.59	1163.47	380.31	1504.45	340.98
甘　肃	426.01	163.92	698.28	272.27	960.25	261.97
青　海	206.82	46.65	257.13	50.31	309.46	52.33
宁　夏	144.03	53.32	209.22	65.19	277.85	68.63
新　疆	1346.26	396.28	1852.09	505.83	2313.70	461.61
重　庆	242.25	90.31	357.31	115.06	428.42	71.11
大　连	113.87	73.91	322.74	208.87	576.10	253.36
青　岛			259.37	151.74	455.47	196.10
宁　波					367.58	44.47
厦　门						
深　圳						
新疆兵团						
境内合计	**25767.56**	**10235.62**	**42618.77**	**16851.21**	**59371.17**	**16752.40**

中国农业银行境内各分行人民币储蓄存款

（1979—2008）

单位：百万元

地　区	1989年		1990年		1991年	
	年末余额	比年初增减额	年末余额	比年初增减额	年末余额	比年初增减额
总　行						
北　京	964.11	399.91	1395.99	431.88	1818.98	422.99
天　津	1197.87	343.51	1698.92	501.05	2156.28	457.36
河　北	6285.62	2094.18	9004.48	2718.86	11425.99	2421.51
山　西	2173.03	731.67	3070.64	897.61	3951.18	880.54
内蒙古	1122.43	298.83	1587.23	464.80	2032.93	445.70
辽　宁	3517.93	1212.72	5134.45	1616.52	6788.00	1653.55
吉　林	1996.59	500.03	2867.72	871.13	3744.18	876.46
黑龙江	3515.30	1103.20	4829.89	1314.59	6125.00	1295.11
上　海	3489.70	1130.35	5049.43	1559.73	6818.55	1769.12
江　苏	6414.53	2303.88	9844.06	3429.53	13139.93	3295.87
浙　江	2964.48	1058.02	4479.81	1515.33	5851.03	1371.22
安　徽	1750.48	436.99	2424.31	673.83	3080.12	655.81
福　建	2291.79	661.07	3166.64	874.85	4144.08	977.44
江　西	2068.42	583.03	2919.02	850.60	3879.94	960.92
山　东	6680.47	2271.71	9598.06	2917.59	12199.18	2601.12
河　南	4386.08	1058.38	5981.13	1595.05	7796.00	1814.87
湖　北	3623.40	823.52	4817.82	1194.42	6100.09	1282.27
湖　南	2712.87	866.95	3836.80	1123.93	5019.94	1183.14
广　东	6738.92	2178.06	10109.27	3370.35	13422.49	3313.22
广　西	2224.86	599.09	3279.45	1054.59	4336.12	1056.67
海　南	1040.26	183.21	1427.23	386.97	1835.69	408.46
四　川	4408.06	1191.32	6049.15	1641.09	7845.60	1796.45
贵　州	797.33	178.61	1054.98	257.65	1396.81	341.83
云　南	1901.86	497.63	2591.75	689.89	3349.89	758.14
西　藏						
陕　西	2111.52	607.07	2894.40	782.88	3756.60	862.20
甘　肃	1299.27	339.02	1760.43	461.16	2257.76	497.33
青　海	361.77	52.31	455.37	93.60	538.88	83.51
宁　夏	375.20	97.35	527.86	152.66	659.18	131.32
新　疆	2836.19	522.49	3904.38	1068.19	4944.59	1040.21
重　庆	625.66	197.24	920.99	295.33	1192.83	271.84
大　连	840.76	264.66	1241.00	400.24	1647.66	406.66
青　岛	704.22	248.75	1164.04	459.82	1533.21	369.17
宁　波	565.02	197.44	862.51	297.49	1143.10	280.59
厦　门	155.77	42.62	232.68	76.91	323.37	90.69
深　圳	709.18	204.96	1028.01	318.83	1508.70	480.69
新疆兵团						
境内合计	**84850.95**	**25479.78**	**121209.90**	**36358.95**	**157763.88**	**36553.98**

中国农业银行境内各分行人民币储蓄存款

（1979—2008）

单位：百万元

地　区	1992 年		1993 年		1994 年上半年	
	年末余额	比年初增减额	年末余额	比年初增减额	6 月末余额	比年初增减额
总　行						
北　京	2386.53	567.55	3549.31	1162.78	4496.99	947.68
天　津	2661.25	504.97	3430.81	769.56	4273.69	842.88
河　北	13244.57	1818.58	16779.48	3534.91	19644.50	2865.02
山　西	5052.46	1101.28	6475.28	1422.82	7825.93	1350.65
内蒙古	2644.54	611.61	3633.85	989.31	4091.55	457.70
辽　宁	8634.38	1846.38	10966.59	2332.39	12735.21	1768.22
吉　林	4726.14	981.96	5968.48	1242.34	7303.70	1335.22
黑龙江	7305.53	1180.53	8535.78	1230.25	10193.06	1657.28
上　海	8728.26	1909.71	11943.82	3215.56	15578.62	3634.80
江　苏	15973.91	2833.98	20157.00	4183.09	24564.96	4407.96
浙　江	7335.56	1484.53	9111.68	1776.12	11536.46	2424.78
安　徽	3785.00	704.88	5281.46	1496.46	6650.43	1368.97
福　建	5375.03	1230.95	6124.20	749.17	7243.79	1119.59
江　西	5026.43	1146.49	6630.29	1603.86	8022.22	1391.93
山　东	15084.56	2885.38	19164.26	4079.70	23243.07	4078.81
河　南	9559.83	1763.83	12329.81	2769.98	15248.45	2918.64
湖　北	7224.43	1124.34	9878.50	2654.07	12241.60	2363.10
湖　南	6460.71	1440.77	8546.61	2085.90	10842.98	2296.37
广　东	17904.56	4482.07	23666.47	5761.91	29733.87	6067.40
广　西	5625.61	1289.49	7656.25	2030.64	9451.45	1795.20
海　南	2768.91	933.22	4068.32	1299.41	4599.78	531.46
四　川	9373.46	1527.86	11213.33	1839.87	13893.68	2680.35
贵　州	1801.68	404.87	2380.87	579.19	2659.60	278.73
云　南	4206.06	856.17	5290.03	1083.97	6227.84	937.81
西　藏						
陕　西	4613.91	857.31	5768.12	1154.21	6856.27	1088.15
甘　肃	2829.67	571.91	3640.65	810.98	4209.60	568.95
青　海	646.44	107.56	786.01	139.57	836.68	50.67
宁　夏	839.29	180.11	1048.20	208.91	1215.22	167.32
新　疆	2866.64	418.90	3647.50	780.86	3871.92	224.42
重　庆	1485.65	292.82	2015.97	530.32	2482.60	466.63
大　连	2122.45	474.79	2672.09	549.46	3155.23	483.14
青　岛	1935.21	402.00	2835.30	900.09	3566.80	731.50
宁　波	1459.51	316.41	1766.47	306.96	2214.71	448.24
厦　门	433.36	109.99	630.86	197.50	841.96	211.10
深　圳	2363.46	854.76	2554.07	190.61	3263.84	709.77
新疆兵团	2757.85	261.00	3151.93	394.08	3270.33	118.40
境内合计	**197242.84**	**39478.96**	**253299.65**	**56056.81**	**308088.49**	**54788.84**

中国农业银行境内各分行人民币储蓄存款

（1979—2008）

单位：百万元

地区	1994年下半年		1995年		1996年	
	年末余额	比6月末增减额	年末余额	比年初增减额	年末余额	比年初增减额
总行	31.00	31.00	4.80	-26.20	17.55	12.75
北京	5498.91	1001.92	8243.98	2745.07	10874.81	2630.83
天津	5350.53	1076.84	7967.44	2616.91	10161.31	2193.87
河北	23010.81	3363.71	29828.83	6818.02	37181.21	7352.38
山西	8846.79	1022.41	11700.50	2853.71	14900.97	3200.47
内蒙古	5001.97	910.58	6306.03	1304.06	7607.27	1301.24
辽宁	14707.22	1974.48	19404.26	4697.04	25324.44	5920.18
吉林	8216.62	912.23	11011.96	2795.34	14581.91	3569.95
黑龙江	11416.75	1173.41	16017.70	4600.95	20985.20	4967.50
上海	18222.69	2644.07	26335.68	8112.99	33239.53	6903.85
江苏	28564.47	4024.70	37209.53	8645.06	47763.76	10554.23
浙江	12817.65	1271.07	17791.01	4973.36	24264.13	6473.12
安徽	7550.16	894.76	10960.32	3410.16	14334.70	3374.38
福建	8028.68	794.33	10629.39	2600.71	13855.48	3226.09
江西	9281.71	1259.48	12190.11	2908.40	15467.45	3277.34
山东	27533.55	4290.74	36445.19	8911.64	44966.72	8521.53
河南	17657.33	2390.65	23380.80	5723.47	31682.76	8301.96
湖北	13595.67	1347.02	17251.43	3655.76	25271.88	8020.45
湖南	11958.68	1109.51	15211.48	3252.80	19344.37	4132.89
广东	33934.27	4204.49	47546.42	13612.15	66008.59	18462.17
广西	11033.21	1583.92	13970.33	2937.12	17380.40	3410.07
海南	4912.02	306.14	5562.28	650.26	6147.90	585.62
四川	15730.74	1818.36	21663.11	5932.37	25282.45	3619.34
贵州	3126.76	466.29	4236.34	1109.58	5804.18	1567.84
云南	7183.68	954.49	10128.38	2944.70	13881.19	3752.81
西藏			1334.58		1833.75	499.17
陕西	7923.31	1064.28	10845.44	2922.13	14104.49	3259.05
甘肃	5025.64	808.93	6941.56	1915.92	8977.57	2036.01
青海	1051.19	214.64	1335.87	284.68	1530.68	194.81
宁夏	1545.55	329.90	2091.24	545.69	2510.19	418.95
新疆	5263.02	1390.88	7240.11	1977.09	8605.98	1365.87
重庆	2841.98	359.38	3990.71	1148.73	7812.95	3822.24
大连	3903.49	748.27	5252.56	1349.07	7037.35	1784.79
青岛	4051.13	484.33	5464.64	1413.51	6952.02	1487.38
宁波	2581.21	366.50	3408.92	827.71	4601.87	1192.95
厦门	1072.35	230.39	1613.39	541.04	2101.15	487.76
深圳	4020.26	756.42	5748.07	1727.81	6458.63	710.56
新疆兵团	3965.18	695.20	5070.87	1105.69	6113.20	1042.33
境内合计	**356456.18**	**48275.72**	**481335.26**	**124879.08**	**624969.99**	**143634.73**

中国农业银行境内各分行人民币储蓄存款

(1979—2008)

单位：百万元

地区	1997年		1998年		1999年	
	年末余额	比年初增减额	年末余额	比年初增减额	年末余额	比年初增减额
总行	20.65	3.10	17.56	-3.09	11.36	-6.20
北京	12155.15	1280.34	13646.80	1491.65	15935.46	2288.66
天津	11932.69	1771.38	14526.21	2593.52	16909.47	2383.26
河北	43217.31	6036.10	49922.73	6705.42	56741.84	6819.11
山西	17585.58	2684.61	20003.27	2417.69	22872.27	2869.00
内蒙古	9460.39	1853.12	11245.56	1785.17	12844.19	1598.63
辽宁	32251.30	6926.86	39236.80	6985.50	43674.24	4437.44
吉林	18245.17	3663.26	20623.31	2378.14	22778.36	2155.05
黑龙江	25801.50	4816.30	29543.45	3741.95	34016.37	4472.92
上海	38262.19	5022.66	43638.14	5375.95	46771.32	3133.18
江苏	58035.04	10271.28	70656.14	12621.10	81823.99	11167.85
浙江	30926.86	6662.73	40396.90	9470.04	48628.09	8231.19
安徽	17348.92	3014.22	19498.80	2149.88	21381.23	1882.43
福建	17482.56	3627.08	21198.23	3715.67	24282.19	3083.96
江西	18871.47	3404.02	21701.04	2829.57	23411.94	1710.90
山东	52747.27	7780.55	60667.35	7920.08	64521.95	3854.60
河南	38930.98	7248.22	47277.79	8346.81	52572.97	5295.18
湖北	29445.18	4173.30	29455.48	10.30	31798.19	2342.71
湖南	21232.85	1888.48	23931.41	2698.56	27812.88	3881.47
广东	83043.35	17034.76	104623.88	21580.53	121450.16	16826.28
广西	20204.69	2824.29	23607.89	3403.20	27927.58	4319.69
海南	6929.58	781.68	7823.88	894.30	8264.44	440.56
四川	30419.53	5137.08	37656.28	7236.75	47012.99	9356.71
贵州	7265.55	1461.37	8329.77	1064.22	9560.15	1230.38
云南	16983.26	3102.07	19544.73	2561.47	22666.56	3121.83
西藏	1935.36	101.61	2013.76	78.40	2170.07	156.31
陕西	16513.69	2409.20	18483.25	1969.56	20493.59	2010.34
甘肃	10567.61	1590.04	12114.37	1546.76	13285.40	1171.03
青海	1905.97	375.29	2239.25	333.28	2597.67	358.42
宁夏	2949.36	439.17	3290.72	341.36	3556.25	265.53
新疆	10140.33	1534.35	11617.60	1477.27	12275.52	657.92
重庆	9608.21	1795.26	12845.26	3237.05	16978.48	4133.22
大连	8413.32	1375.97	9439.75	1026.43	10638.27	1198.52
青岛	7988.70	1036.68	9122.06	1133.36	10057.32	935.26
宁波	6112.20	1510.33	8124.08	2011.88	9688.60	1564.52
厦门	2148.00	46.85	2194.47	46.47	2363.70	169.23
深圳	7950.31	1491.68	10018.35	2068.04	11635.19	1616.84
新疆兵团	7333.25	1220.05	7908.96	575.71	8435.39	526.43
境内合计	**752365.33**	**127395.34**	**888185.28**	**135819.95**	**1009845.64**	**121660.36**

中国农业银行境内各分行人民币储蓄存款

（1979—2008）

单位：百万元

地区	2000年		2001年		2002年	
	年末余额	比年初增减额	年末余额	比年初增减额	年末余额	比年初增减额
总行		-11.36				
北京	17736.34	1800.88	21260.49	3524.15	28004.83	6744.34
天津	17924.88	1015.41	19749.74	1824.86	24415.10	4665.36
河北	61140.12	4398.28	65922.51	4782.39	72472.63	6550.12
山西	25968.54	3096.27	29577.75	3609.21	33416.56	3838.81
内蒙古	14434.60	1590.41	16077.90	1643.30	18763.07	2685.16
辽宁	46615.45	2941.21	50846.32	4230.87	54181.80	3335.48
吉林	24756.72	1978.36	26847.67	2090.95	29359.20	2511.53
黑龙江	37815.67	3799.30	42908.47	5092.80	48513.19	5604.72
上海	46383.74	-387.58	51323.85	4940.11	62604.76	11280.91
江苏	87497.78	5673.79	100563.29	13065.51	120251.61	19688.32
浙江	54459.48	5831.39	65799.12	11339.64	82076.40	16277.28
安徽	23191.86	1810.63	26714.95	3523.09	32401.00	5686.06
福建	27217.67	2935.48	31283.34	4065.67	37921.70	6638.36
江西	25234.07	1822.13	28218.58	2984.51	33145.17	4926.59
山东	67046.98	2525.03	73196.31	6149.33	84175.66	10979.35
河南	52914.24	341.27	59737.47	6823.23	70220.56	10486.02
湖北	35648.51	3850.32	42441.01	6792.50	51777.45	9336.35
湖南	31622.90	3810.02	36846.30	5223.40	43490.77	6644.48
广东	133401.44	11951.28	147984.61	14583.17	173343.93	25359.32
广西	32212.25	4284.67	36389.19	4176.94	41482.09	5092.79
海南	8604.95	340.51	9291.23	686.28	10249.88	958.66
四川	56049.79	9036.80	67781.87	11732.08	80552.05	12770.18
贵州	10553.21	993.06	12449.15	1895.94	14303.02	1853.87
云南	26725.25	4058.69	31018.55	4293.30	35801.14	4782.20
西藏	2344.02	173.95	2718.26	374.24	3640.04	921.78
陕西	22524.98	2031.39	26372.14	3847.16	31504.87	5119.77
甘肃	14862.57	1577.17	16479.59	1617.02	19488.94	3009.35
青海	3022.20	424.53	3613.13	590.93	4271.50	656.37
宁夏	3852.92	296.67	4385.34	532.42	5267.79	882.45
新疆	13369.75	1094.23	13977.02	607.27	16240.43	2259.41
重庆	20417.08	3438.60	24675.99	4258.91	28736.36	4060.37
大连	11125.03	486.76	12248.42	1123.39	14122.04	1873.62
青岛	10819.31	761.99	12329.77	1510.46	14818.73	2488.96
宁波	10786.59	1097.99	12836.73	2050.14	15376.40	2539.67
厦门	2606.35	242.65	3610.65	1004.30	4204.04	593.39
深圳	13261.05	1625.86	16627.51	3366.46	20468.90	3841.39
新疆兵团	9076.22	640.83	9668.47	592.25	10874.42	1205.95
境内合计	**1103224.51**	**93378.87**	**1253772.69**	**150548.18**	**1471938.03**	**218148.74**

中国农业银行境内各分行人民币储蓄存款

（1979—2008）

单位：百万元

地　区	2003 年		2004 年		2005 年	
	年末余额	比年初增减额	年末余额	比年初增减额	年末余额	比年初增减额
总　行						
北　京	38809.03	10804.20	45793.11	6984.08	56399.90	10606.79
天　津	31967.83	7552.73	40191.09	8223.26	47758.78	7567.69
河　北	85698.53	13225.90	102199.47	16500.94	119150.60	16951.13
山　西	41166.62	7750.06	51227.00	10060.38	61567.70	10340.70
内蒙古	24245.55	5482.48	31272.21	7026.66	38119.93	6847.72
辽　宁	61027.00	6845.20	66329.24	5302.24	74367.57	8038.33
吉　林	33848.56	4489.36	38157.05	4308.49	41687.96	3530.91
黑龙江	56415.28	7902.09	62353.28	5938.00	69676.37	7323.09
上　海	77659.48	15054.72	90563.14	12903.66	110277.23	19714.09
江　苏	149792.52	29540.91	176093.76	26301.24	209054.66	32960.90
浙　江	102153.05	20076.65	117139.77	14986.72	136118.00	18978.23
安　徽	40882.34	8481.34	50897.25	10014.91	61078.37	10181.12
福　建	46799.10	8877.40	55070.87	8271.77	65497.83	10426.96
江　西	39111.37	5966.20	44415.92	5304.55	49975.95	5560.03
山　东	100359.57	16183.91	113491.24	13131.67	127274.67	13783.43
河　南	84462.00	14241.44	97102.33	12640.33	107700.74	10598.41
湖　北	63005.04	11227.59	73669.32	10664.28	86047.77	12378.45
湖　南	52305.08	8814.31	61060.60	8755.52	70616.44	9555.84
广　东	210088.24	36744.31	242484.71	32396.47	285214.55	42729.84
广　西	48082.67	6600.58	54909.97	6827.30	62365.21	7455.24
海　南	11774.37	1524.49	13041.45	1267.08	14371.73	1330.28
四　川	99823.81	19271.76	117313.51	17489.70	135653.08	18339.57
贵　州	17478.92	3175.90	20973.26	3494.34	24784.32	3811.06
云　南	42188.22	6387.08	48482.04	6293.82	58505.57	10023.53
西　藏	4751.05	1111.01	5592.71	841.66	6600.51	1007.80
陕　西	38166.65	6661.78	46231.85	8065.20	55944.72	9712.87
甘　肃	24117.24	4628.30	28890.64	4773.40	33741.03	4850.39
青　海	5140.14	868.64	5917.38	777.24	6849.49	932.11
宁　夏	6387.19	1119.40	6911.48	524.29	7936.42	1024.94
新　疆	20718.09	4477.66	24552.58	3834.49	29217.56	4664.98
重　庆	34966.37	6230.01	40112.52	5146.15	45861.66	5749.14
大　连	16275.08	2153.04	17754.36	1479.28	20026.50	2272.14
青　岛	18489.31	3670.58	21947.76	3458.45	26032.88	4085.12
宁　波	18786.93	3410.53	21599.09	2812.16	26352.80	4753.71
厦　门	5205.07	1001.03	6021.36	816.29	8108.23	2086.87
深　圳	25471.06	5002.16	32019.91	6548.85	37807.28	5787.37
新疆兵团	13960.00	3085.58	15702.51	1742.51	18014.10	2311.59
境内合计	**1791578.36**	**319640.33**	**2087485.74**	**295907.38**	**2435758.11**	**348272.37**

中国农业银行境内各分行人民币储蓄存款

（1979—2008）

单位：百万元

地　区	2006 年		2007 年		2008 年	
	年末余额	比年初增减额	年末余额	比年初增减额	年末余额	比年初增减额
总　行			979.30	979.30	641.13	-338.17
北　京	66741.54	10612.60	70321.79	3580.24	92196.60	21874.81
天　津	56965.12	9206.34	64658.43	7693.32	83097.23	18438.79
河　北	141175.76	22025.18	168867.67	27691.91	225581.35	56713.68
山　西	69551.97	7984.26	78869.43	9317.45	104969.86	26100.43
内蒙古	43454.43	5334.48	49051.34	5596.92	60086.73	11035.39
辽　宁	79499.21	5131.62	78997.51	-501.71	94376.07	15378.56
吉　林	45473.48	3785.51	45415.25	-58.20	56121.23	10705.98
黑龙江	72976.01	3299.64	72550.18	-425.84	87073.97	14523.80
上　海	130480.62	20553.23	129672.21	-808.42	166179.23	36507.02
江　苏	239583.39	30763.27	258426.16	18842.76	339967.23	81541.06
浙　江	162412.51	26444.30	170743.80	8331.29	219966.61	49222.80
安　徽	70292.61	9214.18	78714.40	8421.81	98039.84	19325.44
福　建	76898.77	11550.94	77441.61	542.82	95794.08	18352.47
江　西	55468.50	5491.65	59208.03	3739.53	71758.02	12549.99
山　东	143704.29	16429.61	157903.55	14199.26	201505.63	43602.08
河　南	118122.79	10422.04	125620.43	7497.63	151813.49	26193.06
湖　北	97347.74	11300.82	107469.40	10121.65	135183.35	27713.95
湖　南	80709.45	10093.02	88695.37	7985.93	107374.69	18679.32
广　东	319497.09	34282.55	325306.73	5809.64	397125.33	71818.61
广　西	70720.15	8344.51	76835.25	6115.12	87321.49	10486.24
海　南	16308.45	1937.71	17508.64	1200.19	20899.44	3390.80
四　川	151582.92	15929.83	167699.35	16116.43	212562.96	44863.61
贵　州	27535.77	2751.46	30487.69	2951.92	36794.65	6306.96
云　南	69130.85	10625.28	72051.27	2920.42	86704.36	14653.09
西　藏	7401.23	804.33	8267.32	866.11	9230.20	962.87
陕　西	64936.69	8991.98	69633.92	4697.24	88632.45	18998.53
甘　肃	38780.42	5039.39	41470.11	2689.69	51634.11	10164.00
青　海	8115.60	1266.11	9228.68	1113.08	12044.69	2816.01
宁　夏	9044.87	1108.44	9758.64	713.75	12932.64	3174.00
新　疆	31416.21	2198.64	32281.82	865.62	39012.16	6730.33
重　庆	51598.48	5736.82	56366.39	4767.91	70037.13	13670.74
大　连	22377.31	2350.83	23473.31	1095.99	30134.58	6661.27
青　岛	30195.71	4162.82	32313.56	2117.86	39555.58	7242.02
宁　波	32041.45	5688.65	32946.17	904.72	41723.72	8777.55
厦　门	9182.59	1108.30	10148.62	966.03	13179.61	3030.99
深　圳	45047.38	7240.07	46734.28	1686.91	57694.05	10959.77
新疆兵团	19607.77	1593.68	19609.28	1.54	23817.58	4208.30
境内合计	**2775379.13**	**340804.09**	**2965726.93**	**190347.81**	**3722763.08**	**757036.15**

中国农业银行境内各分行人民币定期储蓄存款

（1991—2008）

单位：百万元

地　区	1991 年		1992 年		1993 年	
	年末余额	比年初增减额	年末余额	比年初增减额	年末余额	比年初增减额
总　行						
北　京	1623.71	380.39	2075.41	451.70	3068.76	993.35
天　津	1882.48	400.74	2265.00	382.52	2896.02	631.02
河　北	9730.34	2184.99	11114.91	1384.57	14100.12	2985.21
山　西	3428.28	743.24	4217.90	789.62	5399.94	1182.04
内蒙古	1547.06	354.19	1950.27	403.21	2481.11	530.84
辽　宁	5710.38	1400.83	7044.49	1334.11	8920.18	1875.69
吉　林	2872.32	671.25	3694.72	822.40	4588.36	893.64
黑龙江	5192.24	1099.72	6047.48	855.24	6863.79	816.31
上　海	6701.02	1745.00	8428.08	1727.06	11456.51	3028.43
江　苏	12826.05	3272.59	15208.96	2382.91	19025.59	3816.63
浙　江	4948.71	1104.30	6069.67	1120.96	8817.27	2747.60
安　徽	2359.05	528.21	2932.82	573.77	4160.89	1228.07
福　建	3525.20	802.96	4270.19	744.99	4856.47	586.28
江　西	3134.03	765.01	3960.17	826.14	5080.30	1120.13
山　东	11118.28	2343.95	13457.73	2339.45	16785.71	3327.98
河　南	6211.28	1454.57	7527.83	1316.55	9734.03	2206.20
湖　北	5081.06	1000.90	5831.21	750.15	6434.44	603.23
湖　南	4161.53	934.82	5117.63	956.10	6394.44	1276.81
广　东	10062.86	2258.54	11749.61	1686.75	14784.77	3035.16
广　西	3244.79	780.37	3966.75	721.96	5175.48	1208.73
海　南	1321.17	299.38	1730.08	408.91	2440.55	710.47
四　川	6734.33	1552.29	7780.47	1046.14	9316.46	1535.99
贵　州	1073.77	264.99	1349.72	275.96	1824.63	474.91
云　南	2837.35	651.42	3402.61	565.26	4217.93	815.32
西　藏						
陕　西	3148.86	675.69	3808.65	659.79	4705.72	897.07
甘　肃	1885.81	426.93	2270.92	385.11	2933.61	662.69
青　海	441.89	69.25	519.53	77.64	613.13	93.60
宁　夏	571.66	111.94	703.62	131.96	876.81	173.19
新　疆	4188.86	842.32	2244.67	340.66	2791.98	547.31
重　庆	1033.23	232.12	1249.65	216.42	1696.71	447.06
大　连	1467.84	321.06	1841.03	373.19	2285.49	444.46
青　岛	1392.75	322.44	1701.40	308.65	2433.25	731.85
宁　波	994.88	246.96	1241.31	246.43	157.08	-1084.23
厦　门	269.91	69.52	339.45	69.54	445.80	106.35
深　圳	747.48	183.13	743.36	-4.12	969.92	226.56
新疆兵团			2498.45	213.60	2761.82	263.37
境内合计	**133470.46**	**30496.01**	**160355.75**	**26885.29**	**201495.07**	**41139.32**

中国农业银行境内各分行人民币定期储蓄存款

（1991—2008）

单位：百万元

地区	1994年上半年		1994年下半年		1995年	
	6月末余额	比年初增减额	年末余额	比6月末增减额	年末余额	比年初增减额
总行			31.00	31.00	2.42	-28.58
北京	3957.52	884.05	4739.27	781.75	7253.11	2513.84
天津	3662.13	757.40	4511.96	849.83	6819.58	2307.62
河北	16655.00	2554.89	19135.94	2480.25	24852.60	5716.66
山西	6489.93	1078.25	7353.71	863.95	9527.05	2173.34
内蒙古	2910.89	429.79	3422.08	510.34	4347.59	925.51
辽宁	10496.61	1577.15	12146.86	1651.32	16078.30	3931.44
吉林	5653.72	1123.43	6273.46	624.31	8220.43	1946.97
黑龙江	8215.47	1347.48	9155.44	899.57	12328.24	3172.80
上海	15007.72	3551.23	17430.25	2422.53	25365.93	7935.68
江苏	23182.36	4126.36	26279.97	3122.60	32879.50	6599.53
浙江	9350.96	1886.98	10374.44	1013.36	14287.97	3913.53
安徽	5220.82	1059.20	5957.03	731.39	7960.97	2003.94
福建	5799.25	943.98	6320.47	526.61	8471.46	2150.99
江西	6268.25	1185.85	7115.46	847.17	9346.45	2230.99
山东	20170.61	3384.89	22837.73	2666.40	30056.65	7218.92
河南	11924.45	2152.86	13634.77	1646.14	17849.76	4214.99
湖北	8643.23	1642.97	10553.63	1902.35	13456.45	2902.82
湖南	8336.24	1941.80	9163.80	827.26	11718.46	2554.66
广东	18804.86	4033.10	22130.39	3325.56	32461.97	10331.58
广西	6527.20	1280.35	7377.90	854.89	9585.05	2207.15
海南	2853.88	408.50	3207.31	352.97	3936.83	729.52
四川	11524.33	2270.11	12971.22	1427.52	18228.94	5257.72
贵州	2030.49	206.57	2347.91	315.79	3249.49	901.58
云南	5003.70	785.77	5758.81	754.83	8173.39	2414.58
西藏					1055.48	
陕西	5558.62	850.55	6372.99	801.21	8547.29	2174.30
甘肃	3402.45	468.84	3965.41	535.85	5499.93	1534.52
青海	667.91	54.78	795.32	127.24	1001.51	206.19
宁夏	1016.03	139.25	1255.15	239.10	1675.01	419.86
新疆	2991.78	187.65	3916.83	924.89	5324.94	1408.09
重庆	2103.28	406.57	2387.48	284.20	3347.81	960.33
大连	2651.36	371.26	3207.49	556.14	4469.76	1262.27
青岛	3030.66	597.41	3371.11	340.45	4567.75	1196.64
宁波	1892.99	385.91	2178.45	285.46	2914.29	735.84
厦门	608.54	162.71	774.76	166.22	1150.06	375.30
深圳	1398.52	427.65	1881.97	483.45	3382.94	1500.97
新疆兵团	2910.64	132.43	3429.40	517.63	4384.87	955.49
境内合计	**246922.40**	**44797.97**	**283767.17**	**36691.53**	**383780.23**	**100013.06**

中国农业银行境内各分行人民币定期储蓄存款

(1991—2008)

单位：百万元

地区	1996年		1997年		1998年	
	年末余额	比年初增减额	年末余额	比年初增减额	年末余额	比年初增减额
总行	13.04	10.62	12.24	-0.80	11.29	-0.95
北京	9571.49	2318.38	10475.08	903.59	11216.42	741.34
天津	8718.06	1898.48	10005.92	1287.86	11841.08	1835.16
河北	30819.50	5966.90	35483.13	4663.63	41056.19	5573.06
山西	12237.42	2710.37	14782.52	2545.10	17190.80	2408.28
内蒙古	5278.41	930.82	6492.28	1213.87	7564.30	1072.02
辽宁	20851.83	4773.53	26294.72	5442.89	31775.23	5480.51
吉林	11332.43	3112.00	14610.64	3278.21	16425.64	1815.00
黑龙江	16209.07	3880.83	19777.86	3568.79	22899.14	3121.28
上海	31971.67	6605.74	36405.35	4433.68	40939.94	4534.59
江苏	41467.48	8587.98	50095.38	8627.90	60495.43	10400.05
浙江	19444.60	5156.63	24691.82	5247.22	32214.88	7523.06
安徽	10885.36	2924.39	13613.25	2727.89	15496.19	1882.94
福建	10737.75	2266.29	13119.08	2381.33	15624.78	2505.70
江西	11957.70	2611.25	14963.84	3006.14	16986.94	2023.10
山东	36926.97	6870.32	43301.58	6374.61	50666.34	7364.76
河南	23895.88	6046.12	29204.87	5308.99	36278.26	7073.39
湖北	19615.76	6159.31	22447.33	2831.57	21662.72	-784.61
湖南	15051.82	3333.36	16263.10	1211.28	18272.46	2009.36
广东	45342.20	12880.23	55392.60	10050.40	69169.68	13777.08
广西	11307.13	1722.08	13019.20	1712.07	14996.26	1977.06
海南	4490.13	553.30	4976.34	486.21	5591.37	615.03
四川	21026.16	2797.22	24739.19	3713.03	30471.74	5732.55
贵州	4311.59	1062.10	5372.85	1061.26	6068.68	695.83
云南	11071.77	2898.38	12983.00	1911.23	14435.71	1452.71
西藏	1398.70	343.22	1455.69	56.99	1484.38	28.69
陕西	10870.79	2323.50	12318.10	1447.31	13215.61	897.51
甘肃	7009.74	1509.81	8204.25	1194.51	9167.25	963.00
青海	1154.45	152.94	1382.35	227.90	1545.48	163.13
宁夏	2070.65	395.64	2354.95	284.30	2567.86	212.91
新疆	6421.55	1096.61	7716.57	1295.02	8750.75	1034.18
重庆	6327.63	2979.82	7483.25	1155.62	9908.57	2425.32
大连	6052.36	1582.60	7079.44	1027.08	8081.20	1001.76
青岛	5716.68	1148.93	6570.15	853.47	7424.28	854.13
宁波	3926.85	1012.56	5272.90	1346.05	6938.05	1665.15
厦门	1575.24	425.18	1624.87	49.63	1644.16	19.29
深圳	3853.58	470.64	4213.31	359.73	5085.27	871.96
新疆兵团	5316.00	931.13	6425.55	1109.55	6808.39	382.84
境内合计	**496229.44**	**112449.21**	**590624.55**	**94395.11**	**691972.72**	**101348.17**

中国农业银行境内各分行人民币定期储蓄存款

（1991—2008）

单位：百万元

地　区	1999年		2000年		2001年	
	年末余额	比年初增减额	年末余额	比年初增减额	年末余额	比年初增减额
总　行	6.70	-4.59		-6.70		
北　京	12457.59	1241.17	12908.53	450.94	14610.92	1702.39
天　津	13234.02	1392.94	13542.83	308.81	14308.11	765.28
河　北	45334.23	4278.04	47001.11	1666.88	49643.31	2642.20
山　西	19336.41	2145.61	21447.74	2111.33	23557.91	2110.17
内蒙古	8174.90	610.60	8625.55	450.65	9409.71	784.16
辽　宁	34444.79	2670.50	34779.63	334.84	37031.19	2251.56
吉　林	17312.45	886.81	17829.34	516.89	18915.80	1086.46
黑龙江	25205.00	2305.86	26444.43	1239.43	29381.38	2936.95
上　海	43137.45	2197.51	41500.88	-1636.57	43795.30	2294.42
江　苏	68064.08	7568.65	70194.20	2130.12	78055.37	7861.17
浙　江	36168.40	3953.52	36541.57	373.17	40898.03	4356.46
安　徽	16674.19	1178.00	17672.42	998.23	19871.19	2198.77
福　建	16423.05	798.27	15366.78	-1056.27	15978.52	611.74
江　西	17376.95	390.01	17264.47	-112.48	18287.81	1023.34
山　东	52824.52	2158.18	51823.77	-1000.75	53593.85	1770.08
河　南	40873.10	4594.84	39356.95	-1516.15	43362.27	4005.32
湖　北	22390.76	728.04	24084.38	1693.62	27762.65	3678.27
湖　南	19736.27	1463.81	20934.55	1198.28	23464.24	2529.69
广　东	73768.27	4598.59	75639.36	1871.09	81999.98	6360.62
广　西	16430.70	1434.44	17230.31	799.61	19133.28	1902.97
海　南	5508.14	-83.23	5235.20	-272.94	5339.12	103.92
四　川	36786.27	6314.53	41891.36	5105.09	48491.43	6600.07
贵　州	6507.29	438.61	6673.78	166.49	7306.88	633.10
云　南	15489.29	1053.58	16727.51	1238.22	18395.66	1668.15
西　藏	1492.55	8.17	1478.13	-14.42	1594.27	116.14
陕　西	14770.98	1555.37	15552.73	781.75	17609.01	2056.28
甘　肃	9934.12	766.87	10642.66	708.54	11478.95	836.29
青　海	1690.35	144.87	1781.95	91.60	1931.89	149.94
宁　夏	2640.39	72.53	2622.73	-17.66	2820.99	198.26
新　疆	9062.73	311.98	9420.49	357.76	9504.99	84.50
重　庆	12673.16	2764.59	14906.79	2233.63	17477.33	2570.54
大　连	8797.71	716.51	8832.23	34.52	9487.10	654.87
青　岛	7761.94	337.66	7800.94	39.00	8481.43	680.49
宁　波	7883.02	944.97	8234.72	351.70	9179.17	944.45
厦　门	1613.63	-30.53	1353.39	-260.24	1360.05	6.66
深　圳	5101.81	16.54	5075.05	-26.76	6100.37	1025.32
新疆兵团	7158.57	350.18	7326.24	167.67	7569.29	243.05
境内合计	**754245.78**	**62274.00**	**775744.70**	**21498.92**	**847188.75**	**71444.05**

中国农业银行境内各分行人民币定期储蓄存款

（1991—2008）

单位：百万元

地区	2002年		2003年		2004年	
	年末余额	比年初增减额	年末余额	比年初增减额	年末余额	比年初增减额
总行						
北京	17663.76	3052.84	21713.04	4049.28	25337.36	3624.32
天津	16787.71	2479.56	19975.30	3187.59	23198.58	3223.28
河北	51533.22	1866.16	55459.65	3926.43	61570.48	6110.83
山西	24550.98	992.77	27088.26	2537.28	31154.41	4066.15
内蒙古	10613.81	1161.56	12385.83	1772.02	14856.92	2471.09
辽宁	38836.99	1804.16	42340.62	3503.63	44387.82	2047.20
吉林	20150.44	1234.06	21900.74	1750.30	23841.43	1940.69
黑龙江	31944.64	2550.82	35073.55	3128.91	37063.79	1990.24
上海	50293.40	6496.84	57620.70	7327.30	65984.71	8364.01
江苏	89660.82	11441.04	103292.17	13631.35	116961.16	13668.99
浙江	47578.67	6291.68	54152.95	6574.28	60296.38	6143.43
安徽	22993.29	3110.31	27464.90	4471.61	33223.40	5758.50
福建	20396.68	3149.40	22599.83	2203.15	25239.48	2639.65
江西	19609.27	1276.96	21169.05	1559.78	23587.70	2418.65
山东	58014.08	4417.98	63434.74	5420.66	69944.23	6509.49
河南	49185.71	5818.31	55746.95	6561.24	61572.29	5825.34
湖北	32378.36	4590.91	37203.52	4825.16	42566.34	5362.82
湖南	26410.22	2933.17	29825.69	3415.47	32975.34	3149.65
广东	92910.80	10013.06	106557.97	13647.17	120144.56	13586.59
广西	20705.03	1564.09	22487.00	1781.97	24255.91	1768.91
海南	5523.73	184.55	5929.29	405.56	6392.12	462.83
四川	54682.90	6190.66	64594.79	9911.89	76401.86	11807.07
贵州	7826.09	519.17	8481.56	655.47	9576.20	1094.64
云南	19765.44	1368.89	21616.53	1851.09	23387.53	1771.00
西藏	1868.63	274.36	2257.30	388.67	2452.74	195.44
陕西	20249.25	2434.70	23245.89	2996.64	27354.32	4108.43
甘肃	12572.25	1028.51	14420.63	1848.38	16371.93	1951.30
青海	2130.11	198.35	2368.68	238.57	2704.85	336.17
宁夏	3233.33	412.20	3784.81	551.48	3990.04	205.23
新疆	10051.59	542.17	11337.18	1285.59	13029.22	1692.04
重庆	19646.06	2168.71	22764.12	3118.06	25576.23	2812.11
大连	10459.03	971.00	11618.01	1158.98	12494.40	876.39
青岛	9457.91	976.20	11077.63	1619.72	12864.12	1786.49
宁波	10367.47	1187.66	11656.58	1289.11	12725.49	1068.91
厦门	2224.06	808.13	2702.47	478.41	2915.56	213.09
深圳	8036.44	1816.45	9824.23	1787.79	12372.00	2547.77
新疆兵团	8084.33	512.61	9461.71	1377.38	10550.22	1088.51
境内合计	**948396.50**	**97840.00**	**1074633.87**	**126237.37**	**1209321.12**	**134687.25**

中国农业银行境内各分行人民币定期储蓄存款

（1991—2008）

单位：百万元

地区	2005年		2006年	
	年末余额	比年初增减额	年末余额	比年初增减额
总行				
北京	31788.73	6451.37	36888.19	5370.41
天津	26277.50	3078.92	30773.14	4495.64
河北	69646.30	8075.82	77310.95	7666.51
山西	35769.17	4614.76	38863.94	3094.76
内蒙古	16866.55	2009.63	17903.66	1037.58
辽宁	48655.59	4267.77	50000.64	1345.03
吉林	25666.82	1825.39	26633.04	966.25
黑龙江	41262.05	4198.26	42640.31	1378.59
上海	80010.87	14026.16	92226.30	12565.27
江苏	136938.72	19977.56	153737.21	17042.04
浙江	69409.10	9112.72	79733.82	10475.03
安徽	39094.46	5871.06	44128.63	5034.77
福建	29531.06	4291.58	32929.44	3548.55
江西	25743.51	2155.81	27701.85	1958.87
山东	77726.88	7782.65	84276.45	6549.57
河南	67103.24	5530.95	70886.70	3784.79
湖北	48484.97	5918.63	54041.38	5560.38
湖南	37519.00	4543.66	41773.18	4254.18
广东	140540.48	20395.92	150746.78	10206.34
广西	27075.12	2819.21	29026.17	1955.86
海南	7041.52	649.40	7696.00	654.48
四川	87926.73	11524.87	94861.77	6935.01
贵州	11210.32	1634.12	12197.40	987.09
云南	26894.36	3506.83	29280.21	2385.85
西藏	2634.33	181.59	2654.86	20.53
陕西	30937.65	3583.33	32870.30	1932.66
甘肃	18134.84	1762.91	19682.08	1730.33
青海	3089.86	385.01	3427.02	337.15
宁夏	4332.36	342.32	4567.42	235.05
新疆	15384.99	2355.77	16395.69	1010.70
重庆	29652.90	4076.67	32503.06	2850.16
大连	13478.95	984.55	14344.28	865.58
青岛	15697.50	2833.38	18188.52	2491.02
宁波	15186.79	2461.30	17918.68	2731.89
厦门	3923.72	1008.16	4065.44	181.91
深圳	14937.48	2565.48	16569.64	1632.14
新疆兵团	12016.32	1466.10	12872.70	856.39
境内合计	**1387590.74**	**178269.62**	**1522316.85**	**136128.36**

中国农业银行境内各分行人民币定期储蓄存款

（1991—2008）

单位：百万元

地　区	2007 年		2008 年	
	年末余额	比年初增减额	年末余额	比年初增减额
总　行				
北　京	38064. 44	1176. 25	53278. 70	15214. 26
天　津	35102. 54	4329. 41	49102. 49	13999. 95
河　北	89542. 34	12231. 39	123401. 36	33859. 03
山　西	42397. 71	3533. 77	60103. 30	17705. 59
内蒙古	19397. 19	1493. 53	25033. 76	5636. 57
辽　宁	50136. 15	135. 51	62459. 30	12323. 15
吉　林	27036. 43	403. 41	34446. 20	7409. 77
黑龙江	42186. 82	-453. 48	52160. 28	9973. 46
上　海	86726. 78	-5499. 52	113161. 68	26434. 90
江　苏	160650. 90	6913. 68	216956. 93	56306. 02
浙　江	78514. 62	-1219. 20	104904. 57	26389. 94
安　徽	48261. 83	4133. 21	60897. 33	12635. 49
福　建	31628. 37	-1301. 09	43090. 20	11461. 83
江　西	29337. 68	1635. 83	37262. 99	7925. 31
山　东	92956. 66	8680. 22	120987. 90	28031. 24
河　南	73036. 65	2149. 93	91444. 14	18407. 49
湖　北	58113. 96	4072. 57	75426. 14	17312. 17
湖　南	45670. 48	3897. 30	58548. 47	12877. 99
广　东	142795. 23	-7951. 54	188801. 37	46006. 14
广　西	29413. 86	387. 70	35836. 78	6422. 92
海　南	7967. 92	271. 92	9773. 49	1805. 58
四　川	103278. 90	8417. 13	132362. 73	29083. 83
贵　州	12775. 79	578. 40	16431. 76	3655. 98
云　南	28997. 65	-282. 57	37493. 50	8495. 85
西　藏	2828. 71	173. 86	3357. 03	528. 32
陕　西	33401. 73	531. 43	43629. 51	10227. 78
甘　肃	20140. 40	458. 31	25861. 64	5721. 24
青　海	3481. 05	54. 03	4705. 03	1223. 98
宁　夏	4310. 11	-257. 32	5662. 77	1352. 65
新　疆	15383. 98	-1011. 71	19887. 61	4503. 64
重　庆	34352. 03	1848. 98	43439. 89	9087. 86
大　连	14195. 80	-148. 49	19774. 85	5579. 05
青　岛	19453. 44	1264. 93	25694. 66	6241. 22
宁　波	17825. 66	-93. 02	23755. 68	5930. 02
厦　门	3920. 11	-145. 32	6446. 10	2525. 99
深　圳	14930. 21	-1639. 43	21108. 34	6178. 14
新疆兵团	12091. 27	-781. 41	14961. 48	2870. 21
境内合计	**1570305. 41**	**47988. 59**	**2061649. 96**	**491344. 55**

中国农业银行境内各分行人民币单位存款

（2006—2008）

单位：百万元

地区	2006年		2007年		2008年	
	年末余额	比年初增减额	年末余额	比年初增减额	年末余额	比年初增减额
总行	23832.98	10781.05	35837.96	12004.96	24299.75	-11538.21
北京	111260.88	23701.35	122524.30	12294.39	104458.36	-18065.94
天津	56270.26	10395.47	73471.34	17201.10	51127.03	-22344.31
河北	65259.23	16830.01	72523.17	7263.97	71199.47	-1323.69
山西	51206.83	11036.46	63902.61	12720.91	75196.01	11293.40
内蒙古	27603.14	6353.27	33711.42	6108.27	37516.38	3804.97
辽宁	35661.72	7796.55	26797.85	-8863.83	20765.80	-6032.05
吉林	16805.92	1891.96	15434.70	-1371.22	16844.81	1410.12
黑龙江	15400.57	-259.30	19299.11	3898.53	22903.98	3604.87
上海	151485.79	29535.00	162505.44	19992.05	156436.77	-6068.67
江苏	169331.93	31841.59	217419.21	48087.93	222660.84	5241.63
浙江	106530.43	17018.00	132448.33	25941.81	138066.36	5618.03
安徽	34471.58	5471.57	41391.56	6919.49	45067.43	3675.87
福建	41926.14	12183.70	43229.71	1303.57	43423.95	194.24
江西	25401.79	5452.48	28791.65	3389.83	33232.23	4440.58
山东	79953.39	14698.46	95554.82	15601.42	109431.45	13876.63
河南	44555.55	7901.05	54071.54	9516.01	51166.48	-2905.05
湖北	42988.87	5383.14	55372.12	12383.26	67488.64	12116.52
湖南	29193.45	5085.06	33750.55	4557.09	36522.07	2771.52
广东	166814.45	26570.09	193263.35	26448.96	203581.01	10317.66
广西	41030.57	7644.61	49842.21	8811.66	56228.79	6386.58
海南	10426.91	888.09	12219.12	1792.23	14761.44	2542.32
四川	70067.17	12443.38	87885.81	17818.61	110398.11	22512.31
贵州	30450.29	2958.59	32211.50	1773.25	33320.91	1109.42
云南	59568.86	12473.21	72494.55	12925.71	71713.34	-781.21
西藏	17389.91	2555.73	21521.60	4131.66	27399.81	5878.21
陕西	40037.73	10489.17	52848.07	12810.31	58996.29	6148.23
甘肃	22202.72	3788.78	27391.70	5188.99	31406.57	4014.86
青海	7295.89	1812.50	8966.85	1670.94	11266.38	2299.53
宁夏	5780.76	1122.63	6900.73	1119.98	7257.56	356.82
新疆	23965.81	4993.77	26650.19	2684.37	27431.22	781.03
重庆	20071.55	5524.88	25565.32	5493.78	31444.27	5878.95
大连	10325.10	2091.18	12925.19	2600.08	10699.17	-2226.02
青岛	17672.05	3780.94	21130.78	3458.72	22394.32	1263.54
宁波	18290.56	3265.38	22764.64	4474.08	21823.84	-940.80
厦门	13754.11	1225.59	19124.00	5369.89	17307.79	-1816.21
深圳	57239.91	4650.17	61412.68	6925.30	65113.00	3700.32
新疆兵团	20207.66	5120.58	27076.29	6868.63	23272.27	-3804.01
境内合计	**1781732.46**	**336496.14**	**2110231.95**	**341316.69**	**2173623.91**	**63391.96**

中国农业银行境内各分行人民币单位定期存款

（2006—2008）

单位：百万元

地　区	2006年		2007年		2008年	
	年末余额	比年初增减额	年末余额	比年初增减额	年末余额	比年初增减额
总　行	14250.36	5977.17	18626.97	4376.61	13757.91	-4869.06
北　京	40157.08	8491.21	47216.95	7059.87	41881.81	-5335.14
天　津	12755.69	3015.64	15182.72	2427.04	12591.09	-2591.63
河　北	15733.97	2997.53	15839.63	105.67	13350.19	-2489.44
山　西	8442.17	2017.86	11710.09	3267.91	17928.43	6218.34
内蒙古	4720.37	803.99	4508.56	-211.81	5059.30	550.75
辽　宁	9612.18	592.86	7542.25	-2069.93	5275.75	-2266.50
吉　林	2892.93	-525.64	2409.85	-483.08	2441.61	31.76
黑龙江	1098.91	-177.79	2143.16	1044.24	3322.02	1178.86
上　海	17434.56	-2068.74	27512.00	10077.44	28385.42	873.41
江　苏	47912.07	7363.09	60402.73	12490.68	71880.05	11477.32
浙　江	24972.63	938.41	36479.92	11507.30	49108.98	12629.06
安　徽	8303.13	1974.50	9134.03	830.91	12916.25	3782.22
福　建	8890.79	2820.08	8256.78	-634.02	11856.72	3599.94
江　西	5173.34	1417.39	6611.80	1438.44	8363.99	1752.19
山　东	18176.72	3817.35	24729.39	6552.67	31157.11	6427.72
河　南	7582.13	-124.63	7785.07	202.95	8663.57	878.49
湖　北	11151.79	1438.55	12754.82	1603.03	16657.78	3902.96
湖　南	6121.15	499.36	7940.59	1819.44	8588.05	647.46
广　东	41686.25	5623.89	46353.29	4667.04	59569.66	13216.37
广　西	6591.68	1942.69	6824.36	232.69	11025.12	4200.76
海　南	2424.71	-543.40	2344.51	-80.19	2142.53	-201.98
四　川	8796.41	-448.44	11499.48	2703.06	17862.80	6363.31
贵　州	6167.56	-179.93	5355.04	-812.52	5001.54	-353.50
云　南	6789.55	1692.64	9600.91	2811.36	12882.19	3281.28
西　藏	4500.13	831.37	4109.43	-390.72	5650.23	1540.80
陕　西	5183.94	909.36	5970.60	786.65	6132.73	162.13
甘　肃	4767.91	454.21	5843.92	1076.02	6522.93	679.01
青　海	854.16	217.78	1447.56	593.39	2102.98	655.42
宁　夏	1730.17	828.15	2141.88	411.71	2572.25	430.37
新　疆	3831.61	840.96	3815.83	-15.78	3193.63	-622.21
重　庆	2078.12	159.65	2532.42	454.30	3032.14	499.72
大　连	2704.29	37.08	2863.96	159.66	2400.47	-463.48
青　岛	4737.10	1027.78	5461.14	724.04	7014.84	1553.70
宁　波	4276.07	840.53	4482.65	206.59	6212.44	1729.79
厦　门	3441.44	-372.12	7073.46	3632.02	7661.92	588.45
深　圳	24503.13	-68.17	32661.11	8157.99	38526.22	5865.11
新疆兵团	4836.95	1441.45	7116.01	2279.07	5706.62	-1409.39
境内合计	**405283.15**	**56503.67**	**494284.89**	**89001.73**	**568399.27**	**74114.38**

中国农业银行境内各分行人民币保证金存款

（2006—2008）

单位：百万元

地区	2006年		2007年		2008年	
	年末余额	比年初增减额	年末余额	比年初增减额	年末余额	比年初增减额
总行	217.85	31.21	226.13	8.28	69.86	-156.27
北京	3572.16	-556.01	3494.06	-78.10	2889.43	-604.63
天津	9166.55	3309.40	8661.38	-505.18	4680.49	-3980.89
河北	5162.76	47.17	4514.24	-648.51	2589.61	-1924.62
山西	1903.08	-812.40	1110.48	-819.10	486.88	-623.61
内蒙古	1767.32	1328.72	1747.25	-20.06	1530.37	-216.88
辽宁	1249.26	-349.53	600.72	-648.54	77.20	-523.52
吉林	153.35	-61.65	132.94	-20.42	121.87	-11.07
黑龙江	604.92	526.68	71.12	-533.79	87.64	16.52
上海	1300.73	50.62	1671.00	370.26	1653.21	-17.78
江苏	17349.53	3531.21	17822.84	473.30	20221.02	2398.18
浙江	14617.09	4076.22	17773.29	3156.20	23178.57	5405.28
安徽	2376.86	569.05	2345.25	-31.62	1742.92	-602.32
福建	3895.28	753.13	4355.74	460.47	4256.71	-99.03
江西	337.74	26.07	576.39	238.66	593.53	17.14
山东	11071.67	-519.65	9559.92	-1511.75	12917.55	3357.62
河南	1827.93	-7.92	1360.93	-467.00	1172.66	-188.28
湖北	1265.09	311.29	1602.32	337.22	1451.90	-150.42
湖南	868.74	-106.12	792.31	-76.43	962.41	170.11
广东	3136.72	460.09	3733.40	596.67	3226.38	-507.02
广西	559.56	-45.28	763.05	203.48	850.11	87.06
海南	1.35	-20.35	0.96	-0.39	0.37	-0.59
四川	1689.24	329.42	1559.08	-130.16	1281.94	-277.14
贵州	355.41	-265.40	329.72	-25.69	366.15	36.43
云南	945.54	295.63	1601.72	656.18	1523.33	-78.39
西藏	4.50	-1.11	15.19	10.69	17.69	2.49
陕西	1976.40	192.83	1862.51	-113.88	1459.60	-402.91
甘肃	441.07	46.41	393.45	-47.62	440.18	46.73
青海	70.03	32.28	96.01	25.98	78.61	-17.40
宁夏	48.49	-31.18	128.63	80.13	141.75	13.12
新疆	368.93	108.82	164.07	-204.86	177.17	13.10
重庆	542.74	61.06	891.26	348.52	1397.43	506.17
大连	3510.11	3205.03	587.06	-2923.06	1033.49	446.43
青岛	661.62	187.54	554.41	-107.21	716.11	161.70
宁波	1939.91	618.19	2631.83	691.93	2864.07	232.24
厦门	1625.50	-66.76	1906.77	281.27	1862.25	-44.52
深圳	1750.27	834.84	10446.80	8696.53	6880.34	-3566.45
新疆兵团	177.05	-223.64	113.62	-63.43	142.42	28.80
境内合计	**98512.35**	**17865.91**	**106197.82**	**7658.96**	**105143.23**	**-1054.59**

中国农业银行境内各分行人民币保险公司存放款项

（2006—2008）

单位：百万元

地区	2006年		2007年		2008年	
	年末余额	比年初增减额	年末余额	比年初增减额	年末余额	比年初增减额
总行	64.58	-145.80	207.06	142.48	153.22	-53.83
北京	292.45	69.57	845.32	552.87	2857.57	2012.25
天津	331.46	294.90	379.06	47.60	135.93	-243.13
河北	36.59	10.40	120.13	83.54	72.65	-47.48
山西	99.84	43.76	79.03	-20.81	64.02	-15.00
内蒙古	16.20	2.21	14.13	-2.08	94.94	80.82
辽宁	337.23	63.03	180.91	-156.32	131.34	-49.57
吉林	153.25	-66.80	43.51	-109.75	196.05	152.54
黑龙江	39.14	-53.17	26.94	-12.20	39.05	12.12
上海	1758.68	1028.59	3454.10	1695.42	1403.88	-2050.22
江苏	608.15	109.26	739.53	131.39	769.63	30.09
浙江	406.73	140.15	1585.95	1179.22	395.12	-1190.83
安徽	110.32	-43.54	94.74	-15.58	133.41	38.68
福建	123.05	52.45	147.84	24.79	96.66	-51.19
江西	12.62	2.76	8.41	-4.22	22.63	14.22
山东	412.15	217.38	301.79	-110.37	299.02	-2.77
河南	74.32	18.99	68.20	-6.12	35.24	-32.96
湖北	172.16	30.47	161.99	-10.17	189.04	27.05
湖南	137.33	5.16	145.83	8.51	95.90	-49.94
广东	1084.74	473.03	1312.14	227.40	1747.93	435.80
广西	115.00	30.74	155.16	40.15	56.35	-98.81
海南	15.88	5.74	27.26	11.38	7.72	-19.55
四川	219.97	56.67	366.15	146.18	243.13	-123.02
贵州	50.70	2.42	58.87	8.17	37.10	-21.77
云南	114.87	-74.46	135.04	20.17	124.39	-10.65
西藏	9.18	-5.07	10.46	1.28	14.18	3.72
陕西	272.67	170.93	1401.45	1128.79	217.63	-1183.82
甘肃	83.03	35.23	108.64	25.61	114.43	5.79
青海	7.98	0.41	9.95	1.98	7.89	-2.07
宁夏	16.05	-2.00	17.02	0.97	11.34	-5.69
新疆	44.25	0.43	59.12	14.87	60.87	1.75
重庆	69.15	13.10	78.96	9.81	112.62	33.65
大连	2.81	0.55	12.43	9.62	4.50	-7.93
青岛	145.21	112.06	94.68	-50.53	141.46	46.78
宁波	115.53	34.19	147.96	32.43	74.52	-73.44
厦门	38.10	6.14	22.27	-15.83	19.21	-3.06
深圳	304.81	-324.08	1023.06	718.25	2351.59	1328.52
新疆兵团	2054.08	-232.82	396.01	-1658.07	517.57	121.56
境内合计	**9950.26**	**2082.98**	**14041.09**	**4090.84**	**13049.69**	**-991.40**

中国农业银行境内各分行人民币应解汇款及临时存款

（2006—2008）

单位：百万元

地区	2006年		2007年		2008年	
	年末余额	比年初增减额	年末余额	比年初增减额	年末余额	比年初增减额
总行	121.96	35.00	208.19	86.23	426.33	218.14
北京	802.62	173.03	894.17	91.55	812.12	-82.05
天津	50.22	-48.05	59.67	9.45	51.61	-8.06
河北	242.98	9.20	201.15	-41.82	130.52	-70.63
山西	112.92	-11.52	88.62	-24.30	22.89	-65.73
内蒙古	38.84	-8.38	73.28	34.44	48.45	-24.83
辽宁	87.59	46.45	15.66	-71.93	7.05	-8.61
吉林	31.05	1.76	46.82	15.77	9.44	-37.39
黑龙江	5.78	-10.94	4.29	-1.48	3.58	-0.72
上海	30.31	9.89	4.40	-25.91	11.96	7.56
江苏	255.04	-130.03	268.96	13.92	253.63	-15.32
浙江	54.78	-101.58	81.08	26.29	297.79	216.72
安徽	179.86	12.19	132.18	-47.68	72.67	-59.51
福建	147.94	1.81	148.89	0.95	75.75	-73.13
江西	282.87	162.37	99.97	-182.90	42.26	-57.71
山东	208.23	-22.47	231.48	23.25	228.43	-3.04
河南	89.67	-80.44	71.71	-17.96	109.66	37.95
湖北	367.10	47.95	363.52	-3.59	187.48	-176.03
湖南	123.23	-71.88	129.92	6.68	33.06	-96.86
广东	340.87	-4.40	137.88	-202.99	115.20	-22.68
广西	94.21	22.72	79.88	-14.34	29.06	-50.82
海南	2.86	-78.56	1.86	-1.00	0.89	-0.97
四川	894.58	777.97	108.64	-785.94	81.80	-26.84
贵州	20.10	-17.29	27.41	7.31	5.50	-21.91
云南	111.35	-99.69	126.36	15.00	146.40	20.04
西藏	134.87	-107.35	142.69	7.82	58.15	-84.54
陕西	137.25	-20.53	79.50	-57.75	52.32	-27.18
甘肃	137.56	6.81	134.53	-3.03	33.81	-100.72
青海	38.84	-17.85	24.94	-13.89	2.79	-22.15
宁夏	12.62	9.24	9.59	-3.03	7.42	-2.17
新疆	9.07	-22.02	42.97	33.90	5.46	-37.51
重庆	25.94	-16.23	103.99	78.05	29.46	-74.53
大连	0.33	-2.31	1.38	1.05	3.83	2.44
青岛	10.24	-0.03	17.38	7.15	11.67	-5.71
宁波	34.71	-9.01	43.54	8.84	28.36	-15.18
厦门	18.65	9.53	27.48	8.83	17.44	-10.03
深圳	325.00	79.29	417.39	92.39	533.89	116.50
新疆兵团	7.25	-20.57	2.28	-4.97	0.95	-1.32
境内合计	**5589.29**	**504.08**	**4653.65**	**-935.66**	**3989.09**	**-664.56**

中国农业银行境内各分行人民币同业存放款项

（2006—2008）

单位：百万元

地区	2006年		2007年		2008年	
	年末余额	比年初增减额	年末余额	比年初增减额	年末余额	比年初增减额
总行	6020.90	-8015.53	3001.08	-3019.83	4053.78	1052.70
北京	1991.80	-8234.99	23008.09	19985.30	14168.06	-13840.03
天津	1884.12	-934.34	3268.60	1384.47	1124.01	-2144.59
河北	6277.06	-4850.46	6127.16	-149.90	4864.43	-1262.73
山西	9434.90	-2414.94	5793.79	-3641.12	8114.37	2320.58
内蒙古	2527.74	476.41	2174.33	-353.41	1301.57	-872.76
辽宁	2795.86	-3930.78	1378.30	-1417.57	1055.12	-323.18
吉林	1135.63	119.13	731.39	-404.23	661.92	-74.50
黑龙江	879.28	-536.24	1287.30	408.03	1230.45	-56.85
上海	23803.18	11451.02	45426.21	12650.63	31115.94	-14310.28
江苏	4028.76	-2414.04	7503.30	3473.91	6179.80	-1334.07
浙江	14979.31	-5275.02	16161.71	1158.50	17516.77	1355.06
安徽	5669.68	-701.66	4900.69	-768.99	3695.34	-1207.86
福建	1474.33	-2200.30	1410.63	-63.71	2759.99	1320.24
江西	2835.23	899.59	1793.44	-1041.80	1723.05	-75.13
山东	3535.40	-2238.48	4888.70	1353.30	7822.21	2933.25
河南	5305.23	-743.91	4452.20	-853.02	5169.75	715.33
湖北	1376.54	447.36	1702.98	326.43	3415.59	1696.62
湖南	2578.14	-1232.62	2477.65	-100.48	4022.86	1545.21
广东	3302.45	-298.28	10461.16	7158.66	15201.16	4739.92
广西	3513.95	531.66	669.75	-2844.19	1715.95	1033.88
海南	823.28	-707.82	418.12	-405.16	138.09	-280.03
四川	9573.33	-2261.54	6727.70	-2845.63	6037.73	-691.11
贵州	4415.49	901.43	2106.44	-2321.11	3770.10	1662.66
云南	3950.38	-7485.02	2631.77	-1318.64	3446.53	809.22
西藏	152.46	4.16	189.80	37.33	391.61	201.81
陕西	2236.70	-278.64	1449.59	-787.11	1978.71	529.12
甘肃	2314.53	1015.42	2237.29	-77.24	2101.24	-136.06
青海	245.20	-29.58	388.97	143.78	448.45	56.56
宁夏	110.06	-62.92	447.86	337.80	613.48	165.63
新疆	591.12	-101.02	241.94	-349.18	308.75	66.81
重庆	1099.35	-351.11	787.87	-311.49	3753.69	2965.82
大连	2057.67	502.16	3315.92	1258.25	4181.02	865.11
青岛	128.05	-55.56	1007.07	879.02	1212.29	205.23
宁波	3705.28	163.51	3993.96	288.68	5200.26	1206.30
厦门	1360.90	169.83	418.98	-941.92	699.89	280.90
深圳	23976.29	16412.81	46737.87	20009.06	34387.56	-12350.31
新疆兵团	46.14	-33.61	364.66	318.52	168.04	-196.63
境内合计	**162135.72**	**-22293.92**	**222084.29**	**47155.95**	**205749.54**	**-21428.18**

中国农业银行境内各分行人民币各项贷款

（1979—2008）

单位：百万元

地区	1979年	1980年		1981年		1982年	
	年末余额	年末余额	比年初增减额	年末余额	比年初增减额	年末余额	比年初增减额
总行							
北京	300.26	365.81	65.55	403.61	37.80	370.61	-33.00
天津	402.73	387.36	-15.37	464.08	76.72	426.89	-37.19
河北	2653.34	3404.40	751.06	3207.23	-197.17	3583.95	376.72
山西	1339.30	1582.64	243.34	1634.15	51.51	1829.18	195.03
内蒙古	1221.90	1388.15	166.25	1454.71	66.56	1558.99	104.28
辽宁	1843.60	2174.67	331.07	2360.12	185.45	2343.45	-16.67
吉林	1356.26	1674.37	318.11	1879.36	204.99	2144.62	265.26
黑龙江	1812.44	2164.43	351.99	2868.62	704.19	3539.06	670.44
上海	448.82	711.95	263.13	761.61	49.66	638.88	-122.73
江苏	2969.00	3851.58	882.58	4370.98	519.40	4223.68	-147.30
浙江	1225.07	1704.22	479.15	1796.76	92.54	1937.61	140.85
安徽	1883.08	2190.30	307.22	2494.19	303.89	2757.57	263.38
福建	787.18	962.16	174.98	1126.01	163.85	1320.51	194.50
江西	1113.11	1350.23	237.12	1500.49	150.26	1640.02	139.53
山东	3057.81	4384.55	1326.74	5181.67	797.12	6765.70	1584.03
河南	3054.11	3858.34	804.23	4183.08	324.74	4360.75	177.67
湖北	2815.76	3077.81	262.05	3311.90	234.09	3585.83	273.93
湖南	1888.38	2414.42	526.04	2547.03	132.61	2761.78	214.75
广东	2326.38	3710.51	1384.13	4186.83	476.32	4725.11	538.28
广西	1471.21	1703.34	232.13	1820.49	117.15	1913.26	92.77
海南							
四川	2473.48	3144.25	670.77	3359.35	215.10	3590.19	230.84
贵州	674.04	732.32	58.28	859.34	127.02	987.58	128.24
云南	988.55	1025.60	37.05	1206.74	181.14	1409.80	203.06
西藏							
陕西	1306.84	1378.46	71.62	1431.11	52.65	1643.89	212.78
甘肃	837.82	924.03	86.21	983.68	59.65	1036.31	52.63
青海	136.43	143.66	7.23	121.38	-22.28	118.00	-3.38
宁夏	159.77	162.11	2.34	159.96	-2.15	175.31	15.35
新疆	550.90	629.29	78.39	827.62	198.33	919.13	91.51
重庆							
大连							
青岛							
宁波							
厦门							
深圳							
新疆兵团							
境内合计	**41097.57**	**51200.96**	**10103.39**	**56502.10**	**5301.14**	**62307.66**	**5805.56**

中国农业银行境内各分行人民币各项贷款

(1979—2008)

单位：百万元

地区	1983年		1984年		1985年	
	年末余额	比年初增减额	年末余额	比年初增减额	年末余额	比年初增减额
总行						
北京	474.60	103.99	1363.96	889.36	1847.96	484.00
天津	572.85	145.96	1298.06	725.21	1536.85	238.79
河北	5178.55	1594.60	8834.00	3655.45	11002.31	2168.31
山西	1848.14	18.96	3581.60	1733.46	3984.09	402.49
内蒙古	1644.42	85.43	2806.90	1162.48	3033.76	226.86
辽宁	2698.74	355.29	6184.54	3485.80	5838.64	334.85
吉林	2369.25	224.63	5595.40	3226.15	6438.27	842.87
黑龙江	3853.78	314.72	7488.36	3634.58	8246.22	757.86
上海	795.23	156.35	1429.14	633.91	2258.97	829.83
江苏	4381.62	157.94	10209.87	5828.25	11633.69	1423.82
浙江	2110.99	173.38	5313.24	3202.25	6068.85	755.61
安徽	2886.71	129.14	5519.07	2632.36	6454.17	935.10
福建	1716.04	395.53	3244.36	1528.32	3604.27	359.91
江西	1796.85	156.83	3918.80	2121.95	4649.42	730.62
山东	8135.93	1370.23	14813.52	6677.59	17962.20	3148.68
河南	5463.27	1102.52	10353.49	4890.22	12563.13	2209.64
湖北	4250.12	664.29	9722.66	5472.54	10614.92	892.26
湖南	3049.47	287.69	5380.53	2331.06	6135.76	755.23
广东	5645.69	920.58	12979.56	7333.87	14017.08	1037.52
广西	2133.18	219.92	3544.81	1411.63	3813.60	268.79
海南						
四川	3941.82	351.63	8760.42	5343.83	9601.92	841.50
贵州	1011.13	23.55	1796.50	785.37	2297.01	500.51
云南	1461.03	51.23	2658.97	1197.94	3506.33	847.36
西藏						
陕西	1692.74	48.85	3215.24	1522.50	3721.21	505.97
甘肃	1179.24	142.93	2189.71	1010.47	2378.83	189.12
青海	119.34	1.34	282.61	163.27	373.17	90.56
宁夏	159.18	-16.13	395.89	236.71	456.91	61.02
新疆	1053.03	133.90	2073.59	1020.56	2756.97	683.38
重庆			1009.20	483.97	1177.43	168.23
大连					796.29	115.54
青岛						
宁波						
厦门						
深圳						
新疆兵团						
境内合计	**71622.94**	**9315.28**	**145964.00**	**74341.06**	**168770.23**	**22806.23**

中国农业银行境内各分行人民币各项贷款

（1979—2008）

单位：百万元

地　区	1986 年		1987 年		1988 年	
	年末余额	比年初增减额	年末余额	比年初增减额	年末余额	比年初增减额
总　行	200.00	200.00	434.00	234.00	53.00	-381.00
北　京	2234.96	387.00	3050.93	815.97	3947.88	896.95
天　津	2200.61	663.76	2721.81	521.20	3250.34	528.53
河　北	12639.77	1637.46	13648.59	1008.82	14784.50	1135.91
山　西	4180.63	196.54	4744.74	564.11	5655.66	910.92
内蒙古	3516.20	482.44	4098.69	582.49	4812.67	713.98
辽　宁	7274.16	1435.52	8841.73	1567.57	10395.99	1554.26
吉　林	7586.30	1148.03	9159.97	1573.67	10922.06	1762.09
黑龙江	9658.94	1412.72	10403.22	744.28	11998.18	1594.96
上　海	3609.86	1350.89	4459.09	849.23	5947.28	1488.19
江　苏	14491.33	2857.64	17100.35	2609.02	17643.23	542.88
浙　江	7696.06	1627.21	8917.28	1221.22	8329.17	757.18
安　徽	7907.70	1453.53	8710.98	803.28	9569.50	858.52
福　建	4361.33	757.06	5171.20	809.87	5798.75	627.55
江　西	5236.21	586.79	6460.29	1224.08	7397.31	937.02
山　东	18858.15	895.95	19239.55	1413.74	20714.29	1474.74
河　南	13686.20	1123.07	14822.87	1136.67	16482.65	1659.78
湖　北	11702.79	1087.87	13708.03	2005.24	15228.89	1520.86
湖　南	7731.34	1595.58	9430.37	1699.03	10135.26	704.89
广　东	17399.93	3382.85	19186.33	3357.25	22982.66	3796.33
广　西	4518.09	704.49	5552.79	1034.70	6314.81	762.02
海　南			1823.15	252.30	2426.21	603.06
四　川	11650.66	2048.74	13362.36	1711.70	14829.20	1466.84
贵　州	2972.41	675.40	3459.71	487.30	4041.48	581.77
云　南	4294.39	788.06	5184.11	889.72	6361.42	1177.31
西　藏						
陕　西	4427.35	706.14	5406.07	978.72	6259.81	853.74
甘　肃	2776.21	397.38	3232.45	456.24	3722.85	490.40
青　海	496.02	122.85	605.43	109.41	795.83	190.40
宁　夏	545.24	88.33	842.05	296.81	1083.17	241.12
新　疆	3220.28	463.31	3760.19	539.91	4668.10	907.91
重　庆	1485.51	308.08	1739.29	253.78	1988.74	249.45
大　连	1053.84	257.55	1321.80	267.96	1599.80	278.00
青　岛			1326.11	293.77	1580.13	254.02
宁　波					1494.00	148.71
厦　门						
深　圳						
新疆兵团						
境内合计	**199612.47**	**30842.24**	**231925.53**	**32313.06**	**263214.82**	**31289.29**

中国农业银行境内各分行人民币各项贷款

（1979—2008）

单位：百万元

地区	1989 年		1990 年		1991 年	
	年末余额	比年初增减额	年末余额	比年初增减额	年末余额	比年初增减额
总行	53.00		53.00		36.00	-17.00
北京	4856.26	908.38	6043.08	1186.82	7608.22	1565.14
天津	3999.19	748.85	5426.02	1426.83	6555.70	1129.68
河北	16603.78	1819.28	19447.94	2844.16	23076.47	3628.53
山西	6598.45	942.79	8070.93	1472.48	9246.39	1175.46
内蒙古	5681.84	869.17	7853.36	2171.52	9240.22	1386.86
辽宁	12487.83	2091.84	15838.27	3350.44	19305.67	3467.40
吉林	12150.18	1228.12	16802.79	4652.61	21435.76	4632.97
黑龙江	13687.95	1689.77	17245.47	3557.52	21614.97	4369.50
上海	8159.49	2212.21	9805.30	1645.81	12607.54	2802.24
江苏	20470.68	2827.45	24929.53	4458.85	30239.56	5310.03
浙江	9602.91	1273.74	11323.75	1720.84	13295.20	1971.45
安徽	11016.71	1447.21	14292.90	3276.19	17593.79	3300.89
福建	6227.03	838.74	6999.05	772.02	7862.06	863.01
江西	9179.80	1782.49	11582.59	2402.79	14961.34	3378.75
山东	23038.28	2323.99	27081.14	4042.86	32757.77	5676.63
河南	18563.42	2080.77	23351.91	4788.49	28602.91	5251.00
湖北	18104.26	2875.37	23690.26	5586.00	27351.44	3661.18
湖南	12094.24	1958.98	14541.90	2447.66	17988.76	3446.86
广东	22645.48	2239.03	25744.29	3098.81	29114.92	3370.63
广西	7073.02	758.21	8206.10	1133.08	9875.89	1669.79
海南	2758.57	332.36	3388.80	630.23	4074.00	685.20
四川	17413.60	2584.40	21344.48	3930.88	26526.01	5181.53
贵州	4700.56	659.08	5490.20	789.64	7062.09	1571.89
云南	7135.04	773.62	8046.64	911.60	9483.73	1437.09
西藏						
陕西	7437.31	1177.50	9023.46	1586.15	10501.76	1478.30
甘肃	4280.05	557.20	5250.64	970.59	6152.71	902.07
青海	1016.25	220.42	1188.92	172.67	1319.39	130.47
宁夏	1308.80	225.63	1564.85	256.05	1776.67	211.82
新疆	5925.81	1257.71	9092.76	3166.95	12606.05	3513.29
重庆	2337.69	348.95	3008.47	670.78	3846.53	838.06
大连	1937.50	337.70	2395.15	457.65	2911.62	516.47
青岛	1936.73	356.60	2530.23	593.50	3002.80	472.57
宁波	1770.12	276.12	2260.68	490.56	2661.00	400.32
厦门	463.74	53.28	706.10	242.36	923.49	217.39
深圳	3101.55	525.34	3813.28	711.73	4588.26	774.98
新疆兵团						
境内合计	**305817.12**	**42602.30**	**377434.24**	**71617.12**	**457806.69**	**80372.45**

中国农业银行境内各分行人民币各项贷款

（1979—2008）

单位：百万元

地 区	1992 年		1993 年		1994 年上半年	
	年末余额	比年初增减额	年末余额	比年初增减额	6 月末余额	比年初增减额
总 行	1586.00	1550.00	2924.03	1338.03	3057.58	133.55
北 京	9422.70	1814.48	11367.30	1944.60	12824.79	1457.49
天 津	8153.14	1597.44	9967.09	1813.95	10746.40	779.31
河 北	26768.17	3691.70	31659.43	4891.26	32424.23	764.80
山 西	10703.14	1456.75	12644.99	1941.85	13249.99	605.00
内蒙古	10805.83	1565.61	13309.65	2503.82	13547.92	238.27
辽 宁	23109.18	3803.51	28643.36	5534.18	29044.30	400.94
吉 林	24768.62	3332.86	29941.71	5173.09	29954.44	12.73
黑龙江	24646.79	3031.82	30303.64	5656.85	30647.30	343.66
上 海	17649.43	5041.89	23405.47	5756.04	26157.37	2751.90
江 苏	36041.55	5801.99	40088.62	4047.07	42313.24	2224.62
浙 江	15910.61	2615.41	19193.15	3282.54	21172.51	1979.36
安 徽	20171.53	2577.74	23447.48	3275.95	24545.94	1098.46
福 建	9298.72	1386.66	11181.04	1882.32	11881.64	700.60
江 西	18085.22	3123.88	20591.49	2506.27	20959.29	367.80
山 东	36806.72	4048.95	42624.45	5817.73	44025.91	1401.46
河 南	32819.77	4216.86	39444.46	6624.69	40097.41	652.95
湖 北	30661.04	3309.60	36373.43	5712.39	37170.30	796.87
湖 南	21593.43	3604.67	27433.91	5840.48	28328.98	895.07
广 东	35922.40	6807.48	43673.88	7751.48	47177.52	3503.64
广 西	11784.12	1908.23	15039.04	3254.92	16248.19	1209.15
海 南	5853.83	1779.83	7605.46	1751.63	8015.94	410.48
四 川	31917.01	5391.00	37690.65	5773.64	39906.75	2216.10
贵 州	8322.18	1260.09	9993.93	1671.75	10007.09	13.16
云 南	11516.72	2032.99	14464.62	2947.90	14574.06	109.44
西 藏						
陕 西	12474.58	1972.82	14543.05	2068.47	15262.28	719.23
甘 肃	7371.23	1218.52	8506.01	1134.78	8796.76	290.75
青 海	1572.07	252.68	1867.38	295.31	1856.92	-10.46
宁 夏	2142.16	365.49	2591.67	449.51	2796.62	204.95
新 疆	11137.45	1871.69	12287.57	1150.12	9619.28	-2668.29
重 庆	4689.97	843.44	5683.55	993.58	6080.81	397.26
大 连	3848.17	936.55	4607.65	759.48	4962.80	355.15
青 岛	3693.18	690.38	4637.12	943.94	5223.41	586.29
宁 波	3276.01	615.01	3939.81	663.80	4284.69	344.88
厦 门	1628.53	755.04	2322.89	694.36	2682.03	359.14
深 圳	5885.28	1297.02	6911.03	1025.75	7366.71	455.68
新疆兵团	4784.07	1443.78	5591.05	806.98	5051.47	-539.58
境内合计	**546820.55**	**89013.86**	**656501.06**	**109680.51**	**682062.87**	**25561.81**

中国农业银行境内各分行人民币各项贷款

(1979—2008)

单位：百万元

地　区	1994年下半年		1995年		1996年	
	年末余额	比6月末增减额	年末余额	比年初增减额	年末余额	比年初增减额
总　行	4554.89	1497.31	5626.94	1072.05	8365.12	2738.18
北　京	11563.38	1303.33	14491.20	2927.82	18755.76	4264.56
天　津	9945.21	821.07	11949.98	2004.77	15748.44	3798.46
河　北	26345.14	2685.37	30010.34	3665.20	37873.37	7863.03
山　西	11443.70	956.25	13206.83	1763.13	16921.63	3714.80
内蒙古	9335.87	984.76	10522.24	1186.37	11830.34	1308.10
辽　宁	21338.38	2295.55	24593.63	3255.25	29894.79	5301.16
吉　林	20378.69	2383.76	23713.29	3334.60	27236.84	3523.55
黑龙江	22212.01	2647.54	26172.38	3960.37	31271.79	5099.41
上　海	27800.17	3187.76	34249.86	6449.69	41552.84	7302.98
江　苏	32837.70	2075.48	39275.21	6437.51	56289.51	17014.30
浙　江	20700.97	1946.52	24786.62	4085.65	35391.45	10604.83
安　徽	15018.74	1189.84	17745.09	2726.35	22914.06	5168.97
福　建	11430.37	727.99	13272.11	1841.74	15962.64	2690.53
江　西	14127.51	594.68	16219.61	2092.10	19847.55	3627.94
山　东	27927.04	2339.59	32538.65	4611.61	41447.84	8909.19
河　南	24818.45	1772.35	28837.48	4019.03	39335.37	10497.89
湖　北	23012.06	1637.78	26273.02	3260.96	39696.51	13423.49
湖　南	22700.75	1893.30	25864.35	3163.60	34680.92	8816.57
广　东	47816.42	3834.93	56553.61	8737.19	83983.40	27429.79
广　西	15393.64	1609.78	17708.32	2314.68	22734.66	5026.34
海　南	8037.92	1302.23	9063.85	1025.93	10414.92	1351.07
四　川	30664.84	3229.42	35620.05	4955.21	40186.73	4566.68
贵　州	8811.12	1163.93	11485.68	2674.56	15342.32	3856.64
云　南	16668.46	4429.92	21891.11	5222.65	28185.94	6294.83
西　藏			3822.67		4200.30	377.63
陕　西	12116.58	1000.59	14065.11	1948.53	16722.82	2657.71
甘　肃	7292.20	922.04	8698.22	1406.02	10746.57	2048.35
青　海	2008.12	428.48	2474.15	466.03	2946.61	472.46
宁　夏	2666.89	281.52	3181.00	514.11	3826.75	645.75
新　疆	6796.10	39.08	8324.78	1528.68	11425.72	3100.94
重　庆	5648.37	670.09	6566.27	917.90	13814.07	7247.80
大　连	5608.23	968.68	6562.00	953.77	7942.11	1380.11
青　岛	5460.74	1027.94	6529.20	1068.46	8430.88	1901.68
宁　波	3992.19	329.44	4901.30	909.11	7447.29	2545.99
厦　门	3089.92	419.54	3980.09	890.17	4402.49	422.40
深　圳	8058.30	725.57	9330.46	1272.16	11273.43	1942.97
新疆兵团	4838.10	502.50	5946.70	1108.60	7603.58	1656.88
境内合计	**552459.17**	**55825.91**	**656053.40**	**103594.23**	**856647.36**	**200593.96**

中国农业银行境内各分行人民币各项贷款

（1979—2008）

单位：百万元

地区	1997 年		1998 年		1999 年	
	年末余额	比年初增减额	年末余额	比年初增减额	年末余额	比年初增减额
总行	7713.62	-651.50	7562.22	-151.40	7936.44	367.75
北京	21701.98	2946.22	28685.24	6983.26	31692.74	2898.94
天津	18785.09	3036.65	24874.96	6089.87	28780.29	3905.33
河北	42690.16	4816.79	61135.93	18445.77	68111.64	6975.71
山西	19277.63	2356.00	26530.09	7252.46	29131.27	2601.18
内蒙古	12593.27	762.93	21049.99	8456.72	24027.08	2846.58
辽宁	34496.38	4601.59	50530.98	16034.60	58268.40	7594.93
吉林	29698.51	2461.67	39617.59	9919.08	42885.33	2982.65
黑龙江	34894.38	3622.59	52050.19	17155.81	56974.05	4923.86
上海	49051.67	7498.83	61733.20	12681.53	71376.38	9643.18
江苏	66623.88	10334.37	90448.97	23825.09	101964.65	11484.15
浙江	41302.56	5911.11	54285.22	12982.66	66392.51	12107.29
安徽	25851.45	2937.39	41172.34	15320.89	45338.91	4085.26
福建	19234.22	3271.58	26965.48	7731.26	31359.51	4048.12
江西	22226.10	2378.55	32187.69	9961.59	36054.69	3680.07
山东	50117.14	8669.30	69259.30	19142.16	86031.47	16772.17
河南	46478.31	7142.94	71105.42	24627.11	84631.25	13378.04
湖北	44054.39	4357.88	61586.60	17532.21	65510.53	3825.81
湖南	37705.61	3024.69	48573.75	10868.14	53176.48	4480.39
广东	95983.82	12000.42	121810.78	25826.96	141495.32	19546.64
广西	24661.87	1927.21	34068.43	9406.56	37981.71	3659.31
海南	11373.72	958.80	18721.17	7347.45	20425.56	1704.39
四川	46081.29	5894.56	65244.78	19163.49	74668.98	9317.03
贵州	18605.04	3262.72	27888.53	9283.49	30096.07	2156.71
云南	33165.02	4979.08	47076.62	13911.60	51524.76	4302.28
西藏	4151.33	-48.97	4046.10	-105.23	4377.56	331.46
陕西	18705.01	1982.19	29824.71	11119.70	34283.99	4274.75
甘肃	12107.88	1361.31	18340.86	6232.98	21017.75	2676.89
青海	3384.48	437.87	6808.37	3423.89	7784.16	975.79
宁夏	4554.70	727.95	7276.95	2722.25	8507.81	1230.86
新疆	13202.56	1776.84	20675.52	7472.96	22785.32	2109.80
重庆	16309.75	2495.68	23071.87	6762.12	27020.31	3939.79
大连	9035.12	1093.01	12183.12	3148.00	14247.26	2037.55
青岛	9831.48	1400.60	12867.86	3036.38	14616.61	1748.75
宁波	9266.94	1819.65	12643.21	3376.27	14636.44	1993.23
厦门	4788.71	386.22	6446.69	1657.98	6819.02	358.48
深圳	12570.10	1296.67	16753.62	4183.52	20736.75	3983.13
新疆兵团	8681.79	1078.21	11655.72	2973.93	12392.40	736.68
境内合计	**980956.96**	**124309.60**	**1366760.07**	**385803.11**	**1555061.40**	**185684.93**

中国农业银行境内各分行人民币各项贷款

(1979—2008)

单位：百万元

地区	2000年		2001年		2002年	
	年末余额	比年初增减额	年末余额	比年初增减额	年末余额	比年初增减额
总行	8873.25	1965.95	13183.67	4310.42	14655.13	1471.46
北京	32068.93	6202.66	39107.58	7038.65	52051.47	12943.90
天津	25815.95	2481.46	29710.47	3894.52	35114.17	4077.14
河北	62362.31	7551.62	69085.09	6722.78	80970.94	11559.05
山西	26317.40	4670.65	31437.71	5120.31	40131.98	8694.26
内蒙古	22799.71	4201.52	24324.97	1525.26	26750.52	2425.54
辽宁	52759.31	6558.17	55650.45	2891.14	63080.89	7395.36
吉林	31190.06	2805.45	32064.62	874.56	33295.37	1230.66
黑龙江	47107.40	4555.14	49863.20	2755.80	52962.76	3099.57
上海	73262.16	10441.70	84415.73	11153.57	105015.23	20599.50
江苏	100039.46	16459.78	103107.15	3067.69	123712.05	20565.91
浙江	73091.12	14058.49	89218.44	16127.32	114882.24	25477.40
安徽	38883.68	1407.11	41444.42	2560.74	45400.90	3898.23
福建	33417.31	5211.08	38423.32	5006.01	43789.48	5354.38
江西	31888.15	4198.09	34907.56	3019.41	37991.28	3073.67
山东	82711.15	10814.63	89616.21	6905.06	105085.93	15360.69
河南	77737.70	6268.69	83711.62	5973.92	96064.73	12153.99
湖北	52558.99	5567.25	54935.66	2376.67	60308.93	5275.27
湖南	41442.27	5326.29	45213.36	3771.09	49826.52	4225.18
广东	127396.44	15932.05	142749.01	15352.57	162539.84	19790.83
广西	34626.55	6120.36	38696.75	4070.20	42832.97	4136.22
海南	18330.13	2856.45	18974.10	643.97	20111.16	1137.06
四川	69934.03	9693.93	79991.18	10057.15	96806.26	16782.68
贵州	31413.79	5152.88	34053.63	2639.84	36587.26	2503.43
云南	50961.55	3148.82	51235.71	274.16	53955.14	2669.43
西藏	4833.01	455.45	5939.48	1106.47	7191.85	1252.38
陕西	31518.83	4804.97	35647.52	4128.69	40444.84	4629.96
甘肃	20405.60	3509.59	22611.86	2206.26	25586.94	2974.85
青海	8409.04	1202.10	9135.38	726.34	10274.56	1139.35
宁夏	9806.28	2196.23	10237.98	431.70	11065.27	755.60
新疆	22904.61	3913.93	24088.34	1183.73	26698.82	2610.49
重庆	23819.83	4047.60	26813.23	2993.40	31249.73	4378.93
大连	12356.04	1301.78	14315.14	1959.10	16157.21	1842.06
青岛	15403.17	2798.67	17622.17	2219.00	20176.77	2554.60
宁波	14729.20	2499.33	16679.24	1950.04	20271.07	3533.75
厦门	6693.58	713.06	7957.62	1264.04	10014.72	1965.74
深圳	20079.34	3273.87	25248.66	5169.32	30233.12	4984.46
新疆兵团	11768.93	1320.41	13177.01	1408.08	14752.93	1551.00
境内合计	**1449716.26**	**195687.21**	**1604595.24**	**154878.98**	**1858040.98**	**250073.98**

中国农业银行境内各分行人民币各项贷款

（1979—2008）

单位：百万元

地　区	2003 年		2004 年		2005 年	
	年末余额	比年初增减额	年末余额	比年初增减额	年末余额	比年初增减额
总　行	15930.40	1275.27	21696.86	5766.46	73874.72	52177.86
北　京	64891.21	12839.74	78841.29	13950.08	85633.49	6792.20
天　津	48363.63	13249.46	64315.74	15952.11	75994.00	11678.26
河　北	91228.30	10257.36	106839.02	15610.72	110576.49	3737.47
山　西	49426.72	9294.74	59778.66	10351.94	50632.86	-9145.80
内蒙古	31125.43	4374.91	37062.44	5937.01	42830.07	5767.63
辽　宁	71964.56	8883.67	78764.03	6799.47	80107.46	1343.43
吉　林	36782.32	3486.95	39859.12	3076.80	38824.52	-1034.60
黑龙江	59325.07	6362.31	60909.09	1584.02	58213.04	-2696.05
上　海	131369.48	26354.25	150961.78	19592.30	161090.32	10128.54
江　苏	168821.60	45109.55	204173.75	35352.15	233320.02	29146.27
浙　江	146849.08	31966.84	168904.76	22055.68	184769.99	15865.23
安　徽	51716.02	6315.12	63660.83	11944.81	69366.64	5705.81
福　建	53527.46	9737.98	63333.89	9806.43	72591.14	9257.25
江　西	42374.89	4383.61	48665.48	6290.59	51197.21	2531.73
山　东	124236.54	19150.61	139920.39	15683.85	157738.94	17818.55
河　南	105932.13	9867.40	111055.44	5123.31	115456.55	4401.11
湖　北	70130.29	9821.36	77452.40	7322.11	81696.46	4244.06
湖　南	56124.80	6298.28	62104.18	5979.38	63940.88	1836.70
广　东	192347.25	29807.41	198242.81	5895.56	201147.03	2904.22
广　西	51636.05	8803.08	59816.01	8179.96	70715.91	10899.90
海　南	19168.76	-942.40	18039.76	-1129.00	18028.69	-11.07
四　川	113682.87	16876.61	130308.56	16625.69	146073.76	15765.20
贵　州	42491.90	5904.64	48525.07	6033.17	53168.13	4643.06
云　南	61121.38	7166.24	71732.27	10610.89	84587.18	12854.91
西　藏	8026.05	834.20	8625.82	599.77	9068.22	442.40
陕　西	47142.66	6697.82	52245.21	5102.55	55704.98	3459.77
甘　肃	30613.44	5026.50	35124.49	4511.05	36296.16	1171.67
青　海	11638.20	1363.64	12069.51	431.31	12614.17	544.66
宁　夏	12275.29	1210.02	12395.79	120.50	12542.47	146.68
新　疆	29195.10	2496.28	30041.06	845.96	29429.30	-611.76
重　庆	37148.32	5898.59	42226.20	5077.88	46862.11	4635.91
大　连	18150.91	1993.70	20120.33	1969.42	22912.61	2792.28
青　岛	23405.97	3229.20	25487.30	2081.33	25301.48	-185.82
宁　波	26493.43	6222.36	32031.14	5537.71	37032.38	5001.24
厦　门	11643.07	1628.35	13278.87	1635.80	16966.93	3688.06
深　圳	39101.18	8868.06	48547.72	9446.54	37184.17	-11363.55
新疆兵团	16417.78	1664.85	17469.07	1051.29	17089.88	-379.19
境内合计	**2211819.54**	**353778.56**	**2514626.14**	**302806.60**	**2740580.36**	**225954.22**

中国农业银行境内各分行人民币各项贷款

(1979—2008)

单位：百万元

地区	2006年		2007年		2008年	
	年末余额	比年初增减额	年末余额	比年初增减额	年末余额	比年初增减额
总行	97129.77	20743.05	107863.90	10734.11	128003.42	24820.06
北京	94432.73	8796.88	106867.80	12435.01	100516.54	9217.02
天津	89975.42	13981.45	101945.83	11970.45	83937.54	-5975.04
河北	122541.12	11964.60	133384.49	10843.34	98805.07	2407.51
山西	58132.50	7497.54	63194.43	5061.89	38845.03	-3327.16
内蒙古	50186.63	7356.52	56185.27	5998.67	49762.30	5434.52
辽宁	80371.69	273.98	77195.90	-3175.76	35382.89	-1450.41
吉林	39999.69	1163.33	41359.30	1359.59	19156.07	1315.78
黑龙江	56777.23	-1435.79	55871.10	-906.11	10754.77	-2203.01
上海	176075.43	14985.10	191082.60	15007.18	192655.12	12093.24
江苏	273848.78	40528.82	313912.30	40063.55	332975.31	43323.34
浙江	214773.31	30002.03	247057.80	32284.49	285992.18	42987.33
安徽	74762.74	5386.44	80752.97	5990.24	56155.20	5865.87
福建	83789.47	11198.34	98251.51	14462.00	105462.47	16873.44
江西	54630.50	3433.77	59425.25	4794.76	47179.79	9285.81
山东	174290.61	16551.66	189257.91	14967.30	180789.44	32903.51
河南	117574.06	2108.23	121096.62	3522.55	62911.86	10498.01
湖北	88158.41	6461.14	98174.36	10015.92	76973.55	12448.33
湖南	68382.43	4441.52	72675.30	4292.88	51101.08	10480.68
广东	222019.78	20871.78	242996.07	20976.25	221232.77	33024.27
广西	79560.70	8849.58	89634.21	10073.53	81428.93	8501.93
海南	18098.61	69.47	16574.92	-1523.69	9070.67	3496.06
四川	156438.64	10364.97	171425.01	14986.33	157169.31	24031.28
贵州	54454.31	1286.17	57349.98	2895.69	52044.03	5178.45
云南	99068.73	14472.58	111474.02	12405.26	108032.02	13674.30
西藏	10418.08	1349.88	10673.53	255.42	8315.21	674.29
陕西	62162.84	6465.07	68015.56	5852.73	46804.92	2429.78
甘肃	39732.43	3436.32	44030.74	4298.29	34442.47	3398.06
青海	13365.50	751.34	14370.93	1005.41	10081.97	1562.82
宁夏	13275.39	732.94	14628.13	1352.77	11591.10	1460.17
新疆	29675.07	245.71	29808.66	133.60	16230.76	-598.56
重庆	49870.60	3008.50	58854.42	8983.88	68585.53	18064.68
大连	26502.88	3590.27	29264.11	2761.23	24660.97	4494.15
青岛	29070.89	3769.39	33080.56	4009.67	34426.11	5699.86
宁波	43983.53	6951.13	53980.93	9997.37	64423.69	11837.09
厦门	20144.97	3178.00	26958.72	6813.74	30050.06	4267.65
深圳	50398.67	13214.47	68292.80	17894.17	74562.42	10790.81
新疆兵团	17761.03	671.14	18454.15	693.18	13072.87	984.64
境内合计	**3051835.17**	**308717.32**	**3375422.09**	**323586.90**	**3023585.45**	**379970.54**

中国农业银行境内各分行人民币农业贷款

（1979—2005）

单位：百万元

地区	1979年	1980年		1981年		1982年	
	年末余额	年末余额	比年初增减额	年末余额	比年初增减额	年末余额	比年初增减额
总行							
北京	37.30	38.16	0.86	44.31	6.15	48.73	4.42
天津	40.09	42.86	2.77	44.05	1.19	51.66	7.61
河北	744.42	769.16	24.74	766.44	-2.72	736.84	-29.60
山西	464.81	505.73	40.92	506.22	0.49	471.99	-34.23
内蒙古	518.09	592.08	73.99	601.89	9.81	645.66	43.77
辽宁	305.30	362.57	57.27	415.46	52.89	474.06	58.60
吉林	323.17	452.95	129.78	488.19	35.24	637.88	149.69
黑龙江	672.61	824.83	152.22	1306.31	481.48	1761.32	455.01
上海	30.99	36.37	5.38	42.61	6.24	33.51	-9.10
江苏	388.90	491.36	102.46	475.09	-16.27	420.58	-54.51
浙江	297.27	339.94	42.67	315.81	-24.13	309.03	-6.78
安徽	564.70	622.65	57.95	640.80	18.15	740.93	100.13
福建	273.35	316.40	43.05	342.89	26.49	390.22	47.33
江西	301.42	345.91	44.49	389.11	43.20	386.56	-2.55
山东	719.49	680.98	-38.51	645.16	-35.82	608.43	-36.73
河南	828.67	849.36	20.69	837.34	-12.02	904.81	67.47
湖北	413.88	496.13	82.25	516.48	20.35	554.01	37.53
湖南	275.31	328.40	253.09	316.78	-11.62	325.72	8.94
广东	425.22	661.85	36.63	712.75	50.90	747.21	34.46
广西	371.46	418.47	47.01	442.61	24.14	580.87	138.26
海南							
四川	466.70	564.29	97.59	448.54	-115.75	463.56	15.02
贵州	208.15	229.60	21.45	240.58	10.98	258.13	17.55
云南	235.30	247.46	12.16	257.01	9.55	279.48	22.47
西藏							
陕西	367.73	396.52	28.79	397.76	1.24	411.38	13.62
甘肃	376.32	411.11	34.79	445.06	33.95	491.22	46.16
青海	56.66	62.06	5.40	60.34	-1.72	57.26	-3.08
宁夏	63.40	63.08	-0.32	60.15	-2.93	70.96	10.81
新疆	226.96	226.17	-0.79	245.73	19.56	300.52	54.79
重庆							
大连							
青岛							
宁波							
厦门							
深圳							
新疆兵团							
境内合计	**9997.67**	**11376.45**	**1378.78**	**12005.47**	**629.02**	**13162.53**	**1157.06**

中国农业银行境内各分行人民币农业贷款

（1979—2005）

单位：百万元

地区	1983年		1984年		1985年	
	年末余额	比年初增减额	年末余额	比年初增减额	年末余额	比年初增减额
总行						
北京	86.52	37.79	201.04	114.52	229.02	27.98
天津	63.12	11.46	108.68	45.56	150.01	41.33
河北	713.73	-23.11	894.65	180.92	909.18	14.53
山西	476.57	4.58	716.96	240.39	686.95	-30.01
内蒙古	669.84	24.18	760.10	90.26	776.97	16.87
辽宁	555.21	81.15	745.54	190.33	852.22	193.41
吉林	731.07	93.19	895.28	164.21	1148.68	253.40
黑龙江	1893.44	132.12	2416.76	523.32	2576.09	159.33
上海	53.21	19.70	122.79	69.58	223.68	100.89
江苏	474.21	53.63	586.58	112.37	781.92	195.34
浙江	341.24	32.21	474.15	132.91	526.30	52.15
安徽	799.76	58.83	933.87	134.11	951.16	17.29
福建	506.84	116.62	698.15	191.31	733.75	35.60
江西	415.74	29.18	535.87	120.13	693.85	157.98
山东	575.86	-32.57	828.39	252.53	819.86	-8.53
河南	844.76	-60.05	1114.15	269.39	1126.05	11.90
湖北	590.54	36.53	992.44	401.90	1038.99	46.55
湖南	318.43	-7.29	449.97	131.54	539.80	89.83
广东	999.55	252.34	1731.99	732.44	1832.31	100.32
广西	647.80	66.93	910.81	263.01	950.36	39.55
海南						
四川	503.70	40.14	752.24	299.43	764.66	12.42
贵州	312.99	54.86	441.27	128.28	496.12	54.85
云南	404.77	125.29	690.56	285.79	811.27	120.71
西藏						
陕西	442.41	31.03	676.34	233.93	709.13	32.79
甘肃	550.96	59.74	683.74	132.78	732.13	48.39
青海	58.46	1.20	79.29	20.83	99.79	20.50
宁夏	63.26	-7.70	82.92	19.66	102.98	20.06
新疆	347.49	46.97	643.20	295.71	729.29	86.09
重庆			67.02	16.13	80.51	13.49
大连					103.09	16.36
青岛						
宁波						
厦门						
深圳						
新疆兵团						
境内合计	**14441.48**	**1278.95**	**20234.75**	**5793.27**	**22176.12**	**1941.37**

中国农业银行境内各分行人民币农业贷款

（1979—2005）

单位：百万元

地区	1986年		1987年		1988年	
	年末余额	比年初增减额	年末余额	比年初增减额	年末余额	比年初增减额
总行						
北京	355.95	126.93	483.73	127.78	721.78	238.05
天津	204.14	54.13	282.98	78.84	352.64	69.66
河北	1059.51	150.33	1406.48	346.97	1709.87	303.39
山西	706.15	19.20	780.96	74.81	876.16	95.20
内蒙古	831.81	54.84	925.73	93.92	998.94	73.21
辽宁	1105.15	252.93	1290.02	184.87	1512.74	222.72
吉林	1663.84	515.16	1893.06	229.22	2146.40	253.34
黑龙江	2736.71	160.62	2984.75	248.04	3163.64	178.89
上海	346.72	123.04	436.04	89.32	646.75	210.71
江苏	1022.03	240.11	1144.81	122.78	1267.05	122.24
浙江	749.45	223.15	734.98	-14.47	748.39	101.73
安徽	1193.47	242.31	1259.88	66.41	1493.12	233.24
福建	1033.76	300.01	1364.61	330.85	1459.41	94.80
江西	991.69	297.84	1324.47	332.78	1631.41	306.94
山东	1045.67	225.81	1414.97	438.75	1798.76	383.79
河南	1364.52	238.47	1629.04	264.52	1980.95	351.91
湖北	1360.81	321.82	1640.23	279.42	1873.65	233.42
湖南	929.44	389.64	1249.08	319.64	1495.37	246.29
广东	2372.87	540.56	2287.16	507.50	2782.27	495.11
广西	1227.68	277.32	1606.10	378.42	1918.08	311.98
海南			680.22	87.01	895.72	215.50
四川	943.20	178.54	1181.85	238.65	1384.07	202.22
贵州	595.22	99.10	788.02	192.80	932.86	144.84
云南	1062.92	251.65	1325.83	262.91	1426.58	100.75
西藏						
陕西	780.29	71.16	938.18	157.89	1063.79	125.61
甘肃	789.18	57.05	857.69	68.51	931.91	74.22
青海	120.96	21.17	140.71	19.75	160.22	19.51
宁夏	128.91	25.93	166.61	37.70	184.52	17.91
新疆	993.18	263.89	1218.42	225.24	1470.18	251.76
重庆	92.25	11.74	108.88	16.63	129.52	20.64
大连	175.92	72.83	240.90	64.98	297.12	56.22
青岛			81.83	12.38	126.85	45.02
宁波					99.36	11.04
厦门						
深圳						
新疆兵团						
境内合计	**27983.40**	**5807.28**	**33868.22**	**5884.82**	**39680.08**	**5811.86**

中国农业银行境内各分行人民币农业贷款

（1979—2005）

单位：百万元

地区	1989年		1990年		1991年	
	年末余额	比年初增减额	年末余额	比年初增减额	年末余额	比年初增减额
总行						
北京	998.91	277.13	1438.00	439.09	1855.84	417.84
天津	463.95	111.31	629.62	165.67	746.81	117.19
河北	2147.91	438.04	2668.89	520.98	3325.24	656.35
山西	1004.15	127.99	1227.50	223.35	1520.33	292.83
内蒙古	1120.23	121.29	1266.46	146.23	1506.70	240.24
辽宁	1831.85	319.11	2185.99	354.14	2682.07	496.08
吉林	2456.09	309.69	2925.28	469.19	3564.86	639.58
黑龙江	3392.38	228.74	3652.26	259.88	4276.19	623.93
上海	839.85	193.10	1033.63	193.78	1350.15	316.52
江苏	1504.56	237.51	1926.67	422.11	2581.51	654.84
浙江	856.33	107.94	1060.29	203.96	1386.23	325.94
安徽	1681.12	188.00	2026.54	345.42	2898.76	872.22
福建	1480.60	123.48	1699.97	219.37	1979.00	279.03
江西	1904.39	272.98	2381.46	477.07	3003.83	622.37
山东	2251.94	453.18	2830.41	578.47	3603.30	772.89
河南	2453.08	472.13	3148.32	695.24	4052.82	904.50
湖北	2162.04	288.39	2548.73	386.69	3115.99	567.26
湖南	1716.20	220.83	2069.27	353.07	2600.13	530.86
广东	2998.31	457.65	3722.03	723.72	4536.83	814.80
广西	2114.31	196.23	2355.49	241.18	2768.51	413.02
海南	1077.26	181.54	1362.49	285.23	1647.84	285.35
四川	1646.76	262.69	2178.71	531.95	2752.35	573.64
贵州	1072.57	139.71	1284.52	211.95	1554.34	269.82
云南	1558.40	131.82	1764.59	206.19	1988.48	223.89
西藏						
陕西	1184.71	120.92	1458.38	273.67	1726.70	268.32
甘肃	1023.24	91.33	1137.77	114.53	1285.63	147.86
青海	189.16	28.94	276.79	87.63	315.32	38.53
宁夏	227.60	43.08	276.69	49.09	331.24	54.55
新疆	1702.08	231.90	2124.04	421.96	2595.15	471.11
重庆	146.09	16.57	194.38	48.29	307.32	112.94
大连	428.10	130.98	537.02	108.92	656.30	119.28
青岛	166.25	39.40	278.35	112.10	353.02	74.67
宁波	121.95	22.59	136.17	14.22	188.35	52.18
厦门	139.19	36.90	172.51	33.32	171.69	-0.82
深圳	331.77	90.16	313.38	-18.39	316.20	2.82
新疆兵团						
境内合计	**46393.33**	**6713.25**	**56292.60**	**9899.27**	**69545.03**	**13252.43**

中国农业银行境内各分行人民币农业贷款

（1979—2005）

单位：百万元

地　区	1992 年		1993 年		1994 年上半年	
	年末余额	比年初增减额	年末余额	比年初增减额	6 月末余额	比年初增减额
总　行	230.00	230.00		-230.00		
北　京	2218.22	362.38	2426.65	208.43	2753.08	326.43
天　津	879.02	132.21	985.79	106.77	1084.11	98.32
河　北	4575.46	1250.22	5232.24	656.78	5901.81	669.57
山　西	1853.57	333.24	2208.59	355.02	2430.52	221.93
内蒙古	1761.88	255.18	1757.95	-3.93	1952.35	194.40
辽　宁	3323.64	641.57	3292.05	-31.59	3783.72	491.67
吉　林	4182.26	617.40	3980.50	-201.76	4515.61	535.11
黑龙江	4787.71	511.52	4925.90	138.19	5751.17	825.27
上　海	1760.80	410.65	1250.63	-510.17	1317.81	67.18
江　苏	3216.08	634.57	2966.41	-249.67	3386.88	420.47
浙　江	1677.51	291.28	1841.88	164.37	1890.61	48.73
安　徽	3211.04	312.28	2743.35	-467.69	3019.69	276.34
福　建	2279.39	300.39	2249.66	-29.73	2496.94	247.28
江　西	3582.02	578.19	3611.65	29.63	4197.78	586.13
山　东	4473.26	869.96	4899.10	425.84	5218.04	318.94
河　南	4971.46	918.64	5026.59	55.13	5702.87	676.19
湖　北	3549.63	433.64	3580.60	30.97	4090.19	509.59
湖　南	3071.95	471.82	3119.21	47.26	3624.78	505.66
广　东	5875.68	1338.85	6595.06	719.38	7237.86	642.80
广　西	3185.22	416.71	3079.22	-106.00	3491.80	412.58
海　南	2110.47	462.63	2188.55	78.08	2399.15	210.60
四　川	3697.82	945.47	4264.73	566.91	4444.62	179.89
贵　州	1769.73	215.39	1571.67	-198.06	1610.98	39.31
云　南	2412.70	424.22	2332.40	-80.30	2853.63	521.23
西　藏						
陕　西	2078.27	351.57	2042.76	-35.51	2323.19	280.43
甘　肃	1476.52	190.89	1459.49	-17.03	1789.98	330.49
青　海	307.85	-7.47	341.29	33.44	409.19	67.90
宁　夏	373.46	42.22	393.55	20.09	479.36	85.81
新　疆	1247.56	212.74	1201.99	-45.57	1755.13	553.14
重　庆	324.52	17.20	347.27	22.75	344.61	-2.66
大　连	803.48	147.18	868.87	65.39	1019.66	150.79
青　岛	465.34	112.32	512.10	46.76	586.81	74.71
宁　波	298.64	110.29	350.35	51.71	397.79	47.44
厦　门	147.57	-24.12	145.16	-2.41	151.71	6.55
深　圳	344.41	28.21	246.40	-98.01	286.64	40.24
新疆兵团	2181.88	621.55	1722.54	-459.34	2310.53	587.99
境内合计	**84706.02**	**15160.99**	**85762.15**	**1056.13**	**97010.60**	**11248.45**

中国农业银行境内各分行人民币农业贷款

(1979—2005)

单位：百万元

地　　区	1994年下半年		1995年		1996年	
	年末余额	比6月末增减额	年末余额	比年初增减额	年末余额	比年初增减额
总　行						
北　京	2976.57	249.44	3712.66	736.09	4341.59	628.93
天　津	1359.34	296.98	1779.13	419.79	2404.94	625.81
河　北	5318.84	275.19	6370.36	1051.52	8643.90	2273.54
山　西	2450.80	284.08	3105.29	654.49	3904.22	798.93
内蒙古	1542.09	-4.16	1868.13	326.04	2234.05	365.92
辽　宁	3982.45	652.30	5012.30	1029.85	6279.70	1267.40
吉　林	4262.13	28.74	5454.78	1192.65	6420.46	965.68
黑龙江	5377.91	108.23	6291.45	913.54	7162.07	870.62
上　海	1574.98	257.17	1692.70	117.72	2032.30	339.60
江　苏	3415.19	330.30	5017.72	1602.53	7028.96	2011.24
浙　江	1576.40	-87.20	2290.73	714.33	3294.31	1003.58
安　徽	2237.23	275.92	3021.94	784.71	3933.93	911.99
福　建	2501.65	286.32	3138.21	636.56	3857.81	719.60
江　西	3594.80	152.40	4526.08	931.28	5732.26	1206.18
山　东	5060.37	646.58	6504.36	1443.99	8783.64	2279.28
河　南	4939.37	360.45	5951.10	1011.73	7768.28	1817.18
湖　北	3309.61	257.27	4257.60	947.99	5475.07	1217.47
湖　南	3246.43	206.88	4298.55	1052.12	5367.16	1068.61
广　东	7344.90	542.11	9405.48	2060.58	12387.70	2982.22
广　西	2853.80	355.43	3615.35	761.55	4458.88	843.53
海　南	2191.82	197.01	2569.52	377.70	2868.67	299.15
四　川	3810.04	727.34	5315.13	1505.09	6466.98	1151.85
贵　州	748.70	96.27	1035.38	286.68	1210.81	175.43
云　南	1809.40	-129.95	2333.50	524.10	3071.37	737.87
西　藏			255.78		179.54	-76.24
陕　西	1798.58	305.66	2376.90	578.32	3039.14	662.24
甘　肃	1410.75	-40.26	1784.66	373.91	2184.18	399.52
青　海	266.74	-3.69	413.11	146.37	501.60	88.49
宁　夏	385.65	9.86	476.50	90.85	522.86	46.36
新　疆	1335.49	-168.13	1804.97	469.66	2542.54	737.57
重　庆	500.85	156.28	770.55	269.70	1699.24	928.69
大　连	1064.56	59.96	1311.26	246.70	1571.19	259.93
青　岛	681.83	113.02	903.70	221.87	1150.57	246.87
宁　波	378.82	10.56	511.05	132.23	707.65	196.60
厦　门	173.84	22.13	308.13	134.29	361.93	53.80
深　圳	306.27	19.63	362.16	55.89	349.86	-12.30
新疆兵团	1868.98	-274.88	2289.82	420.84	2566.26	276.44
境内合计	**87657.18**	**6575.24**	**112136.04**	**24479.04**	**142505.62**	**30369.40**

中国农业银行境内各分行人民币农业贷款

（1979—2005）

单位：百万元

地区	1997年		1998年		1999年	
	年末余额	比年初增减额	年末余额	比年初增减额	年末余额	比年初增减额
总行					135.00	135.00
北京	4972.46	630.87	5742.95	770.49	5419.26	-323.69
天津	3161.24	756.30	3820.60	659.36	4310.24	489.64
河北	10724.32	2080.42	14392.10	3667.78	14837.70	445.60
山西	4658.90	754.68	5206.45	547.55	5178.24	-28.21
内蒙古	2411.35	177.30	2418.90	7.55	2380.99	-37.91
辽宁	7955.67	1675.97	9513.60	1557.93	10771.94	1258.34
吉林	7443.37	1022.91	8880.05	1436.68	8772.92	-107.13
黑龙江	7955.07	793.00	8637.25	682.18	10620.63	1983.38
上海	2113.72	81.42	2304.00	190.28	3025.41	721.41
江苏	9620.81	2591.85	12981.55	3360.74	13897.75	916.20
浙江	4403.27	1108.96	4804.48	401.21	6674.88	1870.40
安徽	4836.94	903.01	5842.23	1005.29	6166.82	324.59
福建	4844.69	986.88	5802.43	957.74	6685.09	882.66
江西	6840.65	1108.39	7945.67	1105.02	8900.53	954.86
山东	11746.01	2962.37	14268.33	2522.32	15150.58	882.25
河南	9823.96	2055.68	13041.47	3217.51	15905.01	2863.54
湖北	6458.37	983.30	6784.20	325.83	8330.67	1546.47
湖南	6402.04	1034.88	7012.31	610.27	7864.44	852.13
广东	15601.98	3214.28	18641.94	3039.96	20737.96	2096.02
广西	4889.02	430.14	5367.88	478.86	5928.19	560.31
海南	3452.21	583.54	3775.87	323.66	3801.38	25.51
四川	8045.34	1578.36	9482.20	1436.86	9984.32	502.12
贵州	1422.31	211.50	1895.54	473.23	2339.51	443.97
云南	4146.30	1074.93	5257.42	1111.12	6067.18	809.76
西藏	108.94	-70.60	92.81	-16.13	93.24	0.43
陕西	3726.62	687.48	4806.53	1079.91	5516.46	709.93
甘肃	2483.63	299.45	3061.23	577.60	3512.76	451.53
青海	679.31	177.71	838.35	159.04	1065.13	226.78
宁夏	532.21	9.35	741.53	209.32	753.12	11.59
新疆	3250.68	708.14	3711.68	461.00	4283.81	572.13
重庆	2254.62	555.38	3020.47	765.85	3468.14	447.67
大连	1593.19	22.00	1652.20	59.01	1652.35	0.15
青岛	1432.48	281.91	1513.94	81.46	1391.33	-122.61
宁波	893.03	185.38	1070.60	177.57	1356.96	286.36
厦门	411.40	49.47	444.84	33.44	394.38	-50.46
深圳	339.97	-9.89	304.94	-35.03	331.16	26.22
新疆兵团	3236.78	670.52	4021.42	784.64	4860.12	838.70
境内合计	**174872.86**	**32367.24**	**209099.96**	**34227.10**	**232565.60**	**23465.64**

中国农业银行境内各分行人民币农业贷款

（1979—2005）

单位：百万元

地　区	2000 年		2001 年		2002 年	
	年末余额	比年初增减额	年末余额	比年初增减额	年末余额	比年初增减额
总　行	70.00	-65.00	200.00	130.00	250.00	50.00
北　京	4252.00	495.60	4388.05	136.05	4105.28	-282.77
天　津	3257.23	-165.96	3474.96	217.73	3413.24	-61.72
河　北	14568.27	2487.22	17782.30	3214.03	20619.93	2837.63
山　西	5431.23	1704.16	7304.29	1873.06	7907.32	603.03
内蒙古	2234.36	273.25	3194.84	960.48	6177.03	2982.19
辽　宁	10554.88	2120.16	9984.15	-570.73	13056.30	3072.15
吉　林	6403.16	335.80	6696.18	293.02	6873.30	177.12
黑龙江	8824.40	428.64	10339.47	1515.07	12790.60	2451.13
上　海	3286.66	609.31	3830.11	543.45	3725.48	-104.63
江　苏	17068.92	5654.30	16207.89	-861.03	16733.62	525.73
浙　江	8465.27	2251.68	10832.38	2367.11	13284.66	2452.28
安　徽	5349.83	157.70	5116.91	-232.92	5669.74	552.83
福　建	7417.01	1472.71	8162.32	745.31	10314.48	2152.16
江　西	7317.20	968.87	8563.63	1246.43	8783.20	219.57
山　东	14899.96	2015.94	15419.99	520.03	17391.89	1971.90
河　南	14047.14	785.02	14827.95	780.81	22672.66	7844.71
湖　北	7618.08	1410.10	9516.11	1898.03	11740.26	2224.15
湖　南	6520.81	1170.94	7987.32	1466.51	9085.53	1098.21
广　东	16464.50	-805.92	15486.89	-977.61	17857.63	2370.74
广　西	6997.74	2471.85	7804.98	807.24	13686.59	5881.61
海　南	3795.18	579.27	4323.53	528.35	4338.84	15.31
四　川	11320.39	2714.24	14517.49	3197.10	17029.00	2511.51
贵　州	3254.19	1254.52	4033.34	779.15	10150.57	6117.23
云　南	6448.40	872.66	7318.10	869.70	13936.57	6618.47
西　藏	88.55	-4.69	145.12	56.57	401.42	256.30
陕　西	5744.88	1139.99	6354.26	609.38	6958.07	603.81
甘　肃	3759.57	614.03	4417.32	657.75	5917.97	1500.65
青　海	1525.50	496.86	1816.86	291.36	3894.10	2077.24
宁　夏	1367.91	653.37	1655.34	287.43	3748.44	2093.10
新　疆	5351.07	1633.27	5292.04	-59.03	6475.84	1183.80
重　庆	4322.26	1377.07	5219.54	897.28	6535.81	1316.27
大　连	1227.58	14.77	1285.95	58.37	1217.09	-68.86
青　岛	1072.30	-81.84	991.70	-80.60	1039.96	48.26
宁　波	1081.06	-103.27	1136.07	55.01	1074.54	-61.53
厦　门	359.38	23.24	325.57	-33.81	577.28	251.71
深　圳	364.26	58.60	256.94	-107.32	270.46	13.52
新疆兵团	4349.59	-94.03	5275.90	926.31	5461.72	185.82
境内合计	**226480.72**	**36924.43**	**251485.79**	**25005.07**	**315166.42**	**63680.63**

中国农业银行境内各分行人民币农业贷款

（1979—2005）

单位：百万元

地区	2003年		2004年		2005年	
	年末余额	比年初增减额	年末余额	比年初增减额	年末余额	比年初增减额
总行	590.00	340.00	505.00	-85.00	500.00	-5.00
北京	5197.97	1092.69	4846.91	-351.06	4175.09	-671.82
天津	3036.32	-376.92	3139.29	102.97	2701.65	-437.64
河北	20917.96	298.03	20818.50	-99.46	19889.35	-929.15
山西	10749.25	2841.93	10871.35	122.10	9654.95	-1216.40
内蒙古	6790.94	613.91	5953.21	-837.73	5444.34	-508.87
辽宁	16345.57	3289.27	16298.23	-47.34	16659.79	361.56
吉林	9394.43	2521.13	9560.61	166.18	9208.12	-352.49
黑龙江	13306.70	516.10	13542.82	236.12	12949.90	-592.92
上海	3256.51	-468.97	1838.02	-1418.49	577.87	-1260.15
江苏	15544.67	-1188.95	16092.99	548.32	8886.54	-7206.45
浙江	14100.59	815.93	12121.26	-1979.33	9068.20	-3053.06
安徽	8167.17	2497.43	7984.60	-182.57	6686.44	-1298.16
福建	11373.00	1058.52	11564.83	191.83	10912.93	-651.90
江西	12133.82	3350.62	11299.99	-833.83	10480.56	-819.43
山东	17103.63	-288.26	18707.19	1603.56	17940.76	-766.43
河南	23871.37	1198.71	21697.08	-2174.29	20400.42	-1296.66
湖北	16462.88	4722.62	15431.77	-1031.11	13469.87	-1962.32
湖南	14686.91	5601.38	15214.02	527.11	14863.71	-350.31
广东	17946.26	88.63	17518.83	-427.43	18587.78	1068.95
广西	15178.89	1492.30	15582.78	403.89	14873.43	-709.35
海南	5220.34	881.50	5079.30	-141.04	4974.12	-105.18
四川	28375.43	11346.43	29346.08	970.65	36169.18	6828.10
贵州	9566.14	-584.43	8229.62	-1336.52	6907.64	-1321.98
云南	15191.48	1254.91	16723.87	1532.39	17795.96	1072.09
西藏	753.83	352.41	1030.44	276.61	1305.56	275.12
陕西	12281.68	5323.61	10662.34	-1619.34	9524.97	-1137.37
甘肃	11444.20	5526.23	11579.27	135.07	10713.38	-865.89
青海	3686.10	-208.00	3549.02	-137.08	3156.14	-392.88
宁夏	4066.11	317.67	3998.79	-67.32	4045.65	46.86
新疆	8168.83	1692.99	8252.05	83.22	7792.75	-459.30
重庆	10138.42	3602.61	9481.58	-656.84	8591.45	-890.13
大连	2401.20	1184.11	2072.43	-328.77	1808.54	-263.89
青岛	1172.68	132.72	1107.80	-64.88	983.86	-123.94
宁波	1122.65	48.11	666.56	-456.09	388.35	-278.21
厦门	476.05	-101.23	360.91	-115.14	324.70	-36.21
深圳	192.17	-78.29	149.35	-42.82	142.71	-6.64
新疆兵团	5918.27	456.55	6949.50	1031.23	6785.42	-164.08
境内合计	**376330.42**	**61164.00**	**369828.19**	**-6502.23**	**349342.08**	**-20481.53**

中国农业银行境内各分行人民币商业贷款

(1979—2005)

单位：百万元

地区	1979年	1980年		1981年		1982年	
	年末余额	年末余额	比年初增减额	年末余额	比年初增减额	年末余额	比年初增减额
总行							
北京	238.94	276.23	37.29	300.63	24.40	249.90	-50.73
天津	357.81	296.61	-61.20	352.77	56.16	287.18	-65.59
河北	1843.84	2380.60	536.76	2249.27	-131.33	2617.32	368.05
山西	794.37	965.32	170.95	986.63	21.31	1184.65	198.02
内蒙古	646.82	693.10	46.28	766.17	73.07	804.58	38.41
辽宁	1419.28	1557.38	138.10	1668.63	111.25	1559.37	-109.26
吉林	960.20	1085.76	125.56	1203.14	117.38	1262.99	59.85
黑龙江	998.21	1080.11	81.90	1206.63	126.52	1329.09	122.46
上海	336.79	375.47	38.68	379.79	4.32	353.98	-25.81
江苏	2427.97	2595.34	167.37	2963.93	368.59	2740.18	-223.75
浙江	739.95	996.73	256.78	1051.40	54.67	1180.51	129.11
安徽	1264.46	1435.02	170.56	1714.89	279.87	1824.03	109.14
福建	412.15	453.17	41.02	542.25	89.08	535.13	-7.12
江西	733.30	844.65	111.35	928.32	83.67	945.02	16.70
山东	2198.55	3522.21	1323.66	4219.71	697.50	5657.17	1437.46
河南	2060.80	2750.61	689.81	3081.79	331.18	3140.18	58.39
湖北	2224.17	2329.56	105.39	2468.98	139.42	2519.07	50.09
湖南	1381.41	1675.13	293.72	1815.77	140.64	1931.53	115.76
广东	1635.42	2224.72	589.30	2542.22	317.50	2776.29	234.07
广西	926.39	1051.64	125.25	1144.10	92.46	1018.67	-125.43
海南							
四川	1601.09	1882.76	281.67	2107.18	224.42	2205.90	98.72
贵州	422.63	446.53	23.90	559.88	113.35	663.63	103.75
云南	660.64	620.75	-39.89	789.85	169.10	956.71	166.86
西藏							
陕西	848.46	856.27	7.81	903.10	46.83	1084.77	181.67
甘肃	399.51	446.14	46.63	463.39	17.25	466.14	2.75
青海	70.96	64.93	-6.03	50.21	-14.72	50.74	0.53
宁夏	87.48	87.13	-0.35	84.75	-2.38	82.33	-2.42
新疆	301.42	362.31	60.89	522.77	160.46	523.88	1.11
重庆							
大连							
青岛							
宁波							
厦门							
深圳							
新疆兵团							
境内合计	**27993.02**	**33356.18**	**5363.16**	**37068.15**	**3711.97**	**39950.94**	**2882.79**

中国农业银行境内各分行人民币商业贷款

（1979—2005）

单位：百万元

地区	1983年		1984年		1985年	
	年末余额	比年初增减额	年末余额	比年初增减额	年末余额	比年初增减额
总行						
北京	284.62	34.72	775.52	490.90	1024.16	248.64
天津	388.44	101.26	666.84	278.40	815.43	148.59
河北	4175.51	1558.19	7186.46	3010.95	9060.22	1873.76
山西	1146.25	-38.40	2173.66	1027.41	2504.09	330.43
内蒙古	849.52	44.94	1865.32	1015.80	2014.58	149.26
辽宁	1766.30	206.93	4432.15	2665.85	3940.75	-87.77
吉林	1355.78	92.79	4289.66	2933.88	4749.19	459.53
黑龙江	1438.95	109.86	4392.82	2953.87	4842.70	449.88
上海	427.70	73.72	578.59	150.89	880.95	302.36
江苏	3297.84	557.66	7846.76	4548.92	7977.33	130.57
浙江	1274.61	94.10	3019.15	1744.54	3253.10	233.95
安徽	1863.35	39.32	4154.02	2290.67	4875.16	721.14
福建	666.65	131.52	1504.87	838.22	1704.38	199.51
江西	1004.86	59.84	2766.66	1761.80	3097.00	330.34
山东	6941.79	1284.62	12501.31	5559.52	15264.67	2763.36
河南	4182.17	1041.99	8357.00	4174.83	10080.50	1723.50
湖北	3029.03	509.96	7187.59	4158.56	7672.12	484.53
湖南	2202.06	270.53	4162.40	1960.34	4517.78	355.38
广东	3144.18	367.89	7583.26	4439.08	7959.29	376.03
广西	1136.53	117.86	2084.49	947.96	2242.03	157.54
海南						
四川	2424.78	218.88	5744.60	3657.54	6220.46	475.86
贵州	627.73	-35.90	1165.07	537.34	1531.75	366.68
云南	845.19	-111.52	1603.14	757.95	2245.69	642.55
西藏						
陕西	1051.44	-33.33	2003.45	952.01	2336.62	333.17
甘肃	538.00	71.86	1223.46	685.46	1390.63	167.17
青海	50.26	-0.48	167.26	117.00	217.16	49.90
宁夏	66.24	-16.09	267.61	201.37	284.60	16.99
新疆	545.98	22.10	1151.90	605.92	1707.68	555.78
重庆			653.01	315.29	720.59	67.58
大连					443.45	39.82
青岛						
宁波						
厦门						
深圳						
新疆兵团						
境内合计	**46725.76**	**6774.82**	**101508.03**	**54782.27**	**115574.06**	**14066.03**

中国农业银行境内各分行人民币商业贷款

(1979—2005)

单位：百万元

地区	1986年		1987年		1988年	
	年末余额	比年初增减额	年末余额	比年初增减额	年末余额	比年初增减额
总行						
北京	997.93	-26.23	1475.34	477.41	1824.65	349.31
天津	1015.68	200.25	1181.55	165.87	1482.53	300.98
河北	9534.70	474.48	9312.46	-222.24	9843.49	531.03
山西	2442.13	-61.96	2711.90	269.77	3312.44	600.54
内蒙古	2332.64	318.06	2691.99	359.35	3278.02	586.03
辽宁	4456.28	515.53	5324.13	867.85	6258.79	934.66
吉林	5077.90	328.71	6201.34	1123.44	7530.47	1329.13
黑龙江	5768.43	925.73	5904.16	135.73	7179.61	1275.45
上海	1114.88	233.93	1348.15	233.27	2046.65	698.50
江苏	8449.39	472.06	9958.81	1509.42	10338.15	379.34
浙江	3376.41	123.31	4180.30	803.89	4041.03	460.47
安徽	5619.74	744.58	6050.91	431.17	6470.74	419.83
福建	1794.74	90.36	1959.14	164.40	2374.67	415.53
江西	2992.86	-104.14	3630.16	637.30	4022.78	392.62
山东	15199.11	-65.56	14739.61	241.08	15392.26	652.65
河南	10566.40	485.90	10980.72	414.32	11917.80	937.08
湖北	7727.98	55.86	8741.75	1013.77	9570.11	828.36
湖南	4888.18	370.40	5785.95	897.77	5965.42	179.47
广东	9457.18	1497.89	10564.04	1867.17	12504.06	1940.02
广西	2424.58	182.55	2785.94	361.36	3058.36	272.42
海南			899.62	139.31	1285.01	385.39
四川	6681.69	461.23	7583.36	901.67	8561.24	977.88
贵州	1861.51	329.76	1970.09	108.58	2246.28	276.19
云南	2449.97	204.28	2856.52	406.55	3792.51	935.99
西藏						
陕西	2641.91	305.29	3158.09	516.18	3682.15	524.06
甘肃	1597.25	206.62	1862.82	265.57	2189.58	326.76
青海	267.94	50.78	330.20	62.26	436.37	106.17
宁夏	311.02	26.42	376.78	65.76	496.14	119.36
新疆	1837.65	129.97	1955.50	117.85	2485.41	529.91
重庆	824.96	104.37	960.79	135.83	1109.27	148.48
大连	486.45	43.00	612.23	125.78	752.56	140.33
青岛			778.29	77.71	818.16	39.87
宁波					671.99	72.25
厦门						
深圳						
新疆兵团						
境内合计	**124197.49**	**8623.43**	**138872.64**	**14675.15**	**156938.70**	**18066.06**

中国农业银行境内各分行人民币商业贷款

（1979—2005）

单位：百万元

地区	1989年		1990年		1991年	
	年末余额	比年初增减额	年末余额	比年初增减额	年末余额	比年初增减额
总行						
北京	2302.87	478.22	2731.62	428.75	3448.28	716.66
天津	2003.46	520.93	2852.95	849.49	3440.32	587.37
河北	10987.97	1144.48	12578.62	1590.65	15112.23	2533.61
山西	4058.18	745.74	5153.21	1095.03	5884.97	731.76
内蒙古	3979.35	701.33	5886.15	1906.80	6920.41	1034.26
辽宁	7841.10	1582.31	10272.87	2431.77	12819.26	2546.39
吉林	8367.81	837.34	12326.89	3959.08	16037.52	3710.63
黑龙江	8500.80	1321.19	11411.02	2910.22	14692.03	3281.01
上海	2915.76	869.11	3269.75	353.99	3996.45	726.70
江苏	12711.61	2373.46	15852.37	3140.76	18820.06	2967.69
浙江	4954.04	913.01	5788.00	833.96	6654.33	866.33
安徽	7639.66	1168.92	10252.12	2612.46	11685.92	1433.80
福建	2779.83	616.51	3003.52	223.69	3228.69	225.17
江西	5428.66	1405.88	7084.72	1656.06	9522.69	2437.97
山东	17035.40	1643.14	19780.45	2745.05	24071.24	4290.79
河南	13345.87	1428.07	17014.58	3668.71	20819.14	3804.56
湖北	11952.00	2381.89	16653.54	4701.54	19133.69	2480.15
湖南	7554.28	1588.86	9278.37	1724.09	11662.00	2383.63
广东	12793.75	1426.33	14026.34	1232.59	15711.11	1684.77
广西	3536.00	477.64	4159.61	623.61	5054.08	894.47
海南	1414.87	129.86	1729.93	315.06	2073.64	343.71
四川	10667.71	2106.47	13288.93	2621.22	16820.48	3531.55
贵州	2655.63	409.35	3018.71	363.08	4032.49	1013.78
云南	4350.83	558.32	4829.99	479.16	5707.58	877.59
西藏						
陕西	4518.83	836.68	5503.10	984.27	6362.47	859.37
甘肃	2602.66	413.08	3354.26	751.60	4008.71	654.45
青海	607.44	171.07	636.13	28.69	669.97	33.84
宁夏	635.61	139.47	808.94	173.33	884.45	75.51
新疆	3338.80	853.39	5786.00	2447.20	8512.45	2726.45
重庆	1359.52	250.25	1798.06	438.54	2342.33	544.27
大连	898.92	146.36	1111.71	212.79	1317.86	206.15
青岛	1063.54	245.38	1372.33	308.79	1567.42	195.09
宁波	869.74	197.75	1181.92	312.18	1305.64	123.72
厦门	215.82	4.47	370.59	154.77	499.75	129.16
深圳	1468.83	332.19	1760.49	291.66	2077.73	317.24
新疆兵团						
境内合计	**187357.15**	**30418.45**	**235927.79**	**48570.64**	**286897.39**	**50969.60**

中国农业银行境内各分行人民币商业贷款

（1979—2005）

单位：百万元

地　区	1992 年		1993 年		1994 年上半年	
	年末余额	比年初增减额	年末余额	比年初增减额	6 月末余额	比年初增减额
总　行						
北　京	4508.48	1060.20	5047.68	539.20	5784.95	737.27
天　津	4234.42	794.10	4562.54	328.12	4592.36	29.82
河　北	16589.65	1477.42	16114.38	-475.27	15784.07	-330.31
山　西	6574.84	689.87	6227.29	-347.55	6322.33	95.04
内蒙古	7915.09	994.68	8338.82	423.73	8182.91	-155.91
辽　宁	15163.31	2344.05	17596.91	2433.60	16756.94	-839.97
吉　林	18134.18	2096.66	20139.47	2005.29	19568.44	-571.03
黑龙江	16611.75	1919.72	20287.73	3675.98	19565.93	-721.80
上　海	5429.50	1433.05	5811.08	381.58	6660.04	848.96
江　苏	21883.33	3063.27	21287.67	-595.66	21521.07	233.40
浙　江	7724.36	1070.03	7820.06	95.70	8544.40	724.34
安　徽	13085.98	1400.06	13362.36	276.38	13713.62	352.26
福　建	3587.31	358.62	3322.11	-265.20	3254.55	-67.56
江　西	11445.66	1922.97	11028.10	-417.56	10229.37	-798.73
山　东	25911.36	1840.12	26732.64	821.28	27197.68	465.04
河　南	23309.48	2490.34	24158.66	849.18	23759.95	-398.71
湖　北	21226.00	2092.31	21484.78	258.78	21039.34	-445.44
湖　南	13774.34	2112.34	14461.22	686.88	13924.06	-537.16
广　东	18917.64	3206.53	15331.78	-3585.86	16258.53	926.75
广　西	5747.17	693.09	5695.45	-51.72	5742.28	46.83
海　南	2896.23	822.59	2317.59	-578.64	2373.27	55.68
四　川	19721.20	2900.72	19111.83	-608.83	20132.87	1021.04
贵　州	4524.44	491.95	5034.10	509.66	4708.03	-326.07
云　南	6902.20	1194.62	8632.41	1730.21	7610.03	-1022.38
西　藏						
陕　西	7350.90	988.43	6653.18	-697.72	6713.40	60.22
甘　肃	4860.09	851.38	5009.33	149.24	4984.30	-25.03
青　海	812.67	142.70	786.99	-25.68	680.04	-106.95
宁　夏	1020.42	135.97	1089.30	68.88	986.73	-102.57
新　疆	8303.58	1295.96	8872.53	568.95	5269.15	-3603.38
重　庆	2842.56	500.23	2661.39	-181.71	2834.88	173.49
大　连	1652.20	334.34	1795.79	143.59	1794.01	-1.78
青　岛	1754.27	186.85	2047.10	292.83	2280.43	233.33
宁　波	1550.96	245.32	1639.66	88.70	1712.89	73.23
厦　门	739.95	240.20	605.97	-133.98	805.61	199.64
深　圳	2628.43	550.70	1748.01	-880.42	1808.12	60.11
新疆兵团	2195.57	690.74	2935.25	739.68	1788.89	-1146.36
境内合计	**331529.52**	**44632.13**	**339751.16**	**8221.64**	**334886.47**	**-4864.69**

中国农业银行境内各分行人民币商业贷款

（1979—2005）

单位：百万元

地区	1994 年下半年		1995 年		1996 年	
	年末余额	比 6 月末增减额	年末余额	比年初增减额	年末余额	比年初增减额
总行			1770. 00	1770. 00	4097. 50	2327. 50
北京	3870. 06	617. 34	5064. 16	1194. 10	6290. 65	1226. 49
天津	3360. 38	359. 46	3913. 46	553. 08	4701. 58	788. 12
河北	10708. 06	2696. 89	12792. 59	2084. 53	14771. 98	1979. 39
山西	4560. 30	728. 53	5194. 05	633. 75	6337. 81	1143. 76
内蒙古	4720. 41	1182. 55	5453. 12	732. 71	5836. 33	383. 21
辽宁	9065. 42	1831. 93	10496. 32	1430. 90	12935. 55	2439. 23
吉林	10934. 32	2998. 14	12619. 83	1685. 51	14301. 35	1681. 52
黑龙江	10810. 18	1714. 18	12968. 90	2158. 72	15393. 60	2424. 70
上海	5781. 80	472. 81	7334. 36	1552. 56	8716. 35	1381. 99
江苏	11969. 92	1609. 76	14455. 42	2485. 50	18899. 79	4444. 37
浙江	7686. 77	1284. 40	8709. 03	1022. 26	9330. 39	621. 36
安徽	6228. 39	1807. 62	7160. 09	931. 70	8439. 64	1279. 55
福建	2811. 35	387. 31	3370. 32	558. 97	3861. 97	491. 65
江西	4216. 82	479. 58	4854. 86	638. 04	5736. 23	881. 37
山东	11164. 47	1464. 58	13152. 48	1988. 01	15419. 08	2266. 60
河南	10662. 22	2510. 34	12501. 57	1839. 35	15589. 01	3087. 44
湖北	8256. 33	1902. 58	9587. 35	1331. 02	12523. 44	2936. 09
湖南	8857. 12	1688. 23	10923. 32	2066. 20	13143. 06	2219. 74
广东	16164. 00	2455. 20	20013. 13	3849. 13	28593. 65	8580. 52
广西	5545. 87	1142. 70	6354. 67	808. 80	7335. 05	980. 38
海南	1677. 49	114. 40	2392. 33	714. 84	3021. 48	629. 15
四川	12504. 68	3267. 02	14273. 71	1769. 03	14404. 44	130. 73
贵州	4426. 94	1104. 62	6421. 63	1994. 69	9448. 14	3026. 51
云南	10923. 89	4676. 40	15154. 66	4230. 77	19740. 56	4585. 90
西藏			2401. 36		2566. 20	164. 84
陕西	4489. 63	991. 32	5238. 61	748. 98	5914. 11	675. 50
甘肃	3719. 92	822. 80	4248. 52	528. 60	5120. 07	871. 55
青海	809. 34	259. 32	971. 61	162. 27	1147. 50	175. 89
宁夏	960. 93	278. 53	1136. 96	176. 03	1293. 20	156. 24
新疆	2735. 24	-21. 53	3274. 50	539. 26	4369. 83	1095. 33
重庆	2275. 49	532. 66	2577. 13	301. 64	5650. 74	3073. 61
大连	1936. 16	450. 35	2389. 54	453. 38	2595. 30	205. 76
青岛	1847. 19	339. 37	2196. 94	349. 75	2695. 96	499. 02
宁波	1253. 53	124. 13	1599. 67	346. 14	2425. 29	825. 62
厦门	988. 70	194. 74	1473. 40	484. 70	1587. 08	113. 68
深圳	1935. 02	158. 08	2099. 81	164. 79	2586. 26	486. 45
新疆兵团	1523. 92	285. 58	2189. 26	665. 34	3125. 06	935. 80
境内合计	**211382. 26**	**42911. 92**	**258728. 67**	**47346. 41**	**319945. 23**	**61216. 56**

中国农业银行境内各分行人民币商业贷款

（1979—2005）

单位：百万元

地　区	1997 年		1998 年		1999 年	
	年末余额	比年初增减额	年末余额	比年初增减额	年末余额	比年初增减额
总　行	4943.50	846.00	5013.30	69.80	5216.80	203.50
北　京	7449.73	1159.08	8695.55	1245.82	9723.03	1027.48
天　津	5151.02	449.44	5183.72	32.70	5908.49	724.77
河　北	16327.96	1555.98	21099.03	4771.07	22070.81	971.78
山　西	6749.78	411.97	9337.48	2587.70	9776.82	439.34
内蒙古	5657.67	-178.66	8837.71	3180.04	8685.80	-151.91
辽　宁	14132.55	1197.00	18971.89	4839.34	20108.72	1136.83
吉　林	15197.63	896.28	17847.91	2650.28	18617.26	769.35
黑龙江	16466.43	1072.83	24282.99	7816.56	24427.86	144.87
上　海	10263.47	1547.12	11984.11	1720.64	12502.72	518.61
江　苏	20651.14	1751.35	26176.62	5525.48	25084.99	-1091.63
浙　江	9700.50	370.11	11545.10	1844.60	12063.53	518.43
安　徽	9187.15	747.51	15325.20	6138.05	16056.06	730.86
福　建	4218.55	356.58	4812.33	593.78	5371.48	559.15
江　西	6250.28	514.05	9041.13	2790.85	9552.27	511.14
山　东	17266.85	1847.77	21446.77	4179.92	29556.78	8110.01
河　南	17959.28	2370.27	26770.46	8811.18	31432.57	4662.11
湖　北	14553.23	2029.79	21700.03	7146.80	21338.13	-361.90
湖　南	14091.52	948.46	17008.97	2917.45	17308.14	299.17
广　东	32815.80	4222.15	37554.69	4738.89	38334.85	780.16
广　西	7825.16	490.11	8480.75	655.59	8732.44	251.69
海　南	2555.50	-465.98	3587.52	1032.02	2806.12	-781.40
四　川	15983.76	1579.32	19661.61	3677.85	20523.90	862.29
贵　州	12275.75	2827.61	10880.98	-1394.77	12918.02	2037.04
云　南	22381.74	2641.18	23361.01	979.27	23168.78	-192.23
西　藏	2026.51	-539.69	2263.84	237.33	2159.07	-104.77
陕　西	6326.47	412.36	8172.88	1846.41	8918.17	745.29
甘　肃	5180.62	60.55	5612.03	431.41	5787.79	175.76
青　海	1246.82	99.32	1484.99	238.17	1577.11	92.12
宁　夏	1380.38	87.18	1504.74	124.36	1479.17	-25.57
新　疆	4840.25	470.42	6301.56	1461.31	6404.45	102.89
重　庆	6568.20	917.46	7323.63	755.43	7636.92	313.29
大　连	2703.55	108.25	3056.60	353.05	2884.84	-171.76
青　岛	3009.27	313.31	3118.27	109.00	3265.49	147.22
宁　波	3083.10	657.81	4022.89	939.79	3621.96	-400.93
厦　门	1635.12	48.04	1834.38	199.26	1936.02	101.64
深　圳	2780.72	194.46	2756.88	-23.84	2504.73	-252.15
新疆兵团	3330.33	205.27	3570.45	240.12	3216.80	-353.65
境内合计	**354167.29**	**34222.06**	**439630.00**	**85462.71**	**462678.89**	**23048.89**

中国农业银行境内各分行人民币商业贷款

（1979—2005）

单位：百万元

地区	2000年		2001年		2002年	
	年末余额	比年初增减额	年末余额	比年初增减额	年末余额	比年初增减额
总行	5318.85	801.95	6394.91	1076.06	6355.34	-39.57
北京	8641.92	492.16	10843.44	2201.52	11764.39	920.95
天津	4682.30	95.50	4869.81	187.51	5468.20	598.39
河北	16163.75	-420.53	15815.54	-348.21	15988.94	173.40
山西	7373.40	282.64	8006.11	632.71	8064.20	58.09
内蒙古	5634.49	3.61	5329.26	-305.23	5210.55	-118.71
辽宁	15803.15	190.54	16264.74	461.59	16378.32	113.58
吉林	11171.08	-301.05	11623.41	452.33	11572.52	-50.89
黑龙江	18028.43	420.39	18079.09	50.66	18163.59	84.50
上海	11345.00	555.91	10437.68	-907.32	11212.69	775.01
江苏	19859.51	-637.22	19415.03	-444.48	18139.12	-1275.91
浙江	10183.97	-421.91	9681.54	-502.43	9743.16	61.62
安徽	13225.99	-180.12	13043.12	-182.87	12910.95	-132.17
福建	4753.66	58.17	4779.59	25.93	5020.36	240.77
江西	7623.18	271.83	7464.17	-159.01	7598.75	134.58
山东	24572.69	340.89	24269.52	-303.17	24492.85	223.33
河南	27078.02	218.63	26942.53	-135.49	27097.79	155.26
湖北	16780.90	527.09	16691.36	-89.54	16234.88	-456.48
湖南	12686.85	645.47	12780.76	93.91	13016.19	235.43
广东	26628.78	-1877.66	25740.79	-887.99	25431.61	-309.18
广西	5856.62	-190.17	5540.83	-315.79	5203.35	-337.48
海南	1789.15	-8.92	1707.86	-81.29	1705.03	-2.83
四川	14927.04	110.46	14961.84	34.80	15565.70	603.86
贵州	10017.56	-1280.35	9563.66	-453.90	9671.11	107.45
云南	19509.57	-2112.79	16631.85	-2877.72	15029.02	-1602.83
西藏	2196.18	37.11	2364.85	168.67	2370.86	6.01
陕西	5961.77	32.77	6301.86	340.09	6177.55	-124.31
甘肃	3968.16	96.14	3899.90	-68.26	3977.73	77.83
青海	1132.83	-250.26	1187.22	54.39	1103.89	-83.33
宁夏	1227.47	-22.23	1118.01	-109.46	1142.72	24.71
新疆	5323.36	684.34	5184.40	-138.96	5298.96	114.56
重庆	5005.74	205.41	4820.97	-184.77	4405.85	-415.12
大连	2094.94	-12.00	2584.85	489.91	2505.24	-79.61
青岛	2768.99	108.44	2508.09	-260.90	2429.80	-78.29
宁波	2786.07	107.17	2764.02	-22.05	2761.94	-2.08
厦门	1595.06	21.05	1555.63	-39.43	1503.51	-52.12
深圳	1386.92	-287.08	1878.88	491.96	2211.22	332.34
新疆兵团	2752.80	390.07	2581.57	-171.23	3199.63	618.06
境内合计	**357856.15**	**-1304.55**	**355628.69**	**-2227.46**	**356127.51**	**498.82**

中国农业银行境内各分行人民币商业贷款

(1979—2005)

单位：百万元

地区	2003年		2004年		2005年	
	年末余额	比年初增减额	年末余额	比年初增减额	年末余额	比年初增减额
总行	6295.96	-59.38	7437.75	1141.79	8918.00	1480.25
北京	14082.70	2318.31	17876.38	3793.68	20356.04	2479.66
天津	7079.72	1611.52	10387.96	3308.24	11174.85	786.89
河北	14952.53	-1036.41	16838.16	1885.63	18009.58	1171.42
山西	7239.04	-825.16	7353.74	114.70	7659.03	305.29
内蒙古	5210.49	-0.06	5532.98	322.49	5702.35	169.37
辽宁	15719.68	-658.64	15844.11	124.43	15449.47	-394.64
吉林	11271.42	-301.10	11655.23	383.81	10936.25	-718.98
黑龙江	17780.97	-382.62	18074.84	293.87	17574.67	-500.17
上海	11514.95	302.26	12140.12	625.17	11094.33	-1045.79
江苏	17393.26	-745.86	16227.93	-1165.33	16668.14	440.21
浙江	10842.33	1099.17	11597.48	755.15	12413.63	816.15
安徽	13060.67	149.72	13419.85	359.18	13355.92	-63.93
福建	5123.73	103.37	5667.48	543.75	6371.48	704.00
江西	7366.26	-232.49	7535.82	169.56	7470.15	-65.67
山东	23765.11	-727.74	23771.17	6.06	25661.50	1890.33
河南	23738.56	-3359.23	22927.42	-811.14	22162.50	-764.78
湖北	13633.36	-2601.52	14131.89	498.53	14134.06	2.17
湖南	12835.46	-180.73	13009.70	174.24	12877.57	-132.13
广东	26406.26	974.65	26171.85	-234.41	27291.25	1119.40
广西	5022.34	-181.01	5165.24	142.90	5472.90	307.66
海南	1506.52	-198.51	1466.51	-40.01	1448.87	-17.64
四川	16641.88	1076.18	16770.16	128.28	21667.50	4897.34
贵州	8660.29	-1010.82	7478.51	-1181.78	6075.74	-1402.77
云南	13157.83	-1871.19	11939.22	-1218.61	10595.35	-1343.87
西藏	2184.91	-185.95	1814.78	-370.13	1484.77	-330.01
陕西	6239.27	61.72	6791.25	551.98	7696.42	905.17
甘肃	3442.66	-535.07	4083.84	641.18	4442.59	358.75
青海	1030.30	-73.59	982.90	-47.40	950.28	-32.62
宁夏	1140.77	-1.95	1078.31	-62.46	1101.48	23.17
新疆	5805.80	506.84	6086.93	281.13	6373.16	286.23
重庆	4528.09	122.24	4268.08	-260.01	3854.30	-413.78
大连	2775.44	270.20	2889.86	114.42	2964.63	74.77
青岛	2562.28	132.48	2700.92	138.64	2904.01	203.09
宁波	2763.42	1.48	2608.92	-154.50	2350.53	-258.39
厦门	1359.03	-144.48	1544.02	184.99	1717.07	173.05
深圳	2606.78	395.56	2767.02	160.24	2603.63	-163.39
新疆兵团	3404.04	204.41	3736.60	332.56	3808.36	71.76
境内合计	**350144.11**	**-5983.40**	**361774.93**	**11630.82**	**372792.36**	**11017.57**

中国农业银行境内各分行人民币乡镇企业贷款

（1979—2005）

单位：百万元

地区	1979 年	1980 年		1981 年		1982 年	
	年末余额	年末余额	比年初增减额	年末余额	比年初增减额	年末余额	比年初增减额
总行							
北京	24.02	36.90	12.88	48.18	11.28	52.57	4.39
天津	4.80	32.63	27.83	64.64	32.01	82.93	18.29
河北	61.28	156.83	95.55	177.12	20.29	194.45	17.33
山西	75.74	101.14	25.40	133.38	32.24	161.63	28.25
内蒙古	55.10	63.67	8.57	66.40	2.73	78.18	11.78
辽宁	114.43	207.07	92.64	253.34	46.27	284.71	31.37
吉林	67.23	119.61	52.38	159.12	39.51	196.46	37.34
黑龙江	141.42	211.39	69.97	258.71	47.32	303.14	44.43
上海	79.50	174.96	95.46	197.46	22.50	213.82	16.36
江苏	110.01	611.07	501.06	843.03	231.96	944.01	100.98
浙江	174.97	309.75	134.78	336.34	26.59	335.41	-0.93
安徽	52.61	95.88	43.27	119.87	23.99	160.63	40.76
福建	99.01	173.96	74.95	219.48	45.52	243.86	24.38
江西	75.81	107.53	31.72	132.20	24.67	235.80	103.60
山东	139.77	171.56	31.79	217.07	45.51	267.58	50.51
河南	161.47	213.26	51.79	229.05	15.79	246.90	17.85
湖北	166.63	204.47	37.84	236.09	31.62	350.12	114.03
湖南	223.88	326.00	102.12	342.05	16.05	393.85	51.80
广东	261.92	724.61	462.69	768.24	43.63	1002.31	234.07
广西	172.08	202.03	29.95	215.35	13.32	261.37	46.02
海南							
四川	402.40	655.43	253.03	763.83	108.40	871.21	107.38
贵州	42.44	50.38	7.94	54.18	3.80	58.17	3.99
云南	92.15	128.85	36.70	144.72	15.87	149.97	5.25
西藏							
陕西	89.15	110.38	21.23	119.88	9.50	131.70	11.82
甘肃	61.85	64.68	2.83	68.80	4.12	72.06	3.26
青海	8.81	11.47	2.66	10.48	-0.99	9.88	-0.60
宁夏	8.89	9.73	0.84	8.44	-1.29	8.37	-0.07
新疆	21.58	24.14	2.56	26.50	2.36	26.03	-0.47
重庆							
大连							
青岛							
宁波							
厦门							
深圳							
新疆兵团							
境内合计	**2988.95**	**5299.38**	**2310.43**	**6213.95**	**914.57**	**7337.12**	**1123.17**

中国农业银行境内各分行人民币乡镇企业贷款

(1979—2005)

单位：百万元

地　区	1983 年		1984 年		1985 年	
	年末余额	比年初增减额	年末余额	比年初增减额	年末余额	比年初增减额
总　行						
北　京	83.45	30.88	274.55	191.10	358.04	83.49
天　津	114.94	32.01	300.13	185.19	349.96	49.83
河　北	236.82	42.37	542.75	305.93	642.01	99.26
山　西	210.10	48.47	612.87	402.77	684.34	71.47
内蒙古	78.31	0.13	96.50	18.19	105.25	8.75
辽　宁	346.23	61.52	628.49	282.26	612.53	120.22
吉　林	225.43	28.97	288.03	62.60	332.25	44.22
黑龙江	348.06	44.92	402.56	54.50	444.73	42.17
上　海	272.95	59.13	674.70	401.75	947.22	272.52
江　苏	452.55	-491.46	1277.69	825.14	1553.05	275.36
浙　江	370.45	35.04	1108.52	738.07	1277.53	169.01
安　徽	182.77	22.14	312.74	129.97	368.42	55.68
福　建	319.37	75.51	607.91	288.54	672.87	64.96
江　西	287.17	51.37	416.48	129.31	515.35	98.87
山　东	322.42	54.84	1047.09	724.67	1282.86	235.77
河　南	323.62	76.72	638.62	315.00	748.50	109.88
湖　北	429.55	79.43	226.69	-202.86	1042.85	816.16
湖　南	392.38	-1.47	471.62	79.24	587.97	116.35
广　东	1259.93	257.62	2399.43	1139.50	2381.61	-17.82
广　西	269.19	7.82	349.95	80.76	367.23	17.28
海　南						
四　川	949.83	78.62	1762.02	937.46	1845.35	83.33
贵　州	62.18	4.01	126.08	63.90	145.45	19.37
云　南	179.51	29.54	291.50	111.99	318.52	27.02
西　藏						
陕　西	164.35	32.65	453.33	288.98	499.63	46.30
甘　肃	70.38	-1.68	130.46	60.08	160.31	29.85
青　海	9.24	-0.64	13.83	4.59	21.50	7.67
宁　夏	9.34	0.97	18.46	9.12	27.38	8.92
新　疆	31.15	5.12	52.16	21.01	63.62	11.46
重　庆			242.63	117.36	258.25	15.62
大　连					183.38	47.20
青　岛						
宁　波						
厦　门						
深　圳						
新疆兵团						
境内合计	**8001.67**	**664.55**	**15767.79**	**7766.12**	**18797.96**	**3030.17**

中国农业银行境内各分行人民币乡镇企业贷款
（1979—2005）

单位：百万元

地　区	1986 年		1987 年		1988 年	
	年末余额	比年初增减额	年末余额	比年初增减额	年末余额	比年初增减额
总　行						
北　京	547.53	189.49	624.49	76.96	777.07	152.58
天　津	568.24	218.28	751.66	183.42	889.56	137.90
河　北	1405.44	763.43	1902.40	496.96	2166.36	263.96
山　西	870.24	185.90	1026.60	156.36	1208.49	181.89
内蒙古	155.34	50.09	212.18	56.84	258.85	46.67
辽　宁	998.02	385.49	1286.12	288.10	1527.18	241.06
吉　林	569.16	236.91	734.47	165.31	844.24	109.77
黑龙江	549.11	104.38	709.76	160.65	847.56	137.80
上　海	1582.89	635.67	1736.19	153.30	2081.07	344.88
江　苏	2948.68	1395.63	3394.96	446.28	3831.99	437.03
浙　江	2131.87	854.34	2508.28	376.41	2367.29	230.91
安　徽	620.02	251.60	793.10	173.08	972.22	179.12
福　建	896.01	223.14	1090.36	194.35	1185.85	95.49
江　西	738.88	223.53	890.50	151.62	1068.66	178.16
山　东	1808.73	525.87	2018.49	388.35	2332.11	313.62
河　南	1064.02	315.52	1396.25	332.23	1680.57	284.32
湖　北	1374.91	332.06	1728.61	353.70	1956.32	227.71
湖　南	1158.72	570.75	1473.67	314.95	1630.27	156.60
广　东	2999.58	617.97	3392.56	490.29	4179.90	787.34
广　西	468.33	101.10	605.89	137.56	735.24	129.35
海　南			115.94	18.63	103.63	-12.31
四　川	2701.70	856.35	3061.21	359.51	3337.86	276.65
贵　州	253.12	107.67	315.89	62.77	392.42	76.53
云　南	516.89	198.37	617.54	100.65	728.40	110.86
西　藏						
陕　西	717.59	217.96	882.93	165.34	999.87	116.94
甘　肃	247.24	86.93	319.56	72.32	412.61	93.05
青　海	41.52	20.02	47.55	6.03	81.24	33.69
宁　夏	56.34	28.96	88.84	32.50	138.32	49.48
新　疆	127.39	63.77	201.24	73.85	288.71	87.47
重　庆	391.45	133.20	443.80	52.35	503.47	59.67
大　连	283.78	100.40	323.95	40.17	373.86	49.91
青　岛			311.67	133.08	406.76	95.09
宁　波					461.19	89.29
厦　门						
深　圳						
新疆兵团						
境内合计	**28792.74**	**9994.78**	**35006.66**	**6213.92**	**40769.14**	**5762.48**

中国农业银行境内各分行人民币乡镇企业贷款

(1979—2005)

单位：百万元

地区	1989年		1990年		1991年	
	年末余额	比年初增减额	年末余额	比年初增减额	年末余额	比年初增减额
总行						
北京	824.11	47.04	938.53	114.42	1053.73	121.46
天津	924.02	34.46	1075.48	151.46	1198.06	144.91
河北	2234.34	67.98	2426.82	192.48	2615.38	216.31
山西	1239.69	31.20	1329.44	89.75	1400.85	84.48
内蒙古	262.45	3.60	307.79	45.34	362.15	54.46
辽宁	1559.42	32.24	1741.55	181.93	1899.47	169.25
吉林	847.04	2.80	950.58	103.54	1059.51	133.64
黑龙江	850.13	2.57	959.58	109.45	1049.42	112.24
上海	2088.87	7.80	2246.20	157.33	2835.22	589.02
江苏	4064.34	232.35	4478.16	413.82	5503.04	1054.19
浙江	2575.78	208.49	2807.95	232.17	3110.37	408.28
安徽	972.78	0.56	1078.54	105.76	1716.88	666.04
福建	1231.94	79.64	1362.47	130.53	1228.09	137.61
江西	1088.24	19.58	1203.03	114.79	1194.87	113.09
山东	2409.26	57.15	2632.47	243.21	2805.45	243.63
河南	1707.41	26.84	1865.99	158.58	1999.36	257.88
湖北	1992.00	35.68	2155.97	163.97	2089.76	190.45
湖南	1659.10	28.83	1810.28	151.18	1745.77	253.02
广东	4061.55	97.42	4407.18	345.63	4259.23	318.72
广西	753.32	18.08	824.42	71.10	764.64	80.71
海南	109.78	6.15	120.98	11.20	100.88	-11.85
四川	3374.42	36.56	3547.15	172.73	3297.63	222.34
贵州	397.42	5.00	444.08	46.66	511.89	101.57
云南	727.84	-0.56	802.86	75.02	739.49	72.57
西藏						
陕西	1025.82	25.95	1130.84	105.02	1226.71	122.05
甘肃	432.40	19.79	481.58	49.18	521.83	47.03
青海	83.04	1.80	95.24	12.20	100.47	5.38
宁夏	141.68	3.36	176.85	35.17	197.55	20.70
新疆	296.99	8.28	373.50	76.51	383.49	66.20
重庆	525.78	22.31	571.19	45.41	626.30	80.38
大连	397.67	23.81	469.49	72.02	510.93	43.24
青岛	405.06	18.30	476.16	51.10	490.47	40.84
宁波	517.12	55.93	580.65	63.53	664.14	93.18
厦门	37.94	4.39	39.76	1.82	46.15	6.75
深圳	242.34	26.57	304.76	62.42	533.59	228.83
新疆兵团						
境内合计	**42061.09**	**1291.95**	**46217.52**	**4156.43**	**49842.77**	**6488.60**

中国农业银行境内各分行人民币乡镇企业贷款

（1979—2005）

单位：百万元

地区	1992年		1993年		1994年上半年	
	年末余额	比年初增减额	年末余额	比年初增减额	6月末余额	比年初增减额
总行						
北京	1152.83	99.10	1386.88	234.05	1462.68	75.80
天津	1350.17	152.11	1925.77	575.60	2171.02	245.25
河北	2932.98	317.60	3810.60	877.62	4079.72	269.12
山西	1645.72	244.87	2354.03	708.31	2560.66	206.63
内蒙古	514.37	152.22	775.67	261.30	813.45	37.78
辽宁	2137.92	238.45	2610.78	472.86	2770.06	159.28
吉林	1389.58	330.07	1828.41	438.83	1921.64	93.23
黑龙江	1260.45	211.03	1768.54	508.09	1921.78	153.24
上海	3851.33	1016.11	5465.21	1613.88	6177.24	712.03
江苏	6056.64	553.60	7311.64	1255.00	7650.55	338.91
浙江	3370.80	260.43	4112.84	742.04	4588.18	475.34
安徽	2063.44	346.56	2705.19	641.75	3086.16	380.97
福建	1356.17	128.08	1737.90	381.73	1931.19	193.29
江西	1405.83	210.96	1839.33	433.50	2020.88	181.55
山东	3221.97	416.52	4037.10	815.13	4244.56	207.46
河南	2411.09	411.73	3341.71	930.62	3498.08	156.37
湖北	2303.76	214.00	3466.99	1163.23	3659.21	192.22
湖南	2121.78	376.01	3017.94	896.16	3312.68	294.74
广东	4649.34	390.11	6553.68	1904.34	7119.23	565.55
广西	982.29	217.65	1610.39	628.10	1846.30	235.91
海南	156.19	55.31	248.40	92.21	250.64	2.24
四川	3740.89	443.26	4814.97	1074.08	5098.66	283.69
贵州	667.37	155.48	868.04	200.67	923.80	55.76
云南	893.68	154.19	1220.75	327.07	1484.16	263.41
西藏						
陕西	1505.37	278.66	2009.46	504.09	2187.39	177.93
甘肃	644.71	122.88	872.30	227.59	1061.25	188.95
青海	138.18	37.71	207.73	69.55	243.82	36.09
宁夏	312.24	114.69	415.99	103.75	477.45	61.46
新疆	549.68	166.19	795.73	246.05	922.78	127.05
重庆	734.43	108.13	916.80	182.37	906.56	-10.24
大连	577.59	66.66	657.81	80.22	754.63	96.82
青岛	552.06	61.59	642.07	90.01	694.48	52.41
宁波	738.59	74.45	914.97	176.38	979.11	64.14
厦门	52.78	6.63	94.27	41.49	106.80	12.53
深圳	789.48	255.89	1000.42	210.94	1095.55	95.13
新疆兵团	18.81	18.81	120.57	101.76	127.66	7.09
境内合计	**58250.51**	**8407.74**	**77460.88**	**19210.37**	**84150.01**	**6689.13**

中国农业银行境内各分行人民币乡镇企业贷款

(1979—2005)

单位：百万元

地　区	1994年下半年		1995年		1996年	
	年末余额	比6月末增减额	年末余额	比年初增减额	年末余额	比年初增减额
总　行					10.00	10.00
北　京	1621.05	158.37	1748.40	127.35	1917.27	168.87
天　津	2281.61	110.59	2656.80	375.19	3701.12	1044.32
河　北	4406.66	358.35	5067.36	660.70	6414.26	1346.90
山　西	2855.85	299.40	3335.71	479.86	4380.26	1044.55
内蒙古	1100.38	291.09	1400.17	299.79	1715.56	315.39
辽　宁	3246.45	477.93	3705.67	459.22	4431.36	725.69
吉　林	2239.60	318.68	2620.39	380.79	2879.69	259.30
黑龙江	2329.48	405.30	2777.53	448.05	3357.41	579.88
上　海	6489.94	312.70	7143.14	653.20	8031.11	887.97
江　苏	8236.25	578.89	9374.91	1138.66	13315.72	3940.81
浙　江	4849.65	272.65	5931.20	1081.55	9113.53	3182.33
安　徽	3384.38	336.00	4237.63	853.25	5646.81	1409.18
福　建	2047.50	123.15	2345.56	298.06	2733.42	387.86
江　西	2317.30	298.70	2766.15	448.85	3393.68	627.53
山　东	4757.10	513.84	5600.80	843.70	6900.66	1299.86
河　南	4116.85	627.57	5107.43	990.58	6921.74	1814.31
湖　北	3999.85	339.54	4632.95	633.10	6249.18	1616.23
湖　南	3771.62	468.58	4533.44	761.82	5492.25	958.81
广　东	7468.82	353.98	8404.81	935.99	12822.85	4418.04
广　西	2199.98	355.03	2881.18	681.20	3814.45	933.27
海　南	414.39	164.75	371.88	-42.51	419.57	47.69
四　川	5802.97	704.30	6876.24	1073.27	7612.97	736.73
贵　州	1109.57	196.00	1453.75	344.18	1827.02	373.27
云　南	1548.88	73.70	1852.14	303.26	2318.52	466.38
西　藏			61.74		80.83	19.09
陕　西	2484.15	299.85	2903.40	419.25	3329.60	426.20
甘　肃	1237.46	175.81	1609.14	371.68	1988.80	379.66
青　海	345.19	101.37	465.22	120.03	597.36	132.14
宁　夏	559.34	82.30	715.68	156.34	862.07	146.39
新　疆	1153.73	238.73	1484.03	330.30	1837.48	353.45
重　庆	1121.27	214.71	1301.40	180.13	2486.75	1185.35
大　连	931.14	176.51	1098.58	167.44	1259.22	160.64
青　岛	736.02	41.54	837.52	101.50	957.44	119.92
宁　波	1047.45	68.34	1249.98	202.53	1758.71	508.73
厦　门	151.87	45.07	215.85	63.98	210.81	-5.04
深　圳	1245.12	149.57	1459.19	214.07	1628.12	168.93
新疆兵团	227.74	100.08	321.99	94.25	447.47	125.48
境内合计	**93836.61**	**9832.97**	**110548.96**	**16712.35**	**142865.07**	**32316.11**

中国农业银行境内各分行人民币乡镇企业贷款

（1979—2005）

单位：百万元

地区	1997年		1998年		1999年	
	年末余额	比年初增减额	年末余额	比年初增减额	年末余额	比年初增减额
总行	76.00	66.00	138.00	62.00	159.00	21.00
北京	2093.18	175.91	2280.45	187.27	2562.60	282.15
天津	4231.46	530.34	5227.99	996.53	5810.70	582.71
河北	7165.06	750.80	8451.52	1286.46	9296.16	844.64
山西	4888.01	507.75	5440.95	552.94	5828.70	387.75
内蒙古	1879.21	163.65	1926.66	47.45	1981.51	54.85
辽宁	4853.82	422.46	5722.32	868.50	6575.62	853.30
吉林	3082.74	203.05	3313.26	230.52	3123.28	-189.98
黑龙江	3416.83	59.42	3893.15	476.32	4071.02	177.87
上海	9294.22	1263.11	9494.68	200.46	10163.97	669.29
江苏	15472.29	2156.57	18385.90	2913.61	20648.36	2262.46
浙江	11730.76	2617.23	14606.67	2875.91	16663.21	2056.54
安徽	6295.08	648.27	6918.47	623.39	7241.60	323.13
福建	3298.11	564.69	3854.08	555.97	4231.61	377.53
江西	3890.82	497.14	4371.67	480.85	4606.93	235.26
山东	8401.45	1500.79	10370.73	1969.28	12875.00	2504.27
河南	8172.52	1250.78	10093.08	1920.56	12189.48	2096.40
湖北	6546.84	297.66	6647.41	100.57	6451.65	-195.76
湖南	6127.66	635.41	6323.15	195.49	6029.67	-293.48
广东	14354.61	1531.76	16867.70	2513.09	17873.60	1005.90
广西	4211.10	396.65	4458.32	247.22	4581.03	122.71
海南	626.18	206.61	1414.88	788.70	2022.81	607.93
四川	8723.84	1110.87	9932.77	1208.93	9830.03	-102.74
贵州	1981.55	154.53	2074.96	93.41	1980.15	-94.81
云南	2634.61	316.09	3487.40	852.79	3770.55	283.15
西藏	64.30	-16.53	55.44	-8.86	68.65	13.21
陕西	3639.92	310.32	4127.76	487.84	4443.12	315.36
甘肃	2317.11	328.31	2706.73	389.62	3060.26	353.53
青海	687.16	89.80	880.40	193.24	944.73	64.33
宁夏	1040.64	178.57	1205.90	165.26	1332.19	126.29
新疆	2081.81	244.33	2212.83	131.02	2185.19	-27.64
重庆	2814.47	327.72	3234.27	419.80	3459.73	225.46
大连	1406.25	147.03	1482.42	76.17	1416.24	-66.18
青岛	1051.04	93.60	1345.86	294.82	1555.34	209.48
宁波	2265.19	506.48	2793.33	528.14	3124.65	331.32
厦门	212.33	1.52	222.41	10.08	204.08	-18.33
深圳	1770.18	142.06	2072.04	301.86	2175.13	103.09
新疆兵团	523.46	75.99	346.49	-176.97	239.63	-106.86
境内合计	**163321.81**	**20456.74**	**188382.05**	**25060.24**	**204777.18**	**16395.13**

中国农业银行境内各分行人民币乡镇企业贷款

(1979—2005)

单位：百万元

地　区	2000年		2001年		2002年	
	年末余额	比年初增减额	年末余额	比年初增减额	年末余额	比年初增减额
总　行	168.00	9.00	78.00	-90.00	43.00	-35.00
北　京	2025.99	79.63	2127.36	101.37	2461.24	333.88
天　津	4885.12	438.63	5073.79	188.67	5597.27	523.48
河　北	6602.51	42.29	6669.34	66.83	6753.68	84.34
山　西	4028.14	357.16	4296.64	268.50	4402.22	105.58
内蒙古	1338.73	42.74	1210.23	-128.50	1267.75	57.52
辽　宁	5114.05	425.86	5850.73	736.68	6033.52	182.79
吉　林	1590.94	111.01	1646.52	55.58	1579.45	-67.07
黑龙江	2576.59	165.74	2626.00	49.41	2587.93	-38.07
上　海	9607.61	519.35	10019.80	412.19	10579.65	559.85
江　苏	15410.91	1211.95	16100.26	689.35	19668.44	3568.18
浙　江	14499.51	-119.02	14291.14	-208.37	15637.20	1346.06
安　徽	5223.30	416.66	5374.41	151.11	5475.44	101.03
福　建	3925.45	294.74	3678.53	-246.92	3865.47	186.94
江　西	2885.31	139.01	2889.11	3.80	2910.86	21.75
山　东	11207.24	1142.88	12512.69	1305.45	14052.70	1540.01
河　南	10632.58	1108.23	11858.51	1225.93	12798.06	939.55
湖　北	3334.72	156.29	3336.95	2.23	3405.13	68.18
湖　南	2860.09	113.03	2835.72	-24.37	2889.85	54.13
广　东	13495.93	-21.76	12364.93	-1131.00	11768.76	-596.17
广　西	2702.74	-59.72	2615.09	-87.65	2532.45	-82.64
海　南	2330.12	516.34	2325.67	-4.45	2371.74	46.07
四　川	7026.39	79.34	7382.92	356.53	7268.29	-114.63
贵　州	900.70	-147.41	849.73	-50.97	785.53	-64.20
云　南	2867.66	-19.40	2602.91	-264.75	2489.16	-113.75
西　藏	96.85	28.20	118.84	21.99	127.81	8.97
陕　西	3099.58	151.63	3354.71	255.13	3650.18	295.47
甘　肃	2121.82	161.51	2074.88	-46.94	1741.09	-333.79
青　海	802.09	-16.20	764.62	-37.47	784.63	20.01
宁　夏	999.21	-53.01	905.61	-93.60	870.43	-35.18
新　疆	1462.28	41.87	1449.06	-13.22	1247.14	-201.92
重　庆	2142.50	43.44	2100.36	-42.14	1901.33	-199.03
大　连	1230.18	8.38	1334.70	104.52	1581.10	246.40
青　岛	1240.95	104.07	1173.29	-67.66	1182.49	9.20
宁　波	3005.64	343.08	3352.29	346.65	3722.68	370.39
厦　门	127.66	-37.83	145.30	17.64	192.45	47.15
深　圳	1899.56	-93.77	2137.89	238.33	2276.84	138.95
新疆兵团	149.15	-50.83	113.33	-35.82	123.99	10.66
境内合计	**155617.80**	**7633.11**	**159641.86**	**4024.06**	**168626.95**	**8985.09**

中国农业银行境内各分行人民币乡镇企业贷款

（1979—2005）

单位：百万元

地　区	2003 年		2004 年		2005 年	
	年末余额	比年初增减额	年末余额	比年初增减额	年末余额	比年初增减额
总　行	43.00			-43.00	38.66	38.66
北　京	2444.95	-16.29	2309.68	-135.27	2262.56	-47.12
天　津	6202.47	605.20	6977.00	774.53	6873.40	-103.60
河　北	7353.22	599.54	7260.83	-92.39	7144.78	-116.05
山　西	4414.02	11.80	4322.39	-91.63	4286.34	-36.05
内蒙古	1313.86	46.11	1655.02	341.16	1600.03	-54.99
辽　宁	6232.29	198.77	6763.17	530.88	7165.51	402.34
吉　林	1802.42	222.97	1782.09	-20.33	1719.73	-62.36
黑龙江	2488.69	-99.24	2551.16	62.47	2539.83	-11.33
上　海	11433.93	854.28	11498.39	64.46	10031.47	-1466.92
江　苏	24628.22	4959.78	29755.07	5126.85	30027.01	271.94
浙　江	19068.72	3431.52	21076.14	2007.42	16017.87	-5058.27
安　徽	5669.91	194.47	5704.76	34.85	5597.81	-106.95
福　建	4211.91	346.44	4387.57	175.66	4721.83	334.26
江　西	2758.86	-152.00	2562.73	-196.13	2434.13	-128.60
山　东	15359.76	1307.06	17224.25	1864.49	18949.03	1724.78
河　南	13619.51	821.45	13606.30	-13.21	12961.44	-645.00
湖　北	3342.19	-62.94	3253.00	-89.19	3517.80	264.80
湖　南	2921.94	32.09	2987.16	65.22	2789.16	-198.00
广　东	10784.12	-984.64	10340.04	-444.08	9408.80	-931.24
广　西	2353.72	-178.73	2192.62	-161.10	2094.77	-97.85
海　南	1589.71	-782.03	974.05	-615.66	978.53	4.48
四　川	7285.35	17.06	6991.42	-293.93	6544.81	-446.61
贵　州	705.67	-79.86	569.60	-136.07	518.13	-51.47
云　南	2384.44	-104.72	2094.77	-289.67	1969.11	-125.66
西　藏	131.67	3.86	119.83	-11.84	137.97	18.14
陕　西	3829.49	179.31	4038.99	209.50	4225.98	186.99
甘　肃	1730.72	-10.37	1735.00	4.28	1522.41	-212.59
青　海	822.96	38.33	797.69	-25.27	816.30	18.61
宁　夏	849.99	-20.44	831.24	-18.75	836.46	5.22
新　疆	1109.45	-137.69	1087.59	-21.86	951.58	-136.01
重　庆	1732.33	-169.00	1609.76	-122.57	1406.26	-203.50
大　连	1743.93	162.83	1731.35	-12.58	1708.61	-22.74
青　岛	1158.65	-23.84	1056.47	-102.18	1025.43	-31.04
宁　波	4657.51	934.83	5095.09	437.58	4242.64	-852.45
厦　门	211.82	19.37	205.60	-6.22	211.61	6.01
深　圳	2485.54	208.70	2187.53	-298.01	1858.77	-328.76
新疆兵团	107.36	-16.63	91.77	-15.59	90.14	-1.63
境内合计	**180984.30**	**12357.35**	**189427.12**	**8442.82**	**181226.70**	**-8200.56**

中国农业银行境内各分行人民币农副产品收购贷款

(1985—2005)

单位：百万元

地　区	1985 年	1986 年		1987 年		1988 年	
	年末余额	年末余额	比年初增减额	年末余额	比年初增减额	年末余额	比年初增减额
总　行							
北　京	216.34	312.56	96.22	550.60	238.04	765.93	215.33
天　津	144.96	300.67	155.71	445.39	144.72	624.63	179.24
河　北	6403.05	6349.74	-53.31	5468.14	-881.60	5790.75	322.61
山　西	862.96	838.85	-24.11	988.74	149.89	1408.17	419.43
内蒙古	1038.53	1227.76	189.23	1418.83	191.07	1886.28	467.45
辽　宁	1873.11	2157.03	283.92	2772.87	615.84	3405.39	632.52
吉　林	2510.22	2482.03	-28.19	3345.04	863.01	4491.26	1146.22
黑龙江	2063.65	2893.91	830.26	2521.68	-372.23	3556.19	1034.51
上　海	74.30	44.91	-29.39	34.55	-10.36	13.46	-21.09
江　苏	4740.99	4678.65	-62.34	5310.25	631.60	5300.42	-9.83
浙　江	1568.47	1405.09	-163.38	1826.90	421.81	1628.06	95.46
安　徽	2909.36	3267.25	357.89	3573.63	306.38	3790.79	217.16
福　建	428.04	499.20	71.16	523.14	23.94	696.73	173.59
江　西	1735.98	1493.33	-242.65	1880.48	387.15	2083.24	202.76
山　东	12010.24	11660.72	-349.52	10861.94	-428.86	11177.74	315.80
河　南	7199.32	6919.76	-279.56	7028.17	108.41	7696.61	668.44
湖　北	4717.53	4542.18	-175.35	5040.05	497.87	5693.23	653.18
湖　南	1953.07	2065.74	112.67	2666.19	600.45	2728.08	61.89
广　东	1132.65	1196.86	64.21	1521.45	369.43	1781.88	260.43
广　西	458.37	544.54	86.17	740.00	195.46	1017.12	277.12
海　南				92.72	47.88	167.52	74.80
四　川	2948.38	2826.47	-121.91	3261.62	435.15	3770.36	508.74
贵　州	850.98	1024.29	173.31	1060.41	36.12	1233.62	173.21
云　南	965.67	1051.19	85.52	1329.85	278.66	2079.03	749.18
西　藏							
陕　西	614.26	804.47	190.21	1063.23	258.76	1238.64	175.41
甘　肃	689.57	762.68	73.11	941.45	178.77	1161.10	219.65
青　海	99.83	114.16	14.33	124.86	10.70	191.65	66.79
宁　夏	91.43	113.11	21.68	143.51	30.40	265.68	122.17
新　疆	1305.31	1345.14	39.83	1373.37	28.23	1789.76	416.39
重　庆	268.55	303.01	34.46	377.41	74.40	469.64	92.23
大　连	204.37	186.54	-17.83	291.03	104.49	342.55	51.52
青　岛				443.56	73.64	438.89	-4.67
宁　波						295.86	1.56
厦　门							
深　圳							
新疆兵团							
境内合计	**62079.49**	**63411.84**	**1332.35**	**69021.06**	**5609.22**	**78980.26**	**9959.20**

中国农业银行境内各分行人民币农副产品收购贷款

（1985—2005）

单位：百万元

地　区	1989 年		1990 年		1991 年	
	年末余额	比年初增减额	年末余额	比年初增减额	年末余额	比年初增减额
总　行						
北　京	1106.04	340.11	1402.66	296.62	1971.13	568.47
天　津	955.69	331.06	1635.66	679.97	2155.55	519.89
河　北	6607.37	816.62	7882.03	1274.66	10097.46	2215.43
山　西	1904.98	496.81	2771.31	866.33	3260.24	488.93
内蒙古	2399.13	512.85	3942.01	1542.88	4818.58	876.57
辽　宁	4485.00	1079.61	6435.61	1950.61	8483.69	2048.08
吉　林	5039.22	547.96	8534.03	3494.81	11803.54	3269.51
黑龙江	4533.02	976.83	6994.73	2461.71	9859.54	2864.81
上　海	448.94	435.48	759.16	310.22	992.65	233.49
江　苏	7175.53	1875.11	9772.70	2597.17	12115.62	2342.92
浙　江	2194.71	566.65	2840.55	645.84	3414.19	573.64
安　徽	4678.07	887.28	7198.26	2520.19	8348.15	1149.89
福　建	1076.80	421.90	1302.48	225.68	1430.16	127.68
江　西	3146.17	1062.93	4600.22	1454.05	6817.60	2217.38
山　东	12291.40	1113.66	14594.64	2303.24	18430.58	3835.94
河　南	8690.94	994.33	11923.92	3232.98	15224.49	3300.57
湖　北	7677.19	1983.96	12077.49	4400.30	14001.24	1923.75
湖　南	3996.09	1268.01	5474.15	1478.06	7431.97	1957.82
广　东	2373.33	608.03	3021.34	648.01	3780.41	759.07
广　西	1313.64	296.52	1759.72	446.08	2545.43	785.71
海　南	266.59	99.07	465.22	198.63	697.02	231.80
四　川	5291.91	1521.55	7614.37	2322.46	10509.65	2895.28
贵　州	1515.57	281.95	1793.19	277.62	2644.20	851.01
云　南	2425.83	346.80	2834.06	408.23	3602.90	768.84
西　藏						
陕　西	1708.83	470.19	2356.58	647.75	2964.56	607.98
甘　肃	1370.95	209.85	1999.31	628.36	2493.01	493.70
青　海	315.18	123.53	323.84	8.66	328.27	4.43
宁　夏	324.20	58.52	513.82	189.62	555.36	41.54
新　疆	2469.69	679.93	4696.85	2227.16	7205.66	2508.81
重　庆	616.29	146.65	944.22	327.93	1347.62	403.40
大　连	401.41	58.86	542.16	140.75	701.76	159.60
青　岛	612.46	173.57	865.89	253.43	1005.89	140.00
宁　波	409.46	113.60	633.48	224.02	697.16	63.68
厦　门	35.49	-6.34	61.58	26.09	74.67	13.09
深　圳	24.55	7.97	16.24	-8.31	20.43	4.19
新疆兵团						
境内合计	**99881.67**	**20901.41**	**140583.48**	**40701.81**	**181830.38**	**41246.90**

中国农业银行境内各分行人民币农副产品收购贷款

（1985—2005）

单位：百万元

地　区	1992年		1993年		1994年上半年	
	年末余额	比年初增减额	年末余额	比年初增减额	6月末余额	比年初增减额
总　行						
北　京	2789.03	817.90	3260.24	471.21	3693.25	433.01
天　津	2757.53	601.98	3147.33	389.80	2915.98	-231.35
河　北	10844.92	747.46	12653.28	1808.36	11575.86	-1077.42
山　西	3538.90	278.66	3862.81	323.91	3615.85	-246.96
内蒙古	5434.04	615.46	6807.77	1373.73	6558.67	-249.10
辽　宁	10062.02	1578.33	13058.62	2996.60	12126.02	-932.60
吉　林	13274.23	1470.69	16649.15	3374.92	15787.93	-861.22
黑龙江	10928.04	1068.50	14596.22	3668.18	13614.17	-982.05
上　海	1067.22	74.57	1133.55	66.33	1246.43	112.88
江　苏	14218.20	2102.58	14289.86	71.66	14162.99	-126.87
浙　江	4017.33	603.14	4583.88	566.55	4686.61	102.73
安　徽	9499.33	1151.18	11466.50	1967.17	11510.83	44.33
福　建	1525.55	95.39	1716.29	190.74	1463.43	-252.86
江　西	8561.60	1744.00	9181.12	619.52	8002.51	-1178.61
山　东	19403.37	972.79	22207.48	2804.11	22272.71	65.23
河　南	17162.87	1938.38	21043.45	3880.58	19947.81	-1095.64
湖　北	15682.15	1680.91	18187.34	2505.19	17106.38	-1080.96
湖　南	9221.83	1789.86	11606.00	2384.17	10772.13	-833.87
广　东	3920.25	139.84	4543.48	623.23	4140.23	-402.53
广　西	2730.42	184.99	3333.80	603.38	2822.79	-511.01
海　南	955.46	258.44	1064.32	108.86	1281.73	217.41
四　川	12144.84	1635.19	14468.81	2323.97	15074.21	605.40
贵　州	3129.26	485.06	3969.27	840.01	3507.04	-462.23
云　南	4594.18	991.28	6543.63	1949.45	5238.80	-1304.83
西　藏						
陕　西	3722.29	757.73	4564.91	842.62	4385.93	-178.98
甘　肃	3130.02	637.01	3612.20	482.18	3167.56	-444.64
青　海	366.73	38.46	345.08	-21.65	265.54	-79.54
宁　夏	610.13	54.77	708.81	98.68	506.92	-201.89
新　疆	7034.14	1201.47	7227.50	193.36	3470.54	-3756.96
重　庆	1554.00	206.38	1846.16	292.16	1904.44	58.28
大　连	826.05	124.29	1011.30	185.25	880.95	-130.35
青　岛	960.42	-45.47	1140.73	180.31	1292.25	151.52
宁　波	723.43	26.27	833.36	109.93	741.01	-92.35
厦　门	49.37	-25.30	74.14	24.77	81.29	7.15
深　圳	22.42	1.99	52.17	29.75	57.08	4.19
新疆兵团	2073.66	700.67	2228.07	154.41	1138.40	-1089.67
境内合计	**208535.23**	**26704.85**	**247018.63**	**38483.40**	**231016.27**	**-16002.36**

中国农业银行境内各分行人民币农副产品收购贷款

（1985—2005）

单位：百万元

地区	1994年下半年		1995年		1996年	
	年末余额	比6月末增减额	年末余额	比年初增减额	年末余额	比年初增减额
总行					20.00	20.00
北京	1472.92	311.90	1791.74	318.82	1857.45	65.71
天津	1723.86	397.82	1875.81	151.95	2013.52	137.71
河北	5844.28	1965.61	6967.93	1123.65	7460.62	492.69
山西	1532.57	395.36	1829.55	296.98	2241.32	411.77
内蒙古	2412.23	473.93	2698.87	286.64	2969.27	270.40
辽宁	3763.78	1112.22	4565.01	801.23	5233.83	668.82
吉林	5380.53	1187.63	6375.79	995.26	6969.93	594.14
黑龙江	4931.48	1562.70	6810.35	1878.87	8259.50	1449.15
上海	55.12	1.62	46.86	-8.26	49.63	2.77
江苏	3644.86	633.03	4424.35	779.49	5108.40	684.05
浙江	3746.21	1199.59	4177.65	431.44	3065.70	-1111.95
安徽	2940.81	609.26	3686.50	745.69	4547.01	860.51
福建	930.94	280.04	1049.99	119.05	1184.80	134.81
江西	1814.96	297.63	2138.98	324.02	2503.92	364.94
山东	5572.37	764.75	6347.08	774.71	7561.47	1214.39
河南	5428.22	1071.68	6821.50	1393.28	8245.05	1423.55
湖北	3114.40	703.06	3522.74	408.34	4378.66	855.92
湖南	5238.33	1204.55	5995.00	756.67	6758.95	763.95
广东	2117.27	459.38	2715.05	597.78	3318.11	603.06
广西	2878.36	1383.87	3318.49	440.13	3899.15	580.66
海南	487.12	4.77	576.99	89.87	554.47	-22.52
四川	5777.87	1521.57	6863.58	1085.71	6680.38	-183.20
贵州	3044.01	918.52	4912.07	1868.06	7643.49	2731.42
云南	8797.75	4903.69	12802.33	4004.58	16966.76	4164.43
西藏			366.62		307.17	-59.45
陕西	1719.32	515.22	2014.72	295.40	2523.36	508.64
甘肃	2035.06	945.46	2413.95	378.89	2591.91	177.96
青海	227.73	91.06	311.67	83.94	358.96	47.29
宁夏	382.90	155.31	372.32	-10.58	420.37	48.05
新疆	763.58	-230.49	1152.13	388.55	1411.39	259.26
重庆	998.43	181.37	1125.53	127.10	2838.64	1713.11
大连	768.00	195.25	865.14	97.14	933.67	68.53
青岛	738.99	218.35	982.94	243.95	1200.51	217.57
宁波	292.32	131.33	381.32	89.00	481.49	100.17
厦门	104.84	35.20	95.93	-8.91	78.16	-17.77
深圳	11.05	-33.80	0.45	-10.60		-0.45
新疆兵团	918.52	331.25	1176.12	257.60	1413.98	237.86
境内合计	**91610.99**	**25899.69**	**113573.05**	**21962.06**	**134051.00**	**20477.95**

中国农业银行境内各分行人民币农副产品收购贷款

(1985—2005)

单位：百万元

地区	1997年		1998年		1999年	
	年末余额	比年初增减额	年末余额	比年初增减额	年末余额	比年初增减额
总行	24.00	4.00	24.00		24.00	
北京	1901.27	43.82	1590.70	-310.57	1466.16	-124.54
天津	2115.15	101.63	1802.31	-312.84	1647.89	-154.42
河北	8472.04	1011.42	7045.05	-1426.99	6130.01	-915.04
山西	2249.14	7.82	1912.48	-336.66	1794.37	-118.11
内蒙古	2871.12	-98.15	2427.52	-443.60	2268.31	-159.21
辽宁	5758.55	524.72	2571.70	-3186.85	2392.13	-179.57
吉林	7604.47	634.54	6351.55	-1252.92	5295.95	-1055.60
黑龙江	8483.53	224.03	7497.38	-986.15	7462.16	-35.22
上海	43.33	-6.30	39.22	-4.11	35.87	-3.35
江苏	5327.80	219.40	4197.39	-1130.41	3138.44	-1058.95
浙江	3134.61	68.91	2404.20	-730.41	2114.62	-289.58
安徽	4847.00	299.99	4234.64	-612.36	4106.47	-128.17
福建	1302.35	117.55	1067.05	-235.30	1030.70	-36.35
江西	2706.65	202.73	2291.45	-415.20	2123.57	-167.88
山东	8505.64	944.17	7345.31	-1160.33	6358.19	-987.12
河南	9756.31	1511.26	9587.82	-168.49	8773.01	-814.81
湖北	4934.24	555.58	4458.34	-475.90	4255.00	-203.34
湖南	7499.27	740.32	7334.94	-164.33	6113.29	-1221.65
广东	3553.36	235.25	2962.07	-591.29	2875.47	-86.60
广西	3654.77	-244.38	3223.25	-431.52	3195.36	-27.89
海南	282.67	-271.80	273.84	-8.83	270.54	-3.30
四川	6931.83	251.45	5753.06	-1178.77	5285.23	-467.83
贵州	10266.20	2622.71	8000.98	-2265.22	10052.29	2051.31
云南	19354.95	2388.19	17563.91	-1791.04	16129.81	-1434.10
西藏	263.94	-43.23	301.38	37.44	294.78	-6.60
陕西	2740.25	216.89	2757.50	17.25	2886.38	128.88
甘肃	2198.68	-393.23	1959.98	-238.70	1864.55	-95.43
青海	408.88	49.92	346.67	-62.21	333.80	-12.87
宁夏	446.11	25.74	375.63	-70.48	349.35	-26.28
新疆	1220.09	-191.30	1582.06	361.97	1278.31	-303.75
重庆	3416.37	577.73	2994.60	-421.77	2987.46	-7.14
大连	849.08	-84.59	706.83	-142.25	631.77	-75.06
青岛	1206.76	6.25	787.46	-419.30	716.40	-71.06
宁波	427.20	-54.29	311.41	-115.79	295.69	-15.72
厦门	30.96	-47.20	21.72	-9.24	21.78	0.06
深圳	1.23	1.23	1.23			-1.23
新疆兵团	1261.03	-152.95	1382.21	121.18	1260.47	-121.74
境内合计	**146050.83**	**11999.83**	**125488.84**	**-20561.99**	**117259.58**	**-8229.26**

中国农业银行境内各分行人民币农副产品收购贷款

（1985—2005）

单位：百万元

地区	2000年		2001年		2002年	
	年末余额	比年初增减额	年末余额	比年初增减额	年末余额	比年初增减额
总行		-24.00				
北京	636.71	-194.01	655.59	18.88	703.32	47.73
天津	810.90	-96.73	600.10	-210.80	539.93	-60.17
河北	3216.45	-498.31	2638.51	-577.94	2589.92	-48.59
山西	768.06	-113.29	775.00	6.94	752.27	-23.15
内蒙古	669.77	-28.91	536.06	-133.71	524.72	-11.34
辽宁	1383.90	-166.25	1060.71	-323.19	1048.03	-12.67
吉林	1811.18	-590.16	1711.74	-99.44	1648.82	-62.92
黑龙江	4385.58	-201.89	3867.24	-518.34	3863.29	-3.94
上海	7.16	-5.56	4.05	-3.11	2.66	-1.39
江苏	1777.83	-425.50	1382.24	-395.59	1178.62	-203.62
浙江	1382.06	-231.27	1226.34	-155.72	1074.65	-151.69
安徽	2277.26	-520.79	2176.44	-100.82	1790.50	-390.02
福建	669.17	-86.60	684.16	14.99	706.59	21.28
江西	1140.68	-65.60	1125.04	-15.64	1093.85	-31.19
山东	4201.85	-140.86	4102.93	-98.92	3848.86	-254.07
河南	6268.26	-940.92	5441.38	-826.88	4824.46	-623.54
湖北	2445.08	-211.95	2300.96	-144.12	2068.38	-232.58
湖南	3460.13	-88.10	3017.99	-442.14	2980.80	-37.51
广东	1644.57	-154.59	1421.82	-222.75	1283.19	-138.63
广西	2040.27	-156.19	1836.16	-204.11	1466.76	-369.40
海南	62.15	-9.04	48.20	-13.95	46.11	-2.09
四川	3461.02	-33.98	3143.01	-318.01	3110.45	-32.56
贵州	8130.60	-1074.25	7719.21	-411.39	7747.34	28.13
云南	13675.77	-1785.94	11746.04	-1929.73	10149.98	-1596.56
西藏	253.67	-41.11	291.80	38.13	257.30	-34.50
陕西	1507.74	-197.35	1571.46	63.72	1341.74	-229.72
甘肃	1014.01	-141.65	907.54	-106.47	851.19	-56.35
青海	178.85	-92.44	194.40	15.55	187.04	-7.36
宁夏	236.38	-28.15	225.84	-10.54	218.97	-6.87
新疆	1121.49	228.57	954.16	-167.33	922.39	-31.77
重庆	1693.71	-17.80	1507.12	-186.59	1220.86	-286.26
大连	309.25	-31.96	280.56	-28.69	255.60	-24.96
青岛	409.84	-91.28	392.37	-17.47	392.40	0.03
宁波	264.31	-11.25	240.90	-23.41	239.25	-1.65
厦门	13.00	-4.56	11.02	-1.98	7.52	-3.50
深圳						
新疆兵团	752.49	-93.78	590.56	-161.93	719.96	129.40
境内合计	**74081.15**	**-8367.45**	**66388.65**	**-7692.50**	**61657.72**	**-4744.00**

中国农业银行境内各分行人民币农副产品收购贷款

(1985—2005)

单位：百万元

地　区	2003年		2004年		2005年	
	年末余额	比年初增减额	年末余额	比年初增减额	年末余额	比年初增减额
总　行						
北　京	723.53	20.21	700.43	-23.10	467.71	-232.72
天　津	495.11	-44.82	482.95	-12.16	443.09	-39.86
河　北	2205.25	-384.67	2195.22	-10.03	2140.65	-54.57
山　西	575.96	-176.31	607.83	31.87	600.69	-7.14
内蒙古	468.93	-55.79	531.74	62.81	616.95	85.21
辽　宁	938.86	-109.17	888.51	-50.35	865.07	-23.44
吉　林	1435.17	-213.65	1298.16	-137.01	1268.56	-29.60
黑龙江	3577.64	-285.65	3582.43	4.79	3295.59	-286.84
上　海	2.53	-0.13	2.53		0.75	-1.78
江　苏	978.35	-200.27	1346.52	368.17	1238.84	-107.68
浙　江	986.77	-87.88	888.62	-98.15	788.49	-100.13
安　徽	1868.49	77.99	1859.56	-8.93	1724.45	-135.11
福　建	426.95	-279.64	374.77	-52.18	346.42	-28.35
江　西	1042.51	-51.34	1054.64	12.13	1027.52	-27.12
山　东	3428.48	-420.38	3369.32	-59.16	3658.40	289.08
河　南	3669.97	-1154.49	3521.18	-148.79	3303.55	-217.63
湖　北	1785.28	-283.10	2015.87	230.59	1678.22	-337.65
湖　南	2874.39	-106.41	2595.86	-278.53	2402.86	-193.00
广　东	1138.16	-145.03	1032.21	-105.95	957.31	-74.90
广　西	1334.95	-131.81	1548.22	213.27	1819.69	271.47
海　南	45.80	-0.31	45.79	-0.01	45.15	-0.64
四　川	3193.66	83.21	3244.90	51.24	3110.42	-134.48
贵　州	6650.72	-1096.62	5147.92	-1502.80	4160.02	-987.90
云　南	8363.20	-1786.78	7190.64	-1172.56	5655.67	-1534.97
西　藏	217.83	-39.47	171.09	-46.74	57.67	-113.42
陕　西	1230.94	-110.80	1077.69	-153.25	1061.01	-16.68
甘　肃	644.29	-206.90	676.15	31.86	765.91	89.76
青　海	190.29	3.25	200.68	10.39	197.67	-3.01
宁　夏	215.38	-3.59	210.33	-5.05	210.94	0.61
新　疆	1189.74	267.35	1416.21	226.47	1119.24	-296.97
重　庆	1126.62	-94.24	765.15	-361.47	540.39	-224.76
大　连	220.49	-35.11	201.53	-18.96	203.01	1.48
青　岛	359.75	-32.65	341.84	-17.91	393.77	51.93
宁　波	232.42	-6.83	180.67	-51.75	151.25	-29.42
厦　门	8.30	0.78	8.30			-8.30
深　圳						
新疆兵团	674.69	-45.27	613.68	-61.01	590.63	-23.05
境内合计	**54521.40**	**-7136.32**	**51389.14**	**-3132.26**	**46907.56**	**-4481.58**

中国农业银行境内各分行人民币票据融资

（2006—2008）

单位：百万元

地　区	2006 年		2007 年		2008 年	
	年末余额	比年初增减额	年末余额	比年初增减额	年末余额	比年初增减额
总　行	55563.13	15734.48	65093.16	9530.03	78075.45	12982.29
北　京	316.21	-402.96	547.80	231.60	185.38	-362.43
天　津	110.94	-1069.20	1252.14	1141.20	194.65	-1057.50
河　北	6655.81	-2249.34	3020.59	-3635.22	5297.77	2277.18
山　西	7838.74	725.73	8826.14	987.40	2787.18	-6038.96
内蒙古	1522.54	719.20	1694.60	172.06	2472.04	777.44
辽　宁	3387.67	-236.76	3590.63	202.96		-3590.63
吉　林	253.06	225.26	442.77	189.71	146.03	-296.74
黑龙江	1770.57	1342.55	1267.84	-502.73	224.02	-1043.82
上　海	427.48	100.71	1245.69	818.21	2568.26	1322.58
江　苏	55796.46	5920.30	41183.61	-14612.85	51166.81	9983.20
浙　江	8377.84	-738.47	3913.44	-4464.41	7268.44	3355.00
安　徽	4866.83	-2084.49	4490.50	-376.33	5084.60	594.11
福　建	4546.26	-1128.99	1918.52	-2627.75	3373.44	1454.93
江　西	6026.31	330.61	2928.99	-3097.31	4678.90	1749.91
山　东	19852.98	2485.17	10235.59	-9617.39	14367.18	4131.60
河　南	7796.08	-12.65	6675.52	-1120.57	12423.08	5747.56
湖　北	8526.16	727.76	6059.56	-2466.60	7547.87	1488.30
湖　南	1061.03	592.17	1613.19	552.17	647.27	-965.92
广　东	12174.96	4665.34	10517.59	-1657.37	12690.88	2173.28
广　西	4340.11	2045.53	1955.90	-2384.20	3565.74	1609.83
海　南	10.39	7.31	22.92	12.53	0.26	-22.66
四　川	10734.92	-1941.37	4636.60	-6098.32	4894.11	257.51
贵　州	1423.63	287.93	1926.51	502.88	1252.93	-673.58
云　南	299.57	-642.64	897.04	597.47	836.95	-60.09
西　藏						
陕　西	4837.30	-223.37	3757.31	-1079.98	1657.10	-2100.21
甘　肃	1307.90	226.78	2475.35	1167.46	1703.46	-771.89
青　海	65.11	38.24	177.81	112.70	25.84	-151.97
宁　夏	482.54	246.00	1604.24	1121.70	1145.86	-458.39
新　疆	1394.79	1134.30	2054.60	659.82	1533.91	-520.70
重　庆	2425.07	-1559.35	219.69	-2205.37	8098.79	7879.10
大　连	3898.54	2521.49	2247.17	-1651.37	4369.98	2122.81
青　岛	2692.51	1959.82	3011.61	319.10	3468.01	456.41
宁　波	4377.62	474.83	2777.90	-1599.73	7345.20	4567.30
厦　门	835.27	-148.33	144.64	-690.63	925.34	780.70
深　圳	586.07	-1624.31	254.54	-331.53	6548.55	6294.01
新疆兵团	285.14	129.25	284.16	-0.98	867.69	583.53
境内合计	**246867.54**	**28578.53**	**204965.87**	**-41901.67**	**259438.96**	**54473.09**

中国农业银行境内各分行人民币贸易融资

（2006—2008）

单位：百万元

地区	2006年		2007年		2008年	
	年末余额	比年初增减额	年末余额	比年初增减额	年末余额	比年初增减额
总行			501.25	501.25	982.05	480.79
北京	219.92	-50.82	549.35	329.43	1044.70	510.43
天津	164.53	118.85	821.64	657.11	326.81	-494.83
河北	657.79	574.63	247.32	-410.47	19.54	-222.01
山西	409.72	72.94	322.95	-86.78	36.00	-136.60
内蒙古	38.71	-21.07	60.09	21.38	20.80	-39.29
辽宁	207.96	46.99	144.84	-63.13	21.78	-51.47
吉林	1.84	-5.58	1.33	-0.52		-1.32
黑龙江	5.50	-4.57	5.50			
上海	82.28	73.10	135.40	53.12	137.23	37.71
江苏	556.87	479.09	766.94	210.07	1124.49	376.81
浙江	2372.86	563.00	2900.36	527.50	3192.96	327.70
安徽	119.84	41.09	104.54	-15.30	42.22	-12.04
福建	33.99	17.57	85.17	51.18	63.27	-21.20
江西	17.29	17.18	1.89	-15.40	16.10	16.10
山东	1584.76	776.27	2751.56	1166.81	1578.72	-1122.51
河南	15.13	-5.34	150.29	135.16	118.75	-22.20
湖北	37.87	-9.36	59.68	21.81	28.21	-2.83
湖南	144.41	9.11	123.57	-20.85	80.02	61.79
广东	268.26	224.52	212.11	-56.15	211.99	2.43
广西	12.21	-3.36	161.89	149.68	20.60	-135.58
海南	10.46	-0.98	10.32	-0.15		
四川	76.84	14.32	3.69	-73.16	109.04	105.36
贵州	1.53	-1.06	368.98	367.45	165.65	-203.18
云南	88.18	29.55	53.19	-35.00	41.50	-10.67
西藏		-545.70				0.70
陕西	165.40	111.41	111.18	-54.22	100.00	0.45
甘肃	31.99	30.72	4.89	-27.10	35.33	30.44
青海						
宁夏	1.40	-13.19		-1.40		
新疆	1.28		1.28			
重庆	13.95	-16.76	24.73	10.79	37.17	12.44
大连	244.12	-27.63	301.97	57.85	155.18	-142.04
青岛	2.00	-35.74	1.63	-0.37	5.71	4.07
宁波	27.22	27.22	40.80	13.58	65.84	25.04
厦门	32.15	-50.80	38.01	5.86	5.08	-13.61
深圳	27.19	-64.87	423.30	396.11	65.05	-358.24
新疆兵团		-30.30	12.55	12.55		-12.55
境内合计	**7675.45**	**2340.43**	**11504.18**	**3828.71**	**9851.77**	**-1009.93**

中国农业银行境内各分行人民币贷款

（2006—2008）

单位：百万元

地区	2006年		2007年		2008年	
	年末余额	比年初增减额	年末余额	比年初增减额	年末余额	比年初增减额
总行	41528.08	5001.95	42230.93	702.83	48943.52	11386.52
北京	93375.16	9208.73	105267.07	11891.84	99286.46	9070.06
天津	89605.77	14884.04	99782.95	10177.22	83388.39	-4421.33
河北	115079.37	13563.28	129967.77	14888.38	93435.42	300.18
山西	49709.33	6658.07	53757.68	4048.31	35999.18	2842.60
内蒙古	48294.16	6692.51	54089.84	5795.71	47269.46	4696.38
辽宁	76210.87	370.90	72899.36	-3311.48	35303.91	2142.45
吉林	39597.30	964.18	40769.98	1172.68	19010.04	1613.86
黑龙江	54954.87	-2725.77	54554.49	-400.36	10530.75	-1159.20
上海	175241.86	14840.51	189370.47	14128.61	189949.63	10739.03
江苏	217403.03	34090.79	271920.80	54517.80	280589.00	32859.44
浙江	203978.07	30207.18	240197.65	36219.59	275227.87	39006.80
安徽	68903.46	7420.04	75307.29	6403.81	51004.70	5263.00
福建	79042.54	12286.20	96137.95	17095.39	102025.76	15439.78
江西	48452.49	3108.81	56364.41	7911.93	42479.86	7521.92
山东	151936.16	13256.73	175434.52	23498.36	164782.03	29847.98
河南	109386.99	2148.98	113867.63	4480.63	50355.56	4778.38
湖北	79506.51	5810.98	91965.16	12458.62	69386.87	10972.48
湖南	66794.14	3840.02	70578.64	3784.50	50371.63	11384.02
广东	208878.71	16043.77	231451.88	22573.14	208314.72	30871.75
广西	75002.10	6830.07	87323.12	12321.05	77842.57	7028.51
海南	17899.46	86.88	16365.39	-1534.07	9070.41	3519.72
四川	145286.16	12278.69	166384.56	21098.37	152138.92	23678.07
贵州	52993.46	1002.62	55022.61	2029.17	50625.46	6055.22
云南	98033.54	15111.68	109872.60	11839.04	107105.84	13719.02
西藏	10418.08	1895.58	10673.53	255.42	8315.21	673.59
陕西	56978.47	6574.77	63952.85	6974.39	45042.93	4528.44
甘肃	38299.13	3188.91	41458.66	3159.50	32701.71	4137.55
青海	13297.54	713.48	14190.27	892.71	10056.13	1714.79
宁夏	12717.83	483.73	12950.37	232.57	10445.24	1918.58
新疆	28113.50	-868.52	27588.27	-525.22	14696.85	-74.52
重庆	47177.71	4589.29	58361.59	11183.94	60449.58	10174.66
大连	22328.84	1082.66	26706.22	4377.38	20135.81	2513.38
青岛	26358.16	1853.58	30049.10	3690.93	30952.39	5241.76
宁波	39576.83	6449.68	51160.43	11583.58	56989.84	7221.94
厦门	19257.04	3381.13	26756.76	7499.71	29107.06	3487.99
深圳	49207.75	14876.29	67037.36	17829.65	67945.46	4864.28
新疆兵团	17420.16	573.73	18101.72	681.61	12205.18	414.84
境内合计	**2788244.63**	**277776.15**	**3149871.90**	**361627.26**	**2753481.35**	**325973.89**

中国农业银行境内各分行人民币其他贷款

(2006—2008)

单位：百万元

地区	2006年		2007年		2008年	
	年末余额	比年初增减额	年末余额	比年初增减额	年末余额	比年初增减额
总行	38.56	6.62	38.56		2.40	-29.54
北京	521.44	41.93	503.57	-17.86		-1.05
天津	94.18	47.76	89.10	-5.07	27.69	-1.39
河北	148.15	76.03	148.81	0.66	52.34	52.17
山西	174.71	40.80	287.66	112.95	22.68	5.80
内蒙古	331.22	-34.12	340.74	9.52		-0.01
辽宁	565.19	92.85	561.07	-4.11	57.20	49.24
吉林	147.49	-20.53	145.22	-2.27		-0.02
黑龙江	46.29	-48.00	43.27	-3.02		
上海	323.81	-29.22	331.05	7.25		-6.07
江苏	92.42	38.64	40.95	-51.47	95.01	103.88
浙江	44.54	-29.68	46.36	1.82	302.91	297.83
安徽	872.61	9.80	850.65	-21.94	23.68	20.81
福建	166.68	23.56	109.88	-56.81		-0.07
江西	134.41	-22.83	129.96	-4.46	4.93	-2.12
山东	916.71	33.49	836.24	-80.47	61.51	46.45
河南	375.86	-22.76	403.18	27.32	14.47	-5.73
湖北	87.87	-68.24	89.96	2.09	10.61	-9.63
湖南	382.85	0.22	359.90	-22.95	2.16	0.80
广东	697.85	-61.85	814.49	116.64	15.18	-23.19
广西	206.28	-22.66	193.29	-13.00	0.03	-0.83
海南	178.30	-23.74	176.30	-2.00		-1.00
四川	340.72	13.33	400.16	59.43	27.24	-9.65
贵州	35.69	-3.32	31.88	-3.81		
云南	647.44	-26.01	651.20	3.75	47.73	26.05
西藏						
陕西	181.67	2.26	194.21	12.54	4.90	1.09
甘肃	93.41	-10.09	91.85	-1.57	1.97	1.97
青海	2.85	-0.38	2.85			
宁夏	73.62	16.40	73.51	-0.10		-0.02
新疆	165.50	-20.07	164.50	-1.01		-3.35
重庆	253.87	-4.68	248.40	-5.47		-1.53
大连	31.38	13.75	8.75	-22.63		
青岛	18.22	-8.27	18.22			-2.39
宁波	1.86	-0.60	1.80	-0.07	22.81	22.81
厦门	20.51	-4.00	19.31	-1.20	12.57	12.57
深圳	577.66	27.36	577.60	-0.06	3.35	-9.23
新疆兵团	55.73	-1.54	55.73			-1.19
境内合计	**9047.55**	**22.21**	**9080.14**	**32.60**	**813.37**	**533.48**

中国农业银行境内各分行人民币单位一般贷款

（2006—2008）

单位：百万元

地区	2006年		2007年		2008年	
	年末余额	比年初增减额	年末余额	比年初增减额	年末余额	比年初增减额
总行	41468.94	4942.81	42160.76	691.81	48134.50	10591.53
北京	76132.42	10694.71	89768.53	13636.09	86679.51	11270.95
天津	75490.72	13008.20	84687.04	9196.34	70065.11	-2900.35
河北	101042.12	14902.96	112357.43	11315.31	78799.53	885.37
山西	41306.41	8830.91	49323.29	8016.87	34200.18	3660.40
内蒙古	43390.49	7703.41	48808.61	5418.12	43115.33	4156.05
辽宁	63803.97	3781.07	63283.19	-520.79	31934.86	3602.22
吉林	35904.78	3306.29	37762.27	1857.47	16472.88	384.65
黑龙江	48007.04	-1255.72	48677.84	670.80	9547.98	-886.25
上海	148222.13	17461.20	161315.82	13093.69	163017.40	11556.89
江苏	187794.24	27580.94	224849.45	37055.23	230310.76	29431.77
浙江	155994.59	23412.21	176997.36	21002.79	207333.95	34116.11
安徽	61741.84	7205.89	66154.57	4412.73	42791.43	4239.44
福建	64736.36	10616.76	77159.47	12423.10	80111.54	12017.66
江西	44063.55	4066.69	50380.43	6316.88	35560.84	5013.83
山东	136905.82	13556.41	157928.71	21022.89	142395.22	23581.33
河南	101726.25	3039.81	106676.26	4949.99	48954.33	3902.82
湖北	71092.93	5933.23	80233.58	9140.63	57726.98	9827.51
湖南	61531.83	5193.54	64793.84	3261.98	44958.96	9961.87
广东	169857.07	15892.82	184567.47	14710.40	159923.19	27072.23
广西	62599.16	6023.62	72215.89	9616.74	61806.01	5437.06
海南	16705.76	518.28	15377.55	-1328.20	8756.47	3583.23
四川	124137.44	10995.11	138122.77	13985.31	124400.42	20944.22
贵州	48363.53	1703.06	49720.75	1357.24	45992.70	5581.29
云南	83493.39	14755.26	93308.25	9814.87	91274.44	13104.27
西藏	7342.34	850.14	6571.05	-771.29	3036.49	-633.56
陕西	46287.10	5581.54	52069.98	5782.89	37098.47	5082.40
甘肃	30886.58	3657.50	34076.74	3190.14	28288.50	4013.85
青海	10845.90	942.65	11998.11	1152.19	9405.40	1692.36
宁夏	10132.02	701.36	10891.95	759.95	9245.61	2073.83
新疆	23966.66	113.10	24080.35	113.68	13252.14	275.30
重庆	39779.78	4326.63	48793.54	9013.77	49880.32	8898.43
大连	20358.31	1032.10	24198.06	3839.75	17659.38	2422.48
青岛	22657.07	2023.43	25966.32	3309.27	26637.55	4899.31
宁波	34762.28	5883.07	42652.88	7890.61	46637.04	5361.91
厦门	13740.78	1850.70	18503.41	4762.62	20031.41	2652.66
深圳	38464.05	14118.28	52159.52	13695.50	51442.50	2981.34
新疆兵团	15669.90	1234.55	17012.78	1342.90	11284.44	377.09
境内合计	**2380405.55**	**276184.52**	**2665605.84**	**285200.27**	**2288163.78**	**290233.51**

中国农业银行境内各分行人民币个人一般贷款

(2006—2008)

单位：百万元

地区	2006年		2007年		2008年	
	年末余额	比年初增减额	年末余额	比年初增减额	年末余额	比年初增减额
总行	59.11	59.11	57.01	-2.11		-0.90
北京	17228.46	-1488.82	15459.56	-1768.93	12529.64	-2242.23
天津	14103.80	1878.21	15045.97	942.18	13242.11	-1552.67
河北	13745.26	-1473.29	17400.47	3655.19	14485.15	-526.35
山西	8209.19	-2054.37	4309.94	-3899.27	1736.22	-770.45
内蒙古	4787.50	-1065.82	5163.73	376.26	4043.21	539.15
辽宁	12392.43	-3396.08	9595.62	-2796.78	3345.62	-1475.22
吉林	3567.46	-2271.22	2957.81	-609.64	2519.47	1231.55
黑龙江	6939.98	-1469.94	5866.02	-1073.93	966.01	-287.91
上海	26955.84	-2669.40	27909.10	953.26	26688.34	-916.39
江苏	29473.52	6409.99	46762.80	17289.29	49768.84	3222.19
浙江	47797.54	6700.75	62575.43	14777.88	66274.37	3894.39
安徽	7138.05	204.60	9069.44	1931.39	8030.05	923.32
福建	14268.64	1648.77	18779.67	4511.02	21205.26	2907.59
江西	4368.21	-959.58	5944.53	1576.32	6843.26	2454.79
山东	14904.33	-369.53	17000.52	2096.19	21353.55	5731.07
河南	7617.38	-859.10	7138.69	-478.67	1315.11	800.29
湖北	8348.74	-145.79	11572.85	3224.10	11332.40	960.87
湖南	4846.18	-1416.08	5323.26	477.11	4650.33	1046.95
广东	38783.05	1020.77	46494.94	7711.86	47722.86	3461.14
广西	12373.76	799.33	15044.31	2670.56	15889.01	1491.09
海南	1182.19	-436.50	966.31	-215.87	272.67	-87.24
四川	20832.95	1262.65	27908.31	7075.33	27443.60	2773.52
贵州	4575.51	-732.41	5217.70	642.18	4550.03	472.08
云南	14506.56	353.25	16480.51	1973.92	15669.60	527.43
西藏	3075.54	1045.30	4102.35	1026.79	5278.61	1307.17
陕西	10690.90	1002.06	11882.17	1191.27	7943.13	-554.71
甘肃	7408.26	-468.38	7370.69	-37.58	4388.99	107.71
青海	2451.15	-229.52	2187.40	-263.74	646.22	22.65
宁夏	2581.91	-218.32	2050.36	-531.54	1183.15	-167.15
新疆	4136.85	-980.83	3493.18	-643.66	1423.41	-362.98
重庆	7392.24	260.52	9552.00	2159.80	10507.92	1230.58
大连	1963.72	50.11	2493.71	529.99	2441.02	67.26
青岛	3693.13	-173.01	4056.62	363.47	4256.78	309.65
宁波	4800.29	557.37	8463.18	3662.88	10265.72	1816.76
厦门	5501.58	1520.18	8149.71	2648.13	8831.19	694.33
深圳	10710.42	734.47	14814.28	4103.84	16403.51	1846.35
新疆兵团	1749.26	-660.75	1085.07	-664.16	910.21	30.61
境内合计	**405160.89**	**1968.70**	**479745.21**	**74584.35**	**456356.54**	**30926.27**

中国农业银行境内各分行人民币单位协议透支

（2006—2008）

单位：百万元

地　区	2006 年		2007 年		2008 年	
	年末余额	比年初增减额	年末余额	比年初增减额	年末余额	比年初增减额
总　行					789.68	789.68
北　京	0.30	-0.02	0.31		0.01	-0.01
天　津	2.63		0.01	-2.63		0.00
河　北	0.23	-0.02	0.03	-0.20		
山　西	3.19	0.75	2.42	-0.77	0.15	-0.50
内蒙古	0.87	-0.03	0.26	-0.60		
辽　宁	2.08	-0.75	2.07	-0.01		0.00
吉　林	0.50		0.23	-0.28		
黑龙江	3.32	-0.01	3.62	0.30		
上　海	25.51	25.32	0.98	-24.54	0.06	-0.91
江　苏	1.61		1.67	0.05	0.01	-0.03
浙　江	0.03	-0.57	0.04	0.01	0.02	-0.01
安　徽	0.16	0.10	0.15	-0.01	0.02	-0.13
福　建	1.98		1.90	-0.08		-1.11
江　西	2.29	-0.06	3.49	1.20	0.00	
山　东	1.36	0.12	1.36			
河　南	3.92	-5.35	3.89	-0.04	0.01	
湖　北	2.48	0.77	2.48	0.00	0.01	0.00
湖　南	7.06	2.20	6.26	-0.80	250.14	249.98
广　东	10.35	-536.25	10.66	0.31	37.32	37.17
广　西	3.16		3.16	0.00		
海　南	0.38	-0.02	0.36	-0.02		-0.02
四　川	37.03	34.60	30.47	-6.56		-30.08
贵　州	0.22	-0.02	0.05	-0.17		
云　南		-0.37	0.00			
西　藏						
陕　西		-2.11				
甘　肃	0.02		0.02	0.00		
青　海						
宁　夏						
新　疆			0.26	0.26		0.00
重　庆	0.04		0.04	0.00	0.00	0.00
大　连				0.00		
青　岛	0.24	-0.01	0.23	-0.01	0.00	-0.04
宁　波	1.23		0.55	-0.68		
厦　门	0.01	-0.05	0.02	0.01	0.02	0.00
深　圳	0.07	0.03	0.03	-0.03		-0.01
新疆兵团	0.03	-0.01	0.03			0.00
境内合计	**112.30**	**-481.76**	**77.03**	**-35.29**	**1077.44**	**1043.97**

中国农业银行境内各分行人民币个人协议透支

(2006—2008)

单位：百万元

地区	2006年		2007年		2008年	
	年末余额	比年初增减额	年末余额	比年初增减额	年末余额	比年初增减额
总行	0.03	0.03	13.15	13.13	19.33	6.21
北京	13.98	2.86	38.67	24.67	77.31	41.36
天津	8.62	-2.37	49.93	41.32	81.17	31.70
河北	291.76	133.63	209.85	-81.91	150.75	-58.84
山西	190.54	-119.22	122.03	-68.51	62.63	-46.85
内蒙古	115.30	54.95	117.24	1.94	110.93	1.18
辽宁	12.39	-13.34	18.48	6.10	23.42	15.45
吉林	124.56	-70.89	49.68	-74.88	17.69	-2.35
黑龙江	4.53	-0.10	7.00	2.47	16.76	14.96
上海	38.38	23.39	144.57	106.19	243.84	99.44
江苏	133.66	99.86	306.89	173.22	509.38	205.51
浙江	185.91	94.79	624.81	438.91	1619.53	996.31
安徽	23.41	9.45	83.12	59.71	183.21	100.37
福建	35.56	20.67	196.91	161.35	708.96	515.64
江西	18.44	1.76	35.97	17.53	75.77	53.30
山东	124.65	69.73	503.93	379.27	1033.25	535.57
河南	39.44	-26.38	48.80	9.35	86.10	75.27
湖北	62.36	22.77	156.25	93.89	327.48	184.10
湖南	409.07	60.36	455.28	46.22	512.20	125.22
广东	228.24	-333.57	378.81	150.57	631.35	301.21
广西	26.02	7.12	59.75	33.75	147.54	100.36
海南	11.13	5.12	21.15	10.02	41.27	23.75
四川	278.74	-13.67	323.02	44.29	294.90	-9.60
贵州	54.20	31.99	84.12	29.93	82.72	1.85
云南	33.59	3.54	83.84	50.25	161.80	87.32
西藏	0.20	0.14	0.12	-0.08	0.10	-0.02
陕西	0.47	-6.72	0.70	0.23	1.32	0.75
甘肃	4.27	-0.21	11.21	6.94	24.23	15.99
青海	0.49	0.35	4.76	4.27	4.50	-0.22
宁夏	3.90	0.69	8.06	4.15	16.48	11.91
新疆	9.99	-0.79	14.49	4.51	21.31	13.16
重庆	5.65	2.14	16.01	10.37	61.34	45.66
大连	6.81	0.45	14.45	7.64	35.41	23.63
青岛	7.72	3.17	25.93	18.20	58.06	32.84
宁波	13.03	9.24	43.83	30.78	87.09	43.27
厦门	14.67	10.30	103.61	88.95	244.44	141.01
深圳	33.21	23.51	63.53	30.34	99.45	36.60
新疆兵团	0.97	-0.06	3.85	2.87	10.54	7.14
境内合计	**2565.89**	**104.69**	**4443.82**	**1877.93**	**7883.59**	**3770.14**

中国农业银行境内各分行人民币存放同业款项

（2006—2008）

单位：百万元

地区	2006年		2007年		2008年	
	年末余额	比年初增减额	年末余额	比年初增减额	年末余额	比年初增减额
总行	1100.92	741.56	3768.10	2667.18	92.10	-3676.00
北京	330.00	129.75	962.88	632.88	731.01	-231.87
天津	21.59	0.14	23.25	1.66		-23.25
河北	48.71	-25.58	37.58	-11.14	28.72	13.15
山西	108.31	-494.61	101.65	-6.67	1.51	-84.56
内蒙古	117.32	9.22	106.63	-10.68	118.08	13.63
辽宁	12.27	-20.38	4.07	-8.20	1.02	0.30
吉林	18.82	-0.02	116.57	97.75	87.15	-25.98
黑龙江	85.46	-27.61	55.49	-29.97	54.56	9.57
上海	339.14	200.16	332.95	-6.18	204.20	-128.32
江苏	82.86	15.16	70.55	-12.30	177.05	117.03
浙江	52.36	18.46	57.65	5.29	0.57	-53.55
安徽	12.20	-2.61	9.38	-2.82	0.63	-2.87
福建	729.76	700.01	37.65	-692.10	10.87	-26.15
江西	29.54	-1.13	23.84	-5.71	13.16	-6.43
山东	9.67	-9.00	4.29	-5.38	0.01	-3.93
河南	70.38	-27.19	20.55	-49.83	0.38	-1.40
湖北	50.55	-10.52	33.50	-17.04	4.70	4.19
湖南	118.15	-0.69	112.71	-5.44	3.03	3.00
广东	4054.52	584.61	627.25	-3427.27	3.88	-617.10
广西	54.70	0.01	38.61	-16.09	132.36	93.75
海南	105.46	-2.01	105.73	0.27	6.49	3.02
四川	2067.87	1898.60	77.21	-1990.66	52.48	53.98
贵州	47.27	25.15	23.17	-24.09	22.48	-0.69
云南	2051.63	1736.17	77.16	-1974.47	3.04	-74.08
西藏	0.30		0.30		0.30	
陕西	112.91	99.73	0.00	-112.91		0.00
甘肃	18.07	2.02	5.32	-12.74	6.72	1.39
青海	4.97	0.12	0.58	-4.39	0.60	0.02
宁夏	70.66	-85.46	0.54	-70.12	0.34	-0.20
新疆	5.37	-19.27	4.28	-1.09	10.52	7.24
重庆	16.61	-517.45	6.73	-9.88	15.12	8.39
大连	33.22	-0.43	17.92	-15.29	7.22	-10.71
青岛	300.00		1000.00	700.00		-1000.00
宁波	156.41	-30.77	21.69	-134.72	15.59	-6.11
厦门	490.46	428.95	285.18	-205.28	15.01	-270.18
深圳	176.19	9.27	285.11	108.92	4236.72	3951.61
新疆兵团	16.67	-10.31	10.00	-6.67		
境内合计	**13121.30**	**5314.05**	**8466.08**	**-4655.20**	**6057.65**	**-1963.08**

中国农业银行境内各分行人民币投资

(2006—2008)

单位：百万元

地区	2006年		2007年		2008年	
	年末余额	比年初增减额	年末余额	比年初增减额	年末余额	比年初增减额
总行	1075371.94	67749.79	1197307.48	121935.55	2151474.01	954231.56
北京	1864.79	381.92	4405.11	2540.32	3905.94	-466.89
天津	529.73	86.69	965.74	436.02	901.58	-61.45
河北	842.42	256.58	2053.63	1211.20	1909.94	-75.38
山西	292.79	-12.79	508.49	215.70	459.41	-10.32
内蒙古	112.95	10.79	186.28	73.32	195.83	9.67
辽宁	380.80	70.27	695.51	314.71	652.76	-40.02
吉林	156.07	13.31	396.99	240.92	376.66	-20.20
黑龙江	517.63	113.86	954.49	436.86	860.05	-78.07
上海	1894.84	-9.21	1876.86	-17.98	1541.02	-335.84
江苏	1302.68	155.59	2342.12	1039.43	2062.34	-255.36
浙江	601.25	88.07	1665.52	1064.27	1893.01	232.91
安徽	479.38	119.89	1084.75	605.36	934.61	-48.18
福建	279.24	114.44	556.13	276.90	417.88	-116.52
江西	129.83	21.77	288.24	158.40	294.27	17.65
山东	653.72	-1.93	1041.85	388.12	923.65	-110.54
河南	304.05	-7.86	477.14	173.07	329.21	-77.11
湖北	325.03	30.63	581.43	256.40	547.79	-32.32
湖南	340.76	135.36	432.38	91.62	354.27	-10.27
广东	1318.49	247.29	2458.37	1139.88	1875.73	-523.14
广西	375.16	52.49	309.79	-65.36	258.64	-14.40
海南	72.71	11.52	158.87	86.16	122.87	0.04
四川	480.23	-139.23	659.91	179.69	546.16	-45.65
贵州	81.08	11.82	216.02	134.94	273.59	57.57
云南	489.04	131.66	833.44	344.40	575.21	-122.08
西藏	2.07	1.92	29.03	26.96	20.48	-8.55
陕西	210.73	23.91	436.38	225.65	402.47	-33.15
甘肃	111.07	29.36	264.12	153.04	227.21	-3.40
青海	30.69	7.45	71.77	41.07	60.23	-11.55
宁夏	129.54	-2.82	43.31	-86.23	30.53	61.71
新疆	340.76	11.14	594.91	254.16	573.97	-16.77
重庆	160.02	24.86	407.21	247.20	379.75	-21.08
大连	173.13	56.61	420.49	247.37	373.03	-43.32
青岛	673.09	11.70	317.07	-356.01	257.57	-57.51
宁波	151.80	-1.91	243.87	92.07	224.13	-19.73
厦门	80.04	22.72	146.95	66.91	110.10	-16.45
深圳	174.13	38.69	463.23	289.10	489.62	29.40
新疆兵团	95.44	12.22	231.14	135.70	194.01	-36.69
境内合计	**1091529.12**	**69868.57**	**1226126.02**	**134596.87**	**2177029.56**	**951928.52**

（八）境内各分行外币主要业务指标表

中国农业银行境内各分行外币各项存款

（1994—2008）

单位：万美元

地区	1994年	1995年		1996年	
	年末余额	年末余额	比年初增减额	年末余额	比年初增减额
总行	5553	10817	5264	11102	285
北京	17545	14603	-2942	14297	-306
天津	10130	11791	1661	14448	2657
河北	2610	2879	269	3734	855
山西	218	199	-19	279	80
内蒙古	67	160	93	156	-4
辽宁	1750	2243	493	3761	1518
吉林	942	2298	1356	1652	-646
黑龙江	2195	2135	-60	2638	503
上海	45770	51024	5254	52575	1551
江苏	26609	32561	5952	40990	8429
浙江	7638	7008	-630	9259	2251
安徽	455	950	495	2525	1575
福建	4861	7323	2462	7833	510
江西	1745	1074	-671	1394	320
山东	4137	5287	1150	5601	314
河南	555	1161	606	1543	382
湖北	4427	851	-3576	10211	9360
湖南	345	1865	1520	2601	736
广东	87176	95280	8104	98067	2787
广西	1846	1113	-733	1038	-75
海南	2653	2336	-317	2868	532
四川	5677	5079	-598	6811	1732
贵州	299	139	-160	233	94
云南	392	591	199	919	328
西藏					
陕西	328	131	-197	476	345
甘肃	885	1092	207	1292	200
青海	41	129	88	52	-77
宁夏	125	90	-35	312	222
新疆	285	564	279	187	-377
重庆	1197	414	-783	541	127
大连	1339	2698	1359	3455	757
青岛	5082	6023	941	8245	2222
宁波	2611	3855	1244	5932	2077
厦门	5909	8717	2808	8189	-528
深圳	40542	43902	3360	39669	-4233
新疆兵团	19	47	28	555	508
境内合计	**293958**	**328429**	**34471**	**365440**	**37011**

中国农业银行境内各分行外币各项存款

(1994—2008)

单位：万美元

地区	1997年		1998年		1999年	
	年末余额	比年初增减额	年末余额	比年初增减额	年末余额	比年初增减额
总行	25057	13955	39420	14363	48711	9291
北京	14429	132	17371	2942	19764	2393
天津	10450	-3998	12428	1978	12809	381
河北	22123	18389	4846	-17277	6808	1962
山西	223	-56	285	62	471	186
内蒙古	362	206	529	167	782	253
辽宁	7076	3315	11213	4137	13356	2143
吉林	4412	2760	3066	-1346	3346	280
黑龙江	3902	1264	5667	1765	6771	1104
上海	52248	-327	54883	2635	67952	13069
江苏	53109	12119	61346	8237	66265	4919
浙江	12023	2764	19231	7208	33495	14264
安徽	1691	-834	1883	192	2023	140
福建	13571	5738	16846	3275	22512	5666
江西	1923	529	2284	361	2845	561
山东	7492	1891	10725	3233	12103	1378
河南	2838	1295	3970	1132	6243	2273
湖北	10163	-48	7931	-2232	9209	1278
湖南	2469	-132	4104	1635	5020	916
广东	105097	7030	141553	36456	181488	39935
广西	1679	641	1692	13	1827	135
海南	4781	1913	1960	-2821	2210	250
四川	7616	805	8584	968	10598	2014
贵州	266	33	553	287	362	-191
云南	1328	409	625	-703	997	372
西藏						
陕西	479	3	954	475	981	27
甘肃	1426	134	1590	164	1386	-204
青海	118	66	164	46	99	-65
宁夏	383	71	539	156	324	-215
新疆	183	-4	337	154	634	297
重庆	1007	466	716	-291	596	-120
大连	3480	25	4510	1030	5585	1075
青岛	8134	-111	10385	2251	12270	1885
宁波	3772	-2160	2912	-860	4048	1136
厦门	8348	159	7569	-779	12669	5100
深圳	38123	-1546	44288	6165	49642	5354
新疆兵团	310	-245	299	-11	211	-88
境内合计	**432091**	**66651**	**507591**	**75500**	**626412**	**118821**

中国农业银行境内各分行外币各项存款

（1994—2008）

单位：万美元

地区	2000年		2001年		2002年	
	年末余额	比年初增减额	年末余额	比年初增减额	年末余额	比年初增减额
总行	55793	7082	58929	3136	55338	-3591
北京	30291	10527	33258	2967	35227	1890
天津	16230	3421	17122	892	22097	4975
河北	5235	-1573	5876	641	4849	-1027
山西	899	428	1105	206	1395	290
内蒙古	1285	503	1621	336	1900	279
辽宁	18653	5297	22178	3525	23660	1375
吉林	6231	2885	7534	1303	8581	962
黑龙江	8345	1574	8052	-293	9005	948
上海	62230	-5722	60165	-2065	71727	11562
江苏	88788	22523	95612	6824	109094	13177
浙江	49636	16141	57927	8291	62309	4382
安徽	2039	16	3085	1046	3543	458
福建	31957	9445	37037	5080	35767	-1270
江西	4017	1172	5371	1354	5401	26
山东	15008	2905	20918	5910	27311	6392
河南	8559	2316	10673	2114	16768	6095
湖北	11703	2494	12157	454	11697	-479
湖南	6423	1403	7264	841	7062	-209
广东	213129	31641	208017	-5112	201197	-6794
广西	2610	783	2970	360	2915	-64
海南	3429	1219	4141	712	3453	-807
四川	13966	3368	16914	2948	16065	-873
贵州	569	207	543	-26	739	196
云南	1079	82	1548	469	1416	-133
西藏						
陕西	1992	1011	2842	850	3827	952
甘肃	1931	545	1969	38	2901	924
青海	148	49	169	21	175	5
宁夏	575	251	803	228	842	39
新疆	1138	504	521	-617	1096	575
重庆	1182	586	2813	1631	2225	-591
大连	9314	3729	12677	3363	12865	5
青岛	15455	3185	17814	2359	18911	1097
宁波	6755	2707	8132	1377	9198	1066
厦门	14220	1551	16945	2725	13913	-3070
深圳	61524	11882	68724	7200	68624	-120
新疆兵团	397	186	395	-2	424	28
境内合计	**772735**	**146323**	**833821**	**61086**	**873517**	**38670**

中国农业银行境内各分行外币各项存款

（1994—2008）

单位：万美元

地区	2003年		2004年		2005年	
	年末余额	比年初增减额	年末余额	比年初增减额	年末余额	比年初增减额
总行	77451	22113	97990	20539	310485	212495
北京	37570	2343	42460	4890	99930	57470
天津	28320	6223	38420	10100	32374	-6046
河北	6660	1811	6701	41	7971	1270
山西	1288	-107	2091	803	2221	130
内蒙古	1802	-98	2536	734	1593	-943
辽宁	21654	-2006	16975	-4679	16221	-754
吉林	7792	-789	6644	-1148	4637	-2007
黑龙江	7679	-1326	7019	-660	5724	-1295
上海	74379	2652	88044	13665	109323	21279
江苏	119973	10879	135417	15444	141732	6315
浙江	60697	-1612	60726	29	61480	754
安徽	4090	547	4355	265	5036	681
福建	31443	-4324	23885	-7558	18237	-5648
江西	5048	-353	5582	534	3905	-1677
山东	24224	-3087	28078	3854	24365	-3713
河南	13445	-3323	9445	-4000	5809	-3636
湖北	10739	-958	10926	187	10805	-121
湖南	8205	1143	8704	499	6110	-2594
广东	192882	-8315	184381	-8501	177198	-7183
广西	3824	909	4967	1143	9209	4242
海南	3245	-208	2622	-623	2080	-542
四川	14476	-1589	13405	-1071	12929	-476
贵州	376	-363	1288	912	1784	496
云南	1446	30	1725	279	1669	-56
西藏						
陕西	3626	-201	2697	-929	3317	620
甘肃	3711	810	4174	463	2662	-1512
青海	205	30	195	-10	139	-56
宁夏	771	-71	476	-295	1779	1303
新疆	1828	732	2655	827	798	-1857
重庆	1756	-469	1280	-476	2324	1044
大连	12048	-817	11149	-899	8770	-2379
青岛	19320	409	24615	5295	19561	-5054
宁波	9831	633	7785	-2046	7759	-26
厦门	11661	-2252	13882	2221	13479	-403
深圳	68480	-144	102928	34448	69209	-33719
新疆兵团	609	185	788	179	887	99
境内合计	**892554**	**19037**	**977010**	**84456**	**1203511**	**226501**

中国农业银行境内各分行外币各项存款

（1994—2008）

单位：万美元

地区	2006年		2007年		2008年	
	年末余额	比年初增减额	年末余额	比年初增减额	年末余额	比年初增减额
总行	87930	-2231	191343	103368	114394	-76949
北京	102829	3288	83275	-19554	99336	16061
天津	41200	8828	46290	5016	21632	-24658
河北	13604	5656	16225	2589	11739	-4486
山西	3839	1617	4135	297	3015	-1120
内蒙古	990	-603	1427	436	835	-592
辽宁	13999	-1426	11410	-2588	7964	-3477
吉林	3806	-729	3056	-749	2788	-268
黑龙江	4260	-896	3297	-961	5265	1968
上海	80580	16470	78301	-2253	84791	6489
江苏	172730	31004	197134	24405	226747	29613
浙江	59248	-1465	63498	4250	81946	18448
安徽	3928	403	4256	323	3075	-1181
福建	18291	54	14494	-3799	14467	-27
江西	3696	-208	4670	973	5978	1308
山东	24117	3591	23275	-843	33050	9775
河南	6326	659	6010	-316	5681	-329
湖北	7133	-534	7350	219	9999	2654
湖南	5087	-1023	3400	-1687	2875	-526
广东	141121	-6986	135871	-5250	114836	-21035
广西	7761	-1447	9944	2169	6274	-3670
海南	1648	-134	1273	-373	1367	94
四川	11019	737	13997	2977	8431	-5566
贵州	2368	584	1251	-1118	1035	-217
云南	1535	-81	2179	638	1800	-379
西藏	3	3	5	2	4	0
陕西	2448	-42	2234	-214	2034	-200
甘肃	1422	-1115	967	-454	1523	556
青海	189	52	1459	1262	855	-604
宁夏	316	38	342	25	451	109
新疆	990	192	1681	691	1442	-238
重庆	1661	-422	3612	1951	2501	-1112
大连	9852	1148	7198	-2655	9834	2637
青岛	19591	32	19993	403	20575	582
宁波	9229	1470	12043	2816	12586	543
厦门	18069	4590	12386	-5684	20249	7863
深圳	63474	-5730	52493	-10982	60155	7662
新疆兵团	494	-260	1347	852	2213	867
境内合计	**946783**	**55084**	**1043544**	**96605**	**1004208**	**-39363**

中国农业银行境内各分行外币储蓄存款

（1994—2008）

单位：万美元

地　　区	1994 年	1995 年		1996 年	
	年末余额	年末余额	比年初增减额	年末余额	比年初增减额
总　行	400		-400		
北　京	3374	4439	1065	5216	777
天　津	661	981	320	1056	75
河　北	54	91	37	187	96
山　西	52	79	27	59	-20
内蒙古	24	74	50	78	4
辽　宁	1190	1646	456	2436	790
吉　林	161	282	121	358	76
黑龙江	1412	1675	263	1954	279
上　海	16008	19616	3608	21419	1803
江　苏	4272	6503	2231	7385	882
浙　江	2468	3584	1116	4532	948
安　徽	97	135	38	232	97
福　建	3007	3968	961	5100	1132
江　西	286	513	227	878	365
山　东	833	1321	488	1768	447
河　南	158	699	541	715	16
湖　北	2032	460	-1572	3956	3496
湖　南	142	621	479	1026	405
广　东	75294	81122	5828	82617	1495
广　西	621	776	155	894	118
海　南	1470	1303	-167	1280	-23
四　川	2118	1132	-986	1489	357
贵　州	9	102	93	42	-60
云　南	63	147	84	153	6
西　藏					
陕　西	6	1	-5	85	84
甘　肃	131	222	91	280	58
青　海	38	45	7	40	-5
宁　夏	2	1	-1	13	12
新　疆	63	109	46	111	2
重　庆		2	2	39	37
大　连	455	837	382	1076	239
青　岛	2252	2516	264	2981	465
宁　波	192	317	125	422	105
厦　门	1431	1743	312	1596	-147
深　圳	17240	18071	831	17271	-800
新疆兵团	14	37	23	245	208
境内合计	**138030**	**155170**	**17140**	**168989**	**13819**

中国农业银行境内各分行外币储蓄存款

（1994—2008）

单位：万美元

地区	1997 年		1998 年		1999 年	
	年末余额	比年初增减额	年末余额	比年初增减额	年末余额	比年初增减额
总行						
北京	6268	1052	8361	2093	11347	2986
天津	1568	512	3007	1439	4145	1138
河北	309	122	590	281	1263	673
山西	90	31	168	78	388	220
内蒙古	165	87	319	154	620	301
辽宁	4127	1691	7799	3672	11159	3360
吉林	1137	779	1985	848	3111	1126
黑龙江	2559	605	4691	2132	6109	1418
上海	22174	755	25297	3123	29329	4032
江苏	10011	2626	17996	7985	25452	7456
浙江	5969	1437	11891	5922	22752	10861
安徽	284	52	382	98	541	159
福建	7969	2869	13362	5393	20027	6665
江西	1327	449	1906	579	2533	627
山东	2661	893	4495	1834	5905	1410
河南	1084	369	1820	736	2301	481
湖北	4797	841	5392	595	6779	1387
湖南	1587	561	2415	828	3244	829
广东	90001	7384	127129	37128	171142	44013
广西	1365	471	1453	88	1225	-228
海南	1759	479	1596	-163	1864	268
四川	2241	752	4616	2375	6525	1909
贵州	56	14	77	21	111	34
云南	428	275	392	-36	634	242
西藏						
陕西	39	-46	619	580	688	69
甘肃	312	32	493	181	600	107
青海	50	10	69	19	76	7
宁夏	60	47	106	46	246	140
新疆	109	-2	171	62	211	40
重庆	233	194	367	134	490	123
大连	1601	525	2492	891	3961	1469
青岛	3689	708	4962	1273	6949	1987
宁波	722	300	1176	454	1856	680
厦门	1874	278	3017	1143	4032	1015
深圳	18631	1360	25090	6459	24941	-149
新疆兵团	271	26	174	-97	69	-105
境内合计	**197527**	**28538**	**285875**	**88348**	**382625**	**96750**

中国农业银行境内各分行外币储蓄存款

(1994—2008)

单位：万美元

地区	2000年		2001年		2002年	
	年末余额	比年初增减额	年末余额	比年初增减额	年末余额	比年初增减额
总行						
北京	14978	3631	18285	3307	21479	3119
天津	5715	1570	6800	1085	7892	1092
河北	1855	592	3007	1152	2327	-680
山西	499	111	654	155	782	128
内蒙古	1037	417	1373	336	1449	76
辽宁	16590	5431	19481	2891	21140	1565
吉林	5760	2649	6955	1195	7675	639
黑龙江	7056	947	7130	74	8038	903
上海	33978	4649	32125	-1853	35825	3700
江苏	38277	12825	43220	4943	48499	5176
浙江	37475	14723	45454	7979	43749	-1705
安徽	652	111	1450	798	1942	492
福建	29283	9256	32369	3086	33044	675
江西	3618	1085	3973	355	4159	181
山东	8983	3078	12442	3459	14396	1954
河南	3500	1199	4767	1267	5869	1102
湖北	8266	1487	9001	735	9482	476
湖南	4433	1189	4931	498	5788	857
广东	201427	30285	197607	-3820	186183	-11398
广西	1803	578	2178	375	2256	71
海南	2505	641	2482	-23	2372	-110
四川	9007	2482	9873	866	9517	-379
贵州	190	79	193	3	156	-37
云南	742	108	916	174	1125	209
西藏						
陕西	875	187	1477	602	2144	635
甘肃	737	137	744	7	899	148
青海	119	43	161	42	173	11
宁夏	443	197	574	131	544	-30
新疆	297	86	373	76	600	227
重庆	715	225	1248	533	1281	31
大连	6194	2233	8511	2317	10049	1440
青岛	9509	2560	11517	2008	12560	1043
宁波	3397	1541	4529	1132	4684	155
厦门	5316	1284	4980	-336	4797	-183
深圳	33420	8479	34949	1529	35646	693
新疆兵团	206	137	348	142	364	15
境内合计	**498857**	**116232**	**536077**	**37220**	**548885**	**12291**

中国农业银行境内各分行外币储蓄存款

（1994—2008）

单位：万美元

地区	2003年		2004年		2005年	
	年末余额	比年初增减额	年末余额	比年初增减额	年末余额	比年初增减额
总行					134048	134048
北京	20986	-493	20919	-67	12110	-8809
天津	8016	124	11491	3475	4697	-6794
河北	1935	-392	1687	-248	1614	-73
山西	868	86	1078	210	794	-284
内蒙古	1485	36	1218	-267	811	-407
辽宁	17633	-3507	12700	-4933	10291	-2409
吉林	7004	-671	5109	-1895	3510	-1599
黑龙江	6453	-1585	4877	-1576	3976	-901
上海	31473	-4352	34713	3240	39204	4491
江苏	47809	-690	40855	-6954	24457	-16398
浙江	38794	-4955	37945	-849	36443	-1502
安徽	1999	57	2042	43	1791	-251
福建	26686	-6358	19777	-6909	14877	-4900
江西	4082	-77	3717	-365	2014	-1703
山东	14063	-333	12600	-1463	11045	-1555
河南	6031	162	7392	1361	3851	-3541
湖北	8648	-834	7069	-1579	6770	-299
湖南	6020	232	5439	-581	3759	-1680
广东	174245	-11938	160646	-13599	146695	-13951
广西	2320	64	3171	851	3167	-4
海南	2130	-242	1793	-337	1769	-24
四川	7783	-1734	5423	-2360	4535	-888
贵州	176	20	257	81	202	-55
云南	1081	-44	1105	24	875	-230
西藏						
陕西	2164	20	1686	-478	1712	26
甘肃	939	40	1029	90	928	-101
青海	195	22	177	-18	135	-42
宁夏	516	-28	419	-97	401	-18
新疆	922	322	1004	82	562	-442
重庆	1215	-66	965	-250	808	-157
大连	8639	-1410	8915	276	3600	-5315
青岛	11789	-771	10235	-1554	7109	-3126
宁波	4082	-602	2881	-1201	2124	-757
厦门	4104	-693	3960	-144	2125	-1835
深圳	35621	-25	39404	3783	23697	-15707
新疆兵团	280	-84	189	-91	215	26
境内合计	**508186**	**-40699**	**473887**	**-34299**	**516721**	**42834**

中国农业银行境内各分行外币储蓄存款

(1994—2008)

单位：万美元

地区	2006年		2007年		2008年	
	年末余额	比年初增减额	年末余额	比年初增减额	年末余额	比年初增减额
总行			35182	35182	15479	-19702
北京	11003	-1107	8150	-2853	7791	-358
天津	4889	191	4162	-734	3533	-628
河北	1896	305	1378	-521	960	-418
山西	830	36	499	-331	445	-54
内蒙古	526	-285	324	-203	258	-66
辽宁	8366	-1198	5500	-2855	4557	-943
吉林	2963	-446	1972	-991	1688	-284
黑龙江	3446	-214	2318	-1127	1947	-371
上海	19899	983	17119	-2763	18234	1115
江苏	24141	-313	18244	-5897	16406	-1838
浙江	29944	-5980	21712	-8231	33852	12140
安徽	1915	369	902	-1017	724	-178
福建	14100	-777	9715	-4386	8254	-1461
江西	1793	-220	1394	-400	1223	-171
山东	6522	-689	5348	-1174	4834	-514
河南	4363	653	3472	-892	3653	182
湖北	3941	-208	2728	-1214	2445	-279
湖南	2863	-896	1968	-899	1605	-363
广东	106544	-11162	84027	-22517	69941	-14086
广西	3065	-101	2210	-866	1599	-611
海南	1308	-164	948	-359	822	-126
四川	3334	-555	2093	-1242	1903	-190
贵州	153	-49	101	-52	90	-11
云南	705	-119	464	-242	357	-107
西藏	3	3	5	2	4	0
陕西	1045	158	647	-399	585	-62
甘肃	695	-113	423	-271	345	-78
青海	122	-12	89	-34	65	-24
宁夏	278	26	242	-37	222	-19
新疆	511	-51	329	-183	292	-37
重庆	600	-207	462	-139	448	-14
大连	3715	181	2582	-1134	3309	727
青岛	6496	-610	4780	-1715	4124	-657
宁波	1804	-320	1298	-505	1022	-276
厦门	1814	-310	1198	-616	1402	204
深圳	24297	600	19333	-4965	17620	-1713
新疆兵团	87	-52	50	-37	44	-6
境内合计	**299976**	**-22653**	**263368**	**-36614**	**232082**	**-31281**

中国农业银行境内各分行外币定期储蓄存款

（1994—2008）

单位：万美元

地区	1994 年	1995 年		1996 年	
	年末余额	年末余额	比年初增减额	年末余额	比年初增减额
总行	400		-400		
北京		4159	4159	4868	709
天津		857	857	956	99
河北	37	89	52	142	53
山西				56	56
内蒙古		25	25	61	36
辽宁	991	1614	623	2425	811
吉林	149	222	73	70	-152
黑龙江		1402	1402	1663	261
上海		19570	19570	21366	1796
江苏	3464	4405	941	6975	2570
浙江		2152	2152	3634	1482
安徽	95	135	40	227	92
福建	3006	3926	920	4969	1043
江西	285	97	-188	660	563
山东	814	1184	370	1744	560
河南	49	286	237	646	360
湖北		340	340	3865	3525
湖南	97	409	312	893	484
广东	52378	62525	10147	62512	-13
广西	620	778	158	880	102
海南		478	478	1057	579
四川	2007	533	-1474	1234	701
贵州		44	44	42	-2
云南		74	74		-74
西藏					
陕西	6	20	14	8	-12
甘肃		221	221	280	59
青海		45	45	40	-5
宁夏				13	13
新疆	15	76	61	82	6
重庆				39	39
大连		837	837	1076	239
青岛	2252	2516	264	2981	465
宁波		299	299	380	81
厦门	1277	1536	259	1417	-119
深圳	7613		-7613	7914	7914
新疆兵团	12	36	24	5	-31
境内合计	**75567**	**110890**	**35323**	**135180**	**24290**

中国农业银行境内各分行外币定期储蓄存款

(1994—2008)

单位：万美元

地区	1997 年		1998 年		1999 年	
	年末余额	比年初增减额	年末余额	比年初增减额	年末余额	比年初增减额
总行						
北京	5801	933	7749	1948	10694	2945
天津	1425	469	2756	1331	3883	1127
河北	270	128	575	305	1253	678
山西	85	29	166	81	382	216
内蒙古	107	46	244	137	497	253
辽宁	4050	1625	7722	3672	11133	3411
吉林	1095	1025	1886	791	2949	1063
黑龙江	2322	659	4355	2033	5426	1071
上海	22026	660	25145	3119	29227	4082
江苏	9779	2804	17666	7887	25148	7482
浙江	5968	2334	11884	5916	22718	10834
安徽	281	54	376	95	541	165
福建	7702	2733	12982	5280	19278	6296
江西	1295	635	1904	609	2531	627
山东	2573	829	4445	1872	5830	1385
河南	1039	393	1778	739	2234	456
湖北	4385	520	5229	844	6598	1369
湖南	1425	532	2215	790	3150	935
广东	70718	8206	110031	39313	147188	37157
广西	1355	475	1429	74	1194	-235
海南	1359	302	1479	120	1609	130
四川	1856	622	4528	2672	6470	1942
贵州	56	14	74	18	109	35
云南	220	220	386	166	625	239
西藏						
陕西	39	31	607	568	686	79
甘肃	312	32	493	181	596	103
青海	50	10	69	19	76	7
宁夏	58	45	105	47	245	140
新疆	84	2	158	74	189	31
重庆	230	191	363	133	486	123
大连	1601	525	2492	891	3961	1469
青岛	3689	708	4962	1273	6949	1987
宁波	719	339	1172	453	1840	668
厦门	1751	334	2897	1146	3877	980
深圳	8215	301	16737	8522	17243	506
新疆兵团	249	244	160	-89	51	-109
境内合计	**164189**	**29009**	**257219**	**93030**	**346866**	**89647**

中国农业银行境内各分行外币定期储蓄存款

（1994—2008）

单位：万美元

地　区	2000 年		2001 年		2002 年	
	年末余额	比年初增减额	年末余额	比年初增减额	年末余额	比年初增减额
总　行						
北　京	14235	3541	16031	1796	17352	1304
天　津	5417	1534	6350	933	7204	854
河　北	1850	597	2996	1146	2198	-798
山　西	488	106	629	141	761	132
内蒙古	880	383	1102	222	1159	57
辽　宁	16546	5413	19190	2644	20670	1394
吉　林	5448	2499	6425	977	7099	622
黑龙江	6396	970	6606	210	7099	489
上　海	33835	4608	31634	-2201	34618	2984
江　苏	37838	12690	42355	4517	46315	3870
浙　江	37299	14581	44675	7376	42225	-2450
安　徽	651	110	1424	773	1917	493
福　建	28153	8875	30443	2290	29904	-539
江　西	3604	1073	3929	325	4079	146
山　东	8938	3108	12338	3400	14083	1745
河　南	3420	1186	4642	1222	5637	995
湖　北	8124	1526	8784	660	9207	419
湖　南	4323	1173	4851	528	5685	834
广　东	180447	33259	173206	-7241	159524	-13681
广　西	1784	590	2077	293	2171	87
海　南	2262	653	2248	-14	2115	-133
四　川	8959	2489	9788	829	9370	-428
贵　州	164	55	177	13	147	-30
云　南	735	110	901	166	1026	125
西　藏						
陕　西	869	183	1440	571	2122	643
甘　肃	723	127	729	6	888	153
青　海	119	43	161	42	172	10
宁　夏	424	179	517	93	524	7
新　疆	287	98	347	60	555	208
重　庆	706	220	1215	509	1234	17
大　连	6194	2233	7979	1785	9007	951
青　岛	9509	2560	11232	1723	12041	809
宁　波	3393	1553	4522	1129	4656	134
厦　门	5150	1273	4779	-371	4483	-296
深　圳	23449	6206	22111	-1338	23330	1218
新疆兵团	196	145	286	90	269	-18
境内合计	**462815**	**115949**	**488119**	**25304**	**490846**	**2327**

中国农业银行境内各分行外币定期储蓄存款

（1994—2008）

单位：万美元

地　区	2003 年		2004 年		2005 年	
	年末余额	比年初增减额	年末余额	比年初增减额	年末余额	比年初增减额
总　行					134048	134048
北　京	16316	-1036	16712	396	7962	-8750
天　津	7132	-72	10386	3254	3346	-7040
河　北	1826	-372	1556	-270	1360	-196
山　西	830	69	1009	179	753	-256
内蒙古	1195	36	1039	-156	719	-320
辽　宁	17124	-3546	12048	-5076	9250	-2798
吉　林	6573	-526	4728	-1845	3101	-1627
黑龙江	5766	-1333	4120	-1646	3131	-989
上　海	29333	-5285	32291	2958	36276	3985
江　苏	43958	-2357	37091	-6867	20966	-16125
浙　江	36023	-6202	32730	-3293	28347	-4383
安　徽	1922	5	1967	45	1689	-278
福　建	23857	-6047	16492	-7365	10976	-5516
江　西	3962	-117	3547	-415	1790	-1757
山　东	13570	-513	11934	-1636	10463	-1471
河　南	5634	-3	6953	1319	2893	-4060
湖　北	8257	-950	6718	-1539	6244	-474
湖　南	5839	154	5211	-628	3580	-1631
广　东	145844	-13680	123892	-21952	116061	-7831
广　西	1974	-197	2551	577	2373	-178
海　南	1856	-259	1455	-401	1458	3
四　川	7626	-1744	5248	-2378	4348	-900
贵　州	161	14	193	32	160	-33
云　南	971	-55	966	-5	712	-254
西　藏						
陕　西	2110	-12	1623	-487	1618	-5
甘　肃	918	30	972	54	889	-83
青　海	193	21	177	-16	135	-42
宁　夏	498	-26	384	-114	369	-15
新　疆	788	233	814	26	506	-308
重　庆	1128	-106	813	-315	741	-72
大　连	8202	-805	8281	79	2716	-5565
青　岛	11115	-926	9352	-1763	6163	-3189
宁　波	4000	-656	2772	-1228	2060	-712
厦　门	3744	-739	3414	-330	1644	-1770
深　圳	21035	-2295	22117	1082	9205	-12912
新疆兵团	208	-61	136	-72	187	51
境内合计	**441488**	**-49358**	**391692**	**-49796**	**438239**	**46547**

中国农业银行境内各分行外币定期储蓄存款

（1994—2008）

单位：万美元

地　区	2006年		2007年		2008年	
	年末余额	比年初增减额	年末余额	比年初增减额	年末余额	比年初增减额
总　行						
北　京	7267	-695	5578	-1688	5288	-290
天　津	3355	8	2845	-516	2657	-188
河　北	1446	108	1035	-413	763	-272
山　西	769	15	483	-285	426	-57
内蒙古	462	-257	271	-191	180	-92
辽　宁	6941	-1583	4462	-2475	3768	-693
吉　林	2476	-526	1586	-889	1262	-325
黑龙江	2239	-577	1508	-730	1262	-246
上　海	15596	-392	12104	-3483	12912	808
江　苏	19642	-1321	14205	-5437	13168	-1036
浙　江	19957	-7872	15211	-4745	19746	4535
安　徽	1570	159	597	-975	530	-67
福　建	9647	-1329	6520	-3127	5383	-1136
江　西	1561	-229	1199	-363	1038	-161
山　东	5746	-883	4590	-1156	4290	-301
河　南	3354	603	2604	-750	3008	403
湖　北	3316	-307	2329	-987	2061	-266
湖　南	2723	-856	1868	-860	1508	-359
广　东	78541	-8531	58610	-19931	51509	-7101
广　西	2349	-24	1467	-892	1222	-245
海　南	1015	-145	755	-259	642	-114
四　川	3125	-577	1936	-1190	1759	-177
贵　州	121	-40	83	-38	80	-4
云　南	567	-109	374	-193	292	-82
西　藏			2	2	3	1
陕　西	845	51	556	-289	519	-37
甘　肃	653	-116	416	-236	295	-121
青　海	122	-12	89	-34	63	-26
宁　夏	217	-4	172	-45	173	2
新　疆	466	-40	288	-178	261	-27
重　庆	520	-219	416	-104	378	-37
大　连	2626	-24	1844	-782	1909	64
青　岛	5761	-400	4303	-1458	3736	-567
宁　波	1748	-312	1252	-496	973	-278
厦　门	1280	-363	873	-407	1063	190
深　圳	8413	-792	6594	-1820	6719	126
新疆兵团	72	-39	40	-31	36	-4
境内合计	**216508**	**-27630**	**159066**	**-57453**	**150883**	**-8181**

中国农业银行境内各分行外币单位存款

（1994—2008）

单位：万美元

地区	1994年	1995年		1996年	
	年末余额	年末余额	比年初增减额	年末余额	比年初增减额
总行	5153	5034	-119	10854	5820
北京		6895	6895	8921	2026
天津	4008	6331	2323	12853	6522
河北	640	467	-173	2931	2464
山西	47	2	-45	177	175
内蒙古	25		-25	78	78
辽宁	197	377	180	901	524
吉林	259	1300	1041	1044	-256
黑龙江	607	314	-293	266	-48
上海		14837	14837	28172	13335
江苏	12204	16224	4020	27387	11163
浙江	401	874	473	3306	2432
安徽	335	421	86	2284	1863
福建	753	1321	568	3667	2346
江西	99	24	-75	490	466
山东	127	1129	1002	3032	1903
河南	120	203	83	585	382
湖北		2	2	6045	6043
湖南	62	118	56	1338	1220
广东	3949	5592	1643	12200	6608
广西	46	337	291	381	44
海南	179	215	36	1370	1155
四川	2025	2852	827	4653	1801
贵州	5	3	-2	114	111
云南	14	350	336	766	416
西藏					
陕西	6	51	45	285	234
甘肃	351	731	380	1012	281
青海	3	80	77	12	-68
宁夏		89	89	283	194
新疆	18	359	341	51	-308
重庆		120	120	452	332
大连	346	1222	876	2234	1012
青岛	33	496	463	4008	3512
宁波	1291	3515	2224	4576	1061
厦门	2362	4537	2175	4022	-515
深圳	9564	13951	4387	22178	8227
新疆兵团				114	114
境内合计	**45229**	**90373**	**45144**	**173042**	**82669**

中国农业银行境内各分行外币单位存款

（1994—2008）

单位：万美元

地　区	1997 年		1998 年		1999 年	
	年末余额	比年初增减额	年末余额	比年初增减额	年末余额	比年初增减额
总　行	18575	7721	35053	16478	48619	13566
北　京	8066	-855	8777	711	7557	-1220
天　津	8125	-4728	8262	137	7748	-514
河　北	21182	18251	3713	-17469	4910	1197
山　西	78	-99	93	15	70	-23
内蒙古	165	87	199	34	157	-42
辽　宁	1625	724	2564	939	1567	-997
吉　林	2668	1624	1129	-1539	182	-947
黑龙江	586	320	784	198	443	-341
上　海	25147	-3025	21413	-3734	28528	7115
江　苏	38467	11080	40491	2024	35362	-5129
浙　江	3736	430	6845	3109	8999	2154
安　徽	1246	-1038	1069	-177	1151	82
福　建	3092	-575	2207	-885	1393	-814
江　西	454	-36	222	-232	215	-7
山　东	4017	985	5524	1507	5136	-388
河　南	1263	678	1491	228	3552	2061
湖　北	4439	-1606	2127	-2312	2052	-75
湖　南	697	-641	898	201	1438	540
广　东	9834	-2366	12205	2371	8572	-3633
广　西	204	-177	215	11	569	354
海　南	1817	447	317	-1500	229	-88
四　川	4370	-283	3512	-858	3821	309
贵　州	203	89	348	145	193	-155
云　南	868	102	208	-660	337	129
西　藏						
陕　西	348	63	327	-21	269	-58
甘　肃	981	-31	1076	95	768	-308
青　海	66	54	89	23	18	-71
宁　夏	312	29	418	106	57	-361
新　疆	35	-16	115	80	68	-47
重　庆	22	-430	285	263	28	-257
大　连	1835	-399	1783	-52	1275	-508
青　岛	3715	-293	4077	362	3929	-148
宁　波	1898	-2678	1315	-583	1684	369
厦　门	3884	-138	3758	-126	4632	874
深　圳	18969	-3209	18181	-788	22939	4758
新疆兵团	35	-79	125	90	142	17
境内合计	**193024**	**19982**	**191219**	**-1805**	**208609**	**17390**

中国农业银行境内各分行外币单位存款

（1994—2008）

单位：万美元

地　区	2000 年		2001 年		2002 年	
	年末余额	比年初增减额	年末余额	比年初增减额	年末余额	比年初增减额
总　行	55637	7018	58828	3191	55175	-3653
北　京	13785	6228	14329	544	12684	-1646
天　津	8897	1149	8844	-53	9920	1076
河　北	2725	-2185	2636	-89	2073	-563
山　西	392	322	423	31	358	-65
内蒙古	155	-2	238	83	393	155
辽　宁	1722	155	1916	194	2008	83
吉　林	391	209	329	-62	647	318
黑龙江	1163	720	815	-348	877	62
上　海	24693	-3835	25722	1029	32584	6862
江　苏	45331	9969	48776	3445	56706	7779
浙　江	9450	451	10945	1495	15372	4427
安　徽	1039	-112	1361	322	1254	-107
福　建	1835	442	3928	2093	1714	-2214
江　西	325	110	1252	927	1121	-131
山　东	3836	-1300	6580	2744	9605	3025
河　南	4756	1204	5609	853	9341	3732
湖　北	3098	1046	2535	-563	2107	-439
湖　南	1797	359	2016	219	997	-1026
广　东	9166	594	8615	-551	11863	3248
广　西	164	-405	593	429	297	-297
海　南	804	575	1649	845	1069	-698
四　川	4761	940	6883	2122	5655	-1228
贵　州	267	74	323	56	449	126
云　南	315	-22	604	289	257	-347
西　藏						
陕　西	1090	821	1012	-78	1312	300
甘　肃	1094	326	1161	67	1985	824
青　海	20	2	4	-16		-4
宁　夏	48	-9	182	134	298	116
新　疆	23	-45	55	32	189	134
重　庆	403	375	1537	1134	897	-641
大　连	2201	926	2543	342	2126	-446
青　岛	4465	536	5083	618	5671	588
宁　波	2457	773	3301	844	4291	990
厦　门	8218	3586	10621	2403	7766	-2855
深　圳	27380	4441	32046	4666	31574	-488
新疆兵团	191	49	47	-144	20	-27
境内合计	**244094**	**35485**	**273341**	**29247**	**290655**	**16970**

中国农业银行境内各分行外币单位存款

（1994—2008）

单位：万美元

地区	2003 年		2004 年		2005 年	
	年末余额	比年初增减额	年末余额	比年初增减额	年末余额	比年初增减额
总行	77355	22180	94964	17609	175049	80085
北京	15429	2745	20441	5012	81326	60885
天津	14391	4471	17237	2846	18514	1277
河北	3794	1721	2833	-961	3437	604
山西	224	-134	700	476	1096	396
内蒙古	223	-170	1252	1029	615	-637
辽宁	3328	1320	3722	394	5266	1544
吉林	286	-361	1192	906	811	-381
黑龙江	989	112	1504	515	1613	109
上海	32048	-536	34608	2560	66739	32131
江苏	67133	10427	86612	19479	108227	21615
浙江	18346	2974	19467	1121	18597	-870
安徽	1287	33	1851	564	2935	1084
福建	3209	1495	2889	-320	2166	-723
江西	454	-667	1805	1351	1331	-474
山东	7034	-2571	10430	3396	8527	-1903
河南	5243	-4098	1438	-3805	1429	-9
湖北	1475	-632	2893	1418	3004	111
湖南	1464	467	2317	853	1585	-732
广东	15011	3148	18514	3503	25282	6768
广西	1188	891	1080	-108	5107	4027
海南	1102	33	816	-286	285	-531
四川	5738	83	7009	1271	7831	822
贵州	134	-315	859	725	1548	689
云南	296	39	371	75	696	325
西藏						
陕西	992	-320	795	-197	505	-290
甘肃	2705	720	3086	381	1378	-1708
青海	5	5	14	9	2	-12
宁夏	154	-144	54	-100	1378	1324
新疆	229	40	198	-31	156	-42
重庆	530	-367	283	-247	1438	1155
大连	3066	940	1867	-1199	4284	2417
青岛	6679	1008	13072	6393	10264	-2808
宁波	5478	1187	4497	-981	5189	692
厦门	6429	-1337	9175	2746	10362	1187
深圳	31101	-473	60297	29196	42073	-18224
新疆兵团	98	78	77	-21	121	44
境内合计	**334647**	**43992**	**430219**	**95572**	**620166**	**189947**

中国农业银行境内各分行外币单位存款

(1994—2008)

单位：万美元

地　区	2006年		2007年		2008年	
	年末余额	比年初增减额	年末余额	比年初增减额	年末余额	比年初增减额
总　行	84991	-3780	153733	68698	98105	-55629
北　京	82657	1331	69276	-13382	76613	7337
天　津	25878	7365	26674	726	14152	-12523
河　北	7550	4113	11750	4197	10022	-1728
山　西	2775	1679	3574	799	2570	-1004
内蒙古	358	-257	705	347	257	-448
辽　宁	4783	-414	5501	711	3040	-2462
吉　林	463	-346	514	52	788	273
黑龙江	494	-877	544	50	2369	1825
上　海	56535	14721	54435	-2095	65205	10770
江　苏	136763	28296	164155	27393	192279	28125
浙　江	25400	7053	32275	6874	44983	12708
安　徽	1721	52	2786	1064	2198	-588
福　建	3610	1444	4349	738	5472	1123
江　西	1644	313	3083	1439	4409	1326
山　东	14994	6473	14792	-204	23980	9189
河　南	1256	-172	1625	369	1595	-30
湖　北	2713	222	3793	1083	7327	3534
湖　南	1637	52	1366	-266	1186	-180
广　东	29637	4457	44328	14691	39388	-4940
广　西	3857	-1250	6592	2736	4366	-2226
海　南	322	38	325	3	542	217
四　川	7123	1293	11122	3999	6233	-4889
贵　州	1974	426	968	-1007	348	-620
云　南	589	-106	1504	910	1411	-93
西　藏						
陕　西	836	331	1131	294	1276	145
甘　肃	569	-804	420	-149	1073	653
青　海	67	66	338	264	483	145
宁　夏	23	-3	76	53	228	153
新　疆	300	144	1136	837	1140	4
重　庆	1024	-178	1373	349	1731	358
大　连	5262	978	3631	-1631	6196	2565
青　岛	11760	1496	14640	2880	15038	397
宁　波	7062	1873	10476	3414	11240	764
厦　门	15176	4813	10465	-4711	18614	8149
深　圳	38302	-3771	31631	-6670	41648	10016
新疆兵团	13	-50	24	11	52	28
境内合计	**580118**	**77021**	**695108**	**114867**	**707556**	**12448**

中国农业银行境内各分行外币单位定期存款

（1994—2008）

单位：万美元

地　区	1994 年	1995 年		1996 年	
	年末余额	年末余额	比年初增减额	年末余额	比年初增减额
总　行	5153	5034	－119	5664	630
北　京		6895	6895	5529	－1366
天　津		5356	5356	6531	1175
河　北	626	487	－139	1141	654
山　西					
内蒙古					
辽　宁	197	216	19	409	193
吉　林		1300	1300	812	－488
黑龙江		167	167	48	－119
上　海		14837	14837	14095	－742
江　苏	10192	14395	4203	11973	－2422
浙　江		830	830	1040	210
安　徽		50	50	98	48
福　建	748	1315	567	2389	1074
江　西	18		－18	10	10
山　东	266	1017	751	733	－284
河　南	64	171	107	130	－41
湖　北		2	2	3388	3386
湖　南	62	113	51	152	39
广　东	2732	5496	2764	3724	－1772
广　西	46	337	291	213	－124
海　南		158	158	353	195
四　川	1947	2054	107	2027	－27
贵　州				32	32
云　南	14	252	238	248	－4
西　藏					
陕　西		31	31		－31
甘　肃		687	687	870	183
青　海		80	80		－80
宁　夏					
新　疆		93	93	19	－74
重　庆	72	120	48	360	240
大　连		1222	1222	1001	－221
青　岛	33	496	463	645	149
宁　波		2548	2548	3180	632
厦　门	2362	4537	2175	2538	－1999
深　圳	9564		－9564	10678	10678
新疆兵团					
境内合计	**34096**	**70296**	**36200**	**80030**	**9734**

中国农业银行境内各分行外币单位定期存款

(1994—2008)

单位：万美元

地　区	1997 年		1998 年		1999 年	
	年末余额	比年初增减额	年末余额	比年初增减额	年末余额	比年初增减额
总　行	12649	6985	25096	12447	37379	12283
北　京	4964	-565	6878	1914	5610	-1268
天　津	3725	-2806	3762	37	4067	305
河　北	9180	8039	2009	-7171	3805	1796
山　西			20	20	20	
内蒙古						
辽　宁	494	85	855	361	972	117
吉　林	970	158	820	-150	10	-810
黑龙江		-48	293	293	302	9
上　海	12869	-1226	13062	193	15946	2884
江　苏	18268	6295	26595	8327	22565	-4030
浙　江	2094	1054	4648	2554	6105	1457
安　徽	29	-69	350	321	282	-68
福　建	1349	-1040	1019	-330	542	-477
江　西	8	-2	5	-3	23	18
山　东	940	207	3247	2307	3157	-90
河　南	251	121	1287	1036	3241	1954
湖　北	2094	-1294	1188	-906	1110	-78
湖　南	192	40	623	431	232	-391
广　东	2339	-1385	6856	4517	2326	-4530
广　西	13	-200		-13	360	360
海　南	452	99	213	-239	169	-44
四　川	602	-1425	2260	1658	2494	234
贵　州		-32	280	280	150	-130
云　南	819	571	59	-760	182	123
西　藏						
陕　西	61	61	134	73	52	-82
甘　肃	627	-243	787	160	726	-61
青　海						
宁　夏			70	70		-70
新　疆	20	1	92	72		-92
重　庆		-360	44	44		-44
大　连	956	-45	1275	319	585	-690
青　岛	834	189	915	81	651	-264
宁　波	904	-2276	630	-274	811	181
厦　门	2057	-481	2805	748	3583	778
深　圳	8252	-2426	10047	1795	13732	3685
新疆兵团	10	10	108	98	124	16
境内合计	**88022**	**7992**	**118331**	**30309**	**131313**	**12982**

中国农业银行境内各分行外币单位定期存款

（1994—2008）

单位：万美元

地　区	2000 年		2001 年		2002 年	
	年末余额	比年初增减额	年末余额	比年初增减额	年末余额	比年初增减额
总　行	47959	10580	48878	919	44825	-4053
北　京	11995	6385	12509	514	9348	-3161
天　津	5315	1248	5012	-303	3824	-1198
河　北	1995	-1810	1965	-30	796	-1169
山　西	360	340	361	1	124	-237
内蒙古						
辽　宁	970	-2	923	-47	1062	139
吉　林	228	218	20	-208	323	303
黑龙江	700	398	715	15	147	-568
上　海	13361	-2585	8846	-4515	9169	263
江　苏	29217	6652	24854	-4363	25372	-2090
浙　江	7214	1109	5471	-1743	6675	1204
安　徽	604	322	518	-86	716	198
福　建	1197	655	3159	1962	893	-2266
江　西	14	-9	1	-13	188	187
山　东	1780	-1377	3645	1865	3538	-107
河　南	4566	1325	4927	361	3357	-1570
湖　北	2293	1183	976	-1317	604	-372
湖　南	753	521	1167	414	37	-1130
广　东	3615	1289	2532	-1083	2579	-105
广　西	40	-320	84	44	17	-68
海　南	741	572	1530	789	793	-737
四　川	3769	1275	5188	1419	4256	-931
贵　州	181	31	151	-30	151	
云　南	187	5	413	226	130	-283
西　藏						
陕　西	1014	962	851	-163	893	42
甘　肃	687	-39	624	-63	1184	560
青　海			1	1		-1
宁　夏	21	21	43	22	213	170
新　疆						
重　庆	323	323	1157	834	697	-460
大　连	1601	1016	1405	-196	805	-605
青　岛	828	177	1080	252	476	-604
宁　波	1050	239	1159	109	1652	493
厦　门	6598	3015	5375	-1223	3933	-3374
深　圳	16613	2881	19710	3097	15026	-5722
新疆兵团	174	50	24	-150		-24
境内合计	**167963**	**36650**	**165274**	**-2689**	**143803**	**-27276**

中国农业银行境内各分行外币单位定期存款

（1994—2008）

单位：万美元

地区	2003年		2004年		2005年	
	年末余额	比年初增减额	年末余额	比年初增减额	年末余额	比年初增减额
总行	58972	14147	73882	14910	155851	81969
北京	11364	2016	16588	5224	68459	51871
天津	7504	3680	7002	-502	7639	637
河北	766	-30	251	-515	361	110
山西	41	-83	41		221	180
内蒙古			900	900		-900
辽宁	2171	1109	2269	98	2444	175
吉林	37	-286		-37	8	8
黑龙江	950	803	1242	292	956	-286
上海	9819	650	7578	-2241	33076	25498
江苏	24275	-1097	22196	-2079	35254	13058
浙江	3494	-3181	2748	-746	1583	-1165
安徽	611	-105	569	-42	1283	714
福建	1429	536	1060	-369	143	-917
江西	190	2	191	1	192	1
山东	1067	-2471	741	-326	209	-532
河南	3735	378	109	-3626	3	-106
湖北	372	-232	612	240	1752	1140
湖南	128	91	948	820	41	-907
广东	1097	-1482	3267	2170	4428	1161
广西	2	-15	611	609	395	-216
海南	720	-73	363	-357	133	-230
四川	4322	66	2860	-1462	5285	2425
贵州		-151			13	13
云南	96	-34	172	76	126	-46
西藏						
陕西	735	-158	556	-179	1	-555
甘肃	1900	716	1864	-36	29	-1835
青海						
宁夏	83	-130	13	-70	1350	1337
新疆						
重庆	214	-483	4	-210	488	484
大连	1169	364	70	-1099	2243	2173
青岛	362	-114	2086	1724	240	-1846
宁波	1943	291	888	-1055	937	49
厦门	1588	-2345	2391	803	3089	698
深圳	12009	-3017	21943	9934	18589	-3354
新疆兵团					58	58
境内合计	**153165**	**9362**	**176015**	**22850**	**346879**	**170864**

中国农业银行境内各分行外币单位定期存款

（1994—2008）

单位：万美元

地 区	2006 年		2007 年		2008 年	
	年末余额	比年初增减额	年末余额	比年初增减额	年末余额	比年初增减额
总 行	63101	-6473	64319	1170	48900	-15418
北 京	75839	7379	51226	-24614	65973	14747
天 津	13470	5831	11764	-1714	4701	-7062
河 北	769	408	1012	243	984	-27
山 西	1	-219	1		260	259
内蒙古						
辽 宁	441	-1933	1287	849	40	-1247
吉 林		-7				
黑龙江	106	-609	109	3	313	203
上 海	26490	18339	18805	-7684	18673	-132
江 苏	44321	8827	57299	12979	60907	3608
浙 江	4703	3370	3663	-1041	11186	7523
安 徽	369	347	10	-360	55	45
福 建	571	428	1278	707	1625	347
江 西	279	87	268	-11	647	379
山 东	2070	1867	5472	3402	958	-4515
河 南		-3			114	114
湖 北	897	-343	1072	176	4710	3638
湖 南	653	612	55	-596	15	-40
广 东	4343	17	4255	-89	8732	4478
广 西	202	-193	580	378	1290	710
海 南	136	3	140	4	157	18
四 川	3472	837	2542	-930	2361	-181
贵 州	206	193	209	3		-209
云 南	127	1	119	-9	120	1
西 藏						
陕 西	1		1		1	
甘 肃	31	2	39	8	44	5
青 海					292	292
宁 夏						
新 疆						
重 庆		-255	77	77	609	531
大 连	147	-2096	758	612	888	130
青 岛	213	-27	2178	1966	3382	1203
宁 波	739	-198	4021	3282	2468	-1553
厦 门	6671	3581	3914	-2758	10685	6772
深 圳	15046	-3589	7765	-7281	19630	11865
新疆兵团						
境内合计	**265414**	**36184**	**244238**	**-21228**	**270720**	**26482**

中国农业银行境内各分行外币其他存款

（1994—2008）

单位：万美元

地区	1994年	1995年		1996年	
	年末余额	年末余额	比年初增减额	年末余额	比年初增减额
总行		5783	5783	248	-5535
北京	14171	3269	-10902	160	-3109
天津	5461	4479	-982	539	-3940
河北	1916	2321	405	616	-1705
山西	119	118	-1	43	-75
内蒙古	18	86	68		-86
辽宁	363	220	-143	424	204
吉林	522	716	194	250	-466
黑龙江	176	146	-30	418	272
上海	29762	16571	-13191	2984	-13587
江苏	10133	9834	-299	6218	-3616
浙江	4769	2550	-2219	1421	-1129
安徽	23	394	371	9	-385
福建	1101	2034	933	-934	-2968
江西	1360	537	-823	26	-511
山东	3177	2837	-340	801	-2036
河南	277	259	-18	243	-16
湖北	2395	389	-2006	210	-179
湖南	141	1126	985	237	-889
广东	7933	8566	633	3250	-5316
广西	1179		-1179	-237	-237
海南	1004	818	-186	218	-600
四川	1534	1095	-439	669	-426
贵州	285	34	-251	77	43
云南	315	94	-221		-94
西藏					
陕西	316	79	-237	106	27
甘肃	403	139	-264		-139
青海		4	4		-4
宁夏	123		-123	16	16
新疆	204	96	-108	25	-71
重庆	1197	292	-905	50	-242
大连	538	639	101	145	-494
青岛	2797	3011	214	1256	-1755
宁波	1128	23	-1105	934	911
厦门	2116	2437	321	2571	134
深圳	13738	11880	-1858	220	-11660
新疆兵团	5	10	5	196	186
境内合计	**110699**	**82886**	**-27813**	**23409**	**-59477**

中国农业银行境内各分行外币其他存款

（1994—2008）

单位：万美元

地区	1997年		1998年		1999年	
	年末余额	比年初增减额	年末余额	比年初增减额	年末余额	比年初增减额
总行	6482	6234	4367	-2115	92	-4275
北京	95	-65	233	138	860	627
天津	757	218	1159	402	916	-243
河北	632	16	543	-89	635	92
山西	55	12	24	-31	13	-11
内蒙古	32	32	11	-21	5	-6
辽宁	1324	900	851	-473	630	-221
吉林	607	357	285	-322	53	-232
黑龙江	757	339	192	-565	219	27
上海	4927	1943	8173	3246	10095	1922
江苏	4631	-1587	2854	-1777	5451	2597
浙江	2318	897	495	-1823	1744	1249
安徽	161	152	432	271	331	-101
福建	2510	3444	1277	-1233	1092	-185
江西	142	116	156	14	97	-59
山东	814	13	706	-108	1062	356
河南	491	248	659	168	390	-269
湖北	927	717	412	-515	378	-34
湖南	185	-52	791	606	338	-453
广东	5262	2012	2219	-3043	1774	-445
广西	110	347	24	-86	33	9
海南	1205	987	47	-1158	117	70
四川	1005	336	456	-549	252	-204
贵州	7	-70	128	121	58	-70
云南	32	32	25	-7	26	1
西藏						
陕西	92	-14	8	-84	24	16
甘肃	133	133	21	-112	18	-3
青海	2	2	6	4	5	-1
宁夏	11	-5	15	4	21	6
新疆	39	14	51	12	355	304
重庆	752	702	64	-688	78	14
大连	44	-101	235	191	349	114
青岛	730	-526	1346	616	1392	46
宁波	1152	218	421	-731	508	87
厦门	2590	19	794	-1796	4005	3211
深圳	523	303	1017	494	1762	745
新疆兵团	4	-192		-4		
境内合计	**41540**	**18131**	**30497**	**-11043**	**35178**	**4681**

中国农业银行境内各分行外币其他存款

(1994—2008)

单位：万美元

地区	2000年		2001年		2002年	
	年末余额	比年初增减额	年末余额	比年初增减额	年末余额	比年初增减额
总行	156	64	101	-55	163	62
北京	1528	668	644	-884	1064	417
天津	1618	702	1478	-140	4285	2807
河北	655	20	233	-422	449	216
山西	8	-5	28	20	255	227
内蒙古	93	88	10	-83	58	48
辽宁	341	-289	781	440	512	-273
吉林	80	27	250	170	259	5
黑龙江	126	-93	107	-19	90	-17
上海	3559	-6536	2318	-1241	3318	1000
江苏	5180	-271	3616	-1564	3889	222
浙江	2711	967	1528	-1183	3188	1660
安徽	348	17	274	-74	347	73
福建	839	-253	740	-99	1009	269
江西	74	-23	146	72	121	-24
山东	2189	1127	1896	-293	3310	1413
河南	303	-87	297	-6	1558	1261
湖北	339	-39	621	282	108	-516
湖南	193	-145	317	124	277	-40
广东	2536	762	1795	-741	3151	1356
广西	643	610	199	-444	362	162
海南	120	3	10	-110	12	1
四川	198	-54	158	-40	893	734
贵州	112	54	27	-85	134	107
云南	22	-4	28	6	34	5
西藏						
陕西	27	3	353	326	371	17
甘肃	100	82	64	-36	17	-48
青海	9	4	4	-5	2	-2
宁夏	84	63	47	-37		-47
新疆	818	463	93	-725	307	214
重庆	64	-14	28	-36	47	19
大连	919	570	1623	704	690	-989
青岛	1481	89	1214	-267	680	-534
宁波	901	393	302	-599	223	-79
厦门	686	-3319	1344	658	1350	-32
深圳	724	-1038	1729	1005	1404	-325
新疆兵团					40	40
境内合计	**29784**	**-5394**	**24403**	**-5381**	**33977**	**9409**

中国农业银行境内各分行外币其他存款

（1994—2008）

单位：万美元

地区	2003年		2004年		2005年	
	年末余额	比年初增减额	年末余额	比年初增减额	年末余额	比年初增减额
总行	96	-67	3026	2930	1388	-1638
北京	1155	91	1100	-55	6494	5394
天津	5913	1628	9692	3779	9163	-529
河北	931	482	2181	1250	2920	739
山西	196	-59	313	117	331	18
内蒙古	94	36	66	-28	167	101
辽宁	693	181	553	-140	664	111
吉林	502	243	343	-159	316	-27
黑龙江	237	147	638	401	135	-503
上海	10858	7540	18723	7865	3380	-15343
江苏	5031	1142	7950	2919	9048	1098
浙江	3557	369	3314	-243	6440	3126
安徽	804	457	462	-342	310	-152
福建	1548	539	1219	-329	1194	-25
江西	512	391	60	-452	560	500
山东	3127	-183	5048	1921	4793	-255
河南	2171	613	615	-1556	529	-86
湖北	616	508	964	348	1031	67
湖南	721	444	948	227	766	-182
广东	3626	475	5221	1595	5221	
广西	316	-46	716	400	935	219
海南	13	1	13		26	13
四川	955	62	973	18	563	-410
贵州	66	-68	172	106	34	-138
云南	69	35	249	180	98	-151
西藏						
陕西	470	99	216	-254	1100	884
甘肃	67	50	59	-8	356	297
青海	5	3	4	-1	2	-2
宁夏	101	101	3	-98		-3
新疆	677	370	1453	776	80	-1373
重庆	11	-36	32	21	78	46
大连	343	-347	367	24	886	519
青岛	852	172	1308	456	2188	880
宁波	271	48	407	136	446	39
厦门	1128	-222	747	-381	992	245
深圳	1758	354	3227	1469	3439	212
新疆兵团	231	191	522	291	551	29
境内合计	**49721**	**15744**	**72904**	**23183**	**66624**	**-6280**

中国农业银行境内各分行外币其他存款

（1994—2008）

单位：万美元

地 区	2006年		2007年		2008年	
	年末余额	比年初增减额	年末余额	比年初增减额	年末余额	比年初增减额
总 行	2939	1549	2428	-511	810	-1618
北 京	9169	3064	5849	-14322	14931	9083
天 津	10433	1272	15454	128	3947	-11507
河 北	4158	1238	3097	-2986	757	-2340
山 西	234	-98	63	-1001	0	-62
内蒙古	106	-61	398	-235	321	-77
辽 宁	850	186	409	-8799	367	-72
吉 林	380	63	570	-2773	312	-257
黑龙江	320	195	435	-3329	948	514
上 海	4146	766	6748	-17277	1351	-5397
江 苏	11826	3021	14735	-21233	18062	3327
浙 江	3904	-2538	9511	-24337	3111	-6400
安 徽	292	-18	568	-1644	154	-415
福 建	581	-613	430	-14252	742	311
江 西	259	-301	193	-1859	346	153
山 东	2601	-2193	3135	-5987	4236	1101
河 南	707	178	914	-4156	433	-481
湖 北	479	-548	829	-3592	228	-596
湖 南	587	-179	66	-3390	83	17
广 东	4940	-281	7516	-103968	5507	-2009
广 西	839	-96	1142	-2778	309	-833
海 南	18	-8	0	-1324	3	3
四 川	562	-1	783	-3115	295	-487
贵 州	241	207	183	-212	597	414
云 南	241	144	211	-736	33	-179
西 藏			0	-3	0	0
陕 西	567	-531	456	-1155	173	-284
甘 肃	158	-198	124	-728	105	-19
青 海		-2	1032	910	307	-725
宁 夏	15	15	24	-269		-24
新 疆	179	99	216	-474	11	-205
重 庆	37	-37	1777	1139	321	-1456
大 连	875	-11	985	-3606	329	-656
青 岛	1335	-854	573	-7258	1414	841
宁 波	363	-83	270	-1896	325	55
厦 门	1079	87	723	-2171	233	-490
深 圳	875	-2559	1528	-23645	887	-641
新疆兵团	394	-158	1273	792	2118	845
境内合计	**66689**	**716**	**85069**	**-281630**	**64570**	**-20525**

中国农业银行境内各分行外币保证金存款

（2006—2008）

单位：万美元

地区	2006年		2007年		2008年	
	年末余额	比年初增减额	年末余额	比年初增减额	年末余额	比年初增减额
总行	2718	1366	2315	-402	808	-1507
北京	2574	1685	216	-2358	806	590
天津	9891	1344	14831	4942	3448	-11383
河北	3742	1137	3049	-719	557	-2493
山西	227	-83	63	-164	0	-63
内蒙古		-22	0	0		0
辽宁	521	215	270	-253	94	-176
吉林	308	70	500	192	264	-235
黑龙江	8	8	275	268	553	277
上海	1912	11	2468	558	992	-1476
江苏	9828	2905	13225	3397	14815	1590
浙江	2281	-1336	8697	6417	2252	-6444
安徽	142	73	294	152	89	-205
福建	298	-594	276	-22	508	232
江西	239	-204	145	-94	330	185
山东	2126	-2146	2529	403	3738	1209
河南	591	161	547	-44	291	-256
湖北	335	-627	710	376	161	-549
湖南	35	-392	22	-13	49	27
广东	3460	472	4012	552	1035	-2978
广西	673	216	575	-102	35	-539
海南	6	-15	0	-6	0	0
四川	333	1	632	299	218	-414
贵州	27	-5	2	-25	587	585
云南			0	0	0	0
西藏						
陕西	492	-46	385	-106	102	-283
甘肃	135	-18	111	-24	87	-24
青海			1028	1028	307	-720
宁夏						
新疆		-34	0	0		0
重庆	6	-41	80	75	14	-66
大连	833	68	860	27	219	-642
青岛	1233	-505	419	-814	846	426
宁波	349	-2	260	-89	292	32
厦门	1034	50	715	-319	208	-507
深圳	497	-1055	173	-325	307	134
新疆兵团	60	59	0	-60	0	0
境内合计	**46914**	**2716**	**59685**	**12744**	**34012**	**-25672**

中国农业银行境内各分行外币保险公司存放款项

（2006—2008）

单位：万美元

地区	2006年		2007年		2008年	
	年末余额	比年初增减额	年末余额	比年初增减额	年末余额	比年初增减额
总行	29	9	83	54	1	-82
北京	6014	1468	4186	-1828	12724	8538
天津	309	-37	1	-308	33	32
河北						
山西						
内蒙古						
辽宁						
吉林						
黑龙江						
上海	1906	1477	252	-1652	152	-100
江苏	122	105	2	-121	0	-1
浙江		-2	0	0	0	0
安徽						
福建						
江西						
山东						
河南						
湖北	6	6	6	0	6	0
湖南						
广东	1	-11	0	0	0	0
广西						
海南						
四川						
贵州						
云南						
西藏						
陕西						
甘肃						
青海						
宁夏						
新疆						
重庆			1250	1250	295	-955
大连						
青岛			0	0	0	0
宁波						
厦门		-2	2	2	2	0
深圳	149	-1450	669	520	396	-273
新疆兵团	305	-119	558	253	2102	1544
境内合计	**8841**	**1444**	**7009**	**-1830**	**15712**	**8703**

中国农业银行境内各分行外币应解汇款及临时存款

（2006—2008）

单位：万美元

地　区	2006 年		2007 年		2008 年	
	年末余额	比年初增减额	年末余额	比年初增减额	年末余额	比年初增减额
总　行	192	174	452	259	464	12
北　京	581	-89	1447	866	1401	-45
天　津	233	-35	622	389	466	-156
河　北	416	101	48	-368	200	153
山　西	7	-15		-7	0	0
内蒙古	106	-39	398	292	321	-77
辽　宁	329	-29	139	-191	274	135
吉　林	72	-7	70	-2	48	-22
黑龙江	312	187	159	-153	396	237
上　海	328	-722	4028	3700	207	-3821
江　苏	1876	11	1508	-368	3246	1737
浙　江	1623	-1200	814	-810	858	45
安　徽	150	-91	274	124	65	-210
福　建	283	-19	154	-129	233	79
江　西	20	-97	48	28	16	-32
山　东	475	-47	606	132	498	-108
河　南	116	17	367	251	141	-225
湖　北	138	73	112	-26	61	-51
湖　南	552	213	44	-509	34	-10
广　东	1479	-742	3504	2025	4472	969
广　西	166	-312	567	401	274	-294
海　南	12	7	0	-11	3	3
四　川	229	-2	151	-79	77	-73
贵　州	214	212	180	-34	9	-171
云　南	241	144	211	-31	33	-179
西　藏			0	0	0	
陕　西	75	-485	71	-4	71	0
甘　肃	23	-180	13	-10	18	5
青　海		-2	5	5		-5
宁　夏	15	15	24	9		-24
新　疆	179	133	216	37	11	-205
重　庆	31	4	447	416	12	-434
大　连	42	-79	124	83	111	-14
青　岛	102	-349	153	51	568	415
宁　波	14	-81	10	-4	33	23
厦　门	45	39	6	-39	23	17
深　圳	229	-54	687	458	184	-503
新疆兵团	29	-98	715	686	16	-699
境内合计	**10934**	**-3444**	**18375**	**7438**	**14845**	**-3530**

中国农业银行境内各分行外币同业存放款项

（2006—2008）

单位：万美元

地区	2006年		2007年		2008年	
	年末余额	比年初增减额	年末余额	比年初增减额	年末余额	比年初增减额
总行	2135	-1060	34159	32023	2910	-31249
北京	28816	8572	19010	-9807	11748	-7261
天津	2043	850	685	-1452	193	-493
河北	9	-6		-5		
山西	2			-2		
内蒙古	176	53	102	-75	110	8
辽宁	84	-193	77	-7	59	-18
吉林	3	-12	4	1	0	-3
黑龙江	38	-16	139	101	118	-20
上海	19484	8657	26882	7398	60201	33319
江苏	7517	2596	4956	-2562	22163	17207
浙江	2014	602	7132	5118	2203	-4929
安徽	10	1	19	10	4	-15
福建	81	-35	83	1	1437	1355
江西	10	-32	15	5	8	-8
山东	229	187	47	-182	38	-9
河南	3	-1	7	4		-7
湖北	40	-866	71	32	37	-34
湖南	26	-8	50	24	28	-22
广东	50704	10904	15499	-35204	75730	60231
广西	20	4	32	12	32	0
海南	6	-1	1	-6	0	-1
四川	1003	-325	1152	149	899	-253
贵州	5		0	-5	0	0
云南	303	50	400	97	304	-96
西藏						
陕西	2442	2440		-2442	0	0
甘肃	26	4	1	-25	1	0
青海				0	0	0
宁夏	629	-22	328	-301	325	-3
新疆				0		
重庆	3297	2944	865	-2431	254	-611
大连	1003		1014	11	3	-1011
青岛	406	10	952	546	2295	1343
宁波	1050	1048	3	-1047	3966	3963
厦门	9889	4038	6474	-3415	3232	-3241
深圳	45133	16906	27254	-17878	34831	7577
新疆兵团			0	0	0	0
境内合计	**178636**	**57289**	**147411**	**-31315**	**223130**	**75718**

中国农业银行境内各分行外币各项贷款

（1994—2008）

单位：万美元

地　区	1994 年	1995 年		1996 年	
	年末余额	年末余额	比年初增减额	年末余额	比年初增减额
总　行	14661	26318	11657	27838	1520
北　京	14947	14999	52	14881	－118
天　津	15037	16794	1757	19689	2895
河　北	11463	13023	1560	13082	59
山　西	789	1000	211	1359	359
内蒙古	268	229	－39	382	153
辽　宁	3929	4529	600	5375	846
吉　林	2734	3499	765	3877	378
黑龙江	3447	4219	772	4858	639
上　海	35577	42545	6968	41150	－1395
江　苏	45074	50764	5690	53295	2531
浙　江	10008	14699	4691	16475	1776
安　徽	2620	1902	－718	2389	487
福　建	7024	9018	1994	11004	1986
江　西	4366	4557	191	4584	27
山　东	23636	24275	639	27199	2924
河　南	2025	2425	400	4014	1589
湖　北	7194	4258	－2936	15292	11034
湖　南	3443	5195	1752	7614	2419
广　东	105292	115551	10259	124070	8519
广　西	3213	2897	－316	4577	1680
海　南	5098	5485	387	5667	182
四　川	7773	8252	479	8842	590
贵　州	860	2041	1181	666	－1375
云　南	844	756	－88	944	188
西　藏					
陕　西	990	714	－276	612	－102
甘　肃	760	773	13	817	44
青　海					
宁　夏	639	648	9	599	－49
新　疆	612	653	41	1009	356
重　庆	1183	1174	－9	1155	－19
大　连	5414	6396	982	7374	978
青　岛	7679	8391	712	9875	1484
宁　波	4410	7550	3140	10395	2845
厦　门	11062	11466	404	10874	－592
深　圳	40403	39259	－1144	40246	987
新疆兵团	62	99	37	455	356
境内合计	**404536**	**456353**	**51817**	**502534**	**46181**

注：1994—2000 年“各项贷款”不含“境外筹资转贷款”，2001 年，统计指标口径调整，“各项贷款”包含“境外筹资转贷款”。

中国农业银行境内各分行外币各项贷款

(1994—2008)

单位：万美元

地区	1997年		1998年		1999年	
	年末余额	比年初增减额	年末余额	比年初增减额	年末余额	比年初增减额
总行	15392	-12446	15527	135	10224	-5303
北京	14798	-83	14458	-340	14184	-381
天津	23485	3796	22281	-1204	21027	-740
河北	13132	50	11451	-1681	12601	1744
山西	1441	82	1280	-161	1225	-42
内蒙古	384	2	363	-21	321	-8
辽宁	7149	1774	9103	1954	11602	2499
吉林	7278	3401	7643	365	5756	-2476
黑龙江	5610	752	6887	1277	6342	-453
上海	40700	-450	38860	-1840	41635	4283
江苏	61697	8402	75809	14112	63328	-9263
浙江	21091	4616	20482	-609	19426	-249
安徽	2072	-317	1729	-343	1744	185
福建	14934	3930	15397	463	11877	-3355
江西	5233	649	5147	-86	5120	-34
山东	27439	240	26722	-717	27634	2719
河南	4567	553	5123	556	5090	-43
湖北	14947	-345	20752	5805	21548	628
湖南	10261	2647	13831	3570	17337	5169
广东	122400	-1670	140164	17764	149260	9114
广西	6121	1544	5734	-387	5542	-192
海南	5708	41	21588	15880	21340	-248
四川	12633	3791	21365	8732	20231	-1297
贵州	548	-118	555	7	550	-5
云南	2493	1549	1558	-935	1204	-354
西藏						
陕西	1075	463	2444	1369	2816	417
甘肃	1004	187	983	-21	840	-143
青海	7	7		-7		
宁夏	1019	420	1932	913	1041	-879
新疆	1215	206	1359	144	1298	119
重庆	1657	502	1118	-539	2018	966
大连	10562	3188	10337	-225	11706	1368
青岛	9924	49	9623	-301	10598	1025
宁波	11258	863	15411	4153	13111	-2300
厦门	10795	-79	16040	5245	11519	-5300
深圳	41567	1321	38844	-2723	41779	2935
新疆兵团	588	133	694	106	694	
境内合计	**532184**	**29650**	**602594**	**70410**	**593568**	**106**

中国农业银行境内各分行外币各项贷款

（1994—2008）

单位：万美元

地　区	2000 年		2001 年		2002 年	
	年末余额	比年初增减额	年末余额	比年初增减额	年末余额	比年初增减额
总　行	3343	4696	4190	847	4080	-110
北　京	4942	-58	6105	727	5767	-338
天　津	7665	-2274	7051	-614	38436	31385
河　北	6885	-292	7597	-619	8444	847
山　西	675	52	1187	-14	1273	86
内蒙古	269	80	1043	172	1250	207
辽　宁	10498	350	9117	-1381	11176	2059
吉　林	3918	-731	5904	-1035	6128	224
黑龙江	4406	-115	3185	-1221	3118	-66
上　海	29667	7735	38524	6380	44840	6316
江　苏	35075	-2735	42194	6205	67234	24969
浙　江	17286	4193	17336	-571	28074	10738
安　徽	1904	180	3463	364	3729	266
福　建	6780	-1618	10307	2145	14917	4605
江　西	3168	-102	3563	-38	3709	142
山　东	15540	314	18714	-355	20975	2261
河　南	3452	-466	9105	307	10422	1317
湖　北	10694	-960	9809	-1428	10155	346
湖　南	11085	-16	10251	-1018	10085	-167
广　东	93802	-6249	89068	-5559	115647	26579
广　西	3612	-62	3244	-384	5012	1768
海　南	16139	-553	14964	-1175	7889	-7134
四　川	13215	-176	7516	-6726	9049	1535
贵　州	176	-115	113	-63	265	152
云　南	966	2	1346	80	1415	69
西　藏						
陕　西	2274	-542	2363	89	2290	-82
甘　肃	54	-89	79	25	217	139
青　海						
宁　夏	45	-516	407	166	892	485
新　疆	642	-30	1284	250	1552	271
重　庆	573	-138	402	-171	323	-79
大　连	5776	-2736	6922	399	9895	2972
青　岛	5331	-1950	5452	121	6657	1205
宁　波	4574	-477	4183	-391	4074	-108
厦　门	5069	435	9307	4238	13903	4596
深　圳	14197	-2378	10469	-3728	28023	17554
新疆兵团	407		776	198	1963	1187
境内合计	**344104**	**-7341**	**366540**	**-3778**	**502878**	**136196**

中国农业银行境内各分行外币各项贷款

（1994—2008）

单位：万美元

地区	2003年		2004年		2005年	
	年末余额	比年初增减额	年末余额	比年初增减额	年末余额	比年初增减额
总行	11033	6953	24880	13847	28731	3851
北京	9154	3387	10861	1707	9786	-1075
天津	37437	-999	23230	-14207	37147	13917
河北	8649	205	10820	2171	12237	1417
山西	1415	142	1615	200	1300	-315
内蒙古	1274	24	1723	449	2189	466
辽宁	10731	-445	11599	868	11440	-159
吉林	6179	51	5035	-1144	2868	-2167
黑龙江	3130	12	3106	-24	3112	6
上海	62275	17435	77724	15449	82344	4620
江苏	129294	62060	165272	35978	194406	29134
浙江	45575	17501	49958	4383	48540	-1418
安徽	4708	979	6716	2008	10517	3801
福建	19419	4502	20869	1450	17346	-3523
江西	3912	203	6368	2456	6247	-121
山东	19885	-1090	24660	4775	25738	1078
河南	10495	73	11981	1486	12289	308
湖北	10669	514	10509	-160	12184	1675
湖南	10962	877	13957	2995	14056	99
广东	120591	4944	111988	-8603	126674	14686
广西	4776	-236	4305	-471	6020	1715
海南	7958	69	7975	17	8009	34
四川	10489	1440	11312	823	13776	2464
贵州	486	221	2706	2220	4633	1927
云南	1132	-283	1101	-31	1695	594
西藏						
陕西	2105	-185	2231	126	2017	-214
甘肃	481	264	1489	1008	3637	2148
青海			504	504	1054	550
宁夏	890	-2	704	-186	582	-122
新疆	1736	184	3747	2011	3598	-149
重庆	678	355	894	216	615	-279
大连	11534	1639	11534		14450	2916
青岛	8262	1605	16602	8340	28946	12344
宁波	6054	1980	8384	2330	8690	306
厦门	15615	1712	19603	3988	24607	5004
深圳	45137	17114	89915	44778	100136	10221
新疆兵团	3000	1037	3411	411	9269	5858
境内合计	**647120**	**144242**	**779288**	**132168**	**890885**	**111597**

中国农业银行境内各分行外币各项贷款

（1994—2008）

单位：万美元

地区	2006年		2007年		2008年	
	年末余额	比年初增减额	年末余额	比年初增减额	年末余额	比年初增减额
总行	21934	-6797	32090	10151	190246	160038
北京	14807	5151	34315	19507	13692	-13860
天津	37472	326	54829	17396	24819	-26043
河北	15772	3534	18083	2298	2567	-10550
山西	863	-462	6452	5588	3	-5920
内蒙古	2115	-73	1346	-769	68	-185
辽宁	12962	1522	11855	-1108	3031	-2011
吉林	2840	648	2938	98	200	-80
黑龙江	9020	5908	2973	-6046	0	0
上海	94212	11868	101978	7774	72078	-24239
江苏	195889	1441	234443	38556	161616	-56400
浙江	50140	1599	91997	41855	59468	-31342
安徽	7588	-2653	4173	-3414	13785	12678
福建	20384	3036	33143	12760	30411	2357
江西	6472	244	7309	836	4741	503
山东	34094	8356	28807	-5287	18242	164
河南	10058	-2219	7885	-2174	27	-369
湖北	14919	2736	15300	379	5986	-2372
湖南	11033	-3018	14146	3110	454	-3314
广东	135900	9643	139694	3791	37081	-35550
广西	5503	-516	7291	1786	1621	-3041
海南	7765	-155	7787	20	2	63
四川	15613	4261	12412	-3202	4497	-379
贵州	3069	-1564	270	-2799	1	1
云南	3341	1649	4476	1134	1591	-1983
西藏						
陕西	1842	135	2160	317		-992
甘肃	682	-2955	643	-38	610	28
青海		-996			22	22
宁夏	404	-178	104	-300	1	1
新疆	1624	-1273	1555	-69	103	84
重庆	632	25	1045	412	560	-187
大连	12366	-2085	8327	-4038	2977	-927
青岛	34314	5369	39832	5518	30155	-7569
宁波	10948	2260	20217	9269	9925	-9111
厦门	23147	-1459	21302	-1845	9328	-8766
深圳	88184	-11688	92441	4256	61937	-15052
新疆兵团	442	-3953	367	-74	1	1
境内合计	**908350**	**27667**	**1063985**	**155647**	**761845**	**-84302**

中国农业银行境内各分行外币境外筹资转贷款

(1994—2005)

单位：万美元

地区	1994年	1995年		1996年	
	年末余额	年末余额	比年初增减额	年末余额	比年初增减额
总行	9100		-9100		
北京	1275	1075	-200	745	-330
天津	8000	7786	-214	7357	-429
河北	1104	12940	11836	17203	4263
山西		41	41	120	79
内蒙古	240	240		200	-40
辽宁		3	3	40	37
吉林	988	3411	2423	3549	138
黑龙江	410	732	322	638	-94
上海	2763	4138	1375	4424	286
江苏	5257	7410	2153	10124	2714
浙江	714	110	-604	1542	1432
安徽		1794	1794	2184	390
福建	320	265	-55	904	639
江西	267	257	-10	742	485
山东	7124	8388	1264	7846	-542
河南	991	1372	381	3393	2021
湖北	200	342	142	984	642
湖南	3872	3641	-231	4263	622
广东	766	797	31	1737	940
广西	1854	1854		21	-1833
海南					
四川	689	806	117	689	-117
贵州				280	280
云南	182	292	110	1257	965
西藏					
陕西	140	298	158	778	480
甘肃					
青海					
宁夏					
新疆		367	367	367	
重庆	2200	2070	-130	2118	48
大连				850	850
青岛	460	600	140	600	
宁波					
厦门	2815	3450	635	3080	-370
深圳					
新疆兵团		181	181	181	
境内合计	**51731**	**64660**	**12929**	**78216**	**13556**

中国农业银行境内各分行外币境外筹资转贷款

（1994—2005）

单位：万美元

地　区	1997 年		1998 年		1999 年	
	年末余额	比年初增减额	年末余额	比年初增减额	年末余额	比年初增减额
总　行						
北　京	745		745		852	107
天　津	3189	-4168	2838	-351	2324	-514
河　北	17334	131	10704	-6630	10110	-594
山　西	306	186	574	268	561	-13
内蒙古	200		531	331	497	-34
辽　宁	10	-30	3	-7	3	
吉　林	1622	-1927	2841	1219	3430	589
黑龙江	403	-235	92	-311		-92
上　海	4144	-280	3986	-158	2478	-1508
江　苏	6685	-3439	4478	-2207	1260	-3218
浙　江	1906	364	1784	-122	977	-807
安　徽	2285	101	2002	-283	1832	-170
福　建	1523	619	1923	400	1758	-165
江　西	599	-143	457	-142	464	7
山　东	7807	-39	6838	-969	5031	-1807
河　南	4040	647	5816	1776	5826	10
湖　北	1404	420	725	-679	893	168
湖　南	2747	-1516	2523	-224	860	-1663
广　东	1701	-36	961	-740	943	-18
广　西	16	-5	16		16	
海　南	350	350	350		350	
四　川	909	220	1177	268	1340	163
贵　州		-280				
云　南	300	-957	300		300	
西　藏						
陕　西	62	-716	45	-17		-45
甘　肃						
青　海						
宁　夏			200	200	188	-12
新　疆	367		371	4	191	-180
重　庆	2118		2449	331	2383	-66
大　连	813	-37	746	-67	747	1
青　岛	468	-132	384	-84	334	-50
宁　波						
厦　门	2680	-400	721	-1959	1500	779
深　圳						
新疆兵团	181		181		181	
境内合计	**66914**	**-11302**	**56761**	**-10153**	**47629**	**-9132**

中国农业银行境内各分行外币境外筹资转贷款

（1994—2005）

单位：万美元

地　区	2000年		2001年		2002年	
	年末余额	比年初增减额	年末余额	比年初增减额	年末余额	比年初增减额
总　行						
北　京	436	-399	358	-78	43	-315
天　津		1354				
河　北	1331	-2189	1263	-68	1210	-53
山　西	526	-35	488	-38	429	-59
内蒙古	602	105	824	222	1010	186
辽　宁		-3				
吉　林	3021	-199	2426	-595	2426	
黑龙江						
上　海	2477	-1	1977	-500	1778	-199
江　苏	914	-346	865	-49	864	-1
浙　江	621	-243	381	-240	381	
安　徽	1195	-137	1490	295	1916	426
福　建	1382	-288	1167	-215	1075	-92
江　西	433	19	432	-1	433	
山　东	3529	-175	3125	-404	2738	-387
河　南	5346	-472	5354	8	5242	-112
湖　北	543	-41	442	-101	193	-249
湖　南	184	-176	129	-55	90	-39
广　东	825	-118	717	-108	1106	389
广　西	16		16		16	
海　南		-350			27	27
四　川	1027	-7	800	-227	744	-56
贵　州						
云　南	300		300		300	
西　藏						
陕　西			446	446	446	
甘　肃			18	18	155	137
青　海						
宁　夏	196	8	199	3	179	-20
新　疆	392	201	606	214	848	245
重　庆						
大　连	747		746	-1	747	1
青　岛		-250				
宁　波						
厦　门		-1500				
深　圳						
新疆兵团	171	-10	388	217	1575	1187
境内合计	**26214**	**-5252**	**24957**	**-1257**	**25971**	**1016**

中国农业银行境内各分行外币境外筹资转贷款

（1994—2005）

单位：万美元

地　区	2003年		2004年		2005年	
	年末余额	比年初增减额	年末余额	比年初增减额	年末余额	比年初增减额
总　行						
北　京	43		43		129	86
天　津						
河　北	1000	-210	1227	227	1731	504
山　西	382	-47	23	-359	19	-4
内蒙古	1036	26	1378	342	1798	420
辽　宁						
吉　林	2871	445	1619	-1252	674	-945
黑龙江						
上　海	1778			-1778		
江　苏	854	-10	109	-745	109	
浙　江	221	-160	201	-20	91	-110
安　徽	2081	165	3012	931	2705	-307
福　建	873	-202	700	-173	756	56
江　西	433		433		399	-34
山　东	2628	-110	2432	-196	2391	-41
河　南	5145	-97	4951	-194	5695	744
湖　北	193		425	232	728	303
湖　南	90		461	371	426	-35
广　东	1163	57	1160	-3	981	-179
广　西	16		16		13	-3
海　南	204	177	247	43	269	22
四　川	743	-1	2223	1480	2876	653
贵　州						
云　南	125	-175	106	-19	106	
西　藏						
陕　西	424	-22	435	11	674	239
甘　肃	414	259	1361	947	3359	1998
青　海			504	504	1054	550
宁　夏	137	-42	89	-48	82	-7
新　疆	1141	293	1972	831	2589	617
重　庆					82	82
大　连	746	-1	747	1	160	-587
青　岛			337	337	400	63
宁　波						
厦　门						
深　圳	245	245	281	36	261	-20
新疆兵团	2581	1006	3034	453	4874	1840
境内合计	**27567**	**1596**	**29526**	**1959**	**35431**	**5905**

中国农业银行境内各分行外币长期贷款

(1994—2005)

单位：万美元

地区	1994年	1995年		1996年	
	年末余额	年末余额	比年初增减额	年末余额	比年初增减额
总行	2988	5791	2803	4130	-1661
北京	5086	3532	-1554	2473	-1059
天津	646		-646	40	40
河北	6412	5525	-887	2443	-3082
山西	556	538	-18	342	-196
内蒙古	125	97	-28	82	-15
辽宁	884	457	-427	147	-310
吉林	1551	208	-1343	208	
黑龙江	476	41	-435		-41
上海	12907	10984	-1923	7647	-3337
江苏	21163	13261	-7902	12199	-1062
浙江	2259	1350	-909	2247	897
安徽	1237	226	-1011	220	-6
福建	1369	769	-600	479	-290
江西	2477	2145	-332	2013	-132
山东	10896	10105	-791	8880	-1225
河南	718	598	-120	706	108
湖北	2097	1999	-98	2588	589
湖南	633	441	-192	1467	1026
广东	15351	12986	-2365	11767	-1219
广西				141	141
海南	150	150		183	33
四川	2446	1680	-766	847	-833
贵州	390	1733	1343	389	-1344
云南	244	331	87	30	-301
西藏					
陕西	578	405	-173	131	-274
甘肃	723	721	-2	537	-184
青海					
宁夏				84	84
新疆	544	113	-431	298	185
重庆	205		-205		
大连	2083	1492	-591	1674	182
青岛	2318	1780	-538	1142	-638
宁波	1352	916	-436	423	-493
厦门	1363	1748	385	1047	-701
深圳	2099	1148	-951	1068	-80
新疆兵团					
境内合计	**104326**	**83270**	**-21056**	**68072**	**-15198**

中国农业银行境内各分行外币长期贷款

（1994—2005）

单位：万美元

地区	1997年		1998年		1999年	
	年末余额	比年初增减额	年末余额	比年初增减额	年末余额	比年初增减额
总　行	4110	-20	3861	-249	208	-3653
北　京	2073	-400	1394	-679	1245	-149
天　津	195	155	245	50	4174	3929
河　北	2197	-246	2340	143	1643	-697
山　西	289	-53	304	15	304	
内蒙古	111	29	112	1	67	-45
辽　宁	293	146	341	48	432	91
吉　林	1276	1068	288	-988	62	-226
黑龙江	1140	1140	1476	336	1306	-170
上　海	7413	-234	4723	-2690	3887	-836
江　苏	5723	-6476	1903	-3820	1629	-274
浙　江	1616	-631	306	-1310	363	57
安　徽	2	-218	2		2	
福　建	369	-110	114	-255	82	-32
江　西	1744	-269	674	-1070	176	-498
山　东	7349	-1531	5000	-2349	6446	1446
河　南	756	50	410	-346	372	-38
湖　北	1743	-845	957	-786	1087	130
湖　南	454	-1013	401	-53	1463	1062
广　东	6890	-4877	4081	-2809	1814	-2267
广　西	800	659	649	-151	471	-178
海　南	327	144	8836	8509	9156	320
四　川	1431	584	5945	4514	1781	-4164
贵　州		-389	420	420	489	69
云　南	707	677	559	-148	444	-115
西　藏						
陕　西	131			-131		
甘　肃	371	-166		-371		
青　海						
宁　夏	39	-45	15	-24	16	1
新　疆	260	-38	237	-23	297	60
重　庆					44	44
大　连	1447	-227	603	-844	1227	624
青　岛	528	-614	537	9	174	-363
宁　波	457	34	702	245	1033	331
厦　门	584	-463	723	139	723	
深　圳	1372	304	3291	1919	2590	-701
新疆兵团						
境内合计	**54197**	**-13875**	**51449**	**-2748**	**45207**	**-6242**

中国农业银行境内各分行外币长期贷款

(1994—2005)

单位：万美元

地区	2000年		2001年		2002年	
	年末余额	比年初增减额	年末余额	比年初增减额	年末余额	比年初增减额
总行	402	2174	337	-65	299	-38
北京	254	-322	211	-43	148	-63
天津	1488	-1359	863	-625	31989	31126
河北	1429	-88	905	-524	516	-389
山西	83	-221		-83		
内蒙古	33	-6	27	-6	27	
辽宁	575	143	352	-223	557	205
吉林	556	494	113	-443	289	175
黑龙江	926	-324		-926		
上海	11427	8676	17132	5705	14968	-2164
江苏	818	-119	1290	472	3536	2246
浙江	924	666	504	-420	181	-323
安徽	137	135	124	-13		-124
福建	49	167	300	251	187	-113
江西	8	-168		-8		
山东	2683	-946	1192	-1491	1022	-170
河南	145	-227	395	250	445	50
湖北	574	-213	112	-462	60	-52
湖南	659	-56	658	-1	102	-557
广东	2335	521	1597	-738	33287	31690
广西	170	213	28	-142		-28
海南	8070	-889	7346	-724	407	-6938
四川	562	-1144	179	-383	119	-60
贵州	106	-124	36	-70	36	
云南	104	-340	104		104	
西藏						
陕西						
甘肃						
青海						
宁夏		-3	150	150	660	510
新疆	60	-1	48	-12	48	
重庆	35	-1		-35		
大连	2069	959	1999	-70	1999	
青岛	103	-38		-103		
宁波	595	-391	241	-354	196	-45
厦门	78	-645	2222	2144	3212	990
深圳	595	-780	272	-323	6909	6637
新疆兵团						
境内合计	**38052**	**5743**	**38737**	**685**	**101303**	**62565**

中国农业银行境内各分行外币长期贷款

（1994—2005）

单位：万美元

地区	2003年		2004年		2005年	
	年末余额	比年初增减额	年末余额	比年初增减额	年末余额	比年初增减额
总行	199	-100	9099	8900	16874	7775
北京	137	-11	105	-32	5	-100
天津	25251	-6738	10245	-15006	11428	1183
河北	279	-237	275	-4	275	
山西						
内蒙古	28	1		-28		
辽宁	555	-2	525	-30	525	
吉林	239	-50	251	12		-251
黑龙江						
上海	19581	4613	19345	-236	23031	3686
江苏	29744	26208	52872	23128	56596	3724
浙江	1985	1804	2095	110	628	-1467
安徽						
福建	1700	1513	1700		4910	3210
江西			3000	3000	2948	-52
山东	549	-473	5278	4729	4867	-411
河南	180	-265	140	-40	100	-40
湖北	6	-54	6		6	
湖南	105	3	105		113	8
广东	29406	-3881	19583	-9823	12114	-7469
广西	23	23	23		23	
海南	407		407		407	
四川	119		31	-88		-31
贵州	36		36		36	
云南	103	-1	104	1	562	458
西藏						
陕西						
甘肃						
青海						
宁夏	660		560	-100	460	-100
新疆	48			-48		
重庆						
大连	1999		2049	50	2936	887
青岛	96	96	2000	1904	14710	12710
宁波	1711	1515	2298	587	2299	1
厦门	2748	-464	2595	-153	2752	157
深圳	6779	-130	15050	8271	25949	10899
新疆兵团						
境内合计	**124673**	**23370**	**149777**	**25104**	**184554**	**34777**

中国农业银行境内各分行外币贸易融资

（2006—2008）

单位：万美元

地区	2006年		2007年		2008年	
	年末余额	比年初增减额	年末余额	比年初增减额	年末余额	比年初增减额
总行	1858	-4521	4394	2531	7351	3008
北京	7488	2658	16802	9315	5646	-10797
天津	22539	6468	34441	11939	15644	-18031
河北	6421	3747	6821	386	1430	-5343
山西	78	-619		-78	2	2
内蒙古	926	634	165	-761		-148
辽宁	3088	611	1711	-1378	5	-492
吉林		-10				
黑龙江	6053	5981	53	-6000		
上海	26654	25101	12796	-13859	23497	10701
江苏	34864	8212	63242	28380	49418	-13301
浙江	28658	6306	50664	22006	47163	-3411
安徽	4033	-1612	1357	-2675	13555	12679
福建	6206	2604	3418	-2788	2576	237
江西	4	3	227	223	73	-153
山东	14545	9567	4829	-9716	10347	5707
河南	1806	-134	366	-1440		-210
湖北	1797	-346	1319	-479	323	-920
湖南	122	-2236	172	48	453	322
广东	29793	12331	15542	-14251	13799	-1620
广西	789	547	1923	1134	1056	-828
海南	4256	-13	4277	21		68
四川	5433	1552	2299	-3135	3068	770
贵州	2699	-1611		-2699		
云南	1617	1463	2077	459	89	-1988
西藏						
陕西	647	298	671	23		-671
甘肃	80	73	42	-38	70	28
青海					22	22
宁夏		-14				
新疆	13	2	11	-2	103	103
重庆	335	99	747	412	559	-189
大连	6862	945	4097	-2763	2593	-1030
青岛	11659	2828	15118	3459	14887	701
宁波	3624	1338	11021	7398	4740	-6211
厦门	7473	-4301	9333	1860	2202	-7055
深圳	5612	887	6841	1230	228	-4072
新疆兵团	75	-3953		-75		
境内合计	**248107**	**74885**	**276773**	**28686**	**220901**	**-42121**

中国农业银行境内各分行外币贷款

（2006—2008）

单位：万美元

地　区	2006 年		2007 年		2008 年	
	年末余额	比年初增减额	年末余额	比年初增减额	年末余额	比年初增减额
总　行	19148	-2276	26768	7619	182895	157529
北　京	4265	307	14731	10465	8036	-2966
天　津	14610	-6139	20070	5460	9173	-8011
河　北	8670	838	10401	1731	452	-5711
山　西	770	161	6440	5670	0	-5923
内蒙古	99		93	-6	2	1
辽　宁	8377	911	8647	270	3026	-1519
吉　林	2165	-17	2328	163	200	-80
黑龙江	2967	-15	2921	-46	0	0
上　海	67458	-12916	89109	21659	47986	-35533
江　苏	147299	-6255	159900	12602	112197	-42271
浙　江	21152	-4898	41250	20096	10452	-29700
安　徽	2097	688	1647	-450	230	196
福　建	13497	680	29142	15646	27836	2121
江　西	6141	294	6755	613	4668	670
山　东	16768	-1128	21060	4291	6958	-6342
河　南	5690	987	4995	-695	27	-71
湖　北	11905	3313	13263	1356	5393	-1635
湖　南	4468	-390	7553	3084	2	-3635
广　东	79685	-2555	98221	18534	23280	-33506
广　西	4252	-1101	4906	653	564	-2214
海　南	2310	100	2311	0	2	-6
四　川	7807	771	7772	-36	1262	-1062
贵　州	370	47	270	-100	1	1
云　南	1586	219	2366	780	1502	2
西　藏						
陕　西	423	-21	745	322		-322
甘　肃	594	540	594	0	540	0
青　海						
宁　夏	326	-160	26	-300	1	79
新　疆	575	-9	575	0	0	537
重　庆	297	1	296	0	1	3
大　连	5199	-3166	3936	-1263	384	104
青　岛	21923	2511	23997	2074	14779	-8358
宁　波	7290	922	9161	1871	4694	-3391
厦　门	12689	2917	9139	-3551	6671	-2136
深　圳	80298	-12453	83412	3112	61688	-10970
新疆兵团	290		290	1	1	1
境内合计	**583460**	**-37292**	**715089**	**131626**	**534902**	**-44119**

中国农业银行境内各分行外币其他贷款

（2006—2008）

单位：万美元

地 区	2006 年		2007 年		2008 年	
	年末余额	比年初增减额	年末余额	比年初增减额	年末余额	比年初增减额
总 行	928		929	1		-499
北 京	3025	2174	2775	-249		-99
天 津	316	-6	316			
河 北	681	-1051	861	181	685	504
山 西	15	-4	12	-4		
内蒙古	1090	-707	1089	-2	67	-39
辽 宁	1497		1497			
吉 林	675	675	610	-65		
黑龙江		-58				
上 海	100	-66	74	-27	595	594
江 苏	13721	-519	11300	-2421		-829
浙 江	329	214	84	-246	1853	1769
安 徽	1458	-1729	1169	-289		-197
福 建	681	-248	583	-98		
江 西	327	-53	327			-13
山 东	2781	-83	2919	137	937	799
河 南	2562	-3072	2523	-39		-88
湖 北	1217	-231	719	-498	261	174
湖 南	6443	-392	6421	-23		
广 东	26418	-76	25919	-500		-413
广 西	462	39	462	0	0	
海 南	1199	-242	1199			
四 川	2372	1938	2341	-31	166	-87
贵 州						
云 南	138	-31	33	-105		3
西 藏						
陕 西	772	-142	744	-28		0
甘 肃	8	-3568	8			
青 海		-996				
宁 夏	78	-4	78			-78
新 疆	1036	-1266	969	-68		-556
重 庆		-74				
大 连	305	136	293	-12		
青 岛	732	30	717	-15	488	88
宁 波	34		34		491	491
厦 门	2985	-75	2830	-155	455	425
深 圳	2273	7	2175	-98	18	-1
新疆兵团	77		77			
境内合计	**76735**	**-9480**	**72086**	**-4653**	**6016**	**1948**

中国农业银行境内各分行外币单位一般贷款

（2006—2008）

单位：万美元

地　区	2006 年		2007 年		2008 年	
	年末余额	比年初增减额	年末余额	比年初增减额	年末余额	比年初增减额
总　行	19148	-2276	26767	7618	182893	157528
北　京	4258	309	14722	10464	8024	-2970
天　津	14609	-6139	20068	5459	9167	-8014
河　北	8669	837	10399	1730	448	-5712
山　西	770	161	6440	5670		-5923
内蒙古	99		93	-6		
辽　宁	8377	911	8647	269	3025	-1519
吉　林	2165	-14	2328	163	200	-80
黑龙江	2967	-15	2921	-46		0
上　海	67453	-12919	89093	21649	47961	-35543
江　苏	147286	-6265	159877	12592	112166	-42279
浙　江	21119	-4913	41211	20091	10395	-29718
安　徽	2096	688	1646	-450	227	195
福　建	13494	678	29135	15642	27822	2114
江　西	6141	294	6755	613	4664	666
山　东	16767	-1127	21055	4288	6950	-6345
河　南	5690	987	4995	-695	27	-71
湖　北	11904	3313	13261	1356	5388	-1638
湖　南	4468	-390	7552	3083		-3636
广　东	79662	7181	98193	18530	23237	-33524
广　西	4251	-1101	4903	651	559	-2216
海　南	2310	100	2310	0		-7
四　川	7806	770	7770	-36	1260	-1063
贵　州	370	47	270	-100		
云　南	1586	219	2366	779	1500	0
西　藏						
陕　西	423	-21	745	322		-322
甘　肃	594	540	594		540	
青　海						
宁　夏	326	-160	26	-300		78
新　疆	575	-9	575			537
重　庆	296		296			2
大　连	5199	-3166	3936	-1263	383	103
青　岛	21922	2511	23996	2074	14776	-8360
宁　波	7287	919	9156	1869	4689	-3392
厦　门	12687	2916	9133	-3554	6660	-2141
深　圳	80287	-12455	83400	3112	61677	-10971
新疆兵团	290		290			
境内合计	**583351**	**-27589**	**714921**	**131575**	**534640**	**-44219**

中国农业银行境内各分行外币个人一般贷款

（2006—2008）

单位：万美元

地区	2006年		2007年		2008年	
	年末余额	比年初增减额	年末余额	比年初增减额	年末余额	比年初增减额
总行						
北京	4		3	-1	1	-3
天津						
河北						
山西						
内蒙古						
辽宁						
吉林		-3				
黑龙江						
上海						
江苏						
浙江						
安徽						
福建						
江西						
山东						
河南						
湖北						
湖南						
广东	4		4	0		0
广西						
海南						
四川						
贵州						
云南						
西藏						
陕西						
甘肃						
青海						
宁夏						
新疆						
重庆						
大连						
青岛						
宁波						
厦门						
深圳	3		3	0		0
新疆兵团						
境内合计	**11**	**-3**	**10**	**-2**	**1**	**-3**

中国农业银行境内各分行外币个人协议透支

（2006—2008）

单位：万美元

地　区	2006年		2007年		2008年	
	年末余额	比年初增减额	年末余额	比年初增减额	年末余额	比年初增减额
总　行			1	1	2	1
北　京	3	-2	6	3	12	6
天　津	1		2	1	6	3
河　北	1	1	2	1	3	1
山　西			0	0	0	0
内蒙古			0	0	2	1
辽　宁			1	1	1	0
吉　林			0	0	0	0
黑龙江			0	0	0	0
上　海	5	3	15	10	25	9
江　苏	13	10	23	10	30	7
浙　江	33	15	39	5	57	18
安　徽	1		2	0	3	2
福　建	3	2	7	4	14	7
江　西			1	1	4	3
山　东	1	-1	5	3	8	3
河　南			0	0	0	0
湖　北	1		2	0	5	3
湖　南			1	1	2	1
广　东	19	6	24	4	42	18
广　西	1		3	1	5	2
海　南			0	0	2	1
四　川	1	1	2	0	2	1
贵　州			0	0	1	1
云　南			0	0	2	2
西　藏						
陕　西						
甘　肃			0	0	0	0
青　海						
宁　夏			0	0	1	1
新　疆			0	0	0	0
重　庆	1	1	0	0	1	1
大　连			0	0	1	0
青　岛	1		1	0	2	1
宁　波	3	3	5	2	6	1
厦　门	2	1	6	3	11	5
深　圳	8	2	10	1	11	2
新疆兵团			1	1	1	1
境内合计	**98**	**42**	**158**	**53**	**261**	**103**

中国农业银行境内各分行外币存放同业款项

(2006—2008)

单位：万美元

地区	2006年		2007年		2008年	
	年末余额	比年初增减额	年末余额	比年初增减额	年末余额	比年初增减额
总行	136261	22899	99735	-36526	781669	681933
北京	240	-31	630	391	315	-316
天津	513	-36	403	-107	533	320
河北	78	-32	258	179	159	-99
山西	218	127	115	-103	131	16
内蒙古	279	-196	347	68	333	-15
辽宁	499	296	601	88	700	114
吉林	4	-26	37	34	106	69
黑龙江	120	-30	177	56	348	171
上海	1851	459	3921	2071	3236	-685
江苏	4156	1299	4098	-58	8440	4343
浙江	4210	1167	6222	2012	6647	425
安徽	370	167	214	-157	379	166
福建	506	-414	726	221	531	-196
江西	2	-29	6	4	13	7
山东	555	-934	441	-114	1014	573
河南	77	55	18	-59	47	28
湖北	175	-56	778	599	303	-475
湖南	383	-354	38	-345	28	-10
广东	2232	186	2252	21	1745	-446
广西	354	107	540	186	568	28
海南	59	26	83	24	61	-23
四川	64	-1806	217	153	194	-23
贵州	101	85	86	-14	113	27
云南	70	-115	128	58	101	-28
西藏			5	5	15	10
陕西	61	-43	49	-12	127	77
甘肃	14	-63	72	58	28	-44
青海	3	1		-3		
宁夏	16	-2	23	7	14	-9
新疆	6	-40	38	32	3	-35
重庆	140	113	27	-113	39	12
大连	76	-61	252	177	195	-57
青岛	765	-1	876	111	195	-681
宁波	1041	394	1242	201	910	-331
厦门	60	-887	484	425	179	-293
深圳	1494	489	854	-640	28	-826
新疆兵团	21	10	26	5	7	-19
境内合计	**157074**	**22724**	**126022**	**-31065**	**809453**	**683709**

中国农业银行境内各分行外币投资

（2006—2008）

单位：万美元

地　区	2006年		2007年		2008年	
	年末余额	比年初增减额	年末余额	比年初增减额	年末余额	比年初增减额
总　行	1394068	426031	1334361	－59708	2131703	797342
北　京						
天　津	15		15			
河　北						
山　西						
内蒙古						
辽　宁						
吉　林						
黑龙江						
上　海	27		27		26	
江　苏						
浙　江						
安　徽						
福　建						
江　西						
山　东						
河　南						
湖　北						
湖　南						
广　东	14436	－16		－14436		
广　西						
海　南						
四　川	115		115			
贵　州						
云　南						
西　藏						
陕　西						
甘　肃						
青　海						
宁　夏						
新　疆						
重　庆						
大　连						
青　岛						
宁　波						
厦　门						
深　圳	2800	－19	2800			－2800
新疆兵团						
境内合计	**1411461**	**425996**	**1337317**	**－74145**	**2131729**	**794542**

（九）境内各分行本外币合计主要业务指标表

中国农业银行境内各分行本外币合计各项存款

（2006—2008）

单位：人民币百万元

地　区	2006 年		2007 年		2008 年	
	年末余额	比年初增减额	年末余额	比年初增减额	年末余额	比年初增减额
总　行	31103.48	10291.22	51466.27	20359.23	33440.30	-18025.97
北　京	190699.22	33997.05	209162.53	19494.26	210003.29	5840.76
天　津	126000.77	23762.66	150611.19	24604.65	140570.74	-10040.45
河　北	212939.69	39342.77	247411.53	34469.44	300375.89	52964.37
山　西	123174.33	18359.97	144352.24	21176.52	180945.76	36593.53
内蒙古	72961.06	12962.96	84701.65	11740.59	99333.97	14632.32
辽　宁	117928.10	12535.52	107426.12	-10501.92	115901.74	8475.62
吉　林	62920.38	5488.08	61301.45	-1618.90	73483.92	12187.50
黑龙江	89358.91	3419.12	92192.47	2833.55	110468.04	18275.58
上　海	291348.27	52295.65	303026.75	20652.78	331480.16	28453.41
江　苏	440624.57	68166.51	509087.12	68463.16	599369.61	90293.06
浙　江	288648.05	47303.95	327270.72	38646.59	387505.16	60234.44
安　徽	107744.21	15251.89	122991.54	15246.58	145266.48	22277.44
福　建	124449.55	24528.58	126411.64	1962.08	144635.90	18253.38
江　西	81792.16	11108.88	89030.30	7238.11	106057.25	17031.70
山　东	237233.68	31026.72	265251.97	28018.27	326640.94	61389.22
河　南	165164.85	18291.01	181634.06	16469.22	204685.80	23053.95
湖　北	142702.95	17016.60	165522.23	22819.28	205183.83	39677.95
湖　南	111443.66	14916.63	123762.35	12318.46	145184.60	21422.25
广　东	501893.60	60841.73	533678.43	31784.88	613644.47	79966.11
广　西	113145.54	15878.21	128414.25	15267.68	144914.62	16512.69
海　南	26884.15	2717.48	29850.84	2966.86	35763.30	5912.46
四　川	225325.31	29566.20	258642.62	33317.30	325144.19	66502.71
贵　州	58598.33	5471.74	63207.59	4621.33	70595.03	7388.45
云　南	129993.87	23208.00	146573.65	16579.32	160334.86	13766.74
西　藏	24939.92	3246.76	29957.60	5017.68	36720.33	6762.73
陕　西	107551.90	19814.55	125988.64	18436.72	149497.29	23508.66
甘　肃	61755.78	8822.77	69569.08	7813.31	83733.22	14164.15
青　海	15543.96	3097.90	18435.93	2891.39	23458.79	5025.77
宁　夏	14927.49	2209.36	16839.56	1912.07	20381.50	3541.94
新　疆	55881.56	7292.54	59320.95	3439.39	66785.46	7464.51
重　庆	72437.59	11281.45	83269.80	10832.22	103191.80	19922.00
大　连	36985.04	7712.13	37525.12	540.06	42547.70	5022.57
青　岛	50214.57	8194.62	55571.25	5356.65	64225.37	8654.13
宁　波	53142.66	9691.68	59413.85	6271.20	67374.74	7960.89
厦　门	26029.93	2606.04	32133.88	6103.94	33770.24	1636.37
深　圳	109623.96	11852.09	123868.62	16997.21	136684.20	12815.58
新疆兵团	42092.41	6215.05	47295.84	5203.44	47902.07	606.24
境内合计	**4745205.46**	**699786.07**	**5282171.62**	**549744.58**	**6087202.58**	**810124.75**

中国农业银行境内各分行本外币合计储蓄存款

（2006—2008）

单位：人民币百万元

地区	2006年		2007年		2008年	
	年末余额	比年初增减额	年末余额	比年初增减额	年末余额	比年初增减额
总行			3549.18	3549.18	1699.07	-1850.10
北京	67600.67	10494.45	70917.09	3316.41	92729.12	21812.02
天津	57346.80	9208.94	64962.41	7615.05	83338.71	18376.30
河北	141323.87	22044.74	168968.30	27644.29	225646.93	56678.63
山西	69616.78	7984.98	78905.88	9289.09	105000.30	26094.42
内蒙古	43495.58	5310.30	49075.01	5579.43	60104.36	11029.36
辽宁	80152.46	5013.05	79399.28	-752.40	94687.52	15288.24
吉林	45704.81	3741.71	45559.27	-145.51	56236.57	10677.30
黑龙江	73245.01	3273.19	72719.50	-525.50	87207.06	14487.57
上海	132034.42	20580.51	130922.70	-1110.45	167425.48	36502.78
江苏	241468.47	30674.67	259758.85	18290.34	341088.53	81329.68
浙江	164750.74	25883.26	172329.80	7579.08	222280.26	49950.46
安徽	70442.28	9238.99	78780.32	8337.83	98089.33	19309.00
福建	77999.84	11451.39	78151.25	151.38	96358.17	18206.92
江西	55608.55	5469.14	59309.83	3701.28	71841.59	12531.76
山东	144213.57	16356.99	158294.21	14080.64	201836.02	43541.82
河南	118463.48	10463.41	125874.01	7410.51	152063.18	26189.16
湖北	97655.51	11273.77	107668.69	10013.06	135350.44	27682.11
湖南	80932.92	10013.13	88839.15	7905.80	107484.41	18645.25
广东	327816.77	33103.18	331444.58	3627.80	401905.54	70460.96
广西	70959.51	8328.36	76996.70	6036.34	87430.78	10434.07
海南	16410.68	1921.15	17577.89	1167.36	20955.62	3377.72
四川	151843.37	15876.33	167852.24	16008.87	212693.02	44840.78
贵州	27547.74	2747.10	30495.07	2947.35	36800.79	6305.72
云南	69185.83	10613.68	72085.13	2899.21	86728.74	14643.61
西藏	7401.45	804.55	8267.67	866.23	9230.50	962.84
陕西	65018.32	9002.00	69681.17	4662.85	88672.42	18991.25
甘肃	38834.62	5028.38	41501.03	2666.41	51657.68	10156.65
青海	8125.15	1264.75	9235.18	1110.00	12049.12	2813.93
宁夏	9066.62	1109.83	9776.29	709.67	12947.83	3171.53
新疆	31456.15	2193.22	32305.82	849.68	39032.09	6726.27
重庆	51645.42	5718.74	56400.18	4754.76	70067.78	13667.60
大连	22667.47	2355.80	23661.90	994.42	30360.71	6698.81
青岛	30702.91	4096.47	32662.76	1959.85	39837.41	7174.66
宁波	32182.22	5658.02	33040.99	858.77	41793.54	8752.56
厦门	9324.26	1078.50	10236.14	911.88	13275.44	3039.30
深圳	46944.79	7225.10	48146.51	1201.74	58898.32	10751.81
新疆兵团	19614.55	1589.25	19612.90	-1.63	23820.57	4207.67
境内合计	**2798803.59**	**338191.03**	**2984964.90**	**186161.10**	**3738624.95**	**753660.41**

中国农业银行境内各分行本外币合计定期储蓄存款

（2006—2008）

单位：人民币百万元

地区	2006年		2007年		2008年	
	年末余额	比年初增减额	年末余额	比年初增减额	年末余额	比年初增减额
总行						
北京	37455.62	5295.33	38471.92	1016.29	53640.11	15168.20
天津	31035.13	4487.56	35310.37	4274.76	49284.10	13973.72
河北	77423.86	7671.42	89617.95	12193.93	123453.52	33835.57
山西	38923.96	3093.99	42432.99	3509.04	60132.39	17699.40
内蒙古	17939.79	1015.74	19417.02	1477.23	25046.04	5629.03
辽宁	50542.55	1199.13	50462.05	-80.28	62716.84	12254.78
吉林	26826.29	917.27	27152.30	326.02	34532.43	7380.13
黑龙江	42815.08	1326.09	42297.00	-518.07	52246.55	9949.55
上海	93444.12	12492.84	87610.94	-5832.49	114044.18	26433.25
江苏	155270.96	16883.88	161688.49	6417.50	217856.92	56168.43
浙江	81292.20	9787.46	79625.75	-1666.44	106254.13	26628.39
安徽	44251.27	5043.47	48305.46	4054.08	60933.57	12628.11
福建	33682.75	3416.08	32104.60	-1578.17	43458.12	11353.52
江西	27823.78	1936.32	29425.26	1601.48	37333.95	7908.70
山东	84725.13	6463.33	93291.95	8566.82	121281.08	27989.12
河南	71148.60	3824.70	73226.89	2078.26	91649.71	18422.82
湖北	54300.28	5526.90	58284.11	3983.78	75567.01	17283.07
湖南	41985.76	4177.89	45806.92	3820.75	58651.57	12844.65
广东	156879.82	9312.51	147076.46	-9803.37	192321.78	45245.32
广西	29209.54	1947.72	29521.01	310.63	35920.30	6399.29
海南	7775.33	640.20	8023.10	247.89	9817.35	1794.25
四川	95105.86	6880.25	103420.29	8314.43	132482.96	29062.67
贵州	12206.86	983.61	12781.87	575.03	16437.20	3655.33
云南	29324.41	2375.49	29024.96	-299.53	37513.43	8488.48
西藏	2654.86	20.53	2828.87	174.02	3357.21	528.34
陕西	32936.32	1934.63	33442.34	506.03	43664.98	10222.64
甘肃	19733.03	1719.24	20170.80	437.77	25881.82	5711.03
青海	3436.57	335.79	3487.55	50.94	4709.36	1221.81
宁夏	4584.36	234.19	4322.64	-261.73	5674.60	1351.96
新疆	16432.09	1006.23	15405.00	-1027.09	19905.47	4500.47
重庆	32543.66	2831.18	34382.40	1838.74	43465.75	9083.35
大连	14549.40	856.81	14330.53	-218.88	19905.29	5574.77
青岛	18638.38	2443.61	19767.74	1129.38	25950.00	6182.26
宁波	18055.11	2702.07	17917.09	-138.02	23822.19	5905.10
厦门	4165.43	149.25	3983.90	-181.52	6518.78	2534.88
深圳	17226.65	1546.32	15411.86	-1814.78	21567.59	6155.73
新疆兵团	12878.30	853.02	12094.23	-784.06	14963.97	2869.74
境内合计	**1539223.11**	**133332.05**	**1581924.57**	**42700.38**	**2071962.24**	**490037.84**

中国农业银行境内各分行本外币合计单位存款

（2006—2008）

单位：人民币百万元

地区	2006年		2007年		2008年	
	年末余额	比年初增减额	年末余额	比年初增减额	年末余额	比年初增减额
总行	30469.65	10253.54	47067.56	16594.41	31004.80	-16062.76
北京	117715.40	23592.72	127584.65	10900.23	109694.55	-17890.10
天津	58291.13	10922.27	75419.80	17123.36	52094.25	-23325.55
河北	65848.78	17142.17	73381.46	7532.50	71884.43	-1497.03
山西	51423.47	11164.66	64163.65	12765.31	75371.65	11208.00
内蒙古	27631.08	6331.58	33762.91	6131.82	37533.92	3771.01
辽宁	36035.21	7750.59	27199.68	-8836.05	20973.54	-6226.14
吉林	16842.05	1862.77	15472.27	-1369.77	16898.65	1426.38
黑龙江	15439.13	-331.48	19338.86	3899.70	23065.88	3727.02
上海	155900.45	30575.20	166481.68	19554.06	160893.28	-5588.39
江苏	180011.25	33767.35	229410.04	49399.43	235802.36	6392.32
浙江	108513.89	17520.82	134805.89	26315.90	141140.79	6334.90
安徽	34606.02	5471.37	41595.04	6988.53	45217.64	3622.60
福建	42208.10	12290.83	43547.36	1339.27	43797.92	250.56
江西	25530.19	5473.55	29016.84	3486.64	33533.58	4516.74
山东	81124.35	15181.74	96635.30	15510.94	111070.42	14435.12
河南	44653.63	7883.85	54190.23	9536.63	51275.49	-2914.74
湖北	43200.64	5393.92	55649.19	12448.68	67989.38	12340.19
湖南	29321.19	5084.94	33850.33	4529.47	36603.16	2752.83
广东	169128.73	26852.33	196501.33	27372.66	206273.02	9771.69
广西	41331.79	7533.68	50323.74	8992.08	56527.21	6203.48
海南	10452.01	890.25	12242.84	1790.85	14798.49	2555.64
四川	70623.35	12528.99	88698.19	18074.82	110824.11	22125.92
贵州	30604.47	2987.81	32282.18	1689.76	33344.70	1062.52
云南	59614.90	12463.14	72604.42	12989.18	71809.76	-794.66
西藏	17389.91	2555.73	21521.60	4131.66	27399.81	5878.21
陕西	40103.03	10513.66	52930.67	12827.61	59083.51	6152.84
甘肃	22247.15	3722.38	27422.39	5175.24	31479.93	4057.54
青海	7301.15	1817.65	8991.53	1689.83	11299.39	2307.87
宁夏	5782.55	1122.33	6906.27	1123.73	7273.17	366.90
新疆	23989.20	5004.56	26733.18	2743.97	27509.11	775.93
重庆	20151.50	5507.85	25665.62	5514.13	31562.57	5896.96
大连	10735.96	2156.24	13190.41	2454.44	11122.67	-2067.75
青岛	18590.37	3870.92	22200.19	3609.80	23422.08	1221.89
宁波	18841.97	3397.93	23529.84	4687.87	22592.04	-937.80
厦门	14939.13	1574.37	19888.42	4949.28	18579.99	-1308.43
深圳	60230.76	4245.74	63723.22	6244.97	67959.45	4236.23
新疆兵团	20208.66	5116.52	27078.02	6869.36	23275.81	-3802.21
境内合计	**1827032.20**	**341194.47**	**2161006.77**	**346782.30**	**2221982.51**	**60975.73**

中国农业银行境内各分行本外币合计单位定期存款

（2006—2008）

单位：人民币百万元

地区	2006年		2007年		2008年	
	年末余额	比年初增减额	年末余额	比年初增减额	年末余额	比年初增减额
总行	19177.76	5289.66	23325.19	4143.76	17100.05	-6225.14
北京	46079.19	8888.51	50958.80	4879.62	46390.81	-4567.99
天津	13807.61	3451.10	16042.02	2233.92	12912.41	-3129.61
河北	15794.02	3028.45	15913.52	119.51	13417.47	-2496.05
山西	8442.25	2000.13	11710.16	3267.91	17946.20	6236.03
内蒙古	4720.37	803.99	4508.56	-211.81	5059.30	550.75
辽宁	9646.58	435.62	7636.29	-2010.15	5278.48	-2357.81
吉林	2892.93	-526.23	2409.85	-483.08	2441.61	31.76
黑龙江	1107.18	-227.28	2151.14	1043.94	3343.38	1192.24
上海	19503.10	-658.01	28885.64	9382.62	29661.62	775.97
江苏	51372.89	7959.46	64588.23	13215.35	76042.82	11454.59
浙江	25339.97	1198.18	36747.49	11407.52	49873.49	13126.00
安徽	8331.97	2001.61	9134.74	802.77	12919.99	3785.25
福建	8935.38	2853.11	8350.15	-585.22	11967.80	3617.65
江西	5195.12	1423.73	6631.38	1436.25	8408.22	1776.84
山东	18338.40	3962.61	25129.11	6790.72	31222.55	6093.44
河南	7582.13	-124.87	7785.07	202.95	8671.37	886.29
湖北	11221.80	1408.51	12833.12	1611.33	16979.67	4146.55
湖南	6172.12	547.05	7944.60	1772.61	8589.10	644.50
广东	42025.38	5613.95	46664.06	4638.68	60166.47	13502.40
广西	6607.50	1926.64	6866.74	259.24	11113.30	4246.56
海南	2435.30	-543.54	2354.71	-80.57	2153.28	-201.43
四川	9067.49	-390.07	11685.14	2617.64	18024.16	6339.02
贵州	6183.62	-164.94	5370.32	-813.31	5001.54	-368.78
云南	6799.49	1692.39	9609.58	2810.07	12890.37	3280.80
西藏	4500.13	831.37	4109.43	-390.72	5650.23	1540.80
陕西	5184.05	909.35	5970.71	786.64	6132.84	162.12
甘肃	4770.37	454.31	5846.78	1076.42	6525.92	679.14
青海	854.16	217.78	1447.56	593.39	2122.94	675.38
宁夏	1730.17	828.15	2141.88	411.71	2572.25	430.37
新疆	3831.61	840.96	3815.83	-15.78	3193.63	-622.21
重庆	2078.12	139.11	2538.07	459.95	3073.74	535.67
大连	2715.71	-132.57	2919.31	203.59	2461.15	-458.16
青岛	4753.72	1025.05	5620.27	866.54	7245.96	1625.69
宁波	4333.80	822.58	4776.41	442.61	6381.12	1604.71
厦门	3962.39	-100.47	7359.33	3396.94	8392.20	1032.88
深圳	25678.05	-397.13	33228.32	7550.26	39867.86	6639.54
新疆兵团	4836.95	1441.45	7116.01	2279.07	5706.62	-1409.39
境内合计	**426008.78**	**58729.70**	**512125.52**	**86112.92**	**586901.90**	**74776.38**

中国农业银行境内各分行本外币合计保证金存款

（2006—2008）

单位：人民币百万元

地区	2006年		2007年		2008年	
	年末余额	比年初增减额	年末余额	比年初增减额	年末余额	比年初增减额
总行	430.03	134.30	395.21	-34.81	125.07	-270.15
北京	3773.11	-426.79	3509.83	-263.29	2944.49	-565.34
天津	9938.90	3391.97	9744.74	-194.04	4916.17	-4828.58
河北	5454.96	129.15	4736.99	-720.05	2627.67	-2109.32
山西	1920.81	-819.65	1115.06	-832.26	486.88	-628.18
内蒙古	1767.32	1326.94	1747.25	-20.06	1530.37	-216.88
辽宁	1289.91	-333.63	620.44	-669.62	83.59	-536.85
吉林	177.41	-56.76	169.44	-7.97	139.94	-29.51
黑龙江	605.49	527.25	91.24	-514.25	125.41	34.17
上海	1449.95	46.40	1851.27	401.36	1721.02	-130.26
江苏	18116.99	3739.97	18788.87	671.87	21233.60	2444.73
浙江	14795.14	3962.45	18408.55	3613.41	23332.52	4923.97
安徽	2387.93	574.56	2366.71	-21.22	1749.00	-617.70
福建	3918.57	704.46	4375.89	457.34	4291.45	-84.45
江西	356.40	8.97	587.00	230.60	616.11	29.11
山东	11237.65	-698.37	9744.65	-1493.01	13173.01	3428.37
河南	1874.09	3.53	1400.92	-473.17	1192.58	-208.33
湖北	1291.21	259.74	1654.22	363.02	1462.90	-191.32
湖南	871.45	-137.86	793.89	-77.57	965.74	171.86
广东	3406.95	489.08	4026.49	619.53	3297.10	-729.39
广西	612.13	-29.57	805.02	192.59	852.52	47.50
海南	1.80	-21.61	0.96	-0.84	0.37	-0.59
四川	1715.26	328.64	1605.24	-110.01	1296.83	-308.41
贵州	357.56	-265.87	329.88	-27.67	406.29	76.41
云南	945.55	295.63	1601.73	656.18	1523.34	-78.39
西藏	4.50	-1.11	15.19	10.69	17.69	2.49
陕西	2014.78	187.85	1890.67	-124.11	1466.57	-424.10
甘肃	451.62	44.59	401.54	-50.08	446.14	44.60
青海	70.03	32.28	171.08	101.04	99.61	-71.47
宁夏	48.49	-31.18	128.63	80.13	141.75	13.12
新疆	368.94	106.11	164.08	-204.86	177.17	13.10
重庆	543.18	57.75	897.13	353.95	1398.40	501.27
大连	3575.20	3208.36	649.90	-2925.30	1048.43	398.53
青岛	757.87	143.62	585.03	-172.84	773.90	188.87
宁波	1967.16	617.14	2650.80	683.65	2884.02	233.22
厦门	1706.25	-65.42	1958.99	252.74	1876.46	-82.53
深圳	1789.11	748.43	10459.41	8670.30	6901.32	-3558.08
新疆兵团	181.73	-219.02	113.62	-68.12	142.42	28.80
境内合计	**102175.43**	**17962.33**	**110557.54**	**8353.23**	**107467.84**	**-3089.70**

中国农业银行境内各分行本外币合计保险公司存放款项

（2006—2008）

单位：人民币百万元

地　区	2006年		2007年		2008年	
	年末余额	比年初增减额	年末余额	比年初增减额	年末余额	比年初增减额
总　行	66.84	-145.14	213.14	146.30	153.33	-59.81
北　京	762.06	172.34	1151.10	389.04	3727.23	2576.13
天　津	355.56	291.02	379.12	23.57	138.15	-240.97
河　北	36.59	10.40	120.13	83.54	72.65	-47.48
山　西	99.84	43.76	79.03	-20.81	64.02	-15.00
内蒙古	16.20	2.21	14.13	-2.08	94.94	80.82
辽　宁	337.23	63.03	180.91	-156.32	131.34	-49.57
吉　林	153.25	-66.80	43.51	-109.75	196.05	152.54
黑龙江	39.14	-53.17	26.94	-12.20	39.05	12.12
上　海	1907.53	1142.78	3472.50	1565.12	1414.27	-2058.23
江　苏	617.69	117.45	739.65	121.96	769.66	30.01
浙　江	406.75	140.04	1585.97	1179.22	395.14	-1190.83
安　徽	110.32	-43.54	94.74	-15.58	133.41	38.68
福　建	123.05	52.45	147.84	24.79	96.66	-51.19
江　西	12.62	2.76	8.41	-4.22	22.63	14.22
山　东	412.15	217.38	301.79	-110.37	299.02	-2.77
河　南	74.32	18.99	68.20	-6.12	35.24	-32.96
湖　北	172.63	30.94	162.45	-10.18	189.48	27.03
湖　南	137.33	5.16	145.83	8.51	95.90	-49.94
广　东	1084.78	472.13	1312.14	227.36	1747.95	435.81
广　西	115.00	30.74	155.16	40.15	56.35	-98.81
海　南	15.88	5.74	27.26	11.38	7.72	-19.55
四　川	219.97	56.67	366.15	146.18	243.13	-123.02
贵　州	50.70	2.42	58.87	8.17	37.10	-21.77
云　南	114.87	-74.46	135.04	20.17	124.39	-10.65
西　藏	9.18	-5.07	10.46	1.28	14.18	3.72
陕　西	272.67	170.93	1401.45	1128.79	217.63	-1183.82
甘　肃	83.03	35.23	108.64	25.61	114.43	5.79
青　海	7.98	0.41	9.95	1.98	7.89	-2.07
宁　夏	16.05	-2.00	17.02	0.97	11.34	-5.69
新　疆	44.25	0.43	59.12	14.87	60.87	1.75
重　庆	69.15	13.10	170.27	101.12	132.75	-37.52
大　连	2.81	0.55	12.43	9.62	4.50	-7.93
青　岛	145.21	112.06	94.68	-50.53	141.46	46.78
宁　波	115.53	34.19	147.96	32.43	74.52	-73.44
厦　门	38.13	6.05	22.42	-15.71	19.37	-3.05
深　圳	316.41	-441.51	1071.90	755.49	2378.63	1306.73
新疆兵团	2077.92	-243.17	436.79	-1641.13	661.22	224.43
境内合计	**10640.62**	**2176.50**	**14553.08**	**3912.60**	**14123.57**	**-429.52**

中国农业银行境内各分行本外币合计应解汇款及临时存款

（2006—2008）

单位：人民币百万元

地区	2006年		2007年		2008年	
	年末余额	比年初增减额	年末余额	比年初增减额	年末余额	比年初增减额
总行	136.96	48.52	241.18	104.15	458.03	216.85
北京	847.98	164.33	999.85	151.88	907.90	-91.95
天津	68.38	-51.54	105.11	36.71	83.46	-21.65
河北	275.49	16.31	204.65	-70.84	144.22	-60.43
山西	113.43	-12.77	88.62	-24.81	22.91	-65.71
内蒙古	47.11	-11.84	102.36	55.24	70.38	-31.98
辽宁	113.29	43.27	25.80	-87.52	25.75	-0.05
吉林	36.66	0.96	51.94	15.28	12.72	-39.22
黑龙江	30.14	3.33	15.94	-14.21	30.64	14.71
上海	55.92	-49.24	298.61	242.69	26.10	-272.50
江苏	401.53	-134.05	379.14	-22.38	475.47	96.33
浙江	181.53	-202.62	140.51	-41.02	356.45	215.94
安徽	191.57	4.42	152.22	-39.39	77.09	-75.13
福建	170.06	-0.48	160.17	-9.90	91.70	-68.46
江西	284.40	154.46	103.48	-180.92	43.34	-60.14
山东	245.30	-27.53	275.78	30.47	262.47	-13.31
河南	98.72	-79.38	98.49	-0.23	119.31	20.82
湖北	377.87	53.44	371.68	-6.19	191.63	-180.05
湖南	166.32	-56.15	133.15	-33.30	35.40	-97.75
广东	456.37	-68.16	393.82	-62.55	420.86	27.04
广西	107.19	-2.85	121.31	14.13	47.77	-73.55
海南	3.78	-78.05	1.88	-1.90	1.11	-0.77
四川	912.50	777.28	119.66	-792.85	87.09	-32.57
贵州	36.82	-0.76	40.58	3.76	6.14	-34.44
云南	130.21	-88.69	141.79	11.55	148.63	6.84
西藏	134.88	-107.34	142.69	7.81	58.15	-84.54
陕西	143.10	-59.89	84.68	-58.42	57.16	-27.52
甘肃	139.36	-7.81	135.48	-3.88	35.05	-100.44
青海	38.84	-17.97	25.28	-13.56	2.79	-22.49
宁夏	13.78	10.38	11.35	-2.43	7.42	-3.92
新疆	23.02	-11.78	58.75	35.74	6.22	-52.54
重庆	28.34	-15.99	136.61	108.26	30.30	-106.31
大连	3.60	-8.82	10.47	6.88	11.39	0.91
青岛	18.21	-28.45	28.59	10.37	50.52	21.93
宁波	35.78	-15.60	44.26	8.48	30.61	-13.65
厦门	22.16	12.54	27.91	5.76	18.99	-8.93
深圳	342.89	74.33	467.59	124.70	546.48	78.89
新疆兵团	9.55	-28.53	54.51	44.96	2.05	-52.46
境内合计	**6443.04**	**197.28**	**5995.89**	**-447.47**	**5003.71**	**-992.18**

中国农业银行境内各分行本外币合计同业存放款项

（2006—2008）

单位：人民币百万元

地　区	2006 年		2007 年		2008 年	
	年末余额	比年初增减额	年末余额	比年初增减额	年末余额	比年初增减额
总　行	6187.70	-8106.56	5496.24	-691.47	4252.66	-1243.57
北　京	4241.98	-7618.59	24396.66	19123.69	14971.01	-14425.65
天　津	2043.71	-871.04	3318.65	1267.67	1137.18	-2181.47
河　北	6277.74	-4850.95	6127.16	-150.30	4864.43	-1262.73
山　西	9435.06	-2414.95	5793.79	-3641.28	8114.37	2320.58
内蒙古	2541.53	480.33	2181.77	-359.76	1309.08	-872.68
辽　宁	2802.44	-3946.49	1383.94	-1418.52	1059.15	-324.79
吉　林	1135.86	118.17	731.64	-404.21	661.92	-74.76
黑龙江	882.22	-537.68	1297.42	415.21	1238.53	-58.89
上　海	25324.61	12098.72	47389.83	13092.82	35230.44	-12159.38
江　苏	4615.78	-2224.09	7865.30	3248.87	7694.54	-181.33
浙　江	15136.58	-5231.74	16682.66	1522.19	17667.32	984.65
安　徽	5670.43	-701.61	4902.10	-768.33	3695.63	-1208.98
福　建	1480.69	-2203.30	1416.67	-64.04	2858.22	1412.43
江　西	2836.03	897.00	1794.57	-1041.46	1723.57	-75.75
山　东	3553.25	-2223.97	4892.11	1338.84	7824.79	2932.42
河　南	5305.50	-743.96	4452.74	-852.75	5169.75	714.80
湖　北	1379.65	377.29	1708.19	328.53	3418.11	1693.93
湖　南	2580.15	-1233.38	2481.30	-98.85	4024.78	1543.48
广　东	7261.69	448.91	11593.31	4331.56	20377.01	8783.62
广　西	3515.48	531.88	672.08	-2843.39	1718.14	1033.74
海　南	823.77	-707.86	418.17	-405.61	138.09	-280.07
四　川	9651.62	-2290.46	6811.82	-2839.80	6099.14	-713.82
贵　州	4415.92	901.42	2106.45	-2321.53	3770.12	1662.66
云　南	3974.01	-7481.79	2660.99	-1313.05	3467.27	800.75
西　藏	152.46	4.16	189.80	37.33	391.61	201.81
陕　西	2427.42	-88.11	1449.59	-977.82	1978.71	529.12
甘　肃	2316.58	1015.67	2237.36	-79.21	2101.29	-136.08
青　海	245.21	-29.58	388.97	143.77	448.45	56.56
宁　夏	159.19	-66.37	471.82	312.64	635.71	163.89
新　疆	591.12	-101.03	241.94	-349.18	308.75	66.81
重　庆	1356.71	-122.28	851.04	-505.68	3771.06	2920.01
大　连	2135.98	499.55	3390.00	1254.03	4181.25	791.25
青　岛	159.78	-55.76	1076.60	916.82	1369.17	292.58
宁　波	3787.32	245.41	3994.20	206.89	5471.32	1477.13
厦　门	2133.08	469.88	891.85	-1241.23	920.81	28.95
深　圳	27500.53	17659.18	48728.66	18475.61	36768.13	-11960.54
新疆兵团	46.17	-33.61	364.69	318.52	168.06	-196.63
境内合计	**176084.95**	**-18137.59**	**232852.08**	**43967.54**	**220999.56**	**-16945.96**

中国农业银行境内各分行本外币合计各项贷款

（2006—2008）

单位：人民币百万元

地　区	2006年		2007年		2008年	
	年末余额	比年初增减额	年末余额	比年初增减额	年末余额	比年初增减额
总　行	98842.60	20137.18	110207.94	11364.98	141005.94	35607.22
北　京	95589.00	9173.75	109374.37	13785.31	101452.34	8108.51
天　津	92901.39	13909.62	105950.88	13052.43	85633.81	-8012.64
河　北	123772.57	12208.48	134705.39	10931.59	98980.50	1601.46
山　西	58199.93	7458.05	63665.70	5465.73	38845.21	-3762.12
内蒙古	50351.74	7345.08	56283.58	5931.86	49766.95	5415.57
辽　宁	81383.83	362.91	78061.83	-3322.03	35590.03	-1643.53
吉　林	40221.43	1208.10	41573.88	1352.44	19169.75	1296.50
黑龙江	57481.52	-982.63	56088.29	-1393.20	10754.79	-2216.98
上　海	183432.32	15696.67	198531.68	15100.14	197581.38	9957.35
江　苏	289145.03	40132.56	331037.44	41892.43	344021.05	38366.72
浙　江	218688.74	30000.19	253777.82	35089.08	290056.58	40412.83
安　徽	75355.26	5152.53	81057.80	5702.62	57097.36	6712.78
福　建	85381.10	11390.14	100672.44	15291.31	107540.96	16878.80
江　西	55135.97	3436.63	59959.16	4823.20	47503.81	9285.87
山　东	176952.92	17136.89	191362.16	14409.25	182036.24	32779.33
河　南	118359.47	1902.73	121672.58	3313.07	62913.72	10435.77
湖　北	89323.58	6643.01	99292.00	9968.39	77382.65	12214.34
湖　南	69244.19	4169.20	73708.63	4464.40	51132.14	10187.75
广　东	232632.05	21294.80	253200.17	20568.09	223767.08	29938.20
广　西	79990.61	8793.70	90166.82	10176.25	81539.76	8259.83
海　南	18705.07	36.66	17143.69	-1561.36	9070.79	3463.77
四　川	157657.93	10668.09	172331.66	14673.73	157476.65	23947.04
贵　州	54693.95	1151.91	57369.67	2675.75	52044.09	5177.24
云　南	99329.70	14597.06	111800.96	12471.22	108140.77	13517.71
西　藏	10418.08	1349.88	10673.53	255.42	8315.21	674.29
陕　西	62306.71	6471.20	68173.33	5866.62	46804.92	2351.80
甘　肃	39785.66	3196.03	44077.74	4292.05	34484.17	3396.95
青　海	13365.50	670.97	14370.93	1005.41	10083.45	1564.30
宁　夏	13306.94	717.55	14635.73	1328.82	11591.15	1459.72
新　疆	29801.90	138.76	29922.24	120.35	16237.78	-600.11
重　庆	49920.00	3008.84	58930.73	9010.79	68623.78	18047.01
大　连	27468.39	3389.61	29872.33	2403.92	24864.45	4391.70
青　岛	31750.41	4112.89	35990.15	4239.76	36487.07	4995.34
宁　波	44838.42	7104.75	55457.67	10619.21	65102.02	11119.34
厦　门	21952.49	2999.69	28514.73	6562.25	30687.56	3568.39
深　圳	57284.72	12040.42	75045.26	17760.54	78795.60	9327.66
新疆兵团	17795.48	350.93	18480.98	685.55	13072.96	982.96
境内合计	**3122766.60**	**308574.83**	**3453141.91**	**330377.39**	**3075654.46**	**369208.71**

中国农业银行境内各分行本外币合计票据融资

（2006—2008）

单位：人民币百万元

地　区	2006 年		2007 年		2008 年	
	年末余额	比年初增减额	年末余额	比年初增减额	年末余额	比年初增减额
总　行	55563.13	15734.48	65093.16	9530.03	78075.45	12982.29
北　京	318.51	-402.05	548.25	229.75	186.02	-362.23
天　津	111.45	-1069.01	1252.36	1140.90	194.75	-1057.61
河　北	6655.81	-2249.34	3020.59	-3635.22	5297.77	2277.18
山　西	7838.74	725.73	8826.14	987.40	2787.18	-6038.96
内蒙古	1522.54	719.20	1694.60	172.06	2472.04	777.44
辽　宁	3387.67	-236.76	3590.63	202.96		-3590.63
吉　林	253.06	225.26	442.79	189.73	146.03	-296.76
黑龙江	1770.57	1342.55	1267.84	-502.73	224.02	-1043.82
上　海	427.51	80.47	1245.70	818.19	2568.27	1322.57
江　苏	55796.85	5920.55	41183.65	-14613.20	51166.83	9983.18
浙　江	8377.94	-740.33	3913.44	-4464.51	7268.44	3355.00
安　徽	4866.83	-2084.49	4490.50	-376.33	5084.60	594.11
福　建	4546.26	-1128.99	1918.52	-2627.75	3373.40	1454.88
江　西	6026.31	330.61	2928.99	-3097.31	4678.90	1749.91
山　东	19852.98	2485.17	10235.59	-9617.39	14367.18	4131.60
河　南	7796.08	-12.65	6675.52	-1120.57	12423.08	5747.56
湖　北	8526.16	727.75	6059.56	-2466.60	7548.48	1488.92
湖　南	1061.03	592.17	1613.19	552.17	647.27	-965.92
广　东	12175.27	4660.71	10518.51	-1656.76	12691.00	2172.48
广　西	4340.15	2045.46	1955.92	-2384.23	3565.80	1609.88
海　南	10.39	7.31	22.92	12.53	0.26	-22.66
四　川	10735.01	-1941.37	4636.64	-6098.37	4894.11	257.47
贵　州	1423.63	287.93	1926.51	502.88	1252.93	-673.58
云　南	299.59	-642.81	897.04	597.45	836.96	-60.09
西　藏						
陕　西	4837.30	-223.37	3757.31	-1079.98	1657.10	-2100.21
甘　肃	1307.90	226.78	2475.35	1167.46	1703.46	-771.89
青　海	65.11	38.24	177.81	112.70	25.84	-151.97
宁　夏	482.54	246.00	1604.24	1121.70	1145.86	-458.39
新　疆	1394.79	1134.30	2054.60	659.82	1533.91	-520.70
重　庆	2425.08	-1559.43	219.76	-2205.31	8098.79	7879.03
大　连	3898.54	2521.49	2247.17	-1651.37	4369.98	2122.81
青　岛	2692.51	1959.82	3011.61	319.10	3468.01	456.41
宁　波	4377.62	474.83	2777.90	-1599.73	7345.20	4567.30
厦　门	835.27	-148.33	144.64	-690.63	925.34	780.70
深　圳	586.12	-1634.80	255.45	-330.67	6548.78	6293.32
新疆兵团	285.14	129.25	284.16	-0.98	867.69	583.53
境内合计	**246871.39**	**28542.33**	**204968.59**	**-41902.82**	**259440.74**	**54472.15**

中国农业银行境内各分行本外币合计贸易融资

（2006—2008）

单位：人民币百万元

地　区	2006年		2007年		2008年	
	年末余额	比年初增减额	年末余额	比年初增减额	年末余额	比年初增减额
总　行	145.11	-369.73	822.21	676.73	1484.46	665.75
北　京	804.61	144.04	1776.70	972.10	1430.61	-306.48
天　津	1924.50	581.80	3337.41	1415.80	1396.04	-1889.03
河　北	1159.06	860.15	745.55	-414.73	117.30	-619.23
山　西	415.81	22.83	322.95	-92.87	36.16	-136.44
内蒙古	110.99	27.69	72.11	-38.87	20.80	-50.15
辽　宁	449.10	88.20	269.80	-179.34	22.12	-93.10
吉　林	1.84	-6.38	1.33	-0.52		-1.32
黑龙江	478.13	462.26	9.34	-468.79		-0.25
上　海	2163.64	2029.12	1070.07	-1093.57	1743.13	708.94
江　苏	3279.16	1050.46	5386.54	2107.39	4502.03	-829.48
浙　江	4610.67	996.98	6601.13	1990.46	6416.39	-143.56
安　徽	434.79	-99.52	203.67	-231.04	968.64	848.14
福　建	518.56	211.56	334.82	-183.76	239.35	-21.07
江　西	17.61	17.41	18.46	0.86	21.07	4.57
山　东	2720.48	1510.31	3104.27	383.80	2285.87	-755.17
河　南	156.16	-20.90	177.05	20.88	118.75	-38.27
湖　北	178.21	-41.98	155.99	-22.21	50.31	-71.88
湖　南	153.98	-171.64	136.13	-17.93	110.96	82.97
广　东	2594.74	1141.85	1347.39	-1247.35	1155.12	-181.36
广　西	73.87	38.76	302.38	228.51	92.80	-201.20
海　南	342.79	-13.19	322.70	-20.10		-15.42
四　川	501.10	125.36	171.58	-329.51	318.75	147.16
贵　州	212.31	-138.13	368.98	156.67	165.65	-203.18
云　南	214.48	143.46	204.87	-9.62	47.57	-156.28
西　藏		-545.70				0.70
陕　西	215.94	133.81	160.16	-55.79	100.00	-48.53
甘　肃	38.27	36.42	7.96	-30.32	40.11	32.16
青　海					1.49	1.49
宁　夏	1.40	-14.33		-1.40		
新　疆	2.22	0.09	2.05	-0.18	7.01	6.96
重　庆	40.18	-9.60	79.33	39.16	75.35	-3.97
大　连	779.85	30.69	601.27	-178.58	332.41	-231.70
青　岛	912.45	162.00	1105.93	193.49	1023.21	-19.08
宁　波	310.20	125.63	845.87	535.68	389.81	-451.26
厦　门	615.70	-417.47	719.74	104.05	155.55	-539.67
深　圳	465.37	-8.03	923.03	457.67	80.66	-668.71
新疆兵团	5.83	-349.55	12.55	6.72		-12.55
境内合计	**27049.11**	**7734.73**	**31721.33**	**4673.49**	**24949.47**	**-5189.53**

中国农业银行境内各分行本外币合计贷款

（2006—2008）

单位：人民币百万元

地　区	2006 年		2007 年		2008 年	
	年末余额	比年初增减额	年末余额	比年初增减额	年末余额	比年初增减额
总　行	43023.34	4768.23	44186.19	1162.84	61443.63	22027.14
北　京	93708.24	9222.32	106343.11	12634.79	99835.71	8798.10
天　津	90746.62	14350.38	101248.97	10502.39	84015.32	-5063.14
河　北	115756.43	13608.27	130727.53	14971.09	93466.28	-139.03
山　西	49769.47	6669.04	54228.11	4458.61	35999.20	2407.53
内蒙古	48301.86	6692.26	54096.61	5794.78	47269.57	4696.11
辽　宁	76865.01	422.54	73531.01	-3333.99	35510.71	1997.99
吉　林	39766.36	957.07	40940.01	1173.65	19023.72	1597.47
黑龙江	55186.53	-2734.76	54767.84	-418.67	10530.77	-1172.91
上　海	180509.53	13621.87	195879.49	15370.73	193229.28	7891.67
江　苏	228905.13	33200.68	283600.88	54695.76	288257.19	29218.85
浙　江	205629.88	29756.76	243210.78	37580.90	275942.20	36783.05
安　徽	69067.21	7470.16	75427.62	6360.40	51020.43	5268.67
福　建	80096.40	12305.76	98266.64	18170.23	103928.20	15447.80
江　西	48932.11	3116.55	56857.87	7925.76	42798.92	7535.94
山　东	153245.58	13121.86	176972.87	23727.29	165257.61	29315.56
河　南	109831.30	2213.72	114232.52	4401.19	50357.42	4750.06
湖　北	80436.25	6047.25	92933.95	12497.67	69755.43	10798.43
湖　南	67143.17	3796.91	71130.37	3987.23	50371.75	11100.06
广　东	215101.22	15629.29	238626.50	23525.26	209905.79	28120.27
广　西	75334.22	6730.20	87681.46	12347.29	77881.13	6854.14
海　南	18079.95	88.96	16534.18	-1545.75	9070.53	3508.48
四　川	145895.86	12320.53	166952.27	21056.40	152225.19	23568.99
贵　州	53022.32	1005.43	55042.30	2020.01	50625.52	6054.01
云　南	98157.40	15125.23	110045.45	11888.01	107208.51	13708.01
西　藏	10418.08	1895.58	10673.53	255.42	8315.21	673.59
陕　西	57011.48	6571.98	64007.27	6995.80	45042.93	4502.92
甘　肃	38345.48	3230.94	41502.02	3156.52	32738.62	4134.75
青　海	13297.54	713.48	14190.27	892.71	10056.13	1714.79
宁　夏	12743.25	469.96	12952.24	209.01	10445.29	1923.86
新　疆	28158.43	-870.74	27630.30	-528.11	14696.87	-40.49
重　庆	47200.87	4588.56	58383.24	11182.42	60449.65	10173.48
大　连	22734.82	813.54	26993.75	4258.92	20162.06	2501.97
青　岛	28070.07	1998.86	31802.01	3731.94	31962.46	4557.73
宁　波	40146.07	6504.98	51829.60	11683.50	57310.66	6947.12
厦　门	20247.92	3583.40	27424.31	7176.39	29563.00	3299.03
深　圳	55478.07	13661.29	73130.28	17652.21	72161.61	3722.54
新疆兵团	17442.78	572.97	18122.93	680.20	12205.27	413.52
境内合计	**2833806.25**	**273241.31**	**3202106.29**	**368300.80**	**2790039.73**	**319598.05**

中国农业银行境内各分行本外币合计其他贷款

（2006—2008）

单位：人民币百万元

地区	2006年		2007年		2008年	
	年末余额	比年初增减额	年末余额	比年初增减额	年末余额	比年初增减额
总行	111.02	4.20	106.38	-4.61	2.40	-68.03
北京	757.64	209.44	706.31	-51.32		-20.88
天津	118.82	46.45	112.15	-6.66	27.69	-2.87
河北	201.27	-10.60	211.73	10.46	99.15	82.55
山西	175.91	40.45	288.50	112.59	22.68	5.75
内蒙古	416.35	-94.07	420.26	3.90	4.55	-7.76
辽宁	682.05	88.93	670.39	-11.66	57.20	42.21
吉林	200.17	32.15	189.75	-10.42		-2.88
黑龙江	46.29	-52.68	43.27	-3.02		
上海	331.64	-34.79	336.42	4.78	40.69	34.17
江苏	1163.89	-39.13	866.36	-297.52	95.01	-5.83
浙江	70.25	-13.22	52.47	-17.78	429.54	418.34
安徽	986.43	-133.62	936.01	-50.41	23.68	1.86
福建	219.88	1.81	152.47	-67.42		-2.81
江西	159.94	-27.94	153.84	-6.11	4.93	-4.56
山东	1133.88	19.55	1049.43	-84.45	125.58	87.35
河南	575.93	-277.44	587.49	11.57	14.47	-23.58
湖北	182.96	-90.01	142.50	-40.46	28.43	-1.12
湖南	886.01	-48.24	828.94	-57.08	2.16	-29.36
广东	2760.82	-137.05	2707.77	-53.05	15.18	-173.18
广西	242.37	-20.72	227.06	-15.32	0.03	-3.00
海南	271.94	-46.42	263.90	-8.04		-6.63
四川	525.96	163.57	571.16	45.21	38.61	-26.59
贵州	35.69	-3.32	31.88	-3.81		
云南	658.23	-28.82	653.60	-4.62	47.73	26.07
西藏						
陕西	241.99	-11.22	248.59	6.59	4.90	-2.38
甘肃	94.01	-298.11	92.41	-1.61	1.97	1.93
青海	2.85	-80.75	2.85			
宁夏	79.75	15.92	79.25	-0.50		-5.75
新疆	246.46	-124.89	235.27	-11.18		-45.88
重庆	253.87	-10.69	248.40	-5.47		-1.53
大连	55.18	23.89	30.14	-25.05		-1.38
青岛	75.38	-7.79	70.61	-4.77	33.38	0.29
宁波	4.53	-0.69	4.29	-0.24	56.35	56.19
厦门	253.60	-17.91	226.04	-27.56	43.67	28.33
深圳	755.16	21.96	736.48	-18.67	4.55	-19.50
新疆兵团	61.73	-1.74	61.34	-0.39		-1.55
境内合计	**15039.85**	**-943.54**	**14345.71**	**-694.08**	**1224.52**	**328.03**

中国农业银行境内各分行本外币合计单位一般贷款

(2006—2008)

单位：人民币百万元

地　区	2006年		2007年		2008年	
	年末余额	比年初增减额	年末余额	比年初增减额	年末余额	比年初增减额
总　行	42964.20	4709.09	44115.99	1151.77	60634.52	21232.17
北　京	76464.93	10708.49	90843.91	14378.95	87227.92	10998.81
天　津	76631.48	12474.51	86152.91	9521.46	70691.66	-3542.40
河　北	101719.11	14947.88	113117.05	11397.95	78830.18	446.09
山　西	41366.55	8841.88	49793.71	8427.16	34200.18	3225.32
内蒙古	43398.19	7703.16	48815.37	5417.18	43115.33	4155.62
辽　宁	64458.11	3832.71	63914.80	-543.34	32141.62	3457.75
吉　林	36073.84	3299.43	37932.30	1858.45	16486.54	368.26
黑龙江	48238.70	-1264.71	48891.20	652.49	9547.98	-899.99
上　海	153489.40	16242.33	167823.71	14335.07	166295.36	8708.97
江　苏	199295.28	26690.06	236527.84	37232.56	237976.88	25790.79
浙　江	157643.71	22960.52	180007.63	22363.93	208044.38	31891.32
安　徽	61905.49	7255.97	66274.80	4369.29	42806.94	4245.00
福　建	65790.03	10636.19	79287.67	13497.65	82013.04	12025.22
江　西	44543.16	4074.42	50873.83	6330.67	35879.60	5027.63
山　东	138215.11	13421.56	159466.70	21251.59	142870.26	23048.73
河　南	102170.56	3104.55	107041.13	4870.53	48956.18	3874.50
湖　北	72022.56	6169.46	81202.25	9179.67	58095.23	9653.27
湖　南	61880.82	5150.41	65345.49	3464.67	44958.96	9677.87
广　东	176077.72	16264.15	191740.04	15662.34	161511.37	24319.62
广　西	62931.17	5923.70	72574.03	9642.89	61844.23	5262.55
海　南	16886.20	520.31	15546.32	-1339.87	8756.47	3571.90
四　川	124747.00	11036.82	138690.36	13943.36	124486.53	20835.10
贵　州	48392.39	1705.87	49740.43	1348.07	45992.70	5580.02
云　南	83617.25	14768.81	93481.06	9863.81	91376.96	13093.15
西　藏	7342.34	850.14	6571.05	-771.29	3036.49	-633.56
陕　西	46320.11	5578.75	52124.40	5804.30	37098.47	5056.88
甘　肃	30932.93	3699.53	34120.10	3187.15	28325.40	4011.06
青　海	10845.90	942.65	11998.11	1152.19	9405.40	1692.36
宁　夏	10157.43	687.58	10893.82	736.40	9245.61	2079.07
新　疆	24011.59	110.88	24122.37	110.78	13252.14	309.32
重　庆	39802.88	4325.85	48815.16	9012.28	49880.32	8897.21
大　连	20764.27	762.96	24485.55	3721.28	17685.58	2411.05
青　岛	24368.91	2168.73	27719.16	3350.27	27647.45	4215.18
宁　波	35331.31	5938.19	43321.71	7990.40	46957.48	5087.04
厦　门	14731.45	2052.84	19170.52	4439.06	20486.60	2463.40
深　圳	44733.44	12903.16	58251.53	13518.10	55657.86	1839.57
新疆兵团	15692.52	1233.79	17033.94	1341.44	11284.44	375.73
境内合计	**2425958.04**	**272432.62**	**2717827.95**	**291870.64**	**2324704.26**	**283851.59**

中国农业银行境内各分行本外币合计个人一般贷款

（2006—2008）

单位：人民币百万元

地区	2006年		2007年		2008年	
	年末余额	比年初增减额	年末余额	比年初增减额	年末余额	比年初增减额
总行	59.11	59.11	57.01	-2.11		-0.90
北京	17228.80	-1488.84	15459.80	-1769.02	12529.67	-2242.44
天津	14103.80	1878.21	15045.97	942.18	13242.11	-1552.67
河北	13745.26	-1473.29	17400.47	3655.19	14485.15	-526.35
山西	8209.19	-2054.37	4309.94	-3899.27	1736.22	-770.45
内蒙古	4787.50	-1065.82	5163.73	376.26	4043.21	539.15
辽宁	12392.43	-3396.08	9595.62	-2796.78	3345.62	-1475.22
吉林	3567.46	-2271.47	2957.81	-609.64	2519.47	1231.55
黑龙江	6939.98	-1469.94	5866.02	-1073.93	966.01	-287.91
上海	26955.84	-2669.40	27909.10	953.26	26688.34	-916.39
江苏	29473.52	6409.99	46762.80	17289.29	49768.84	3222.19
浙江	47797.54	6700.75	62575.43	14777.88	66274.37	3894.39
安徽	7138.05	204.60	9069.44	1931.39	8030.05	923.32
福建	14268.64	1648.77	18779.67	4511.02	21205.26	2907.59
江西	4368.21	-959.58	5944.53	1576.32	6843.26	2454.79
山东	14904.33	-369.53	17000.52	2096.19	21353.55	5731.07
河南	7617.38	-859.10	7138.69	-478.67	1315.11	800.29
湖北	8348.74	-145.79	11572.85	3224.10	11332.40	960.87
湖南	4846.18	-1416.08	5323.26	477.11	4650.33	1046.95
广东	38783.38	1020.74	46495.25	7711.83	47722.86	3461.12
广西	12373.76	799.33	15044.31	2670.56	15889.01	1491.09
海南	1182.19	-436.50	966.31	-215.87	272.67	-87.24
四川	20832.95	1262.65	27908.31	7075.33	27443.60	2773.52
贵州	4575.51	-732.41	5217.70	642.18	4550.03	472.08
云南	14506.56	353.25	16480.51	1973.92	15669.60	527.43
西藏	3075.54	1045.30	4102.35	1026.79	5278.61	1307.17
陕西	10690.90	1002.06	11882.17	1191.27	7943.13	-554.71
甘肃	7408.26	-468.38	7370.69	-37.58	4388.99	107.71
青海	2451.15	-229.52	2187.40	-263.74	646.22	22.65
宁夏	2581.91	-218.32	2050.36	-531.54	1183.15	-167.15
新疆	4136.85	-980.83	3493.18	-643.66	1423.41	-362.98
重庆	7392.24	260.52	9552.00	2159.80	10507.92	1230.58
大连	1963.72	50.11	2493.71	529.99	2441.02	67.26
青岛	3693.13	-173.01	4056.62	363.47	4256.78	309.65
宁波	4800.29	557.37	8463.18	3662.88	10265.72	1816.76
厦门	5501.58	1520.18	8149.71	2648.13	8831.19	694.33
深圳	10710.67	734.43	14814.48	4103.79	16403.51	1846.31
新疆兵团	1749.26	-660.75	1085.07	-664.16	910.21	30.61
境内合计	**405161.81**	**1968.36**	**479745.96**	**74584.18**	**456356.58**	**30926.01**

中国农业银行境内各分行本外币合计单位协议透支

（2006—2008）

单位：人民币百万元

地区	2006年		2007年		2008年	
	年末余额	比年初增减额	年末余额	比年初增减额	年末余额	比年初增减额
总行					789.68	789.68
北京	0.30	-0.02	0.31	0.00	0.01	-0.01
天津	2.63		0.01	-2.63		0.00
河北	0.23	-0.02	0.03	-0.20		
山西	3.19	0.75	2.42	-0.77	0.15	-0.50
内蒙古	0.87	-0.03	0.26	-0.60		
辽宁	2.08	-0.75	2.07	-0.01		0.00
吉林	0.50		0.23	-0.28		
黑龙江	3.32	-0.01	3.62	0.30		
上海	25.51	25.32	0.98	-24.54	0.06	-0.91
江苏	1.61		1.67	0.05	0.02	-0.02
浙江	0.03	-0.57	0.04	0.01	0.02	-0.01
安徽	0.16	0.10	0.15	-0.01	0.02	-0.13
福建	1.98		1.90	-0.08		-1.11
江西	2.29	-0.06	3.49	1.20	0.00	
山东	1.36	0.12	1.36			
河南	3.92	-5.35	3.89	-0.04	0.01	
湖北	2.48	0.77	2.48	0.00	0.01	0.00
湖南	7.06	2.20	6.26	-0.80	250.14	249.98
广东	10.35	-1322.48	10.66	0.31	37.32	37.17
广西	3.16		3.16	0.00		
海南	0.38	-0.02	0.36	-0.02		-0.02
四川	37.03	34.60	30.47	-6.56		-30.08
贵州	0.22	-0.02	0.05	-0.17		
云南		-0.37	0.00			
西藏						
陕西		-2.11				
甘肃	0.02		0.02	0.00		
青海						
宁夏						
新疆			0.26	0.26		0.00
重庆	0.04		0.04	0.00	0.00	0.00
大连				0.00		
青岛	0.24	-0.01	0.23	-0.01	0.00	-0.04
宁波	1.23		0.55	-0.68		
厦门	0.01	-0.05	0.04	0.03	0.03	0.00
深圳	0.07	0.03	0.03	-0.03		-0.01
新疆兵团	0.03	-0.01	0.03			0.00
境内合计	**112.30**	**-1267.99**	**77.05**	**-35.28**	**1077.46**	**1043.98**

中国农业银行境内各分行本外币合计个人协议透支

（2006—2008）

单位：人民币百万元

地区	2006年		2007年		2008年	
	年末余额	比年初增减额	年末余额	比年初增减额	年末余额	比年初增减额
总行	0.03	0.03	13.20	13.17	19.44	6.27
北京	14.21	2.69	39.08	24.85	78.10	41.74
天津	8.71	-2.34	50.09	41.38	81.55	31.93
河北	291.83	133.70	209.98	-81.84	150.95	-58.77
山西	190.54	-119.22	122.03	-68.50	62.65	-46.84
内蒙古	115.30	54.95	117.25	1.95	111.03	1.27
辽宁	12.39	-13.34	18.52	6.14	23.47	15.46
吉林	124.56	-70.89	49.68	-74.88	17.70	-2.34
黑龙江	4.53	-0.10	7.00	2.47	16.78	14.98
上海	38.78	23.62	145.70	106.93	245.53	100.00
江苏	134.72	100.63	308.57	173.86	511.45	205.90
浙江	188.60	96.06	627.68	439.08	1623.44	997.35
安徽	23.51	9.49	83.23	59.72	183.42	100.48
福建	35.75	20.80	197.40	161.64	709.91	516.09
江西	18.45	1.77	36.03	17.57	76.05	53.53
山东	124.78	69.71	504.29	379.51	1033.80	535.76
河南	39.44	-26.38	48.82	9.37	86.12	75.27
湖北	62.47	22.81	156.37	93.91	327.79	184.28
湖南	409.11	60.38	455.36	46.26	512.32	125.26
广东	229.77	-333.12	380.55	150.78	634.24	302.36
广西	26.13	7.17	59.96	33.84	147.89	100.50
海南	11.18	5.17	21.19	10.00	41.39	23.83
四川	278.88	-13.54	323.13	44.26	295.06	-9.55
贵州	54.20	31.99	84.12	29.93	82.78	1.91
云南	33.59	3.54	83.87	50.28	161.95	87.44
西藏	0.20	0.14	0.12	-0.08	0.10	-0.02
陕西	0.47	-6.72	0.70	0.23	1.32	0.75
甘肃	4.27	-0.21	11.22	6.95	24.23	15.98
青海	0.49	0.35	4.76	4.27	4.50	-0.22
宁夏	3.91	0.70	8.07	4.15	16.53	11.95
新疆	9.99	-0.79	14.50	4.51	21.32	13.17
重庆	5.71	2.19	16.05	10.34	61.40	45.69
大连	6.83	0.47	14.48	7.65	35.46	23.65
青岛	7.79	3.15	26.00	18.21	58.23	32.94
宁波	13.24	9.42	44.17	30.91	87.47	43.31
厦门	14.88	10.43	104.05	89.17	245.18	141.31
深圳	33.89	23.67	64.25	30.36	100.23	36.67
新疆兵团	0.97	-0.06	3.89	2.92	10.62	7.18
境内合计	**2574.10**	**108.32**	**4455.33**	**1881.26**	**7901.43**	**3776.47**

中国农业银行境内各分行本外币合计存放同业款项

（2006—2008）

单位：人民币百万元

地　区	2006 年		2007 年		2008 年	
	年末余额	比年初增减额	年末余额	比年初增减额	年末余额	比年初增减额
总　行	11741.14	2233.26	11053.36	-687.83	53516.03	42462.67
北　京	348.71	126.62	1008.92	660.21	752.51	-256.41
天　津	61.64	-4.09	52.68	-8.75	36.43	-3.27
河　北	54.83	-28.38	56.41	1.56	39.59	5.18
山　西	125.31	-484.95	110.07	-15.25	10.47	-84.02
内蒙古	139.10	-7.42	132.01	-7.09	140.81	10.99
辽　宁	51.22	2.16	47.97	-4.39	48.83	5.24
吉　林	19.12	-2.15	119.29	100.18	94.39	-21.47
黑龙江	94.91	-30.28	68.39	-26.52	78.32	20.42
上　海	483.74	232.39	619.36	135.78	425.39	-193.53
江　苏	407.37	109.17	369.86	-37.50	753.93	394.59
浙　江	381.10	101.66	512.11	131.01	454.88	-53.71
安　徽	41.10	9.84	24.97	-16.14	26.54	7.45
福　建	769.21	665.23	90.72	-678.48	47.15	-42.93
江　西	29.72	-3.45	24.27	-5.46	14.06	-5.96
山　东	53.04	-85.84	36.54	-16.51	69.32	33.14
河　南	76.41	-22.94	21.89	-54.51	3.57	0.44
湖　北	64.22	-15.44	90.32	25.84	25.43	-31.90
湖　南	148.04	-30.28	115.51	-32.56	4.96	2.13
广　东	4228.78	593.67	791.75	-3437.02	123.17	-658.16
广　西	82.34	7.68	78.06	-4.28	171.18	93.11
海　南	110.05	-0.06	111.82	1.76	10.63	1.06
四　川	2072.88	1752.65	93.07	-1979.82	65.71	51.36
贵　州	55.10	31.77	29.48	-25.62	30.21	0.73
云　南	2057.06	1726.62	86.52	-1970.56	9.92	-76.56
西　藏	0.30		0.67	0.37	1.33	0.66
陕　西	117.70	96.14	3.61	-114.08	8.65	5.04
甘　肃	19.17	-3.09	10.56	-8.61	8.62	-1.94
青　海	5.19	0.20	0.58	-4.60	0.60	0.02
宁　夏	71.87	-85.72	2.23	-69.65	1.32	-0.91
新　疆	5.82	-22.51	7.04	1.22	10.73	4.69
重　庆	27.54	-508.72	8.71	-18.83	17.80	9.09
大　连	39.12	-5.61	36.36	-2.76	20.55	-15.81
青　岛	359.70	-2.12	1063.99	704.29	13.32	-1050.67
宁　波	237.68	-1.73	112.39	-125.29	77.80	-34.60
厦　门	495.15	357.22	320.58	-174.57	27.24	-292.45
深　圳	292.88	44.89	347.51	54.63	4238.63	3891.12
新疆兵团	18.30	-9.58	11.88	-6.42	0.46	-1.42
境内合计	**25386.56**	**6736.81**	**17671.46**	**-7716.27**	**61380.49**	**44173.42**

中国农业银行境内各分行本外币合计投资

（2006—2008）

单位：人民币百万元

地区	2006年		2007年		2008年	
	年末余额	比年初增减额	年末余额	比年初增减额	年末余额	比年初增减额
总行	1184230.59	98485.96	1294777.20	110546.60	2297167.40	1002455.22
北京	1864.79	381.92	4405.11	2540.32	3905.94	-466.89
天津	530.90	86.65	966.83	435.95	901.58	-61.52
河北	842.42	256.58	2053.63	1211.20	1909.94	-75.38
山西	292.79	-12.79	508.49	215.70	459.41	-10.32
内蒙古	112.95	10.79	186.28	73.32	195.83	9.67
辽宁	380.80	70.27	695.51	314.71	652.76	-40.02
吉林	156.07	13.31	396.99	240.92	376.66	-20.20
黑龙江	517.63	113.86	954.49	436.86	860.05	-78.07
上海	1896.92	-9.28	1878.81	-18.12	1542.79	-335.96
江苏	1302.68	155.59	2342.12	1039.43	2062.34	-255.36
浙江	601.25	88.07	1665.52	1064.27	1893.01	232.91
安徽	479.38	119.89	1084.75	605.36	934.61	-48.18
福建	279.24	114.44	556.13	276.90	417.88	-116.52
江西	129.83	21.77	288.24	158.40	294.27	17.65
山东	653.72	-1.93	1041.85	388.12	923.65	-110.54
河南	304.05	-7.86	477.14	173.07	329.21	-77.11
湖北	325.03	30.63	581.43	256.40	547.79	-32.32
湖南	340.76	135.36	432.38	91.62	354.27	-10.27
广东	2445.78	208.31	2458.37	12.59	1875.73	-523.14
广西	375.16	52.49	309.79	-65.36	258.64	-14.40
海南	72.71	11.52	158.87	86.16	122.87	0.04
四川	489.20	-139.54	668.31	179.11	546.16	-46.19
贵州	81.08	11.82	216.02	134.94	273.59	57.57
云南	489.04	131.66	833.44	344.40	575.21	-122.08
西藏	2.07	1.92	29.03	26.96	20.48	-8.55
陕西	210.73	23.91	436.38	225.65	402.47	-33.15
甘肃	111.07	29.36	264.12	153.04	227.21	-3.40
青海	30.69	7.45	71.77	41.07	60.23	-11.55
宁夏	129.54	-2.82	43.31	-86.23	30.53	61.71
新疆	340.76	11.14	594.91	254.16	573.97	-16.77
重庆	160.02	24.86	407.21	247.20	379.75	-21.08
大连	173.13	56.61	420.49	247.37	373.03	-43.32
青岛	673.09	11.70	317.07	-356.01	257.57	-57.51
宁波	151.80	-1.91	243.87	92.07	224.13	-19.73
厦门	80.04	22.72	146.95	66.91	110.10	-16.45
深圳	392.77	29.80	667.76	274.99	489.62	-175.13
新疆兵团	95.44	12.22	231.14	135.70	194.01	-36.69
境内合计	**1201745.92**	**100556.45**	**1323811.70**	**122065.72**	**2322724.72**	**999946.92**

（十）业务经营概况编制说明

业务概况部分按照真实、完整的原则，通过信贷资金来源运用表（2006 年后改为资产负债项目统计表）、主要指标时间序列表、各分行比较分析表等形式，再现各历史时期统计指标的设置，反映了中国农业银行境内机构 1979 年至 2008 年三十年来的主要业务经营情况。

一、统计指标解释

（一）各项存款：指机构吸收的单位和居民个人的存款，主要包括企业存款、私营及个体存款、事业单位存款、机关团体存款、部队存款、储蓄存款、保险公司存放款项、住房公积金机构存款、保证金存款、应解汇款及临时存款等。

1979 年至 2005 年，各项存款分为企业存款、储蓄存款、农业存款、其他存款。企业存款是指吸收的各种所有制形式、各行业非金融企业单位的存款。储蓄存款是指吸收的居民个人的存款。农业存款是指吸收的农业企业、农村集体单位、乡镇企业、各专业户和承包户的生产周转金、积累基金等。

1995 年，农业存款中不再包括农村信用社转存款及缴存准备金，其他存款中的某些项目调入到企业存款中。

1999 年，将机关团体存款从其他存款中调出，单独反映。

1999 年，按照《关于商业银行账外账并账问题的通知》（银发［1999］303 号）要求，中国农业银行于 1999 年 12 月 31 日前完成并账。

2006 年起，中国农业银行开始启用新的会计科目体系，统计指标的设置进行了较大的变动。各项存款分为储蓄存款、单位存款、应解汇款及临时存款、保证金存款、保险公司存放款项、邮政储汇局存放合作性款项等。单位存款是指吸收的各种所有制形式、各行业非金融企业单位的存款，以及机关团体、事业单位的存款。应解汇款及临时存款是指办理银行汇票业务等业务所发生的收付款项，汇出的汇款，以及收到的其他行委托银行解付或支付给未在银行开户的单位及个人的汇款或其他临时性款项。保证金存款是指为客户对外出具具有结算功能的信用工具，或提供资金融通后，为保证客户按约履行相关义务，而与其约定将一定数量的资金存入特定账户所形成的存款。

2007 年，基金存款从单位存款中调出，计入同业存放款项中。

2008 年 10 月，根据人民银行的要求，邮政储汇局存放合作性款项不再计入各项存款，计入同业存放款项中。

（二）向中央银行借款：指向中国人民银行和外国中央银行借入的款项。

（三）同业存放款项：指其他金融机构存放的款项，但不包括保险公司存放款项等。

1995 年，农村信用社转存款及缴存准备金从农业存款中调出，计入同业存放款项中。2007 年，基金存款从单位存款中调出，计入同业存放款项中。2008 年 10 月，邮政储汇局存放合作性款项从各项存款中调出，计入同业存放款项中。

（四）同业拆借款项：指从境内外金融机构拆入及借入的款项。

（五）卖出回购款项：指按回购协议卖出资产所融入的资金。

（六）汇出汇款：指办理银行汇票业务等业务所发生的收付款项以及汇出的汇款。

（七）应付利息：指吸收的存款、拆入资金、卖出回购证券及各种借款发生的当期应付未付的利息。

（八）应交税金：指应交纳的各种税金，如营业税、所得税、房产税 、车船使用税、土地增值税、城市维护建设税、土地使用税、个人所得税等。

（九）应付职工薪酬：指应付给职工的工资总额。包括在工资总额内的各种工资、奖金、津贴等，不论是否在当月支付，均在本项目反映。不包括在工资总额内的发给职工的款项，如医药费、福利补助、退休费等，不在本项目反映。

（十）应付福利费：指按规定从成本中提取的职工个人的福利费。

（十一）其他应付款：指应付其他单位或个人的款项，包括应付其他债权人和追索权人的各类款项、应付代收的委托贷款和投资的利息及投资收益、收取的保管箱押金、工会经费、职工教育经费等。

（十二）转贷款资金：指根据协议发放转贷款而融入的款项，如转贷外国政府贷款资金、转贷国际金融组织贷款资金等。

（十三）现金：指库存和运送中的现金以及在银行的存款。

（十四）贵金属：指填报机构持有的黄金、白银等贵金属的价值。

（十五）存放中央银行款项：指划缴中国人民银行和外国中央银行的各种存款。存放中国人民银行款项包括业务资金的调拨、办理同城票据交换和异地跨系统资金汇划、提取或缴存现金、按规定缴存的法定准备金以及存放中央银行特种存款等，不含存放中央银行财政性款项。

（十六）存放同业款项：指存放于境内、境外其他银行和非银行金融机构的款项。

（十七）各项贷款：指对借款人融出货币资金形成的资产，主要包括贷款、贸易融资、票据贴现及买断式转贴现、融资租赁、从非金融机构买入返售资产、买入的票据、协议透支、各项垫款、转贷款等。

1979 年至 1993 年，各项贷款分为流动资金贷款、固定资产贷款、农业贷款、特种贷款和其他贷款。流动资金贷款是指为满足客户在生产经营过程中临时性、季节性的资金需求，保证生产经营活动的正常进行而发放的贷款，或向借款人发放的用于满足生产经营过程中长期平均占用的流动资金需求的贷款。固定资产贷款是指为解决企业固定资产投资活动的资金需求而发放的贷款，主要用于固定资产项目的建设、购置、改造及其相应配套设施建设的中长期贷款。

1994 年至 1996 年，各项贷款分为短期贷款、中长期贷款。短期贷款是指发放的期限在 1 年以下（含 1 年）的主要用于流动资金的贷款。中长期贷款是指发放的期限在 1 年以上（不含 1 年）的主要用于基本建设、技术改造等的贷款。

1997 年，将中长期贷款划分为中期贷款、长期贷款。中期贷款是指发放的期限在 1 年以上（不含 1 年）3 年以下（含 3 年）的贷款。长期贷款是指发放的期限在 3 年以上（不含 3 年）的贷款。

1999 年，将贴现从短期贷款中调出，调至新设项目“票据融资”。票据融资主要指票据贴现及买断式转贴现、买入票据以及从非金融机构买入返售的资产。

2001 年，将境外筹资转贷款计入各项贷款。

2002 年，将各项垫款从短期贷款中调出，单独反映。各项垫款是指因开出保函、信用证以及贴现、对外担保和承兑汇票等业务而发生的垫款。

2006 年起，中国农业银行开始启用新的会计科目体系，统计指标的设置进行了较大的变动。各项贷款分为票据融资、贸易融资、贷款、其他贷款。贸易融资是指各类与国际、国内贸易结算工具相关的融资业务，主要包括打包贷款、进口押汇、出口押汇、议付信用证和福费廷、应收账款融资、国内信用证、国内保理等。贷款主要指借款人提供的按约定的利率和期限还本付息的货币资金，分为一般贷款和协议透支。协议透支指客户按照有关协议在规定的限额和期限内发生的透支款项，如活期存款透支、银行卡透支等。其他贷款主要是指转贷款和各项垫款。

（十八）拆借同业款项：指拆借给境内外其他金融机构的款项。

（十九）应收利息：指发放贷款、存放同业、融资租赁、拆出资金和投资等生息资产应收取的利息。

（二十）其他应收款：指应收取的除应收利息以外的其他各类应收款项，以及暂付的款项。

（二十一）投资：指持有的各种能够变现的有价证券，包括各种股票、债券、基金等，以及实业投资。

（二十二）待摊费用：指已经支出，但应由本期和以后各期分别负担的各项费用。如预付保险费、一次购买印花税票和一次交纳印花税税额较大需分摊的数额等。

（二十三）固定资产净值：指固定资产折旧后的净值，即固定资产原价减去累计折旧。

（二十四）固定资产原值：指所拥有的固定资产的原价。固定资产是指同时具有以下特征的有形资产：为经营、提供劳务、出租或经营管理而持有的，使用年限超过 1 年，单位价值较高。

（二十五）固定资产清理：指因出售、报废和毁损等原因转入清理的固定资产净值及其在清理中所发生的清理费用和清理收入。

（二十六）在建工程：指为购建或改良固定资产而进行的各项建筑和安装工程，包括固定资产新建工程、改良工程等所发生的支出。购入的不需安装的固定资产，不通过本项目反映。为在建工程购入的工程物资的实际成本，也在本项目反映。

（二十七）无形资产：指为提供劳务、出租给他人，或为管理目的而持有的、没有实物形态的非货币性长期资产。无形资产分为可辨认无形资产和不可辨认无形资产。可辨认无形资产包括专利权、非专利技术、商标权、著作权、土地使用权等，不可辨认无形资产是指商誉。填报机构自创的商誉，以及未满足无形资产确认条件的其他项目，不能作为填报机构的无形资产。

（二十八）抵债资产：指尚待处理的抵债资产账面价值。

（二十九）资产减值准备：指定期或每年年度终了时对各项资产进行检查，根据谨慎性原则，合理预计各项资产可能发生的损失，对可能发生的各项资产损失计提的资产减值损失准备。

二、其他说明

每个统计指标均设置“余额”和“比年初增加额”两种度量属性。

余额反映各统计指标各个时点的存量数据。

比年初增加额反映各个统计指标与当年年初结转数的变化情况，为各个时点余额数与当年年初结转数之差。

年初结转数据，是指将上年末（上年 12 月 31 日）数据按照当年的统计口径重新归并之后以当年 1 月 1 日名义收集整理的数据，以此作为当年各期数据“比年初增减额”的基数。此外，由于会计制度和业务情况变化进行的项目归属调整，以及统计机构范围变化等，也会导致年初结转数与上年年末数据之间存在一定的差异。

2002 年以前，境内合计各年年末余额为下年年初结转数，与当年 12 月数据有一定的差距。

2000 年，中国农业银行向长城资产管理公司进行了不良资产剥离和划转，当年各期余额数据为剥离后的实际数据，“比年初增减额”为当期余额与当年年初结转数据之差，并加上截止到当期资产剥离的总额。

2008 年，经财政部批准，本行以 2007 年 12 月 31 日为基准日，按账面值剥离处置信贷类和非信贷类不良资产 8156.95 亿元。在上述不良资产中，以 2007 年 12 月 31 日中国人民银行对本行1506.02亿元免息再贷款等额置换不良资产；其余6650.93亿元形成应收财政部款项，计入“投资”中。各统计指标当年各期余额数据为剥离后的实际数据；除投资外，其余统计指标“比年初增减额”为当期余额与当年年初结转数据之差，并加上截止到当期资产剥离的总额。

当大连、青岛、宁波、厦门、深圳等直属分行数据不为零时，对应的辽宁、山东、浙江、福建、广东等分行数据均不包括上述直属分行的数据。

第三部分

“三农”金融服务

（一）境内合计涉农各项贷款

中国农业银行境内合计农林牧渔业贷款情况统计表

（人民币）

（2008年3月）

单位：亿元

项　目	月末余额	短期	中长期
农林牧渔业贷款	**1693.66**	**1038.58**	**655.08**
农业贷款	987.05	667.63	319.42
林业贷款	127.98	50.26	77.71
畜牧业贷款	172.67	93.26	79.42
渔业贷款	79.92	53.33	26.59
农林牧渔服务业贷款	326.04	174.10	151.93

中国农业银行境内合计农林牧渔业贷款情况统计表

（外币）

（2008年3月）

单位：亿美元

项　目	月末余额	短期	中长期
农林牧渔业贷款	**0.59**	**0.46**	**0.14**
农业贷款	0.25	0.20	0.05
林业贷款	0.02	0.02	0.00
畜牧业贷款	0.01	0.01	
渔业贷款	0.11	0.11	0.00
农林牧渔服务业贷款	0.20	0.12	0.08

中国农业银行境内合计城市企业及各类组织涉农贷款情况统计表

（人民币）

（2008 年 3 月）

单位：亿元

项　目	月末余额	短期	中长期
城市企业及各类组织涉农贷款	**2181.07**	**850.53**	**1330.54**
按照承贷主体和用途分类			
1. 城市企业涉农贷款	2126.22	830.38	1295.84
农林牧渔业贷款	296.41	191.93	104.49
支农贷款	1829.81	638.45	1191.36
①农田基本建设贷款	9.21	6.21	3.01
②农产品加工贷款	348.35	283.77	64.58
③农业生产资料制造贷款	95.59	66.58	29.01
④农用物资和农副产品流通贷款	269.80	235.73	34.07
其中：农产品出口贷款	7.59	7.08	0.51
⑤农业科技贷款	9.50	3.64	5.86
⑥农村基础设施建设贷款	1097.35	42.53	1054.82
2. 城市各类组织涉农贷款	54.85	20.15	34.70
农林牧渔业贷款	15.18	2.60	12.58
支农贷款	39.67	17.55	22.12
①农田基本建设贷款	2.85	1.03	1.81
②农产品加工贷款	4.02	2.66	1.35
③农业生产资料制造贷款	3.00	2.62	0.38
④农用物资和农副产品流通贷款	8.91	8.19	0.72
其中：农产品出口贷款	0.01	0.01	
⑤农业科技贷款	1.36	0.17	1.18
⑥农村基础设施建设贷款	19.54	2.87	16.67
附：			
城市企业及各类组织农业综合开发贷款	54.02	22.07	31.94

中国农业银行境内合计城市企业及各类组织涉农贷款情况统计表

（外币）

（2008 年 3 月）

单位：亿美元

项目	月末余额	短期	中长期
城市企业及各类组织涉农贷款	**1.47**	**1.08**	**0.39**
按照承贷主体和用途分类			
1. 城市企业涉农贷款	1.43	1.07	0.36
农林牧渔业贷款	0.25	0.24	0.01
支农贷款	1.18	0.84	0.35
①农田基本建设贷款			
②农产品加工贷款	0.96	0.63	0.33
③农业生产资料制造贷款	0.03	0.03	0.00
④农用物资和农副产品流通贷款	0.19	0.18	0.01
其中：农产品出口贷款	0.02	0.02	
⑤农业科技贷款			
⑥农村基础设施建设贷款	0.00	0.00	
2. 城市各类组织涉农贷款	0.04	0.01	0.03
农林牧渔业贷款	0.03		0.03
支农贷款	0.01	0.01	
①农田基本建设贷款			
②农产品加工贷款			
③农业生产资料制造贷款			
④农用物资和农副产品流通贷款	0.01	0.01	
其中：农产品出口贷款			
⑤农业科技贷款			
⑥农村基础设施建设贷款			
附：			
城市企业及各类组织农业综合开发贷款			

中国农业银行境内合计农村企业及各类组织贷款情况统计表

（人民币）

（2008 年 3 月）

单位：亿元

项　目	月末余额	短期	中长期
农村企业及各类组织贷款	**9383.62**	**6242.08**	**3141.54**
按照承贷主体和用途分类			
1. 农村企业贷款	9046.51	6087.41	2959.11
其中：农林牧渔业贷款	747.98	498.79	249.19
支农贷款	2907.34	1893.05	1014.29
①农田基本建设贷款	56.42	32.33	24.09
②农产品加工贷款	1180.93	988.67	192.25
③农业生产资料制造贷款	249.66	172.19	77.48
④农用物资和农副产品流通贷款	614.60	527.31	87.28
其中：农产品出口贷款	33.67	29.28	4.39
⑤农业科技贷款	10.78	5.86	4.92
⑥农村基础设施建设贷款	794.95	166.68	628.26
2. 农村各类组织贷款	337.11	154.67	182.44
其中：农林牧渔业贷款	49.53	23.49	26.05
支农贷款	162.70	76.11	86.58
①农田基本建设贷款	9.93	4.90	5.03
②农产品加工贷款	18.15	12.13	6.02
③农业生产资料制造贷款	13.49	8.69	4.80
④农用物资和农副产品流通贷款	33.89	29.87	4.02
其中：农产品出口贷款	0.04	0.04	0.00
⑤农业科技贷款	1.93	0.48	1.45
⑥农村基础设施建设贷款	85.31	20.04	65.27
附：			
农村中小企业贷款	6584.64	4556.78	2027.86
农村企业及各类组织农业综合开发贷款	270.81	132.07	138.74
扶贫贴息贷款	230.99	79.44	151.55
单位扶贫贴息贷款	168.88	58.65	110.23
个人扶贫贴息贷款	62.10	20.79	41.31

中国农业银行境内合计农村企业及各类组织贷款情况统计表

（外币）

（2008年3月）

单位：亿美元

项　目	月末余额	短期	中长期
农村企业及各类组织贷款	**19.76**	**16.93**	**2.83**
按照承贷主体和用途分类			
1. 农村企业贷款	19.69	16.93	2.76
其中：农林牧渔业贷款	0.17	0.08	0.09
支农贷款	4.01	3.19	0.82
①农田基本建设贷款			
②农产品加工贷款	3.23	2.46	0.77
③农业生产资料制造贷款	0.20	0.18	0.02
④农用物资和农副产品流通贷款	0.56	0.54	0.02
其中：农产品出口贷款	0.45	0.44	0.01
⑤农业科技贷款			
⑥农村基础设施建设贷款	0.03	0.02	0.01
2. 农村各类组织贷款	0.07		0.07
其中：农林牧渔业贷款			
支农贷款			
①农田基本建设贷款			
②农产品加工贷款			
③农业生产资料制造贷款			
④农用物资和农副产品流通贷款			
其中：农产品出口贷款			
⑤农业科技贷款			
⑥农村基础设施建设贷款			
附：			
农村中小企业贷款	12.98	11.26	1.72
农村企业及各类组织农业综合开发贷款	0.00		0.00
扶贫贴息贷款	0.06		0.06
单位扶贫贴息贷款	0.06		0.06
个人扶贫贴息贷款			

中国农业银行境内合计农户贷款情况统计表

（人民币）

（2008 年 3 月）

单位：亿元

项　　目	月末余额		
		短期	中长期
农户贷款	**1341.94**	**551.50**	**790.44**
按照用途分类			
1. 农户生产经营贷款	697.20	468.43	228.77
农户农林牧渔业生产贷款	283.18	160.58	122.60
农户其他生产经营贷款	414.02	307.85	106.17
2. 农户消费贷款	644.73	83.07	561.67
其中：助学贷款	5.65	0.20	5.44
按照信用形式分类			
1. 信用贷款	254.69	155.04	99.64
其中：农户小额信用贷款	104.98	55.38	49.60
2. 保证贷款	297.34	145.44	151.90
其中：农户联保贷款	70.40	51.38	19.02
3. 抵押贷款	762.20	228.19	534.02
4. 质押贷款	27.71	22.82	4.88

中国农业银行境内合计农林牧渔业贷款情况统计表

（人民币）

（2008 年 6 月）

单位：亿元

项目	月末余额		
		短期	中长期
农林牧渔业贷款	**1616.30**	**954.51**	**661.79**
农业贷款	925.13	602.43	322.70
林业贷款	129.79	50.47	79.32
畜牧业贷款	168.80	89.82	78.98
渔业贷款	80.79	53.59	27.21
农林牧渔服务业贷款	311.79	158.21	153.58

中国农业银行境内合计农林牧渔业贷款情况统计表

（外币）

（2008 年 6 月）

单位：亿美元

项目	月末余额		
		短期	中长期
农林牧渔业贷款	**0.56**	**0.46**	**0.10**
农业贷款	0.33	0.27	0.06
林业贷款	0.00	0.00	
畜牧业贷款	0.06	0.06	
渔业贷款	0.05	0.04	0.00
农林牧渔服务业贷款	0.12	0.09	0.03

中国农业银行境内合计城市企业及各类组织涉农贷款情况统计表

（人民币）

（2008 年 6 月）

单位：亿元

项　　目	月末余额		
		短期	中长期
城市企业及各类组织涉农贷款	**2520.18**	**941.55**	**1578.63**
按照承贷主体和用途分类			
1. 城市企业涉农贷款	2436.86	920.71	1516.15
农林牧渔业贷款	304.81	195.80	109.01
支农贷款	2132.04	724.91	1407.13
①农田基本建设贷款	9.34	4.67	4.68
②农产品加工贷款	407.03	325.79	81.24
③农业生产资料制造贷款	81.02	57.27	23.75
④农用物资和农副产品流通贷款	270.16	237.53	32.63
其中：农产品出口贷款	7.22	6.34	0.88
⑤农业科技贷款	5.25	3.20	2.05
⑥农村基础设施建设贷款	1359.24	96.45	1262.80
2. 城市各类组织涉农贷款	83.32	20.84	62.48
农林牧渔业贷款	16.76	2.94	13.83
支农贷款	66.56	17.91	48.65
①农田基本建设贷款	5.00	0.98	4.02
②农产品加工贷款	3.76	2.71	1.05
③农业生产资料制造贷款	5.79	3.40	2.39
④农用物资和农副产品流通贷款	5.80	5.41	0.39
其中：农产品出口贷款	0.01	0.01	
⑤农业科技贷款	0.80	0.16	0.64
⑥农村基础设施建设贷款	45.41	5.24	40.16
附：			
城市企业及各类组织农业综合开发贷款	57.68	23.16	34.52

中国农业银行境内合计城市企业及各类组织涉农贷款情况统计表

（外币）

（2008年6月）

单位：亿美元

项目	月末余额	短期	中长期
城市企业及各类组织涉农贷款	**1.86**	**1.42**	**0.44**
按照承贷主体和用途分类			
1. 城市企业涉农贷款	1.82	1.41	0.42
农林牧渔业贷款	0.20	0.19	0.01
支农贷款	1.62	1.21	0.41
①农田基本建设贷款			
②农产品加工贷款	1.31	0.94	0.36
③农业生产资料制造贷款	0.07	0.05	0.03
④农用物资和农副产品流通贷款	0.24	0.22	0.02
其中：农产品出口贷款	0.04	0.04	
⑤农业科技贷款			
⑥农村基础设施建设贷款	0.00	0.00	
2. 城市各类组织涉农贷款	0.04	0.01	0.03
农林牧渔业贷款	0.03		0.03
支农贷款	0.01	0.01	
①农田基本建设贷款			
②农产品加工贷款			
③农业生产资料制造贷款			
④农用物资和农副产品流通贷款	0.01	0.01	
其中：农产品出口贷款			
⑤农业科技贷款			
⑥农村基础设施建设贷款			
附：			
城市企业及各类组织农业综合开发贷款			

中国农业银行境内合计农村企业及各类组织贷款情况统计表

（人民币）

（2008 年 6 月）

单位：亿元

项　　目	月末余额		
		短期	中长期
农村企业及各类组织贷款	**9553.82**	**6316.56**	**3237.26**
按照承贷主体和用途分类			
1. 农村企业贷款	9257.49	6196.49	3060.99
其中：农林牧渔业贷款	740.31	482.89	257.43
支农贷款	2879.07	1857.04	1022.03
①农田基本建设贷款	45.24	27.70	17.54
②农产品加工贷款	1144.43	951.40	193.03
③农业生产资料制造贷款	248.14	158.15	90.00
④农用物资和农副产品流通贷款	632.55	544.06	88.49
其中：农产品出口贷款	26.28	21.77	4.51
⑤农业科技贷款	32.29	6.71	25.58
⑥农村基础设施建设贷款	776.41	169.02	607.39
2. 农村各类组织贷款	296.33	120.06	176.27
其中：农林牧渔业贷款	47.21	20.25	26.97
支农贷款	128.11	45.54	82.57
①农田基本建设贷款	12.81	4.85	7.97
②农产品加工贷款	11.03	8.74	2.29
③农业生产资料制造贷款	8.79	6.62	2.17
④农用物资和农副产品流通贷款	20.32	7.70	12.61
其中：农产品出口贷款	0.00	0.00	0.00
⑤农业科技贷款	1.92	0.48	1.44
⑥农村基础设施建设贷款	73.24	17.15	56.08
附：			
农村中小企业贷款	6745.65	4672.19	2073.46
农村企业及各类组织农业综合开发贷款	268.14	126.78	141.36
扶贫贴息贷款	223.13	76.15	146.98
单位扶贫贴息贷款	161.92	55.93	105.99
个人扶贫贴息贷款	61.21	20.22	41.00

中国农业银行境内合计农村企业及各类组织贷款情况统计表

（外币）

（2008 年 6 月）

单位：亿美元

项　　目	月末余额	短期	中长期
农村企业及各类组织贷款	**21.07**	**18.16**	**2.91**
按照承贷主体和用途分类			
1. 农村企业贷款	20.87	18.07	2.80
其中：农林牧渔业贷款	0.09	0.04	0.05
支农贷款	4.19	3.38	0.81
①农田基本建设贷款	0.05	0.05	
②农产品加工贷款	3.32	2.56	0.76
③农业生产资料制造贷款	0.20	0.18	0.02
④农用物资和农副产品流通贷款	0.55	0.53	0.02
其中：农产品出口贷款	0.36	0.35	0.01
⑤农业科技贷款			
⑥农村基础设施建设贷款	0.07	0.06	0.01
2. 农村各类组织贷款	0.20	0.09	0.11
其中：农林牧渔业贷款			
支农贷款			
①农田基本建设贷款			
②农产品加工贷款			
③农业生产资料制造贷款			
④农用物资和农副产品流通贷款			
其中：农产品出口贷款			
⑤农业科技贷款			
⑥农村基础设施建设贷款			
附：			
农村中小企业贷款	13.64	11.83	1.81
农村企业及各类组织农业综合开发贷款	0.01	0.01	
扶贫贴息贷款			
单位扶贫贴息贷款			
个人扶贫贴息贷款			

中国农业银行境内合计农户贷款情况统计表

（人民币）

（2008 年 6 月）

单位：亿元

项　目	月末余额	短期	中长期
农户贷款	**1416.07**	**544.40**	**871.67**
按照用途分类			
1. 农户生产经营贷款	699.03	463.80	235.23
农户农林牧渔业生产贷款	286.86	159.49	127.37
农户其他生产经营贷款	412.16	304.31	107.85
2. 农户消费贷款	717.05	80.60	636.45
其中：助学贷款	5.55	0.14	5.41
按照信用形式分类			
1. 信用贷款	257.75	155.80	101.95
其中：农户小额信用贷款	108.88	57.08	51.80
2. 保证贷款	312.73	149.29	163.44
其中：农户联保贷款	76.57	56.12	20.45
3. 抵押贷款	821.82	221.24	600.58
4. 质押贷款	23.77	18.08	5.70

中国农业银行境内合计农林牧渔业贷款情况统计表

（人民币）

（2008年9月）

单位：亿元

项目	月末余额	短期	中长期
农林牧渔业贷款	**1508.04**	**881.62**	**626.42**
农业贷款	861.46	556.86	304.59
林业贷款	132.80	50.52	82.28
畜牧业贷款	170.80	89.73	81.07
渔业贷款	87.24	56.63	30.61
农林牧渔服务业贷款	255.74	127.88	127.86

中国农业银行境内合计农林牧渔业贷款情况统计表

（外币）

（2008年9月）

单位：亿美元

项目	月末余额	短期	中长期
农林牧渔业贷款	**0.45**	**0.37**	**0.08**
农业贷款	0.23	0.19	0.04
林业贷款	0.00	0.00	
畜牧业贷款	0.03	0.03	
渔业贷款	0.09	0.09	0.00
农林牧渔服务业贷款	0.10	0.06	0.03

中国农业银行境内合计城市企业及各类组织涉农贷款情况统计表

（人民币）

（2008 年 9 月）

单位：亿元

项　目	月末余额	短期	中长期
城市企业及各类组织涉农贷款	**2516.97**	**925.73**	**1591.24**
按照承贷主体和用途分类			
1. 城市企业涉农贷款	2457.07	910.89	1546.19
农林牧渔业贷款	315.21	196.46	118.75
支农贷款	2141.86	714.42	1427.44
①农田基本建设贷款	11.44	3.62	7.82
②农产品加工贷款	367.56	300.34	67.22
③农业生产资料制造贷款	79.17	61.91	17.25
④农用物资和农副产品流通贷款	269.67	233.29	36.39
其中：农产品出口贷款	5.93	4.53	1.39
⑤农业科技贷款	8.62	5.84	2.78
⑥农村基础设施建设贷款	1405.40	109.42	1295.98
2. 城市各类组织涉农贷款	59.90	14.84	45.06
农林牧渔业贷款	13.68	2.03	11.65
支农贷款	46.22	12.82	33.41
①农田基本建设贷款	3.58	1.01	2.57
②农产品加工贷款	2.59	0.83	1.76
③农业生产资料制造贷款	2.57	1.52	1.05
④农用物资和农副产品流通贷款	4.68	4.33	0.36
其中：农产品出口贷款	0.00	0.00	
⑤农业科技贷款	1.57	0.34	1.23
⑥农村基础设施建设贷款	31.22	4.78	26.44
附：			
城市企业及各类组织农业综合开发贷款	52.94	21.08	31.86

中国农业银行境内合计城市企业及各类组织涉农贷款情况统计表

（外币）

（2008 年 9 月）

单位：亿美元

项目	月末余额	短期	中长期
城市企业及各类组织涉农贷款	**2.03**	**1.64**	**0.39**
按照承贷主体和用途分类			
1. 城市企业涉农贷款	2.02	1.63	0.39
农林牧渔业贷款	0.16	0.14	0.02
支农贷款	1.86	1.49	0.37
①农田基本建设贷款			
②农产品加工贷款	1.70	1.34	0.36
③农业生产资料制造贷款	0.03	0.03	0.00
④农用物资和农副产品流通贷款	0.12	0.12	0.01
其中：农产品出口贷款	0.04	0.04	
⑤农业科技贷款			
⑥农村基础设施建设贷款	0.00	0.00	
2. 城市各类组织涉农贷款	0.01	0.01	
农林牧渔业贷款			
支农贷款	0.01	0.01	
①农田基本建设贷款			
②农产品加工贷款			
③农业生产资料制造贷款			
④农用物资和农副产品流通贷款	0.01	0.01	
其中：农产品出口贷款	0.01	0.01	
⑤农业科技贷款			
⑥农村基础设施建设贷款			
附：			
城市企业及各类组织农业综合开发贷款			

中国农业银行境内合计农村企业及各类组织贷款情况统计表

（人民币）

（2008 年 9 月）

单位：亿元

项　　目	月末余额	短期	中长期
农村企业及各类组织贷款	**9823.77**	**6450.03**	**3373.73**
按照承贷主体和用途分类			
1. 农村企业贷款	9554.48	6336.70	3217.77
其中：农林牧渔业贷款	699.84	450.83	249.01
支农贷款	2857.41	1806.90	1050.51
①农田基本建设贷款	44.87	28.71	16.17
②农产品加工贷款	1132.77	937.35	195.42
③农业生产资料制造贷款	255.62	160.06	95.55
④农用物资和农副产品流通贷款	606.13	537.25	68.88
其中：农产品出口贷款	25.69	22.23	3.46
⑤农业科技贷款	10.82	6.07	4.75
⑥农村基础设施建设贷款	807.20	137.45	669.75
2. 农村各类组织贷款	269.29	113.33	155.96
其中：农林牧渔业贷款	47.75	20.56	27.20
支农贷款	84.94	29.65	55.28
①农田基本建设贷款	6.01	2.63	3.38
②农产品加工贷款	4.20	3.31	0.89
③农业生产资料制造贷款	1.93	0.38	1.55
④农用物资和农副产品流通贷款	8.45	6.22	2.23
其中：农产品出口贷款	0.02	0.00	0.01
⑤农业科技贷款	0.85	0.35	0.50
⑥农村基础设施建设贷款	63.50	16.76	46.74
附：			
农村中小企业贷款	6944.08	4789.85	2154.23
农村企业及各类组织农业综合开发贷款	256.50	121.16	135.34
扶贫贴息贷款	200.52	56.28	144.23
单位扶贫贴息贷款	141.07	36.80	104.27
个人扶贫贴息贷款	59.45	19.48	39.96

中国农业银行境内合计农村企业及各类组织贷款情况统计表

（外币）

（2008 年 9 月）

单位：亿美元

项　目	月末余额		
		短期	中长期
农村企业及各类组织贷款	**18.87**	**15.61**	**3.26**
按照承贷主体和用途分类			
1. 农村企业贷款	18.86	15.61	3.25
其中：农林牧渔业贷款	0.09	0.04	0.05
支农贷款	3.16	2.34	0.82
①农田基本建设贷款	0.05	0.05	
②农产品加工贷款	2.49	1.71	0.78
③农业生产资料制造贷款	0.20	0.18	0.02
④农用物资和农副产品流通贷款	0.35	0.34	0.01
其中：农产品出口贷款	0.21	0.21	0.00
⑤农业科技贷款			
⑥农村基础设施建设贷款	0.07	0.06	0.01
2. 农村各类组织贷款	0.01	0.00	0.01
其中：农林牧渔业贷款			
支农贷款	0.00	0.00	
①农田基本建设贷款			
②农产品加工贷款	0.00	0.00	
③农业生产资料制造贷款			
④农用物资和农副产品流通贷款			
其中：农产品出口贷款			
⑤农业科技贷款			
⑥农村基础设施建设贷款			
附：			
农村中小企业贷款	12.01	9.84	2.16
农村企业及各类组织农业综合开发贷款	0.01	0.01	
扶贫贴息贷款			
单位扶贫贴息贷款			
个人扶贫贴息贷款			

中国农业银行境内合计农户贷款情况统计表

（人民币）

（2008 年 9 月）

单位：亿元

项　　目	月末余额	短期	中长期
农户贷款	**1414. 30**	**529. 62**	**884. 68**
按照用途分类			
1. 农户生产经营贷款	675. 47	446. 58	228. 88
农户农林牧渔业生产贷款	279. 77	152. 04	127. 74
农户其他生产经营贷款	395. 69	294. 55	101. 14
2. 农户消费贷款	738. 83	83. 04	655. 80
其中：助学贷款	5. 12	0. 10	5. 02
按照信用形式分类			
1. 信用贷款	254. 58	152. 89	101. 69
其中：农户小额信用贷款	108. 62	56. 53	52. 09
2. 保证贷款	305. 02	143. 05	161. 97
其中：农户联保贷款	73. 03	53. 36	19. 67
3. 抵押贷款	828. 42	214. 05	614. 38
4. 质押贷款	26. 27	19. 63	6. 64

中国农业银行境内合计农林牧渔业贷款情况统计表

（人民币）

（2008年12月）

单位：亿元

项　　目	月末余额	短期	中长期
农林牧渔业贷款	**495.96**	**298.15**	**197.80**
农业贷款	259.09	190.53	68.56
林业贷款	46.41	22.94	23.47
畜牧业贷款	37.26	30.12	7.14
渔业贷款	20.58	14.86	5.72
农林牧渔服务业贷款	132.62	39.71	92.91

中国农业银行境内合计农林牧渔业贷款情况统计表

（外币）

（2008年12月）

单位：亿美元

项　　目	月末余额	短期	中长期
农林牧渔业贷款	**0.05**	**0.04**	**0.01**
农业贷款	0.02	0.01	0.01
林业贷款			
畜牧业贷款			
渔业贷款	0.01	0.01	
农林牧渔服务业贷款	0.02	0.02	

中国农业银行境内合计城市企业及各类组织涉农贷款情况统计表

（人民币）

（2008 年 12 月）

单位：亿元

项　　目	月末余额	短期	中长期
城市企业及各类组织涉农贷款	**1986.71**	**514.38**	**1472.33**
按照承贷主体和用途分类			
1. 城市企业涉农贷款	1964.77	510.25	1454.53
农林牧渔业贷款	123.30	78.63	44.68
支农贷款	1841.47	431.62	1409.85
①农田基本建设贷款	2.31	0.64	1.67
②农产品加工贷款	225.75	197.27	28.47
③农业生产资料制造贷款	60.09	52.96	7.13
④农用物资和农副产品流通贷款	60.50	57.10	3.40
其中：农产品出口贷款	6.99	6.54	0.45
⑤农业科技贷款	0.84	0.84	0.00
⑥农村基础设施建设贷款	1491.99	122.81	1369.17
2. 城市各类组织涉农贷款	21.94	4.13	17.80
农林牧渔业贷款	0.47	0.20	0.27
支农贷款	21.47	3.93	17.54
①农田基本建设贷款	1.12	0.20	0.92
②农产品加工贷款	1.69	0.66	1.03
③农业生产资料制造贷款	0.23	0.23	
④农用物资和农副产品流通贷款	1.42	1.29	0.13
其中：农产品出口贷款			
⑤农业科技贷款	1.09		1.09
⑥农村基础设施建设贷款	15.93	1.55	14.37
附：			
城市企业及各类组织农业综合开发贷款	3.97	1.39	2.59

中国农业银行境内合计城市企业及各类组织涉农贷款情况统计表

（外币）

（2008 年 12 月）

单位：亿美元

项　　目	月末余额		
		短期	中长期
城市企业及各类组织涉农贷款	**0.47**	**0.20**	**0.27**
按照承贷主体和用途分类			
1. 城市企业涉农贷款	0.47	0.20	0.27
农林牧渔业贷款	0.03	0.02	0.01
支农贷款	0.44	0.18	0.27
①农田基本建设贷款			
②农产品加工贷款	0.40	0.14	0.27
③农业生产资料制造贷款			
④农用物资和农副产品流通贷款	0.04	0.04	
其中：农产品出口贷款	0.01	0.01	
⑤农业科技贷款			
⑥农村基础设施建设贷款			
2. 城市各类组织涉农贷款			
农林牧渔业贷款			
支农贷款			
①农田基本建设贷款			
②农产品加工贷款			
③农业生产资料制造贷款			
④农用物资和农副产品流通贷款			
其中：农产品出口贷款			
⑤农业科技贷款			
⑥农村基础设施建设贷款			
附：			
城市企业及各类组织农业综合开发贷款			

中国农业银行境内合计农村企业及各类组织贷款情况统计表

（人民币）

（2008 年 12 月）

单位：亿元

项　目	月末余额	短期	中长期
农村企业及各类组织贷款	**6217.99**	**3928.97**	**2289.03**
按照承贷主体和用途分类			
1. 农村企业贷款	6043.44	3875.52	2167.92
其中：农林牧渔业贷款	174.70	142.09	32.61
支农贷款	1457.32	742.44	714.88
①农田基本建设贷款	22.49	10.30	12.19
②农产品加工贷款	506.84	459.60	47.23
③农业生产资料制造贷款	172.05	94.85	77.20
④农用物资和农副产品流通贷款	90.34	83.85	6.49
其中：农产品出口贷款	9.45	9.43	0.02
⑤农业科技贷款	5.02	4.25	0.77
⑥农村基础设施建设贷款	660.58	89.59	570.99
2. 农村各类组织贷款	174.56	53.45	121.11
其中：农林牧渔业贷款	6.41	4.52	1.89
支农贷款	71.96	21.22	50.74
①农田基本建设贷款	0.36	0.06	0.30
②农产品加工贷款	1.53	1.53	
③农业生产资料制造贷款	1.42	1.34	0.08
④农用物资和农副产品流通贷款	1.41	1.17	0.24
其中：农产品出口贷款	0.01		0.01
⑤农业科技贷款	0.01		0.01
⑥农村基础设施建设贷款	67.22	17.12	50.10
附：			
农村中小企业贷款	4045.97	2725.63	1320.33
农村企业及各类组织农业综合开发贷款	68.86	49.04	19.82
扶贫贴息贷款	52.92	15.81	37.11
单位扶贫贴息贷款	41.78	12.24	29.54
个人扶贫贴息贷款	11.14	3.57	7.57

中国农业银行境内合计农村企业及各类组织贷款情况统计表

（外币）

（2008年12月）

单位：亿美元

项目	月末余额	短期	中长期
农村企业及各类组织贷款	**11.44**	**9.96**	**1.48**
按照承贷主体和用途分类			
1. 农村企业贷款	11.44	9.96	1.48
其中：农林牧渔业贷款			
支农贷款	2.25	1.81	0.44
①农田基本建设贷款			
②农产品加工贷款	1.99	1.56	0.43
③农业生产资料制造贷款	0.14	0.14	
④农用物资和农副产品流通贷款	0.12	0.12	
其中：农产品出口贷款	0.03	0.03	
⑤农业科技贷款			
⑥农村基础设施建设贷款	0.01		0.01
2. 农村各类组织贷款			
其中：农林牧渔业贷款			
支农贷款			
①农田基本建设贷款			
②农产品加工贷款			
③农业生产资料制造贷款			
④农用物资和农副产品流通贷款			
其中：农产品出口贷款			
⑤农业科技贷款			
⑥农村基础设施建设贷款			
附：			
农村中小企业贷款	7.16	6.09	1.06
农村企业及各类组织农业综合开发贷款			
扶贫贴息贷款			
单位扶贫贴息贷款			
个人扶贫贴息贷款			

中国农业银行境内合计农户贷款情况统计表

（人民币）

（2008 年 12 月）

单位：亿元

项　　目	月末余额		
		短期	中长期
农户贷款	**1008. 04**	**285. 39**	**722. 65**
按照用途分类			
1. 农户生产经营贷款	303. 95	212. 39	91. 57
农户农林牧渔业生产贷款	64. 29	40. 80	23. 49
农户其他生产经营贷款	239. 66	171. 59	68. 08
2. 农户消费贷款	704. 08	73. 00	631. 08
其中：助学贷款	4. 02	0. 02	4. 00
按照信用形式分类			
1. 信用贷款	38. 23	9. 59	28. 64
其中：农户小额信用贷款	25. 86	6. 18	19. 68
2. 保证贷款	182. 46	72. 03	110. 43
其中：农户联保贷款	44. 14	37. 85	6. 29
3. 抵押贷款	764. 11	186. 70	577. 41
4. 质押贷款	23. 24	17. 06	6. 17

（二）境内各分行涉农各项贷款

中国农业银行境内各分行人民币涉农各项贷款

（2008）

单位：百万元

地　区	2008年3月末余额	2008年6月末余额	2008年9月末余额	2008年12月末余额
总　行	1395.66	1394.60	1585.57	
北　京	5513.74	5249.08	4870.79	2691.54
天　津	12064.71	14779.79	10870.19	6290.32
河　北	72813.52	73962.99	74881.38	43255.41
山　西	20660.80	19600.90	22532.58	8386.15
内蒙古	28704.87	29370.45	28399.96	19546.10
辽　宁	29134.01	28102.86	27250.95	3767.36
吉　林	23286.17	23197.65	22933.45	6583.92
黑龙江	31945.79	32117.77	31824.46	529.53
上　海	1897.74	3036.76	3510.57	1946.50
江　苏	126617.91	134192.83	144528.15	127374.25
浙　江	117351.59	119554.55	125254.37	125800.15
安　徽	33589.70	35712.35	34385.54	8967.59
福　建	57511.82	58061.52	58446.65	54160.91
江　西	33212.73	33336.63	34502.14	17822.05
山　东	116582.35	116785.29	116771.23	92205.23
河　南	70900.92	70556.59	70063.26	15632.69
湖　北	34645.78	35606.02	36605.75	12260.35
湖　南	40823.48	39761.90	38041.05	15243.92
广　东	57380.07	76713.87	76212.67	62453.13
广　西	30359.72	30224.77	33399.67	22740.32
海　南	10172.56	11221.81	10220.43	3109.05
四　川	95256.50	96005.12	96633.23	70532.03
贵　州	31797.48	33436.20	33411.96	25164.16
云　南	61983.64	65049.17	69004.79	66602.88
西　藏	4715.09	4989.86	5051.02	4204.83
陕　西	19496.93	29674.58	29762.29	12407.02
甘　肃	16155.76	17023.51	21476.82	11867.53
青　海	5595.46	6909.94	9250.46	5636.68
宁　夏	8318.00	8080.47	9451.79	5725.10
新　疆	20796.50	20766.33	20660.62	9501.70
重　庆	18015.71	20005.28	20704.42	17729.27
大　连	9092.85	9145.40	8066.34	4969.55
青　岛	8374.91	8447.01	8125.36	5819.43
宁　波	20018.80	21647.80	22484.99	21429.87
厦　门	543.86	744.32	871.86	668.97
深　圳	196.82	342.82	337.60	339.55
新疆兵团	13739.02	14198.14	13119.24	7908.85
境内合计	**1290662.96**	**1349006.95**	**1375503.57**	**921273.91**

中国农业银行境内各分行人民币城市企业及各类组织涉农贷款

（2008）

单位：百万元

地区	2008年3月末余额	2008年6月末余额	2008年9月末余额	2008年12月末余额
总行	309.98	309.98	333.91	
北京	3834.25	3648.81	3492.96	2245.94
天津	1598.17	7182.88	3260.96	2181.22
河北	10768.00	10504.54	12187.45	10175.05
山西	1960.43	1512.88	1571.47	30.56
内蒙古	6034.31	6160.04	5326.15	4618.79
辽宁	3890.63	3814.68	3644.72	267.20
吉林	5138.36	5150.85	5202.75	1457.95
黑龙江	7985.03	7758.35	7612.97	284.45
上海	605.82	1088.11	1417.70	685.22
江苏	4262.81	4733.19	5070.84	1932.78
浙江	9841.28	10287.66	10324.20	10063.41
安徽	3255.24	3458.98	3178.50	620.29
福建	10340.46	10295.59	10108.66	9520.83
江西	6466.10	6408.61	6300.84	4248.16
山东	16589.58	16520.04	15561.16	12929.90
河南	6907.70	7267.91	6945.73	567.86
湖北	3867.91	4510.66	4391.29	1365.97
湖南	15341.68	15200.13	14506.12	9066.52
广东	13440.75	33321.59	32367.10	34502.69
广西	11190.27	10461.38	12540.13	10968.91
海南	5048.07	6118.31	5131.36	2867.58
四川	16619.66	17242.44	16793.50	13396.34
贵州	14954.03	17131.27	16879.57	16877.61
云南	7257.20	7249.10	10394.11	18632.09
西藏	722.40	743.02	721.10	262.45
陕西	2886.85	5948.76	6094.05	4051.00
甘肃	3642.49	3624.30	7579.29	5318.56
青海	648.55	1395.24	1583.21	1636.15
宁夏	3639.27	3459.82	3386.21	2235.92
新疆	5543.38	5469.07	5812.45	4844.27
重庆	7280.08	7715.65	7878.67	7260.17
大连	2888.37	2876.72	1893.99	1897.19
青岛	875.62	594.24	555.03	501.55
宁波	226.51	267.21	301.58	171.55
厦门	525.84	726.94	686.62	520.90
深圳	196.82	342.82	337.60	339.55
新疆兵团	1523.37	1516.08	323.36	124.40
境内合计	**218107.24**	**252017.85**	**251697.30**	**198670.96**

中国农业银行境内各分行人民币城市企业及各类组织涉农短期各项贷款

(2008)

单位：百万元

地　区	2008年3月末余额	2008年6月末余额	2008年9月末余额	2008年12月末余额
总　行	201.02	201.02	219.28	
北　京	2810.65	2630.23	2432.15	1477.84
天　津	577.62	3311.72	1014.55	272.03
河　北	2473.42	2249.45	4208.36	2440.24
山　西	1413.37	1129.80	1172.88	15.32
内蒙古	3064.88	3201.30	2763.37	2133.51
辽　宁	3035.33	2946.80	2770.34	229.20
吉　林	3034.76	3023.90	3144.72	300.26
黑龙江	3241.84	2972.40	2685.11	280.45
上　海	594.82	961.00	925.02	315.22
江　苏	3405.78	3686.10	3964.46	1477.78
浙　江	2872.55	3095.63	3543.37	2861.85
安　徽	2711.72	2821.03	2581.76	466.88
福　建	2466.07	2391.94	2262.81	1788.96
江　西	2270.25	2207.37	2299.70	876.23
山　东	7084.24	6801.57	6479.19	4501.00
河　南	5165.36	4474.86	4233.11	491.86
湖　北	2961.21	3412.90	3392.75	889.80
湖　南	4670.09	4559.55	4243.56	1252.24
广　东	5981.30	12548.09	11063.61	7843.18
广　西	2338.26	1817.53	3164.09	2551.38
海　南	965.93	1097.50	589.10	700.00
四　川	5081.20	5480.95	5214.54	2958.65
贵　州	1418.92	1626.50	1851.86	1335.98
云　南	3556.63	3323.32	4216.90	5729.80
西　藏	532.18	530.16	550.42	226.65
陕　西	1801.70	1999.85	1840.53	545.10
甘　肃	1397.21	1236.85	1807.74	1179.94
青　海	347.96	402.95	544.08	494.40
宁　夏	762.77	713.54	662.19	303.94
新　疆	565.84	588.89	953.00	279.50
重　庆	1662.11	2039.52	2075.66	1763.36
大　连	2609.49	2611.49	1653.81	1862.59
青　岛	838.65	577.05	537.84	501.55
宁　波	213.04	219.84	239.21	156.55
厦　门	520.46	721.56	635.25	472.50
深　圳	196.82	340.52	336.05	338.00
新疆兵团	207.78	200.49	300.71	124.40
境内合计	**85053.24**	**94155.18**	**92573.09**	**51438.14**

中国农业银行境内各分行人民币城市企业及各类组织涉农中长期各项贷款

（2008）

单位：百万元

地　区	2008年3月末余额	2008年6月末余额	2008年9月末余额	2008年12月末余额
总　行	108.96	108.96	114.63	
北　京	1023.60	1018.58	1060.81	768.10
天　津	1020.55	3871.16	2246.41	1909.19
河　北	8294.58	8255.10	7979.08	7734.81
山　西	547.06	383.09	398.59	15.23
内蒙古	2969.43	2958.75	2562.78	2485.28
辽　宁	855.31	867.88	874.37	38.00
吉　林	2103.60	2126.95	2058.03	1157.69
黑龙江	4743.20	4785.95	4927.86	4.00
上　海	11.00	127.10	492.68	370.00
江　苏	857.03	1047.09	1106.38	455.00
浙　江	6968.73	7192.04	6780.83	7201.56
安　徽	543.52	637.95	596.74	153.41
福　建	7874.38	7903.65	7845.84	7731.87
江　西	4195.85	4201.24	4001.14	3371.93
山　东	9505.34	9718.46	9081.97	8428.90
河　南	1742.35	2793.05	2712.62	76.00
湖　北	906.71	1097.76	998.54	476.17
湖　南	10671.59	10640.57	10262.56	7814.28
广　东	7459.45	20773.50	21303.50	26659.51
广　西	8852.01	8643.84	9376.04	8417.53
海　南	4082.13	5020.81	4542.26	2167.58
四　川	11538.46	11761.48	11578.96	10437.69
贵　州	13535.11	15504.77	15027.71	15541.63
云　南	3700.57	3925.78	6177.21	12902.29
西　藏	190.22	212.86	170.68	35.80
陕　西	1085.14	3948.92	4253.52	3505.90
甘　肃	2245.28	2387.45	5771.55	4138.62
青　海	300.59	992.29	1039.13	1141.75
宁　夏	2876.50	2746.29	2724.02	1931.98
新　疆	4977.53	4880.18	4859.45	4564.77
重　庆	5617.97	5676.13	5803.01	5496.81
大　连	278.88	265.23	240.17	34.60
青　岛	36.96	17.19	17.19	
宁　波	13.47	47.37	62.37	15.00
厦　门	5.38	5.38	51.38	48.40
深　圳		2.30	1.55	1.55
新疆兵团	1315.59	1315.59	22.65	
境内合计	**133054.00**	**157862.68**	**159124.21**	**147232.82**

中国农业银行境内各分行人民币农村企业及各类组织各项贷款

（2008）

单位：百万元

地　区	2008年3月末余额	2008年6月末余额	2008年9月末余额	2008年12月末余额
总　行	1031.43	1030.50	1197.53	
北　京	1492.61	1519.02	1348.98	417.48
天　津	8851.08	6850.50	6635.07	3174.79
河　北	56504.66	57474.79	56901.29	29656.27
山　西	16367.51	15805.77	18639.43	7977.17
内蒙古	20909.32	21410.36	21420.51	14752.89
辽　宁	21689.62	20920.52	20337.99	3118.41
吉　林	15574.74	15584.24	15204.48	3534.05
黑龙江	20508.14	20521.87	20442.27	68.04
上　海	1224.39	1882.57	2028.93	1202.57
江　苏	114874.38	116346.23	125656.73	112209.58
浙　江	82021.80	85779.23	91915.47	92554.82
安　徽	26869.59	28462.30	27406.58	6153.19
福　建	39733.00	40127.56	40624.17	36795.03
江　西	24562.47	24734.34	25859.53	11761.16
山　东	95159.98	95174.25	95837.71	74057.07
河　南	57617.32	56741.74	56336.37	14098.71
湖　北	28798.13	28921.12	30652.20	10136.05
湖　南	23652.87	22751.03	21860.35	5627.30
广　东	25461.45	24517.12	25181.94	11173.50
广　西	17330.98	17984.53	18890.12	10549.87
海　南	4551.30	4536.76	4524.20	235.28
四　川	75479.36	75653.01	76851.72	55664.23
贵　州	15594.95	15005.24	15161.83	7956.08
云　南	50018.54	52310.82	52739.97	42406.56
西　藏	413.73	348.80	385.77	114.91
陕　西	13020.40	19017.77	19198.08	7144.09
甘　肃	7390.36	7970.38	9253.63	4232.98
青　海	3660.85	4228.41	6386.69	3956.40
宁　夏	3843.12	3815.52	5254.87	3241.38
新　疆	12841.92	12762.34	12387.76	4484.52
重　庆	10195.78	11636.36	12031.08	9848.65
大　连	5919.25	6009.52	5874.15	2830.18
青　岛	6868.25	7217.38	6931.39	4712.01
宁　波	17817.21	19327.02	19650.93	18571.85
厦　门	0.41	0.41	168.41	148.00
深　圳				
新疆兵团	10511.15	11002.72	11198.41	7234.36
境内合计	**938362.05**	**955382.04**	**982376.56**	**621799.42**

中国农业银行境内各分行人民币农村企业及各类组织短期各项贷款

（2008）

单位：百万元

地　区	2008年3月末余额	2008年6月末余额	2008年9月末余额	2008年12月末余额
总　行	519.90	519.62	629.86	
北　京	1233.50	1265.43	1097.49	303.33
天　津	5487.96	5083.77	4796.41	1852.95
河　北	40383.27	41634.53	40578.91	19772.45
山　西	10887.00	10243.74	12023.22	3765.42
内蒙古	11246.05	10421.44	10180.74	5617.70
辽　宁	16302.29	15624.62	15073.57	2185.62
吉　林	11572.15	11600.12	11119.12	2613.38
黑龙江	15962.90	16012.57	15910.40	67.04
上　海	1192.49	1299.27	1454.92	774.87
江　苏	88403.14	87470.33	94818.03	84920.66
浙　江	63728.34	67360.59	72260.44	73717.81
安　徽	20755.46	22054.27	21164.61	5052.25
福　建	28589.20	28892.76	29104.69	25961.60
江　西	16086.54	16160.31	16576.77	7056.37
山　东	77630.69	76686.48	77365.25	58763.03
河　南	40292.58	40540.98	40392.57	5840.22
湖　北	17488.41	17962.80	18812.70	3969.92
湖　南	14109.46	13262.05	12468.25	2169.41
广　东	14974.66	14369.01	14534.26	4386.29
广　西	8305.52	8107.28	8179.54	4478.84
海　南	1807.55	1806.29	1839.80	34.53
四　川	35619.75	34703.38	33952.43	18317.41
贵　州	3430.02	3448.15	3109.22	1074.44
云　南	20365.15	21729.72	22465.56	19119.85
西　藏	230.07	201.54	233.78	58.83
陕　西	7950.16	11124.24	10820.45	3841.83
甘　肃	3869.12	4209.93	4687.96	2009.70
青　海	1100.64	1112.69	2188.04	1796.60
宁　夏	1612.70	1660.67	1980.82	1182.53
新　疆	7454.43	6858.09	6608.28	2504.21
重　庆	2833.63	3345.07	3360.78	2069.72
大　连	4197.97	4330.88	4219.77	2146.08
青　岛	5581.88	5741.52	5320.66	3372.45
宁　波	14757.58	16273.19	16711.93	15598.07
厦　门			168.00	148.00
深　圳				
新疆兵团	8245.76	8538.35	8794.13	6353.29
境内合计	**624207.91**	**631655.67**	**645003.36**	**392896.70**

中国农业银行境内各分行人民币农村企业及各类组织中长期各项贷款

（2008）

单位：百万元

地　区	2008年3月末余额	2008年6月末余额	2008年9月末余额	2008年12月末余额
总　行	511.53	510.88	567.68	
北　京	259.11	253.59	251.49	114.15
天　津	3363.12	1766.72	1838.65	1321.84
河　北	16121.38	15840.26	16322.39	9883.81
山　西	5480.51	5562.03	6616.21	4211.75
内蒙古	9663.27	10988.92	11239.77	9135.19
辽　宁	5387.33	5295.90	5264.42	932.79
吉　林	4002.59	3984.12	4085.36	920.67
黑龙江	4545.24	4509.30	4531.87	1.00
上　海	31.90	583.30	574.01	427.70
江　苏	26471.24	28875.89	30838.70	27288.92
浙　江	18293.45	18418.65	19655.03	18837.01
安　徽	6114.13	6408.04	6241.98	1100.94
福　建	11143.80	11234.80	11519.48	10833.43
江　西	8475.93	8574.03	9282.75	4704.79
山　东	17529.29	18487.78	18472.47	15294.04
河　南	17324.74	16200.76	15943.81	8258.49
湖　北	11309.72	10958.32	11839.50	6166.13
湖　南	9543.41	9488.99	9392.10	3457.89
广　东	10486.79	10148.11	10647.68	6787.21
广　西	9025.46	9877.25	10710.58	6071.03
海　南	2743.75	2730.47	2684.41	200.75
四　川	39859.61	40949.63	42899.29	37346.81
贵　州	12164.92	11557.08	12052.62	6881.64
云　南	29653.39	30581.10	30274.41	23286.71
西　藏	183.66	147.26	151.99	56.08
陕　西	5070.24	7893.53	8377.63	3302.26
甘　肃	3521.24	3760.46	4565.67	2223.27
青　海	2560.21	3115.72	4198.65	2159.80
宁　夏	2230.42	2154.85	3274.05	2058.85
新　疆	5387.50	5904.25	5779.48	1980.30
重　庆	7362.15	8291.29	8670.30	7778.93
大　连	1721.28	1678.64	1654.38	684.10
青　岛	1286.37	1475.86	1610.73	1339.56
宁　波	3059.64	3053.83	2939.00	2973.78
厦　门	0.41	0.41	0.41	
深　圳				
新疆兵团	2265.38	2464.37	2404.28	881.07
境内合计	**314154.15**	**323726.37**	**337373.20**	**228902.72**

中国农业银行境内各分行人民币农户贷款

（2008）

单位：百万元

地　区	2008年3月末余额	2008年6月末余额	2008年9月末余额	2008年12月末余额
总　行	54.25	54.13	54.13	
北　京	186.87	81.24	28.85	28.13
天　津	1615.46	746.41	974.16	934.31
河　北	5540.87	5983.65	5792.64	3424.09
山　西	2332.86	2282.25	2321.68	378.43
内蒙古	1761.24	1800.05	1653.30	174.41
辽　宁	3553.75	3367.67	3268.24	381.74
吉　林	2573.07	2462.56	2526.22	1591.92
黑龙江	3452.62	3837.56	3769.22	177.04
上　海	67.54	66.09	63.94	58.72
江　苏	7480.72	13113.42	13800.58	13231.89
浙　江	25488.51	23487.65	23014.70	23181.92
安　徽	3464.87	3791.06	3800.46	2194.11
福　建	7438.37	7638.37	7713.83	7845.05
江　西	2184.17	2193.68	2341.77	1812.73
山　东	4832.79	5091.00	5372.35	5218.26
河　南	6375.90	6546.95	6781.16	966.12
湖　北	1979.73	2174.24	1562.27	758.34
湖　南	1828.93	1810.74	1674.58	550.11
广　东	18477.87	18875.15	18663.62	16776.94
广　西	1838.47	1778.87	1969.41	1221.54
海　南	573.19	566.74	564.87	6.19
四　川	3157.48	3109.68	2988.02	1471.46
贵　州	1248.50	1299.69	1370.55	330.47
云　南	4707.90	5489.25	5870.71	5564.23
西　藏	3578.96	3898.04	3944.14	3827.47
陕　西	3589.68	4708.05	4470.16	1211.93
甘　肃	5122.91	5428.83	4643.90	2316.00
青　海	1286.06	1286.29	1280.56	44.13
宁　夏	835.62	805.14	810.71	247.80
新　疆	2411.20	2534.92	2460.41	172.91
重　庆	539.85	653.27	794.67	620.45
大　连	285.24	259.17	298.20	242.18
青　岛	631.04	635.39	638.94	605.88
宁　波	1975.07	2053.56	2532.48	2686.47
厦　门	17.60	16.97	16.83	0.07
深　圳				
新疆兵团	1704.51	1679.34	1597.47	550.09
境内合计	**134193.67**	**141607.05**	**141429.71**	**100803.53**

中国农业银行境内各分行人民币农户生产经营贷款

（2008）

单位：百万元

地　区	2008年3月末余额	2008年6月末余额	2008年9月末余额	2008年12月末余额
总　行	54.17	54.05	54.05	
北　京	0.35	0.29	0.29	0.02
天　津	660.21	360.74	292.98	198.78
河　北	2803.64	2907.31	2776.36	663.91
山　西	1991.86	1898.58	1888.83	103.42
内蒙古	1648.60	1678.66	1544.42	139.91
辽　宁	2054.27	1994.49	1950.21	50.12
吉　林	2359.02	2248.78	2310.50	1432.82
黑龙江	3262.31	3613.05	3549.13	156.92
上　海	2.16	1.03	0.99	
江　苏	2149.87	1412.16	1282.06	837.46
浙　江	7698.40	6256.27	5648.90	5554.14
安　徽	2314.47	2338.26	2271.14	745.87
福　建	3679.79	3823.31	3708.84	3729.75
江　西	1619.16	1666.50	1775.04	1339.66
山　东	1511.27	1519.40	1528.98	1327.41
河　南	6001.39	6174.38	6411.97	957.83
湖　北	1483.25	1508.96	1224.85	445.91
湖　南	1327.31	1329.26	1269.95	257.46
广　东	2894.51	2697.46	2594.96	1028.35
广　西	859.89	844.23	858.04	205.33
海　南	532.48	526.77	525.40	1.89
四　川	1626.29	1554.21	1500.73	208.88
贵　州	964.92	980.09	1055.45	49.16
云　南	2068.22	2722.87	2755.53	2430.79
西　藏	3350.70	3630.72	3632.83	3526.00
陕　西	3349.45	4105.96	3874.15	967.09
甘　肃	4729.05	5041.14	4213.17	2110.09
青　海	1236.31	1237.71	1232.87	41.33
宁　夏	804.51	777.71	777.98	215.59
新　疆	2312.38	2484.45	2405.34	146.40
重　庆	259.93	273.87	268.00	132.63
大　连	109.62	84.18	88.03	29.25
青　岛	20.37	20.28	23.64	12.38
宁　波	482.70	606.29	857.86	992.64
厦　门	17.60	16.97	16.83	0.07
深　圳				
新疆兵团	1479.96	1512.17	1376.35	356.16
境内合计	**69720.40**	**69902.54**	**67546.62**	**30395.45**

中国农业银行境内各分行人民币农户消费贷款

（2008）

单位：百万元

地区	2008年3月末余额	2008年6月末余额	2008年9月末余额	2008年12月末余额
总行	0.08	0.08	0.08	
北京	186.52	80.95	28.56	28.11
天津	955.25	385.68	681.18	735.53
河北	2737.23	3076.34	3016.28	2760.18
山西	341.00	383.67	432.85	275.01
内蒙古	112.64	121.39	108.88	34.50
辽宁	1499.49	1373.17	1318.03	331.62
吉林	214.05	213.78	215.73	159.10
黑龙江	190.31	224.51	220.09	20.12
上海	65.37	65.06	62.95	58.72
江苏	5330.84	11701.26	12518.52	12394.43
浙江	17790.11	17231.39	17365.80	17627.78
安徽	1150.40	1452.81	1529.32	1448.24
福建	3758.57	3815.07	4004.98	4115.30
江西	565.00	527.18	566.73	473.07
山东	3321.51	3571.60	3843.37	3890.85
河南	374.51	372.57	369.19	8.28
湖北	496.49	665.28	337.41	312.42
湖南	501.61	481.48	404.64	292.65
广东	15583.36	16177.69	16068.66	15748.59
广西	978.59	934.63	1111.38	1016.21
海南	40.71	39.98	39.46	4.30
四川	1531.19	1555.47	1487.30	1262.58
贵州	283.58	319.60	315.10	281.31
云南	2639.68	2766.39	3115.18	3133.44
西藏	228.26	267.32	311.31	301.47
陕西	240.23	602.09	596.01	244.84
甘肃	393.86	387.69	430.73	205.91
青海	49.76	48.58	47.69	2.80
宁夏	31.10	27.43	32.74	32.21
新疆	98.82	50.46	55.08	26.51
重庆	279.92	379.40	526.67	487.82
大连	175.61	174.98	210.17	212.93
青岛	610.67	615.11	615.30	593.51
宁波	1492.37	1447.27	1674.61	1693.83
厦门				
深圳				
新疆兵团	224.55	167.17	221.12	193.93
境内合计	**64473.26**	**71704.51**	**73883.09**	**70408.08**

中国农业银行境内各分行人民币农林牧渔业各项贷款

(2008)

单位：百万元

地　区	2008 年 3 月末余额	2008 年 6 月末余额	2008 年 9 月末余额	2008 年 12 月末余额
总　行	2626.33	1195.66	780.49	390.00
北　京	3156.64	3051.65	2827.45	1246.93
天　津	527.57	789.07	790.27	13.57
河　北	3635.38	3167.85	3164.96	57.09
山　西	3076.98	2657.38	2607.20	1216.48
内蒙古	6627.39	6251.64	3817.39	921.15
辽　宁	5284.68	5267.71	5107.37	389.70
吉　林	6712.61	6574.72	6634.27	2276.82
黑龙江	10087.25	10960.01	10643.38	186.85
上　海	405.17	301.14	862.49	457.00
江　苏	2646.13	2521.22	2903.50	517.77
浙　江	5918.45	4410.17	3922.71	1848.87
安　徽	4835.65	4486.30	4032.75	341.99
福　建	3961.83	3842.86	3711.13	2368.77
江　西	3640.69	3580.31	3670.44	639.92
山　东	6872.07	7157.96	6795.37	3308.74
河　南	9739.40	9416.66	9486.35	2423.69
湖　北	7308.93	6102.26	4709.35	413.51
湖　南	8881.19	6793.93	5271.63	722.72
广　东	6064.90	5087.83	5208.18	875.65
广　西	3776.56	3675.76	4154.31	1355.96
海　南	5163.55	5232.61	4636.60	1608.52
四　川	4708.80	5986.33	6023.51	2716.50
贵　州	10197.54	10302.52	9387.10	6271.72
云　南	7160.99	6683.04	6881.95	3789.01
西　藏	2798.52	3094.43	3113.74	2884.77
陕　西	6414.66	5505.47	4747.63	411.13
甘　肃	7188.73	7061.35	5596.28	1667.53
青　海	1628.58	1606.58	1611.21	85.55
宁　夏	1631.59	1535.28	1640.66	341.88
新　疆	4560.63	4667.25	4397.20	595.28
重　庆	917.24	946.77	1019.60	513.63
大　连	1986.62	2020.08	1787.71	797.36
青　岛	504.65	253.10	523.21	246.14
宁　波	475.51	225.99	195.72	88.88
厦　门	97.41	89.41	96.24	53.40
深　圳	18.55	92.55	64.55	65.00
新疆兵团	8126.63	9035.28	7979.85	5486.31
境内合计	**169366.00**	**161630.14**	**150803.76**	**49595.80**

中国农业银行境内各分行人民币农林牧渔业短期各项贷款

（2008）

单位：百万元

地　区	2008年3月末余额	2008年6月末余额	2008年9月末余额	2008年12月末余额
总　行	2401.87	971.91	545.94	390.00
北　京	2658.19	2579.82	2399.74	1034.93
天　津	377.94	495.56	487.75	8.95
河　北	2175.99	1661.05	1632.71	19.19
山　西	1723.19	1293.14	1241.00	52.47
内蒙古	4214.90	3167.68	2338.11	858.04
辽　宁	3663.01	3651.46	3517.48	325.09
吉　林	3854.75	3747.08	3848.50	1160.69
黑龙江	7014.77	7860.28	7575.52	181.23
上　海	396.17	292.14	553.49	157.00
江　苏	2049.61	2006.83	2329.18	506.00
浙　江	4586.27	3322.34	3104.88	1407.03
安　徽	3642.94	3348.35	2932.41	264.21
福　建	2741.19	2591.83	2541.70	1683.77
江　西	1746.21	1724.58	1799.35	606.09
山　东	6159.32	6354.52	5746.56	2954.01
河　南	7049.45	6871.56	7108.71	1680.56
湖　北	5946.36	4675.11	3308.13	269.71
湖　南	5620.45	3913.62	2893.52	441.55
广　东	4596.29	3662.82	3765.91	773.72
广　西	1258.23	1182.43	1573.66	938.76
海　南	1375.03	1472.46	951.78	702.43
四　川	2620.42	3739.49	3432.70	1957.56
贵　州	1238.93	1195.81	579.30	90.45
云　南	3623.41	3083.70	2995.36	1800.07
西　藏	853.43	955.57	946.56	787.59
陕　西	3462.28	2459.73	2085.75	214.86
甘　肃	3406.35	3214.66	2445.46	1163.95
青　海	576.53	579.06	588.67	70.26
宁　夏	632.53	645.85	724.61	259.52
新　疆	2891.72	2964.24	2806.44	565.54
重　庆	428.23	526.63	605.17	376.47
大　连	1221.52	1277.18	1061.34	528.08
青　岛	451.33	209.04	479.16	239.06
宁　波	425.14	185.70	154.96	87.77
厦　门	92.66	84.66	91.50	53.40
深　圳	18.55	92.55	64.55	65.00
新疆兵团	6663.17	7390.74	6904.68	5140.40
境内合计	**103858.32**	**95451.19**	**88162.24**	**29815.40**

中国农业银行境内各分行人民币农林牧渔业中长期各项贷款

（2008）

单位：百万元

地区	2008年3月末余额	2008年6月末余额	2008年9月末余额	2008年12月末余额
总行	224.46	223.75	234.55	
北京	498.46	471.84	427.71	212.00
天津	149.63	293.51	302.52	4.62
河北	1459.39	1506.80	1532.25	37.89
山西	1353.79	1364.23	1366.20	1164.01
内蒙古	2412.49	3083.95	1479.28	63.12
辽宁	1621.67	1616.26	1589.89	64.62
吉林	2857.85	2827.64	2785.77	1116.12
黑龙江	3072.48	3099.74	3067.86	5.62
上海	9.00	9.00	309.00	300.00
江苏	596.52	514.39	574.32	11.77
浙江	1332.18	1087.83	817.83	441.84
安徽	1192.70	1137.95	1100.34	77.78
福建	1220.64	1251.03	1169.43	685.01
江西	1894.47	1855.72	1871.09	33.82
山东	712.75	803.45	1048.80	354.72
河南	2689.95	2545.10	2377.64	743.13
湖北	1362.57	1427.15	1401.22	143.81
湖南	3260.75	2880.31	2378.11	281.17
广东	1468.61	1425.01	1442.27	101.93
广西	2518.33	2493.33	2580.65	417.20
海南	3788.53	3760.15	3684.81	906.09
四川	2088.39	2246.83	2590.82	758.94
贵州	8958.61	9106.71	8807.80	6181.28
云南	3537.58	3599.34	3886.60	1988.94
西藏	1945.09	2138.86	2167.18	2097.17
陕西	2952.38	3045.74	2661.89	196.27
甘肃	3782.39	3846.69	3150.82	503.58
青海	1052.05	1027.52	1022.53	15.30
宁夏	999.07	889.43	916.04	82.37
新疆	1668.90	1703.01	1590.76	29.74
重庆	489.01	420.14	414.44	137.16
大连	765.10	742.90	726.37	269.28
青岛	53.31	44.06	44.05	7.08
宁波	50.37	40.28	40.76	1.12
厦门	4.74	4.74	4.74	
深圳				
新疆兵团	1463.46	1644.53	1075.16	345.92
境内合计	**65507.67**	**66178.95**	**62641.52**	**19780.40**

中国农业银行境内各分行人民币城市企业及各类组织农业综合开发贷款

（2008）

单位：百万元

地　区	2008年3月末余额	2008年6月末余额	2008年9月末余额	2008年12月末余额
总　行	20.55	20.55	15.05	
北　京	62.10	228.10	175.10	
天　津		116.56	77.99	
河　北	164.99	172.17	146.36	
山　西	89.76	36.14	36.67	
内蒙古	140.30	138.80	134.07	
辽　宁	259.05	268.37	225.55	
吉　林	544.04	543.35	529.92	2.00
黑龙江	148.92	175.43	175.73	4.00
上　海			1.55	
江　苏	121.37	118.22	172.01	2.43
浙　江	54.89	54.68	52.68	22.50
安　徽	189.33	184.88	157.51	57.00
福　建	27.24	71.90	57.51	45.30
江　西	144.72	136.28	109.68	
山　东	317.49	246.78	174.22	14.00
河　南	148.10	168.65	155.93	16.00
湖　北	273.97	356.63	278.77	30.00
湖　南	314.10	375.86	380.60	
广　东	243.65	344.75	254.88	4.55
广　西	193.25	199.94	184.72	30.00
海　南	532.32	562.48	537.72	
四　川	217.16	88.60	108.12	28.44
贵　州	89.75	80.49	91.49	
云　南	269.33	268.31	269.73	108.40
西　藏	93.13	115.99	68.11	
陕　西	35.32	35.57	56.34	
甘　肃	75.60	71.63	67.33	3.50
青　海	36.51	34.63	25.30	
宁　夏	192.73	162.17	161.37	
新　疆	24.55	21.70	21.70	
重　庆	139.86	144.96	152.28	28.96
大　连	187.86	183.45	160.44	
青　岛	9.35	14.25	6.10	
宁　波				
厦　门	20.04	5.38	51.38	
深　圳				
新疆兵团	20.31	20.31	20.31	
境内合计	**5401.64**	**5767.95**	**5294.22**	**397.08**

中国农业银行境内各分行人民币农村企业及各类组织农业综合开发贷款

（2008）

单位：百万元

地　区	2008年3月末余额	2008年6月末余额	2008年9月末余额	2008年12月末余额
总　行	92.65	92.65	88.45	
北　京	34.38	34.37	34.37	
天　津	90.75	54.44	114.84	
河　北	1242.68	1203.53	1199.19	0.02
山　西	364.40	388.75	445.53	1.42
内蒙古	333.42	324.78	338.54	
辽　宁	1133.34	1138.60	1086.91	3.28
吉　林	817.58	835.42	858.36	43.41
黑龙江	1481.58	1473.17	1460.06	
上　海	48.23	40.24	48.23	
江　苏	965.21	974.05	894.95	2.65
浙　江	3823.26	4309.41	4535.43	4477.65
安　徽	1333.69	1282.09	1344.20	46.34
福　建	732.71	766.19	771.14	776.74
江　西	919.23	879.98	915.54	3.14
山　东	2494.06	1054.17	1062.01	97.12
河　南	1892.34	1763.31	1780.95	11.50
湖　北	1188.49	1138.81	1167.10	
湖　南	1077.95	1106.98	1412.84	313.48
广　东	451.39	581.64	564.28	9.42
广　西	471.53	463.52	438.64	65.65
海　南	457.04	454.65	454.15	5.00
四　川	958.37	947.11	887.95	66.85
贵　州	1265.78	1216.20	554.17	7.29
云　南	669.00	1495.28	468.17	27.20
西　藏	24.00	19.28	19.28	16.16
陕　西	536.90	581.63	558.24	20.08
甘　肃	151.83	163.28	111.38	3.00
青　海	216.18	215.47	227.26	
宁　夏	195.42	195.42	201.41	
新　疆	652.89	643.50	643.31	
重　庆	141.52	141.02	128.32	10.18
大　连	571.40	571.21	586.07	48.50
青　岛	85.33	88.97	65.91	813.31
宁　波	44.62	52.47	60.45	16.73
厦　门				
深　圳				
新疆兵团	122.23	122.23	122.23	
境内合计	**27081.38**	**26813.82**	**25649.86**	**6886.11**

中国农业银行境内各分行人民币农村中小企业各项贷款

（2008）

单位：百万元

地区	2008年3月末余额	2008年6月末余额	2008年9月末余额	2008年12月末余额
总行	938.45	937.35	1012.23	
北京	1191.77	1262.60	1097.76	391.02
天津	5256.32	6300.60	6560.44	3133.79
河北	38324.32	40122.86	38650.77	13560.16
山西	9874.13	9085.25	10612.30	2781.28
内蒙古	9531.45	9803.07	8960.77	4033.17
辽宁	16999.11	17231.30	16769.42	1614.02
吉林	10819.43	10324.19	10238.47	1887.30
黑龙江	14893.80	15079.42	15241.62	35.59
上海	909.90	209.99	332.65	1079.75
江苏	85975.84	88209.91	93209.90	80130.22
浙江	61435.34	63759.50	67171.07	67219.19
安徽	22707.62	24262.84	23758.99	5012.01
福建	30491.21	34136.00	34162.16	31863.16
江西	18890.73	19447.87	20103.29	8566.41
山东	58733.30	57918.60	57275.30	38965.83
河南	39109.32	40234.22	38673.89	5838.25
湖北	20643.28	20834.33	22071.68	6001.82
湖南	13077.17	14902.04	17041.73	4944.56
广东	18741.39	17894.75	18654.18	5543.35
广西	14219.92	13585.42	13718.57	7085.01
海南	4104.17	4107.20	4101.27	233.14
四川	59899.08	51834.94	52347.02	39421.17
贵州	8411.83	8531.70	11477.26	4603.56
云南	25470.48	27970.11	31812.00	24267.67
西藏	202.60	167.56	166.65	20.71
陕西	9104.74	13907.05	13121.34	3634.59
甘肃	4380.78	4642.98	5608.81	2176.07
青海	3514.23	4081.82	6240.54	3956.40
宁夏	2151.98	2076.59	2187.67	969.73
新疆	10798.29	10276.29	10247.72	3695.12
重庆	6600.13	7464.00	7432.89	5247.44
大连	5213.58	5134.13	5154.77	2117.68
青岛	5467.86	6302.86	4737.07	3814.19
宁波	16083.17	17578.14	17797.40	17278.82
厦门			50.00	50.00
深圳				
新疆兵团	4297.34	4947.74	6608.69	3424.71
境内合计	**658464.05**	**674565.21**	**694408.29**	**404596.91**

中国农业银行境内各分行人民币扶贫贴息贷款

（2008）

单位：百万元

地　区	2008年3月末余额	2008年6月末余额	2008年9月末余额	2008年12月末余额
总　行	191.51	190.80	190.80	
北　京				
天　津				
河　北	186.00	170.48	126.80	21.68
山　西	183.75	135.06	109.71	22.50
内蒙古	832.49	793.69	706.94	105.97
辽　宁	244.17	235.63	192.76	31.46
吉　林	177.79	118.28	50.63	86.00
黑龙江	585.16	585.94	581.65	2.75
上　海				
江　苏	11.97	11.97	4.97	6.25
浙　江	116.00	112.53	11.00	11.00
安　徽	1122.33	1140.26	1000.78	347.99
福　建	228.23	151.74	42.56	26.45
江　西	1637.55	1598.42	1560.35	392.49
山　东	413.33	424.75	342.52	32.00
河　南	2635.10	2580.65	2163.49	116.42
湖　北	1799.09	1689.97	1681.06	441.61
湖　南	622.85	741.61	672.98	173.80
广　东	220.82	223.23	206.87	5.80
广　西	504.72	483.94	339.39	135.50
海　南	299.05	299.06	298.60	15.02
四　川	1935.32	1544.22	1110.54	538.91
贵　州	596.15	476.71	447.92	267.51
云　南	560.62	415.61	315.23	334.80
西　藏	1142.76	1179.20	1168.78	1013.59
陕　西	1086.58	1287.77	1233.53	176.25
甘　肃	2234.83	2223.25	2197.28	674.46
青　海	1556.60	1553.37	1490.11	6.79
宁　夏	91.27	105.20	83.15	9.08
新　疆	1366.41	1343.61	1250.06	197.40
重　庆	497.63	477.60	462.44	88.62
大　连	0.32	0.32	0.32	
青　岛				
宁　波	1.50	1.50	1.50	
厦　门				
深　圳				
新疆兵团	16.77	16.89	6.87	10.26
境内合计	**23098.66**	**22313.27**	**20051.60**	**5292.36**

（三）县域业务

中国农业银行境内各分行县域人民币各项存款

（2007—2008）

单位：百万元

地　区	2007 年		2008 年	
	年末余额	比年初增减额	年末余额	比年初增减额
总　行				
营业部				
北　京	4944.44	196.96	5896.19	951.75
天　津	15799.45	2359.19	17580.48	1781.03
河　北	144063.59	25195.31	183061.17	38997.58
山　西	60032.71	8948.11	77416.81	17384.10
内蒙古	36326.13	5301.56	44188.06	7861.93
辽　宁	37883.00	316.37	45289.67	7406.67
吉　林	28376.80	769.55	35153.74	7044.21
黑龙江	41380.34	1061.01	49718.68	8338.34
上　海	13321.71	604.62	14894.86	1573.15
江　苏	245378.66	32052.18	289818.24	44439.58
浙　江	154055.18	14842.82	181763.49	27708.30
安　徽	62884.42	7450.03	75862.41	12428.97
福　建	70843.01	2303.59	85198.17	14355.17
江　西	54129.08	5714.19	65303.74	11174.66
山　东	125038.08	13011.23	155685.82	30647.74
河　南	114180.54	12244.40	132703.43	18522.90
湖　北	73891.62	10199.35	93714.75	19823.13
湖　南	71818.05	9676.84	84457.85	13665.21
广　东	84834.09	2861.43	94079.68	9880.54
广　西	60950.82	6965.48	68841.39	7890.57
海　南	10965.62	933.58	12870.51	1904.89
四　川	144317.22	19945.07	184993.69	40676.47
贵　州	32609.25	3594.13	38651.61	6042.37
云　南	74651.13	6900.04	84091.89	9440.77
西　藏	7671.05	1637.15	9662.68	1991.63
陕　西	54318.79	8711.47	66851.31	12703.69
甘　肃	33060.97	4598.98	41372.90	8311.93
青　海	7401.87	1484.51	15231.19	3408.96
宁　夏	5582.34	1032.99	6892.91	1310.56
新　疆	27573.74	1938.68	31030.77	3457.02
重　庆	28733.43	2854.49	35222.19	6488.75
大　连	10125.75	567.81	12907.19	2781.44
青　岛	18416.38	2560.80	21333.81	2917.43
宁　波	25172.34	2784.65	28548.49	3376.14
厦　门				
深　圳				
新疆兵团	25458.66	2311.23	26121.41	662.75
境内合计	**2006190.27**	**223929.80**	**2416411.15**	**407350.30**

中国农业银行境内各分行县域人民币储蓄存款

（2007—2008）

单位：百万元

地区	2007年		2008年	
	年末余额	比年初增减额	年末余额	比年初增减额
总行				
营业部				
北京	2659.54	143.73	3624.34	964.79
天津	9929.03	1514.71	13531.45	3602.42
河北	111837.59	20246.84	148156.79	36319.20
山西	39314.36	5113.96	51484.29	12169.92
内蒙古	21375.15	2445.39	26840.66	5465.51
辽宁	32399.60	1490.06	40023.26	7623.66
吉林	22684.68	207.50	28025.15	5572.32
黑龙江	34007.82	134.23	40842.77	6834.95
上海	7534.37	-112.77	9044.48	1510.10
江苏	146704.18	11081.32	189357.99	42653.80
浙江	91333.56	4772.93	115950.00	24616.45
安徽	48033.46	5868.23	60245.64	11642.89
福建	50644.30	1560.94	63353.44	12709.14
江西	41474.33	3314.80	50427.66	8953.33
山东	86129.16	7863.96	108890.53	22761.37
河南	89717.67	6953.53	107897.01	18179.34
湖北	58418.86	7036.51	72649.99	14231.13
湖南	57387.04	6695.20	68305.34	11724.28
广东	65250.88	300.30	74554.94	9617.51
广西	43519.66	3581.43	48941.41	5421.75
海南	8092.61	590.61	9478.59	1385.98
四川	100352.00	10684.22	125545.32	25193.31
贵州	17092.55	2015.10	20388.03	3295.49
云南	40568.06	1653.55	47824.66	7256.60
西藏	3220.45	436.00	3575.96	355.51
陕西	31919.98	2840.31	40359.86	8481.42
甘肃	22230.09	2042.63	27869.41	5639.32
青海	3854.82	504.52	7123.62	1528.86
宁夏	3617.53	424.55	4731.63	1114.10
新疆	14682.51	267.43	16976.05	2293.53
重庆	21441.33	1922.40	26544.67	5103.33
大连	8225.69	522.89	11081.37	2855.68
青岛	13322.20	1473.16	16470.32	3148.11
宁波	15280.49	522.93	19762.05	4481.57
厦门				
深圳				
新疆兵团	13447.56	15.84	15816.06	2368.50
境内合计	**1377703.16**	**116128.93**	**1715694.75**	**337075.20**

中国农业银行境内各分行县域人民币单位存款

（2007—2008）

单位：百万元

地区	2007年		2008年	
	年末余额	比年初增减额	年末余额	比年初增减额
总行				
营业部				
北京	2252.12	73.66	2220.11	-32.01
天津	4826.72	1321.85	3613.18	-1213.54
河北	31838.40	4937.39	34479.83	2641.43
山西	20390.91	4327.08	25776.04	5385.13
内蒙古	14574.67	2914.14	17028.57	2453.90
辽宁	5367.09	-1063.73	5241.41	-125.68
吉林	5629.25	681.82	7062.07	1468.23
黑龙江	7364.35	1407.60	8848.38	1484.03
上海	5717.62	692.05	5836.78	119.16
江苏	86778.54	20424.63	88264.33	1485.79
浙江	53491.56	7956.97	54035.74	544.18
安徽	14341.16	1623.20	15322.32	1001.20
福建	18068.38	739.66	19708.48	1640.10
江西	12533.13	2390.96	14755.68	2222.55
山东	35189.13	5786.01	41253.58	6064.44
河南	24129.59	5547.72	24559.40	429.81
湖北	14877.06	2858.23	20723.76	5846.70
湖南	14219.23	2968.11	16035.61	2033.63
广东	19489.03	2592.41	19302.30	132.09
广西	17294.38	3387.95	19789.12	2494.74
海南	2870.12	343.95	3390.39	520.27
四川	43586.02	9367.05	59111.34	15525.32
贵州	15416.62	1544.76	18206.40	2789.78
云南	33828.87	5189.60	35792.56	1963.69
西藏	4425.14	1199.93	6051.54	1626.41
陕西	22124.27	6072.48	26276.51	4279.99
甘肃	10722.83	2621.52	13449.73	2726.90
青海	3508.63	952.59	8099.74	1930.76
宁夏	1913.89	572.28	2139.47	225.59
新疆	12819.30	1706.96	14011.36	1192.06
重庆	7185.69	872.28	8631.54	1445.85
大连	1863.65	51.51	1807.92	-55.73
青岛	4929.59	1148.69	4730.41	-199.18
宁波	8320.16	1933.73	7104.88	-1215.28
厦门				
深圳				
新疆兵团	11857.57	2280.52	10200.80	-1656.77
境内合计	**593744.66**	**107425.57**	**662861.30**	**67175.54**

中国农业银行境内各分行县域人民币保证金存款

（2007—2008）

单位：百万元

地区	2007年		2008年	
	年末余额	比年初增减额	年末余额	比年初增减额
总行				
营业部				
北京	31.52	-17.34	50.10	18.58
天津	1025.98	-490.92	431.82	-594.16
河北	281.49	53.13	363.64	82.15
山西	235.98	-492.95	114.50	-121.47
内蒙古	356.57	-55.32	302.59	-53.98
辽宁	99.79	-77.37	11.44	-88.35
吉林	24.39	-45.62	27.48	3.09
黑龙江	3.75	-481.30	20.85	17.10
上海	65.69	24.16	10.88	-54.80
江苏	11663.95	517.01	11916.61	252.66
浙江	8333.51	1292.94	11724.40	3390.89
安徽	418.14	-29.28	252.36	-165.78
福建	1952.80	-18.83	2067.72	114.92
江西	59.11	11.00	97.02	37.91
山东	3586.01	-633.98	5458.69	1872.68
河南	266.43	-238.81	159.95	-106.48
湖北	440.76	307.34	272.86	-167.91
湖南	105.15	24.17	70.46	-34.69
广东	54.17	-13.05	130.50	77.09
广西	47.01	-3.04	85.36	38.34
海南			0.19	0.19
四川	243.93	-111.13	247.87	3.94
贵州	39.62	7.17	39.40	-0.22
云南	177.67	60.68	370.83	193.16
西藏				
陕西	190.79	-157.51	164.70	-26.10
甘肃	26.09	-35.55	25.38	-0.70
青海	21.92	20.91	2.24	-19.68
宁夏	45.55	38.13	18.92	-26.63
新疆	24.23	-44.87	18.37	-5.85
重庆	29.30	8.43	24.84	-4.45
大连	34.50	-6.27	13.40	-21.11
青岛	144.32	-65.71	121.88	-22.44
宁波	1528.94	314.40	1662.88	133.94
厦门				
深圳				
新疆兵团	44.97	2.17	64.81	19.85
境内合计	**31604.03**	**-337.21**	**36344.96**	**4741.69**

中国农业银行境内各分行县域人民币保险公司存放款项

（2007—2008）

单位：百万元

地　区	2007 年		2008 年	
	年末余额	比年初增减额	年末余额	比年初增减额
总　行				
营业部				
北　京	1.09	-0.12	1.29	0.19
天　津	0.92	-0.39	0.61	-0.31
河　北	12.43	4.10	7.29	-5.13
山　西	25.71	8.51	30.77	5.06
内蒙古	10.83	1.17	12.66	1.83
辽　宁	10.48	-0.48	10.91	0.43
吉　林	30.48	-56.05	31.46	0.98
黑龙江	2.81	1.18	3.76	0.96
上　海	3.94	1.13	2.65	-1.29
江　苏	80.29	34.34	119.15	38.86
浙　江	857.18	800.21	45.25	-811.93
安　徽	27.84	5.66	9.69	-16.97
福　建	34.20	-4.26	33.01	-1.20
江　西	5.80	4.66	2.96	-2.84
山　东	12.89	-14.06	10.71	-2.17
河　南	23.33	9.93	9.02	-14.31
湖　北	40.89	10.70	24.28	-16.61
湖　南	39.21	0.09	28.43	-9.42
广　东	18.56	-0.51	89.15	72.48
广　西	18.35	-3.82	8.24	-10.11
海　南	1.47	-0.12	0.70	-0.77
四　川	94.67	36.29	69.59	-25.08
贵　州	39.12	19.87	13.86	-25.27
云　南	27.95	5.70	25.71	-2.24
西　藏				
陕　西	29.16	5.53	19.86	-9.26
甘　肃	11.17	-7.23	10.86	-0.31
青　海	1.84	-2.41	3.21	-0.54
宁　夏	4.82	0.28	2.64	-2.18
新　疆	42.02	8.53	22.40	-19.63
重　庆	10.78	-1.68	7.07	-3.71
大　连	1.88	-0.33	1.00	-0.88
青　岛	9.76	-0.23	8.04	-1.72
宁　波	7.82	0.31	5.49	-2.33
厦　门				
深　圳				
新疆兵团	108.15	15.65	39.66	-68.48
境内合计	**1647.87**	**882.17**	**711.38**	**-933.92**

中国农业银行境内各分行县域人民币应解汇款及临时存款

（2007—2008）

单位：百万元

地　区	2007年		2008年	
	年末余额	比年初增减额	年末余额	比年初增减额
总　行				
营业部				
北　京	0.17	-2.98	0.35	0.18
天　津	16.80	13.95	3.41	-13.39
河　北	93.68	-46.16	53.62	-40.06
山　西	65.75	-8.50	11.21	-54.54
内蒙古	8.91	-0.04	3.57	-5.34
辽　宁	6.05	-32.11	2.65	-3.39
吉　林	2.97	-16.92	7.58	4.62
黑龙江	1.62	-0.70	2.92	1.30
上　海	0.09	0.04	0.07	-0.02
江　苏	151.69	-5.13	160.16	8.47
浙　江	39.37	19.77	8.09	-31.28
安　徽	63.81	-17.77	32.40	-32.37
福　建	114.20	26.89	35.52	-78.68
江　西	56.71	-7.23	20.41	-36.29
山　东	120.62	9.71	72.30	-48.32
河　南	41.30	-29.57	78.05	36.75
湖　北	112.74	-13.58	43.86	-68.88
湖　南	67.43	-9.40	18.02	-48.58
广　东	21.36	-17.80	2.80	-18.55
广　西	59.87	-0.05	17.26	-42.61
海　南	1.42	-0.85	0.64	-0.77
四　川	39.44	-21.64	19.57	-19.87
贵　州	20.33	7.28	3.92	-16.41
云　南	46.24	-11.12	78.13	31.89
西　藏	25.46	1.22	35.18	9.86
陕　西	54.58	-49.33	30.38	-22.35
甘　肃	70.79	-22.39	17.51	-53.28
青　海	11.74	6.80	2.38	-27.52
宁　夏	0.56	-2.25	0.24	-0.31
新　疆	5.68	0.63	2.59	-3.09
重　庆	66.33	53.06	14.06	-52.27
大　连	0.02	0.01	3.50	3.48
青　岛	10.51	4.88	3.16	-7.35
宁　波	34.94	13.28	13.18	-21.75
厦　门				
深　圳				
新疆兵团	0.41	-2.96	0.07	-0.34
境内合计	**1433.59**	**-161.00**	**798.77**	**-651.10**

中国农业银行境内各分行县域人民币同业存放款项

（2007—2008）

单位：百万元

地　区	2007 年		2008 年	
	年末余额	比年初增减额	年末余额	比年初增减额
总　行				
营业部				
北　京	11.02	-23.79		-11.02
天　津	115.82	-188.32	131.54	15.72
河　北	3284.36	-928.32	3324.08	39.72
山　西	2478.09	-567.36	2339.18	-138.91
内蒙古	1198.59	-304.57	930.42	-268.17
辽　宁	410.02	-540.58	631.77	221.76
吉　林	83.17	0.11	134.59	56.45
黑龙江	243.67	107.70	35.26	-208.41
上　海	202.09	124.47	115.23	-86.86
江　苏	554.79	-631.64	492.76	-62.03
浙　江	4273.80	-292.46	5425.94	1152.14
安　徽	1603.66	-1624.07	1840.63	254.21
福　建	283.07	-323.94	1088.66	834.72
江　西	338.93	-291.22	126.85	-212.07
山　东	1450.82	-500.50	2766.34	1315.78
河　南	1864.02	-811.25	2068.82	207.01
湖　北	201.12	-1.75	187.64	-12.19
湖　南	616.58	-478.06	474.02	-142.51
广　东	290.79	-138.34	192.75	-53.03
广　西	96.43	-629.14	274.42	189.54
海　南	122.48	-239.83	69.43	-53.06
四　川	3447.25	-2433.27	3219.31	-226.79
贵　州	358.15	-150.70	307.43	-49.72
云　南	956.95	274.02	407.93	-546.69
西　藏	8.45	-100.98	14.32	5.87
陕　西	530.86	-1002.24	1101.65	572.83
甘　肃	919.22	-412.91	494.09	-425.13
青　海	232.73	-2.78	172.78	-90.89
宁　夏	22.54	9.91	118.63	96.10
新　疆	171.02	-198.93	267.60	96.58
重　庆	339.67	-159.39	162.31	-177.36
大　连	380.80	100.61	171.27	-209.54
青　岛	6.47	-6.66	32.64	26.17
宁　波	1853.18	-408.34	3184.42	1331.24
厦　门				
深　圳				
新疆兵团	32.36	27.77	39.34	6.98
境内合计	**28982.98**	**-12746.75**	**32344.06**	**3448.45**

中国农业银行境内各分行县域人民币各项贷款

（2007—2008）

单位：百万元

地区	2007年		2008年	
	年末余额	比年初增减额	年末余额	比年初增减额
总行				
营业部				
北京	1368.45	73.60	976.77	185.56
天津	7285.57	260.45	3345.03	-783.91
河北	62620.31	5305.36	33680.58	-1673.07
山西	24498.24	1549.17	8414.57	-4947.70
内蒙古	24606.00	2263.17	17180.94	-274.19
辽宁	24480.60	-1392.33	4203.02	-2169.48
吉林	12976.53	-366.91	4974.11	1354.45
黑龙江	24252.74	-648.73	644.45	-440.83
上海	8529.20	802.40	9497.54	1129.27
江苏	141832.33	16845.61	147239.09	17825.38
浙江	105574.80	16779.97	121461.24	16418.07
安徽	18152.33	616.45	8091.11	441.48
福建	44108.21	6799.17	46459.28	6365.44
江西	24902.62	2600.53	15264.92	3603.63
山东	87572.20	16193.89	77666.33	14414.46
河南	39261.36	2733.83	15287.72	2039.88
湖北	18990.00	863.89	15503.27	1158.05
湖南	26507.12	979.93	11935.65	2608.83
广东	12205.21	35.56	13943.24	2648.74
广西	21180.42	2717.58	22281.15	3179.46
海南	5993.29	-134.17	191.42	-138.74
四川	57800.35	8030.80	54671.12	9919.31
贵州	22882.77	2044.16	23435.30	2215.05
云南	46481.14	5739.10	42036.31	5006.56
西藏	4644.64	481.03	4760.03	442.80
陕西	25318.35	754.52	13829.92	894.59
甘肃	15964.02	781.55	11097.92	1191.95
青海	5366.83	85.22	4535.23	1518.83
宁夏	4140.98	393.92	2452.20	482.18
新疆	6916.63	-632.96	3036.64	298.93
重庆	8806.80	953.99	10571.01	2472.46
大连	4572.66	398.18	2412.90	-55.51
青岛	8908.96	739.03	6878.58	90.16
宁波	22772.31	5609.88	26917.52	4228.00
厦门				
深圳				
新疆兵团	8533.05	505.41	6077.96	604.89
境内合计	**980007.01**	**100762.22**	**790954.08**	**92255.01**

中国农业银行境内各分行县域人民币票据融资

（2007—2008）

单位：百万元

地区	2007 年		2008 年	
	年末余额	比年初增减额	年末余额	比年初增减额
总行				
营业部				
北京	95.02	25.75	153.07	58.05
天津		-2.70		
河北	1857.42	-1820.17	2244.71	387.30
山西	4942.77	1161.75	189.42	-4753.35
内蒙古	480.83	82.19	176.84	-303.99
辽宁	873.91	-240.85		-873.91
吉林	248.37	4.87	66.86	-181.51
黑龙江	120.81	113.36	13.98	-106.83
上海	1.20	0.95	190.11	188.91
江苏	21189.31	-5156.47	25140.91	3951.60
浙江	169.29	-1514.97	1175.51	1006.21
安徽	496.74	36.19	264.39	-231.69
福建	786.75	-325.20	324.99	-461.77
江西	289.22	-241.76	104.41	-184.80
山东	2733.38	-54.18	3460.82	727.45
河南	11.00	8.00		-11.00
湖北	1156.32	-1554.93	986.96	-169.36
湖南	762.35	471.81	311.61	-419.02
广东	350.98	-200.89	468.80	118.60
广西	117.07	-330.54	212.18	95.12
海南	15.00	15.00	0.26	-14.74
四川	1355.39	-73.49	571.75	-783.64
贵州	727.96	82.36	159.38	-568.58
云南	550.51	332.33	590.95	40.44
西藏				
陕西	1543.59	381.22	1183.17	-360.41
甘肃	263.56	0.39	205.57	-57.98
青海	0.20	-64.48	0.59	-23.05
宁夏	226.16	202.38	62.05	-164.11
新疆	100.73	95.14	39.89	-60.84
重庆	15.27	-188.74	67.35	52.08
大连	124.73	46.20	87.64	-37.09
青岛	490.04	110.31	451.86	-38.18
宁波	193.56	-473.48	997.58	804.02
厦门				
深圳				
新疆兵团	186.48	185.98	0.35	-186.12
境内合计	**42475.89**	**-8886.67**	**39903.97**	**-2562.20**

中国农业银行境内各分行县域人民币贸易融资

(2007—2008)

单位：百万元

地　区	2007 年		2008 年	
	年末余额	比年初增减额	年末余额	比年初增减额
总　行				
营业部				
北　京				
天　津				
河　北	80.01	-130.82	17.32	-57.29
山　西	126.31	-124.05		-1.43
内蒙古	60.09	21.38	5.80	-54.29
辽　宁	6.23	-14.50		-6.23
吉　林	0.01	-0.51		
黑龙江				
上　海				
江　苏	531.59	185.64	395.76	-133.71
浙　江	1555.41	138.87	1742.04	189.25
安　徽	35.01	-6.47	4.71	4.69
福　建	43.16	39.20	33.29	-9.87
江　西		-10.90		
山　东	604.15	137.36	534.67	-69.17
河　南	83.15	78.40	43.00	-39.70
湖　北	1.00		2.76	2.74
湖　南	18.78	2.45	3.00	-0.84
广　东	0.36	-14.07	6.30	5.94
广　西	92.47	92.47		-92.47
海　南	7.13	-0.15		
四　川				
贵　州				
云　南	3.42	-1.35		-2.40
西　藏				
陕　西	0.84	-2.16		-0.05
甘　肃				
青　海				
宁　夏				
新　疆				
重　庆	0.01			
大　连	231.77	223.87	136.15	-95.62
青　岛				
宁　波	37.25	13.08	50.21	12.96
厦　门				
深　圳				
新疆兵团				
境内合计	**3518.17**	**627.76**	**2975.01**	**-347.50**

中国农业银行境内各分行县域人民币贷款

（2007—2008）

单位：百万元

地　区	2007 年		2008 年	
	年末余额	比年初增减额	年末余额	比年初增减额
总　行				
营业部				
北　京	1257.73	48.05	823.70	127.56
天　津	7285.57	263.15	3345.03	-783.91
河　北	60636.53	7258.89	31418.55	-2003.04
山　西	19351.16	451.46	8217.88	-189.49
内蒙古	24039.68	2159.69	16998.29	84.10
辽　宁	23411.98	-1136.18	4179.98	-1307.10
吉　林	12664.17	-370.46	4907.26	1535.99
黑龙江	24131.93	-762.09	630.47	-334.00
上　海	8528.00	801.45	9307.42	940.36
江　苏	120106.23	21816.44	121611.36	13907.54
浙　江	103840.62	18151.36	118524.91	15208.52
安　徽	17467.49	589.20	7822.02	668.63
福　建	43257.94	7094.65	46101.00	6837.15
江　西	24516.11	2856.30	15155.58	3790.55
山　东	83916.38	16099.64	73638.44	13719.82
河　南	39093.26	2649.23	15244.72	2094.46
湖　北	17831.43	2418.82	14509.95	1321.73
湖　南	25687.44	524.08	11618.88	3026.57
广　东	11853.87	250.52	13468.14	2524.20
广　西	20958.48	2959.73	22068.97	3176.81
海　南	5971.15	-149.02	191.16	-124.00
四　川	56388.52	8102.90	54099.38	10702.43
贵　州	22154.81	1961.86	23275.92	2783.63
云　南	45892.17	5411.66	41429.39	4952.68
西　藏	4644.64	481.03	4760.03	442.80
陕　西	23731.59	375.46	12646.74	1255.05
甘　肃	15699.58	781.17	10890.37	1247.96
青　海	5365.83	149.70	4534.64	1541.89
宁　夏	3871.42	191.54	2390.15	646.29
新　疆	6696.13	-728.10	2996.75	359.77
重　庆	8791.53	1142.73	10503.66	2420.38
大　连	4216.15	136.13	2189.11	77.20
青　岛	8415.00	628.72	6426.72	130.72
宁　波	22541.50	6070.28	25869.73	3411.02
厦　门				
深　圳				
新疆兵团	8346.57	319.43	6077.61	791.02
境内合计	**932562.59**	**108999.42**	**747873.92**	**94985.30**

中国农业银行境内各分行县域人民币其他贷款

（2007—2008）

单位：百万元

地　区	2007年		2008年	
	年末余额	比年初增减额	年末余额	比年初增减额
总　行				
营业部				
北　京	15.70	-0.20		-0.05
天　津				
河　北	46.35	-2.54		-0.04
山　西	77.99	60.00	7.27	-3.43
内蒙古	25.40	-0.09		-0.01
辽　宁	188.48	-0.80	23.04	17.76
吉　林	63.98	-0.81		-0.02
黑龙江				
上　海				
江　苏	5.20		91.05	99.95
浙　江	9.47	4.70	18.79	14.09
安　徽	153.09	-2.46		-0.15
福　建	20.35	-9.48		-0.07
江　西	97.29	-3.12	4.93	-2.12
山　东	318.30	11.06	32.39	36.37
河　南	73.95	-1.80		-3.87
湖　北	1.25		3.61	2.94
湖　南	38.56	-18.41	2.16	2.10
广　东				
广　西	12.40	-4.08		
海　南				
四　川	56.44	1.38		0.52
贵　州		-0.06		
云　南	35.05	-3.55	15.97	15.84
西　藏				
陕　西	42.33	-0.01		
甘　肃	0.89		1.97	1.97
青　海	0.80			
宁　夏	43.40			
新　疆	119.77			
重　庆				
大　连		-8.03		
青　岛	3.92			-2.39
宁　波				
厦　门				
深　圳				
新疆兵团				
境内合计	**1450.35**	**21.71**	**201.18**	**179.41**

中国农业银行境内各分行县域人民币单位一般贷款

（2007—2008）

单位：百万元

地区	2007年		2008年	
	年末余额	比年初增减额	年末余额	比年初增减额
总行				
营业部				
北京	943.25	50.00	530.93	149.23
天津	6610.31	428.48	2914.84	-555.46
河北	52400.35	5403.39	24652.19	-2647.00
山西	17175.84	989.09	7671.04	121.19
内蒙古	21325.80	2320.80	15683.65	45.23
辽宁	18941.30	-170.13	3445.46	-865.20
吉林	10803.02	50.68	2825.22	210.28
黑龙江	20714.92	-251.94	105.62	-283.58
上海	6643.36	1231.60	7742.24	1223.23
江苏	98277.71	14126.11	98640.60	12646.16
浙江	72882.08	10605.83	85973.59	13525.19
安徽	15137.68	297.42	6282.13	497.55
福建	32137.33	4096.36	33323.20	4856.02
江西	21442.39	2321.06	11552.66	2092.52
山东	78381.07	15530.16	65654.24	10524.48
河南	35311.58	2804.40	14243.28	1248.36
湖北	15407.92	1955.70	12288.41	1244.77
湖南	22792.03	373.36	9672.94	2656.23
广东	5832.38	85.74	6345.05	1391.52
广西	14934.00	2068.93	15469.00	2323.18
海南	5627.62	-102.66	132.65	-99.12
四川	50666.02	7762.99	49787.68	10066.71
贵州	19958.25	1799.21	21377.30	2805.90
云南	36912.61	4796.64	32984.65	4595.48
西藏	1672.65	-401.60	685.53	-753.62
陕西	17301.53	101.06	9481.72	1627.33
甘肃	10613.41	837.54	8004.83	1074.04
青海	4085.53	265.52	4403.65	1576.92
宁夏	2959.27	543.49	2107.80	724.33
新疆	5182.48	-419.41	2595.65	560.15
重庆	7699.41	949.62	9304.30	2178.75
大连	3796.42	51.38	1781.81	37.81
青岛	6504.74	480.74	4492.84	38.99
宁波	18647.95	4241.17	20171.55	1600.20
厦门				
深圳				
新疆兵团	7942.19	621.94	5535.61	614.49
境内合计	**767664.39**	**85844.66**	**597863.87**	**77052.24**

中国农业银行境内各分行县域人民币个人一般贷款

（2007—2008）

单位：百万元

地　区	2007 年		2008 年	
	年末余额	比年初增减额	年末余额	比年初增减额
总　行				
营业部				
北　京	314.48	-1.95	292.76	-21.67
天　津	675.26	-165.33	430.20	-228.45
河　北	8236.18	1855.50	6766.36	643.96
山　西	2175.31	-537.63	546.84	-310.68
内蒙古	2680.69	-164.10	1290.38	45.76
辽　宁	4464.72	-965.99	734.47	-441.83
吉　林	1852.14	-397.04	2079.96	1330.84
黑龙江	3416.94	-510.14	524.85	-50.41
上　海	1884.56	-430.06	1565.13	-282.84
江　苏	21826.84	7690.83	22970.63	1261.41
浙　江	30953.89	7544.35	32547.44	1683.96
安　徽	2329.69	291.86	1539.84	171.13
福　建	11119.36	2998.29	12777.80	1982.39
江　西	3072.53	535.29	3602.62	1698.93
山　东	5530.86	568.17	7982.85	3195.60
河　南	3774.19	-155.21	999.25	844.12
湖　北	2412.79	457.51	2202.59	64.75
湖　南	2668.31	152.14	1757.56	371.48
广　东	6019.12	164.54	7121.67	1133.00
广　西	6015.96	890.38	6597.28	853.93
海　南	343.50	-46.25	58.49	-24.87
四　川	5680.11	340.54	4281.54	642.01
贵　州	2177.07	153.28	1881.33	-20.13
云　南	8979.56	615.02	8444.74	357.20
西　藏	2971.99	882.62	4074.50	1196.42
陕　西	6430.05	274.40	3165.00	-372.31
甘　肃	5086.12	-56.38	2885.20	173.60
青　海	1280.30	-115.82	130.98	-35.03
宁　夏	910.02	-352.80	277.87	-81.64
新　疆	1512.06	-309.16	399.34	-201.68
重　庆	1092.11	193.12	1199.35	241.63
大　连	419.73	84.76	407.30	39.39
青　岛	1909.73	147.98	1933.71	91.83
宁　波	3893.56	1829.11	5698.19	1810.83
厦　门				
深　圳				
新疆兵团	402.85	-303.58	537.18	173.01
境内合计	**164512.58**	**23158.23**	**149705.21**	**17935.66**

中国农业银行境内各分行县域人民币个人协议透支

（2007—2008）

单位：百万元

地区	2007年		2008年	
	年末余额	比年初增减额	年末余额	比年初增减额
总行				
营业部				
北京				
天津				
河北				
山西	0.02			
内蒙古	33.18	3.02	24.27	-6.89
辽宁	4.28	-0.06	0.05	-0.06
吉林	9.01	-24.11	2.07	-5.13
黑龙江	0.08			-0.01
上海	0.08	-0.10	0.05	-0.03
江苏	1.04	-0.49	0.12	-0.04
浙江	4.66	1.18	3.88	-0.63
安徽	0.12	-0.08	0.04	-0.05
福建	0.14			-0.14
江西	1.19	-0.04	0.30	-0.89
山东	3.51	1.32	1.34	-0.26
河南	7.30	0.04	2.20	1.97
湖北	10.01	5.61	18.94	12.21
湖南	226.86	-1.27	188.25	-1.15
广东	2.37	0.25	1.42	-0.32
广西	8.52	0.42	2.68	-0.29
海南	0.03	-0.11	0.02	-0.01
四川	42.16	-0.63	30.17	-6.30
贵州	19.49	9.38	17.29	-2.13
云南				
西藏				
陕西			0.02	0.02
甘肃	0.05	0.01	0.34	0.33
青海				
宁夏	2.13	0.85	4.47	3.60
新疆	1.59	0.47	1.77	1.29
重庆		-0.01	0.01	0.01
大连				
青岛	0.39		0.17	-0.06
宁波				
厦门				
深圳				
新疆兵团	1.53	1.07	4.82	3.52
境内合计	**379.74**	**-3.29**	**304.70**	**-1.46**

中国农业银行境内各分行县域人民币存放同业款项

(2007—2008)

单位：百万元

地区	2007年		2008年	
	年末余额	比年初增减额	年末余额	比年初增减额
总行				
营业部				
北京				
天津	0.99	0.01		-0.99
河北	26.29	-11.40	28.72	22.44
山西	2.82	-5.12	1.51	-0.81
内蒙古	102.97	-2.89	118.08	17.30
辽宁	0.33	-0.40		
吉林	112.63	112.59	87.15	-25.48
黑龙江	0.17	-2.40		
上海	0.37			-0.37
江苏	34.47	-21.04	10.51	-14.15
浙江	40.14	4.51	0.57	-38.32
安徽	0.31	-0.90	0.28	
福建	11.15	6.03	0.06	-10.47
江西	1.62	-1.88	0.12	-1.51
山东	2.93	-2.51	0.01	-2.91
河南	5.93	-30.90		-0.44
湖北	15.32	-5.53	4.63	4.16
湖南	1.11		3.03	3.00
广东	5.60	-2069.15	3.84	-0.34
广西	36.77	25.26	125.91	89.14
海南	0.84	-0.90	0.23	
四川	2.78	-37.77	51.56	54.49
贵州	23.02	-24.05	22.33	-0.69
云南	0.04	-26.05		
西藏	0.30		0.30	
陕西		-4.15		
甘肃	5.31	-7.23	3.65	-1.66
青海	0.58	-4.39	0.60	0.02
宁夏	0.54	0.47	0.34	-0.20
新疆	3.25	-1.08	10.42	7.17
重庆	5.29	3.10	7.48	2.19
大连				
青岛				
宁波	20.99	11.94	15.59	-5.40
厦门				
深圳				
新疆兵团		-0.67		
境内合计	**464.84**	**-2096.52**	**496.93**	**96.18**

中国农业银行境内各分行县域人民币投资

（2007—2008）

单位：百万元

地　区	2007 年		2008 年	
	年末余额	比年初增减额	年末余额	比年初增减额
总　行				
营业部				
北　京	237.62	156.63	215.05	-22.57
天　津	3.05	-1.82		-3.05
河　北	499.83	319.24	521.94	29.54
山　西	52.82	-2.31	38.76	-11.22
内蒙古	19.38	2.78	17.09	-2.17
辽　宁	61.69	8.10	51.92	-9.77
吉　林	49.40	27.12	41.47	-7.93
黑龙江	72.76	15.18	57.72	-9.88
上　海	43.90	30.70	46.04	2.15
江　苏	6.53	-68.94	4.44	0.33
浙　江	26.83	-12.36	2.47	-24.36
安　徽	7.69	-11.03		-5.76
福　建	14.34	-0.04		
江　西	14.56	-14.98	10.37	-0.17
山　东	21.27	-34.30	4.57	-15.40
河　南	79.27	13.03	32.92	-22.63
湖　北	51.80	10.72	49.32	-2.10
湖　南	24.94	-10.96	6.97	-7.85
广　东	21.28	5.03		-18.27
广　西	32.52	-9.58	22.29	-10.06
海　南	0.72	-0.99	0.48	-0.25
四　川	46.25	-13.93	21.20	-21.67
贵　州	3.41	0.03		-3.41
云　南	26.67	-2.37	0.22	-26.45
西　藏	0.02	0.02	0.02	
陕　西	7.86	-3.08		-7.86
甘　肃	8.97	1.78	5.77	-2.80
青　海	3.65	1.42	4.16	-1.72
宁　夏	2.03	0.83	1.62	-0.41
新　疆	110.63	72.81	120.07	9.44
重　庆	12.92	-2.84		-12.86
大　连	43.52	30.71	39.46	-4.07
青　岛	16.27	2.74	9.67	-6.60
宁　波	66.31	31.74	62.02	-4.29
厦　门				
深　圳				
新疆兵团	107.51	69.36	87.01	-20.50
境内合计	**1798.23**	**610.43**	**1475.03**	**-244.65**

中国农业银行境内各分行县域外币各项存款

(2007—2008)

单位：百万美元

地区	2007年		2008年	
	年末余额	比年初增减额	年末余额	比年初增减额
总行				
营业部				
北京	1.91	-0.19	7.81	5.89
天津	7.71	3.65	5.40	-2.32
河北	13.91	-7.84	32.83	18.92
山西	0.37	-0.29	1.25	0.88
内蒙古	4.19	1.09	3.05	-1.14
辽宁	21.05	-8.36	16.58	-4.46
吉林	9.25	-3.77	11.05	1.80
黑龙江	9.83	-4.59	11.54	1.71
上海	17.50	-7.11	14.02	-3.49
江苏	1019.03	196.91	1032.41	13.39
浙江	340.34	42.96	417.61	77.27
安徽	2.18	0.01	3.45	1.28
福建	83.64	-25.77	85.18	1.54
江西	10.37	1.70	11.26	0.89
山东	121.83	23.65	87.50	-34.32
河南	18.49	-5.15	24.55	6.06
湖北	6.21	-1.98	7.08	0.88
湖南	6.44	-8.31	6.65	0.43
广东	212.24	-12.27	172.85	-39.29
广西	11.43	1.64	7.12	-4.31
海南	5.93	-2.29	4.89	-1.05
四川	5.63	-2.29	3.76	-1.87
贵州	0.12	0.06	0.10	-0.02
云南	1.69	-1.93	1.87	0.18
西藏				
陕西	2.10	0.36	0.86	-1.24
甘肃	1.38	-0.68	1.67	0.29
青海				
宁夏	0.06	0.06	0.03	-0.02
新疆	1.31	-0.19	1.64	0.33
重庆	0.30	-0.19	0.68	0.38
大连	11.72	-20.66	36.98	25.26
青岛	53.92	-16.25	87.46	33.55
宁波	46.30	0.43	44.70	-1.60
厦门				
深圳				
新疆兵团	0.16	-0.38	0.18	0.02
境内合计	**2048.53**	**142.02**	**2144.03**	**95.81**

中国农业银行境内各分行县域外币储蓄存款

（2007—2008）

单位：百万美元

地　区	2007 年		2008 年	
	年末余额	比年初增减额	年末余额	比年初增减额
总　行				
营业部				
北　京	0.63	-0.03	0.64	0.01
天　津	1.56	-0.87	1.09	-0.47
河　北	3.12	-0.18	1.66	-1.46
山　西	0.11	0.01	0.05	-0.07
内蒙古	0.37	-0.36	0.54	0.17
辽　宁	16.38	-7.41	12.62	-3.76
吉　林	7.55	-3.58	7.27	-0.28
黑龙江	8.21	-2.99	5.19	-3.02
上　海	13.53	-3.66	11.10	-2.42
江　苏	90.15	-30.66	76.21	-13.94
浙　江	129.23	-52.13	215.06	85.83
安　徽	1.67	-0.27	1.37	-0.29
福　建	62.69	-26.33	51.36	-11.34
江　西	6.01	-1.87	4.97	-1.04
山　东	25.96	-5.80	23.50	-2.46
河　南	14.86	-4.40	20.37	5.51
湖　北	5.00	-1.52	4.22	-0.79
湖　南	5.15	-2.04	3.54	-1.39
广　东	159.97	-40.95	136.82	-23.13
广　西	5.86	-1.19	3.32	-2.54
海　南	5.54	-2.49	4.81	-0.72
四　川	4.09	-2.76	3.27	-0.82
贵　州	0.05	0.01	0.04	-0.01
云　南	1.41	-0.94	0.99	-0.42
西　藏				
陕　西	0.42	0.01	0.34	-0.08
甘　肃	0.70	-0.36	0.28	-0.42
青　海				
宁　夏	0.06	0.06	0.02	-0.03
新　疆	0.68	-0.25	0.58	-0.10
重　庆	0.30	-0.19	0.28	-0.02
大　连	3.75	-2.33	3.38	-0.37
青　岛	14.78	-6.00	12.37	-2.40
宁　波	9.52	-3.67	7.36	-2.16
厦　门				
深　圳				
新疆兵团	0.15	-0.14	0.15	
境内合计	**599.47**	**-205.25**	**614.79**	**15.57**

中国农业银行境内各分行县域外币单位存款

（2007—2008）

单位：百万美元

地区	2007年		2008年	
	年末余额	比年初增减额	年末余额	比年初增减额
总行				
营业部				
北京	0.77	-0.10	1.15	0.38
天津	6.12	4.64	4.30	-1.82
河北	4.98	-8.39	27.34	22.36
山西	0.26	0.11	1.20	0.94
内蒙古	0.32	-1.37	0.22	-0.11
辽宁	3.68	-0.53	2.67	-1.01
吉林	1.11	0.44	1.49	0.38
黑龙江	0.21	-0.01	2.92	2.70
上海	3.96	-2.56	2.90	-1.06
江苏	878.55	224.75	881.31	2.76
浙江	135.21	39.29	194.08	58.87
安徽	0.51	0.41	2.08	1.57
福建	18.77	2.32	31.45	12.68
江西	4.16	3.59	6.20	2.04
山东	86.77	28.45	55.47	-31.30
河南	1.60	-0.30	1.13	-0.47
湖北	1.01	-0.40	2.74	1.73
湖南	1.16	-6.23	3.05	1.89
广东	46.38	25.48	33.73	-12.64
广西	2.51	1.11	3.43	0.92
海南	0.39	0.23	0.06	-0.33
四川	1.49	1.02	0.48	-1.01
贵州	0.02	0.02	0.03	0.02
云南	0.05	-0.55	0.87	0.82
西藏				
陕西	1.55	0.23	0.51	-1.03
甘肃	0.49	-0.05	1.24	0.75
青海				
宁夏			0.01	0.01
新疆	0.49	-0.04	1.06	0.57
重庆			0.39	0.39
大连	6.70	-18.77	32.57	25.87
青岛	36.74	-9.52	66.68	29.94
宁波	35.63	3.61	35.04	-0.59
厦门				
深圳				
新疆兵团			0.03	0.02
境内合计	**1281.58**	**286.84**	**1397.81**	**116.23**

中国农业银行境内各分行县域外币保证金存款

（2007—2008）

单位：百万美元

地　区	2007 年		2008 年	
	年末余额	比年初增减额	年末余额	比年初增减额
总　行				
营业部				
北　京	0. 37	0. 14	5. 72	5. 35
天　津		-0. 15		
河　北	5. 78	1. 65	3. 10	-2. 68
山　西		-0. 41		
内蒙古				
辽　宁	0. 37	-0. 31		-0. 37
吉　林	0. 31	-0. 47	1. 87	1. 56
黑龙江				
上　海	0. 02	-0. 88		-0. 02
江　苏	48. 23	6. 75	57. 47	9. 24
浙　江	70. 58	61. 04	1. 66	-68. 92
安　徽				
福　建	1. 05	-0. 72	0. 66	-0. 40
江　西		-0. 11	0. 04	0. 04
山　东	6. 34	1. 08	4. 78	-1. 56
河　南	1. 27	-0. 37	2. 14	0. 88
湖　北	0. 01	-0. 06		-0. 01
湖　南				
广　东	0. 07	-0. 28		-0. 07
广　西	0. 59	0. 11		-0. 59
海　南				
四　川	0. 02	-0. 26		-0. 02
贵　州				
云　南				
西　藏				
陕　西				
甘　肃	0. 07	-0. 21		-0. 07
青　海				
宁　夏				
新　疆				
重　庆				
大　连	1. 25	0. 46	0. 96	-0. 29
青　岛	1. 17	-1. 31	4. 03	2. 86
宁　波	1. 09	0. 53	2. 08	1. 00
厦　门				
深　圳				
新疆兵团				
境内合计	**138. 59**	**66. 22**	**84. 51**	**-54. 08**

中国农业银行境内各分行县域外币应解汇款及临时存款

(2007—2008)

单位：百万美元

地区	2007年		2008年	
	年末余额	比年初增减额	年末余额	比年初增减额
总行				
营业部				
北京	0.14	-0.21	0.30	0.16
天津	0.04	0.04	0.01	-0.03
河北	0.02	-0.92	0.73	0.71
山西				
内蒙古	3.50	2.82	2.29	-1.21
辽宁	0.62	-0.11	1.30	0.68
吉林	0.27	-0.15	0.41	0.14
黑龙江	1.41	-1.60	3.43	2.02
上海			0.02	0.02
江苏	2.10	-3.93	17.42	15.33
浙江	5.32	-5.25	6.81	1.49
安徽		-0.13		
福建	1.12	-1.04	1.72	0.60
江西	0.20	0.09	0.05	-0.15
山东	2.76	-0.07	3.76	1.00
河南	0.76	-0.08	0.91	0.15
湖北	0.19		0.13	-0.06
湖南	0.12	-0.05	0.05	-0.07
广东	5.82	3.48	2.31	-3.45
广西	2.47	1.61	0.38	-2.10
海南		-0.02	0.01	0.01
四川	0.04	-0.29	0.02	-0.02
贵州	0.05	0.03	0.02	-0.02
云南	0.22	-0.44	0.01	-0.22
西藏				
陕西	0.13	0.13	0.01	-0.13
甘肃	0.12	-0.06	0.16	0.03
青海				
宁夏				
新疆	0.14	0.10		-0.14
重庆				
大连	0.03	-0.03	0.07	0.05
青岛	1.23	0.58	4.38	3.15
宁波	0.06	-0.03	0.21	0.15
厦门				
深圳				
新疆兵团		-0.24		
境内合计	**28.89**	**-5.79**	**46.92**	**18.08**

中国农业银行境内各分行县域外币各项贷款

（2007—2008）

单位：百万美元

地　区	2007 年		2008 年	
	年末余额	比年初增减额	年末余额	比年初增减额
总　行				
营业部				
北　京	1.10			
天　津	0.92	-1.24		
河　北	46.15	40.92	5.63	-34.75
山　西		-0.32	0.02	0.02
内蒙古	1.48	-7.67		-1.48
辽　宁	6.95	-1.50	2.25	-1.51
吉　林	2.04	-0.27		
黑龙江	0.06	-60.48		
上　海	257.80	22.19	103.31	-154.49
江　苏	1268.19	269.36	814.39	-435.55
浙　江	328.19	152.63	229.14	-93.79
安　徽	1.52	1.47		-1.52
福　建	23.81	-6.63	11.72	-9.86
江　西	3.98		20.00	20.00
山　东	94.24	-40.25	58.09	-5.50
河　南	3.62	-5.64	0.27	-0.46
湖　北	1.50	0.38		-0.38
湖　南	6.65	6.60		-6.60
广　东	25.57	6.54	9.00	-16.57
广　西		-0.21		
海　南	2.93			
四　川	0.37	0.21	2.07	1.71
贵　州				
云　南	7.78	-3.36	0.89	-6.89
西　藏				
陕　西				
甘　肃				
青　海				
宁　夏				
新　疆			1.03	1.03
重　庆				
大　连	14.90	-18.42	14.97	0.07
青　岛	25.63	-3.72	17.71	-1.09
宁　波	113.93	71.69	56.12	-53.97
厦　门				
深　圳				
新疆兵团				
境内合计	**2239.30**	**422.29**	**1346.61**	**-801.58**

中国农业银行境内各分行县域外币贸易融资

（2007—2008）

单位：百万美元

地　区	2007年		2008年	
	年末余额	比年初增减额	年末余额	比年初增减额
总　行				
营业部				
北　京				
天　津		-0.99		
河　北	31.76	31.08	5.63	-26.14
山　西		-0.32	0.02	0.02
内蒙古	1.48	-7.61		-1.48
辽　宁	0.54	-0.57	0.05	-0.49
吉　林				
黑龙江		-60.00		
上　海	44.36	-112.92		-44.36
江　苏	423.09	208.58	294.98	-125.79
浙　江	227.66	107.55	186.95	-40.38
安　徽	1.52	1.47		-1.52
福　建	7.66	-10.94	9.68	2.01
江　西				
山　东	11.20	-83.43	45.45	34.58
河　南		-4.87		
湖　北	0.38	0.38		-0.38
湖　南				
广　东	1.73	0.41	9.00	7.26
广　西		-0.21		
海　南				
四　川	0.37	0.21		-0.37
贵　州				
云　南	7.78	-3.36	0.89	-6.89
西　藏				
陕　西				
甘　肃				
青　海				
宁　夏				
新　疆			1.03	1.03
重　庆				
大　连	14.90	-18.42	14.97	0.07
青　岛	14.95	-6.43	9.49	0.37
宁　波	88.55	65.42	43.87	-43.98
厦　门				
深　圳				
新疆兵团				
境内合计	**877.94**	**105.02**	**622.01**	**-246.43**

中国农业银行境内各分行县域外币贷款

（2007—2008）

单位：百万美元

地　区	2007年		2008年	
	年末余额	比年初增减额	年末余额	比年初增减额
总　行				
营业部				
北　京	1.10			
天　津	0.92	-0.25		
河　北	13.02	8.47		-7.25
山　西				
内蒙古		-0.06		
辽　宁	6.41	-0.93	2.20	-1.02
吉　林	2.04	-0.27		
黑龙江	0.06	-0.48		
上　海	213.44	135.11	103.31	-110.13
江　苏	836.99	64.46	519.41	-307.46
浙　江	100.53	45.08	38.42	-57.18
安　徽				
福　建	15.45	4.31	2.05	-11.87
江　西	3.98		20.00	20.00
山　东	70.35	42.11	9.65	-42.00
河　南	3.62	-0.77	0.27	-0.46
湖　北	1.12			
湖　南	6.65	6.60		-6.60
广　东	23.83	6.16		-23.83
广　西				
海　南	2.93			
四　川			2.07	2.07
贵　州				
云　南				
西　藏				
陕　西				
甘　肃				
青　海				
宁　夏				
新　疆				
重　庆				
大　连				
青　岛	10.54	2.86	7.08	-2.60
宁　波	25.38	6.28	12.25	-9.99
厦　门				
深　圳				
新疆兵团				
境内合计	**1338.35**	**318.69**	**716.71**	**-558.31**

中国农业银行境内各分行县域外币其他贷款

(2007—2008)

单位：百万美元

地区	2007年		2008年	
	年末余额	比年初增减额	年末余额	比年初增减额
总行				
营业部				
北京				
天津				
河北	1.37	1.37		-1.37
山西				
内蒙古				
辽宁				
吉林				
黑龙江				
上海				
江苏	8.11	-3.68		-2.29
浙江			3.78	3.78
安徽				
福建	0.69			
江西				
山东	12.68	1.07	2.99	1.92
河南				
湖北				
湖南				
广东				
广西				
海南				
四川				
贵州				
云南				
西藏				
陕西				
甘肃				
青海				
宁夏				
新疆				
重庆				
大连				
青岛	0.15	-0.15	1.13	1.13
宁波				
厦门				
深圳				
新疆兵团				
境内合计	**23.00**	**-1.39**	**7.90**	**3.17**

中国农业银行境内各分行县域外币单位一般贷款

（2007—2008）

单位：百万美元

地　区	2007年		2008年	
	年末余额	比年初增减额	年末余额	比年初增减额
总　行				
营业部				
北　京	1.10			
天　津	0.92	-0.25		
河　北	13.02	8.47		-7.25
山　西				
内蒙古		-0.06		
辽　宁	6.41	-0.93	2.20	-1.02
吉　林	2.04	-0.27		
黑龙江	0.06	-0.48		
上　海	213.44	135.11	103.31	-110.13
江　苏	836.99	64.46	519.41	-307.46
浙　江	100.53	45.08	38.42	-57.18
安　徽				
福　建	15.45	4.31	2.05	-11.87
江　西	3.98		20.00	20.00
山　东	70.35	42.11	9.65	-42.00
河　南	3.62	-0.77	0.27	-0.46
湖　北	1.11			
湖　南	6.65	6.60		-6.60
广　东	23.83	6.16		-23.83
广　西				
海　南	2.93			
四　川			2.07	2.07
贵　州				
云　南				
西　藏				
陕　西				
甘　肃				
青　海				
宁　夏				
新　疆				
重　庆				
大　连				
青　岛	10.54	2.86	7.08	-2.60
宁　波	25.38	6.28	12.25	-9.99
厦　门				
深　圳				
新疆兵团				
境内合计	**1338.35**	**318.69**	**716.71**	**-558.31**

中国农业银行境内各分行县域本外币各项存款

（2007—2008）

单位：人民币百万元

地　区	2007 年		2008 年	
	年末余额	比年初增减额	年末余额	比年初增减额
总　行				
营业部				
北　京	4958.42	194.48	5949.55	991.13
天　津	15855.79	2383.83	17617.37	1761.57
河　北	144165.19	25127.04	183285.53	39120.34
山　西	60035.42	8945.63	77425.34	17389.91
内蒙古	36356.72	5307.94	44208.89	7852.17
辽　宁	38036.74	240.47	45403.02	7366.28
吉　林	28444.37	735.48	35229.24	7052.14
黑龙江	41452.18	1020.18	49797.56	8345.38
上　海	13449.56	540.31	14990.66	1541.10
江　苏	252822.25	33076.12	296874.38	44052.13
浙　江	156541.23	15006.70	184617.67	28076.44
安　徽	62900.35	7449.00	75885.99	12436.68
福　建	71453.95	2060.17	85780.35	14326.40
江　西	54204.81	5722.23	65380.70	11175.90
山　东	125927.99	13134.53	156283.87	30355.88
河　南	114315.61	12194.84	132871.25	18555.64
湖　北	73936.94	10180.78	93763.16	19826.22
湖　南	71865.08	9608.71	84503.30	13665.22
广　东	86384.39	2658.60	95261.07	9512.27
广　西	61034.28	6972.53	68890.03	7855.75
海　南	11008.95	912.75	12903.90	1894.95
四　川	144358.33	19924.36	185019.38	40661.05
贵　州	32610.10	3594.54	38652.31	6042.21
云　南	74663.46	6884.09	84104.67	9441.21
西　藏	7671.05	1637.15	9662.68	1991.63
陕　西	54334.11	8713.23	66857.18	12694.25
甘　肃	33071.07	4592.99	41384.33	8313.27
青　海	7401.87	1484.51	15231.19	3408.96
宁　夏	5582.76	1033.40	6893.13	1310.37
新　疆	27583.34	1936.53	31042.00	3458.66
重　庆	28735.65	2852.84	35226.83	6491.19
大　连	10211.39	400.55	13159.94	2948.55
青　岛	18810.24	2406.73	21931.59	3121.35
宁　波	25510.55	2764.66	28853.99	3343.44
厦　门				
深　圳				
新疆兵团	25459.84	2308.21	26122.64	662.80
境内合计	**2021154.00**	**224006.11**	**2431064.71**	**407042.43**

中国农业银行境内各分行县域本外币储蓄存款

（2007—2008）

单位：人民币百万元

地　区	2007 年		2008 年	
	年末余额	比年初增减额	年末余额	比年初增减额
总　行				
营业部				
北　京	2664. 16	143. 22	3628. 72	964. 56
天　津	9940. 40	1507. 13	13538. 91	3598. 50
河　北	111860. 41	20243. 85	148168. 14	36307. 73
山　西	39315. 19	5113. 96	51484. 61	12169. 42
内蒙古	21377. 82	2442. 41	26844. 35	5466. 53
辽　宁	32519. 24	1423. 97	40109. 50	7590. 26
吉　林	22739. 87	175. 70	28074. 86	5566. 85
黑龙江	34067. 82	106. 76	40878. 27	6810. 45
上　海	7633. 17	－148. 16	9120. 36	1487. 19
江　苏	147362. 72	10796. 49	189878. 87	42516. 15
浙　江	92277. 52	4300. 72	117419. 87	25142. 35
安　徽	48045. 66	5865. 30	60255. 02	11640. 14
福　建	51102. 25	1323. 70	63704. 44	12602. 18
江　西	41518. 24	3297. 16	50461. 62	8943. 38
山　东	86318. 79	7805. 61	109051. 13	22732. 34
河　南	89826. 23	6911. 66	108036. 21	18209. 98
湖　北	58455. 42	7022. 14	72678. 82	14223. 40
湖　南	57424. 68	6676. 70	68329. 57	11712. 43
广　东	66419. 42	－100. 07	75490. 04	9384. 25
广　西	43562. 42	3569. 22	48964. 07	5401. 65
海　南	8133. 05	568. 36	9511. 48	1378. 43
四　川	100381. 86	10660. 60	125567. 64	25185. 78
贵　州	17092. 93	2015. 16	20388. 33	3295. 39
云　南	40578. 39	1645. 53	47831. 46	7253. 07
西　藏	3220. 45	436. 00	3575. 96	355. 51
陕　西	31923. 03	2840. 14	40362. 19	8480. 70
甘　肃	22235. 21	2039. 47	27871. 32	5636. 12
青　海	3854. 82	504. 52	7123. 62	1528. 86
宁　夏	3617. 94	424. 96	4731. 79	1113. 85
新　疆	14687. 49	265. 16	16980. 02	2292. 53
重　庆	21443. 54	1920. 78	26546. 61	5103. 07
大　连	8253. 06	502. 84	11104. 46	2851. 40
青　岛	13430. 14	1418. 84	16554. 88	3124. 74
宁　波	15350. 02	489. 46	19812. 36	4462. 35
厦　门				
深　圳				
新疆兵团	13448. 70	14. 71	15817. 12	2368. 42
境内合计	**1382082. 05**	**114223. 99**	**1719896. 60**	**336899. 96**

中国农业银行境内各分行县域本外币单位存款

（2007—2008）

单位：人民币百万元

地区	2007年		2008年	
	年末余额	比年初增减额	年末余额	比年初增减额
总行营业部				
北京	2257.75	72.52	2227.97	-29.78
天津	4871.43	1354.97	3642.55	-1228.88
河北	31874.78	4869.35	34666.66	2791.87
山西	20392.80	4327.80	25784.24	5391.44
内蒙古	14577.01	2903.26	17030.04	2453.03
辽宁	5393.94	-1069.71	5259.64	-134.30
吉林	5637.36	684.66	7072.24	1470.29
黑龙江	7365.89	1407.44	8868.31	1502.41
上海	5746.55	670.03	5856.59	110.04
江苏	93195.98	21736.74	94287.75	1091.77
浙江	54479.24	8195.62	55362.21	882.97
安徽	14344.89	1626.14	15336.51	1011.66
福建	18205.47	748.29	19923.44	1717.97
江西	12563.52	2416.87	14798.07	2234.56
山东	35822.96	5964.41	41632.69	5809.72
河南	24141.30	5544.53	24567.12	425.82
湖北	14884.43	2854.63	20742.47	5858.04
湖南	14227.71	2918.89	16056.46	2046.02
广东	19827.84	2767.96	19532.83	23.87
广西	17312.69	3395.32	19812.53	2499.84
海南	2873.01	345.51	3390.83	517.82
四川	43596.88	9374.28	59114.60	15517.73
贵州	15416.73	1544.87	18206.63	2789.91
云南	33829.24	5185.25	35798.49	1969.25
西藏	4425.14	1199.93	6051.54	1626.41
陕西	22135.57	6073.47	26280.02	4272.20
甘肃	10726.38	2620.90	13458.18	2731.80
青海	3508.63	952.59	8099.74	1930.76
宁夏	1913.89	572.29	2139.54	225.65
新疆	12822.89	1706.39	14018.61	1195.72
重庆	7185.69	872.28	8634.24	1448.54
大连	1912.58	-98.43	2030.53	117.94
青岛	5197.96	1055.80	5186.13	-11.82
宁波	8580.43	1943.93	7344.38	-1236.04
厦门				
深圳				
新疆兵团	11857.58	2280.53	10200.98	-1656.60
境内合计	**603106.12**	**109019.33**	**672414.74**	**67367.61**

中国农业银行境内各分行县域本外币保证金存款

（2007—2008）

单位：人民币百万元

地 区	2007 年		2008 年	
	年末余额	比年初增减额	年末余额	比年初增减额
总 行				
营业部				
北 京	34.24	-16.44	89.20	54.95
天 津	1025.98	-492.09	431.82	-594.16
河 北	323.72	63.13	384.81	61.09
山 西	235.98	-496.15	114.51	-121.47
内蒙古	356.57	-55.32	302.59	-53.98
辽 宁	102.48	-80.01	11.44	-91.04
吉 林	26.67	-49.46	40.26	13.60
黑龙江	3.75	-481.30	20.85	17.10
上 海	65.82	17.27	10.88	-54.93
江 苏	12016.25	545.44	12309.37	293.11
浙 江	8849.06	1734.02	11735.72	2886.66
安 徽	418.14	-29.28	252.36	-165.78
福 建	1960.51	-24.97	2072.21	111.70
江 西	59.11	10.18	97.29	38.18
山 东	3632.32	-628.78	5491.34	1859.02
河 南	275.69	-242.32	174.61	-101.07
湖 北	440.80	306.83	272.86	-167.94
湖 南	105.15	24.17	70.46	-34.69
广 东	54.65	-15.29	130.50	76.61
广 西	51.32	-2.50	85.36	34.04
海 南			0.19	0.19
四 川	244.06	-113.16	247.87	3.81
贵 州	39.62	7.17	39.40	-0.22
云 南	177.67	60.68	370.83	193.16
西 藏				
陕 西	190.79	-157.51	164.70	-26.10
甘 肃	26.60	-37.21	25.39	-1.21
青 海	21.92	20.91	2.24	-19.68
宁 夏	45.55	38.13	18.92	-26.63
新 疆	24.23	-44.87	18.37	-5.85
重 庆	29.30	8.43	24.84	-4.45
大 连	43.66	-3.31	19.98	-23.69
青 岛	152.90	-76.50	149.45	-3.45
宁 波	1536.89	317.98	1677.12	140.23
厦 门				
深 圳				
新疆兵团	44.97	2.17	64.81	19.85
境内合计	**32616.37**	**110.04**	**36922.55**	**4306.94**

中国农业银行境内各分行县域本外币保险公司存放款项

(2007—2008)

单位：人民币百万元

地区	2007年		2008年	
	年末余额	比年初增减额	年末余额	比年初增减额
总行				
营业部				
北京	1.09	-0.12	1.29	0.19
天津	0.92	-0.39	0.61	-0.31
河北	12.43	4.10	7.29	-5.13
山西	25.71	8.51	30.77	5.06
内蒙古	10.83	1.17	12.66	1.83
辽宁	10.48	-0.48	10.91	0.43
吉林	30.48	-56.05	31.46	0.98
黑龙江	2.81	1.18	3.76	0.96
上海	3.94	1.13	2.65	-1.29
江苏	80.29	34.34	119.15	38.86
浙江	857.18	800.21	45.25	-811.93
安徽	27.84	5.66	9.69	-16.97
福建	34.20	-4.26	33.01	-1.20
江西	5.80	4.66	2.96	-2.84
山东	12.89	-14.06	10.71	-2.17
河南	23.33	9.93	9.02	-14.31
湖北	40.89	10.70	24.28	-16.61
湖南	39.21	0.09	28.43	-9.42
广东	18.56	-0.51	89.15	72.48
广西	18.35	-3.82	8.24	-10.11
海南	1.47	-0.12	0.70	-0.77
四川	94.67	36.29	69.59	-25.08
贵州	39.12	19.87	13.86	-25.27
云南	27.95	5.70	25.71	-2.24
西藏				
陕西	29.16	5.53	19.86	-9.26
甘肃	11.17	-7.23	10.86	-0.31
青海	1.84	-2.41	3.21	-0.54
宁夏	4.82	0.28	2.64	-2.18
新疆	42.02	8.53	22.40	-19.63
重庆	10.78	-1.68	7.07	-3.71
大连	1.88	-0.33	1.00	-0.88
青岛	9.76	-0.23	8.04	-1.72
宁波	7.82	0.31	5.49	-2.33
厦门				
深圳				
新疆兵团	108.15	15.65	39.66	-68.48
境内合计	**1647.87**	**882.17**	**711.38**	**-933.92**

中国农业银行境内各分行县域本外币应解汇款及临时存款

（2007—2008）

单位：人民币百万元

地区	2007年		2008年	
	年末余额	比年初增减额	年末余额	比年初增减额
总行				
营业部				
北京	1.17	-4.70	2.37	1.21
天津	17.06	14.21	3.48	-13.58
河北	93.85	-53.39	58.62	-35.23
山西	65.75	-8.50	11.21	-54.54
内蒙古	34.48	20.21	19.25	-15.24
辽宁	10.59	-33.29	11.52	0.93
吉林	4.96	-18.20	10.42	5.45
黑龙江	11.91	-13.91	26.36	14.45
上海	0.09	0.04	0.18	0.09
江苏	167.00	-36.89	279.24	112.24
浙江	78.24	-23.88	54.63	-23.60
安徽	63.82	-18.82	32.40	-32.37
福建	122.40	18.22	47.26	-75.14
江西	58.14	-6.65	20.76	-37.38
山东	140.76	7.76	98.00	-42.76
河南	46.86	-30.56	84.29	37.43
湖北	114.11	-13.69	44.74	-69.37
湖南	68.34	-9.82	18.39	-49.11
广东	63.84	6.42	18.55	-44.87
广西	77.94	11.30	19.83	-58.11
海南	1.43	-1.01	0.71	-0.72
四川	39.71	-23.94	19.68	-20.03
贵州	20.69	7.51	4.09	-16.60
云南	47.88	-14.71	78.19	30.31
西藏	25.46	1.22	35.18	9.72
陕西	55.55	-48.40	30.42	-23.29
甘肃	71.70	-22.94	18.58	-53.13
青海	11.74	6.80	2.38	-27.52
宁夏	0.56	-2.25	0.24	-0.31
新疆	6.71	1.32	2.59	-4.12
重庆	66.33	53.04	14.07	-52.26
大连	0.21	-0.22	3.98	3.78
青岛	19.50	8.82	33.09	13.60
宁波	35.39	12.98	14.64	-20.76
厦门				
深圳				
新疆兵团	0.45	-4.85	0.07	-0.38
境内合计	**1644.63**	**-220.77**	**1119.44**	**-541.20**

中国农业银行境内各分行县域本外币同业存放款项

（2007—2008）

单位：人民币百万元

地　区	2007 年		2008 年	
	年末余额	比年初增减额	年末余额	比年初增减额
总　行				
营业部				
北　京	11.02	-23.79		-11.02
天　津	115.82	-188.32	131.54	15.72
河　北	3284.36	-928.32	3324.08	39.72
山　西	2478.09	-567.36	2339.18	-138.91
内蒙古	1205.07	-310.60	937.92	-267.95
辽　宁	410.21	-540.39	632.12	221.91
吉　林	83.17	0.11	134.59	56.45
黑龙江	245.34	107.61	35.84	-209.50
上　海	202.52	124.75	115.39	-87.13
江　苏	561.18	-634.16	496.18	-65.00
浙　江	4306.42	-283.40	5439.76	1133.35
安　徽	1603.66	-1624.07	1840.63	254.21
福　建	283.07	-324.02	1088.66	834.72
江　西	338.93	-291.22	126.85	-212.07
山　东	1450.82	-500.54	2766.34	1315.78
河　南	1864.02	-811.25	2068.82	207.01
湖　北	201.12	-1.76	187.64	-12.19
湖　南	616.62	-478.02	474.08	-142.50
广　东	290.79	-138.34	192.75	-53.03
广　西	96.43	-629.14	274.42	189.54
海　南	122.48	-239.83	69.43	-53.06
四　川	3447.25	-2433.27	3219.31	-226.79
贵　州	358.15	-150.70	307.43	-49.72
云　南	956.95	274.02	407.93	-546.69
西　藏	8.45	-100.98	14.32	5.87
陕　西	530.86	-1002.24	1101.65	572.83
甘　肃	919.22	-412.91	494.09	-425.13
青　海	232.73	-2.78	172.78	-90.89
宁　夏	22.54	9.91	118.63	96.10
新　疆	171.02	-198.93	267.60	96.58
重　庆	339.67	-159.39	162.31	-177.36
大　连	380.80	100.61	171.27	-209.54
青　岛	6.47	-6.66	32.64	26.17
宁　波	1853.42	-411.94	3184.64	1331.22
厦　门				
深　圳				
新疆兵团	32.36	27.77	39.34	6.98
境内合计	**29031.84**	**-12749.64**	**32370.16**	**3425.69**

中国农业银行境内各分行县域本外币各项贷款

（2007—2008）

单位：人民币百万元

地　区	2007 年		2008 年	
	年末余额	比年初增减额	年末余额	比年初增减额
总　行				
营业部				
北　京	1376.50	73.04	976.77	185.04
天　津	7292.29	250.30	3345.03	-784.34
河　北	62957.39	5601.63	33719.04	-1932.25
山　西	24498.24	1546.67	8414.73	-4947.54
内蒙古	24616.79	2202.52	17180.94	-284.98
辽　宁	24531.36	-1407.58	4218.39	-2183.06
吉　林	12991.42	-370.06	4974.11	1353.50
黑龙江	24253.20	-1120.99	644.45	-440.88
上　海	10412.29	845.72	10203.62	-47.75
江　苏	151095.96	18309.63	152805.12	14252.56
浙　江	107972.11	17806.41	123027.32	15622.83
安　徽	18163.46	627.15	8091.11	430.35
福　建	44282.11	6735.41	46539.39	6286.85
江　西	24931.71	2598.51	15401.61	3738.46
山　东	88260.56	15832.08	78063.36	14332.57
河　南	39287.80	2687.94	15289.57	2035.04
湖　北	19000.93	866.12	15503.27	1154.73
湖　南	26555.67	1028.11	11935.65	2560.60
广　东	12392.01	73.71	14004.75	2523.46
广　西	21180.42	2715.94	22281.15	3179.46
海　南	6014.68	-135.66	191.42	-140.10
四　川	57803.03	8032.27	54685.29	9930.80
贵　州	22882.77	2044.16	23435.30	2215.05
云　南	46537.97	5708.98	42042.38	4955.80
西　藏	4644.64	481.03	4760.03	376.05
陕　西	25318.35	754.52	13829.92	894.59
甘　肃	15964.02	781.55	11097.92	1191.95
青　海	5366.83	85.22	4535.23	1518.83
宁　夏	4140.98	393.92	2452.20	482.18
新　疆	6916.63	-632.96	3043.66	305.95
重　庆	8806.80	953.99	10571.01	2472.46
大　连	4681.52	246.83	2515.21	-62.06
青　岛	9096.19	697.07	6999.62	70.65
宁　波	23604.51	6112.29	27301.10	3805.61
厦　门				
深　圳				
新疆兵团	8533.06	505.42	6077.98	604.91
境内合计	**996364.21**	**102930.89**	**800157.65**	**85657.32**

中国农业银行境内各分行县域本外币票据融资

(2007—2008)

单位：人民币百万元

地区	2007年		2008年	
	年末余额	比年初增减额	年末余额	比年初增减额
总行				
营业部				
北京	95.02	25.75	153.07	58.05
天津		-2.70		
河北	1857.42	-1820.17	2244.71	387.30
山西	4942.77	1161.75	189.42	-4753.35
内蒙古	480.83	82.19	176.84	-303.99
辽宁	873.91	-240.85		-873.91
吉林	248.37	4.87	66.86	-181.51
黑龙江	120.81	113.36	13.98	-106.83
上海	1.20	0.95	190.11	188.91
江苏	21189.31	-5156.51	25140.91	3951.60
浙江	169.29	-1514.97	1175.51	1006.21
安徽	496.74	36.19	264.39	-231.69
福建	786.75	-325.20	324.94	-461.81
江西	289.22	-241.76	104.41	-184.80
山东	2733.38	-54.18	3460.82	727.45
河南	11.00	8.00		-11.00
湖北	1156.32	-1554.93	986.96	-169.36
湖南	762.35	471.81	311.61	-419.02
广东	351.02	-201.16	468.80	118.60
广西	117.07	-330.54	212.18	95.12
海南	15.00	15.00	0.26	-14.74
四川	1355.39	-73.49	571.75	-783.64
贵州	727.96	82.36	159.38	-568.58
云南	550.51	332.33	590.95	40.44
西藏				
陕西	1543.59	381.22	1183.17	-360.41
甘肃	263.56	0.39	205.57	-57.98
青海	0.20	-64.48	0.59	-23.05
宁夏	226.16	202.38	62.05	-164.11
新疆	100.73	95.14	39.89	-60.84
重庆	15.27	-188.74	67.35	52.08
大连	124.73	46.20	87.64	-37.09
青岛	490.04	110.31	451.86	-38.18
宁波	193.56	-473.48	997.58	804.02
厦门	186.48	185.98		
深圳				
新疆兵团			0.35	-186.12
境内合计	**42475.94**	**-8886.98**	**39903.92**	**-2562.24**

中国农业银行境内各分行县域本外币贸易融资

（2007—2008）

单位：人民币百万元

地区	2007年		2008年	
	年末余额	比年初增减额	年末余额	比年初增减额
总行				
营业部				
北京				
天津		-7.73		
河北	312.03	95.87	55.78	-250.85
山西	126.31	-126.55	0.16	-1.27
内蒙古	70.88	-38.79	5.80	-65.08
辽宁	10.16	-19.24	0.34	-9.82
吉林	0.01	-0.51		
黑龙江		-468.52		
上海	324.04	-904.11		-324.04
江苏	3622.06	1601.07	2411.84	-1192.30
浙江	3218.37	863.94	3019.75	-193.76
安徽	46.14	4.23	4.71	-6.44
福建	99.15	-50.12	99.43	0.28
江西		-10.90		
山东	685.98	-519.74	845.33	161.90
河南	83.15	40.35	43.00	-39.70
湖北	3.79	2.79	2.76	-0.05
湖南	18.78	2.45	3.00	-0.84
广东	13.03	-11.77	67.81	54.78
广西	92.47	90.83		-92.47
海南	7.13	-0.15		
四川	2.68	1.48		-2.68
贵州				
云南	60.25	-31.47	6.07	-53.16
西藏				
陕西	0.84	-2.16		-0.05
甘肃				
青海				
宁夏				
新疆			7.01	7.01
重庆	0.01			
大连	340.63	72.53	238.46	-102.17
青岛	109.19	-57.75	64.89	-4.46
宁波	684.09	479.28	350.05	-329.24
厦门				
深圳				
新疆兵团				
境内合计	**9931.16**	**1005.30**	**7226.19**	**-2444.41**

中国农业银行境内各分行县域本外币贷款

（2007—2008）

单位：人民币百万元

地区	2007年		2008年	
	年末余额	比年初增减额	年末余额	比年初增减额
总行				
营业部				
北京	1265.78	47.49	823.70	127.04
天津	7292.29	260.73	3345.03	-784.34
河北	60731.61	7318.48	31418.55	-2058.68
山西	19351.16	451.46	8217.88	-189.49
内蒙古	24039.68	2159.22	16998.29	84.10
辽宁	23458.81	-1146.68	4195.01	-1317.08
吉林	12679.06	-373.62	4907.26	1535.03
黑龙江	24132.39	-765.83	630.47	-334.05
上海	10087.05	1748.88	10013.50	87.38
江苏	126220.13	21897.90	125161.31	11412.76
浙江	104574.98	18452.73	118787.46	14770.48
安徽	17467.49	589.20	7822.02	668.63
福建	43370.82	7120.55	46115.01	6748.77
江西	24545.20	2854.29	15292.27	3925.38
山东	84430.25	16392.97	73704.39	13399.70
河南	39119.70	2641.39	15246.57	2089.61
湖北	17839.58	2418.27	14509.95	1321.20
湖南	25735.98	572.27	11618.88	2978.34
广东	12027.95	286.64	13468.14	2350.12
广西	20958.48	2959.73	22068.97	3176.81
海南	5992.55	-150.51	191.16	-125.35
四川	56388.52	8102.90	54113.55	10716.60
贵州	22154.81	1961.86	23275.92	2783.63
云南	45892.17	5411.66	41429.39	4952.68
西藏	4644.64	481.03	4760.03	376.05
陕西	23731.59	375.46	12646.74	1255.05
甘肃	15699.58	781.17	10890.37	1247.96
青海	5365.83	149.70	4534.64	1541.89
宁夏	3871.42	191.54	2390.15	646.29
新疆	6696.13	-728.10	2996.77	359.78
重庆	8791.53	1142.73	10503.66	2420.38
大连	4216.15	136.13	2189.11	77.20
青岛	8491.95	645.74	6475.11	107.99
宁波	22726.86	6106.49	25953.47	3330.83
厦门				
深圳				
新疆兵团	8346.58	319.44	6077.63	791.03
境内合计	**942338.73**	**110813.31**	**752772.36**	**90473.73**

中国农业银行境内各分行县域本外币其他贷款

（2007—2008）

单位：人民币百万元

地 区	2007年		2008年	
	年末余额	比年初增减额	年末余额	比年初增减额
总 行				
营业部				
北 京	15.70	-0.20		-0.05
天 津				
河 北	56.33	7.45		-10.03
山 西	77.99	60.00	7.27	-3.43
内蒙古	25.40	-0.09		-0.01
辽 宁	188.48	-0.80	23.04	17.76
吉 林	63.98	-0.81		-0.02
黑龙江				
上 海				
江 苏	64.46	-32.82	91.05	80.49
浙 江	9.47	4.70	44.60	39.90
安 徽	153.09	-2.46		-0.15
福 建	25.39	-9.83		-0.39
江 西	97.29	-3.12	4.93	-2.12
山 东	410.95	13.03	52.82	43.52
河 南	73.95	-1.80		-3.87
湖 北	1.25		3.61	2.94
湖 南	38.56	-18.41	2.16	2.10
广 东				
广 西	12.40	-4.08		
海 南				
四 川	56.44	1.38		0.52
贵 州		-0.06		
云 南	35.05	-3.55	15.97	15.84
西 藏				
陕 西	42.33	-0.01		
甘 肃	0.89		1.97	1.97
青 海	0.80			
宁 夏	43.40			
新 疆	119.77			
重 庆				
大 连		-8.03		
青 岛	5.02	-1.23	7.75	5.30
宁 波				
厦 门				
深 圳				
新疆兵团				
境内合计	**1618.39**	**-0.74**	**255.17**	**190.28**

中国农业银行境内各分行县域本外币单位一般贷款

（2007—2008）

单位：人民币百万元

地区	2007年		2008年	
	年末余额	比年初增减额	年末余额	比年初增减额
总行				
营业部				
北京	951.31	49.44	530.93	148.71
天津	6617.03	426.07	2914.84	-555.89
河北	52495.43	5462.98	24652.19	-2702.64
山西	17175.84	989.09	7671.04	121.19
内蒙古	21325.80	2320.33	15683.65	45.23
辽宁	18988.13	-180.63	3460.49	-875.19
吉林	10817.91	47.53	2825.22	209.32
黑龙江	20715.37	-255.69	105.62	-283.63
上海	8202.42	2179.03	8448.33	370.25
江苏	104391.61	14207.56	102190.55	10151.39
浙江	73616.44	10907.20	86236.15	13087.15
安徽	15137.68	297.42	6282.13	497.55
福建	32250.21	4122.26	33337.21	4767.64
江西	21471.48	2319.05	11689.35	2227.34
山东	78894.95	15823.49	65720.19	10204.36
河南	35338.02	2796.56	14245.12	1243.52
湖北	15416.06	1955.14	12288.41	1244.24
湖南	22840.57	421.54	9672.94	2608.00
广东	6006.46	121.86	6345.05	1217.44
广西	14934.00	2068.93	15469.00	2323.18
海南	5649.02	-104.15	132.65	-100.47
四川	50666.02	7762.99	49801.84	10080.88
贵州	19958.25	1799.21	21377.30	2805.90
云南	36912.61	4796.64	32984.65	4595.48
西藏	1672.65	-345.53	685.53	-758.86
陕西	17301.53	101.06	9481.72	1627.33
甘肃	10613.41	837.54	8004.83	1074.04
青海	4085.53	265.52	4403.65	1576.92
宁夏	2959.27	543.49	2107.80	724.33
新疆	5182.48	-419.41	2595.65	560.15
重庆	7699.41	949.62	9304.30	2178.75
大连	3796.42	51.38	1781.81	37.81
青岛	6581.69	497.76	4541.23	16.26
宁波	18833.30	4277.38	20255.28	1520.00
厦门				
深圳				
新疆兵团	7942.19	621.94	5535.61	614.49
境内合计	**777440.51**	**87714.60**	**602762.28**	**72602.17**

中国农业银行境内各分行县域本外币个人一般贷款

（2007—2008）

单位：人民币百万元

地　区	2007 年		2008 年	
	年末余额	比年初增减额	年末余额	比年初增减额
总　行				
营业部				
北　京	314.48	-1.95	292.76	-21.67
天　津	675.26	-165.33	430.20	-228.45
河　北	8236.18	1855.50	6766.36	643.96
山　西	2175.31	-537.63	546.84	-310.68
内蒙古	2680.69	-164.10	1290.38	45.76
辽　宁	4464.72	-965.99	734.47	-441.83
吉　林	1852.14	-397.04	2079.96	1330.84
黑龙江	3416.94	-510.14	524.85	-50.41
上　海	1884.56	-430.06	1565.13	-282.84
江　苏	21826.84	7690.83	22970.63	1261.41
浙　江	30953.89	7544.35	32547.44	1683.96
安　徽	2329.69	291.86	1539.84	171.13
福　建	11119.36	2998.29	12777.80	1982.39
江　西	3072.53	535.29	3602.62	1698.93
山　东	5530.86	568.17	7982.85	3195.60
河　南	3774.19	-155.21	999.25	844.12
湖　北	2412.79	457.51	2202.59	64.75
湖　南	2668.31	152.14	1757.56	371.48
广　东	6019.12	164.54	7121.67	1133.00
广　西	6015.96	890.38	6597.28	853.93
海　南	343.50	-46.25	58.49	-24.87
四　川	5680.11	340.54	4281.54	642.01
贵　州	2177.07	153.28	1881.33	-20.13
云　南	8979.56	615.02	8444.74	357.20
西　藏	2971.99	826.56	4074.50	1134.90
陕　西	6430.05	274.40	3165.00	-372.31
甘　肃	5086.12	-56.38	2885.20	173.60
青　海	1280.30	-115.82	130.98	-35.03
宁　夏	910.02	-352.80	277.87	-81.64
新　疆	1512.06	-309.16	399.34	-201.68
重　庆	1092.11	193.12	1199.35	241.63
大　连	419.73	84.76	407.30	39.39
青　岛	1909.73	147.98	1933.71	91.83
宁　波	3893.56	1829.11	5698.19	1810.83
厦　门				
深　圳				
新疆兵团	402.85	-303.58	537.18	173.01
境内合计	**164512.58**	**23102.16**	**149705.21**	**17874.13**

中国农业银行境内各分行县域本外币个人协议透支

（2007—2008）

单位：人民币百万元

地区	2007年		2008年	
	年末余额	比年初增减额	年末余额	比年初增减额
总行				
营业部				
北京				
天津				
河北				
山西	0.02			
内蒙古	33.18	3.02	24.27	-6.89
辽宁	4.28	-0.06	0.05	-0.06
吉林	9.01	-24.11	2.07	-5.13
黑龙江	0.08			-0.01
上海	0.08	-0.10	0.05	-0.03
江苏	1.04	-0.49	0.12	-0.04
浙江	4.66	1.18	3.88	-0.63
安徽	0.12	-0.08	0.04	-0.05
福建	0.14			-0.14
江西	1.19	-0.04	0.30	-0.89
山东	3.51	1.32	1.34	-0.26
河南	7.30	0.04	2.20	1.97
湖北	10.02	5.62	18.94	12.20
湖南	226.86	-1.27	188.25	-1.15
广东	2.37	0.25	1.42	-0.32
广西	8.52	0.42	2.68	-0.29
海南	0.03	-0.11	0.02	-0.01
四川	42.16	-0.63	30.17	-6.30
贵州	19.49	9.38	17.29	-2.13
云南				
西藏				
陕西			0.02	0.02
甘肃	0.05	0.01	0.34	0.33
青海				
宁夏	2.13	0.85	4.47	3.60
新疆	1.59	0.47	1.78	1.30
重庆		-0.01	0.01	0.01
大连				
青岛	0.39		0.17	-0.06
宁波				
厦门				
深圳				
新疆兵团	1.54	1.08	4.84	3.53
境内合计	**379.75**	**-3.28**	**304.73**	**-1.44**

中国农业银行境内各分行县域本外币存放同业款项

（2007—2008）

单位：人民币百万元

地区	2007年		2008年	
	年末余额	比年初增减额	年末余额	比年初增减额
总行				
营业部				
北京				
天津	0.99	0.01		-0.99
河北	26.29	-11.40	28.72	22.44
山西	2.82	-5.12	1.51	-0.81
内蒙古	122.43	2.94	130.42	10.18
辽宁	0.33	-0.40		
吉林	112.63	112.30	87.15	-25.48
黑龙江	0.17	-2.40		
上海	0.37			-0.37
江苏	56.64	-18.89	76.09	29.25
浙江	57.15	10.64	21.09	-34.81
安徽	0.31	-0.90	0.28	
福建	11.15	6.03	0.06	-10.47
江西	1.62	-1.88	0.12	-1.51
山东	2.93	-2.51	0.01	-2.91
河南	5.93	-30.90		-0.44
湖北	15.32	-5.53	4.70	4.23
湖南	1.11		3.03	3.00
广东	5.60	-2069.15	3.84	-0.34
广西	36.77	25.26	125.91	89.14
海南	0.84	-0.90	0.23	
四川	2.86	-37.79	51.63	54.49
贵州	23.02	-24.05	22.33	-0.69
云南	0.18	-25.91	0.11	-0.03
西藏	0.30		0.30	
陕西	0.56	-3.59	0.53	-0.04
甘肃	5.31	-7.23	3.65	-1.66
青海	0.58	-4.39	0.60	0.02
宁夏	0.54	0.47	0.34	-0.20
新疆	3.25	-1.08	10.63	7.38
重庆	5.29	3.10	7.48	2.19
大连				
青岛				
宁波	20.99	11.94	15.59	-5.40
厦门				
深圳				
新疆兵团		-0.67		
境内合计	**524.26**	**-2082.03**	**596.37**	**136.20**

中国农业银行境内各分行县域本外币投资

(2007—2008)

单位：人民币百万元

地　区	2007 年		2008 年	
	年末余额	比年初增减额	年末余额	比年初增减额
总　行				
营业部				
北　京	237.62	156.63	215.05	-22.57
天　津	3.05	-1.82		-3.05
河　北	499.83	319.24	521.94	29.54
山　西	52.82	-2.31	38.76	-11.22
内蒙古	19.38	2.78	17.09	-2.17
辽　宁	61.69	8.10	51.92	-9.77
吉　林	49.40	27.12	41.47	-7.93
黑龙江	72.76	15.18	57.72	-9.88
上　海	43.90	30.70	46.04	2.15
江　苏	6.53	-68.94	4.44	0.33
浙　江	26.83	-12.36	2.47	-24.36
安　徽	7.69	-11.03		-5.76
福　建	14.34	-0.04		
江　西	14.56	-14.98	10.37	-0.17
山　东	21.27	-34.30	4.57	-15.40
河　南	79.27	13.03	32.92	-22.63
湖　北	51.80	10.72	49.32	-2.10
湖　南	24.94	-10.96	6.97	-7.85
广　东	21.28	5.03		-18.27
广　西	32.52	-9.58	22.29	-10.06
海　南	0.72	-0.99	0.48	-0.25
四　川	46.25	-13.93	21.20	-21.67
贵　州	3.41	0.03		-3.41
云　南	26.67	-2.37	0.22	-26.45
西　藏	0.02	0.02	0.02	
陕　西	7.86	-3.08		-7.86
甘　肃	8.97	1.78	5.77	-2.80
青　海	3.65	1.42	4.16	-1.72
宁　夏	2.03	0.83	1.62	-0.41
新　疆	110.63	72.81	120.07	9.44
重　庆	12.92	-2.84		-12.86
大　连	43.52	30.71	39.46	-4.07
青　岛	16.27	2.74	9.67	-6.60
宁　波	66.31	31.74	62.02	-4.29
厦　门				
深　圳				
新疆兵团	107.51	69.36	87.01	-20.50
境内合计	**1798.23**	**610.43**	**1475.03**	**-244.65**

（四）“三农”金融服务编制说明

“三农”金融服务主要包括涉农贷款和县域业务两部分内容。涉农贷款是指向农户和农村企业组织发放的各项贷款，以及向其他承贷主体发放的用于发展农、林、牧、渔业生产，支持新农村建设等的各项贷款。县域业务是指中国农业银行位于县及县级市机构的主要业务经营情况。

一、统计指标解释

（一）农林牧渔业贷款：指发放给各承贷主体从事A门类（农、林、牧、渔业）所属活动的各项贷款。

（二）农业贷款：指发放给各承贷主体从事各种农作物种植（谷物、蔬菜、园艺作物、水果、坚果、饮料、香料、中药材）活动的各项贷款。

（三）林业贷款：指发放给各承贷主体从事林木的培育与种植、木材和竹材的采运（仅指运出山场至贮木场）、林产品的采集等活动的各项贷款。上述活动中，不包括国家自然保护区的森林保护和管理以及城市树木、草坪的种植和管理。

（四）畜牧业贷款：指发放给各承贷主体从事为了获得各种畜禽产品而进行的动物饲养活动的贷款。

（五）渔业贷款：指发放给各承贷主体从事海洋、内陆水域养殖与捕捞活动的各项贷款。上述活动中，不包括专门供体育运动和休闲的钓鱼等活动。

（六）农林牧渔服务业贷款：指发放给各承贷主体从事针对使农、林、牧、渔业生产活动顺利进行而提供的支持性服务活动的各项贷款。上述活动中，不包括针对农林牧渔业的各种科学技术和专业技术服务活动。

（七）农户贷款：指发放给农户的各项贷款。农户贷款的判定应以贷款发放时的承贷主体是否属于农户为准。

农户：指长期（一年以上）居住在乡镇（不包括城关镇）行政管理区域内的住户，还包括长期居住在城关镇所辖行政村范围内的住户和户口不在本地而在本地居住一年以上的住户，国有农场的职工和农村个体工商户。位于乡镇（不包括城关镇）行政管理区域内和在城关镇所辖行政村范围内的国有经济的机关、团体、学校、企事业单位的集体户；有本地户口，但举家外出谋生一年以上的住户，无论是否保留承包耕地均不属于农户。农户以户为统计单位，既可以从事农业生产经营，也可以从事非农业生产经营。

农村个体工商户：长期（一年以上）居住在乡镇（不包括城关镇）行政管理区域内或者城关镇所辖行政村范围内，经法律或者相关部门核准领取了“营业执照”或“民办非企业单位（个人）登记证书”，从事工业、商业、建筑业、运输业、餐饮业、服务业等活动的农村住户和虽然没有领取相关证件，但有相对固定场所、实际从事生产经营活动三个月以上、外雇人员在7人以下的农村住户。

（八）农户生产经营贷款：农户生产经营指农户以资本增值为直接目的而进行的资金运用活动。发放给农户用于上述用途的各项贷款即农户生产经营贷款，包括农户农林牧渔业生产经营贷款和农户其他生产经营贷款两类。（1）农户农林牧渔业生产经营贷款指发放给农户从事农业、林业、畜牧业、渔业及农林牧渔服务业等生产活动的贷款。（2）农户其他生产经营贷款指发放给农户从事工业、商业、建筑业、运输业、餐饮业、服务业等生产或流通活动的贷款。发放给农户从事不属于农林牧渔业生产活动的所有贷款均归入此类。

（九）农户消费贷款：农户消费指农户为直接满足自身吃、穿、住、用、行以及医疗、学习等需要而进行的资金运用活动。发放给农户用于上述用途的各项贷款即农户消费贷款，如助学贷款、医疗贷款、住房贷款等。

（十）农户信用贷款：凭农户的信誉而发放的贷款。

（十一）农户小额信用贷款：指以农户的信誉为保证，在核定的额度和期限内对农户发放的小额信用贷款。

（十二）农户保证贷款：按照《中华人民共和国担保法》（以下简称《担保法》）规定的保证方式以第三人承诺在借款人不能偿还贷款时，按约定承担一般保证责任或者连带责任而发放给农户的贷款。

（十三）农户联保贷款：农户为了满足生产、生活等方面的资金需要，自愿组成联保小组，指对联保小组成员发放的，超出农户小额信用贷款范畴，并由联保小组成员相互承担连带保证责任的贷款即为农户联保贷款。

（十四）农户抵押贷款：按照《担保法》规定的抵押方式以借款人或第三人的财产作为抵押物发放给农户的贷款。

（十五）农户质押贷款：按照《担保法》规定的质押方式以借款人或第三人的动产或者权利作为质押物发放给农户的贷款。

（十六）农村企业及各类组织贷款：指发放给注册地位于农村区域的企业及各类组织的所有贷款。农村区域指除地级及以上城市的城市行政区及其市辖建制镇之外的区域。

企业是指依据《中华人民共和国企业法人登记管理条例》、《中华人民共和国公司登记管理条例》等，经各级工商行政管理机关登记注册，领取《企业法人营业执照》，取得法人资格的企业。

各类组织包括农民专业合作社和其他组织。其中，农民专业合作社是指根据《中华人民共和国农民专业合作社法》的规定所设立和登记的农民专业合作组织。其他组织包括事业单位、机关法人、社会团体以及居民委员会、村民委员会和基金会等。

（十七）农村企业贷款：指发放给注册地位于农村区域的企业的贷款。其中主要包括农村企业农林牧渔业贷款和农村企业支农贷款。

（十八）农村企业农林牧渔业贷款：指发放给注册地位于农村区域的企业从事农、林、牧、渔业活动的各项贷款。

（十九）农村企业支农贷款：指发放给注册地位于农村区域的企业用于支持农业产前、产中、产后的各环节和支持农村基础设施建设的各类特定用途的贷款。主要包括农田基本建设贷款、农产品加工贷款、农业生产资料制造贷款、农用物资和农副产品流通贷款、农业科技贷款、农村基础设施建设贷款。

（二十）农田基本建设贷款：用于建设小型农田水利设施、改造大型灌区、进行中低产田改造、提高耕地质量和农业防灾减灾能力等的贷款。

（二十一）农产品加工贷款：用于以农、林、牧、渔业产品为原料进行加工活动的贷款，主要包括农副食品加工、纺织加工、木材加工、中医药加工贷款，不包括用于对农、林、牧、渔业产品为原料进行的深加工活动的贷款。

农副食品加工贷款：用于直接以农、林、牧、渔业产品为原料进行的谷物磨制、饲料加工、植物油和制糖加工、屠宰及肉类加工、水产品加工以及蔬菜、水果和坚果等食品制造的贷款。

纺织加工贷款：用于以棉、苎麻、亚麻、大麻、蚕丝等为主要原料进行的纺织活动的贷款。

木材加工贷款：用于锯材及木片加工，木制品，竹、藤、棕、草制品制造发放的贷款。

中医药加工制造贷款：用于中药饮片加工、中成药制造的贷款。

（二十二）农业生产资料制造贷款：用于化学肥料、农药、农膜、农林牧渔专用机械制造等的贷款。

（二十三）农用物资及农副产品流通贷款：用于农、林、牧、渔业产品收购、调销、储备，从事农业生产资料、农村居民生活消费品以及农、林、牧、渔业产品零售和批发活动的贷款。对农产品出口的贷款应包括在内。

（二十四）农产品出口贷款：用于农、林、牧、渔业产品出口的贷款。

（二十五）农业科技贷款：用于从事农业科学研究与试验发展、农业技术推广服务、农业科技中介服务的贷款。

（二十六）农村基础设施建设贷款：用于农村生活设施建设、农业服务体系建设、农村流通体系设施建设、农村公共设施建设等方面的贷款。

（二十七）农村各类组织贷款：指发放给注册地位于农村区域的各类组织的贷款。其中主要包括农村各类组织农林牧渔业贷款和农村各类组织支农贷款。

（二十八）农村各类组织农林牧渔业贷款：指发放给注册地位于农村区域的各类组织从事农、林、牧、渔业活动的各项贷款。

（二十九）农村各类组织支农贷款：指发放给注册地位于农村区域的各类组织用于支持农业产前、产中、产后的各环节和支持农村基础设施建设的各类特定用途的贷款。主要包括农田基本建设贷款、农产品加工贷款、农业生产资料制造贷款、农用物资和农副产品流通贷款、农业科技贷款、农村基础设施建设贷款等。

农田基本建设贷款、农产品加工贷款、农业生产资料制造贷款、农用物资和农副产品流通贷款、农业科技贷款、农村基础设施建设贷款的定义参见本表主表项目第（5）~（11）项填报说明。

（三十）农村中小企业贷款：指发放给注册地位于农村区域的中小企业的贷款。

中小企业的划分标准遵照国家统计局《统计上大中小型企业划分办法（暂行）》（国统字［2003］17号文印发）和《部分非工企业大中小型划分补充标准（草案）》（国资厅评价函［2003］327号文印发）执行。

（三十一）农村企业及各类组织农业综合开发贷款：指发放给注册地位于农村区域的企业及各类组织进行与财政农业综合开发专项资金配套的贷款。

（三十二）扶贫贴息贷款：指发放给国家扶贫开发工作重点县的用于支持能够带动低收入贫困人口增加收入的种养业、劳动密集型企业、农产品加工企业和市场流通企业以及基础设施建设项目的贷款。

单位扶贫贴息贷款：指发放给各企业、其他单位和各类组织的扶贫贴息贷款。

个人扶贫贴息贷款：指发放给个人的扶贫贴息贷款。

（三十三）涉农各项贷款：指城市企业及各类组织涉农贷款、农村企业及各类组织贷款以及农户贷款的合计。

二、其他说明

每个统计指标均设置“余额”和“比年初增减额”两种度量属性。

余额为存量概念，反映各统计指标各个时点的存量数据。

比年初增减额为流量概念，反映各统计指标与当年年初结转数的变化情况，为各个时点余额数据与当年年初结转数之差。

年初结转数据，是指将上年末（上年12月31日）数据按照当年的统计口径重新归并之后以当年 1 月 1 日名义收集整理的数据，以此作为当年各期数据“比年初增减额”的基数。此外，由于会计制度和业务情况变化进行的项目归属调整，以及统计机构范围变化等，也会导致年初结转数与上年年末数据之间存在一定的差异。

2000 年和 2008 年，中国农业银行进行了不良资产剥离和划转，当年各期余额数据为剥离后的实际数据，“比年初增减额”为当期余额与当年年初结转数据之差，并加上截止到当期资产剥离的总额。

第四部分

贷款累计发放收回

中国农业银行境内各分行人民币各项贷款累计发放与收回

（1980—2008）

单位：百万元

地　区	1980 年		1981 年		1982 年	
	累计发放	累计收回	累计发放	累计收回	累计发放	累计收回
总　行						
北　京	4849.42	4796.81	4477.77	4439.97	5254.91	5287.97
天　津	4443.62	4473.56	4270.45	4193.74	4821.49	4858.75
河　北	14767.20	14108.58	15313.86	15516.27	18772.44	18397.11
山　西	6933.82	6698.97	8426.38	8376.33	8860.06	8665.05
内蒙古	3208.35	3076.96	3173.18	3112.96	3479.53	3375.25
辽　宁	10682.29	10381.68	9932.52	9747.38	9632.06	9648.73
吉　林	5746.84	5433.09	5923.94	5719.42	6399.11	6134.10
黑龙江	6053.25	5722.06	6448.35	5744.88	6778.74	6132.92
上　海	9052.04	8907.76	9996.91	9959.53	9762.51	9885.24
江　苏	20550.65	19823.42	22594.18	22077.32	23223.63	23385.62
浙　江	10428.77	9970.74	11726.29	11659.47	13319.99	13179.14
安　徽	8336.23	8059.57	9501.43	9206.84	10300.49	10038.39
福　建	5757.67	5596.31	5874.12	5712.11	6068.19	5993.21
江　西	5440.57	5234.67	5428.66	5280.38	6012.09	5872.56
山　东	22740.79	21417.72	27225.14	26434.42	30967.23	29485.08
河　南	15806.62	15041.24	17511.15	17209.94	18000.94	17842.41
湖　北	12019.81	11757.76	13400.64	13178.93	14098.30	13824.37
湖　南	11914.56	11439.10	12555.69	12423.08	12729.59	12515.09
广　东	17706.20	16400.46	21189.72	20734.61	22144.14	21605.86
广　西	5817.64	5613.31	6215.21	6101.58	6351.14	6270.24
海　南						
四　川	14396.21	13751.90	15946.78	15733.64	17254.13	17025.41
贵　州	2368.85	2315.61	2988.50	2868.66	3469.64	3342.64
云　南	3784.18	3773.62	4804.25	4636.18	5542.43	5345.01
西　藏						
陕　西	5587.10	5526.66	5681.09	5628.44	6236.18	6023.46
甘　肃	2564.77	2480.23	2595.69	2583.09	2879.90	2827.80
青　海	465.97	463.52	403.29	426.50	425.79	429.17
宁　夏	601.09	600.88	579.66	588.84	654.28	645.86
新　疆	2562.20	2485.60	2628.90	2430.57	3424.71	3336.22
重　庆						
大　连						
青　岛						
宁　波						
厦　门						
深　圳						
新疆兵团						
境内合计	**234586.71**	**225351.79**	**256813.75**	**251725.08**	**276863.64**	**271372.66**

中国农业银行境内各分行人民币各项贷款累计发放与收回

（1980—2008）

单位：百万元

地区	1983年		1984年		1985年	
	累计发放	累计收回	累计发放	累计收回	累计发放	累计收回
总行						
北京	5270.09	5166.42	5252.47	4552.67	6994.08	6540.86
天津	4201.66	4055.70	5510.80	5097.60	5460.36	5242.98
河北	23143.34	21549.97	26974.92	24265.92	21921.47	19764.92
山西	8614.01	8598.05	7181.97	5924.81	6853.14	6455.74
内蒙古	3742.89	3657.46	3589.03	3234.64	4611.75	4393.61
辽宁	10755.36	10400.07	12645.09	11423.18	17118.21	16668.39
吉林	7128.60	6903.97	8331.02	7614.69	11445.45	10612.01
黑龙江	7476.40	7161.68	9650.28	8451.36	10005.71	9248.45
上海	10152.70	9996.35	12608.72	11979.95	10004.48	9260.98
江苏	26656.53	26498.59	27924.86	25519.82	38034.39	36716.93
浙江	14589.49	14416.38	19938.80	17764.90	27114.13	26388.17
安徽	11111.18	10983.31	11043.57	10213.72	14823.42	13892.67
福建	6359.83	6023.90	7080.95	5910.48	7619.75	7291.35
江西	6425.17	6268.87	6761.58	6096.60	9600.56	8875.84
山东	37797.41	36430.38	35125.46	30627.13	34589.78	31441.10
河南	19578.06	18475.54	25596.39	22965.24	24998.89	22808.55
湖北	15128.20	14464.97	20002.97	16881.48	23901.54	23606.04
湖南	13789.39	13501.70	15004.19	14069.63	18569.43	17845.75
广东	23839.60	22937.34	37720.14	32747.89	40438.04	39517.01
广西	6493.83	6290.53	7299.61	6370.67	6006.07	5742.15
海南						
四川	18707.15	18358.51	22618.77	19548.64	26811.65	25843.65
贵州	3423.91	3400.62	4345.77	3877.15	4077.33	3578.49
云南	5700.12	5648.89	7418.63	6695.13	7662.60	6823.95
西藏						
陕西	6949.37	6902.32	7544.87	6388.06	7401.51	6912.28
甘肃	3208.97	3067.45	3818.75	3297.58	4116.89	3928.77
青海	489.99	488.67	661.65	604.94	558.14	468.08
宁夏	672.74	691.62	633.23	550.61	788.75	731.25
新疆	3877.96	3744.07	4895.02	4251.73	5700.62	5017.24
重庆						
大连						
青岛						
宁波						
厦门						
深圳						
新疆兵团						
境内合计	**305283.95**	**296083.33**	**357179.51**	**316926.22**	**397228.14**	**375617.21**

中国农业银行境内各分行人民币各项贷款累计发放与收回

（1980—2008）

单位：百万元

地区	1986年		1987年		1988年	
	累计发放	累计收回	累计发放	累计收回	累计发放	累计收回
总行						0.00
北京	4368.30	3982.00	5472.34	4656.37	9484.32	8587.37
天津	5239.20	4581.72	6969.49	6448.29	9686.86	9158.33
河北	17111.35	15473.89	24638.99	23635.13	29080.40	27944.49
山西	5850.08	5654.97	7883.31	7319.20	12667.71	11756.79
内蒙古	4124.72	3642.49	5338.61	4756.26	7081.15	6367.17
辽宁	16169.60	14492.89	24674.10	22838.57	31452.08	29619.82
吉林	10771.37	9623.70	13477.20	11903.53	17763.72	16001.63
黑龙江	10434.69	9026.07	14745.13	14000.85	18916.31	17321.35
上海	7323.15	5972.26	10092.23	9243.00	16743.39	15255.20
江苏	39658.92	37095.30	46737.33	44128.31	54598.89	54056.01
浙江	17036.20	15525.50	23800.16	22586.50	29037.83	28131.94
安徽	13397.33	11985.97	15941.16	15139.56	16382.99	15562.28
福建	6622.00	5932.85	9490.17	8680.30	10968.29	10412.74
江西	8677.61	8117.92	12471.90	11247.82	13439.84	12502.82
山东	21434.61	20549.65	31197.19	29489.68	36883.32	35154.56
河南	17919.66	16805.69	28807.83	27699.78	29652.82	27993.07
湖北	19676.35	18881.57	22539.14	20533.90	25043.32	23522.46
湖南	17468.67	16009.04	20648.43	18949.40	21301.47	20596.58
广东	23751.30	20896.50	33125.11	31647.87	47182.10	43385.77
广西	7691.14	7091.50	10441.33	9408.25	14963.96	14207.86
海南			2106.77	1854.47	2732.45	2129.40
四川	22989.98	20786.59	28212.05	26248.07	32582.29	30872.00
贵州	4603.38	3929.54	4981.70	4495.40	5996.52	5414.75
云南	8603.50	7815.44	10935.17	10045.45	14635.03	13457.72
西藏						
陕西	8138.44	7443.46	9522.87	8544.87	14785.14	13931.40
甘肃	3497.05	3101.66	4649.73	4193.49	6430.45	5940.25
青海	525.58	402.73	707.19	597.78	1114.94	924.54
宁夏	769.99	681.66	1197.94	901.13	1708.47	1467.35
新疆	5180.77	4718.15	5814.48	5274.57	7529.67	6621.76
重庆						
大连						
青岛						
宁波						
厦门						
深圳						
新疆兵团						
境内合计	**329034.94**	**300220.71**	**436619.05**	**406467.80**	**539845.73**	**508297.41**

中国农业银行境内各分行人民币各项贷款累计发放与收回

（1980—2008）

单位：百万元

地区	1989年		1990年		1991年	
	累计发放	累计收回	累计发放	累计收回	累计发放	累计收回
总行						17.00
北京	8327.07	7418.69	9058.35	7871.53	10334.59	8769.45
天津	9103.38	8354.53	10443.13	9016.30	10696.27	9566.59
河北	28731.32	26912.04	33181.14	30336.98	35981.46	32352.93
山西	12387.29	11444.50	13573.77	12101.29	15912.42	14736.96
内蒙古	6695.35	5826.18	8598.41	6426.89	8300.51	6913.65
辽宁	28963.68	26534.15	27049.55	23699.11	26376.06	22908.66
吉林	17404.83	16176.71	23473.91	18821.30	28353.20	23720.23
黑龙江	19509.38	17819.61	22010.38	18452.86	21081.48	16711.98
上海	25393.38	23181.17	25758.96	24113.15	23684.58	20882.34
江苏	46115.46	43288.01	56033.85	51575.00	65116.34	59806.31
浙江	28504.53	26954.67	28930.99	27210.15	35329.49	33358.04
安徽	15245.37	13806.48	18095.70	14819.51	18586.06	15285.17
福建	11541.08	10649.06	10157.34	9385.32	11305.72	10432.71
江西	12899.40	11117.25	14337.82	11935.03	18124.67	14745.92
山东	38802.35	36127.76	38527.01	34484.15	42954.17	37277.54
河南	30976.42	28895.65	36627.14	31838.65	36447.86	31196.86
湖北	23240.07	20364.70	25532.30	19946.30	25268.83	21607.65
湖南	22163.23	20204.25	22383.46	19935.80	24438.93	20992.07
广东	45342.07	42577.70	42400.66	39301.85	46013.79	42663.16
广西	13298.16	12539.95	12554.36	11421.28	13543.76	11873.97
海南	2160.13	1828.15	2674.71	2044.48	2990.82	2305.62
四川	36838.65	33905.30	37672.66	33741.78	40863.27	35681.74
贵州	5392.79	4733.71	6066.93	5277.29	7154.49	5582.60
云南	13757.51	12983.89	12356.31	11444.71	11821.74	10384.65
西藏						
陕西	18292.50	17115.00	14780.88	13194.73	15680.19	14201.89
甘肃	7099.13	6541.93	8552.31	7581.72	9967.40	9065.33
青海	1290.34	1069.92	1095.72	923.05	1021.60	891.13
宁夏	1473.34	1247.71	1603.64	1347.59	1936.86	1725.04
新疆	7572.92	6315.21	11679.43	8512.48	15698.58	12185.29
重庆			5101.61	4430.83	5230.35	4392.29
大连			4815.93	4358.28	5226.35	4709.88
青岛			5080.21	4486.71	5289.81	4817.24
宁波			6070.99	5580.43	7519.99	7119.67
厦门			1151.44	909.08	1533.82	1326.43
深圳			3891.34	3179.61	4396.02	3601.04
新疆兵团			0.00	0.00	0.00	0.00
境内合计	**538521.13**	**495933.88**	**601322.34**	**529705.22**	**654181.48**	**573809.03**

中国农业银行境内各分行人民币各项贷款累计发放与收回

(1980—2008)

单位：百万元

地区	1992年		1993年		1994年上半年	
	累计发放	累计收回	累计发放	累计收回	累计发放	累计收回
总行						26.00
北京	12116.13	10301.65	16078.31	14209.24	1514.40	282.46
天津	13650.93	12053.49	15144.84	13328.80	6732.68	5953.37
河北	39346.35	35762.31	35000.65	30012.57	14987.17	14222.37
山西	18972.06	17515.45	16444.01	14722.05	7215.16	6610.16
内蒙古	8386.11	6822.32	9458.07	7008.07	3210.87	2972.82
辽宁	25629.23	21825.80	24868.22	19521.81	10146.76	9745.82
吉林	30706.28	27373.41	24154.68	18999.78	7807.89	7795.16
黑龙江	18981.00	15949.46	19075.59	13814.01	9985.65	9641.99
上海	29329.06	24287.17	41302.73	35546.61	25876.53	23124.63
江苏	77449.64	72047.75	81073.00	76947.20	44058.93	41834.31
浙江	42749.14	40133.82	51669.43	48557.51	32167.07	30187.71
安徽	18831.48	16257.67	21079.27	17408.56	9780.63	8682.17
福建	13005.68	11532.86	13768.84	11988.55	6563.96	5857.66
江西	18033.03	14909.44	15625.86	13199.71	5742.62	5374.82
山东	43501.63	39602.68	41776.61	35986.77	19886.87	18485.41
河南	33885.04	29668.63	36123.40	29583.50	14723.90	14070.95
湖北	27161.70	23852.17	28995.88	24424.98	13357.06	12560.19
湖南	27515.70	23906.68	28445.18	23726.36	10781.23	9886.16
广东	53342.60	46635.22	56421.52	48616.53	23095.74	19593.32
广西	16020.73	14466.05	16163.48	13887.55	6741.88	5528.03
海南	4843.40	3063.62	5176.24	3363.16	1332.38	921.90
四川	42665.91	37273.85	38382.02	32519.73	18233.33	15985.14
贵州	7650.58	6390.93	7036.73	5099.91	1592.23	1579.07
云南	14975.61	12942.44	17641.06	14541.28	7624.73	7515.29
西藏						
陕西	17109.71	15136.87	14704.25	12582.11	5232.03	4512.80
甘肃	10227.48	9008.88	10531.62	9296.01	5206.45	4915.70
青海	1371.28	1118.56	1395.10	1078.71	612.55	623.01
宁夏	2275.31	1909.81	2247.09	1784.81	994.39	794.73
新疆	9165.50	7293.82	11125.20	9931.45	3750.47	6388.67
重庆	5421.68	4578.17	5290.41	4291.78	1797.58	1432.41
大连	5620.94	4684.39	5129.45	4397.83	1999.02	1643.87
青岛	5735.67	5045.29	7030.86	6088.22	3263.68	2677.39
宁波	9108.83	8493.82	10600.71	9932.74	6256.91	5912.03
厦门	3114.31	2394.41	3173.36	2497.22	1536.94	1178.94
深圳	5394.65	4097.63	6287.70	5305.96	3077.62	2621.94
新疆兵团	5551.31	4107.53	5308.81	4529.53	1464.19	2028.58
境内合计	**718845.69**	**631950.05**	**743730.18**	**638730.61**	**338351.50**	**313166.98**

中国农业银行境内各分行人民币各项贷款累计发放与收回

（1980—2008）

单位：百万元

地区	1994年下半年		1995年		1996年	
	累计发放	累计收回	累计发放	累计收回	累计发放	累计收回
总行				2047.35		
北京	1314.94	177.79	1750.36	147.48	16197.26	13050.98
天津	7325.98	6509.88	19071.33	17066.76	22752.82	20165.50
河北	21559.42	19046.23	43888.78	40232.28	47941.51	43337.89
山西	15494.10	14537.48	19770.06	18006.98	22413.72	20045.29
内蒙古	7642.51	6579.58	10190.13	9003.79	11960.35	10724.50
辽宁	11985.13	9653.38	23110.99	19855.23	25526.40	21468.93
吉林	8352.75	5890.33	17571.43	14236.98	19046.45	15946.66
黑龙江	9609.53	7150.46	26695.99	22736.86	34502.62	30278.84
上海	28130.64	24942.89	70146.68	63696.99	91609.82	84315.69
江苏	46996.73	44918.57	117864.78	111527.92	143360.15	131506.57
浙江	38494.66	36560.16	147274.48	141886.57	101531.31	96879.26
安徽	9117.32	7816.17	23660.59	20936.48	30572.52	27286.46
福建	7567.99	6572.93	15609.18	13767.35	17878.78	15492.16
江西	5805.22	5080.03	13072.86	10980.77	13827.65	11410.36
山东	26164.53	23811.05	60983.61	56371.94	72603.47	66204.03
河南	15996.97	14188.98	35849.79	31871.02	46436.98	41354.01
湖北	13443.12	12024.71	22931.52	19913.86	25437.87	20741.11
湖南	13145.90	11107.32	22258.23	19103.43	21031.54	17415.41
广东	29192.24	25233.73	67414.42	58647.82	69563.67	53835.47
广西	8662.30	6806.90	12339.99	10094.76	15961.51	13261.23
海南	1978.80	676.03	3855.21	2844.45	2691.55	2194.20
四川	18887.68	15603.79	38101.01	32914.96	47025.53	41001.59
贵州	3708.71	2425.81	9054.00	6379.46	13605.27	9885.57
云南	12924.74	8296.31	28726.78	23504.24	4603.65	
西藏			2863.61	87.46	3511.77	3027.28
陕西	4906.32	3783.73	12229.31	10370.77	13773.27	11429.10
甘肃	6016.14	5078.97	11732.69	10362.60	12661.79	11068.21
青海	1082.00	653.49	2068.38	1602.70	2087.95	1615.74
宁夏	1233.26	951.73	2460.34	1964.00	2691.48	2209.31
新疆	4097.72	3920.86	16836.33	15193.37	10996.91	8761.33
重庆	2018.68	1351.32	3675.05	3013.91	6048.52	4789.88
大连	2635.33	2072.53	5376.47	4422.70	5761.91	4837.33
青岛	4496.96	4000.11	10878.52	9831.36	12539.79	11129.95
宁波	7473.92	7144.47	19445.52	18536.43	26509.25	25261.57
厦门	1804.46	1365.93	4727.53	3837.35	5106.22	4683.79
深圳	3746.14	3020.56	7252.10	6025.37	8824.87	7710.17
新疆兵团	2813.94	2461.93	1180.23	185.90	7869.14	6414.45
境内合计	**405826.78**	**351416.14**	**951918.28**	**853209.65**	**1036465.27**	**915205.27**

中国农业银行境内各分行人民币各项贷款累计发放与收回

(1980—2008)

单位：百万元

地区	1997年		1998年		1999年	
	累计发放	累计收回	累计发放	累计收回	累计发放	累计收回
总行	7429.17	8080.67			9483.55	9140.30
北京	17848.77	14902.55	17106.68	13744.09	21392.87	18437.18
天津	23772.02	20735.50	25848.85	21922.00	23970.36	20002.63
河北	45570.74	40754.10	45806.28	38323.59	46277.37	40407.99
山西	18612.30	16256.52	11996.64	9986.60	14148.77	12206.15
内蒙古	11419.26	10656.55	8099.16	6987.85	8335.97	6265.28
辽宁	31927.08	27350.63	41242.05	33760.84	44798.86	37717.01
吉林	17546.82	15085.20	16429.88	13537.36	15987.22	13671.02
黑龙江	30096.54	26474.07	23555.42	18934.67	22855.38	18705.90
上海	92036.62	84537.80	80992.78	73361.93	75190.14	65342.60
江苏	126414.91	116080.55	120531.12	106687.66	116117.38	104396.94
浙江	102310.37	96399.26	78655.22	70424.75	92277.43	80013.12
安徽	24721.78	21807.80	18168.42	14920.36	15152.53	12011.35
福建	21888.30	18616.70	23496.79	18814.21	24730.90	20750.47
江西	13782.69	11404.04	1449.01		12526.83	9536.15
山东	74647.95	65978.64	57044.68	47531.27	57621.64	47251.08
河南	50489.89	43383.68	51860.95	41961.00	41491.28	31216.17
湖北	25828.23	21431.13	14901.85	11170.98	15482.59	12376.23
湖南	15777.83	12753.02	13640.47	11313.26	16493.80	12934.97
广东	115399.35	103399.42	112262.70	94881.34	66937.53	47292.24
广西	13234.01	11307.54	10610.41	8903.28	9198.53	6670.25
海南	3603.79	2652.66	3091.17	1093.72	3621.86	2167.19
四川	37973.26	32078.84	38218.58	28824.21	30540.48	23041.42
贵州	13465.45	10186.04	14015.57	11607.22	14672.65	14028.34
云南	40668.48	35686.70	42514.36	38159.84	30910.70	28387.06
西藏	2516.71	2565.68	1985.20	2033.46	1946.30	1716.44
陕西	13433.22	11451.04	14268.78	10606.81	11745.61	8762.37
甘肃	12131.66	10772.90	10933.96	9216.51	11005.54	9333.23
青海	2422.66	1984.89	3036.85	2350.66	2636.42	2154.12
宁夏	3307.78	2579.85	3380.07	2766.04	3132.30	2377.43
新疆	11275.32	9499.11	10327.68	8728.60	12145.07	10722.74
重庆	12126.10	9630.42	11109.52	8136.95	10136.93	7018.35
大连	6070.14	4977.13	6691.52	5454.27	6864.89	5370.12
青岛	10104.29	8703.69	14249.30	12501.69	12490.49	10773.79
宁波	30212.27	28392.59	20163.62	17950.14	18018.57	15946.41
厦门	5670.91	5284.70	5538.98	4954.43	5192.82	4607.94
深圳	15340.69	14044.01	19991.27	16392.89	14623.21	10528.62
新疆兵团	5861.16	4782.96	6423.72	5413.69	6510.85	5781.32
境内合计	**1106938.52**	**982669.00**	**999639.51**	**842222.65**	**946665.62**	**789061.92**

中国农业银行境内各分行人民币各项贷款累计发放与收回

（1980—2008）

单位：百万元

地区	2000年		2001年		2002年	
	累计发放	累计收回	累计发放	累计收回	累计发放	累计收回
总行	6779.41	4863.11	8647.32	4328.90	14337.06	12865.60
北京	25195.31	18651.05	32122.42	24968.32	48500.13	35556.23
天津	21911.09	19408.71	30045.98	26037.96	29255.86	23852.08
河北	34143.89	27080.43	44321.51	37184.06	46524.76	34475.22
山西	15165.69	10787.00	22433.31	17350.38	32364.56	23670.28
内蒙古	10374.34	6777.81	11211.07	9472.30	12473.79	10048.13
辽宁	26840.64	20409.14	28237.56	25506.79	37255.66	29825.27
吉林	14831.80	12222.64	14579.97	13487.29	13830.73	12509.63
黑龙江	21426.91	17472.13	22749.82	20264.98	22288.94	19189.14
上海	75536.56	64599.03	86796.15	75471.40	106901.94	86302.44
江苏	124270.27	107654.95	156925.09	153690.54	179029.60	158425.43
浙江	99333.39	85016.85	125566.16	108898.69	162063.02	136448.36
安徽	6368.87	5070.17	14023.64	11889.40	17421.26	13457.84
福建	28579.30	23253.62	32401.41	27270.00	33269.58	27903.43
江西	10566.42	6939.08	15734.85	12956.88	14478.84	11398.85
山东	60634.55	50317.04	69440.57	60348.28	96766.93	81300.20
河南	34036.25	28820.62	37709.62	33486.82	50308.33	37962.87
湖北	19015.49	13966.76	21942.36	19829.37	28961.18	23589.68
湖南	19001.14	14506.92	25969.66	22606.37	32029.60	27410.53
广东	60846.53	44867.09	105293.47	89626.24	130472.00	110681.16
广西	11874.15	6465.83	12715.50	8840.58	14720.93	10551.03
海南	4481.89	1213.88	2749.51	1644.47	3331.72	2091.09
四川	29381.42	21063.22	39629.14	30165.33	54004.98	36874.32
贵州	11040.76	7796.99	10137.72	7989.77	11597.85	9036.14
云南	26109.39	24461.43	27595.09	27695.42	31559.21	28799.75
西藏	1916.22	1457.70	3047.99	1938.60	3898.52	2760.65
陕西	12549.61	8791.49	14484.63	10839.72	16396.12	11609.55
甘肃	12165.99	9367.99	10246.63	8259.14	11820.16	8823.29
青海	2970.51	2087.19	3041.62	2577.41	3629.21	2490.02
宁夏	4472.20	2894.51	3795.13	3341.74	4267.14	3470.10
新疆	15003.77	11267.63	12316.99	10942.38	13175.87	10570.07
重庆	9604.62	6032.85	12818.64	9891.05	15895.75	11435.91
大连	8352.17	6778.59	8277.29	6373.47	11935.87	10093.78
青岛	11311.97	8517.66	15472.88	13226.32	17258.83	14704.26
宁波	20494.72	17960.65	22729.13	20703.81	27976.77	24384.92
厦门	5641.73	4871.67	7764.58	6408.97	9009.97	6952.85
深圳	9698.61	6424.24	27387.06	22137.74	22751.88	17767.41
新疆兵团	7531.17	6115.86	9670.00	8175.22	10834.82	9296.15
境内合计	**919458.75**	**736253.53**	**1150031.47**	**995826.11**	**1392599.37**	**1138583.66**

中国农业银行境内各分行人民币各项贷款累计发放与收回

(1980—2008)

单位：百万元

地　区	2003 年		2004 年	
	累计发放	累计收回	累计发放	累计收回
总　行	32984.97	31709.70	84037.91	78271.45
北　京	54790.65	41950.91	70206.02	56255.91
天　津	49417.98	36413.35	55562.14	39610.00
河　北	73440.33	63274.91	81684.87	65971.98
山　西	61683.46	52459.68	85137.80	74954.29
内蒙古	18617.51	14261.83	22386.88	16482.04
辽　宁	43717.02	34838.09	68875.74	62076.25
吉　林	18060.55	14502.28	17498.66	14412.95
黑龙江	27778.99	21416.68	20376.30	18792.30
上　海	150738.55	124384.29	132073.20	112480.90
江　苏	275962.43	231370.09	319496.31	284047.52
浙　江	235913.16	204032.83	206559.57	184282.58
安　徽	24712.05	18397.69	39915.71	27970.94
福　建	50571.20	40859.42	57262.64	47456.23
江　西	18721.05	14284.57	24125.99	17808.53
山　东	135734.19	116818.59	127509.59	111344.92
河　南	54225.73	44925.34	36833.92	31735.81
湖　北	47584.33	37732.89	55965.18	48514.54
湖　南	32773.30	26690.24	28857.94	22879.55
广　东	161520.06	131712.61	120049.90	114154.34
广　西	22940.08	14018.01	25475.86	17208.31
海　南	3014.68	3794.77	1889.88	2950.34
四　川	61728.18	44864.22	71404.60	54530.89
贵　州	19723.71	13775.63	22510.46	16458.80
云　南	34201.20	27048.99	52410.69	41799.82
西　藏	4478.46	3644.28	4231.11	3569.33
陕　西	25464.48	18910.08	30676.64	25574.07
甘　肃	14751.62	9731.88	17154.43	12521.59
青　海	4714.83	3351.13	2949.50	2518.24
宁　夏	4827.87	3667.50	4647.84	4520.12
新　疆	14539.92	11849.28	13818.82	12956.77
重　庆	20464.59	14617.04	22316.34	17224.83
大　连	13532.44	11538.71	12151.28	10181.88
青　岛	19068.39	15839.17	19868.28	17713.65
宁　波	40333.78	33951.21	43928.43	37497.52
厦　门	13811.07	12182.73	13689.28	12053.47
深　圳	36309.14	27441.10	56764.81	47318.32
新疆兵团	13114.54	11679.65	12403.46	11352.15
境内合计	**1935966.49**	**1583941.38**	**2082707.98**	**1777453.13**

中国农业银行境内各分行人民币各项贷款累计发放与收回

（1980—2008）

单位：百万元

地区	2005 年		2006 年	
	累计发放	累计收回	累计发放	累计收回
总行	225331.89	173154.04	182778.35	162001.15
北京	68822.71	62030.15	65805.33	56887.31
天津	61164.47	49486.25	68017.46	53950.54
河北	97894.96	94147.23	109692.98	96302.21
山西	60939.95	70095.44	69218.35	62489.61
内蒙古	25868.38	20094.58	33839.93	26401.06
辽宁	159841.80	158498.29	127691.66	127417.91
吉林	14272.91	15307.48	13531.01	12327.97
黑龙江	12285.13	14981.14	18556.34	19746.44
上海	116676.99	106548.44	118738.12	103753.02
江苏	333150.67	303965.92	394747.86	353400.75
浙江	228795.07	212456.51	252473.61	221054.22
安徽	50446.68	44740.87	45769.86	42594.54
福建	78421.26	68939.51	87620.80	75762.74
江西	26955.34	24418.09	37082.81	33618.74
山东	208805.13	190986.57	203561.46	186282.76
河南	37347.97	32947.34	50816.01	48481.19
湖北	56414.05	52169.28	70870.09	64409.26
湖南	23553.56	21717.83	27467.24	23827.24
广东	120722.92	117818.68	143698.73	121175.72
广西	34023.88	23121.38	43320.67	34161.84
海南	2113.27	2111.70	3564.02	3064.43
四川	100926.65	85129.03	104738.61	95184.45
贵州	25128.40	20484.55	23710.02	22040.78
云南	55904.70	43049.80	66696.97	52074.65
西藏	5425.90	4698.07	6532.50	5182.68
陕西	34422.33	30962.56	47195.03	40733.83
甘肃	18661.59	17479.80	21131.45	17697.30
青海	2936.19	2391.52	3075.48	2324.13
宁夏	4483.30	4336.62	5918.80	5095.89
新疆	12201.35	12840.66	11082.26	10836.62
重庆	38096.74	33469.81	42987.96	37591.75
大连	10923.95	8131.69	14942.30	11352.08
青岛	21158.04	21343.87	29060.68	25089.50
宁波	62691.41	57690.17	83005.44	75618.27
厦门	19302.72	15614.66	24688.91	21480.37
深圳	40003.68	51367.18	53312.02	40012.61
新疆兵团	11257.24	11636.44	10903.57	10232.39
境内合计	**2507373.19**	**2280363.15**	**2717844.67**	**2401657.93**

中国农业银行境内各分行人民币各项贷款累计发放与收回

（1980—2008）

单位：百万元

地区	2007年		2008年	
	累计发放	累计收回	累计发放	累计收回
总　行	263898.00	253163.89	296366.22	274004.32
北　京	82488.91	70043.90	74050.04	64833.02
天　津	82922.50	70656.50	46564.58	52695.88
河　北	99013.70	87934.41	79147.45	76156.44
山　西	51558.44	46496.58	38144.90	41464.37
内蒙古	34751.16	28958.96	36684.72	31261.38
辽　宁	37488.48	40664.24	24727.54	26299.66
吉　林	12257.36	10429.43	13571.45	12276.09
黑龙江	9681.54	10556.73	8617.35	11364.14
上　海	137702.62	122695.45	132332.04	120238.80
江　苏	434910.08	394679.33	416954.36	373377.22
浙　江	272828.91	240512.57	310404.72	267417.40
安　徽	56881.52	50768.00	52567.97	46699.61
福　建	99431.69	84897.72	114208.69	97316.81
江　西	41320.72	36080.02	45983.24	36678.18
山　东	181677.86	166252.54	194953.67	162050.20
河　南	44115.40	40574.38	51500.74	40815.24
湖　北	77305.46	67259.84	80059.39	67612.14
湖　南	36667.47	32132.71	43986.14	33490.71
广　东	161014.09	140032.20	169936.83	136907.27
广　西	53805.38	43587.32	54753.40	46228.90
海　南	1999.30	3527.11	6433.48	2937.22
四　川	105882.53	90735.40	95654.32	71610.95
贵　州	27841.66	24917.34	26610.29	21435.89
云　南	75766.38	63354.34	66616.67	52892.01
西　藏	5973.69	5718.27	6084.33	5733.06
陕　西	45872.99	40018.82	42802.69	40231.19
甘　肃	25357.23	21063.24	26175.63	22740.85
青　海	3623.91	2618.49	6064.26	4501.37
宁　夏	7446.09	6056.56	9338.28	7878.12
新　疆	14243.89	14104.52	13648.00	14248.88
重　庆	44547.70	35563.82	52519.16	34456.14
大　连	16478.17	13716.94	21634.36	17140.12
青　岛	36728.66	32708.76	43164.20	37463.55
宁　波	107990.75	97899.89	130203.08	118365.99
厦　门	36950.81	30137.07	39284.98	35008.33
深　圳	74082.23	56188.06	73825.84	63035.73
新疆兵团	13002.95	12309.77	12918.71	11934.07
境内合计	**2915510.22**	**2589015.12**	**2958493.74**	**2580801.25**

第五部分

金融市场份额

中国农业银行境内各地区人民币主要业务指标市场份额占比统计表

(1997)

单位：亿元、%

地区	各项贷款		各项存款		储蓄存款	
	年末余额	占比	年末余额	占比	年末余额	占比
总行	7713.62	1.22	3037.39	0.96	20.65	0.75
北京	21701.98	8.47	31044.17	5.94	12155.15	6.18
天津	18785.09	12.92	22462.75	13.86	11932.69	13.82
河北	42690.16	13.97	54899.40	14.73	43217.31	16.10
山西	19277.63	12.62	23569.53	13.27	17585.58	14.22
内蒙古	12593.27	12.37	11812.59	14.78	9460.39	15.64
辽宁	43531.50	10.90	52106.58	12.95	40664.62	14.92
吉林	29698.51	13.64	21545.76	13.32	18245.17	16.00
黑龙江	34894.38	13.82	33049.34	13.76	25801.50	15.27
上海	49051.67	11.77	69238.44	11.11	38262.19	14.02
江苏	66623.88	14.93	96023.41	16.97	58035.04	18.71
浙江	50569.50	15.45	62018.40	14.44	37039.06	16.15
安徽	25851.45	14.22	26548.07	16.29	17348.92	16.74
福建	24022.93	14.18	29652.46	13.52	19630.56	14.82
江西	22226.10	15.33	23958.31	17.77	18871.47	20.33
山东	59948.62	13.55	82463.06	16.78	60735.97	18.71
河南	46478.31	14.67	53595.23	16.63	38930.98	17.46
湖北	44054.39	14.83	46744.45	19.11	29445.18	20.87
湖南	37705.61	18.12	30013.59	15.58	21232.85	16.29
广东	108553.92	13.24	136681.49	12.31	90993.66	14.41
广西	24661.87	17.25	25466.28	16.14	20204.69	19.94
海南	11373.72	15.28	10489.21	14.17	6929.58	19.20
四川	46081.29	16.98	47019.00	17.07	30419.53	18.47
贵州	18605.04	25.54	11601.78	17.15	7265.55	20.02
云南	33165.02	22.14	34498.49	18.79	16983.26	21.07
西藏	4151.33	64.46	5721.84	67.35	1935.36	63.56
陕西	18705.01	11.54	22536.24	12.97	16513.69	15.14
甘肃	12107.88	13.98	14717.83	15.83	10567.61	18.52
青海	3384.48	12.94	2973.09	14.94	1905.97	16.84
宁夏	4554.70	16.65	4508.27	17.14	2949.36	17.47
新疆	21884.35	18.01	27708.37	22.95	17473.58	25.84
重庆	16309.75	14.32	14535.85	13.58	9608.21	16.52
境内合计	**980956.96**	**13.09**	**1132240.67**	**13.74**	**752365.33**	**16.26**

中国农业银行境内各地区人民币主要业务指标市场份额占比统计表

（1998）

单位：亿元、%

地区	各项贷款		各项存款		储蓄存款	
	年末余额	占比	年末余额	占比	年末余额	占比
总行	7562.22	0.94	5104.84	1.50	17.56	0.60
北京	28685.24	9.30	38625.82	5.80	13646.80	5.99
天津	24874.96	15.27	26435.33	14.37	14526.21	14.24
河北	61135.93	17.14	64523.12	14.70	49922.73	15.56
山西	26530.09	15.23	26995.84	13.03	20003.27	13.92
内蒙古	21049.99	18.48	14632.23	15.48	11245.56	15.93
辽宁	62714.10	14.09	62603.62	13.36	48676.55	15.26
吉林	39617.59	16.73	24439.61	13.80	20623.31	16.02
黑龙江	52050.19	18.22	36863.19	13.63	29543.45	15.49
上海	61733.20	12.81	77404.61	12.21	43638.14	18.39
江苏	90448.97	17.80	111427.62	16.88	70656.14	19.32
浙江	66928.43	17.17	79247.48	15.05	48520.98	17.04
安徽	41172.34	19.95	31096.68	16.26	19498.80	16.59
福建	33412.17	17.19	34579.33	13.52	23392.70	14.95
江西	32187.69	20.10	28180.02	17.99	21701.04	20.31
山东	82127.16	16.11	93743.28	16.33	69789.41	18.72
河南	71105.42	19.28	63140.86	16.86	47277.79	17.79
湖北	61586.60	17.59	44717.01	15.94	29455.48	18.67
湖南	48573.75	21.63	33819.32	15.17	23931.41	15.89
广东	138564.40	14.58	174288.28	13.14	114642.23	15.20
广西	34068.43	22.42	30473.48	17.00	23607.89	20.53
海南	18721.17	23.24	11383.91	14.22	7823.88	18.89
四川	65244.78	20.66	57616.19	17.32	37656.28	18.81
贵州	27888.53	33.17	14056.56	17.48	8329.77	19.69
云南	47076.62	27.44	38502.66	18.59	19544.73	21.41
西藏	4046.10	60.43	5882.80	61.49	2013.76	60.20
陕西	29824.71	16.04	25312.98	12.45	18483.25	14.89
甘肃	18340.86	18.61	17039.67	15.78	12114.37	18.27
青海	6808.37	23.34	3701.53	16.14	2239.25	17.17
宁夏	7276.95	23.40	5180.03	17.51	3290.72	17.11
新疆	32331.24	24.52	32396.83	23.98	19526.56	25.72
重庆	23071.87	17.20	19014.54	14.54	12845.26	17.73
境内合计	**1366760.07**	**15.80**	**1332429.27**	**13.92**	**888185.28**	**16.63**

中国农业银行境内各地区人民币主要业务指标市场份额占比统计表

（1999）

单位：亿元、%

地　区	各项贷款		各项存款		储蓄存款	
	年末余额	占比	年末余额	占比	年末余额	占比
总　行	7936.44	1.41	8193.96	2.68	11.36	1.41
北　京	31692.74	8.28	46554.36	5.57	15935.46	5.94
天　津	28780.29	15.77	30819.95	14.97	16909.47	14.96
河　北	68111.64	16.98	72231.36	14.41	56741.84	15.41
山　西	29131.27	15.74	32117.65	13.66	22872.27	14.17
内蒙古	24027.08	20.30	17287.00	15.87	12844.19	16.12
辽　宁	72515.66	14.66	72871.44	13.76	54312.51	15.27
吉　林	42885.33	15.82	27629.99	13.70	22778.36	16.01
黑龙江	56974.05	17.46	42842.24	14.10	34016.37	16.03
上　海	71376.38	13.16	85570.04	12.06	46771.32	18.01
江　苏	101964.65	18.36	130626.61	17.44	81823.99	19.80
浙　江	81028.95	17.41	98225.08	15.63	58316.69	17.87
安　徽	45338.91	19.37	34616.76	15.75	21381.23	16.42
福　建	38178.53	16.93	40767.92	13.94	26645.89	15.32
江　西	36054.69	21.30	32473.26	18.25	23411.94	20.16
山　东	100648.08	17.71	103392.91	15.75	74579.27	18.15
河　南	84631.25	20.01	70156.76	16.78	52572.97	17.88
湖　北	65510.53	18.54	50760.11	16.16	31798.19	18.64
湖　南	53176.48	22.11	39836.22	15.72	27812.88	16.47
广　东	162232.07	14.91	206770.63	13.80	133085.35	16.26
广　西	37981.71	23.07	37176.84	18.51	27927.58	22.21
海　南	20425.56	27.29	12581.59	15.25	8264.44	20.77
四　川	74668.98	19.01	69021.66	17.58	47012.99	19.71
贵　州	30096.07	33.45	17257.92	18.25	9560.15	19.73
云　南	51524.76	28.23	42872.38	19.10	22666.56	22.03
西　藏	4377.56	59.88	6818.70	53.05	2170.07	58.94
陕　西	34283.99	16.28	29058.22	12.71	20493.59	14.94
甘　肃	21017.75	19.99	19381.23	15.86	13285.40	18.01
青　海	7784.16	25.60	4406.33	16.70	2597.67	18.18
宁　夏	8507.81	25.14	6086.25	17.70	3556.25	16.81
新　疆	35177.72	26.37	36920.53	23.84	20710.91	25.11
重　庆	27020.31	17.30	23952.84	15.14	16978.48	18.68
境内合计	**1555061.40**	**16.59**	**1549278.74**	**14.24**	**1009845.64**	**16.94**

中国农业银行境内各地区人民币主要业务指标市场份额占比统计表

（2000）

单位：亿元、%

地区	各项贷款		各项存款		储蓄存款	
	年末余额	占比	年末余额	占比	年末余额	占比
总行	8873.25	2.07	8998.40	2.10		
北京	32068.93	5.39	55662.84	5.69	17736.34	6.07
天津	25815.95	13.85	33057.72	14.49	17924.88	15.29
河北	62362.31	15.08	79999.57	14.47	61140.12	15.45
山西	26317.40	12.34	37822.44	14.39	25968.54	14.85
内蒙古	22799.71	17.00	20207.41	15.91	14434.60	16.48
辽宁	65115.35	12.48	80430.44	13.55	57740.48	15.23
吉林	31190.06	11.79	30770.66	13.80	24756.72	16.37
黑龙江	47107.40	14.97	49573.31	14.87	37815.67	16.55
上海	73262.16	12.27	93975.83	12.06	46383.74	18.38
江苏	100039.46	16.74	147398.92	17.51	87497.78	19.63
浙江	87820.32	16.19	114376.01	15.67	65246.07	18.15
安徽	38883.68	16.34	37384.67	15.11	23191.86	16.03
福建	40110.89	16.45	47843.12	15.36	29824.02	16.87
江西	31888.15	18.33	35405.26	18.00	25234.07	20.30
山东	98114.32	15.79	112067.48	15.00	77866.29	17.43
河南	77737.70	17.84	74707.54	15.72	52914.24	16.63
湖北	52558.99	15.04	57632.66	16.13	35648.51	18.68
湖南	41442.27	17.24	46498.99	16.18	31622.90	16.87
广东	147475.78	12.61	233806.29	13.86	146662.49	16.92
广西	34626.55	21.46	44150.53	19.46	32212.25	23.44
海南	18330.13	28.85	13441.37	15.12	8604.95	21.29
四川	69934.03	17.24	80648.51	17.86	56049.79	20.81
贵州	31413.79	29.49	21001.42	18.98	10553.21	19.56
云南	50961.55	25.62	48988.26	19.87	26725.25	23.48
西藏	4833.01	59.96	7602.44	52.43	2344.02	57.91
陕西	31518.83	14.37	33335.72	12.52	22524.98	14.79
甘肃	20405.60	17.42	22135.85	15.78	14862.57	18.15
青海	8409.04	22.98	5488.29	17.80	3022.20	19.00
宁夏	9806.28	25.59	7056.52	17.80	3852.92	16.80
新疆	34673.54	24.71	42100.65	22.59	22445.97	24.71
重庆	23819.83	14.73	28019.83	14.71	20417.08	18.82
境内合计	**1449716.26**	**14.59**	**1751588.95**	**14.15**	**1103224.51**	**17.15**

中国农业银行境内各地区人民币主要业务指标市场份额占比统计表

(2001)

单位：亿元、%

地区	各项贷款		各项存款		储蓄存款	
	年末余额	占比	年末余额	占比	年末余额	占比
总行	13183.67	2.90	9175.60	2.12		
北京	39107.58	5.26	75302.37	6.16	21260.49	6.01
天津	29710.47	13.76	37888.51	14.78	19749.74	15.37
河北	69085.09	15.18	88116.34	14.36	65922.51	15.10
山西	31437.71	13.05	44793.78	14.49	29577.75	14.94
内蒙古	24324.97	16.54	23423.37	15.63	16077.90	16.29
辽宁	69965.59	12.46	89745.48	13.57	63094.74	15.27
吉林	32064.62	11.34	34943.42	14.07	26847.67	16.02
黑龙江	49863.20	14.85	57192.70	15.28	42908.47	16.64
上海	84415.73	11.50	108400.75	11.28	51323.85	17.10
江苏	103107.15	15.45	166784.64	17.19	100563.29	19.44
浙江	105897.68	16.34	136185.63	15.42	78635.85	18.45
安徽	41444.42	15.91	42118.53	14.49	26714.95	15.71
福建	46380.94	16.19	57025.90	15.78	34893.99	17.18
江西	34907.56	18.56	39810.08	17.41	28218.58	19.74
山东	107238.38	15.30	127343.02	14.99	85526.08	16.89
河南	83711.62	17.13	86135.22	15.58	59737.47	16.44
湖北	54935.66	14.50	66563.05	15.70	42441.01	18.55
湖南	45213.36	16.22	52631.02	15.74	36846.30	16.87
广东	167997.67	12.82	265069.24	13.63	164612.12	16.58
广西	38696.75	21.94	49695.13	19.73	36389.19	23.65
海南	18974.10	29.43	14840.70	16.98	9291.23	21.74
四川	79991.18	17.78	98847.46	18.80	67781.87	21.70
贵州	34053.63	28.09	24423.73	18.21	12449.15	19.40
云南	51235.71	23.57	56972.03	20.50	31018.55	23.89
西藏	5939.48	61.47	11161.82	52.43	2718.26	54.17
陕西	35647.52	14.05	40666.53	12.69	26372.14	14.91
甘肃	22611.86	17.83	25279.67	15.65	16479.59	17.90
青海	9135.38	21.65	7003.30	17.91	3613.13	19.16
宁夏	10237.98	23.19	8008.89	17.08	4385.34	17.00
新疆	37265.35	23.42	45284.35	22.92	23645.49	23.78
重庆	26813.23	14.32	33420.52	14.57	24675.99	18.73
境内合计	**1604595.24**	**14.29**	**2024252.78**	**14.09**	**1253772.69**	**17.00**

中国农业银行境内各地区人民币主要业务指标市场份额占比统计表

（2002）

单位：亿元、%

地　区	各项贷款		各项存款		储蓄存款	
	年末余额	占比	年末余额	占比	年末余额	占比
总　行	14655.13	3.34	12272.71	2.65		
北　京	52051.47	5.64	89738.66	5.82	28004.83	6.38
天　津	35114.17	13.92	46180.20	15.29	24415.10	16.43
河　北	80970.94	16.07	99817.49	14.56	72472.63	15.07
山　西	40131.98	13.82	54599.95	14.72	33416.56	14.48
内蒙古	26750.52	16.21	29273.42	16.87	18763.07	16.49
辽　宁	79238.10	12.68	99638.25	13.11	68303.84	14.64
吉　林	33295.37	10.89	39119.04	13.59	29359.20	15.63
黑龙江	52962.76	14.61	64249.25	15.16	48513.19	16.64
上　海	105015.23	11.21	138131.83	11.21	62604.76	16.09
江　苏	123712.05	15.02	201245.59	16.94	120251.61	19.16
浙　江	135153.31	15.69	169015.12	15.03	97452.80	18.70
安　徽	45400.90	15.43	50884.60	14.75	32401.00	15.82
福　建	53804.20	17.30	66093.27	15.54	42125.74	17.33
江　西	37991.28	17.83	46523.51	17.18	33145.17	19.42
山　东	125262.70	14.67	151560.85	14.79	98994.39	17.06
河　南	96064.73	17.30	102222.27	15.84	70220.56	16.74
湖　北	60308.93	13.98	80266.69	15.98	51777.45	18.80
湖　南	49826.52	15.44	61068.25	15.57	43490.77	16.88
广　东	192772.96	12.49	308033.64	13.40	193812.83	16.41
广　西	42832.97	22.07	58081.54	20.86	41482.09	23.93
海　南	20111.16	31.06	17912.32	21.48	10249.88	21.20
四　川	96806.26	18.77	116751.21	19.22	80552.05	21.98
贵　州	36587.26	26.06	29467.89	18.97	14303.02	18.85
云　南	53955.14	22.31	63657.60	20.39	35801.14	23.87
西　藏	7191.85	59.38	14788.26	52.26	3640.04	51.72
陕　西	40444.84	13.70	49702.86	13.07	31504.87	14.94
甘　肃	25586.94	17.41	29297.19	16.22	19488.94	18.70
青　海	10274.56	21.40	8186.75	17.52	4271.50	19.21
宁　夏	11065.27	21.09	9256.11	16.01	5267.79	17.17
新　疆	41451.75	23.01	53010.14	23.82	27114.85	23.83
重　庆	31249.73	13.92	38494.39	13.65	28736.36	18.16
境内合计	**1858040.98**	**14.15**	**2398540.85**	**14.03**	**1471938.03**	**16.94**

中国农业银行境内各地区人民币主要业务指标市场份额占比统计表

（2003）

单位：亿元、%

地区	各项贷款		各项存款		储蓄存款	
	年末余额	占比	年末余额	占比	年末余额	占比
总行	15930.40	3.22	9395.50	1.53		
北京	64891.21	5.72	107038.21	5.84	38809.03	7.33
天津	48363.63	14.09	63557.80	15.72	31967.83	17.51
河北	91228.30	16.13	118312.99	14.85	85698.53	15.70
山西	49426.72	13.91	68938.13	14.72	41166.62	14.80
内蒙古	31125.43	16.18	36856.36	17.63	24245.55	17.89
辽宁	90115.47	12.47	110198.51	12.31	77302.08	14.22
吉林	36782.32	11.18	45125.19	13.64	33848.56	15.66
黑龙江	59325.07	14.90	71370.61	14.83	56415.28	16.88
上海	131369.48	11.43	178997.55	11.49	77659.48	15.22
江苏	168821.60	14.94	255789.77	16.63	149792.52	19.61
浙江	173342.51	14.43	213099.99	14.44	120939.98	18.74
安徽	51716.02	15.33	63232.50	15.09	40882.34	16.51
福建	65170.53	16.98	81912.62	15.82	52004.17	17.78
江西	42374.89	16.65	54590.34	16.85	39111.37	19.41
山东	147642.51	14.11	186742.83	15.01	118848.88	17.56
河南	105932.13	16.49	116032.36	15.23	84462.00	17.17
湖北	70130.29	14.02	95952.60	16.03	63005.04	19.11
湖南	56124.80	14.78	72914.54	15.62	52305.08	17.23
广东	231448.43	12.71	369202.61	13.57	235559.30	16.75
广西	51636.05	22.25	68692.78	21.63	48082.67	24.39
海南	19168.76	26.15	20512.45	20.68	11774.37	21.53
四川	113682.87	19.23	141822.57	19.60	99823.81	23.03
贵州	42491.90	24.79	36366.75	19.15	17478.92	19.15
云南	61121.38	20.68	74323.10	19.81	42188.22	23.88
西藏	8026.05	55.57	16232.37	50.59	4751.05	51.70
陕西	47142.66	13.29	60495.50	13.17	38166.65	15.15
甘肃	30613.44	17.72	36463.91	17.12	24117.24	19.81
青海	11638.20	20.60	9679.52	17.97	5140.14	19.73
宁夏	12275.29	18.01	11152.06	14.93	6387.19	16.91
新疆	45612.88	21.70	64118.87	24.05	34678.09	25.28
重庆	37148.32	13.39	47002.22	13.67	34966.37	18.44
境内合计	**2211819.54**	**13.91**	**2906123.11**	**13.97**	**1791578.36**	**17.29**

中国农业银行境内各地区人民币主要业务指标市场份额占比统计表

（2004）

单位：亿元、%

地区	各项贷款		各项存款		储蓄存款	
	年末余额	占比	年末余额	占比	年末余额	占比
总行	21696.86	3.54	11652.70	1.77		
北京	78841.29	6.24	123773.83	5.72	45793.11	7.48
天津	64315.74	16.73	83533.40	17.55	40191.09	18.99
河北	106839.02	17.37	148088.99	16.01	102199.47	16.46
山西	59778.66	14.88	86820.67	14.94	51227.00	15.33
内蒙古	37062.44	16.55	47583.79	18.47	31272.21	19.50
辽宁	98884.36	12.75	119495.77	11.71	84083.60	13.90
吉林	39859.12	11.60	51701.78	14.04	38157.05	15.86
黑龙江	60909.09	15.08	78928.24	14.85	62353.28	17.39
上海	150961.78	11.68	209907.31	11.52	90563.14	14.81
江苏	204173.75	15.13	302252.54	16.59	176093.76	19.87
浙江	200935.90	14.00	243620.97	14.13	138738.86	18.84
安徽	63660.83	16.32	78363.67	15.53	50897.25	17.12
福建	76612.76	17.54	97542.37	16.28	61092.23	18.39
江西	48665.48	17.05	62117.82	16.53	44415.92	18.92
山东	165407.69	14.04	217202.15	14.96	135439.00	17.54
河南	111055.44	15.65	132203.73	15.31	97102.33	17.32
湖北	77452.40	14.40	110220.12	15.67	73669.32	19.06
湖南	62104.18	14.59	84481.23	15.36	61060.60	17.53
广东	246790.53	12.62	439016.70	14.24	274504.62	16.95
广西	59816.01	21.68	81658.83	22.23	54909.97	24.51
海南	18039.76	22.52	21907.00	19.72	13041.45	21.17
四川	130308.56	20.12	166690.49	19.70	117313.51	23.37
贵州	48525.07	24.02	46038.69	19.83	20973.26	19.16
云南	71732.27	21.11	88104.87	20.00	48482.04	23.63
西藏	8625.82	51.38	18194.28	50.30	5592.71	52.03
陕西	52245.21	13.64	71949.90	13.37	46231.85	15.68
甘肃	35124.49	18.42	44878.65	18.07	28890.64	20.86
青海	12069.51	19.47	10670.66	17.73	5917.38	19.77
宁夏	12395.79	16.26	11458.49	13.62	6911.48	16.24
新疆	47510.13	21.45	74028.04	25.01	40255.09	26.23
重庆	42226.20	13.83	53233.29	13.28	40112.52	18.32
境内合计	**2514626.14**	**14.11**	**3417320.97**	**14.15**	**2087485.74**	**17.46**

中国农业银行境内各地区人民币主要业务指标市场份额占比统计表

（2005）

单位：亿元、%

地　区	各项贷款		各项存款		储蓄存款	
	年末余额	占比	年末余额	占比	年末余额	占比
总　行	73874.72	10.17	13535.89	1.52		
北　京	85633.49	6.18	148866.57	5.55	56399.90	7.54
天　津	75994.00	17.07	99690.63	17.44	47758.78	19.40
河　北	110576.49	17.24	172964.51	16.07	119150.60	16.82
山　西	50632.86	11.97	104637.55	14.76	61567.70	14.94
内蒙古	42830.07	16.55	59874.52	18.15	38119.93	19.31
辽　宁	103020.07	12.91	132844.24	11.09	94394.07	13.58
吉　林	38824.52	11.65	57066.96	13.36	41687.96	14.90
黑龙江	58213.04	15.91	85524.36	13.94	69676.37	17.08
上　海	161090.32	11.20	232132.63	10.85	110277.23	14.39
江　苏	233320.02	15.15	361287.12	16.42	209054.66	19.76
浙　江	221802.37	13.40	279527.39	13.64	162470.80	18.58
安　徽	69366.64	16.08	92213.17	15.38	61078.37	17.41
福　建	89558.07	17.67	121134.25	16.71	73606.06	18.86
江　西	51197.21	16.96	70368.86	15.83	49975.95	18.15
山　东	183040.42	13.68	245089.07	14.33	153307.55	16.97
河　南	115456.55	15.53	146418.37	14.64	107700.74	16.60
湖　北	81696.46	14.45	125097.59	15.28	86047.77	19.27
湖　南	63940.88	14.18	96047.74	14.78	70616.44	17.26
广　东	238331.20	11.41	519147.64	14.46	323021.83	16.96
广　西	70715.91	23.13	96523.89	22.97	62365.21	24.35
海　南	18028.69	20.62	24032.04	19.04	14371.73	20.60
四　川	146073.76	21.64	194935.02	19.68	135653.08	22.98
贵　州	53168.13	23.08	52986.85	19.08	24784.32	18.35
云　南	84587.18	21.21	105893.52	20.60	58505.57	24.07
西　藏	9068.22	50.77	21696.75	47.67	6600.51	53.62
陕　西	55704.98	13.96	87523.25	13.57	55944.72	15.83
甘　肃	36296.16	18.87	52735.93	18.21	33741.03	21.27
青　海	12614.17	19.75	12436.04	16.96	6849.49	19.63
宁　夏	12542.47	15.04	12699.54	12.89	7936.42	15.58
新　疆	46519.18	20.47	84352.72	24.61	47231.66	26.00
重　庆	46862.11	13.36	60997.10	13.01	45861.66	18.01
境内合计	**2740580.36**	**14.08**	**3970281.71**	**13.83**	**2435758.11**	**17.27**

第六部分

金融运行概览

金融机构人民币信贷收支主要指标时间序列表

（1978—2005）

单位：亿元

项目 年月	各项存款		各项贷款		流通中货币	
	月末余额	比上期增减额	月末余额	比上期增减额	月末余额	比上期增减额
1978 年 12 月	1155.01	74.57	1890.42	190.88	212.00	16.60
1979 年 12 月	1362.56	207.55	2082.47	192.05	267.70	55.70
1980 年 12 月	1689.66	327.10	2478.08	395.61	346.20	78.50
1981 年 12 月	2097.19	407.53	2853.29	375.21	396.34	50.14
1982 年 12 月	2449.05	351.86	3162.70	309.41	439.12	42.78
1983 年 12 月	2883.32	434.27	3566.56	403.86	529.78	90.66
1984 年 12 月	3735.33	852.01	4746.80	1180.24	792.11	262.33
1985 年 12 月	4559.95	824.62	6198.38	1451.58	987.83	195.72
1986 年 12 月	5933.88	1373.93	8142.72	1944.34	1218.36	230.53
1987 年 12 月	7392.40	1458.52	9814.09	1671.37	1454.48	236.12
1988 年 12 月	8810.36	1417.96	11964.25	2150.16	2134.03	679.55
1989 年 12 月	10709.57	1899.21	14248.81	2284.56	2344.02	209.99
1990 年 1 月	10744.06	34.49	14247.48	-1.33	2624.60	280.58
1990 年 2 月	11060.62	316.56	14275.06	27.58	2287.20	-337.40
1990 年 3 月	11435.60	374.98	14600.62	325.56	2154.64	-132.56
1990 年 4 月	11763.33	327.73	14806.56	205.94	2129.69	-24.95
1990 年 5 月	12027.52	264.19	14956.50	149.94	2090.05	-39.64
1990 年 6 月	12262.48	234.96	15229.59	273.09	2096.20	6.15
1990 年 7 月	12616.35	353.87	15390.95	161.36	2132.06	35.86
1990 年 8 月	12889.15	272.80	15659.54	268.59	2178.77	46.71
1990 年 9 月	13130.83	241.68	16177.19	517.65	2300.44	121.67
1990 年 10 月	13418.11	287.28	16544.15	366.96	2383.23	82.79
1990 年 11 月	13693.57	275.46	16909.86	365.71	2490.03	106.80
1990 年 12 月	13942.94	249.37	17511.02	601.16	2644.87	154.84

金融机构人民币信贷收支主要指标时间序列表

（1978—2005）

单位：亿元

年月 \ 项目	各项存款		各项贷款		流通中货币	
	月末余额	比上期增减额	月末余额	比上期增减额	月末余额	比上期增减额
1991 年 1 月	14232. 37	289. 43	17594. 65	83. 63	2836. 70	191. 83
1991 年 2 月	14662. 74	430. 37	17639. 62	44. 97	2815. 36	-21. 34
1991 年 3 月	15049. 47	386. 73	17937. 88	298. 26	2585. 61	-229. 75
1991 年 4 月	15446. 87	397. 40	18148. 92	211. 04	2526. 81	-58. 80
1991 年 5 月	15803. 77	356. 90	18341. 71	192. 79	2486. 85	-39. 96
1991 年 6 月	16003. 45	199. 68	18622. 56	280. 85	2517. 25	30. 40
1991 年 7 月	16366. 62	363. 17	18832. 58	210. 02	2581. 10	63. 85
1991 年 8 月	16732. 16	365. 54	19120. 78	288. 20	2632. 08	50. 98
1991 年 9 月	17097. 44	365. 28	19643. 10	522. 32	2730. 03	97. 95
1991 年 10 月	17497. 00	399. 56	20063. 35	420. 25	2879. 34	149. 31
1991 年 11 月	17959. 91	462. 91	20486. 00	422. 65	3002. 58	123. 24
1991 年 12 月	17972. 84	12. 93	21116. 40	630. 40	3177. 80	175. 22
1992 年 1 月	18139. 14	166. 30	21187. 65	71. 25	3824. 24	646. 44
1992 年 2 月	18818. 67	679. 53	21278. 93	91. 28	3274. 89	-549. 35
1992 年 3 月	19343. 39	524. 72	21691. 18	412. 25	3117. 18	-157. 71
1992 年 4 月	19993. 72	650. 33	22158. 47	467. 29	3121. 20	4. 02
1992 年 5 月	20552. 78	559. 06	22494. 21	335. 74	3111. 18	-10. 02
1992 年 6 月	20954. 12	401. 34	22989. 77	495. 56	3155. 92	44. 74
1992 年 7 月	21576. 39	622. 27	23404. 12	414. 35	3278. 63	122. 71
1992 年 8 月	22168. 30	591. 91	23814. 00	409. 88	3387. 53	108. 90
1992 年 9 月	22097. 78	-70. 52	23999. 21	185. 21	3559. 38	171. 85
1992 年 10 月	22555. 59	457. 81	24481. 74	482. 53	3732. 59	173. 21
1992 年 11 月	22839. 59	284. 00	24989. 56	507. 82	3989. 10	256. 51
1992 年 12 月	23143. 81	304. 22	25742. 81	753. 25	4336. 00	346. 90

金融机构人民币信贷收支主要指标时间序列表

（1978—2005）

单位：亿元

项目/年月	各项存款		各项贷款		流通中货币	
	月末余额	比上期增减额	月末余额	比上期增减额	月末余额	比上期增减额
1993 年 1 月	24238.08	469.88	26813.07	193.33	5021.19	685.19
1993 年 2 月	24978.70	740.62	27258.50	445.43	4639.35	-381.84
1993 年 3 月	25380.05	401.35	27339.44	80.94	4557.93	-81.42
1993 年 4 月	25875.64	495.59	27894.27	554.83	4704.50	146.57
1993 年 5 月	26300.55	424.91	28201.57	307.30	4745.84	41.34
1993 年 6 月	26469.62	169.07	28465.28	263.71	4863.56	117.72
1993 年 7 月	26564.05	94.43	28663.60	198.32	4908.30	44.74
1993 年 8 月	26831.71	267.66	29022.52	358.92	4907.59	-0.71
1993 年 9 月	27195.03	363.32	29636.25	613.73	5074.82	167.23
1993 年 10 月	28020.83	825.80	30398.30	762.05	5159.56	84.74
1993 年 11 月	29128.18	1107.35	31603.58	1205.28	5398.60	239.04
1993 年 12 月	29645.99	517.81	32955.83	1352.25	5864.70	466.10
1994 年 1 月	29475.77	242.52	32871.56	112.17	6659.03	794.33
1994 年 2 月	30646.66	1170.89	33046.87	175.32	6305.19	-353.84
1994 年 3 月	31842.90	1196.24	33542.34	495.47	5834.60	-470.59
1994 年 4 月	32689.08	846.18	34243.54	701.20	5813.99	-20.61
1994 年 5 月	34022.32	1333.24	34883.73	640.20	5729.03	-84.96
1994 年 6 月	35164.04	1141.72	35608.07	724.34	5781.47	52.44
1994 年 7 月	36295.89	1131.85	36224.16	616.09	5970.24	188.77
1994 年 8 月	37411.70	1115.81	36855.98	631.82	6084.49	114.25
1994 年 9 月	38044.79	633.09	37476.11	620.13	6412.85	328.36
1994 年 10 月	39015.66	970.87	38288.57	812.46	6554.72	141.87
1994 年 11 月	39837.13	821.47	38788.31	499.74	6866.57	311.85
1994 年 12 月	40502.54	665.41	39975.99	1187.68	7288.60	422.03

金融机构人民币信贷收支主要指标时间序列表

（1978—2005）

单位：亿元

项目 年月	各项存款		各项贷款		流通中货币	
	月末余额	比上期增减额	月末余额	比上期增减额	月末余额	比上期增减额
1995 年 1 月	41309.96	384.55	41546.10	341.83	9213.05	1924.45
1995 年 2 月	43188.10	1878.14	41968.29	422.19	7764.94	-1448.11
1995 年 3 月	44191.79	1003.69	42453.45	485.16	7271.03	-493.91
1995 年 4 月	45463.14	1271.35	43179.95	726.50	7268.05	-2.98
1995 年 5 月	46759.18	1296.04	43619.18	439.23	7045.89	-222.16
1995 年 6 月	47806.03	1046.85	44073.06	453.88	7003.94	-41.95
1995 年 7 月	48836.76	1030.73	44824.48	751.42	7092.88	88.94
1995 年 8 月	49669.11	832.35	45643.68	819.20	7241.90	149.02
1995 年 9 月	50753.18	1084.07	46513.49	869.81	7368.94	127.04
1995 年 10 月	51794.44	1041.26	47515.17	1001.68	7420.06	51.12
1995 年 11 月	52826.43	1031.99	48629.70	1114.53	7731.83	311.77
1995 年 12 月	53882.10	1055.67	50544.09	1914.39	7885.34	153.51
1996 年 1 月	54373.49	570.26	50552.45	79.23	8600.45	715.11
1996 年 2 月	55668.77	1295.28	51079.56	527.11	9300.83	700.38
1996 年 3 月	57498.77	1830.00	51901.67	822.11	8169.05	-1131.78
1996 年 4 月	59316.48	1817.71	52817.41	915.74	7894.94	-274.11
1996 年 5 月	60508.23	1191.75	53379.66	562.25	7705.52	-189.42
1996 年 6 月	61768.70	1260.47	54381.34	1001.68	7665.69	-39.83
1996 年 7 月	63117.01	1348.31	55192.53	811.19	7809.31	143.62
1996 年 8 月	64470.87	1353.86	56075.73	883.17	8093.35	284.04
1996 年 9 月	65180.51	709.64	56932.63	856.93	8409.00	315.65
1996 年 10 月	66449.17	1268.66	57959.73	1027.10	8404.75	-4.25
1996 年 11 月	67253.38	804.21	58765.45	805.72	8704.56	299.81
1996 年 12 月	68595.59	1342.21	61156.55	2391.10	8802.01	97.45

金融机构人民币信贷收支主要指标时间序列表

(1978—2005)

单位：亿元

项目 年月	各项存款		各项贷款		流通中货币	
	月末余额	比上期增减额	月末余额	比上期增减额	月末余额	比上期增减额
1997 年 1 月	68202.22	-1249.75	64527.37	316.20	11493.22	2691.21
1997 年 2 月	70193.32	1991.11	64840.53	313.15	10075.22	-1418.00
1997 年 3 月	72020.23	1826.94	65796.10	955.58	9280.12	-795.10
1997 年 4 月	73096.37	1076.13	66471.13	675.64	9277.12	-3.00
1997 年 5 月	73871.06	774.68	67102.69	631.60	9065.65	-211.48
1997 年 6 月	75448.64	1577.58	68169.66	1066.97	9121.58	55.93
1997 年 7 月	76132.10	683.47	68699.94	503.27	9126.58	5.00
1997 年 8 月	77136.05	1003.93	69518.02	818.09	9327.35	200.77
1997 年 9 月	78315.48	1179.43	70564.45	1046.45	9426.13	98.78
1997 年 10 月	79134.21	818.73	71353.52	789.07	9488.81	62.68
1997 年 11 月	79907.31	773.10	72221.80	868.28	9784.58	295.77
1997 年 12 月	82392.80	2485.47	74914.07	2692.27	10177.61	393.04
1998 年 1 月	80862.83	-1434.34	74837.52	-179.10	13108.38	2930.77
1998 年 2 月	82414.81	1551.98	75030.94	193.43	10886.06	-2222.32
1998 年 3 月	84175.36	1760.55	75928.91	897.99	10201.04	-685.02
1998 年 4 月	84445.84	270.48	76570.65	623.70	10172.49	-28.55
1998 年 5 月	86166.93	1721.07	77313.97	743.31	9984.37	-188.13
1998 年 6 月	86895.11	728.20	78805.94	1491.95	9720.44	-263.93
1998 年 7 月	88581.30	1686.20	79562.39	756.42	10037.84	317.40
1998 年 8 月	89230.85	649.55	80885.00	1322.65	10129.07	91.23
1998 年 9 月	91881.37	2650.50	82644.94	1759.89	10528.03	398.96
1998 年 10 月	92969.82	1088.44	83421.25	776.34	10501.33	-26.71
1998 年 11 月	94419.46	1449.65	84596.88	1175.63	10671.30	169.98
1998 年 12 月	95697.94	1278.50	86524.13	1927.25	11204.15	532.85

金融机构人民币信贷收支主要指标时间序列表

（1978—2005）

单位：亿元

项目 年月	各项存款		各项贷款		流通中货币	
	月末余额	比上期增减额	月末余额	比上期增减额	月末余额	比上期增减额
1999年1月	95970.20	353.70	86532.97	144.67	11996.72	792.56
1999年2月	97229.16	1258.95	87057.21	524.24	12784.24	787.52
1999年3月	99438.13	2208.97	87825.58	768.37	11341.63	-1442.61
1999年4月	100214.80	776.67	88399.85	574.24	11225.41	-116.22
1999年5月	101473.55	1258.75	89021.35	621.52	10888.93	-336.48
1999年6月	102761.64	1288.10	90620.29	1598.95	10880.52	-8.41
1999年7月	102898.38	136.72	91157.63	537.34	11199.00	318.48
1999年8月	103773.43	875.07	92101.23	943.61	11395.16	196.16
1999年9月	105523.94	1750.52	93390.41	1289.18	12255.24	860.08
1999年10月	105898.87	374.92	93866.35	475.95	12153.88	-101.36
1999年11月	107311.52	1412.64	94929.68	1063.32	12482.62	328.74
1999年12月	108778.94	1467.41	93734.28	2305.02	13455.49	972.87
2000年1月	107778.82	-613.59	93838.17	681.51	16093.97	2638.48
2000年2月	109962.65	2183.83	94352.89	519.47	13983.01	-2110.96
2000年3月	112346.37	2383.72	95776.52	1449.96	13235.40	-747.61
2000年4月	113386.35	1039.98	96604.25	1001.07	13675.50	440.10
2000年5月	114679.66	1293.31	96174.88	795.02	13075.45	-600.05
2000年6月	117443.25	2763.59	94847.87	1757.11	13006.04	-69.41
2000年7月	117155.09	-288.16	94362.51	902.36	13156.47	150.43
2000年8月	118127.02	971.92	94874.36	999.52	13378.68	222.21
2000年9月	120048.33	1921.31	95995.51	1573.86	13894.69	516.01
2000年10月	119955.19	-93.16	96709.81	840.65	13589.45	-305.24
2000年11月	121868.23	1913.05	98180.28	1534.69	13877.70	288.25
2000年12月	123804.35	1936.14	99371.07	1291.67	14652.65	774.95

金融机构人民币信贷收支主要指标时间序列表

（1978—2005）

单位：亿元

项目 年月	各项存款		各项贷款		流通中货币	
	月末余额	比上期增减额	月末余额	比上期增减额	月末余额	比上期增减额
2001 年 1 月	124987.67	1488.22	100687.23	1285.38	17018.98	2366.33
2001 年 2 月	125502.38	514.71	101425.74	738.51	14910.39	-2108.59
2001 年 3 月	128899.71	3397.33	102470.64	1044.90	14362.12	-548.27
2001 年 4 月	130930.13	2030.42	103491.81	1021.17	14622.99	260.87
2001 年 5 月	130420.46	-509.67	104714.59	1222.78	13942.28	-680.71
2001 年 6 月	135189.54	4769.08	106553.42	1838.83	13943.44	1.16
2001 年 7 月	133699.41	-1490.13	107094.17	540.75	14071.62	128.18
2001 年 8 月	137138.40	3438.99	107614.13	519.96	14370.13	298.51
2001 年 9 月	139116.33	1977.93	108973.37	1359.24	15064.58	694.45
2001 年 10 月	140065.90	949.57	108989.38	16.01	14484.61	-579.97
2001 年 11 月	140286.55	220.65	110090.33	1100.95	14780.03	295.42
2001 年 12 月	143617.17	3330.62	112314.70	2224.37	15688.80	908.77
2002 年 1 月	143388.45	138.93	113194.69	239.94	16725.89	1037.09
2002 年 2 月	144349.17	965.71	113709.88	529.51	16641.55	-84.34
2002 年 3 月	147209.94	2869.21	116255.00	2554.12	15544.63	-1096.92
2002 年 4 月	150603.98	3406.46	117179.02	936.61	15864.18	319.55
2002 年 5 月	153258.08	2656.95	118286.23	1110.19	15243.07	-621.11
2002 年 6 月	157645.11	4462.15	121137.64	2929.20	15097.35	-145.72
2002 年 7 月	158780.22	1138.35	121754.40	619.57	15357.66	260.31
2002 年 8 月	161671.05	2895.72	123483.62	1736.20	15712.61	354.95
2002 年 9 月	165674.85	4004.68	126366.74	2885.13	16233.58	520.97
2002 年 10 月	166454.92	780.05	127089.14	722.39	16014.66	-218.92
2002 年 11 月	168595.90	2141.53	128627.75	1538.81	16346.39	331.73
2002 年 12 月	170917.40	2329.96	131293.93	2673.34	17278.03	931.64

金融机构人民币信贷收支主要指标时间序列表

（1978—2005）

单位：亿元

项目 / 年月	各项存款		各项贷款		流通中货币	
	月末余额	比上期增减额	月末余额	比上期增减额	月末余额	比上期增减额
2003年1月	173465.88	2583.03	134622.95	3266.13	21244.73	3966.70
2003年2月	176585.78	3119.90	135714.13	1091.18	17937.17	-3307.56
2003年3月	182295.33	5713.53	139436.53	3724.83	17106.50	-830.67
2003年4月	184627.83	2337.13	141377.15	1944.69	17441.14	334.64
2003年5月	188954.27	4330.50	143908.41	2533.77	17115.03	-326.11
2003年6月	194306.47	5353.99	149156.56	5249.85	16956.89	-158.14
2003年7月	195520.53	1215.30	150216.81	1061.81	17362.13	405.24
2003年8月	197725.62	2205.10	153025.17	2808.36	17606.76	244.63
2003年9月	202869.28	5143.62	156059.89	3034.73	18306.36	699.60
2003年10月	204076.95	1207.70	156676.17	616.27	18250.67	-55.69
2003年11月	206119.57	2042.62	157701.12	1024.96	18439.56	188.89
2003年12月	208055.59	1936.02	158996.23	1295.09	19745.99	1306.43
2004年1月	210248.48	2229.76	161730.64	2539.63	22287.43	2541.44
2004年2月	214639.78	4391.30	163810.61	2079.97	19893.44	-2393.99
2004年3月	220563.25	5923.47	167442.53	3731.34	19297.43	-596.01
2004年4月	222360.32	1797.07	169435.02	1995.29	19878.40	580.97
2004年5月	225048.71	2688.39	170566.13	1132.13	19048.43	-829.97
2004年6月	229670.82	4622.11	169905.94	2821.11	19017.58	-30.85
2004年7月	230192.75	521.93	169884.39	-19.41	19409.10	391.52
2004年8月	232473.01	2280.26	171040.15	1156.69	19517.94	108.84
2004年9月	235029.68	2556.67	173473.07	2502.47	20524.17	1006.23
2004年10月	236483.03	1453.35	173728.97	256.27	20078.25	-445.92
2004年11月	239788.54	3305.51	175224.01	1495.04	20209.25	131.00
2004年12月	241424.32	1635.78	178197.78	2982.75	21468.30	1259.05
2005年1月	245368.63	2117.17	181082.96	2810.28	24015.41	2547.11
2005年2月	248752.10	3383.48	182042.30	959.43	22667.97	-1347.44
2005年3月	255573.32	6821.22	185461.32	3606.66	21238.95	-1429.02
2005年4月	258882.32	3309.00	186889.10	1420.43	21666.56	427.61
2005年5月	262848.38	3966.06	186274.10	1089.20	20811.59	-854.97
2005年6月	269140.58	6292.20	186178.70	4653.00	20848.76	37.17
2005年7月	270736.45	1595.86	185859.75	-313.91	21171.20	322.44
2005年8月	275100.41	4363.96	187756.60	1896.86	21351.56	180.36
2005年9月	279882.41	4782.01	190941.90	3453.01	22272.92	921.36
2005年10月	281465.66	1583.24	191168.27	264.42	21892.98	-379.94
2005年11月	285504.74	4039.08	193416.93	2250.73	22409.39	516.41
2005年12月	287169.52	1664.79	194690.39	1453.71	24031.67	1622.28

金融机构人民币信贷收支主要指标时间序列表

(1978—2005)

单位：亿元

年月＼项目	企业存款		储蓄存款	
	月末余额	比上期增减额	月末余额	比上期增减额
1978 年 12 月	368.43	-16.27	210.61	29.01
1979 年 12 月	468.91	100.28	280.96	70.35
1980 年 12 月	561.01	92.10	395.80	114.84
1981 年 12 月	676.96	115.95	523.35	127.55
1982 年 12 月	761.64	84.68	675.44	152.09
1983 年 12 月	864.99	103.35	892.93	217.49
1984 年 12 月	1251.79	386.80	1214.70	321.77
1985 年 12 月	1735.89	484.10	1622.57	407.87
1986 年 12 月	2265.94	530.05	2237.81	615.24
1987 年 12 月	2701.12	435.18	3083.41	845.60
1988 年 12 月	3010.26	309.14	3819.09	735.68
1989 年 12 月	3174.11	163.85	5184.46	1365.37
1990 年 1 月	3166.99	-7.12	5350.83	166.37
1990 年 2 月	3188.73	21.74	5659.38	308.55
1990 年 3 月	3346.71	157.98	5823.97	164.59
1990 年 4 月	3460.42	113.71	5937.67	113.70
1990 年 5 月	3542.41	81.99	6090.24	152.57
1990 年 6 月	3565.05	22.64	6285.29	195.05
1990 年 7 月	3650.10	85.05	6484.95	199.66
1990 年 8 月	3753.92	103.82	6621.77	136.82
1990 年 9 月	3887.84	133.92	6721.30	99.53
1990 年 10 月	3884.17	-3.67	6880.33	159.03
1990 年 11 月	4006.19	122.02	7012.76	132.43
1990 年 12 月	4063.90	57.71	7119.56	106.80

金融机构人民币信贷收支主要指标时间序列表

（1978—2005）

单位：亿元

年月　项目	企业存款		储蓄存款	
	月末余额	比上期增减额	月末余额	比上期增减额
1991年1月	4184.36	120.46	7305.40	185.84
1991年2月	4234.28	49.92	7670.86	365.46
1991年3月	4393.28	159.00	7916.27	245.41
1991年4月	4576.03	182.75	8063.81	147.54
1991年5月	4740.41	164.38	8190.37	126.56
1991年6月	4747.33	6.92	8368.32	177.95
1991年7月	4849.17	101.84	8550.34	182.02
1991年8月	5001.87	152.70	8672.80	122.46
1991年9月	5182.97	181.10	8775.18	102.38
1991年10月	5269.56	86.59	8939.28	164.10
1991年11月	5438.99	169.43	9115.25	175.97
1991年12月	5215.29	-223.70	9244.84	129.59
1992年1月	5180.95	-34.34	9418.61	173.77
1992年2月	5359.20	178.25	9928.62	510.01
1992年3月	5602.05	242.85	10109.80	181.18
1992年4月	5933.27	331.22	10241.26	131.46
1992年5月	6211.00	277.73	10409.28	168.02
1992年6月	6397.68	186.68	10611.09	201.81
1992年7月	6714.10	316.42	10753.17	142.08
1992年8月	6968.35	254.25	10865.21	112.04
1992年9月	6848.48	-119.87	11039.17	173.96
1992年10月	7084.73	236.25	11211.73	172.56
1992年11月	7202.88	118.15	11357.62	145.89
1992年12月	7074.94	-127.94	11757.28	399.66

金融机构人民币信贷收支主要指标时间序列表

（1978—2005）

单位：亿元

项目／年月	企业存款		储蓄存款		定期储蓄存款	
	月末余额	比上期增减额	月末余额	比上期增减额	月末余额	比上期增减额
1993 年 1 月	7477.27	58.47	12246.37	452.55	9752.38	311.58
1993 年 2 月	7769.56	292.29	12564.74	318.37	9969.46	217.08
1993 年 3 月	8054.91	285.35	12526.31	-38.43	9836.24	-133.22
1993 年 4 月	8381.70	326.79	12546.01	19.70	9750.21	-86.03
1993 年 5 月	8579.54	197.84	12764.93	218.92	9883.43	133.22
1993 年 6 月	8311.90	-267.64	13109.84	344.91	10107.04	223.61
1993 年 7 月	7939.01	-372.89	13532.55	422.71	10513.41	406.37
1993 年 8 月	7835.73	-103.28	13910.63	378.08	10896.05	382.64
1993 年 9 月	7863.19	27.46	14233.19	322.56	11216.09	320.04
1993 年 10 月	8123.06	259.87	14615.19	382.00	11564.77	348.68
1993 年 11 月	8697.03	573.97	14968.81	353.62	11856.04	291.27
1993 年 12 月	8673.77	-23.25	15203.54	234.73	11971.03	114.99
1994 年 1 月	9687.92	-92.42	15599.07	395.53	12245.30	345.96
1994 年 2 月	9772.67	84.75	16676.40	1077.33	13115.05	869.75
1994 年 3 月	10397.68	625.01	17157.16	480.77	13593.70	478.65
1994 年 4 月	10947.76	550.08	17338.65	181.49	13752.12	158.41
1994 年 5 月	11521.74	573.98	17783.45	444.80	14071.23	319.11
1994 年 6 月	11924.32	402.58	18349.09	565.64	14444.15	372.92
1994 年 7 月	12211.50	287.18	18955.47	606.38	14896.32	452.17
1994 年 8 月	12651.45	439.95	19437.40	481.93	15278.48	382.16
1994 年 9 月	12692.80	41.35	19970.00	532.60	15675.01	396.53
1994 年 10 月	12929.25	236.45	20470.49	500.49	16123.50	448.49
1994 年 11 月	13194.53	265.28	20996.86	526.37	16521.97	398.47
1994 年 12 月	13278.98	84.45	21518.79	521.93	16838.64	316.67

金融机构人民币信贷收支主要指标时间序列表

（1978—2005）

单位：亿元

项目 / 年月	企业存款		储蓄存款		定期储蓄存款	
	月末余额	比上期增减额	月末余额	比上期增减额	月末余额	比上期增减额
1995年1月	13148.43	-290.30	22331.81	795.68	17667.71	802.17
1995年2月	13566.35	417.92	23740.97	1409.16	18851.39	1183.68
1995年3月	14200.52	634.17	23764.30	23.33	18871.39	20.00
1995年4月	14517.71	317.19	24219.06	454.76	19307.65	436.26
1995年5月	14965.15	447.44	24819.86	600.80	19840.84	533.19
1995年6月	15273.45	308.30	25573.11	753.25	20413.94	573.10
1995年7月	15610.94	337.49	26353.38	780.27	21124.63	710.70
1995年8月	16125.58	514.64	26833.89	480.51	21595.07	470.44
1995年9月	16301.93	176.35	27569.72	735.83	22193.34	598.27
1995年10月	16633.12	331.19	28183.69	613.97	22774.80	581.46
1995年11月	16957.38	324.26	28844.45	660.76	23216.76	441.97
1995年12月	17323.82	366.44	29662.25	817.80	23778.24	561.48
1996年1月	17449.96	26.08	30356.54	641.17	24455.74	667.10
1996年2月	17094.21	-355.75	32026.25	1669.71	25854.87	1399.13
1996年3月	17620.88	526.67	33296.48	1270.23	27180.37	1325.50
1996年4月	18330.02	709.14	34018.53	722.05	28012.96	832.59
1996年5月	18912.75	582.73	34622.10	603.57	28480.76	467.80
1996年6月	19318.30	405.55	35457.91	835.81	28934.46	453.70
1996年7月	19678.60	360.30	36048.67	590.76	29458.99	524.53
1996年8月	20127.21	448.61	36705.80	657.13	29988.59	529.60
1996年9月	20504.12	376.91	37085.17	379.37	30234.61	246.02
1996年10月	20959.29	455.17	37671.42	586.25	30551.44	316.83
1996年11月	21371.27	411.98	37917.26	245.84	30698.80	147.36
1996年12月	22450.17	1078.90	38520.84	603.58	30873.20	174.40

金融机构人民币信贷收支主要指标时间序列表

（1978—2005）

单位：亿元

项目 年月	企业存款		储蓄存款		定期储蓄存款	
	月末余额	比上期增减额	月末余额	比上期增减额	月末余额	比上期增减额
1997 年 1 月	22873. 80	-1332. 98	39141. 26	360. 36	31508. 51	404. 55
1997 年 2 月	22976. 34	102. 55	40896. 15	1754. 90	32876. 12	1367. 61
1997 年 3 月	23883. 13	906. 79	41556. 77	660. 62	33082. 71	206. 59
1997 年 4 月	24265. 75	382. 62	42122. 16	565. 39	33371. 93	289. 22
1997 年 5 月	24804. 83	539. 08	42295. 16	172. 99	33588. 82	216. 88
1997 年 6 月	25674. 11	869. 28	42771. 16	475. 99	34062. 94	474. 12
1997 年 7 月	25732. 70	58. 59	43312. 08	540. 92	34676. 27	613. 33
1997 年 8 月	26142. 74	410. 04	43914. 92	602. 84	35093. 98	417. 71
1997 年 9 月	26879. 36	736. 60	44139. 45	224. 53	35377. 07	283. 09
1997 年 10 月	26992. 38	113. 02	44720. 33	580. 89	35879. 36	502. 29
1997 年 11 月	27168. 82	176. 44	45068. 43	348. 10	36031. 87	152. 51
1997 年 12 月	28656. 25	1487. 43	46279. 80	1211. 37	36226. 74	194. 87
1998 年 1 月	26728. 38	-1857. 77	46514. 18	722. 17	37004. 41	686. 56
1998 年 2 月	26668. 30	-60. 08	47865. 30	1351. 12	38136. 18	1131. 77
1998 年 3 月	27154. 03	485. 73	48686. 48	821. 18	38909. 21	773. 03
1998 年 4 月	27453. 11	299. 09	48984. 56	298. 08	39220. 98	311. 77
1998 年 5 月	27979. 57	526. 46	49699. 45	714. 89	39640. 33	419. 35
1998 年 6 月	28629. 48	649. 91	49949. 89	250. 44	39824. 72	184. 39
1998 年 7 月	29008. 47	378. 99	50749. 82	799. 93	40119. 92	295. 20
1998 年 8 月	29617. 93	609. 46	50900. 91	151. 08	40349. 12	229. 20
1998 年 9 月	30858. 42	1240. 49	51580. 74	679. 83	40649. 59	300. 47
1998 年 10 月	31056. 33	197. 90	52257. 11	676. 37	41051. 49	401. 90
1998 年 11 月	31538. 63	482. 30	52952. 32	695. 21	41480. 36	428. 87
1998 年 12 月	32486. 63	948. 01	53407. 47	455. 15	41791. 57	311. 21

金融机构人民币信贷收支主要指标时间序列表

（1978—2005）

单位：亿元

年月＼项目	企业存款		储蓄存款		定期储蓄存款	
	月末余额	比上期增减额	月末余额	比上期增减额	月末余额	比上期增减额
1999年1月	31842.29	-615.21	54293.67	924.87	42329.20	572.64
1999年2月	31122.71	-719.58	56767.47	2473.79	43964.99	1635.79
1999年3月	31869.25	746.54	57814.65	1047.18	45169.12	1204.13
1999年4月	32102.61	233.36	58369.07	554.42	45866.36	697.24
1999年5月	32541.52	438.92	58967.84	598.77	46445.97	579.60
1999年6月	33410.79	869.27	59173.48	205.64	46581.52	135.55
1999年7月	33084.38	-326.41	59147.55	-25.93	46330.17	-251.35
1999年8月	33959.44	875.07	59187.26	39.71	46082.42	-247.75
1999年9月	34881.42	921.97	59364.31	177.07	45774.00	-308.41
1999年10月	35158.30	276.88	59269.90	-94.41	45462.35	-311.65
1999年11月	35818.65	660.34	59185.38	-84.52	45096.88	-365.47
1999年12月	37182.36	1363.70	59621.83	436.45	44955.11	-141.77
2000年1月	35659.16	-1436.05	60241.84	886.15	45266.84	435.52
2000年2月	36010.98	351.82	62270.25	2028.41	46543.42	1276.58
2000年3月	37387.11	1376.13	62492.29	222.04	46490.46	-52.96
2000年4月	38357.08	969.97	62536.12	43.83	46420.73	-69.73
2000年5月	39056.12	699.04	62195.39	-340.73	46128.79	-291.94
2000年6月	40739.83	1683.71	62842.38	646.99	46202.22	73.43
2000年7月	40239.49	-500.34	62841.50	-0.88	46199.03	-3.19
2000年8月	41146.52	907.03	62861.11	19.61	46096.85	-102.18
2000年9月	42685.74	1539.22	63243.27	382.16	45934.39	-162.46
2000年10月	42147.46	-538.28	63122.34	-120.93	45987.29	52.90
2000年11月	42541.59	394.13	63492.06	369.72	46087.36	100.07
2000年12月	44093.73	1552.14	64332.38	840.32	46141.66	54.30

金融机构人民币信贷收支主要指标时间序列表

（1978—2005）

单位：亿元

项目 年月	企业存款		储蓄存款		定期储蓄存款	
	月末余额	比上期增减额	月末余额	比上期增减额	月末余额	比上期增减额
2001年1月	43488.62	-858.54	66547.31	2242.52	47288.03	1166.33
2001年2月	43410.73	-77.89	67343.36	796.05	48314.21	1026.18
2001年3月	45147.08	1736.35	68365.13	1021.77	48653.91	339.70
2001年4月	45739.54	592.46	68618.46	253.33	48814.66	160.75
2001年5月	45093.41	-646.13	68393.54	-224.92	48899.34	84.68
2001年6月	47956.80	2863.39	69628.58	1235.04	49251.61	352.27
2001年7月	45869.33	-2087.47	69677.77	49.19	49497.63	246.02
2001年8月	47973.92	2104.59	70558.48	880.71	49782.93	285.30
2001年9月	49028.77	1054.85	71252.65	694.17	50016.76	233.83
2001年10月	48831.58	-197.19	71818.81	566.16	50481.75	464.99
2001年11月	48855.92	24.34	72323.82	505.01	50887.04	405.29
2001年12月	51546.63	2690.71	73762.43	1438.61	51434.86	547.82
2002年1月	49088.51	-1407.35	74953.71	1276.14	52210.51	853.51
2002年2月	47690.18	-1397.70	78114.33	3160.62	54312.56	2102.05
2002年3月	49330.57	1640.39	78728.30	613.97	54706.67	394.11
2002年4月	50707.16	1377.91	79728.20	999.90	55092.07	385.40
2002年5月	51473.28	766.14	80394.30	666.10	55499.65	407.58
2002年6月	53510.35	2037.05	81711.79	1317.49	56159.17	659.52
2002年7月	53481.43	-28.92	82527.90	816.11	56669.24	510.07
2002年8月	54800.76	1319.50	83275.97	748.07	57027.17	357.93
2002年9月	56898.03	2097.32	84139.05	863.08	57367.13	339.96
2002年10月	56693.61	-204.44	84725.13	586.08	57858.67	491.54
2002年11月	57608.26	914.67	85693.49	968.36	58344.16	485.49
2002年12月	60028.57	2420.29	86910.65	1217.16	58788.94	444.78

金融机构人民币信贷收支主要指标时间序列表

（1978—2005）

单位：亿元

项目 / 年月	企业存款		储蓄存款		定期储蓄存款	
	月末余额	比上期增减额	月末余额	比上期增减额	月末余额	比上期增减额
2003年1月	58629.42	-1310.84	90677.63	3691.88	60886.99	2062.84
2003年2月	58962.52	333.10	92824.21	2146.58	62677.33	1790.34
2003年3月	61657.84	2696.06	94567.84	1743.63	63891.68	1214.35
2003年4月	61866.31	208.47	95194.12	626.28	64346.09	454.41
2003年5月	63603.23	1737.48	96351.67	1157.55	65065.47	719.38
2003年6月	66657.97	3054.76	97674.57	1322.90	65679.15	613.68
2003年7月	66354.00	-303.98	98590.90	916.33	66174.78	495.63
2003年8月	67214.38	860.39	99255.58	664.68	66497.45	322.67
2003年9月	70086.22	2871.82	100888.60	1633.02	67303.63	806.18
2003年10月	70176.94	90.73	101381.89	493.29	67782.26	478.63
2003年11月	70509.62	332.68	102235.44	853.55	68068.80	286.54
2003年12月	72487.05	1977.43	103617.65	1382.21	68498.67	429.87
2004年1月	70153.31	-2870.07	109232.65	5606.68	71645.87	3147.57
2004年2月	71876.44	1723.13	110646.38	1413.73	73088.40	1442.53
2004年3月	75025.89	3149.45	111872.18	1225.80	73570.85	482.45
2004年4月	75873.31	847.42	112175.44	303.26	73493.77	-77.08
2004年5月	77118.07	1244.76	112610.18	434.74	73793.03	299.26
2004年6月	79357.97	2239.90	113792.47	1182.29	74174.68	381.65
2004年7月	78202.74	-1155.23	114253.24	460.77	74362.29	187.61
2004年8月	78973.93	771.19	114489.63	236.39	74488.23	125.94
2004年9月	80546.23	1572.30	115458.74	969.11	74778.56	290.33
2004年10月	80239.29	-306.94	116000.99	542.25	75226.95	448.39
2004年11月	81449.91	1210.62	117617.90	1616.91	77146.60	1919.65
2004年12月	84669.47	3219.56	119555.39	1937.49	78138.86	992.26
2005年1月	82971.54	-1813.24	122237.34	2683.12	79964.60	1828.23
2005年2月	81094.53	-1877.01	127823.44	5586.10	83862.25	3897.65
2005年3月	85044.34	3949.81	129259.35	1435.91	85170.88	1308.63
2005年4月	85888.86	844.52	129816.83	557.48	85729.64	558.76
2005年5月	87514.29	1625.43	130577.44	760.61	86471.02	741.38
2005年6月	90273.49	2759.20	132339.14	1761.70	87467.31	996.29
2005年7月	88747.26	-1526.23	133656.44	1317.30	88417.44	950.13
2005年8月	90773.63	2026.37	134505.01	848.57	89111.21	693.77
2005年9月	93166.96	2393.33	136316.32	1811.31	90151.86	1040.65
2005年10月	92567.09	-599.87	136827.11	510.79	90832.63	680.77
2005年11月	93943.85	1376.76	138504.28	1677.17	91343.18	510.55
2005年12月	96143.74	2199.89	141050.99	2546.71	92263.54	920.36

金融机构人民币信贷收支主要指标时间序列表

（1978—2005）

单位：亿元

项目 年月	短期贷款		中长期贷款		有价证券及投资	
	月末余额	比上期增减额	月末余额	比上期增减额	月末余额	比上期增减额
1978 年 12 月	1734.48					
1979 年 12 月	1902.89	168.41				
1980 年 12 月	2180.90	278.01	47.51	47.51		
1981 年 12 月	2488.56	307.66	83.74	36.23		
1982 年 12 月	2687.84	199.28	151.98	68.24		
1983 年 12 月	2995.56	307.72	192.09	40.11		
1984 年 12 月	3763.04	767.48	294.03	101.94		
1985 年 12 月	4554.19	791.15	686.25	392.22		
1986 年 12 月	5650.99	1194.63	975.97	289.72		
1987 年 12 月	6669.55	1018.56	1221.61	245.64		
1988 年 12 月	8026.14	1356.59	1558.20	336.59		
1989 年 12 月	10178.55	2152.41	1780.18	221.98		
1990 年 1 月	10158.48	-20.07	1766.67	-13.51	179.40	1.83
1990 年 2 月	10155.22	-3.26	1770.32	3.65	179.20	-0.20
1990 年 3 月	10362.18	206.96	1782.58	12.26	181.06	1.86
1990 年 4 月	10463.70	101.52	1796.91	14.33	182.54	1.48
1990 年 5 月	10530.95	67.25	1817.66	20.75	183.44	0.90
1990 年 6 月	10715.43	184.48	1850.72	33.06	185.34	1.90
1990 年 7 月	10813.40	97.97	1879.19	28.47	192.91	7.57
1990 年 8 月	11007.92	194.52	1909.78	30.59	214.46	21.55
1990 年 9 月	11439.85	431.93	1953.36	43.58	225.64	11.18
1990 年 10 月	11757.02	317.17	1999.19	45.83	243.76	18.12
1990 年 11 月	12073.37	316.35	2056.17	56.98	253.42	9.66
1990 年 12 月	12480.42	407.05	2214.89	158.72	259.06	5.64

金融机构人民币信贷收支主要指标时间序列表

（1978—2005）

单位：亿元

年月＼项目	短期贷款		中长期贷款		有价证券及投资	
	月末余额	比上期增减额	月末余额	比上期增减额	月末余额	比上期增减额
1991年1月	12486.49	6.07	2219.81	4.92	266.91	7.85
1991年2月	12465.04	-21.45	2238.30	18.49	271.81	4.90
1991年3月	12609.50	144.46	2267.91	29.61	273.56	1.75
1991年4月	12673.47	63.97	2305.64	37.73	278.60	5.04
1991年5月	12757.86	84.39	2342.18	36.54	285.30	6.70
1991年6月	12940.80	182.94	2382.11	39.93	290.73	5.43
1991年7月	13066.75	125.95	2420.99	38.88	292.12	1.39
1991年8月	13234.38	167.63	2481.32	60.33	303.37	11.25
1991年9月	13527.87	293.49	2715.72	234.40	323.35	19.98
1991年10月	13869.85	341.98	2784.35	68.63	369.54	46.19
1991年11月	14246.76	376.91	2858.46	74.11	415.76	46.22
1991年12月	14624.69	377.93	3046.15	187.69	430.41	14.65
1992年1月	14646.50	21.81	3032.22	-13.93	440.57	10.16
1992年2月	14688.27	41.77	3040.87	8.65	444.15	3.58
1992年3月	14908.68	220.41	3076.66	35.79	443.45	-0.70
1992年4月	15072.33	163.65	3221.39	144.73	471.06	27.61
1992年5月	15223.33	151.00	3294.47	73.08	501.80	30.74
1992年6月	15484.96	261.63	3371.03	76.56	534.17	32.37
1992年7月	15798.95	313.99	3438.86	67.83	583.12	48.95
1992年8月	16029.19	230.24	3494.36	55.50	616.59	33.47
1992年9月	16093.29	64.10	3572.54	78.18	664.12	47.53
1992年10月	16442.26	348.97	3635.68	63.14	723.94	59.82
1992年11月	16855.01	412.75	3684.65	48.97	777.56	53.62
1992年12月	17258.08	403.07	3924.02	239.37	845.97	68.41

金融机构人民币信贷收支主要指标时间序列表

（1978—2005）

单位：亿元

项目 年月	短期贷款		中长期贷款		有价证券及投资	
	月末余额	比上期增减额	月末余额	比上期增减额	月末余额	比上期增减额
1993 年 1 月	17703.22	147.79	3933.28	-18.08	703.17	36.50
1993 年 2 月	17925.78	222.56	3963.11	29.83	718.25	15.08
1993 年 3 月	17876.96	-48.82	3993.91	30.80	728.10	9.85
1993 年 4 月	18206.78	329.82	4053.27	59.36	725.49	-2.61
1993 年 5 月	18337.99	131.21	4113.74	60.47	722.80	-2.69
1993 年 6 月	18477.81	139.82	4171.59	57.85	842.17	119.37
1993 年 7 月	18533.63	55.82	4206.35	34.76	833.81	-8.36
1993 年 8 月	18768.51	234.88	4252.45	46.10	812.75	-21.06
1993 年 9 月	19239.46	470.95	4406.31	153.86	798.72	-14.03
1993 年 10 月	19778.30	538.84	4620.41	214.10	803.63	4.91
1993 年 11 月	20543.71	765.41	4940.88	320.47	834.24	30.61
1993 年 12 月	21370.61	826.90	5197.21	256.33	863.09	28.85
1994 年 1 月	22064.38	58.61	6579.22	3.32	1342.61	54.54
1994 年 2 月	22176.25	111.87	6596.75	17.53	1410.72	68.11
1994 年 3 月	22507.42	331.18	6711.34	114.58	1427.34	16.62
1994 年 4 月	22990.55	483.12	6840.09	128.75	1651.59	224.25
1994 年 5 月	23416.77	426.22	6972.47	132.38	1838.01	186.42
1994 年 6 月	23903.51	486.74	7102.79	130.32	1909.24	71.23
1994 年 7 月	24263.01	359.50	7245.81	143.02	1935.16	25.92
1994 年 8 月	24686.89	423.88	7322.06	76.25	2000.74	65.58
1994 年 9 月	25085.73	398.84	7424.79	102.73	2158.73	157.99
1994 年 10 月	25717.17	631.44	7487.54	62.75	2228.62	69.89
1994 年 11 月	26317.28	600.11	7322.06	-165.48	2371.35	142.73
1994 年 12 月	26948.70	631.42	7774.92	452.86	2462.42	91.07

金融机构人民币信贷收支主要指标时间序列表

（1978—2005）

单位：亿元

年月＼项目	短期贷款		中长期贷款		有价证券及投资	
	月末余额	比上期增减额	月末余额	比上期增减额	月末余额	比上期增减额
1995年1月	27694.40	256.25	8681.57	2.31	2862.88	11.77
1995年2月	27986.98	292.58	8698.31	16.74	2898.33	35.45
1995年3月	28256.94	269.96	8793.10	94.79	3098.43	200.10
1995年4月	28752.12	495.18	8884.03	90.93	3264.47	166.04
1995年5月	29033.10	280.98	8949.11	65.08	3416.25	151.78
1995年6月	29221.95	188.85	9117.34	168.23	3552.78	136.53
1995年7月	29699.58	477.63	9212.70	95.36	3607.48	54.70
1995年8月	30191.72	492.14	9467.74	255.04	3655.77	48.29
1995年9月	30712.86	521.14	9708.01	240.27	3806.13	150.36
1995年10月	31453.97	741.11	9828.18	120.17	3852.80	46.67
1995年11月	32206.46	752.49	9984.51	156.33	4018.80	166.00
1995年12月	33371.97	1165.51	10699.32	714.81	4215.72	196.92
1996年1月	33710.30	156.63	10569.65	-61.69	4169.96	35.72
1996年2月	34039.24	328.94	10620.07	50.42	4255.03	85.07
1996年3月	34584.57	545.33	10749.62	129.55	4453.07	198.04
1996年4月	35250.47	665.90	10868.22	118.60	4617.10	164.03
1996年5月	35569.60	319.13	10978.07	109.85	4810.10	193.00
1996年6月	36221.69	652.09	11166.59	188.52	4899.70	89.60
1996年7月	36749.67	527.98	11270.45	103.86	5108.05	208.35
1996年8月	37322.07	572.40	11386.53	116.08	5183.29	75.24
1996年9月	37842.80	520.73	11532.98	146.45	5345.40	162.11
1996年10月	38603.01	760.21	11647.78	114.80	5272.22	-73.18
1996年11月	39124.57	521.56	11856.77	208.99	5344.36	72.14
1996年12月	40210.01	1085.44	12672.59	815.82	5644.85	300.49

金融机构人民币信贷收支主要指标时间序列表

(1978—2005)

单位：亿元

项目 年月	短期贷款		中长期贷款		有价证券及投资	
	月末余额	比上期增减额	月末余额	比上期增减额	月末余额	比上期增减额
1997 年 1 月	47995.36	331.14	13501.44	-117.81	3803.37	-312.99
1997 年 2 月	48336.40	341.04	13475.72	-25.73	3811.85	8.48
1997 年 3 月	48914.18	577.79	13628.61	152.89	3967.45	155.60
1997 年 4 月	49372.80	458.62	13703.54	74.93	3738.78	-228.67
1997 年 5 月	49837.82	465.04	13761.64	58.11	3742.68	3.90
1997 年 6 月	50512.33	674.50	14052.77	291.13	3629.72	-112.96
1997 年 7 月	50831.65	319.33	14075.15	22.37	3575.53	-54.20
1997 年 8 月	51481.61	649.96	14185.84	110.70	3636.85	61.32
1997 年 9 月	52245.37	763.78	14385.54	199.70	3703.83	66.98
1997 年 10 月	52825.80	580.43	14522.07	136.53	3665.86	-37.97
1997 年 11 月	53495.48	669.67	14692.82	170.74	3676.39	10.53
1997 年 12 月	55418.27	1922.78	15468.65	775.84	3671.74	-4.65
1998 年 1 月	54418.72	-224.84	16195.78	-80.94	3656.05	-29.82
1998 年 2 月	54390.33	-28.40	16304.39	108.62	3660.82	4.77
1998 年 3 月	55056.96	666.66	16429.45	125.05	3541.07	-119.75
1998 年 4 月	55429.27	354.26	16583.05	153.60	3630.15	89.08
1998 年 5 月	55814.76	385.49	16828.63	245.57	3829.41	199.26
1998 年 6 月	56660.00	845.22	17438.08	609.44	3885.64	56.23
1998 年 7 月	57088.81	428.79	17618.95	180.87	4009.20	123.56
1998 年 8 月	57808.27	719.49	18153.81	534.86	6735.93	2726.73
1998 年 9 月	58680.87	872.57	18915.11	761.30	7510.28	774.34
1998 年 10 月	58987.15	306.30	19240.46	325.35	7674.29	164.01
1998 年 11 月	59543.24	556.09	19798.57	558.12	7782.84	108.55
1998 年 12 月	60613.22	1069.98	20717.78	919.21	8112.24	329.40

金融机构人民币信贷收支主要指标时间序列表

（1978—2005）

单位：亿元

项目 年月	短期贷款		中长期贷款		有价证券及投资	
	月末余额	比上期增减额	月末余额	比上期增减额	月末余额	比上期增减额
1999年1月	60621.59	67.73	20633.60	-29.54	8035.82	-62.80
1999年2月	61003.37	381.79	20706.27	72.67	8015.29	-20.54
1999年3月	61369.41	366.04	21024.24	317.96	8188.66	173.39
1999年4月	61563.96	194.54	21308.31	284.08	8138.51	-50.16
1999年5月	61781.05	217.11	21606.37	298.06	8364.66	226.15
1999年6月	62710.54	929.47	22270.10	663.73	8537.43	172.76
1999年7月	62928.61	218.07	22509.52	239.44	8795.16	257.74
1999年8月	63374.37	445.76	22892.29	382.78	8623.35	-171.81
1999年9月	64088.32	713.95	23439.75	547.46	9177.91	554.56
1999年10月	64134.72	46.41	23720.85	281.08	9261.50	83.59
1999年11月	64628.10	493.37	24180.68	459.83	9202.76	-58.74
1999年12月	63887.55	1171.35	23968.32	1293.37	12505.79	3303.03
2000年1月	64225.34	389.26	23851.23	156.34	12569.43	66.44
2000年2月	64472.00	269.15	24040.69	169.06	12694.87	125.51
2000年3月	65456.07	1004.44	24605.00	569.99	12657.30	-37.58
2000年4月	65910.96	608.49	24936.27	350.61	13077.85	420.49
2000年5月	65263.96	420.82	25093.43	314.15	13611.30	533.78
2000年6月	63711.09	1104.37	25302.95	631.92	13579.39	-32.03
2000年7月	62958.05	397.32	25509.84	444.09	14742.06	1162.95
2000年8月	63174.12	521.20	25806.66	479.44	15159.62	417.55
2000年9月	63798.70	990.90	26323.62	602.89	16696.80	1539.70
2000年10月	64133.09	429.50	26679.51	387.14	16827.23	130.53
2000年11月	65043.07	955.09	27180.85	521.01	17647.15	820.22
2000年12月	65748.07	784.04	27931.19	771.29	19651.07	2005.24

金融机构人民币信贷收支主要指标时间序列表

(1978—2005)

单位：亿元

项目 年月	短期贷款		中长期贷款		有价证券及投资	
	月末余额	比上期增减额	月末余额	比上期增减额	月末余额	比上期增减额
2001 年 1 月	63386. 93	548. 51	33166. 28	476. 67	20217. 88	114. 23
2001 年 2 月	63566. 03	179. 10	33630. 89	464. 61	20202. 62	-15. 26
2001 年 3 月	63816. 97	250. 94	34313. 56	682. 67	20417. 70	215. 08
2001 年 4 月	64030. 13	213. 16	34961. 81	648. 25	20663. 39	245. 69
2001 年 5 月	64394. 18	364. 05	35374. 03	412. 22	20851. 50	188. 11
2001 年 6 月	65320. 03	925. 85	36023. 19	649. 16	21231. 51	380. 01
2001 年 7 月	65316. 34	-3. 69	36394. 56	371. 37	21506. 72	275. 21
2001 年 8 月	65267. 07	-49. 27	36881. 02	486. 46	21685. 08	178. 36
2001 年 9 月	65764. 83	497. 76	37599. 53	718. 51	21695. 61	10. 53
2001 年 10 月	65637. 98	-126. 85	37732. 44	132. 91	21986. 35	290. 74
2001 年 11 月	66126. 99	489. 01	38245. 77	513. 33	21900. 69	-85. 66
2001 年 12 月	67327. 23	1200. 24	39238. 08	992. 31	23112. 65	1211. 96
2002 年 1 月	66508. 50	12. 27	40450. 93	243. 94	23576. 60	53. 22
2002 年 2 月	66715. 19	207. 43	40770. 93	320. 00	23566. 93	2. 94
2002 年 3 月	68501. 44	1786. 24	41424. 57	653. 64	24136. 63	570. 61
2002 年 4 月	68919. 43	418. 63	41707. 64	283. 31	24465. 97	331. 76
2002 年 5 月	69346. 08	426. 67	42357. 01	649. 37	24753. 81	288. 77
2002 年 6 月	70707. 42	1361. 48	43448. 49	1091. 48	25349. 85	608. 64
2002 年 7 月	70745. 47	38. 04	43881. 20	432. 71	25618. 01	268. 94
2002 年 8 月	71333. 65	588. 62	44722. 23	843. 31	25822. 14	207. 93
2002 年 9 月	72585. 31	1251. 66	45931. 11	1208. 90	26155. 39	334. 84
2002 年 10 月	72659. 95	74. 64	46547. 71	616. 60	26265. 90	110. 17
2002 年 11 月	73223. 83	563. 87	47274. 29	726. 60	26318. 92	53. 44
2002 年 12 月	74247. 90	1025. 76	48642. 04	1368. 10	26789. 73	474. 45

金融机构人民币信贷收支主要指标时间序列表

（1978—2005）

单位：亿元

项目 年月	短期贷款		中长期贷款		有价证券及投资	
	月末余额	比上期增减额	月末余额	比上期增减额	月末余额	比上期增减额
2003年1月	75590.55	1425.64	49991.72	1194.64	26387.87	-45.69
2003年2月	76041.09	450.54	50448.38	456.66	26656.09	268.22
2003年3月	77717.60	1676.60	52032.26	1583.88	26439.82	-215.74
2003年4月	78195.47	477.87	52909.69	877.43	27077.93	639.71
2003年5月	79201.99	1006.51	53907.98	1000.81	27406.01	331.81
2003年6月	81290.08	2088.10	56013.38	2105.39	27756.97	351.42
2003年7月	80850.87	-439.21	57279.61	1266.67	27731.19	-25.19
2003年8月	81888.69	1037.82	58378.92	1099.31	27963.28	232.10
2003年9月	82731.62	842.93	60215.29	1836.38	28070.98	107.69
2003年10月	83153.19	421.57	60896.33	681.03	28107.02	36.04
2003年11月	83402.44	249.25	61801.48	905.16	28204.53	97.51
2003年12月	83661.15	258.71	63401.40	1599.91	30259.47	2054.94
2004年1月	84590.83	1228.69	64943.47	1287.95	29804.24	-163.78
2004年2月	85690.35	1100.03	65663.96	720.65	29876.23	80.51
2004年3月	87245.06	1646.66	67375.12	1717.96	30191.91	307.16
2004年4月	87470.78	228.32	68619.89	1244.97	30198.05	6.14
2004年5月	87771.51	301.68	69447.41	827.59	29897.26	-300.79
2004年6月	86150.29	942.66	70239.76	1605.57	30389.94	492.68
2004年7月	85680.18	-468.13	70683.23	443.62	30576.06	186.12
2004年8月	85924.76	245.45	71414.53	731.36	30722.74	146.68
2004年9月	87007.64	1147.55	72608.60	1198.95	31314.35	591.61
2004年10月	86775.23	-232.05	73384.04	775.45	31089.05	-225.30
2004年11月	86613.94	124.56	74694.15	1024.27	31412.84	323.79
2004年12月	86840.60	235.01	76702.88	2009.36	30931.01	-481.83
2005年1月	87601.34	1003.41	78194.81	1253.25	30722.41	-133.79
2005年2月	88025.35	424.08	78726.19	531.39	30629.10	-93.31
2005年3月	89437.51	1586.66	80084.75	1371.70	30989.85	360.75
2005年4月	89549.76	105.42	80752.84	667.58	31273.36	283.51
2005年5月	88551.46	336.74	81059.58	632.76	31319.25	45.89
2005年6月	86853.05	1998.20	81931.27	1867.46	31208.56	-110.69
2005年7月	86281.06	-567.31	82085.30	154.40	31560.81	352.25
2005年8月	86660.46	379.42	82782.57	697.26	32369.04	808.23
2005年9月	87523.88	1112.37	84284.89	1521.07	32703.73	334.69
2005年10月	87379.35	-109.14	84801.72	519.49	33123.44	419.17
2005年11月	87890.53	513.11	85642.97	841.39	33457.84	334.40
2005年12月	87449.16	-273.72	87460.42	1830.06	34942.14	1484.30

注：1978年末至1989年末“各项贷款”按“流动资金贷款”、“农业贷款”、“固定资产贷款”分类，1990—2005年“各项贷款”按“短期贷款”、“农业贷款”、“中长期贷款”分类。

金融机构外币信贷收支主要指标时间序列表

（1998—2005）

单位：亿美元

项目 年月	各项存款		各项贷款		境外筹资	
	月末余额	比上期增减额	月末余额	比上期增减额	月末余额	比上期增减额
1998 年 1 月	754.76	-12.67	1179.01	-14.65	361.84	-4.61
1998 年 2 月	770.21	15.49	1181.41	2.40	362.14	0.30
1998 年 3 月	779.57	9.34	1183.93	2.50	361.08	-1.06
1998 年 4 月	782.18	2.62	1180.87	-3.04	349.00	-12.08
1998 年 5 月	793.37	11.20	1179.63	-1.26	354.22	5.22
1998 年 6 月	805.39	12.02	1180.63	0.99	345.83	-8.39
1998 年 7 月	820.25	14.87	1175.28	-5.36	341.15	-4.68
1998 年 8 月	849.51	29.25	1170.99	-4.28	340.02	-1.13
1998 年 9 月	862.40	12.88	1172.88	1.90	338.18	-1.84
1998 年 10 月	861.43	-0.95	1181.12	8.22	346.10	7.92
1998 年 11 月	874.81	13.37	1199.24	18.14	356.09	9.99
1998 年 12 月	884.72	9.90	1196.71	-2.52	348.39	-7.70
1999 年 1 月	886.01	3.28	1171.25	-6.73	336.27	-0.67
1999 年 2 月	896.10	10.08	1168.39	-2.84	332.86	-3.41
1999 年 3 月	895.07	-1.02	1169.59	1.18	328.02	-4.84
1999 年 4 月	900.37	5.27	1167.90	-1.70	326.31	-1.71
1999 年 5 月	910.20	9.83	1162.29	-5.59	325.04	-1.27
1999 年 6 月	921.74	11.54	1155.68	-6.60	326.78	1.74
1999 年 7 月	929.05	7.31	1152.71	-2.98	318.78	-8.00
1999 年 8 月	953.84	24.81	1149.41	-3.31	319.00	0.22
1999 年 9 月	981.02	27.17	1156.96	7.50	325.89	6.89
1999 年 10 月	998.98	17.94	1159.21	2.35	327.05	1.16
1999 年 11 月	1017.53	18.66	1148.15	-11.12	323.82	-3.23
1999 年 12 月	1031.71	14.09	1103.01	3.31	324.17	0.35

金融机构外币信贷收支主要指标时间序列表

（1998—2005）

单位：亿美元

项目 年月	各项存款		各项贷款		境外筹资	
	月末余额	比上期增减额	月末余额	比上期增减额	月末余额	比上期增减额
2000年1月	1044.67	12.70	1098.83	-8.42	322.52	-1.63
2000年2月	1062.51	17.84	1092.24	-6.37	320.94	-1.58
2000年3月	1079.16	16.65	1085.86	-6.34	315.20	-5.74
2000年4月	1093.37	14.21	1086.22	0.80	315.36	0.16
2000年5月	1110.80	17.42	1051.25	-23.83	291.60	-23.76
2000年6月	1136.78	25.98	960.78	-6.21	287.23	-4.37
2000年7月	1169.97	33.19	937.56	-3.61	288.04	0.81
2000年8月	1184.27	14.30	922.61	-8.64	286.67	-1.37
2000年9月	1204.25	19.98	908.07	-12.10	277.90	-8.77
2000年10月	1226.82	22.58	899.74	-6.80	274.43	-3.47
2000年11月	1274.35	47.53	896.04	-2.73	273.28	-1.15
2000年12月	1282.60	8.24	853.55	-18.09	258.32	-14.96
2001年1月	1300.74	13.11	841.82	-7.48	289.81	5.66
2001年2月	1288.20	-12.54	837.14	-4.68	287.85	-1.96
2001年3月	1292.51	4.31	836.10	-1.03	285.96	-1.89
2001年4月	1318.52	26.01	834.25	-1.85	281.44	-4.52
2001年5月	1346.73	28.21	832.73	-1.55	278.27	-3.17
2001年6月	1339.97	-6.76	832.05	-0.69	275.78	-2.49
2001年7月	1335.65	-4.32	824.36	-7.67	274.05	-1.73
2001年8月	1347.38	11.73	829.94	5.58	276.06	2.01
2001年9月	1347.88	0.50	824.50	-5.44	272.19	-3.87
2001年10月	1356.63	8.75	818.90	-5.60	268.87	-3.32
2001年11月	1353.35	-3.28	812.78	-6.12	266.81	-2.06
2001年12月	1348.78	-4.57	806.47	-6.31	260.44	-6.37

金融机构外币信贷收支主要指标时间序列表

（1998—2005）

单位：亿美元

项目 年月	各项存款		各项贷款		境外筹资	
	月末余额	比上期增减额	月末余额	比上期增减额	月末余额	比上期增减额
2002 年 1 月	1386.84	-12.86	939.45	1.33	255.24	-3.84
2002 年 2 月	1400.74	13.90	950.20	11.08	247.23	-8.01
2002 年 3 月	1412.30	11.56	958.06	7.86	245.16	-2.07
2002 年 4 月	1409.90	-2.40	964.63	6.58	245.11	-0.05
2002 年 5 月	1436.27	26.37	973.50	8.86	242.97	-2.14
2002 年 6 月	1445.46	9.43	983.62	10.61	267.08	24.25
2002 年 7 月	1444.04	-1.42	987.60	3.99	264.31	-2.76
2002 年 8 月	1455.40	11.36	985.84	-1.77	263.86	-0.46
2002 年 9 月	1453.07	-2.33	996.45	10.62	262.52	-1.34
2002 年 10 月	1475.40	22.34	998.38	1.92	258.06	-4.46
2002 年 11 月	1484.16	8.79	1003.35	5.12	236.92	-21.13
2002 年 12 月	1506.67	22.52	1027.98	24.72	235.87	-1.06
2003 年 1 月	1496.11	-10.55	1039.79	12.82	235.57	-0.35
2003 年 2 月	1494.91	-1.20	1046.24	6.45	240.70	5.13
2003 年 3 月	1487.93	-7.00	1078.94	32.76	238.61	-2.09
2003 年 4 月	1485.98	-1.95	1106.42	27.48	230.98	-7.63
2003 年 5 月	1496.60	11.03	1137.24	32.01	229.57	0.99
2003 年 6 月	1510.60	14.00	1173.41	36.18	225.54	-4.03
2003 年 7 月	1499.52	-11.07	1185.89	12.49	219.26	-6.27
2003 年 8 月	1495.07	-4.46	1215.70	29.80	215.16	-4.11
2003 年 9 月	1480.68	-14.39	1264.01	48.31	216.44	1.28
2003 年 10 月	1501.13	20.46	1281.82	17.83	218.65	2.21
2003 年 11 月	1504.73	3.59	1306.30	24.46	217.87	-0.78
2003 年 12 月	1487.06	-17.67	1301.77	-4.52	214.33	-3.54

金融机构外币信贷收支主要指标时间序列表

（1998—2005）

单位：亿美元

项目 年月	各项存款		各项贷款		境外筹资	
	月末余额	比上期增减额	月末余额	比上期增减额	月末余额	比上期增减额
2004年1月	1509.64	18.21	1329.27	21.76	207.98	-2.54
2004年2月	1457.99	-51.72	1363.78	34.62	208.08	0.10
2004年3月	1467.56	9.64	1401.69	37.80	204.61	-3.47
2004年4月	1474.04	6.48	1422.30	20.61	196.77	-7.84
2004年5月	1497.72	23.68	1440.50	18.20	197.37	0.60
2004年6月	1510.69	12.97	1346.20	25.21	193.74	-3.63
2004年7月	1536.89	26.20	1338.36	-7.85	198.83	5.09
2004年8月	1549.15	12.26	1344.34	6.01	207.20	8.37
2004年9月	1559.03	9.88	1346.31	1.96	226.96	19.76
2004年10月	1583.82	24.79	1333.59	-12.72	232.46	5.50
2004年11月	1552.59	-31.23	1354.77	21.18	236.23	3.77
2004年12月	1530.25	-22.34	1354.84	0.09	230.85	-5.38
2005年1月	1583.65	35.92	1448.55	87.79	231.19	0.17
2005年2月	1618.50	34.85	1447.87	-0.68	230.41	-0.78
2005年3月	1627.56	9.06	1468.69	20.81	223.91	-6.50
2005年4月	1631.38	3.82	1479.69	10.99	233.28	9.37
2005年5月	1608.61	-22.77	1496.81	24.90	227.28	-6.00
2005年6月	1652.86	44.25	1496.63	18.35	211.55	-15.73
2005年7月	1604.71	-48.15	1519.22	22.60	209.28	-2.27
2005年8月	1611.18	6.47	1500.15	-19.09	216.18	6.90
2005年9月	1575.12	-36.06	1496.44	-3.69	208.61	-7.57
2005年10月	1598.60	23.48	1532.01	35.52	212.87	4.26
2005年11月	1607.59	8.99	1515.17	-16.81	215.68	2.81
2005年12月	1615.70	8.11	1505.30	-9.87	210.64	-5.04

金融机构外币信贷收支主要指标时间序列表

（1998—2005）

单位：亿美元

项目 年月	单位存款		单位活期存款		单位定期存款		储蓄存款		定期储蓄存款	
	月末余额	比上期增减额	月末余额	比上期增减额	月末余额	比上期增减额	月末余额	比上期增减额	月末余额	比上期增减额
1998年1月	355.37	-25.12	130.52	-21.56	224.85	-3.56	301.60	10.21	278.82	10.89
1998年2月	362.24	6.89	133.31	2.79	228.93	4.10	311.95	10.35	289.07	10.25
1998年3月	366.29	4.04	131.02	-2.29	235.27	6.33	322.49	10.54	299.85	10.78
1998年4月	361.93	-4.36	122.95	-8.07	238.98	3.71	331.42	8.93	308.10	8.25
1998年5月	369.20	7.27	126.31	3.36	242.89	3.91	339.60	8.18	315.55	7.45
1998年6月	365.11	-4.09	121.12	-5.19	243.99	1.10	350.41	10.81	326.20	10.65
1998年7月	373.58	8.45	120.54	-0.58	253.04	9.03	364.29	13.88	339.99	13.79
1998年8月	386.54	12.97	125.26	4.72	261.28	8.25	379.46	15.17	354.61	14.62
1998年9月	389.32	2.75	125.90	0.62	263.42	2.13	387.50	8.04	363.26	8.65
1998年10月	381.96	-7.34	128.63	2.73	253.33	-10.07	396.53	9.03	371.54	8.28
1998年11月	383.27	1.31	126.44	-2.19	256.83	3.50	406.30	9.77	380.07	8.53
1998年12月	384.58	1.29	121.22	-5.23	263.36	6.52	412.46	6.15	384.96	4.89
1999年1月	385.74	1.19	124.91	3.80	260.83	-2.61	420.44	8.08	392.23	7.32
1999年2月	385.53	-0.21	127.06	2.15	258.47	-2.36	431.58	11.14	401.86	9.63
1999年3月	377.09	-8.44	125.61	-1.45	251.48	-6.99	441.75	10.17	412.18	10.32
1999年4月	374.42	-2.69	125.91	0.30	248.51	-2.99	449.90	8.15	419.94	7.76
1999年5月	376.22	1.82	126.17	0.26	250.05	1.56	459.50	9.60	428.37	8.43
1999年6月	377.59	1.35	129.77	3.60	247.82	-2.25	470.13	10.63	437.68	9.31
1999年7月	372.43	-5.16	131.99	2.22	240.44	-7.38	483.40	13.27	450.03	12.35
1999年8月	381.54	9.12	131.98	-0.01	249.56	9.13	498.11	14.71	464.28	14.25
1999年9月	391.25	9.71	131.77	-0.21	259.48	9.92	514.19	16.08	479.56	15.28
1999年10月	394.26	3.02	130.72	-1.05	263.54	4.07	527.53	13.34	491.60	12.04
1999年11月	397.69	3.42	131.22	0.50	266.47	2.92	542.68	15.15	505.76	14.16
1999年12月	398.01	-0.32	134.00	2.78	264.01	-3.10	553.46	10.78	516.18	10.42

金融机构外币信贷收支主要指标时间序列表

（1998—2005）

单位：亿美元

项目 / 年月	单位存款		单位活期存款		单位定期存款		储蓄存款		定期储蓄存款	
	月末余额	比上期增减额	月末余额	比上期增减额	月末余额	比上期增减额	月末余额	比上期增减额	月末余额	比上期增减额
2000年1月	398.93	0.29	127.53	-6.80	271.40	7.09	567.94	14.48	529.91	13.73
2000年2月	401.11	2.18	128.43	0.90	272.68	1.28	583.03	15.09	544.15	14.24
2000年3月	404.09	2.98	129.31	0.88	274.78	2.10	594.76	11.73	555.67	11.52
2000年4月	406.89	2.80	128.60	-0.71	278.29	3.51	606.46	11.70	566.62	10.95
2000年5月	410.41	3.52	130.57	1.97	279.84	1.55	618.89	12.43	578.12	11.50
2000年6月	419.26	8.85	130.63	0.06	288.63	8.79	634.20	15.31	594.38	16.26
2000年7月	434.98	15.72	132.48	1.85	302.50	13.87	650.86	16.66	609.77	15.39
2000年8月	434.44	-0.54	131.14	-1.34	303.30	0.80	666.14	15.28	623.76	13.99
2000年9月	435.41	0.97	128.73	-2.41	306.68	3.38	683.26	17.12	640.40	16.64
2000年10月	441.52	6.11	133.50	4.77	308.02	1.34	699.17	15.91	655.41	15.01
2000年11月	469.16	27.64	135.67	2.17	333.49	25.47	715.20	16.03	670.89	15.48
2000年12月	459.79	-9.37	137.29	1.62	322.50	-10.99	729.50	14.30	683.55	12.66
2001年1月	458.46	-3.49	134.31	-5.27	324.15	1.78	749.27	16.00	701.42	14.93
2001年2月	451.52	-6.94	135.29	0.98	316.23	-7.92	742.66	-6.61	693.96	-7.46
2001年3月	456.25	4.73	132.11	-3.18	324.14	7.91	740.04	-2.62	690.34	-3.62
2001年4月	475.03	18.78	131.99	-0.12	343.04	18.90	745.51	5.47	693.94	3.60
2001年5月	496.26	21.23	143.40	11.41	352.86	9.82	756.35	10.84	698.90	4.96
2001年6月	485.38	-10.88	144.23	0.83	341.15	-11.71	759.58	3.23	700.84	1.94
2001年7月	473.19	-12.19	142.61	-1.62	330.58	-10.57	772.09	12.51	709.67	8.83
2001年8月	473.02	-0.17	145.49	2.88	327.53	-3.05	785.24	13.15	719.24	9.57
2001年9月	467.14	-5.88	141.02	-4.47	326.12	-1.41	793.99	8.75	726.33	7.09
2001年10月	467.36	0.22	151.08	10.06	316.28	-9.84	804.01	10.02	733.12	6.79
2001年11月	458.98	-8.38	156.65	5.57	302.33	-13.95	811.23	7.22	738.07	4.95
2001年12月	452.92	-6.06	157.91	1.26	295.01	-7.32	815.62	4.39	739.06	0.99

金融机构外币信贷收支主要指标时间序列表

(1998—2005)

单位：亿美元

项目 年月	单位存款		单位活期存款		单位定期存款		储蓄存款		定期储蓄存款	
	月末余额	比上期增减额	月末余额	比上期增减额	月末余额	比上期增减额	月末余额	比上期增减额	月末余额	比上期增减额
2002 年 1 月	481.59	-12.60	172.87	-4.74	308.72	-7.86	820.57	4.77	742.57	3.45
2002 年 2 月	486.47	4.88	179.55	6.68	306.92	-1.80	830.61	10.04	749.88	7.31
2002 年 3 月	487.51	1.04	175.24	-4.31	312.27	5.35	839.17	8.56	756.00	6.12
2002 年 4 月	477.05	-10.46	169.29	-5.95	307.76	-4.51	846.09	6.92	761.40	5.40
2002 年 5 月	488.66	11.61	181.73	12.44	306.93	-0.83	855.44	9.35	767.18	5.78
2002 年 6 月	485.68	-2.98	188.76	7.03	296.92	-10.01	865.53	10.09	773.58	6.40
2002 年 7 月	485.54	-0.14	190.13	1.37	295.41	-1.51	868.47	2.94	774.28	0.70
2002 年 8 月	490.86	5.32	194.10	3.97	296.76	1.35	874.73	6.26	777.53	3.25
2002 年 9 月	485.26	-5.60	188.11	-5.99	297.15	0.39	877.62	2.89	779.12	1.59
2002 年 10 月	498.06	12.80	204.36	16.25	293.70	-3.45	884.74	7.12	782.50	3.38
2002 年 11 月	502.69	4.63	203.85	-0.51	298.84	5.14	887.67	2.93	783.53	1.03
2002 年 12 月	515.86	13.17	212.43	8.58	303.43	4.59	893.59	5.92	784.27	0.74
2003 年 1 月	504.17	-11.69	205.66	-6.15	298.51	-5.54	896.51	2.92	785.75	1.48
2003 年 2 月	499.48	-4.69	214.91	9.25	284.57	-13.94	900.27	3.76	787.13	1.38
2003 年 3 月	490.75	-8.73	211.92	-2.99	278.83	-5.74	900.82	0.55	786.36	-0.77
2003 年 4 月	486.64	-4.11	209.83	-2.09	276.81	-2.02	901.73	0.91	785.01	-1.35
2003 年 5 月	494.04	7.40	222.56	12.73	271.48	-5.33	905.35	3.62	785.49	0.48
2003 年 6 月	501.71	7.67	231.12	8.56	270.59	-0.89	908.58	3.23	784.99	-0.50
2003 年 7 月	495.15	-6.56	226.99	-4.13	268.16	-2.43	904.63	-3.95	778.13	-6.86
2003 年 8 月	498.63	3.48	228.54	1.55	270.09	1.93	895.75	-8.88	767.87	-10.26
2003 年 9 月	499.90	1.27	225.09	-3.45	274.81	4.72	879.33	-16.42	751.38	-16.49
2003 年 10 月	522.23	22.33	242.78	17.69	279.45	4.64	868.36	-10.97	738.59	-12.79
2003 年 11 月	537.78	15.55	252.45	9.67	285.33	5.88	860.98	-7.38	729.71	-8.88
2003 年 12 月	519.26	-18.52	246.43	-6.02	272.83	-12.50	855.14	-5.84	722.33	-7.38

金融机构外币信贷收支主要指标时间序列表

（1998—2005）

单位：亿美元

项目 年月	单位存款		单位活期存款		单位定期存款		储蓄存款		定期储蓄存款	
	月末余额	比上期增减额	月末余额	比上期增减额	月末余额	比上期增减额	月末余额	比上期增减额	月末余额	比上期增减额
2004年1月	544.11	20.86	269.88	20.83	274.23	0.03	852.53	-2.85	717.09	-5.39
2004年2月	512.26	-31.85	263.20	-6.68	249.06	-25.17	832.42	-20.11	695.72	-21.37
2004年3月	519.88	7.62	271.58	8.38	248.30	-0.76	825.71	-6.71	685.44	-10.28
2004年4月	523.50	3.62	261.05	-10.53	262.45	14.15	819.04	-6.67	676.02	-9.42
2004年5月	540.14	16.64	283.44	22.39	256.70	-5.75	821.65	2.61	672.28	-3.74
2004年6月	569.16	29.02	295.24	11.80	273.92	17.22	803.55	-18.10	647.67	-24.61
2004年7月	568.87	-0.29	299.37	4.13	269.50	-4.42	826.39	22.84	666.03	18.36
2004年8月	563.72	-5.15	309.25	9.88	254.47	-15.03	833.09	6.70	668.81	2.78
2004年9月	564.31	0.59	290.92	-18.33	273.39	18.92	837.56	4.47	668.85	0.04
2004年10月	591.72	27.41	309.10	18.18	282.62	9.23	835.51	-2.05	662.14	-6.71
2004年11月	588.65	-3.07	316.08	6.98	272.57	-10.05	809.98	-25.53	642.36	-19.78
2004年12月	576.19	-12.46	307.70	-8.38	268.49	-4.08	802.37	-7.61	635.18	-7.18
2005年1月	625.03	48.66	334.77	26.95	290.26	21.71	794.99	-7.43	627.06	-8.16
2005年2月	648.50	23.47	338.44	3.67	310.06	19.80	796.05	1.06	628.60	1.54
2005年3月	658.77	10.27	350.77	12.33	308.00	-2.06	790.65	-5.40	620.31	-8.29
2005年4月	669.46	10.69	354.38	3.61	315.08	7.08	787.96	-2.69	615.52	-4.79
2005年5月	670.77	1.31	364.45	10.07	306.32	-8.76	773.09	-14.87	598.92	-16.60
2005年6月	718.55	47.78	407.66	43.21	310.89	4.57	765.41	-7.68	592.75	-6.17
2005年7月	679.29	-39.26	372.97	-34.69	306.32	-4.57	757.81	-7.60	585.53	-7.22
2005年8月	695.47	16.18	415.99	43.02	279.48	-26.84	746.12	-11.69	577.27	-8.26
2005年9月	666.40	-29.07	362.07	-53.92	304.33	24.85	740.70	-5.42	574.16	-3.11
2005年10月	686.72	20.32	387.66	25.59	299.06	-5.27	742.78	2.08	573.68	-0.48
2005年11月	699.28	12.56	392.63	4.97	306.65	7.59	739.83	-2.95	572.25	-1.43
2005年12月	694.77	-4.51	394.07	1.44	300.70	-5.95	743.81	3.98	576.58	4.33

金融机构外币信贷收支主要指标时间序列表

（1998—2005）

单位：亿美元

项目 年月	短期贷款		中长期贷款		有价证券及投资	
	月末余额	比上期增减额	月末余额	比上期增减额	月末余额	比上期增减额
1998 年 1 月	349. 27	-14. 55	285. 59	-5. 75	155. 74	1. 29
1998 年 2 月	337. 73	-11. 56	295. 58	9. 99	152. 15	-3. 60
1998 年 3 月	341. 07	3. 33	294. 10	-1. 48	156. 94	4. 79
1998 年 4 月	339. 71	-1. 36	295. 28	1. 18	156. 69	-0. 25
1998 年 5 月	341. 64	1. 93	296. 92	1. 64	163. 35	6. 66
1998 年 6 月	342. 37	0. 73	298. 81	1. 89	168. 30	4. 95
1998 年 7 月	338. 98	-3. 39	298. 16	-0. 65	164. 38	-3. 92
1998 年 8 月	333. 03	-5. 95	301. 53	3. 39	175. 02	10. 64
1998 年 9 月	329. 23	-3. 80	305. 06	3. 51	170. 24	-4. 78
1998 年 10 月	327. 54	-1. 69	305. 97	0. 91	170. 36	0. 12
1998 年 11 月	328. 44	0. 90	311. 81	5. 85	184. 87	14. 51
1998 年 12 月	339. 97	11. 54	313. 19	1. 37	192. 81	7. 94
1999 年 1 月	336. 34	-2. 52	309. 51	-3. 18	208. 20	16. 84
1999 年 2 月	333. 99	-2. 35	310. 87	1. 37	195. 25	-12. 95
1999 年 3 月	333. 98	-0. 02	312. 36	1. 48	184. 64	-10. 61
1999 年 4 月	334. 42	0. 42	311. 68	-0. 68	179. 87	-4. 77
1999 年 5 月	328. 04	-6. 38	310. 47	-1. 21	207. 45	27. 58
1999 年 6 月	328. 33	0. 29	305. 82	-4. 64	226. 48	19. 03
1999 年 7 月	325. 17	-3. 16	309. 31	3. 49	221. 83	-4. 65
1999 年 8 月	324. 28	-0. 89	309. 17	-0. 14	219. 15	-2. 70
1999 年 9 月	324. 93	0. 65	309. 42	0. 25	232. 50	13. 35
1999 年 10 月	325. 06	0. 13	307. 90	-1. 54	238. 99	6. 49
1999 年 11 月	321. 30	-3. 76	305. 27	-2. 63	268. 29	29. 30
1999 年 12 月	304. 61	11. 17	293. 51	6. 64	297. 67	29. 38

金融机构外币信贷收支主要指标时间序列表

（1998—2005）

单位：亿美元

项目 年月	短期贷款		中长期贷款		有价证券及投资	
	月末余额	比上期增减额	月末余额	比上期增减额	月末余额	比上期增减额
2000年1月	306.65	-4.02	292.05	-0.73	317.05	19.69
2000年2月	304.07	-2.43	291.06	-3.09	283.10	-33.90
2000年3月	301.73	-2.34	289.59	-1.48	293.71	10.56
2000年4月	298.87	-2.82	291.56	1.98	288.59	-5.12
2000年5月	288.91	-5.84	285.82	-0.47	298.27	9.68
2000年6月	246.34	0.02	257.35	-2.74	294.81	-3.39
2000年7月	237.20	-2.89	252.73	0.10	313.93	19.12
2000年8月	229.23	-4.57	246.84	-5.23	330.01	16.10
2000年9月	226.20	-2.54	243.24	-3.27	341.76	11.72
2000年10月	224.01	-1.18	242.25	-0.89	369.68	27.93
2000年11月	222.33	-1.51	238.76	-3.32	385.16	15.48
2000年12月	213.41	0.22	223.11	-4.94	410.89	25.73
2001年1月	211.70	-3.81	251.21	-2.70	482.64	32.23
2001年2月	210.29	-1.41	249.79	-1.42	519.84	37.20
2001年3月	212.03	1.74	250.60	0.81	551.73	31.89
2001年4月	209.97	-2.06	247.40	-3.20	603.66	51.93
2001年5月	208.35	-1.62	248.12	0.72	591.51	-12.15
2001年6月	211.45	3.10	246.77	-1.35	567.44	-24.07
2001年7月	207.46	-3.99	254.43	7.66	583.92	16.48
2001年8月	207.56	0.10	254.10	-0.33	591.27	7.35
2001年9月	207.02	-0.54	251.04	-3.06	600.21	8.94
2001年10月	210.23	3.21	246.45	-4.59	579.75	-20.46
2001年11月	213.92	3.69	240.01	-6.44	618.15	38.40
2001年12月	213.47	-0.45	239.37	-0.64	754.58	136.43

金融机构外币信贷收支主要指标时间序列表

（1998—2005）

单位：亿美元

项目 年月	短期贷款		中长期贷款		有价证券及投资	
	月末余额	比上期增减额	月末余额	比上期增减额	月末余额	比上期增减额
2002 年 1 月	272.58	3.66	336.49	8.27	734.85	-24.33
2002 年 2 月	275.44	2.86	344.93	8.44	720.65	-13.64
2002 年 3 月	288.29	12.85	339.37	-5.56	782.33	61.68
2002 年 4 月	292.05	3.76	332.95	-6.42	809.09	26.77
2002 年 5 月	297.91	5.86	332.39	-0.56	831.12	22.02
2002 年 6 月	301.28	3.37	334.59	2.20	826.44	-4.51
2002 年 7 月	299.21	-2.07	341.35	6.76	827.22	0.79
2002 年 8 月	301.00	1.79	338.67	-2.68	886.14	58.91
2002 年 9 月	301.65	0.65	348.19	9.52	867.47	-18.67
2002 年 10 月	302.31	0.66	351.44	3.25	873.96	6.50
2002 年 11 月	307.47	5.16	352.29	0.85	933.66	59.82
2002 年 12 月	311.02	3.55	373.26	20.97	903.36	-30.30
2003 年 1 月	314.44	4.82	375.34	1.01	892.16	-11.36
2003 年 2 月	319.38	4.94	377.63	2.29	892.32	0.16
2003 年 3 月	333.31	13.94	384.43	6.83	946.02	53.73
2003 年 4 月	344.00	10.69	390.16	5.73	958.84	12.82
2003 年 5 月	355.81	11.81	398.57	8.42	933.51	-25.25
2003 年 6 月	370.04	14.23	414.74	16.18	953.19	19.69
2003 年 7 月	388.95	18.91	415.46	0.72	985.05	31.86
2003 年 8 月	406.65	17.70	428.09	12.63	978.95	-6.11
2003 年 9 月	425.99	19.34	454.01	25.92	939.28	-39.67
2003 年 10 月	437.00	11.01	463.38	9.37	925.03	-14.25
2003 年 11 月	447.55	10.55	466.06	2.68	874.11	-50.92
2003 年 12 月	451.44	3.89	465.20	-0.86	873.68	-0.43

金融机构外币信贷收支主要指标时间序列表

（1998—2005）

单位：亿美元

项目 年月	短期贷款		中长期贷款		有价证券及投资	
	月末余额	比上期增减额	月末余额	比上期增减额	月末余额	比上期增减额
2004年1月	470.87	11.60	471.76	4.50	1024.42	189.14
2004年2月	483.79	12.92	480.49	8.77	1065.21	40.79
2004年3月	504.91	21.12	488.13	7.60	999.20	-66.01
2004年4月	513.62	8.71	497.52	9.39	1008.18	8.98
2004年5月	525.48	11.86	504.79	7.27	992.20	-15.98
2004年6月	493.31	9.97	482.13	12.54	943.61	-48.59
2004年7月	494.24	0.93	484.55	2.42	974.65	31.04
2004年8月	526.10	31.86	457.81	-26.73	1014.08	39.43
2004年9月	490.99	-35.11	502.00	44.18	1088.36	74.28
2004年10月	492.14	1.14	491.65	-10.33	1145.92	57.56
2004年11月	487.66	10.70	507.31	0.47	1176.64	30.72
2004年12月	480.59	-7.08	520.04	12.73	1149.92	-26.72
2005年1月	492.69	19.85	593.69	65.67	1185.85	35.93
2005年2月	491.58	-1.10	593.41	-0.28	1190.20	4.35
2005年3月	499.06	7.48	604.25	10.86	1197.18	6.98
2005年4月	493.75	-5.33	615.74	11.48	1280.92	83.74
2005年5月	502.73	14.66	616.46	2.03	1259.45	-21.47
2005年6月	494.92	4.60	621.13	7.81	1246.02	-13.43
2005年7月	522.76	27.85	620.62	-0.50	1219.29	-26.73
2005年8月	499.99	-22.77	628.73	8.08	1222.31	3.02
2005年9月	493.89	-6.10	631.54	2.83	1233.84	11.53
2005年10月	485.65	-8.26	672.95	41.39	1261.81	27.97
2005年11月	471.87	-13.76	673.85	0.90	1278.35	16.54
2005年12月	459.77	-12.09	679.05	5.21	1230.30	-48.05

金融机构本外币信贷收支主要指标时间序列表

（2002—2005）

单位：亿元

项目 年月	各项存款		各项贷款	
	月末余额	比上期增减额	月末余额	比上期增减额
2002 年 1 月	154866. 65	32. 41	120969. 86	250. 51
2002 年 2 月	155942. 51	1081. 92	121574. 39	621. 56
2002 年 3 月	158899. 91	2965. 84	124185. 15	2619. 79
2002 年 4 月	162273. 79	3386. 30	125163. 52	990. 93
2002 年 5 月	165145. 63	2874. 68	126343. 29	1182. 75
2002 年 6 月	169609. 23	4540. 74	129279. 22	3017. 78
2002 年 7 月	170731. 66	1125. 67	129928. 46	652. 04
2002 年 8 月	173716. 92	2990. 15	131643. 13	1721. 66
2002 年 9 月	177702. 04	3986. 01	134614. 63	2973. 51
2002 年 10 月	178667. 06	966. 32	135352. 73	738. 86
2002 年 11 月	180880. 53	2213. 95	136932. 91	1581. 63
2002 年 12 月	183388. 48	2515. 55	139802. 90	2878. 08
2003 年 1 月	185848. 84	2494. 80	143228. 63	3371. 40
2003 年 2 月	188959. 58	3110. 74	144374. 40	1145. 77
2003 年 3 月	194611. 10	5655. 34	148366. 98	3995. 50
2003 年 4 月	196927. 12	2320. 65	150535. 28	2172. 41
2003 年 5 月	201341. 53	4421. 91	153321. 95	2798. 94
2003 年 6 月	206810. 28	5470. 52	158869. 86	5549. 59
2003 年 7 月	207932. 45	1123. 42	160033. 00	1165. 23
2003 年 8 月	210100. 29	2167. 85	163087. 57	3054. 57
2003 年 9 月	215125. 16	5024. 86	166521. 95	3434. 38
2003 年 10 月	216501. 51	1376. 35	167285. 59	763. 64
2003 年 11 月	218574. 35	2072. 83	168513. 48	1227. 90
2003 年 12 月	220363. 53	1789. 18	169771. 00	1257. 50

金融机构本外币信贷收支主要指标时间序列表

（2002—2005）

单位：亿元

项目 年月	各项存款		各项贷款	
	月末余额	比上期增减额	月末余额	比上期增减额
2004年1月	222743.94	2381.00	172732.96	2720.22
2004年2月	226696.21	3962.94	175098.44	2371.86
2004年3月	232710.43	6003.55	179044.51	4039.11
2004年4月	234560.84	1850.41	181207.36	2165.64
2004年5月	237445.06	2884.22	182489.12	1282.79
2004年6月	242174.10	4729.04	181047.56	3029.57
2004年7月	242913.32	739.22	180961.93	-84.11
2004年8月	245294.83	2381.51	182166.92	1205.93
2004年9月	247933.14	2638.31	184616.02	2518.60
2004年10月	249591.36	1658.22	184766.42	150.79
2004年11月	252638.69	3047.33	186436.84	1670.43
2004年12月	254089.45	1450.76	189411.08	2983.23
2005年1月	258475.91	2414.41	193072.01	3535.61
2005年2月	262147.76	3671.86	194025.74	953.82
2005年3月	269043.29	6895.53	197616.44	3778.30
2005年4月	272384.55	3340.79	199135.41	1511.48
2005年5月	276162.32	3776.32	198662.24	1295.39
2005年6月	282820.27	6657.95	198565.85	4805.37
2005年7月	283747.54	927.26	198177.74	-407.63
2005年8月	288146.95	4399.41	199903.86	1724.56
2005年9月	292629.82	4482.88	203052.76	3415.96
2005年10月	294388.89	1759.06	203552.89	536.89
2005年11月	298493.40	4104.51	205658.82	2107.35
2005年12月	300208.55	1715.16	206838.48	1358.50

金融机构本外币信贷收支主要指标时间序列表

(2002—2005)

单位：亿元

项目/年月	单位存款		单位活期存款		储蓄存款		定期储蓄存款	
	月末余额	比上期增减额	月末余额	比上期增减额	月末余额	比上期增减额	月末余额	比上期增减额
2002年1月	53074.35	-1511.74	37672.88	-1011.24	81745.19	1315.60	58356.36	882.02
2002年2月	51716.61	-1357.11	36244.02	-1428.57	84988.85	3243.66	60518.94	2162.58
2002年3月	53365.71	1649.10	37699.35	1455.33	85674.44	685.59	60964.40	445.46
2002年4月	54655.65	1291.26	38202.76	504.74	86731.29	1056.85	61394.16	429.76
2002年5月	55517.83	862.20	39392.39	1189.64	87474.35	743.06	61849.27	455.11
2002年6月	57530.50	2012.65	40973.42	1581.01	88875.90	1401.55	62562.21	712.94
2002年7月	57499.98	-30.52	40763.72	-209.69	89715.84	839.94	63077.62	515.41
2002年8月	58863.51	1363.70	41642.88	879.33	90515.88	800.04	63462.52	384.90
2002年9月	60914.63	2051.17	42671.17	1028.33	91403.15	887.27	63815.94	353.42
2002年10月	60816.04	-98.61	43145.24	474.06	92048.20	645.05	64335.51	519.57
2002年11月	61769.14	953.12	43573.19	427.96	93040.89	992.69	64829.60	494.09
2002年12月	64298.47	2529.31	45352.99	1779.79	94307.13	1266.24	65280.55	450.95
2003年1月	62802.38	-1407.88	43425.19	-1746.71	98097.69	3715.46	67390.36	2074.42
2003年2月	63096.84	294.46	43964.84	539.65	100276.15	2178.46	69192.71	1802.35
2003年3月	65719.99	2623.89	46034.88	2070.04	102023.95	1747.80	70400.37	1207.66
2003年4月	65894.07	174.08	45399.69	-635.19	102657.71	633.76	70843.59	443.22
2003年5月	67692.43	1798.92	46900.60	1500.91	103845.17	1187.46	71566.95	723.36
2003年6月	70810.81	3118.40	49701.21	2800.61	105195.26	1350.09	72176.78	609.83
2003年7月	70452.56	-358.26	49113.85	-587.36	106078.77	883.51	72615.64	438.86
2003年8月	71341.64	889.09	49512.86	399.01	106669.76	590.99	72853.21	237.57
2003年9月	74224.05	2882.39	50687.96	1175.10	108166.92	1497.16	73522.89	669.68
2003年10月	74499.38	275.34	51797.34	1109.38	108569.08	402.16	73895.32	372.43
2003年11月	74960.90	461.52	51940.14	142.80	109362.00	792.92	74108.78	213.46
2003年12月	76784.87	1824.97	53585.88	1645.74	110695.26	1333.26	74477.09	368.31

金融机构本外币信贷收支主要指标时间序列表

（2002—2005）

单位：亿元

项目 年月	单位存款		单位活期存款		储蓄存款		定期储蓄存款	
	月末余额	比上期增减额	月末余额	比上期增减额	月末余额	比上期增减额	月末余额	比上期增减额
2004 年 1 月	74657.08	-2697.14	51466.18	-2890.17	116289.11	5583.41	77581.26	3103.20
2004 年 2 月	76116.45	1459.37	53129.74	1663.56	117536.26	1247.15	78846.77	1265.51
2004 年 3 月	79328.84	3212.39	55627.84	2498.10	118706.74	1170.48	79244.33	397.56
2004 年 4 月	80206.43	877.59	54734.88	-892.96	118954.49	247.75	79089.10	-155.23
2004 年 5 月	81588.84	1382.41	56627.62	1892.74	119410.77	456.28	79357.33	268.23
2004 年 6 月	84068.71	2479.87	58259.30	1631.68	120443.17	1032.40	79535.23	177.90
2004 年 7 月	82911.26	-1157.45	57233.15	-1026.15	121093.08	649.91	79874.91	339.68
2004 年 8 月	83639.66	728.40	57947.15	714.00	121684.84	291.76	80023.74	148.83
2004 年 9 月	85216.72	1577.06	57881.89	-65.26	122390.93	1006.09	80314.39	290.65
2004 年 10 月	85136.55	-80.17	58482.14	600.25	122916.11	525.18	80707.19	392.80
2004 年 11 月	86321.92	1185.37	59849.87	1367.73	124321.66	1405.55	82463.12	1755.93
2004 年 12 月	89438.25	3116.33	61833.60	1983.73	126196.22	1874.56	83395.95	932.83
2005 年 1 月	88144.60	-1410.67	60802.49	-1135.07	128817.12	2621.73	85154.50	1760.79
2005 年 2 月	86461.89	-1682.71	58598.86	-2203.63	134412.03	5594.91	89064.87	3910.37
2005 年 3 月	90496.60	4034.71	61403.87	2805.01	135803.23	1391.20	90304.90	1240.03
2005 年 4 月	91429.57	932.96	60643.30	-760.57	136338.45	535.22	90824.04	519.14
2005 年 5 月	93066.09	1635.26	62328.97	1685.15	136975.93	637.48	91428.00	603.96
2005 年 6 月	96220.46	3154.37	64251.09	1922.12	138673.97	1698.04	92373.14	945.14
2005 年 7 月	94254.96	-1965.50	62097.05	-2154.04	139800.70	1126.73	93164.87	791.73
2005 年 8 月	96405.15	2150.19	63288.31	1191.26	140546.56	745.86	93785.49	620.62
2005 年 9 月	98560.18	2155.03	62775.71	-512.60	142310.74	1764.18	94798.54	1013.05
2005 年 10 月	98118.66	-441.52	63554.29	778.58	142831.75	521.01	95470.25	671.71
2005 年 11 月	99593.61	1474.95	64885.55	1331.26	144481.79	1650.04	95966.79	496.54
2005 年 12 月	101750.55	2156.94	66222.96	1337.41	147053.74	2571.95	96916.71	949.92

金融机构本外币信贷收支主要指标时间序列表

（2002—2005）

单位：亿元

项目 / 年月	短期贷款		中长期各项贷款		有价证券及投资	
	月末余额	比上期增减额	月末余额	比上期增减额	月末余额	比上期增减额
2002 年 1 月	68764.55	42.59	43235.73	312.09	29658.59	-147.74
2002 年 2 月	68994.93	231.12	43625.83	390.10	29531.41	-109.85
2002 年 3 月	70887.78	1892.86	44233.71	607.88	30612.26	1081.77
2002 年 4 月	71336.79	449.63	44463.57	230.10	31162.82	552.97
2002 年 5 月	71811.73	474.96	45108.05	644.48	31632.61	470.72
2002 年 6 月	73201.21	1389.61	46217.93	1109.88	32190.28	571.72
2002 年 7 月	73221.95	20.74	46706.35	488.42	32464.53	275.02
2002 年 8 月	73825.07	603.56	47525.28	821.21	33156.35	695.61
2002 年 9 月	75082.17	1257.10	48813.08	1287.82	33336.47	180.72
2002 年 10 月	75162.39	80.22	49456.74	643.66	33499.74	163.93
2002 年 11 月	75770.43	608.04	50190.41	733.69	34046.87	548.59
2002 年 12 月	76822.41	1055.38	51731.61	1541.55	34267.11	223.89
2003 年 1 月	78192.91	1465.16	53098.25	1202.86	33771.80	-140.67
2003 年 2 月	78684.81	491.90	53574.21	475.96	34055.18	283.38
2003 年 3 月	80476.40	1791.77	55214.02	1640.08	34270.15	215.70
2003 年 4 月	81042.75	566.35	56139.09	925.08	35014.27	745.72
2003 年 5 月	82147.01	1104.26	57207.03	1070.45	35132.56	122.74
2003 年 6 月	84353.11	2206.09	59446.35	2239.31	35646.91	514.81
2003 年 7 月	84070.36	-282.74	60718.61	1272.70	35884.73	238.41
2003 年 8 月	85254.55	1184.19	61922.32	1203.71	36066.20	181.48
2003 年 9 月	86257.39	1002.83	63973.24	2050.93	35845.38	-220.83
2003 年 10 月	86770.20	512.81	64731.57	758.33	35763.09	-82.29
2003 年 11 月	87106.85	336.66	65659.15	927.58	35439.71	-323.38
2003 年 12 月	87397.88	291.03	67251.74	1592.58	37490.62	2050.91

金融机构本外币信贷收支主要指标时间序列表

（2002—2005）

单位：亿元

项目 / 年月	短期贷款		中长期各项贷款		有价证券及投资	
	月末余额	比上期增减额	月末余额	比上期增减额	月末余额	比上期增减额
2004 年 1 月	88488.12	1324.88	68848.33	1325.49	38283.25	1401.91
2004 年 2 月	89694.57	1206.95	69640.91	793.04	38692.98	418.25
2004 年 3 月	91424.18	1821.57	71415.55	1781.14	38462.27	-239.23
2004 年 4 月	91721.96	300.37	72737.92	1322.57	38542.59	80.32
2004 年 5 月	92120.89	399.89	73625.48	887.63	38109.64	-432.95
2004 年 6 月	90233.32	1025.09	74230.25	1709.32	38199.69	90.05
2004 年 7 月	89770.98	-460.38	74693.91	463.82	38643.06	443.37
2004 年 8 月	90279.05	508.95	75203.84	509.98	39116.02	472.96
2004 年 9 月	91071.36	856.96	76763.57	1564.62	40322.24	1206.22
2004 年 10 月	90848.35	-222.63	77453.39	689.82	40573.29	251.05
2004 年 11 月	90650.12	213.10	78892.93	1028.22	41151.37	578.08
2004 年 12 月	90818.17	176.38	81006.85	2114.56	40448.38	-702.99
2005 年 1 月	91678.95	1167.33	83108.54	1795.89	40537.09	160.14
2005 年 2 月	92094.10	415.23	83637.58	529.04	40479.76	-57.33
2005 年 3 月	93567.85	1648.22	85085.71	1461.28	40897.97	418.21
2005 年 4 月	93636.11	61.48	85848.88	762.65	41874.97	976.73
2005 年 5 月	92711.93	457.83	86161.71	649.70	41743.18	-131.79
2005 年 6 月	90949.16	2036.63	87072.08	1932.07	41521.21	-221.97
2005 年 7 月	90519.40	-435.22	87117.24	38.86	41446.80	-74.41
2005 年 8 月	90708.86	188.84	87873.58	755.89	42266.32	819.52
2005 年 9 月	91520.43	1060.25	89396.09	1541.09	42689.23	422.91
2005 年 10 月	91304.90	-180.67	90241.82	848.05	43323.87	634.64
2005 年 11 月	91702.28	399.05	91087.19	845.32	43786.54	462.67
2005 年 12 月	91157.45	-377.79	92940.53	1865.58	44870.95	1084.41

国有商业银行人民币信贷收支主要指标时间序列表

(1997—2005)

单位：亿元

项目 年月	各项存款		各项贷款	
	月末余额	比上期增减额	月末余额	比上期增减额
1997年1月	42995.95	-613.86	39890.38	7.29
1997年2月	44220.16	1224.21	40041.32	150.95
1997年3月	45332.10	1111.94	40424.33	382.99
1997年4月	46113.18	781.08	40763.37	339.04
1997年5月	46548.56	435.36	41041.57	278.16
1997年6月	47244.13	695.57	41578.20	536.67
1997年7月	47611.41	367.27	41766.03	187.83
1997年8月	48296.53	685.12	42062.30	296.27
1997年9月	48931.24	634.72	42581.93	519.62
1997年10月	49402.43	471.19	42928.18	346.24
1997年11月	49657.78	255.36	43356.83	428.67
1997年12月	51220.53	1562.73	44823.69	1466.86
1998年1月	51041.88	-1234.91	44619.86	-202.08
1998年2月	51868.51	826.64	44649.01	29.15
1998年3月	52856.67	988.16	45132.67	438.66
1998年4月	53391.09	534.42	45533.29	384.71
1998年5月	54319.62	928.53	47314.48	1781.21
1998年6月	55037.39	717.78	48289.60	975.12
1998年7月	55997.51	960.11	48723.29	433.69
1998年8月	56777.23	779.73	49734.69	1011.39
1998年9月	58360.21	1582.98	50798.37	1063.68
1998年10月	59014.26	654.04	51187.90	389.50
1998年11月	59924.02	909.79	51734.80	546.91
1998年12月	60378.85	454.83	53611.02	1876.23

国有商业银行人民币信贷收支主要指标时间序列表

（1997—2005）

单位：亿元

项目 年月	各项存款		各项贷款	
	月末余额	比上期增减额	月末余额	比上期增减额
1999 年 1 月	61213.25	845.16	53678.95	56.17
1999 年 2 月	62180.62	967.41	53994.71	315.76
1999 年 3 月	63984.69	1804.06	54534.94	540.23
1999 年 4 月	64651.46	666.76	55022.04	487.07
1999 年 5 月	65510.50	859.05	55504.94	482.92
1999 年 6 月	66266.31	755.80	56532.12	1027.17
1999 年 7 月	66067.19	-199.12	56872.03	339.90
1999 年 8 月	66952.74	885.56	57416.35	544.33
1999 年 9 月	67807.71	854.96	58240.36	824.05
1999 年 10 月	68076.21	268.50	58493.77	253.39
1999 年 11 月	68537.31	461.11	59105.14	611.37
1999 年 12 月	69324.91	787.59	57456.22	1367.17
2000 年 1 月	69021.42	-215.68	57856.42	385.67
2000 年 2 月	70724.83	1703.41	58194.85	341.50
2000 年 3 月	71991.38	1266.55	59105.53	936.73
2000 年 4 月	72553.59	562.21	59558.74	626.14
2000 年 5 月	72982.53	428.94	58778.45	444.50
2000 年 6 月	74486.18	1503.65	56740.63	1045.89
2000 年 7 月	74162.74	-323.44	56003.62	650.67
2000 年 8 月	74903.20	740.46	56133.81	617.86
2000 年 9 月	75954.72	1051.52	56603.15	922.07
2000 年 10 月	75588.12	-366.60	56990.19	513.42
2000 年 11 月	76157.19	569.07	57749.40	823.38
2000 年 12 月	76945.23	788.04	58250.69	602.20

国有商业银行人民币信贷收支主要指标时间序列表

（1997—2005）

单位：亿元

年月＼项目	各项存款		各项贷款	
	月末余额	比上期增减额	月末余额	比上期增减额
2001 年 1 月	77703.93	763.80	58913.24	663.01
2001 年 2 月	78729.74	1025.81	59319.43	406.19
2001 年 3 月	80648.85	1919.11	59995.83	676.41
2001 年 4 月	80774.87	126.02	60502.43	506.59
2001 年 5 月	80550.28	-224.59	60932.50	430.07
2001 年 6 月	83168.44	2618.16	61922.46	989.96
2001 年 7 月	81946.50	-1221.94	62018.31	95.85
2001 年 8 月	83921.85	1975.35	62114.72	96.41
2001 年 9 月	85053.31	1131.46	62719.52	604.80
2001 年 10 月	85237.08	183.77	62621.81	-97.71
2001 年 11 月	85670.62	433.54	63029.88	408.07
2001 年 12 月	87509.57	1838.95	64663.14	1633.26
2002 年 1 月	88230.18	726.14	64487.16	-193.39
2002 年 2 月	89116.77	886.59	64715.34	228.18
2002 年 3 月	91047.66	1930.89	66114.84	1399.50
2002 年 4 月	91903.31	855.65	66443.12	328.28
2002 年 5 月	93321.83	1418.52	67169.11	725.99
2002 年 6 月	95614.84	2293.01	68695.41	1526.30
2002 年 7 月	96389.28	774.44	68896.41	201.00
2002 年 8 月	97770.54	1381.26	69787.34	890.93
2002 年 9 月	99638.61	1868.07	71741.01	1953.67
2002 年 10 月	100098.28	459.67	72030.77	289.76
2002 年 11 月	101164.45	1066.17	72969.73	938.96
2002 年 12 月	101882.40	717.95	74078.14	1108.41

国有商业银行人民币信贷收支主要指标时间序列表

（1997—2005）

单位：亿元

项目 年月	各项存款		各项贷款	
	月末余额	比上期增减额	月末余额	比上期增减额
2003年1月	104434.80	2552.81	76399.07	2165.50
2003年2月	106304.54	1869.74	77191.84	792.77
2003年3月	109609.51	3304.97	79229.88	2038.04
2003年4月	109811.12	201.61	80034.84	804.96
2003年5月	111735.07	1923.95	81427.47	1392.63
2003年6月	114373.37	2638.30	84307.95	2880.48
2003年7月	115115.99	742.62	84552.92	244.97
2003年8月	116006.92	890.93	85567.05	1014.13
2003年9月	118432.82	2425.90	86872.27	1305.22
2003年10月	118930.73	497.91	86893.33	21.06
2003年11月	119536.23	605.50	87051.98	158.65
2003年12月	119575.12	38.89	87210.09	158.11
2004年1月	122068.01	2792.85	88513.29	1103.02
2004年2月	124471.69	2403.68	89533.43	1020.14
2004年3月	127209.36	2737.67	91409.56	1876.13
2004年4月	127377.65	168.29	92191.02	781.46
2004年5月	128464.59	1086.94	92822.10	631.08
2004年6月	129874.30	1409.71	91199.68	1274.64
2004年7月	129623.57	-250.73	90948.84	-250.90
2004年8月	130557.28	933.71	91336.00	387.19
2004年9月	132012.14	1454.86	92807.72	1471.76
2004年10月	132174.71	162.57	92655.66	-152.12
2004年11月	133814.03	1639.32	93329.50	673.89
2004年12月	135487.87	1673.84	94734.92	1405.35
2005年1月	139203.09	1944.65	95957.91	1223.46
2005年2月	141273.67	2070.58	96300.84	324.93
2005年3月	145092.89	3819.22	97987.63	1686.78
2005年4月	145778.93	686.04	97918.88	-68.75
2005年5月	147503.88	1724.95	96168.97	-54.23
2005年6月	149817.05	2313.17	93706.06	1972.59
2005年7月	150977.18	1160.13	92788.29	-917.78
2005年8月	153207.98	2230.80	93274.23	485.96
2005年9月	155557.92	2349.94	94403.16	1128.90
2005年10月	155816.05	258.13	94176.53	-226.63
2005年11月	157243.58	1427.53	95606.14	1429.64
2005年12月	158178.25	934.67	96223.99	617.84

国有商业银行人民币信贷收支主要指标时间序列表

(1997—2005)

单位：亿元

项目 年月	企业存款		储蓄存款		定期储蓄存款	
	月末余额	比上期增减额	月末余额	比上期增减额	月末余额	比上期增减额
1997 年 1 月	16110.67	-858.69	26248.41	292.41	21094.49	250.23
1997 年 2 月	16254.93	144.26	27295.37	1046.96	21890.75	796.26
1997 年 3 月	16879.65	624.72	27764.74	469.37	21929.62	38.87
1997 年 4 月	17184.10	304.45	28208.39	443.65	22085.73	156.11
1997 年 5 月	17615.15	431.04	28228.94	20.55	22160.51	74.78
1997 年 6 月	18132.56	517.41	28400.45	171.51	22404.74	244.23
1997 年 7 月	18164.73	32.17	28721.64	321.19	22812.86	408.12
1997 年 8 月	18427.20	262.47	29141.41	419.77	23069.97	257.11
1997 年 9 月	18935.96	508.76	29243.68	102.27	23292.53	222.56
1997 年 10 月	19030.14	94.18	29618.35	374.67	23595.35	302.82
1997 年 11 月	19055.31	25.18	29822.91	204.56	23687.42	92.07
1997 年 12 月	19701.47	646.16	30724.21	901.29	23793.22	105.80
1998 年 1 月	18508.36	-1191.46	30762.22	37.42	24284.55	488.48
1998 年 2 月	18627.98	119.61	31436.68	674.46	24854.62	570.07
1998 年 3 月	19020.77	392.78	32003.39	566.70	25404.17	549.55
1998 年 4 月	19257.01	236.25	32249.89	246.50	25631.49	227.32
1998 年 5 月	19581.00	324.00	32793.96	544.07	25916.00	284.51
1998 年 6 月	20068.81	487.81	32901.00	107.04	26026.67	110.67
1998 年 7 月	20325.43	256.62	33554.76	653.76	26241.13	214.46
1998 年 8 月	20919.12	593.69	33635.04	80.28	26440.61	199.48
1998 年 9 月	21798.13	879.01	34237.34	602.29	26713.14	272.53
1998 年 10 月	21828.26	30.13	34744.29	506.96	27020.00	306.86
1998 年 11 月	22185.01	356.75	35256.83	512.54	27345.50	325.50
1998 年 12 月	22384.32	199.31	35376.75	119.93	27564.26	218.76

国有商业银行人民币信贷收支主要指标时间序列表

（1997—2005）

单位：亿元

项目 / 年月	企业存款		储蓄存款		定期储蓄存款	
	月末余额	比上期增减额	月末余额	比上期增减额	月末余额	比上期增减额
1999年1月	22411.86	19.43	36180.13	801.32	28026.22	462.01
1999年2月	21731.42	-680.43	37959.45	1779.32	29167.83	1141.61
1999年3月	22472.79	741.37	38698.23	738.78	30060.24	892.41
1999年4月	22598.66	125.87	39180.65	482.42	30617.91	557.67
1999年5月	22897.16	298.50	39651.88	471.23	31067.23	449.32
1999年6月	23371.94	474.78	39726.52	74.63	31115.83	48.60
1999年7月	23087.21	-284.73	39744.83	18.32	30935.38	-180.45
1999年8月	23791.24	704.04	39781.35	36.51	30740.23	-195.16
1999年9月	24322.62	531.37	39912.74	131.39	30505.47	-234.76
1999年10月	24523.84	201.22	39864.96	-47.78	30282.62	-222.85
1999年11月	24966.36	442.52	39748.44	-116.51	30008.50	-274.11
1999年12月	25363.69	397.32	39885.84	137.40	29862.83	-145.67
2000年1月	24638.50	-723.33	40590.82	762.99	30159.51	293.74
2000年2月	25007.84	369.34	41899.45	1308.63	30958.75	799.24
2000年3月	26009.19	1001.35	42023.95	124.50	30892.48	-66.27
2000年4月	26370.16	360.97	42088.65	64.70	30835.40	-57.08
2000年5月	26949.28	579.12	41780.37	-308.28	30598.93	-236.47
2000年6月	27871.21	921.93	42169.90	389.53	30604.19	5.26
2000年7月	27599.58	-271.63	42136.47	-33.43	30572.40	-31.79
2000年8月	28199.93	600.35	42115.52	-20.95	30474.41	-97.99
2000年9月	28888.26	688.33	42361.63	246.11	30307.32	-167.09
2000年10月	28660.54	-227.72	42170.65	-190.98	30300.28	-7.04
2000年11月	28876.39	215.85	42344.77	174.12	30311.63	11.35
2000年12月	29158.29	281.90	42734.90	390.13	30286.94	-24.69

国有商业银行人民币信贷收支主要指标时间序列表

(1997—2005)

单位：亿元

项目 年月	企业存款		储蓄存款		定期储蓄存款	
	月末余额	比上期增减额	月末余额	比上期增减额	月末余额	比上期增减额
2001年1月	28555.32	-628.80	44400.67	1666.28	30993.30	706.93
2001年2月	29004.14	448.82	44796.94	396.27	31599.31	606.01
2001年3月	30077.78	1073.64	45456.60	659.66	31757.58	158.27
2001年4月	30090.95	13.17	45542.36	85.76	31786.44	28.86
2001年5月	29949.04	-141.91	45247.08	-295.28	31804.69	18.25
2001年6月	31408.52	1459.48	46084.27	837.19	32012.05	207.36
2001年7月	30180.29	-1228.23	46044.97	-39.30	32156.61	144.56
2001年8月	31232.23	1051.94	46688.68	643.71	32336.66	180.05
2001年9月	31780.58	548.35	47146.29	457.61	32474.85	138.19
2001年10月	31687.77	-92.81	47458.77	312.48	32768.91	294.06
2001年11月	31709.80	22.03	47657.08	198.31	32994.65	225.74
2001年12月	32532.03	822.23	48395.21	738.13	33286.95	292.30
2002年1月	31344.87	-205.18	49411.27	1014.82	33849.89	572.23
2002年2月	30319.04	-1025.83	51418.62	2007.35	35115.87	1265.98
2002年3月	31541.68	1222.64	51778.47	359.85	35321.26	205.39
2002年4月	31734.53	192.85	52447.07	668.60	35555.63	234.37
2002年5月	32366.57	632.04	52869.39	422.32	35811.24	255.61
2002年6月	33260.85	894.28	53713.78	844.39	36257.27	446.03
2002年7月	33222.38	-38.47	54304.30	590.52	36608.99	351.72
2002年8月	33918.88	696.50	54838.02	533.72	36855.75	246.76
2002年9月	34890.48	971.60	55373.19	535.17	37054.20	198.45
2002年10月	34883.13	-7.35	55716.30	343.11	37361.89	307.69
2002年11月	35216.55	333.42	56241.79	525.49	37614.36	252.47
2002年12月	35273.98	57.43	56655.38	413.59	37765.11	150.75

国有商业银行人民币信贷收支主要指标时间序列表

（1997—2005）

单位：亿元

项目 年月	企业存款		储蓄存款		定期储蓄存款	
	月末余额	比上期增减额	月末余额	比上期增减额	月末余额	比上期增减额
2003 年 1 月	35232.38	42.46	59641.29	2902.86	39229.46	1423.62
2003 年 2 月	35720.75	488.37	60778.03	1136.74	40205.25	975.79
2003 年 3 月	37410.76	1690.01	61930.99	1152.96	40986.88	781.63
2003 年 4 月	37279.73	-131.03	62271.35	340.36	41226.60	239.72
2003 年 5 月	38191.19	911.46	62943.01	671.66	41640.56	413.96
2003 年 6 月	39565.28	1374.09	63659.48	716.47	41949.47	308.91
2003 年 7 月	39569.63	4.35	64188.47	528.99	42197.54	248.07
2003 年 8 月	39925.81	356.18	64547.93	359.46	42354.49	156.95
2003 年 9 月	41049.55	1123.74	65635.39	1087.46	42859.75	505.26
2003 年 10 月	41191.02	141.47	65921.02	285.63	43153.26	293.51
2003 年 11 月	41228.13	37.11	66326.99	405.97	43236.68	83.42
2003 年 12 月	40655.49	-572.64	66850.39	523.40	43377.20	140.52
2004 年 1 月	40747.97	-680.51	70706.96	3856.02	45329.67	1952.46
2004 年 2 月	42032.70	1284.73	71418.74	711.78	46115.44	785.77
2004 年 3 月	43810.10	1777.40	72084.67	665.93	46319.51	204.07
2004 年 4 月	44127.79	317.69	72017.48	-67.19	46122.59	-196.92
2004 年 5 月	44950.69	822.90	72087.18	69.70	46212.87	90.28
2004 年 6 月	45536.09	585.40	72618.52	531.34	46326.27	113.40
2004 年 7 月	45074.45	-461.64	72904.30	285.78	46395.20	68.93
2004 年 8 月	45578.77	504.32	73037.66	133.36	46450.52	55.32
2004 年 9 月	46305.09	726.32	73589.56	551.90	46569.36	118.84
2004 年 10 月	46078.65	-226.44	73771.07	181.51	46789.29	219.93
2004 年 11 月	46704.08	625.43	74682.89	911.82	48055.68	1266.39
2004 年 12 月	47243.57	539.49	75682.31	999.42	48663.05	607.37
2005 年 1 月	47548.13	145.38	77655.77	1973.43	49865.38	1202.33
2005 年 2 月	46531.97	-1016.16	80960.44	3304.67	52136.65	2271.27
2005 年 3 月	49095.55	2563.58	81823.49	863.05	52917.56	780.91
2005 年 4 月	49408.81	313.26	82012.73	189.24	53169.12	251.56
2005 年 5 月	50364.77	955.96	82306.93	294.20	53562.96	393.84
2005 年 6 月	50736.24	371.47	83028.96	722.03	54007.97	445.01
2005 年 7 月	50199.18	-537.06	83926.05	897.09	54560.34	552.37
2005 年 8 月	51342.18	1143.00	84382.93	456.88	54955.35	395.01
2005 年 9 月	52188.78	846.60	85382.54	999.61	55496.08	540.73
2005 年 10 月	51809.69	-379.09	85372.38	-10.16	55731.38	235.30
2005 年 11 月	52178.26	368.57	86021.25	648.87	55660.98	-70.40
2005 年 12 月	51887.10	-291.16	87034.23	1012.98	55959.71	298.73

国有商业银行人民币信贷收支主要指标时间序列表

（1997—2005）

单位：亿元

项目 / 年月	短期贷款		中长期贷款		有价证券及投资	
	月末余额	比上期增减额	月末余额	比上期增减额	月末余额	比上期增减额
1997 年 1 月	30974.98	153.69	8873.98	-150.32	2886.55	-85.78
1997 年 2 月	31143.71	168.75	8846.46	-27.52	2864.22	-22.33
1997 年 3 月	31478.12	334.39	8900.69	54.23	2883.78	19.56
1997 年 4 月	31798.72	320.60	8918.29	17.60	2703.70	-180.08
1997 年 5 月	32108.28	309.56	8885.81	-32.48	2717.28	13.58
1997 年 6 月	32518.53	410.29	9016.89	131.08	2679.95	-37.32
1997 年 7 月	32711.84	193.30	9011.96	-4.93	2712.12	32.16
1997 年 8 月	32992.87	281.04	9029.38	17.42	2794.18	82.06
1997 年 9 月	33422.91	430.04	9118.96	89.58	2768.99	-25.19
1997 年 10 月	33729.36	306.45	9159.05	40.09	2791.86	22.87
1997 年 11 月	34095.13	365.77	9222.73	63.68	2744.72	-47.14
1997 年 12 月	35168.24	1073.11	9619.53	396.80	2746.63	1.91
1998 年 1 月	34299.14	-121.15	10285.81	-80.25	2737.37	-9.33
1998 年 2 月	34319.57	20.43	10295.30	9.49	2691.12	-46.25
1998 年 3 月	34761.34	441.76	10337.35	42.06	2638.80	-52.33
1998 年 4 月	35077.06	299.82	10423.06	85.70	2718.40	79.60
1998 年 5 月	35448.05	371.01	11833.64	1410.58	2784.42	66.02
1998 年 6 月	36030.79	582.73	12227.30	393.67	2732.02	-52.40
1998 年 7 月	36297.75	266.97	12394.17	166.86	2874.94	142.92
1998 年 8 月	36861.27	563.51	12841.75	447.58	5615.36	2740.41
1998 年 9 月	37482.71	621.44	13284.58	442.83	6299.79	684.43
1998 年 10 月	37604.56	121.83	13552.61	268.02	6430.96	131.17
1998 年 11 月	37805.34	200.78	13898.59	345.98	6428.20	-2.76
1998 年 12 月	39128.48	1323.15	14454.28	555.69	6726.52	298.32

国有商业银行人民币信贷收支主要指标时间序列表

（1997—2005）

单位：亿元

项目 / 年月	短期贷款		中长期贷款		有价证券及投资	
	月末余额	比上期增减额	月末余额	比上期增减额	月末余额	比上期增减额
1999年1月	39250.25	108.63	14400.63	-52.27	6728.04	1.72
1999年2月	39537.14	286.89	14429.96	29.34	6724.68	-3.37
1999年3月	39858.77	321.65	14648.55	218.57	6840.85	116.17
1999年4月	40123.66	264.87	14870.93	222.37	6793.32	-47.53
1999年5月	40331.63	207.99	15146.24	275.31	6894.49	101.17
1999年6月	40899.36	567.72	15605.77	459.53	6980.78	86.29
1999年7月	41060.83	161.47	15784.20	178.42	7160.72	179.94
1999年8月	41341.68	280.86	16047.72	263.53	7110.61	-50.11
1999年9月	41772.46	430.80	16441.06	393.35	7642.14	531.53
1999年10月	41835.79	63.31	16631.19	190.13	7708.93	66.79
1999年11月	42090.36	254.58	16988.15	356.96	7775.43	66.50
1999年12月	40686.99	508.51	16745.15	861.21	11039.44	3264.07
2000年1月	40999.53	256.21	16837.04	128.98	11110.36	71.15
2000年2月	41192.63	215.61	16982.38	123.64	11160.48	49.73
2000年3月	41732.38	560.14	17352.73	376.02	11096.00	-64.49
2000年4月	41962.44	383.65	17576.17	242.78	11440.88	344.82
2000年5月	41121.66	227.01	17636.53	217.37	12226.45	787.75
2000年6月	39067.48	603.08	17655.97	441.55	12133.16	-90.60
2000年7月	38260.73	343.60	17725.77	306.97	13478.85	1345.15
2000年8月	38190.44	234.87	17926.25	383.08	13958.41	478.38
2000年9月	38354.43	530.30	18231.90	391.61	15131.64	1173.03
2000年10月	38543.48	284.17	18428.97	228.33	15335.04	203.48
2000年11月	38961.44	463.05	18770.51	361.19	16158.46	823.72
2000年12月	39100.38	217.99	19134.41	384.86	18309.70	2152.57

国有商业银行人民币信贷收支主要指标时间序列表

（1997—2005）

单位：亿元

项目 / 年月	短期贷款		中长期贷款		有价证券及投资	
	月末余额	比上期增减额	月末余额	比上期增减额	月末余额	比上期增减额
2001 年 1 月	34952.38	128.72	23114.80	373.42	18306.67	-9.94
2001 年 2 月	34979.36	26.98	23442.50	327.70	18285.16	-21.51
2001 年 3 月	35081.06	101.70	23943.96	501.46	18381.51	96.35
2001 年 4 月	35060.06	-21.00	24356.05	412.09	18487.87	106.36
2001 年 5 月	35116.91	56.85	24657.27	301.22	18604.13	116.26
2001 年 6 月	35503.88	386.97	25027.00	369.73	18799.38	195.25
2001 年 7 月	35383.55	-120.33	25188.27	161.27	18996.77	197.39
2001 年 8 月	35288.15	-95.40	25385.04	196.77	19137.39	140.62
2001 年 9 月	35388.21	100.06	25866.23	481.19	19200.00	62.61
2001 年 10 月	35272.60	-115.61	25982.87	116.64	19333.60	133.60
2001 年 11 月	35419.65	147.05	26307.69	324.82	19085.49	-248.11
2001 年 12 月	36247.97	828.32	27013.09	705.40	18955.48	-130.01
2002 年 1 月	34898.43	-295.54	28205.80	153.52	19451.21	15.79
2002 年 2 月	34876.84	-21.59	28396.87	191.07	19431.42	-19.79
2002 年 3 月	35716.32	839.48	28799.30	402.43	19787.30	355.88
2002 年 4 月	35933.08	216.76	28832.96	33.66	20032.28	244.98
2002 年 5 月	36141.29	208.21	29259.38	426.42	20052.45	20.17
2002 年 6 月	36768.28	626.99	29878.31	618.93	20574.70	522.25
2002 年 7 月	36778.62	10.34	30076.44	198.13	20634.49	59.79
2002 年 8 月	36991.36	212.74	30616.18	539.74	20747.20	112.71
2002 年 9 月	37609.82	618.46	31369.04	752.86	20783.94	36.74
2002 年 10 月	37595.59	-14.23	31691.15	322.11	21650.98	867.04
2002 年 11 月	37871.70	276.11	32206.38	515.23	21712.43	61.45
2002 年 12 月	38304.25	432.55	33022.94	816.56	21515.74	-196.69

国有商业银行人民币信贷收支主要指标时间序列表

（1997—2005）

单位：亿元

项目	短期贷款		中长期贷款		有价证券及投资	
年月	月末余额	比上期增减额	月末余额	比上期增减额	月末余额	比上期增减额
2003 年 1 月	38966.24	658.27	34062.89	887.45	21676.85	161.13
2003 年 2 月	39078.90	112.66	34305.49	242.60	21774.64	97.79
2003 年 3 月	39774.52	695.62	35212.09	906.60	21329.91	-444.73
2003 年 4 月	39801.86	27.34	35739.82	527.73	21419.17	89.26
2003 年 5 月	40168.74	366.88	36362.48	622.66	22180.45	761.28
2003 年 6 月	41102.07	933.33	37574.81	1212.33	23350.82	1170.37
2003 年 7 月	40591.78	-510.29	38330.42	755.61	23625.54	274.72
2003 年 8 月	40798.53	206.75	38835.88	505.46	24399.43	773.89
2003 年 9 月	40815.73	17.20	39935.38	1099.50	24973.01	573.58
2003 年 10 月	40912.94	97.21	40164.26	228.88	25169.48	196.47
2003 年 11 月	40864.69	-48.25	40740.69	576.43	25418.34	248.86
2003 年 12 月	40744.08	-120.61	41710.40	969.71	25352.53	-65.81
2004 年 1 月	40653.41	91.27	42698.89	806.55	25221.20	-131.44
2004 年 2 月	40883.22	229.81	43126.11	427.22	26210.15	988.95
2004 年 3 月	41233.58	350.36	44089.31	963.20	27854.21	1644.06
2004 年 4 月	41033.75	-199.83	44796.51	707.20	27780.35	-73.86
2004 年 5 月	40971.54	-62.21	45260.67	464.16	27338.67	-441.68
2004 年 6 月	39204.35	260.89	45252.52	776.69	28880.42	1541.75
2004 年 7 月	38771.39	-432.99	45404.01	151.48	29144.47	264.05
2004 年 8 月	38619.94	-151.45	45781.24	377.24	28739.56	-404.91
2004 年 9 月	39022.52	402.62	46728.34	947.10	29301.77	562.21
2004 年 10 月	38687.94	-334.62	47033.53	305.18	30414.98	1113.21
2004 年 11 月	38308.54	-93.53	47778.03	458.67	31077.89	662.91
2004 年 12 月	38409.40	100.83	48729.55	951.49	31991.80	913.91
2005 年 1 月	38331.71	125.29	49757.77	825.25	31587.61	-323.12
2005 年 2 月	38348.69	16.96	50060.65	302.91	32234.77	647.16
2005 年 3 月	38661.99	313.30	50799.64	738.98	34707.33	2472.56
2005 年 4 月	38245.05	-416.92	51087.01	287.36	36524.13	1816.80
2005 年 5 月	36820.56	-98.23	51029.03	268.29	37467.44	943.31
2005 年 6 月	33944.34	529.41	50868.25	813.08	42853.83	5386.39
2005 年 7 月	33528.03	-416.32	50845.80	-22.45	43925.13	1071.30
2005 年 8 月	33425.86	-102.15	51127.89	282.09	45416.42	1491.29
2005 年 9 月	33628.57	202.69	51887.86	759.96	46479.01	1062.59
2005 年 10 月	33368.66	-259.91	52043.93	156.08	47894.92	1415.91
2005 年 11 月	33348.26	-20.38	52540.50	496.57	49733.68	1838.76
2005 年 12 月	33176.44	-171.83	53349.16	808.66	50355.01	621.33

国有商业银行外币信贷收支主要指标时间序列表

(1998—2005)

单位：亿美元

年月＼项目	各项存款		各项贷款		境外筹资	
	月末余额	比上期增减额	月末余额	比上期增减额	月末余额	比上期增减额
1998 年 1 月	577.11	-8.84	911.60	-12.27	286.10	-3.97
1998 年 2 月	592.96	15.85	910.88	-0.70	285.68	-0.42
1998 年 3 月	599.93	6.97	915.72	4.83	285.41	-0.27
1998 年 4 月	601.12	1.19	912.42	-3.29	273.24	-12.17
1998 年 5 月	612.08	10.96	914.99	2.58	281.03	7.79
1998 年 6 月	627.52	15.45	914.76	-0.23	271.49	-9.54
1998 年 7 月	640.62	13.10	910.33	-4.43	269.30	-2.19
1998 年 8 月	663.20	22.58	909.24	-1.09	268.04	-1.26
1998 年 9 月	674.50	11.31	909.29	0.05	265.25	-2.79
1998 年 10 月	674.71	0.22	918.00	8.71	273.82	8.57
1998 年 11 月	687.70	12.98	936.50	18.52	284.25	10.43
1998 年 12 月	701.87	14.18	941.68	5.20	277.07	-7.18
1999 年 1 月	704.08	2.35	929.99	-8.49	273.66	-3.58
1999 年 2 月	713.03	8.97	929.49	-0.53	272.82	-0.84
1999 年 3 月	713.98	0.93	929.52	0.02	267.82	-5.00
1999 年 4 月	720.75	6.75	929.04	-0.48	265.74	-2.08
1999 年 5 月	729.68	8.95	924.01	-5.03	260.36	-5.38
1999 年 6 月	741.30	11.60	919.67	-4.38	261.85	1.49
1999 年 7 月	746.81	5.53	917.08	-2.57	253.41	-8.44
1999 年 8 月	767.98	21.17	915.03	-2.07	253.07	-0.34
1999 年 9 月	790.81	22.83	922.85	7.83	259.53	6.46
1999 年 10 月	804.65	13.84	925.43	2.58	260.95	1.42
1999 年 11 月	818.79	14.14	915.81	-9.64	257.40	-3.55
1999 年 12 月	828.94	10.15	874.86	4.89	257.59	0.19

国有商业银行外币信贷收支主要指标时间序列表

（1998—2005）

单位：亿美元

项目 年月	各项存款		各项贷款		境外筹资	
	月末余额	比上期增减额	月末余额	比上期增减额	月末余额	比上期增减额
2000年1月	839.75	10.54	872.92	-6.50	255.07	-2.49
2000年2月	855.53	15.78	868.38	-4.32	252.74	-2.33
2000年3月	866.20	10.67	861.26	-7.07	246.04	-6.70
2000年4月	878.70	12.50	861.56	0.74	245.78	-0.26
2000年5月	891.40	12.70	827.53	-22.92	221.09	-24.69
2000年6月	910.71	19.31	734.51	-8.74	215.47	-5.62
2000年7月	941.21	30.50	713.48	-1.42	215.79	0.32
2000年8月	952.43	11.22	703.40	-3.76	214.37	-1.42
2000年9月	969.24	16.81	695.26	-5.71	212.02	-2.35
2000年10月	983.03	13.79	688.09	-5.65	208.03	-3.99
2000年11月	1027.18	44.15	686.27	-0.87	206.89	-1.14
2000年12月	1028.68	1.50	647.30	-14.54	203.55	-3.34
2001年1月	1038.85	7.11	640.32	-7.76	203.57	-7.59
2001年2月	1028.36	-10.49	636.54	-3.78	200.58	-2.99
2001年3月	1027.07	-1.29	632.22	-4.32	198.62	-1.96
2001年4月	1053.35	26.28	627.58	-4.64	194.28	-4.34
2001年5月	1072.99	19.64	624.72	-2.85	190.23	-4.05
2001年6月	1064.03	-8.96	621.62	-3.17	187.88	-2.35
2001年7月	1059.58	-4.45	615.31	-6.29	186.19	-1.69
2001年8月	1066.46	6.88	619.52	4.25	188.52	2.33
2001年9月	1066.42	-0.04	614.05	-5.46	187.64	-0.88
2001年10月	1076.11	9.69	606.57	-7.54	183.81	-3.83
2001年11月	1074.43	-1.68	598.92	-7.65	183.03	-0.78
2001年12月	1076.21	1.78	596.12	-2.73	176.83	-6.20

国有商业银行外币信贷收支主要指标时间序列表

（1998—2005）

单位：亿美元

年月＼项目	各项存款		各项贷款		境外筹资	
	月末余额	比上期增减额	月末余额	比上期增减额	月末余额	比上期增减额
2002 年 1 月	1063.82	-12.08	601.80	-0.04	174.76	-2.06
2002 年 2 月	1074.20	10.38	607.35	5.55	172.61	-2.15
2002 年 3 月	1080.50	6.30	611.19	3.84	170.42	-2.19
2002 年 4 月	1083.10	2.60	615.96	4.77	169.44	-0.98
2002 年 5 月	1098.38	15.28	621.89	5.93	169.19	-0.25
2002 年 6 月	1103.33	4.95	632.22	10.33	191.82	22.63
2002 年 7 月	1101.81	-1.52	634.92	2.70	188.90	-2.92
2002 年 8 月	1111.25	9.44	629.87	-5.05	188.57	-0.33
2002 年 9 月	1105.54	-5.71	631.70	1.83	185.81	-2.76
2002 年 10 月	1121.93	16.39	631.76	0.06	182.38	-3.43
2002 年 11 月	1131.43	9.50	634.51	2.75	161.04	-21.34
2002 年 12 月	1139.92	8.49	656.26	21.75	158.68	-2.36
2003 年 1 月	1132.15	-7.84	664.91	8.63	157.50	-1.21
2003 年 2 月	1129.00	-3.15	668.80	3.89	156.44	-1.06
2003 年 3 月	1122.66	-6.34	684.05	15.25	153.93	-2.51
2003 年 4 月	1122.51	-0.15	700.96	16.91	153.35	-0.58
2003 年 5 月	1127.15	4.64	715.49	14.53	154.03	0.68
2003 年 6 月	1135.94	8.79	740.35	24.86	150.07	-3.96
2003 年 7 月	1126.56	-9.38	746.57	6.22	147.17	-2.90
2003 年 8 月	1113.05	-13.51	764.69	18.12	143.58	-3.59
2003 年 9 月	1098.47	-14.58	800.02	35.33	143.44	-0.14
2003 年 10 月	1100.29	1.82	815.11	15.09	145.01	1.57
2003 年 11 月	1102.56	2.27	826.73	11.62	143.96	-1.05
2003 年 12 月	1090.57	-11.99	835.26	8.53	139.49	-4.47

国有商业银行外币信贷收支主要指标时间序列表

（1998—2005）

单位：亿美元

项目 / 年月	各项存款		各项贷款		境外筹资	
	月末余额	比上期增减额	月末余额	比上期增减额	月末余额	比上期增减额
2004 年 1 月	1102.71	11.92	843.51	8.00	137.96	-1.96
2004 年 2 月	1066.31	-36.40	863.13	19.62	137.84	-0.12
2004 年 3 月	1070.39	4.08	878.88	15.75	135.77	-2.07
2004 年 4 月	1070.70	0.31	888.36	9.48	127.94	-7.83
2004 年 5 月	1083.89	13.19	896.41	8.05	128.36	0.42
2004 年 6 月	1086.55	2.66	789.02	3.89	124.91	-3.45
2004 年 7 月	1102.39	15.84	782.69	-6.32	123.12	-1.79
2004 年 8 月	1115.93	13.54	783.71	1.04	131.46	8.34
2004 年 9 月	1115.02	-0.91	779.35	-4.36	148.47	17.01
2004 年 10 月	1120.15	5.13	766.33	-13.03	144.78	-3.69
2004 年 11 月	1094.63	-25.52	776.01	9.67	148.25	3.47
2004 年 12 月	1078.90	-15.73	779.09	3.08	141.83	-6.42
2005 年 1 月	1074.88	-4.09	797.28	18.06	143.97	1.98
2005 年 2 月	1087.21	12.33	795.06	-2.21	142.67	-1.30
2005 年 3 月	1094.98	7.77	798.57	3.50	136.93	-5.74
2005 年 4 月	1078.95	-16.03	797.52	-1.03	146.09	9.16
2005 年 5 月	1061.29	-17.66	799.69	9.91	141.77	-4.32
2005 年 6 月	1064.30	3.01	783.65	2.50	126.53	-15.24
2005 年 7 月	1044.41	-19.89	800.62	16.95	115.64	-10.89
2005 年 8 月	1056.77	12.36	778.32	-22.25	117.15	1.51
2005 年 9 月	1019.09	-37.68	768.74	-9.61	110.18	-6.97
2005 年 10 月	1036.22	17.13	776.22	7.48	109.29	-0.89
2005 年 11 月	1041.87	5.65	763.08	-13.14	107.11	-2.18
2005 年 12 月	1041.00	-0.87	747.58	-15.49	101.75	-5.36

国有商业银行外币信贷收支主要指标时间序列表

（1998—2005）

单位：亿美元

项目/年月	单位存款		单位活期存款		单位定期存款		储蓄存款		定期储蓄存款	
	月末余额	比上期增减额	月末余额	比上期增减额	月末余额	比上期增减额	月末余额	比上期增减额	月末余额	比上期增减额
1998年1月	260.47	-15.70	101.97	-12.69	158.50	-3.01	277.58	9.31	257.36	10.02
1998年2月	268.43	7.96	104.78	2.81	163.65	5.15	286.81	9.23	266.41	9.05
1998年3月	269.67	1.24	101.69	-3.09	167.98	4.33	296.17	9.36	276.01	9.60
1998年4月	265.24	-4.43	95.55	-6.14	169.69	1.71	304.11	7.94	283.30	7.29
1998年5月	270.80	5.56	97.40	1.85	173.40	3.71	311.45	7.34	290.01	6.71
1998年6月	271.39	0.59	94.87	-2.53	176.52	3.12	321.04	9.59	299.44	9.43
1998年7月	277.35	5.96	93.86	-1.01	183.49	6.97	333.38	12.34	311.77	12.33
1998年8月	286.37	9.02	98.67	4.81	187.70	4.21	346.78	13.40	324.67	12.90
1998年9月	287.96	1.59	99.67	1.00	188.29	0.59	354.15	7.37	332.52	7.85
1998年10月	281.75	-6.21	102.79	3.12	178.96	-9.33	362.28	8.13	339.91	7.39
1998年11月	283.62	1.87	99.68	-3.11	183.94	4.98	371.22	8.94	347.64	7.73
1998年12月	289.77	6.15	96.69	-2.99	193.08	9.14	376.56	5.34	351.90	4.26
1999年1月	289.92	0.21	98.49	1.90	191.43	-1.69	383.80	7.34	358.43	6.60
1999年2月	288.26	-1.66	101.34	2.85	186.92	-4.51	393.95	10.15	367.24	8.81
1999年3月	281.32	-6.94	99.68	-1.66	181.64	-5.28	403.36	9.41	376.75	9.51
1999年4月	280.58	-0.74	100.73	1.05	179.85	-1.79	410.81	7.45	383.85	7.10
1999年5月	280.84	0.26	100.29	-0.44	180.55	0.70	419.45	8.64	391.42	7.57
1999年6月	284.99	4.15	102.30	2.01	182.69	2.14	428.70	9.25	399.55	8.13
1999年7月	279.92	-5.07	104.77	2.47	175.15	-7.54	440.44	11.74	410.45	10.90
1999年8月	286.91	6.99	103.58	-1.19	183.33	8.18	453.18	12.74	422.86	12.41
1999年9月	294.45	7.54	103.89	0.31	190.56	7.23	467.20	14.02	436.14	13.28
1999年10月	296.34	1.89	102.84	-1.05	193.50	2.94	478.70	11.50	446.57	10.43
1999年11月	296.53	0.19	103.83	0.99	192.70	-0.80	491.93	13.23	458.92	12.35
1999年12月	295.55	-0.98	106.45	2.62	189.10	-3.60	501.05	9.12	467.76	8.84

国有商业银行外币信贷收支主要指标时间序列表

（1998—2005）

单位：亿美元

年月＼项目	单位存款		单位活期存款		单位定期存款		储蓄存款		定期储蓄存款	
	月末余额	比上期增减额	月末余额	比上期增减额	月末余额	比上期增减额	月末余额	比上期增减额	月末余额	比上期增减额
2000年1月	294.65	-1.52	100.98	-5.79	193.67	4.27	513.34	12.29	479.44	11.68
2000年2月	296.92	2.27	102.14	1.16	194.78	1.11	526.90	13.56	492.17	12.73
2000年3月	296.87	-0.05	102.39	0.25	194.48	-0.30	536.96	10.06	502.10	9.93
2000年4月	298.74	1.87	102.31	-0.08	196.43	1.95	547.01	10.05	511.56	9.46
2000年5月	300.55	1.81	103.09	0.78	197.46	1.03	557.54	10.53	521.24	9.68
2000年6月	304.76	4.21	101.13	-1.96	203.63	6.17	570.43	12.89	535.11	13.87
2000年7月	320.51	15.75	104.95	3.82	215.56	11.93	584.50	14.07	548.09	12.98
2000年8月	318.82	-1.69	103.43	-1.52	215.39	-0.17	597.13	12.63	559.73	11.64
2000年9月	319.48	0.66	101.23	-2.20	218.25	2.86	611.41	14.28	573.71	13.98
2000年10月	320.94	1.46	103.60	2.37	217.34	-0.91	624.20	12.79	585.83	12.12
2000年11月	350.47	29.53	108.36	4.76	242.11	24.77	637.35	13.15	598.53	12.70
2000年12月	336.73	-13.74	109.01	0.65	227.72	-14.39	649.04	11.69	608.83	10.30
2001年1月	332.67	-6.09	106.19	-5.09	226.48	-1.00	662.68	13.28	621.82	12.45
2001年2月	326.29	-6.38	107.17	0.98	219.12	-7.36	657.50	-5.18	615.63	-6.19
2001年3月	326.14	-0.15	102.52	-4.65	223.62	4.50	654.47	-3.03	611.82	-3.81
2001年4月	348.49	22.35	102.98	0.46	245.51	21.89	658.82	4.35	614.65	2.83
2001年5月	361.68	13.19	113.13	10.15	248.55	3.04	667.86	9.04	618.82	4.17
2001年6月	350.62	-11.06	112.90	-0.23	237.72	-10.83	670.18	2.32	620.10	1.28
2001年7月	339.85	-10.77	111.18	-1.72	228.67	-9.05	680.40	10.22	627.30	7.20
2001年8月	336.24	-3.61	112.27	1.09	223.97	-4.70	691.26	10.86	635.10	7.80
2001年9月	332.10	-4.14	109.04	-3.23	223.06	-0.91	697.31	6.05	639.99	4.89
2001年10月	334.63	2.53	118.34	9.30	216.29	-6.77	705.46	8.15	645.48	5.49
2001年11月	327.13	-7.50	122.03	3.69	205.10	-11.19	711.43	5.97	649.52	4.04
2001年12月	325.43	-1.70	123.44	1.41	201.99	-3.11	715.35	3.92	650.50	0.98

国有商业银行外币信贷收支主要指标时间序列表

（1998—2005）

单位：亿美元

项目 年月	单位存款		单位活期存款		单位定期存款		储蓄存款		定期储蓄存款	
	月末余额	比上期增减额	月末余额	比上期增减额	月末余额	比上期增减额	月末余额	比上期增减额	月末余额	比上期增减额
2002年1月	311.25	-12.75	115.62	-7.08	195.63	-5.67	718.48	3.91	653.04	2.91
2002年2月	313.62	2.37	120.42	4.80	193.20	-2.43	727.32	8.84	659.62	6.58
2002年3月	311.34	-2.28	115.01	-5.41	196.33	3.13	734.42	7.10	664.84	5.22
2002年4月	307.22	-4.12	114.02	-0.99	193.20	-3.13	739.59	5.17	668.76	3.92
2002年5月	312.63	5.41	119.58	5.56	193.05	-0.15	747.76	8.17	673.89	5.13
2002年6月	308.91	-3.72	126.23	6.65	182.68	-10.37	755.18	7.42	678.87	4.98
2002年7月	305.33	-3.58	123.55	-2.68	181.78	-0.90	756.87	1.69	679.09	0.22
2002年8月	310.20	4.87	126.40	2.85	183.80	2.02	761.25	4.38	681.29	2.20
2002年9月	302.39	-7.81	121.80	-4.60	180.59	-3.21	762.68	1.43	682.18	0.89
2002年10月	312.37	9.98	131.40	9.60	180.97	0.38	768.46	5.78	684.93	2.75
2002年11月	320.31	7.94	132.76	1.36	187.55	6.58	770.59	2.13	685.71	0.78
2002年12月	324.96	4.65	134.91	2.15	190.05	2.50	774.07	3.48	685.51	-0.20
2003年1月	315.62	-9.36	131.59	-2.70	184.03	-6.66	776.68	2.58	687.12	1.58
2003年2月	308.70	-6.92	139.27	7.68	169.43	-14.60	779.35	2.67	687.96	0.84
2003年3月	302.62	-6.08	133.82	-5.45	168.80	-0.63	778.96	-0.39	686.78	-1.18
2003年4月	301.63	-0.99	133.77	-0.05	167.86	-0.94	779.22	0.26	685.52	-1.26
2003年5月	303.88	2.25	138.93	5.16	164.95	-2.91	782.16	2.94	686.13	0.61
2003年6月	309.36	5.48	145.10	6.17	164.26	-0.69	783.56	1.40	685.01	-1.12
2003年7月	304.17	-5.19	141.91	-3.19	162.26	-2.00	779.87	-3.69	678.98	-6.03
2003年8月	298.93	-5.24	141.17	-0.74	157.76	-4.50	771.90	-7.97	669.83	-9.15
2003年9月	298.86	-0.07	140.31	-0.86	158.55	0.79	756.73	-15.17	655.66	-14.17
2003年10月	309.17	10.31	152.87	12.56	156.30	-2.25	747.00	-9.73	644.56	-11.10
2003年11月	314.99	5.82	154.21	1.34	160.78	4.48	739.94	-7.06	636.50	-8.06
2003年12月	305.78	-9.21	152.75	-1.46	153.03	-7.75	733.73	-6.21	629.38	-7.12

国有商业银行外币信贷收支主要指标时间序列表

（1998—2005）

单位：亿美元

项目 年月	单位存款		单位活期存款		单位定期存款		储蓄存款		定期储蓄存款	
	月末余额	比上期增减额	月末余额	比上期增减额	月末余额	比上期增减额	月末余额	比上期增减额	月末余额	比上期增减额
2004年1月	320.89	15.05	166.21	13.42	154.68	1.63	731.56	-2.29	625.36	-4.09
2004年2月	303.24	-17.65	161.43	-4.78	141.81	-12.87	712.06	-19.50	605.44	-19.92
2004年3月	310.24	7.00	166.12	4.69	144.12	2.31	705.99	-6.07	596.14	-9.30
2004年4月	312.10	1.86	159.46	-6.66	152.64	8.52	699.12	-6.87	587.06	-9.08
2004年5月	321.99	9.89	172.37	12.91	149.62	-3.02	700.02	0.90	583.65	-3.41
2004年6月	347.10	25.11	176.70	4.33	170.40	20.78	676.85	-23.17	558.53	-25.12
2004年7月	336.34	-10.76	184.26	7.56	152.08	-18.32	696.96	20.11	575.49	16.96
2004年8月	337.18	0.84	190.74	6.48	146.44	-5.64	698.75	1.79	574.69	-0.80
2004年9月	330.52	-6.66	173.85	-16.89	156.67	10.23	699.84	1.09	573.30	-1.39
2004年10月	341.63	11.11	183.17	9.32	158.46	1.79	696.27	-3.57	566.82	-6.48
2004年11月	342.81	1.18	191.95	8.78	150.86	-7.60	671.15	-25.12	548.57	-18.25
2004年12月	337.08	-5.73	184.88	-7.07	152.20	1.34	663.26	-7.89	540.04	-8.53
2005年1月	339.39	2.26	196.36	11.45	143.03	-9.19	656.38	-6.90	532.39	-7.66
2005年2月	353.35	13.96	192.29	-4.07	161.06	18.03	657.29	0.91	534.78	2.39
2005年3月	360.19	6.84	198.47	6.18	161.72	0.66	651.13	-6.16	525.58	-9.20
2005年4月	352.25	-7.94	183.05	-15.42	169.20	7.48	641.84	-9.29	519.86	-5.72
2005年5月	349.55	-2.70	188.04	4.99	161.51	-7.69	627.88	-13.96	504.32	-15.54
2005年6月	358.41	8.86	203.85	15.81	154.56	-6.95	620.28	-7.60	498.98	-5.34
2005年7月	346.00	-12.41	191.46	-12.39	154.54	-0.02	612.64	-7.64	491.15	-7.83
2005年8月	367.85	21.85	232.75	41.29	135.10	-19.44	602.00	-10.64	482.80	-8.35
2005年9月	337.87	-29.98	184.45	-48.30	153.42	18.32	595.91	-6.09	479.16	-3.64
2005年10月	355.04	17.17	199.92	15.47	155.12	1.70	596.70	0.79	477.73	-1.43
2005年11月	367.64	12.60	203.96	4.04	163.68	8.56	593.31	-3.39	475.86	-1.87
2005年12月	361.11	-6.53	202.43	-1.53	158.68	-5.00	596.72	3.41	479.00	3.14

国有商业银行外币信贷收支主要指标时间序列表

（1998—2005）

单位：亿美元

项目 年月	短期贷款		中长期各项贷款		有价证券及投资	
	月末余额	比上期增减额	月末余额	比上期增减额	月末余额	比上期增减额
1998 年 1 月	282. 46	-12. 32	261. 35	-4. 57	115. 76	1. 94
1998 年 2 月	272. 76	-9. 70	270. 90	9. 55	112. 73	-3. 03
1998 年 3 月	275. 61	2. 85	267. 94	-2. 96	121. 19	8. 46
1998 年 4 月	275. 61		269. 41	1. 47	121. 77	0. 58
1998 年 5 月	278. 49	2. 88	271. 84	2. 43	128. 78	7. 00
1998 年 6 月	280. 44	1. 95	272. 59	0. 75	134. 98	6. 20
1998 年 7 月	278. 19	-2. 25	271. 86	-0. 73	130. 45	-4. 53
1998 年 8 月	275. 00	-3. 19	275. 21	3. 35	140. 85	10. 40
1998 年 9 月	273. 39	-1. 61	277. 83	2. 62	135. 90	-4. 95
1998 年 10 月	273. 02	-0. 37	278. 49	0. 66	135. 26	-0. 64
1998 年 11 月	274. 47	1. 45	285. 27	6. 79	149. 33	14. 05
1998 年 12 月	285. 01	10. 55	286. 64	1. 37	158. 02	8. 71
1999 年 1 月	282. 21	-3. 36	280. 23	-2. 98	174. 62	16. 60
1999 年 2 月	281. 60	-0. 61	281. 04	0. 82	162. 67	-11. 95
1999 年 3 月	282. 37	0. 77	282. 63	1. 59	152. 81	-9. 86
1999 年 4 月	284. 04	1. 67	282. 82	0. 19	148. 12	-4. 69
1999 年 5 月	283. 70	-0. 34	282. 76	-0. 06	174. 93	26. 81
1999 年 6 月	283. 80	0. 10	279. 42	-3. 36	193. 57	18. 64
1999 年 7 月	282. 49	-1. 31	282. 40	2. 98	189. 03	-4. 56
1999 年 8 月	282. 16	-0. 33	282. 95	0. 55	185. 40	-3. 63
1999 年 9 月	284. 05	1. 89	283. 85	0. 89	197. 52	12. 12
1999 年 10 月	285. 41	1. 36	282. 83	-1. 02	202. 93	5. 41
1999 年 11 月	283. 32	-2. 09	280. 63	-2. 20	230. 76	27. 83
1999 年 12 月	266. 68	11. 22	270. 43	5. 59	258. 64	27. 88

国有商业银行外币信贷收支主要指标时间序列表

（1998—2005）

单位：亿美元

项目 年月	短期贷款		中长期各项贷款		有价证券及投资	
	月末余额	比上期增减额	月末余额	比上期增减额	月末余额	比上期增减额
2000 年 1 月	269.43	-3.54	270.70	0.94	276.73	18.41
2000 年 2 月	268.36	-0.66	270.08	-1.59	241.04	-35.63
2000 年 3 月	266.09	-2.27	268.93	-1.10	247.90	6.80
2000 年 4 月	263.35	-2.70	270.10	1.18	239.51	-8.39
2000 年 5 月	254.34	-4.89	265.24	0.41	247.62	8.11
2000 年 6 月	210.64	0.08	236.92	-1.79	244.22	-3.33
2000 年 7 月	203.68	-0.79	232.93	0.87	263.93	19.71
2000 年 8 月	198.14	-2.14	227.78	-4.49	280.11	16.20
2000 年 9 月	195.26	-2.37	224.47	-3.01	288.33	8.20
2000 年 10 月	193.61	-0.64	224.72	0.36	314.18	25.85
2000 年 11 月	193.11	-0.29	222.70	-1.60	326.85	12.66
2000 年 12 月	183.86	-0.29	209.00	-3.24	351.70	24.86
2001 年 1 月	157.85	-1.92	224.74	-2.19	380.87	27.81
2001 年 2 月	156.32	-1.53	223.87	-0.87	414.63	33.76
2001 年 3 月	156.36	0.04	222.90	-0.97	440.14	25.51
2001 年 4 月	154.54	-1.82	219.55	-3.35	486.97	46.83
2001 年 5 月	153.49	-1.05	219.89	0.33	472.59	-14.38
2001 年 6 月	155.50	2.01	218.36	-1.54	447.41	-25.18
2001 年 7 月	153.71	-1.79	224.93	6.54	461.70	14.29
2001 年 8 月	153.88	0.17	224.34	-0.55	461.44	-0.26
2001 年 9 月	153.30	-0.56	221.35	-2.79	468.44	7.00
2001 年 10 月	154.92	1.60	217.13	-4.46	444.70	-23.74
2001 年 11 月	155.50	0.58	211.56	-5.55	476.02	31.32
2001 年 12 月	156.43	0.93	210.49	-1.04	606.79	130.77

国有商业银行外币信贷收支主要指标时间序列表

（1998—2005）

单位：亿美元

项目 / 年月	短期贷款		中长期各项贷款		有价证券及投资	
	月末余额	比上期增减额	月末余额	比上期增减额	月末余额	比上期增减额
2002 年 1 月	156. 84	0. 94	219. 82	3. 33	584. 84	-22. 85
2002 年 2 月	158. 19	1. 35	227. 68	7. 86	579. 83	-5. 01
2002 年 3 月	167. 84	9. 65	222. 58	-5. 10	638. 13	58. 30
2002 年 4 月	170. 35	2. 51	220. 79	-1. 79	659. 78	21. 65
2002 年 5 月	174. 11	3. 76	222. 15	1. 36	681. 57	21. 79
2002 年 6 月	179. 63	5. 52	224. 29	2. 14	674. 93	-6. 64
2002 年 7 月	179. 27	-0. 36	229. 97	5. 68	676. 00	1. 07
2002 年 8 月	180. 16	0. 89	226. 35	-3. 62	733. 45	57. 45
2002 年 9 月	182. 56	2. 40	229. 76	3. 41	716. 60	-16. 85
2002 年 10 月	181. 29	-1. 27	233. 27	3. 51	721. 56	4. 96
2002 年 11 月	184. 55	3. 26	234. 19	0. 92	774. 57	53. 01
2002 年 12 月	185. 29	0. 74	255. 91	21. 72	743. 50	-31. 07
2003 年 1 月	189. 14	4. 54	258. 28	1. 51	735. 00	-8. 68
2003 年 2 月	192. 62	3. 48	260. 14	1. 86	725. 14	-9. 86
2003 年 3 月	202. 14	9. 52	261. 27	1. 13	766. 10	40. 96
2003 年 4 月	210. 81	8. 67	264. 25	2. 98	780. 05	13. 95
2003 年 5 月	218. 81	8. 00	264. 95	0. 70	753. 14	-26. 91
2003 年 6 月	232. 63	13. 82	273. 72	8. 77	772. 60	19. 46
2003 年 7 月	241. 19	8. 56	272. 62	-1. 10	818. 66	46. 06
2003 年 8 月	251. 81	10. 62	281. 97	9. 35	808. 30	-10. 36
2003 年 9 月	268. 30	16. 49	297. 90	15. 93	770. 95	-37. 35
2003 年 10 月	277. 45	9. 15	303. 32	5. 42	754. 07	-16. 88
2003 年 11 月	285. 35	7. 90	305. 11	1. 79	706. 11	-47. 96
2003 年 12 月	295. 80	10. 45	305. 74	0. 63	714. 82	8. 71

国有商业银行外币信贷收支主要指标时间序列表

（1998—2005）

单位：亿美元

项目 年月	短期贷款		中长期各项贷款		有价证券及投资	
	月末余额	比上期增减额	月末余额	比上期增减额	月末余额	比上期增减额
2004 年 1 月	300. 69	4. 81	308. 45	2. 57	907. 80	192. 63
2004 年 2 月	308. 53	7. 84	314. 45	6. 00	961. 16	53. 36
2004 年 3 月	319. 23	10. 70	314. 70	0. 25	894. 51	-66. 65
2004 年 4 月	323. 25	4. 02	319. 94	5. 24	901. 16	6. 65
2004 年 5 月	328. 00	4. 75	323. 93	3. 99	883. 71	-17. 45
2004 年 6 月	291. 42	1. 67	295. 43	6. 75	837. 00	-46. 71
2004 年 7 月	292. 42	1. 02	295. 48	0. 04	866. 36	29. 36
2004 年 8 月	323. 51	31. 08	264. 68	-30. 78	903. 14	36. 78
2004 年 9 月	284. 50	-39. 01	303. 38	38. 70	979. 70	76. 56
2004 年 10 月	285. 26	0. 76	291. 15	-12. 23	1014. 94	35. 24
2004 年 11 月	273. 95	3. 84	303. 56	-2. 76	1044. 01	29. 07
2004 年 12 月	265. 40	-8. 54	309. 92	6. 35	1005. 30	-38. 71
2005 年 1 月	274. 03	16. 44	321. 98	3. 93	1046. 05	40. 69
2005 年 2 月	273. 95	-0. 08	319. 93	-2. 04	1049. 52	3. 47
2005 年 3 月	272. 08	-1. 86	323. 19	3. 25	1055. 18	5. 66
2005 年 4 月	266. 38	-5. 71	327. 25	4. 08	1142. 43	87. 25
2005 年 5 月	270. 41	9. 70	323. 25	-2. 71	1121. 85	-20. 58
2005 年 6 月	260. 11	2. 13	320. 10	-0. 01	1101. 69	-20. 16
2005 年 7 月	283. 79	23. 67	318. 84	-1. 27	1067. 37	-34. 32
2005 年 8 月	257. 56	-26. 21	321. 94	3. 11	1070. 83	3. 46
2005 年 9 月	249. 44	-8. 14	320. 28	-1. 66	1087. 15	16. 32
2005 年 10 月	242. 77	-6. 67	336. 38	16. 09	1119. 03	31. 88
2005 年 11 月	233. 88	-8. 88	333. 88	-2. 51	1113. 12	-5. 91
2005 年 12 月	229. 51	-4. 37	322. 85	-11. 01	1057. 77	-55. 35

国有商业银行本外币信贷收支主要指标时间序列表

（2002—2005）

单位：亿元

项目 年月	各项存款		各项贷款	
	月末余额	比上期增减额	月末余额	比上期增减额
2002年1月	97034.98	626.10	69467.93	-193.86
2002年2月	98007.58	972.60	69742.16	274.23
2002年3月	99991.36	1983.78	71174.15	1431.99
2002年4月	100868.06	876.70	71541.55	367.40
2002年5月	102412.64	1544.58	72316.18	774.63
2002年6月	104747.16	2334.52	73928.40	1612.22
2002年7月	105508.46	761.30	74151.49	223.09
2002年8月	106967.90	1459.44	75000.75	849.26
2002年9月	108789.31	1821.41	76969.61	1968.86
2002年10月	109384.59	595.28	77260.03	290.42
2002年11月	110529.57	1144.98	78221.57	961.54
2002年12月	111317.76	788.19	79510.22	1288.65
2003年1月	113805.20	2487.19	81902.22	2236.41
2003年2月	115649.76	1844.56	82727.66	825.44
2003年3月	118901.84	3252.08	84891.79	2164.13
2003年4月	119102.26	200.42	85836.69	944.90
2003年5月	121064.52	1962.26	87349.58	1512.89
2003年6月	123776.12	2711.60	90436.07	3086.49
2003年7月	124440.95	664.83	90732.51	296.44
2003年8月	125219.78	778.83	91896.57	1164.06
2003年9月	127524.73	2304.95	93494.07	1597.50
2003年10月	128037.60	512.87	93639.73	145.66
2003年11月	128662.46	624.86	93894.96	255.23
2003年12月	128601.41	-61.05	94123.01	228.05

国有商业银行本外币信贷收支主要指标时间序列表

（2002—2005）

单位：亿元

年月＼项目	各项存款		各项贷款	
	月末余额	比上期增减额	月末余额	比上期增减额
2004年1月	131194.91	2891.68	95494.91	1169.64
2004年2月	133297.60	2102.69	96677.52	1182.61
2004年3月	136069.05	2771.45	98684.17	2006.65
2004年4月	136239.59	170.54	99543.91	859.74
2004年5月	137435.82	1196.23	100241.68	697.77
2004年6月	138867.11	1431.29	97729.88	1306.35
2004年7月	138747.92	-119.19	97427.11	-302.80
2004年8月	139793.34	1045.42	97822.49	395.40
2004年9月	141240.74	1447.40	99258.10	1435.60
2004年10月	141445.51	204.77	98998.30	-259.84
2004年11月	142873.84	1428.33	99752.07	753.79
2004年12月	144417.48	1543.64	101182.99	1430.86
2005年1月	148099.42	1910.94	102556.58	1372.78
2005年2月	150271.88	2172.46	102881.21	324.63
2005年3月	154155.56	3883.68	104596.91	1715.69
2005年4月	154709.00	553.44	104519.69	-77.20
2005年5月	156287.70	1578.70	102787.52	27.89
2005年6月	158625.74	2338.04	100191.81	1993.12
2005年7月	159445.15	819.41	99279.70	-935.32
2005年8月	161764.92	2319.77	99576.60	295.43
2005年9月	163805.43	2040.51	100624.56	1047.36
2005年10月	164192.92	387.49	100451.50	-174.31
2005年11月	165661.56	1468.64	101771.52	1319.46
2005年12月	166579.26	917.70	102257.06	484.25

国有商业银行本外币信贷收支主要指标时间序列表

(2002—2005)

单位：亿元

年月＼项目	单位存款		单位活期存款		储蓄存款		定期储蓄存款	
	月末余额	比上期增减额	月末余额	比上期增减额	月末余额	比上期增减额	月末余额	比上期增减额
2002 年 1 月	33921.09	-310.57	25226.89	-256.24	55357.74	1047.04	39254.76	596.23
2002 年 2 月	32914.88	-1006.21	24198.37	-1028.52	57438.39	2080.65	40575.28	1320.52
2002 年 3 月	34118.79	1203.91	25295.41	1097.04	57857.54	419.15	40824.42	249.14
2002 年 4 月	34277.38	158.59	25070.95	-224.46	58568.64	711.10	41090.93	266.51
2002 年 5 月	34954.10	676.72	25904.48	833.53	59058.23	489.59	41388.72	297.79
2002 年 6 月	35817.64	863.54	26780.97	876.49	59964.47	906.24	41876.36	487.64
2002 年 7 月	35749.38	-68.26	26613.55	-167.42	60568.61	604.14	42229.52	353.16
2002 年 8 月	36486.18	736.80	27101.35	487.80	61138.62	570.01	42494.55	265.03
2002 年 9 月	37393.42	907.24	27618.13	516.78	61685.97	547.35	42700.70	206.15
2002 年 10 月	37468.68	75.26	27977.60	359.47	62076.93	390.96	43031.13	330.43
2002 年 11 月	37867.88	399.20	28111.97	134.37	62620.04	543.11	43290.06	258.93
2002 年 12 月	37963.66	95.78	27974.64	-137.33	63062.59	442.55	43439.27	149.21
2003 年 1 月	37844.63	-35.25	27476.51	-316.76	66069.56	2923.66	44916.45	1436.22
2003 年 2 月	38275.90	431.27	28044.19	567.68	67229.08	1159.52	45899.81	983.36
2003 年 3 月	39915.55	1639.65	29380.98	1336.79	68378.45	1149.37	46671.40	771.59
2003 年 4 月	39776.34	-139.21	28765.78	-615.20	68720.94	342.49	46900.65	229.25
2003 年 5 月	40706.48	930.14	29656.13	890.35	69416.92	695.98	47319.62	418.97
2003 年 6 月	42126.01	1419.53	31091.30	1435.17	70145.38	728.46	47619.60	299.98
2003 年 7 月	42087.37	-38.64	30742.48	-348.82	70643.69	498.31	47817.65	198.05
2003 年 8 月	42400.13	312.76	30968.29	225.81	70937.02	293.33	47898.70	81.05
2003 年 9 月	43523.20	1123.07	31372.02	403.73	71898.81	961.79	48286.62	387.92
2003 年 10 月	43749.90	226.70	32091.03	719.01	72103.79	204.98	48488.13	201.51
2003 年 11 月	43835.44	85.54	32111.70	20.67	72451.64	347.85	48505.16	17.03
2003 年 12 月	43186.38	-649.06	31881.56	-230.14	72923.26	471.62	48586.36	81.20

国有商业银行本外币信贷收支主要指标时间序列表

（2002—2005）

单位：亿元

年月＼项目	单位存款		单位活期存款		储蓄存款		定期储蓄存款	
	月末余额	比上期增减额	月末余额	比上期增减额	月末余额	比上期增减额	月末余额	比上期增减额
2004年1月	43403.87	-555.87	31629.96	-1024.79	76762.04	3837.21	50505.76	1918.77
2004年2月	44542.64	1138.77	32862.44	1232.48	77312.49	550.45	51126.66	620.90
2004年3月	46377.97	1835.33	34367.96	1505.52	77928.23	615.74	51253.82	127.16
2004年4月	46710.93	332.96	33679.70	-688.26	77804.00	-124.23	50981.61	-272.21
2004年5月	47615.73	904.80	34960.76	1281.06	77881.21	77.21	51043.68	62.07
2004年6月	48408.86	793.13	35434.02	473.26	78220.58	339.37	50949.01	-94.67
2004年7月	47858.34	-550.52	35021.78	-412.24	78672.95	452.37	51158.49	209.48
2004年8月	48369.43	511.09	35491.75	469.97	78821.02	148.07	51207.04	48.55
2004年9月	49040.67	671.24	35310.40	-181.35	79381.85	560.83	51314.34	107.30
2004年10月	48906.07	-134.60	35574.99	264.59	79533.73	151.88	51480.57	166.23
2004年11月	49541.43	635.36	36230.84	655.85	80237.71	703.98	52595.94	1115.37
2004年12月	50033.47	492.04	36366.70	135.86	81171.76	934.05	53132.66	536.72
2005年1月	50357.20	164.22	36833.91	347.90	83088.27	1916.30	54271.71	1138.94
2005年2月	49456.51	-900.69	35448.06	-1385.85	86400.48	3312.21	56562.74	2291.03
2005年3月	52076.63	2620.12	37259.34	1811.28	87212.57	812.09	57267.50	704.76
2005年4月	52324.29	247.66	36497.76	-761.58	87324.92	112.35	57471.77	204.27
2005年5月	53257.85	933.56	37352.06	854.30	87503.60	178.68	57737.00	265.23
2005年6月	53702.56	444.71	37512.39	160.33	88162.71	659.11	58137.77	400.77
2005年7月	53004.49	-698.07	36475.17	-1037.22	88893.33	730.62	58542.56	404.79
2005年8月	54320.84	1316.35	37303.13	827.96	89257.49	364.16	58864.73	322.17
2005年9月	54923.12	602.28	36533.53	-769.60	90205.25	947.76	59373.93	509.20
2005年10月	54679.81	-243.31	36999.19	465.66	90196.08	-9.17	59593.36	219.43
2005年11月	55148.66	468.85	37568.63	569.44	90814.99	618.91	59505.76	-87.60
2005年12月	54801.24	-347.42	36873.33	-695.30	91849.89	1034.90	59825.31	319.55

国有商业银行本外币信贷收支主要指标时间序列表

（2002—2005）

单位：亿元

项目 年月	短期贷款		中长期各项贷款		有价证券及投资	
	月末余额	比上期增减额	月末余额	比上期增减额	月末余额	比上期增减额
2002 年 1 月	36196.48	-287.80	30025.25	181.08	24291.64	-173.41
2002 年 2 月	36186.15	-10.33	30281.34	256.09	24230.49	-61.15
2002 年 3 月	37105.60	919.45	30641.85	360.51	25069.31	838.82
2002 年 4 月	37343.14	237.54	30660.40	18.55	25493.30	423.99
2002 年 5 月	37582.32	239.18	31098.07	437.67	25693.53	200.23
2002 年 6 月	38255.09	672.77	31734.84	636.77	26161.20	467.67
2002 年 7 月	38262.41	7.32	31979.79	244.95	26229.46	68.26
2002 年 8 月	38482.55	220.14	32489.65	509.86	26817.78	588.32
2002 年 9 月	39120.85	638.30	33270.76	781.11	26715.41	-102.37
2002 年 10 月	39096.26	-24.59	33621.97	351.21	27623.28	907.87
2002 年 11 月	39399.26	303.00	34144.79	522.82	28123.64	500.36
2002 年 12 月	39837.99	438.73	35141.11	996.32	27669.96	-453.68
2003 年 1 月	40531.59	695.56	36200.55	899.82	27760.10	88.63
2003 年 2 月	40673.26	141.67	36458.72	258.17	27789.83	29.73
2003 年 3 月	41447.65	774.39	37374.64	915.92	27670.96	-118.87
2003 年 4 月	41546.72	99.07	37927.02	552.38	27875.55	204.59
2003 年 5 月	41979.86	433.14	38555.37	628.35	28414.20	538.65
2003 年 6 月	43027.69	1047.83	39840.39	1285.02	29745.94	1331.74
2003 年 7 月	42588.23	-439.46	40586.94	746.55	30401.85	655.91
2003 年 8 月	42882.76	294.53	41169.88	582.94	31089.70	687.85
2003 年 9 月	43036.44	153.68	42401.10	1231.22	31354.09	264.39
2003 年 10 月	43209.26	172.82	42674.72	273.62	31410.54	56.45
2003 年 11 月	43226.58	17.32	43266.11	591.39	21262.92	-147.62
2003 年 12 月	43192.23	-34.35	44240.82	974.71	31268.88	5.96

国有商业银行本外币信贷收支主要指标时间序列表

（2002—2005）

单位：亿元

项目 / 年月	短期贷款		中长期各项贷款		有价证券及投资	
	月末余额	比上期增减额	月末余额	比上期增减额	月末余额	比上期增减额
2004 年 1 月	43142.26	131.27	45251.87	827.91	32735.16	1463.28
2004 年 2 月	43436.88	294.62	45728.81	476.94	34165.73	1430.57
2004 年 3 月	43875.87	438.99	46694.16	965.35	35258.23	1092.50
2004 年 4 月	43709.20	-166.67	47444.71	750.55	35239.04	-19.19
2004 年 5 月	43686.34	-22.86	47941.93	497.22	34653.03	-586.01
2004 年 6 月	41616.23	274.58	47697.60	832.30	35808.02	1154.99
2004 年 7 月	41191.81	-424.44	47849.60	151.99	36315.19	507.17
2004 年 8 月	41297.50	105.69	47971.88	122.28	36214.56	-100.63
2004 年 9 月	41377.23	79.75	49239.26	1267.38	37410.37	1195.81
2004 年 10 月	41048.93	-328.34	49443.28	204.01	38815.12	1404.75
2004 年 11 月	40575.83	-61.76	50290.39	435.80	39718.63	903.51
2004 年 12 月	40605.94	30.08	51294.55	1004.13	40312.18	593.55
2005 年 1 月	40599.71	261.32	52422.58	857.73	40245.20	13.54
2005 年 2 月	40615.99	16.26	52708.58	286.03	40921.03	675.83
2005 年 3 月	40913.88	297.89	53474.43	765.82	43440.62	2519.59
2005 年 4 月	40449.73	-464.12	53795.52	321.10	45979.49	2538.87
2005 年 5 月	39058.61	-17.92	53704.42	246.00	46752.42	772.93
2005 年 6 月	36097.12	546.91	53517.56	812.95	51972.05	5219.63
2005 年 7 月	35828.93	-277.69	53431.02	-93.25	52579.36	607.31
2005 年 8 月	35511.44	-318.09	53734.78	303.34	54087.28	1507.92
2005 年 9 月	35647.23	135.54	54479.97	745.00	55277.27	1189.99
2005 年 10 月	35331.21	-316.53	54763.18	282.87	56941.07	1663.80
2005 年 11 月	35237.93	-93.49	55238.08	474.72	58727.23	1786.16
2005 年 12 月	35028.65	-209.83	55954.56	716.12	58891.42	164.19

金融机构人民币主要业务指标分地区情况表

（1997）

单位：百万元

地　区	各项存款	企业存款	财政存款	储蓄存款	定期储蓄存款
总　行	315682	81208	70675	2746	2111
北　京	522409	286162	-6467	196649	167565
天　津	162046	63888	788	86336	73598
河　北	372673	94686	1789	268510	226043
山　西	177594	44785	1650	123683	107020
内蒙古	79941	19461	1554	60501	44624
辽　宁	402513	113700	1640	272639	229390
吉　林	161711	38516	2975	114038	90915
黑龙江	240115	66111	2839	168972	133840
上　海	623331	297155	11509	272957	184325
江　苏	565805	220440	2284	310262	265749
浙　江	429403	158348	5452	229290	186952
安　徽	163004	50767	3406	103647	83290
福　建	219375	70744	1540	132437	99932
江　西	134826	33589	2816	92824	74012
山　东	491378	136286	2458	324654	269503
河　南	322361	88823	1714	223015	172536
湖　北	244650	88382	2026	141057	106654
湖　南	192626	50484	2167	130380	102740
广　东	1110029	398494	22055	631278	431419
广　西	157804	45540	4260	101314	67510
海　南	74030	26562	529	36083	25670
四　川	275434	88976	3167	164685	134136
贵　州	67630	25695	3180	36287	27526
云　南	183634	82784	5546	80607	61938
西　藏	8496	4991	517	3045	2228
陕　西	173733	55648	1218	109043	83973
甘　肃	92968	31688	847	57070	45221
青　海	19897	7435	285	11315	8741
宁　夏	26296	7631	1053	16885	13626
新　疆	120713	44353	1317	67613	54377
重　庆	107040	42297	706	58155	45507
全　国	**8239279**	**2865625**	**157490**	**4627980**	**3622674**

注：本表中各项数据均为当年年末余额，下同。

金融机构人民币主要业务指标分地区情况表

（1997）

单位：百万元

地　区	各项贷款	短期贷款	票据融资	中长期贷款
总　行	633568	129077	591	430231
北　京	256177	193397	1378	57398
天　津	145397	113648	782	24988
河　北	305539	250261	1451	44662
山　西	152704	117927	962	29655
内蒙古	101807	79692	308	21022
辽　宁	399343	313842	3477	58918
吉　林	217710	177767	820	27936
黑龙江	252434	211916	616	36196
上　海	416854	331544	7371	57879
江　苏	446245	363160	8932	59487
浙　江	327257	264109	2332	41498
安　徽	181840	144871	1684	32166
福　建	169445	129285	937	31612
江　西	145006	114556	357	27299
山　东	442449	349809	5930	66883
河　南	316888	258101	2485	50287
湖　北	296994	224582	1850	62734
湖　南	208107	165178	548	34445
广　东	820087	674960	6411	88225
广　西	142985	106299	97	30054
海　南	74422	42555	164	15091
四　川	271306	208649	1350	49391
贵　州	72856	54428	192	17033
云　南	149785	118731	621	27237
西　藏	6440	4471		1910
陕　西	162135	119960	832	36149
甘　肃	86612	63597	412	21392
青　海	26160	17158	33	8920
宁　夏	27363	19066	95	7532
新　疆	121539	93170	289	24236
重　庆	113910	86031	1923	24366
全　国	**7491407**	**5541827**	**55234**	**1546865**

金融机构人民币主要业务指标分地区情况表

(1998)

单位：百万元

地　区	各项存款	企业存款	财政存款	储蓄存款	定期储蓄存款
总　行	341152	97723	80759	2943	2303
北　京	666191	357382	9516	227773	184434
天　津	184021	65694	1253	102015	85574
河　北	438940	101809	3111	320808	269319
山　西	207189	49035	2408	143664	124641
内蒙古	94549	22377	1979	70572	50458
辽　宁	468510	127228	3390	319046	265409
吉　林	177094	36166	3896	128772	100891
黑龙江	270511	68068	5412	190669	150601
上　海	633907	329860	13819	237294	201716
江　苏	660108	249632	4321	365778	311445
浙　江	526399	194837	6396	284681	230030
安　徽	191232	59465	3227	117511	94036
福　建	255761	76821	2330	156518	114186
江　西	156665	37496	5333	106860	83146
山　东	574059	147989	5085	372878	308042
河　南	374498	90724	4922	265722	207970
湖　北	280503	98080	3872	157798	116027
湖　南	222965	56311	2822	150629	117050
广　东	1326891	464186	25420	754111	512015
广　西	179221	49563	5273	115009	75497
海　南	80070	28724	591	41425	29588
四　川	332645	102612	3568	200208	161304
贵　州	80401	30102	3804	42308	30770
云　南	207131	91069	7197	91289	68020
西　藏	9567	5391	654	3345	2335
陕　西	203274	63222	2257	124163	92117
甘　肃	107990	35554	1364	66311	50652
青　海	22939	8716	260	13042	9704
宁　夏	29583	8299	1029	19236	14889
新　疆	135090	46155	1394	75914	59717
重　庆	130738	48381	2128	72454	55272
全　国	**9569794**	**3248663**	**218789**	**5340747**	**4179157**

金融机构人民币主要业务指标分地区情况表

（1998）

单位：百万元

地　区	各项贷款	短期贷款	票据融资	中长期贷款
总　行	802934	143663	2179	569087
北　京	308493	221505	1236	79355
天　津	162914	122629	761	30824
河　北	356592	273887	2026	69541
山　西	174181	130119	1325	36941
内蒙古	113926	86374	342	26136
辽　宁	445130	333251	3337	77419
吉　林	236830	186545	586	38721
黑龙江	285688	231748	584	46464
上　海	481790	367446	5778	75935
江　苏	508052	409907	8411	71395
浙　江	389808	306864	2126	59838
安　徽	206337	159373	1267	40736
福　建	194322	142355	623	41870
江　西	160145	121346	475	34292
山　东	509884	371938	4935	95612
河　南	368869	290523	2731	64462
湖　北	350185	236598	2037	99201
湖　南	224525	168915	605	45378
广　东	950541	752856	6925	120776
广　西	151941	105760	167	38279
海　南	80546	43850	31	17880
四　川	315729	229278	1608	69510
贵　州	84089	59212	318	23160
云　南	171536	129445	476	37499
西　藏	6696	4575		2016
陕　西	185956	129619	1171	48448
甘　肃	98542	69285	435	27037
青　海	29166	18959	49	10074
宁　夏	31095	20281	69	10028
新　疆	131843	96114	331	31021
重　庆	134138	97103	1292	32851
全　国	**8652413**	**6061322**	**54238**	**2071778**

金融机构人民币主要业务指标分地区情况表

（1999）

单位：百万元

地　区	各项存款	企业存款	财政存款	储蓄存款	定期储蓄存款
总　行	306158	80730	65004	808	523
北　京	835177	447746	8454	268125	206099
天　津	205873	73600	811	113018	91846
河　北	501350	111113	2412	368124	302188
山　西	235057	55843	3023	161372	137779
内蒙古	108939	24925	2389	79663	53592
辽　宁	529761	142312	2603	355576	287186
吉　林	201625	42476	4524	142258	107120
黑龙江	303800	77188	4340	212224	162760
上　海	709333	374869	13855	259712	211982
江　苏	749078	278453	4834	413238	343739
浙　江	628390	241833	8053	326269	250860
安　徽	219777	66664	4277	130246	101841
福　建	292509	89061	4124	173901	116750
江　西	177951	45602	6499	116114	87009
山　东	656394	172526	5849	410902	330195
河　南	418098	99571	3900	293996	228202
湖　北	314150	116517	4093	170593	122467
湖　南	253442	65728	2709	168840	124065
广　东	1498494	534200	30261	818378	515417
广　西	200897	56481	5699	125726	78369
海　南	82495	28938	555	39785	26327
四　川	392506	116814	5168	238519	186540
贵　州	94582	35834	3187	48451	32848
云　南	224512	94079	5714	102892	72803
西　藏	12854	6263	816	3682	2361
陕　西	228600	70416	2760	137195	102718
甘　肃	122223	39929	1781	73750	55668
青　海	26382	9728	423	14286	10113
宁　夏	34390	9863	1476	21159	15727
新　疆	154870	54457	1310	82468	63118
重　庆	158223	54477	1904	90910	67297
全　国	**10877894**	**3718236**	**212806**	**5962183**	**4495511**

金融机构人民币主要业务指标分地区情况表

（1999）

单位：百万元

地　区	各项贷款	短期贷款	票据融资	中长期贷款
总　行	564789	125077	460	341353
北　京	382701	276365	1329	95983
天　津	182527	130307	614	40841
河　北	401146	288723	1552	97185
山　西	185110	135117	1233	40619
内蒙古	118373	86701	724	29704
辽　宁	494595	344178	2726	112453
吉　林	271115	198567	559	59168
黑龙江	326368	244120	282	71299
上　海	542442	399670	6545	106877
江　苏	555292	431310	9672	95561
浙　江	465530	347249	2083	94191
安　徽	234103	167132	1126	56671
福　建	225546	161031	1536	54039
江　西	169233	126389	336	37941
山　东	568353	390334	3421	127003
河　南	422917	308892	3276	94617
湖　北	353272	234557	2481	102872
湖　南	240534	169748	626	61017
广　东	1087951	796111	5710	198379
广　西	164656	105412	117	51273
海　南	74845	35927	49	23568
四　川	392716	239121	1331	132952
贵　州	89983	60889	313	27492
云　南	182511	133023	144	44029
西　藏	7311	4800		2287
陕　西	210582	134459	874	66677
甘　肃	105135	74371	614	28036
青　海	30403	19646	30	10514
宁　夏	33837	21212	59	11599
新　疆	133382	92502	209	35658
重　庆	156166	105809	1111	44971
全　国	**9373428**	**6388755**	**51146**	**2396832**

金融机构人民币主要业务指标分地区情况表

（2000）

单位：百万元

地　区	各项存款	企业存款	财政存款	储蓄存款	定期储蓄存款
总　行	427652	104043	172668	2240	101
北　京	977884	544926	7120	292313	209599
天　津	228189	87131	1220	117240	91034
河　北	552696	126396	3485	395707	315236
山　西	262839	67729	3375	174842	145032
内蒙古	127014	30411	3166	87574	55642
辽　宁	593634	174355	2644	379060	291406
吉　林	222940	53155	4133	151252	107659
黑龙江	333335	88026	4709	228548	167285
上　海	779319	443655	17968	252405	198709
江　苏	841684	321934	6106	445755	356393
浙　江	730009	288909	11192	359465	258523
安　徽	247443	75354	5508	144645	108964
福　建	311434	100218	3958	176759	107490
江　西	196676	52691	7732	124315	88530
山　东	747139	207719	7644	446672	346541
河　南	475336	120741	4658	318207	239364
湖　北	357278	134301	5372	190881	131775
湖　南	287431	76310	3867	187422	131523
广　东	1687478	631671	38930	866579	507618
广　西	226907	66577	6492	137447	80082
海　南	88908	30789	710	40419	24537
四　川	451584	137308	6177	269317	201250
贵　州	110662	42958	3961	53948	33631
云　南	246579	103840	5390	113822	75067
西　藏	14500	7342	749	4048	2341
陕　西	266303	85348	3972	152270	110164
甘　肃	140295	46338	2318	81876	59399
青　海	30837	11866	387	15907	10444
宁　夏	39648	12557	1864	22935	16059
新　疆	186351	70220	1248	90855	65358
重　庆	190451	64555	2082	108512	77410
全　国	**12380435**	**4409373**	**350809**	**6433238**	**4614166**

金融机构人民币主要业务指标分地区情况表

（2000）

单位：百万元

地　区	各项贷款	短期贷款	票据融资	中长期贷款
总　行	427992	137404	4054	197305
北　京	594661	344688	10718	236580
天　津	186361	131642	1469	43329
河　北	413412	283460	2753	117086
山　西	213290	132353	3215	69850
内蒙古	134085	85127	457	46198
辽　宁	521787	356204	6060	123875
吉　林	264616	187626	535	63686
黑龙江	314695	233024	1593	71623
上　海	596849	434756	11841	129285
江　苏	597729	456081	16341	116923
浙　江	542453	395819	6064	121227
安　徽	237920	164938	1474	63318
福　建	243877	172797	1576	60502
江　西	173985	120490	459	47444
山　东	621243	409366	9258	158646
河　南	435695	311599	5302	105609
湖　北	349504	219873	4096	115941
湖　南	240338	163497	1424	68121
广　东	1169154	839665	22903	248554
广　西	161325	94260	272	58306
海　南	63546	26870	273	25346
四　川	405643	238530	3701	147267
贵　州	106540	61428	204	43307
云　南	198879	129863	1437	63074
西　藏	8061	5064		2790
陕　西	219404	134017	2254	75135
甘　肃	117124	70627	1304	43119
青　海	36594	17024	41	18844
宁　夏	38322	20692	117	16452
新　疆	140313	90445	482	44726
重　庆	161702	105577	4718	49642
全　国	**9937107**	**6574807**	**126393**	**2793119**

金融机构人民币主要业务指标分地区情况表

（2001）

单位：百万元

地　区	各项存款	企业存款	财政存款	储蓄存款	定期储蓄存款
总　行	432142	175182	104915	8	
北　京	1223362	676588	10555	353632	240432
天　津	256274	94688	1293	128495	97674
河　北	613690	137083	4132	436451	341972
山　西	309073	82193	4574	197972	159785
内蒙古	149883	37507	6150	98674	60952
辽　宁	661358	197443	4173	413155	313904
吉　林	248411	58919	4664	167606	117098
黑龙江	374207	95571	5241	257845	184603
上　海	960756	543729	19929	300189	220459
江　苏	969978	361059	7994	517283	402773
浙　江	883012	347565	13633	426238	293767
安　徽	290731	85744	7597	170047	125506
福　建	361424	116327	4593	203093	114234
江　西	228663	60517	10088	142952	98660
山　东	849511	230268	11404	506342	385651
河　南	553020	139827	8119	363451	269614
湖　北	423857	155677	8027	228740	157590
湖　南	334290	87388	5280	218373	150116
广　东	1944777	711056	42244	993012	562423
广　西	251858	70301	7627	153861	86825
海　南	87389	28904	1139	42732	25052
四　川	525680	155325	9335	312338	228284
贵　州	134112	52080	4844	64167	38087
云　南	277975	108252	7633	129852	83457
西　藏	21290	12569	967	5018	2662
陕　西	320489	104917	6616	176847	125487
甘　肃	161576	53978	3516	92071	65250
青　海	39104	14223	1717	18853	11623
宁　夏	46889	15273	3018	25797	17395
新　疆	197543	69427	2989	99430	69215
重　庆	229408	75082	2973	131717	92937
全　国	**14361717**	**5154663**	**336975**	**7376243**	**5143486**

金融机构人民币主要业务指标分地区情况表

（2001）

单位：百万元

地　　区	各项贷款	短期贷款	票据融资	中长期贷款
总　行	454047	139438	23963	193443
北　京	744080	332175	27548	382670
天　津	215987	138419	5654	63776
河　北	455034	293338	5163	153548
山　西	240842	143175	6330	86383
内蒙古	147087	85490	598	59877
辽　宁	561596	376771	7605	167043
吉　林	282829	199926	1775	77853
黑龙江	335857	242831	1321	91157
上　海	734030	415608	42624	254236
江　苏	667170	461351	25857	167820
浙　江	648223	418440	14371	201717
安　徽	260538	173112	2819	76498
福　建	286475	165670	18249	98087
江　西	188094	128280	799	56677
山　东	701121	453847	14821	201586
河　南	488573	333617	7473	144799
湖　北	378836	226382	7866	139287
湖　南	278791	177242	3567	92769
广　东	1310046	807491	38897	445781
广　西	176404	95573	744	75039
海　南	64479	27825	188	31472
四　川	449855	254478	4188	180182
贵　州	121224	58773	1248	60769
云　南	217345	127195	2890	84851
西　藏	9663	5418		4158
陕　西	253753	137715	5654	100578
甘　肃	126838	71157	1980	52442
青　海	42203	17624	59	24455
宁　夏	44139	20212	357	22956
新　疆	159110	96871	767	59770
重　庆	187199	107274	6029	72128
全　国	**11231470**	**6732723**	**281404**	**3923808**

金融机构人民币主要业务指标分地区情况表

（2002）

单位：百万元

地　区	各项存款	企业存款	财政存款	储蓄存款	定期储蓄存款
总　行	462772	205985	107689	250	
北　京	1541418	858428	12599	438969	287581
天　津	301942	111656	2328	148641	109634
河　北	685515	147796	6050	480829	368017
山　西	370875	96028	7101	230732	179763
内蒙古	173524	42288	5686	113793	68506
辽　宁	760038	215091	5620	466505	345450
吉　林	287833	69990	5688	187845	129592
黑龙江	423671	105459	5935	291565	203347
上　海	1232588	695174	14841	389145	273013
江　苏	1188242	428081	9084	627620	472009
浙　江	1124285	433552	16500	521269	344531
安　徽	344926	97823	5734	204751	147385
福　建	425302	126210	5520	243046	138545
江　西	270733	70232	10900	170663	112502
山　东	1024779	273934	13187	580352	427617
河　南	645160	157282	6444	419601	305043
湖　北	502300	176517	6676	275454	185489
湖　南	392314	93127	5754	257640	171502
广　东	2298428	777534	47766	1181335	653836
广　西	278415	68286	6437	173353	94328
海　南	83400	23613	1255	48351	27290
四　川	607503	166514	8343	366520	259954
贵　州	155303	54775	4155	75865	43014
云　南	312129	110661	6938	149975	93128
西　藏	28296	17058	628	7038	3247
陕　西	380259	122616	6455	210809	146044
甘　肃	180633	58227	3358	104239	71122
青　海	46724	16786	1480	22237	13048
宁　夏	57815	19327	2980	30675	20036
新　疆	222531	70605	1858	113764	76032
重　庆	282099	92210	3200	158233	108290
全　国	**17091740**	**6002857**	**348190**	**8691065**	**5878894**

金融机构人民币主要业务指标分地区情况表

（2002）

单位：百万元

地　区	各项贷款	短期贷款	中长期贷款	票据融资
总　行	439180	135509	177571	36545
北　京	923509	364402	483570	74162
天　津	252306	149664	84693	9388
河　北	503821	312043	167466	21488
山　西	290318	163319	106683	16160
内蒙古	164988	90642	71341	1942
辽　宁	624933	393203	199455	25824
吉　林	305774	203546	94896	3432
黑龙江	362395	250262	108249	3022
上　海	936654	496289	351050	68515
江　苏	823591	538929	233562	42094
浙　江	861280	532035	274832	41670
安　徽	294160	192914	86802	6450
福　建	311005	180988	117480	11633
江　西	213076	136041	72338	2711
山　东	853659	532524	250576	35730
河　南	555358	367339	170263	15358
湖　北	431392	233165	177598	15876
湖　南	322748	194999	118134	6127
广　东	1542857	857799	586638	79188
广　西	194107	100607	89247	2948
海　南	64745	26038	35906	938
四　川	515878	279494	215057	12717
贵　州	140392	65777	73179	954
云　南	241849	130041	105175	4883
西　藏	12111	6484	5540	1
陕　西	295279	149328	122829	14083
甘　肃	146982	80707	62337	2618
青　海	48001	18568	28971	399
宁　夏	52456	23068	28122	1003
新　疆	180115	99851	74666	3600
重　庆	224472	119213	89984	13742
全　国	**13129393**	**7424790**	**4864204**	**575202**

金融机构人民币主要业务指标分地区情况表

（2003）

单位：百万元

地 区	各项存款	企业存款	财政存款	储蓄存款	定期储蓄存款
总 行	612104	230736	223753	670	
北 京	1834298	1000747	16311	529354	341304
天 津	404433	155193	2205	182553	129409
河 北	796983	173242	9661	545700	406409
山 西	468360	125926	6830	278154	207257
内蒙古	209082	54423	4190	135551	79670
辽 宁	894907	243293	7115	543488	397215
吉 林	330726	76049	5907	216139	146284
黑龙江	481327	117247	3941	334243	229398
上 海	1557686	839668	9755	510315	346229
江 苏	1537858	571832	15917	763817	558807
浙 江	1475814	571454	21495	645221	411852
安 徽	419020	123415	6604	247583	175063
福 建	517828	156100	5174	292465	168786
江 西	323958	86290	12165	201545	127873
山 东	1243821	339656	14865	676835	485418
河 南	761801	182747	8542	491909	352562
湖 北	598635	206805	8530	329652	217587
湖 南	466900	116934	5367	303645	197084
广 东	2721365	901915	71309	1406177	763402
广 西	317535	79099	6217	197167	103278
海 南	99207	30808	2123	54687	29636
四 川	723579	201511	9401	433382	304188
贵 州	189858	65550	4598	91283	49869
云 南	375097	134471	8882	176650	106500
西 藏	32088	18162	476	9190	4026
陕 西	459321	145535	8448	251994	174977
甘 肃	212962	69907	2617	121738	81942
青 海	53854	18781	1500	26050	14940
宁 夏	74693	24765	2466	37770	24350
新 疆	266609	76620	1887	137183	88002
重 庆	343863	109815	4441	189656	126552
全 国	**20805559**	**7248705**	**512694**	**10361765**	**6849867**

金融机构人民币主要业务指标分地区情况表

（2003）

单位：百万元

地　区	各项贷款	短期贷款	中长期贷款	票据融资
总　行	494146	131265	182377	85349
北　京	1134715	435094	605936	92036
天　津	343195	167994	146835	18768
河　北	565481	333549	193364	36962
山　西	355229	193430	131171	25808
内蒙古	192411	98299	87615	5628
辽　宁	722780	434541	242697	38853
吉　林	328887	207350	111553	6262
黑龙江	398126	253442	131780	12211
上　海	1149611	528786	506901	87409
江　苏	1129955	687328	363635	70024
浙　江	1201429	703628	431099	49331
安　徽	337457	207821	108959	13457
福　建	383751	203924	154827	24111
江　西	254529	150472	97433	5108
山　东	1046713	622664	327950	63617
河　南	642266	402509	213815	23595
湖　北	500075	246573	218714	29699
湖　南	379633	215668	150936	11930
广　东	1821517	929305	748909	122570
广　西	232065	108788	116806	5429
海　南	73311	27894	42305	1424
四　川	591061	303999	261063	19160
贵　州	171404	64990	102319	3663
云　南	295556	141439	143871	8648
西　藏	14444	7373	7066	2
陕　西	354823	171517	151815	21378
甘　肃	172773	91713	75320	4488
青　海	56484	20453	34843	1133
宁　夏	68159	28802	36507	2514
新　疆	210163	107624	92349	7726
重　庆	277483	137886	119373	18781
全　国	**15899623**	**8366115**	**6340140**	**917073**

金融机构人民币主要业务指标分地区情况表

（2004）

单位：百万元

地　区	各项存款	企业存款	财政存款	储蓄存款	定期储蓄存款
总　行	659139	267520	175246	35435	
北　京	2165071	1233498	24086	612235	396616
天　津	475872	185021	3534	211667	147518
河　北	924994	208356	15620	620748	451725
山　西	581169	153800	13892	334231	242193
内蒙古	257638	69008	8278	160387	91536
辽　宁	1020492	281681	10026	604852	438943
吉　林	368349	80495	12441	240559	163536
黑龙江	531328	133185	7589	358545	245349
上　海	1821424	982362	15730	611613	422998
江　苏	1822221	675057	24047	886310	646175
浙　江	1723661	655802	31675	736406	462669
安　徽	504533	148954	10246	297236	207599
福　建	599282	184260	9264	332226	189815
江　西	375830	99167	16130	234772	146577
山　东	1451607	387464	22583	772146	546511
河　南	863460	198824	10401	560730	394641
湖　北	703386	235443	15508	386570	255128
湖　南	550048	137741	12839	348323	221484
广　东	3081996	1003030	101296	1619341	868377
广　西	367314	95912	8423	224010	112872
海　南	111082	36120	2028	61592	32352
四　川	846213	237893	13942	501944	355919
贵　州	232224	84074	5930	109455	58201
云　南	440437	168880	10846	205212	119715
西　藏	36174	20746	978	10749	4411
陕　西	538029	166593	15564	294835	207048
甘　肃	248413	82439	5292	138488	92807
青　海	60173	21255	2733	29928	17245
宁　夏	84117	26031	4175	42552	27763
新　疆	295978	83250	4473	153467	99162
重　庆	400779	123083	8799	218973	146999
全　国	**24142432**	**8466947**	**623617**	**11955539**	**7813886**

金融机构人民币主要业务指标分地区情况表

（2004）

单位：百万元

地　区	各项贷款	短期贷款	中长期贷款	票据融资
总　行	612619	143444	160835	182998
北　京	1262524	473952	709814	76360
天　津	384484	177153	178990	16923
河　北	615223	342337	221668	50321
山　西	401613	203626	158443	34146
内蒙古	223978	103963	112408	6814
辽　宁	775439	428943	298804	43965
吉　林	343502	198665	130367	10931
黑龙江	403877	239123	141713	22219
上　海	1292930	522813	663559	76937
江　苏	1349135	733782	497082	108258
浙　江	1435075	811496	550176	50235
安　徽	390059	220875	143307	20160
福　建	436704	221306	191464	23248
江　西	285401	147297	127283	9942
山　东	1178367	660144	397736	82467
河　南	709510	420053	248720	37857
湖　北	537766	254833	247225	30130
湖　南	425734	234831	179025	10952
广　东	1954910	892917	904095	141039
广　西	275967	107268	158545	9544
海　南	80120	26342	50724	1850
四　川	647592	308176	298833	34878
贵　州	202002	70823	126790	3993
云　南	339830	148812	180489	9660
西　藏	16789	8465	8253	71
陕　西	382957	178308	173477	20111
甘　肃	190736	99853	83698	6109
青　海	61985	21841	38685	1415
宁　夏	76214	30839	42537	2524
新　疆	221466	115510	98975	4626
重　庆	305266	136275	146564	21461
全　国	**17819778**	**8684060**	**7670288**	**1152145**

金融机构人民币主要业务指标分地区情况表

（2005）

单位：百万元

地 区	各项存款	企业存款	财政存款	储蓄存款	定期储蓄存款
总 行	890615	401908	276714	41000	
北 京	2680987	1522880	25147	747774	495715
天 津	571488	221628	4355	246145	169627
河 北	1076493	236031	15494	708403	509675
山 西	708871	174898	17461	411968	294548
内蒙古	329815	84480	12306	197360	109955
辽 宁	1198254	313366	11661	695024	505306
吉 林	427049	87766	10861	279807	188062
黑龙江	613510	138779	9581	407859	277847
上 海	2139585	1079584	23755	766560	548658
江 苏	2200144	753173	20339	1058127	771714
浙 江	2049415	708826	37530	874602	547328
安 徽	599383	166144	13869	350867	244554
福 建	724840	216484	12832	390305	224155
江 西	444547	105022	17691	275288	171227
山 东	1710352	412387	25966	903514	638573
河 南	1000401	213871	13098	648855	454125
湖 北	818527	250380	20812	446580	292122
湖 南	649825	155352	15684	409212	259632
广 东	3590811	1139901	110774	1905135	1028082
广 西	420286	101247	10046	256134	128529
海 南	126214	39392	1926	69757	37058
四 川	990597	253826	17743	590268	421224
贵 州	277754	89581	6164	135090	71213
云 南	514052	177364	11395	243029	139914
西 藏	45511	21964	1587	12309	4808
陕 西	644766	184994	19519	353397	243418
甘 肃	289584	87228	8050	158665	104732
青 海	73309	22040	5527	34894	20291
宁 夏	98534	29225	4712	50950	33160
新 疆	342750	90945	6438	181638	117089
重 庆	468692	133706	10590	254585	174013
全 国	**28716952**	**9614374**	**799626**	**14105099**	**9226354**

金融机构人民币主要业务指标分地区情况表

（2005）

单位：百万元

地区	各项贷款	短期贷款	中长期贷款	票据融资
总行	726051	137930	189569	247494
北京	1385626	482373	788446	112097
天津	445263	194338	220427	21172
河北	641523	338046	247474	54927
山西	422897	210819	169942	38074
内蒙古	258856	112684	135995	9813
辽宁	798240	382180	345161	65510
吉林	333292	182872	135197	13938
黑龙江	365850	207443	137226	19634
上海	1438038	518698	778880	107083
江苏	1539658	780996	568927	173847
浙江	1655767	928391	623766	79861
安徽	431356	224712	174573	25680
福建	506868	236693	235080	32457
江西	301899	149447	135214	15587
山东	1338175	715265	459024	121714
河南	743452	408816	273662	58500
湖北	565460	238664	278782	38019
湖南	450906	225292	210189	14639
广东	2088030	810610	1048348	211509
广西	305687	114689	181178	9690
海南	87432	25370	58385	3461
四川	675101	295939	327277	45751
贵州	230394	77547	146607	5900
云南	398758	160750	222749	14298
西藏	17863	8448	9415	
陕西	398906	167922	191989	29442
甘肃	192345	93624	89496	8639
青海	63857	18867	43488	1477
宁夏	83390	34440	45863	2687
新疆	227208	113867	99462	11655
重庆	350885	147186	174249	28562
全国	**19469039**	**8744916**	**8746042**	**1623118**

第七部分

国民经济态势

国内生产总值

（1978—2007）

单位：亿元

年　份	国民总收入	国内生产总值	第一产业	第二产业	工业	建筑业	第三产业	人均国内生产总值（元）
1978	3645.22	3645.22	1027.53	1745.20	1607.00	138.20	872.48	381.23
1979	4062.58	4062.58	1270.19	1913.50	1769.70	143.80	878.89	419.25
1980	4545.62	4545.62	1371.59	2192.00	1996.50	195.50	982.03	463.25
1981	4889.46	4891.56	1559.46	2255.50	2048.40	207.10	1076.60	492.16
1982	5330.45	5323.35	1777.40	2383.00	2162.30	220.70	1162.95	527.78
1983	5985.55	5962.65	1978.39	2646.20	2375.60	270.60	1338.06	582.68
1984	7243.75	7208.05	2316.09	3105.70	2789.00	316.70	1786.26	695.20
1985	9040.74	9016.04	2564.40	3866.60	3448.70	417.90	2585.04	857.82
1986	10274.38	10275.18	2788.69	4492.70	3967.00	525.70	2993.79	963.19
1987	12050.62	12058.62	3233.04	5251.60	4585.80	665.80	3573.97	1112.38
1988	15036.82	15042.82	3865.36	6587.20	5777.20	810.00	4590.26	1365.51
1989	17000.92	16992.32	4265.92	7278.00	6484.00	794.00	5448.40	1519.00
1990	18718.32	18667.82	5062.00	7717.40	6858.00	859.40	5888.42	1644.00
1991	21826.20	21781.50	5342.20	9102.20	8087.10	1015.10	7337.10	1892.76
1992	26937.28	26923.48	5866.60	11699.50	10284.50	1415.00	9357.38	2311.09
1993	35260.02	35333.92	6963.76	16454.43	14187.97	2266.46	11915.73	2998.36
1994	48108.46	48197.86	9572.69	22445.40	19480.71	2964.69	16179.76	4044.00
1995	59810.53	60793.73	12135.81	28679.46	24950.61	3728.85	19978.46	5045.73
1996	70142.49	71176.59	14015.39	33834.96	29447.61	4387.35	23326.24	5845.89
1997	78060.83	78973.03	14441.89	37543.00	32921.39	4621.61	26988.15	6420.18
1998	83024.28	84402.28	14817.63	39004.19	34018.43	4985.76	30580.47	6796.03
1999	88479.15	89677.05	14770.03	41033.58	35861.48	5172.10	33873.44	7158.50
2000	98000.45	99214.55	14944.72	45555.88	40033.59	5522.29	38713.95	7857.68
2001	108068.22	109655.17	15781.27	49512.29	43580.62	5931.67	44361.61	8621.71
2002	119095.69	120332.69	16537.02	53896.77	47431.31	6465.46	49898.90	9398.05
2003	135173.98	135822.76	17381.72	62436.31	54945.53	7490.78	56004.73	10541.97
2004	159586.75	159878.34	21412.73	73904.31	65210.03	8694.28	64561.29	12335.58
2005	184088.60	183217.40	22420.00	87364.58	77230.78	10133.80	73432.87	14053.00
2006	213131.70	211923.50	24040.00	103162.00	91310.90	11851.09	84721.40	16165.00
2007	251483.22	249529.90	28095.00	121381.30	107367.20	14014.10	100053.50	18934.00

注：1. 1980 年以后国民总收入（原称国民生产总值）与国内生产总值的差额为国外净要素收入。

2. 2006 年全国农业普查后，对 2005 年、2006 年第一产业数据进行了调整，2004 年及以前年份数据未作调整。

3. 本表按当年价格计算。

国内生产总值构成

（1978—2007）

单位：%

年　份	国内生产总值	第一产业	第二产业	工业	建筑业	第三产业
1978	100.00	28.19	47.88	44.09	3.79	23.94
1979	100.00	31.27	47.10	43.56	3.54	21.63
1980	100.00	30.17	48.22	43.92	4.30	21.60
1981	100.00	31.88	46.11	41.88	4.23	22.01
1982	100.00	33.39	44.77	40.62	4.15	21.85
1983	100.00	33.18	44.38	39.85	4.54	22.44
1984	100.00	32.13	43.09	38.69	4.39	24.78
1985	100.00	28.44	42.89	38.25	4.64	28.67
1986	100.00	27.15	43.72	38.61	5.12	29.14
1987	100.00	26.81	43.55	38.03	5.52	29.64
1988	100.00	25.70	43.79	38.41	5.38	30.51
1989	100.00	25.11	42.83	38.16	4.67	32.06
1990	100.00	27.12	41.34	36.74	4.60	31.55
1991	100.00	24.53	41.79	37.13	4.66	33.69
1992	100.00	21.79	43.44	38.20	5.26	34.76
1993	100.00	19.71	46.57	40.15	6.41	33.72
1994	100.00	19.76	46.57	40.42	6.15	33.57
1995	100.00	19.86	47.18	41.04	6.13	32.86
1996	100.00	19.69	47.54	41.37	6.16	32.77
1997	100.00	18.29	47.54	41.69	5.85	34.17
1998	100.00	17.56	46.21	40.31	5.91	36.23
1999	100.00	16.47	45.76	39.99	5.77	37.67
2000	100.00	15.06	45.92	40.35	5.57	39.02
2001	100.00	14.39	45.05	39.74	5.41	40.46
2002	100.00	13.74	44.79	39.42	5.37	41.47
2003	100.00	12.80	45.97	40.45	5.52	41.23
2004	100.00	13.39	46.23	40.79	5.44	40.38
2005	100.00	12.20	47.70	42.20	5.51	40.10
2006	100.00	11.30	48.70	43.10	5.62	40.00
2007	100.00	11.30	48.60	43.00	5.60	40.10

注：本表按当年价格计算。

国内生产总值指数

（1978—2007）

（1978 年 = 100）

年　份	国民总收入	国内生产总值	第一产业	第二产业	工业	建筑业	第三产业	人均国内生产总值
1978	100.00	100.00	100.00	100.00	100.00	100.00	100.00	100.00
1979	107.60	107.60	106.10	108.20	108.70	102.00	107.86	106.10
1980	116.01	116.01	104.56	122.88	122.41	129.24	114.33	113.04
1981	122.04	122.09	111.86	125.17	124.54	133.34	126.24	117.46
1982	133.33	133.15	124.76	132.13	131.73	137.90	142.62	126.22
1983	148.17	147.60	135.15	145.83	144.53	161.44	164.26	137.91
1984	170.84	170.00	152.55	166.95	166.00	178.96	196.05	156.77
1985	193.42	192.89	155.37	197.95	196.23	218.69	231.65	175.48
1986	209.94	209.95	160.52	218.18	215.15	253.39	259.55	188.18
1987	234.12	234.27	168.07	248.06	243.64	298.68	296.81	206.64
1988	260.60	260.70	172.35	284.07	280.80	322.54	335.87	226.28
1989	271.43	271.29	177.65	294.77	295.00	295.31	353.88	231.89
1990	282.47	281.71	190.67	304.12	304.89	298.81	362.14	237.28
1991	308.20	307.57	195.24	346.25	348.77	327.39	394.27	255.55
1992	351.55	351.37	204.42	419.50	422.60	396.24	443.33	288.39
1993	399.60	400.43	214.03	502.83	507.50	467.55	497.35	324.91
1994	451.97	452.81	222.59	595.15	603.47	531.49	552.52	363.28
1995	494.16	502.28	233.72	677.73	688.21	597.38	606.88	398.61
1996	544.53	552.55	245.65	759.78	774.28	648.21	664.09	433.93
1997	596.95	603.92	254.24	839.40	861.93	665.18	735.26	469.45
1998	640.60	651.23	263.14	914.19	938.64	725.16	796.82	501.39
1999	691.49	700.85	270.51	988.57	1018.58	756.21	871.16	534.94
2000	750.65	759.95	277.00	1081.78	1118.25	799.08	956.09	575.49
2001	811.11	823.02	284.76	1173.10	1215.21	853.28	1054.16	618.74
2002	888.54	897.77	293.01	1288.41	1336.37	928.26	1164.24	670.43
2003	983.06	987.78	300.34	1451.68	1506.77	1040.43	1274.87	733.07
2004	1085.41	1087.39	319.26	1612.99	1680.20	1125.02	1403.08	802.22
2005	1206.53	1200.84	335.96	1801.64	1874.71	1266.94	1550.41	880.70
2006	1348.30	1340.70	352.76	2035.24	2116.10	1439.89	1738.10	977.80
2007	1512.50	1500.70	365.80	2307.70	2401.70	1620.70	1956.30	1088.80

注：本表按不变价格计算。

农、林、牧、渔业总产值及指数

（1978—2007）

年份	绝对数（亿元）					指数（上年=100）				
	农林牧渔业总产值	#农业	#林业	#牧业	#渔业	农林牧渔业总产值	#农业	#林业	#牧业	#渔业
1978	1397.00	1117.50	48.10	209.30	22.10					
1980	1922.60	1454.10	81.40	354.20	32.90	101.40	99.70	112.20	107.00	107.70
1985	3619.50	2506.40	188.70	798.30	126.10	103.40	99.80	104.50	117.20	118.90
1990	7662.10	4954.30	330.30	1967.00	410.60	107.60	108.00	103.10	107.00	110.00
1991	8157.00	5146.40	367.90	2159.20	483.50	103.70	100.90	108.00	108.80	107.60
1992	9084.70	5588.00	422.60	2460.50	613.50	106.40	104.20	107.70	108.80	115.30
1993	10995.50	6605.10	494.00	3014.40	882.00	107.80	105.20	108.00	110.80	118.40
1994	15750.50	9169.20	611.10	4672.00	1298.20	108.60	103.20	108.90	116.70	120.00
1995	20340.90	11884.60	709.90	6045.00	1701.30	110.90	107.90	105.00	114.80	119.40
1996	22353.70	13539.75	778.01	6015.54	2020.43	109.40	107.80	105.70	111.40	114.00
1997	23788.40	13852.50	817.80	6835.40	2282.70	106.70	104.50	103.30	110.10	111.50
1998	24541.86	14241.88	851.26	7025.84	2422.88	106.00	104.90	102.90	107.40	108.80
1999	24519.06	14106.22	886.30	6997.58	2529.04	104.66	104.32	103.20	104.55	107.19
2000	24915.80	13873.60	936.50	7393.10	2712.60	103.60	101.40	105.40	106.30	106.50
2001	26179.60	14462.80	938.80	7963.10	2815.00	104.20	103.60	99.28	106.26	103.90
2002	27390.75	14931.54	1033.50	8454.64	2971.07	104.94	103.90	107.07	106.01	106.12
2003	29691.80	14870.10	1239.90	9538.80	3137.60	103.90	100.50	106.90	107.30	105.30
2004	36238.99	18138.36	1327.12	12173.80	3605.60	107.45	108.50	102.00	107.19	106.05
2005	39450.89	19613.37	1425.54	13310.78	4016.12	105.66	104.15	103.19	107.84	106.55
2006	40810.83	21522.28	1610.81	12083.86	3970.52	105.42	105.39	105.58	105.00	105.99
2007	48892.96	24658.10	1861.64	16124.90	4457.52	103.86	103.98	106.90	102.28	104.83

注：1. 本表绝对数按当年价格计算，指数按可比价格计算。

2. 2003 年执行新国民经济行业分类标准，总产值包括农林牧渔服务业产值。

3. 2006 年农林牧渔业总产值根据农业普查数据进行了修正。

按资金来源和构成划分全社会固定资产投资总量

（1981—2007） 单位：亿元

年份	投资资金来源				投资按构成分		
	国家预算内资金	国内贷款	利用外资	自筹和其他资金	建筑安装工程	设备工具器具购置	其他费用
1981	269.76	122.00	36.36	532.89	689.83	223.64	47.54
1982	279.26	176.12	60.51	714.51	871.12	291.41	67.87
1983	339.71	175.50	66.55	848.30	993.32	358.31	78.43
1984	421.00	258.47	70.66	1082.74	1217.58	509.23	106.06
1985	407.80	510.27	91.48	1533.64	1655.46	718.08	169.65
1986	455.62	658.46	137.31	1869.19	2059.66	851.95	208.99
1987	496.64	871.98	181.97	2241.11	2475.65	1038.78	277.26
1988	431.96	977.84	275.31	2968.69	3099.66	1305.37	348.77
1989	366.05	762.98	291.08	2990.28	2994.59	1115.81	299.98
1990	393.03	885.45	284.61	2954.41	3008.72	1165.54	342.74
1991	380.43	1314.73	318.89	3580.44	3647.68	1460.19	486.63
1992	347.46	2214.03	468.66	5049.95	5163.37	2125.14	791.58
1993	483.67	3071.99	954.28	8562.36	8201.21	3315.92	1555.18
1994	529.57	3997.64	1768.95	11530.96	10786.52	4328.26	1928.08
1995	621.05	4198.73	2295.89	13409.19	13173.33	4262.46	2583.48
1996	(629.72)	(4576.53)	(2747.41)	(15465.35)	(15153.41)	(4940.79)	(2879.83)
	625.88	4573.69	2746.60	15412.40	15109.29	4925.98	2878.28
1997	696.74	4782.55	2683.89	17096.49	15614.03	6044.84	3282.25
1998	1197.39	5542.89	2617.03	19359.61	17874.53	6528.53	4003.10
1999	1852.14	5725.93	2006.78	20169.70	18795.93	7053.04	4005.74
2000	2109.45	6727.27	1696.30	22577.40	20536.26	7785.62	4595.85
2001	2546.42	7239.79	1730.73	26470.04	22954.88	8833.79	5424.83
2002	3160.96	8859.07	2084.98	30941.91	26578.89	9884.47	7036.55
2003	2687.82	12044.36	2599.35	41284.76	33447.17	12681.90	9437.54
2004	3254.91	13788.04	3285.68	54236.30	42803.57	16527.01	11146.82
2005	4154.29	16319.01	3978.80	70138.74	53382.59	21422.93	13968.08
2006	4672.00	19590.47	4334.31	90360.20	66775.83	25563.90	17658.43
2007	5857.06	23044.20	5132.69	116769.67	83518.28	31574.77	22230.89

注：1. 1993 年及以后的资金来源为财务拨款数。

2. 自 1997 年起，除房地产开发投资、非农户投资、农户投资及城镇和工矿区私人建房投资外，固定资产投资的统计起点由 5 万元提高到 50 万元。为便于比较，对 1996 年的相应数据作了表面调整，括号内的数为原口径数。

按资金来源和构成划分全社会固定资产投资结构

（1981—2007）

单位：%

年份	投资资金来源				投资按构成分		
	国家预算内资金	国内贷款	利用外资	自筹和其他资金	建筑安装工程	设备工具器具购置	其他费用
1981	28.10	12.70	3.80	55.40	71.80	23.30	4.90
1982	22.70	14.30	4.90	58.10	70.80	23.70	5.50
1983	23.80	12.30	4.70	59.20	69.50	25.10	5.40
1984	23.00	14.10	3.90	59.00	66.40	27.80	5.80
1985	16.00	20.10	3.60	60.30	65.10	28.20	6.70
1986	14.60	21.10	4.40	59.90	66.00	27.30	6.70
1987	13.10	23.00	4.80	59.10	65.30	27.40	7.30
1988	9.30	21.00	5.90	63.80	65.20	27.50	7.30
1989	8.30	17.30	6.60	67.80	67.90	25.30	6.80
1990	8.70	19.60	6.30	65.40	66.60	25.80	7.60
1991	6.80	23.50	5.70	64.00	65.20	26.10	8.70
1992	4.30	27.40	5.80	62.50	63.90	26.30	9.80
1993	3.70	23.50	7.30	65.50	62.70	25.40	11.90
1994	3.00	22.40	9.90	64.70	63.30	25.40	11.30
1995	3.00	20.50	11.20	65.30	65.80	21.30	12.90
1996	2.70	19.60	11.80	66.00	66.00	21.50	12.50
1997	2.80	18.90	10.60	67.70	62.60	24.20	13.20
1998	4.20	19.30	9.10	67.40	62.90	23.00	14.10
1999	6.22	19.24	6.74	67.79	62.96	23.62	13.42
2000	6.40	20.30	5.10	68.20	62.40	23.70	13.90
2001	6.70	19.10	4.60	69.60	61.70	23.70	14.60
2002	7.00	19.70	4.60	68.70	61.10	22.70	16.20
2003	4.60	20.50	4.40	70.50	60.20	22.80	17.00
2004	4.40	18.50	4.40	72.70	60.70	23.50	15.80
2005	4.39	17.25	4.21	74.15	60.13	24.13	15.73
2006	3.93	16.47	3.64	75.96	60.71	23.24	16.05
2007	3.88	15.28	3.40	77.43	60.82	22.99	16.19

按城乡分全社会固定资产投资

(1995—2007)

年 份	全社会投资	城 镇		农 村		
			#房地产开发		农 户	非农户
1995	20019.30	15643.70	3149.02	4375.60	2007.85	2367.70
1996	(22974.00)	(17627.70)	(3216.40)	(5346.30)	(2544.03)	(2802.26)
	22913.50	17567.20	3216.40	5346.30	2544.03	2802.26
1997	24941.10	19194.20	3178.37	5746.90	2691.16	3055.64
1998	28406.20	22491.40	3614.23	5914.80	2681.52	3233.31
1999	29854.70	23732.00	4103.20	6122.70	2779.59	3343.13
2000	32917.70	26221.80	4984.10	6695.90	2904.26	3791.62
2001	37213.50	30001.20	6344.11	7212.30	2976.56	4235.72
2002	43499.90	35488.80	7790.92	8011.10	3123.19	4887.91
2003	55566.60	45811.70	10153.80	9754.90	3200.95	6553.95
2004	70477.43	59028.19	13158.25	11449.25	3362.67	8086.57
2005	88773.61	75095.10	15909.25	13678.51	3940.61	9737.90
2006	109998.16	93368.68	19422.92	16629.48	4436.20	12193.28
2007	137323.94	117464.47	25288.84	19859.47	5123.29	14736.18

注：自1997年起，除房地产开发投资、非农户投资、农户投资及城镇和工矿区私人建房投资外，固定资产投资的统计起点由5万元提高到50万元。为便于比较，对1996年的相应数据作了全面调整，括号内的数为原口径数。

国家财政收支总额及增长速度

（1978—2007）

单位：亿元、%

年份	财政收入	财政支出	增长速度	
			财政收入	财政支出
1978	1132.26	1122.09	29.50	33.00
1980	1159.93	1228.83	1.18	-4.13
1985	2004.82	2004.25	22.03	17.83
1990	2937.10	3083.59	10.21	9.20
1991	3149.48	3386.62	7.23	9.83
1992	3483.37	3742.20	10.60	10.50
1993	4348.95	4642.30	24.85	24.05
1994	5218.10	5792.62	19.99	24.78
1995	6242.20	6823.72	19.63	17.80
1996	7407.99	7937.55	18.68	16.32
1997	8651.14	9233.56	16.78	16.33
1998	9875.95	10798.18	14.16	16.94
1999	11444.08	13187.67	15.88	22.13
2000	13395.23	15886.50	17.05	20.46
2001	16386.04	18902.58	22.33	18.99
2002	18903.64	22053.15	15.36	16.67
2003	21715.25	24649.95	14.87	11.78
2004	26396.47	28486.89	21.60	15.60
2005	31649.29	33930.28	19.90	19.11
2006	38760.20	40422.73	22.47	19.13
2007	51321.78	49781.35	32.40	23.20

注：1. 在国家财政收支中，价格补贴1985年以前冲减财政收入，1986年以后列为财政支出。为了可比，本表将1985年以前冲减财政收入的价格补贴改列在财政支出中。

2. 财政收入中不包括国内外债务收入。

3. 从2000年起，财政支出中包括国内外债务付息支出。

国家财政收入主要项目

（1978—2006）　　单位：亿元

年　份	收入合计	各项税收	企业收入	企业亏损补贴	能源交通重点建设基金收入	预算调节基金收入	教育费附加收入	其他收入
1978	1132.26	519.28	571.99					40.99
1980	1159.93	571.70	435.24					152.99
1985	2004.82	2040.79	43.75	-507.02	146.79			280.51
1989	2664.90	2727.40	63.60	-598.88	202.18	91.19		179.41
1990	2937.10	2821.86	78.30	-578.88	185.08	131.21		299.53
1991	3149.48	2990.17	74.69	-510.24	188.22	138.53	28.01	240.10
1992	3483.37	3296.91	59.97	-444.96	157.11	117.47	31.72	265.15
1993	4348.95	4255.30	49.49	-411.29	117.72	102.46	44.23	191.04
1994	5218.10	5126.88		-366.22	53.96	59.10	64.20	280.18
1995	6242.20	6038.04		-327.77	17.42	34.92	83.40	396.19
1996	7407.99	6909.82		-337.40	3.78	11.09	96.04	724.66
1997	8651.14	8234.04		-368.49			103.29	682.30
1998	9875.95	9262.80		-333.49			113.34	833.30
1999	11444.08	10682.58		-290.03			126.10	925.43
2000	13395.23	12581.51		-278.78			147.52	944.98
2001	16386.04	15301.38		-300.04			166.60	1218.10
2002	18903.64	17636.45		-259.60			198.05	1328.74
2003	21715.25	20017.31		-226.38			232.39	1691.93
2004	26396.47	24165.68		-217.93			300.40	2148.32
2005	31649.29	28778.54		-193.26			356.18	2707.83
2006	38760.20	34809.72		-180.22			446.85	3683.85

各项税收

（1978—2007） 单位：亿元

年份	财政收入	#国内增值税	#营业税	#国内消费税	#关税	#农业各税	#企业所得税
1978	519.28				28.76	28.40	
1980	571.70				33.53	27.67	
1985	2040.79	147.70	211.07		205.21	42.05	696.06
1990	2821.86	400.00	515.75		159.01	87.86	716.00
1991	2990.17	406.36	564.00		187.28	90.65	731.13
1992	3296.91	705.93	658.67		212.75	119.17	720.78
1993	4255.30	1081.48	966.09		256.47	125.74	678.60
1994	5126.88	2308.34	670.02	487.40	272.68	231.49	708.49
1995	6038.04	2602.33	865.56	541.48	291.83	278.09	878.44
1996	6909.82	2962.81	1052.57	620.23	301.84	369.46	968.48
1997	8234.04	3283.92	1324.27	678.70	319.49	397.48	963.18
1998	9262.80	3628.46	1575.08	814.93	313.04	398.80	925.54
1999	10682.58	3881.87	1668.56	820.66	562.23	423.50	811.41
2000	12581.51	4553.17	1868.78	858.29	750.48	465.31	999.63
2001	15301.38	5357.13	2064.09	929.99	840.52	481.70	2630.87
2002	17636.45	6178.39	2450.33	1046.32	704.27	717.85	3082.79
2003	20017.31	7236.54	2844.45	1182.26	923.13	871.77	2919.51
2004	24165.68	9017.94	3581.97	1501.90	1043.77	902.19	3957.33
2005	28778.54	10792.11	4232.46	1633.81	1066.17	936.40	5343.92
2006	34804.35	12784.81	5128.71	1885.69	1141.78	1084.04	7039.60
2007	45621.97	15470.23	6582.17	2206.83	1432.57	1439.09	8779.25

注：1. 农业各税包括农业税、牧业税、耕地占用税、农业特产税、契税和烟叶税。

2. 企业所得税2001年以前只包括国有及集体企业所得税，从2001年起，企业所得税还包括除国有企业和集体企业外的其他所有制企业所得税，与以前各年不可比。

3. 国内增值税不包括进口产品增值税；国内消费税不包括进口产品消费税。

国家财政支出主要项目

（1978—2006）

单位：亿元

年　份	基本建设支出	增拨企业流动资金	挖潜改造资金和科技三项费用	地质勘探费	工、交、流通部门事业费	支农支出
1978	451.92	66.60	63.24	20.15	17.79	76.95
1980	346.36	36.71	80.45	22.57	22.85	82.12
1985	554.56	14.30	103.42	29.58	35.16	101.04
1989	481.70	12.09	146.30	33.16	45.01	197.12
1990	547.39	10.90	153.91	36.19	46.93	221.76
1991	559.62	13.08	180.81	38.34	52.41	243.55
1992	555.90	10.63	223.62	44.07	64.58	269.04
1993	591.93	18.48	421.38	49.06	76.22	323.42
1994	639.72	17.33	415.13	64.13	100.77	399.70
1995	789.22	34.80	494.45	66.32	102.76	430.22
1996	907.44	42.93	523.02	68.56	120.41	510.07
1997	1019.50	52.20	643.20	73.37	136.41	560.77
1998	1387.74	42.36	641.18	83.13	121.56	626.02
1999	2116.57	56.41	766.05	83.69	128.07	677.46
2000	2094.89	71.06	865.24	88.12	150.07	766.89
2001	2510.64	22.71	991.56	99.01	200.12	917.96
2002	3142.98	18.97	968.38	102.89	232.38	1102.70
2003	3429.30	11.95	1092.99	106.94	285.23	1134.86
2004	3437.50	12.44	1243.94	115.45	368.21	1693.79
2005	4041.34	18.17	1494.59	132.70	444.15	1792.40
2006	4390.38	16.58	1744.56	141.82	581.25	2161.35

注：1. 行政管理费中包括公检法司支出和外交外事支出。

2. 社会保障支出中包括抚恤和社会福利救济费、社会保障补助支出、行政事业单位离退休支出。1996 年以前不包括由行政管理费开支的离退休支出。

国家财政支出主要项目

（1978—2006）

单位：亿元

年　份	文教、科学、卫生支出	社会保障支出	国防支出	行政管理费	政策性补贴支出
1978	112.66	18.91	167.84	49.09	11.14
1980	156.26	20.31	193.84	66.79	117.71
1985	316.70	31.15	191.53	130.58	261.79
1989	553.33	49.60	251.47	261.86	373.35
1990	617.29	55.04	290.31	303.10	380.80
1991	708.00	67.32	330.31	343.60	373.77
1992	792.96	66.45	377.86	424.58	321.64
1993	957.77	75.27	425.80	535.77	299.30
1994	1278.18	95.14	550.71	729.43	314.47
1995	1467.06	115.46	636.72	872.68	364.89
1996	1704.25	182.68	720.06	1040.80	453.91
1997	1903.59	328.42	812.57	1137.16	551.96
1998	2154.38	595.63	934.70	1326.77	712.12
1999	2408.06	1197.44	1076.40	1525.68	697.64
2000	2736.88	1517.57	1207.54	1787.58	1042.28
2001	3361.02	1987.40	1442.04	2197.52	741.51
2002	3979.08	2636.22	1707.78	2979.42	645.07
2003	4505.51	2655.91	1907.87	3437.68	617.28
2004	5143.65	3116.08	2200.01	4059.91	795.80
2005	6104.18	3698.86	2474.96	4835.43	998.47
2006	7425.98	4361.78	2979.38	5639.05	1387.52

各种价格指数

（1978—2007）

（上年=100）

年份	居民消费价格指数	城市居民消费价格指数	农村居民消费价格指数	商品零售价格指数	工业品出厂价格指数	原材料、燃料、动力购进价格指数	固定资产投资价格指数
1978	100.7	100.7		100.7	100.1		
1980	107.5	107.5		106.0	100.5		
1985	109.3	111.9	107.6	108.8	108.7		
1990	103.1	101.3	104.5	102.1	104.1	105.6	
1991	103.4	105.1	102.3	102.9	106.2	109.1	109.5
1992	106.4	108.6	104.7	105.4	106.8	111.0	115.3
1993	114.7	116.1	113.7	113.2	124.0	135.1	126.6
1994	124.1	125.0	123.4	121.7	119.5	118.2	110.4
1995	117.1	116.8	117.5	114.8	114.9	115.3	105.9
1996	108.3	108.8	107.9	106.1	102.9	103.9	104.0
1997	102.8	103.1	102.5	100.8	99.7	101.3	101.7
1998	99.2	99.4	99.0	97.4	95.9	95.8	99.8
1999	98.6	98.7	98.5	97.0	97.6	96.7	99.6
2000	100.4	100.8	99.9	98.5	102.8	105.1	101.1
2001	100.7	100.7	100.8	99.2	98.7	99.8	100.4
2002	99.2	99.0	99.6	98.7	97.8	97.7	100.2
2003	101.2	100.9	101.6	99.9	102.3	104.8	102.2
2004	103.9	103.3	104.8	102.8	106.1	111.4	105.6
2005	101.8	101.6	102.2	100.8	104.9	108.3	101.6
2006	101.5	101.5	101.5	101.0	103.0	106.0	101.5
2007	104.8	104.5	105.4	103.8	103.1	104.4	103.9

房地产价格指数

（1999—2007）

（上年 =100）

项　　目	1999	2000	2002	2003	2004	2005	2006	2007
房屋销售价格指数	100.00	101.10	103.70	104.80	109.70	107.60	105.51	107.60
商品房	100.30	100.80	103.40	105.00	109.00	107.65	105.76	107.70
住宅	100.40	101.40	104.00	105.70	109.40	108.44	106.41	108.20
经济适用房	102.00	101.40	101.80	102.60	103.20	103.70	103.71	102.50
普通住宅	100.20	101.50	104.30	106.20	109.80	108.21	105.88	108.60
多层住宅	101.20	102.30	105.50	106.80	109.90	108.53	105.74	108.00
高层住宅	100.60	102.40	103.00	106.10	109.70	107.55	106.35	108.80
其他住宅						115.60	99.36	107.20
高档住宅	98.90	101.30	101.70	104.00	110.00	109.48	107.68	109.20
别墅	99.20	101.40	102.10	104.30	109.60	109.02	106.70	108.30
高档公寓	98.60	101.10	101.50	103.80	110.30	109.69	108.38	109.70
非住宅	99.90	98.70	101.30	102.70	107.10	105.63	104.02	105.80
办公楼	97.60	98.10	99.80	103.40	108.10	107.18	104.60	107.60
商业娱乐用房	101.00	99.60	102.40	102.30	107.00	104.63	104.59	106.00
工业仓储用房						103.90	101.86	103.60
其他用房	100.60	96.90	102.10	103.70	103.90	103.80	103.92	103.80
二手房						107.52	104.68	107.10
住宅						108.35	105.23	107.40
非住宅						105.48	103.37	105.40
土地交易价格指数	100.00	100.20	106.90	108.30	110.10	109.05	105.78	112.30
居民用地	99.90	101.00	107.70	112.40	111.60	110.25	106.03	113.70
高档住宅用地	100.10	101.60	101.90	105.90	107.60	120.48	107.40	117.00
普通住宅用地	99.60	100.90	108.40	113.00	111.80	108.88	105.68	113.20
经济适用房用地						105.30	108.20	105.10
工业仓储用地	100.00	98.60	100.40	101.30	104.30	103.60	104.68	105.90
商业、旅游、娱乐用地	100.00	100.40	107.00	104.90	110.40	107.90	106.40	113.00
其他用地	100.20	99.80	106.90	104.40	105.50	106.73	103.48	103.80
房屋租赁价格指数	98.50	102.40	100.80	101.90	101.40	101.88	101.40	102.60
住宅	102.40	114.20	102.00	107.50	102.20	100.50	101.43	102.60
普通住宅						100.58	102.25	103.60
高档住宅						100.08	100.23	101.20
经济适用房						101.18	100.08	100.30
廉租房						100.03	100.15	100.40
办公楼	95.20	96.20	99.50	99.90	100.20	102.88	100.88	102.90
写字楼	89.20	95.20	101.10	100.20	99.90	103.38	100.98	103.30
普通办公用房	99.30	96.90	98.60	99.70	100.80	100.78	100.50	101.20
商业娱乐用房	99.00	99.00	100.20	99.60	102.00	101.73	101.83	102.70
工业仓库用房	99.00	99.60	100.70	100.50	100.90	99.93	99.98	101.20
其他用房						104.50	101.88	100.90
物业管理价格指数						100.00	100.33	100.50
住宅						100.10	100.20	100.30
办公楼						99.90	100.20	100.40
商业娱乐用房						99.80	100.60	100.70
工业仓储用房						100.40	100.05	100.10

社会消费品零售总额

（1978—2007）

单位：亿元

年份	社会消费品零售总额	按销售单位所在地分			按行业分		
		市	县	县以下	批发和零售业	住宿和餐饮业	其他行业
1978	1558.6	505.2	380.4	673.0	1363.7	54.8	140.1
1980	2140.0	733.6	399.4	1007.0	1768.0	80.0	292.0
1985	4305.0	1874.5	737.2	1693.3	3272.2	196.9	835.9
1990	8300.1	3888.6	1337.4	3074.1	6127.4	419.8	1752.9
1991	9415.6	4529.8	1491.2	3394.6	6903.9	492.0	2019.7
1992	10993.7	5470.3	1689.8	3833.6	7922.2	589.7	2481.8
1993	14270.4	7138.1	2090.1	5042.2	10892.8	817.8	2559.8
1994	18622.9	9387.8	2558.7	6676.4	14903.4	1201.4	2518.1
1995	23613.8	12979.4	3366.3	7268.1	19454.3	1614.7	2544.8
1996	28360.2	16199.2	3759.7	8401.3	23747.5	2070.0	2542.7
1997	31252.9	18499.5	4011.6	8741.8	26169.9	2488.2	2594.8
1998	33378.1	20294.1	4220.2	8863.8	27859.2	2878.8	2640.1
1999	35647.9	22201.8	4460.8	8985.3	29708.8	3270.3	2668.8
2000	39105.7	24555.2	4831.1	9719.4	32697.3	3836.1	2572.3
2001	43055.4	27379.1	5251.4	10424.9	36014.8	4465.2	2575.4
2002	48135.9	31376.5	5566.5	11192.9	40926.6	5547.1	1662.2
2003	52516.3	34608.3	6011.8	11896.2	44659.4	6191.4	1665.5
2004	59501.0	39695.7	6636.0	13169.3	50256.8	7550.4	1693.8
2005	67176.6	45094.3	7485.4	14596.9	56589.2	8886.8	1700.6
2006	76410.0	51542.6	8477.9	16389.5	64325.5	10345.5	1739.0
2007	89210.0	60410.7	9943.8	18855.5	75040.3	12352.0	1817.7

注：1. 1992 年及以前为社会商品零售总额。

2. 1993 年及以后社会消费品零售总额根据第一次经济普查进行了调整，各地区相加不等于全国，原因是全国数据进行了修正。

人口数及构成

（1978—2007）

单位：万人

年份	总人口（年末）	按性别分				按城乡分			
		男		女		城镇		乡村	
		人口数	比重（%）	人口数	比重（%）	人口数	比重（%）	人口数	比重（%）
1978	96259	49567	51.49	46692	48.51	17245	17.92	79014	82.08
1980	98705	50785	51.45	47920	48.55	19140	19.39	79565	80.61
1985	105851	54725	51.70	51126	48.30	25094	23.71	80757	76.29
1990	114333	58904	51.52	55429	48.48	30195	26.41	84138	73.59
1991	115823	59466	51.34	56357	48.66	31203	26.94	84620	73.06
1992	117171	59811	51.05	57360	48.95	32175	27.46	84996	72.54
1993	118517	60472	51.02	58045	48.98	33173	27.99	85344	72.01
1994	119850	61246	51.10	58604	48.90	34169	28.51	85681	71.49
1995	121121	61808	51.03	59313	48.97	35174	29.04	85947	70.96
1996	122389	62200	50.82	60189	49.18	37304	30.48	85085	69.52
1997	123626	63131	51.07	60495	48.93	39449	31.91	84177	68.09
1998	124761	63940	51.25	60821	48.75	41608	33.35	83153	66.65
1999	125786	64692	51.43	61094	48.57	43748	34.78	82038	65.22
2000	126743	65437	51.63	61306	48.37	45906	36.22	80837	63.78
2001	127627	65672	51.46	61955	48.54	48064	37.66	79563	62.34
2002	128453	66115	51.47	62338	48.53	50212	39.09	78241	60.91
2003	129227	66556	51.50	62671	48.50	52376	40.53	76851	59.47
2004	129988	66976	51.52	63012	48.48	54283	41.76	75705	58.24
2005	130756	67375	51.53	63381	48.47	56212	42.99	74544	57.01
2006	131448	67728	51.52	63720	48.48	57706	43.90	73742	56.10
2007	132129	68048	51.50	64081	48.50	59379	44.94	72750	55.06

注：1. 1982 年以前数据为户籍统计数；1982 年至 1989 年数据根据 1990 年人口普查数据进行了调整；1990 年至 2000 年数据根据 2000 年人口普查数据进行了调整；2001 年至 2004 年、2006 年和 2007 年数据为人口变动情况抽样调查推算数；2005 年数据根据全国 1% 人口抽样调查数据推算。

2. 总人口和按性别分人口中包括中国人民解放军现役军人，按城乡分人口中现役军人计入城镇人口。

3. 本表各年人口未包括香港特别行政区、澳门特别行政区和台湾省的人口数据。

按城乡分就业人员数（年底数）

（1978—2007） 单位：万人

年份	合计	城镇										
		小计	#国有单位	#集体单位	#股份合作单位	#联营单位	#有限责任公司	#股份有限公司	#私营企业	#港澳台商投资单位	#外商投资单位	#个体
1978	40152	9514	7451	2048								15
1980	42361	10525	8019	2425								81
1985	49873	12808	8990	3324		38					6	450
1990	64749	17041	10346	3549		96			57	4	62	614
1991	65491	17465	10664	3628		49			68	69	96	692
1992	66152	17861	10889	3621		56			98	83	138	740
1993	66808	18262	10920	3393		66		164	186	155	133	930
1994	67455	18653	11214	3285		52		292	332	211	195	1225
1995	68065	19040	11261	3147		53		317	485	272	241	1560
1996	68950	19922	11244	3016		49		363	620	265	275	1709
1997	69820	20781	11044	2883		43		468	750	281	300	1919
1998	70637	21616	9058	1963	136	48	484	410	973	294	293	2259
1999	71394	22412	8572	1712	144	46	603	420	1053	306	306	2414
2000	72085	23151	8102	1499	155	42	687	457	1268	310	332	2136
2001	73025	23940	7640	1291	153	45	841	483	1527	326	345	2131
2002	73740	24780	7163	1122	161	45	1083	538	1999	367	391	2269
2003	74432	25639	6876	1000	173	44	1261	592	2545	409	454	2377
2004	75200	26476	6710	897	192	44	1436	625	2994	470	563	2521
2005	75825	27331	6488	810	188	45	1750	699	3458	557	688	2778
2006	76400	28310	6430	764	178	45	1920	741	3954	611	796	3012
2007	76990	29350	6424	718	170	43	2075	788	4581	680	903	3310

按城乡分就业人员数（年底数）

（1978—2007）

单位：万人

年　份	乡　村			
	小　计	#乡镇企业	#私营企业	#个体
1978	30638	2827		
1980	31836	3000		
1985	37065	6979		
1990	47708	9265	113	1491
1991	48026	9609	116	1616
1992	48291	10625	134	1728
1993	48546	12345	187	2010
1994	48802	12017	316	2551
1995	49025	12862	471	3054
1996	49028	13508	551	3308
1997	49039	13050	600	3522
1998	49021	12537	737	3855
1999	48982	12704	969	3827
2000	48934	12820	1139	2934
2001	49085	13086	1187	2629
2002	48960	13288	1411	2474
2003	48793	13573	1754	2260
2004	48724	13866	2024	2066
2005	48494	14272	2366	2123
2006	48090	14680	2632	2147
2007	47640	15090	2672	2187

职工平均工资及指数

（1978—2007）

年份	平均工资（元）				指数（上年=100）							
					平均工资				平均实际工资			
	合计	国有单位	城镇集体单位	其他单位	合计	国有单位	城镇集体单位	其他单位	合计	国有单位	城镇集体单位	其他单位
1978	615	644	506		106.8	107.0	105.9		106.0	106.2	105.1	
1980	762	803	623		114.1	113.9	114.9		106.1	106.0	106.9	
1985	1148	1213	967	1436	117.9	117.3	119.2	137.0	105.3	104.8	106.6	122.5
1990	2140	2284	1681	2987	110.6	111.1	108.0	110.3	109.2	109.7	106.6	108.9
1991	2340	2477	1866	3468	109.3	108.5	111.0	116.1	104.0	103.2	105.6	110.5
1992	2711	2878	2109	3966	115.9	116.2	113.0	114.4	106.7	107.0	104.1	105.3
1993	3371	3532	2592	4966	124.3	122.7	122.9	125.2	107.1	105.7	105.9	107.9
1994	4538	4797	3245	6303	134.6	135.8	125.2	126.9	107.7	108.7	100.2	101.5
1995	5500	5625	3931	7463	121.2	117.3	121.1	118.4	103.8	100.4	103.7	101.4
1996	6210	6280	4302	8261	112.9	111.6	109.4	110.7	103.8	102.6	100.6	101.7
1997	6470	6747	4512	8789	104.2	107.4	104.9	106.4	101.1	104.2	101.7	103.2
1998	7479	7668	5331	8972	106.6	106.1	102.5	97.7	107.2	106.7	103.1	98.3
1999	8346	8543	5774	9829	111.6	111.4	108.3	109.6	113.1	112.9	109.7	111.0
2000	9371	9552	6262	10984	112.3	111.8	108.5	111.8	111.4	110.9	107.6	110.9
2001	10870	11178	6867	12140	116.0	117.0	109.7	110.5	115.2	116.2	108.9	109.7
2002	12422	12869	7667	13212	114.3	115.1	111.6	108.8	115.5	116.3	112.7	109.9
2003	14040	14577	8678	14574	113.0	113.3	113.2	110.3	112.0	112.3	112.2	109.3
2004	16024	16729	9814	16259	114.1	114.8	113.1	111.6	110.5	111.1	109.5	108.0
2005	18364	19313	11283	18244	114.6	115.4	115.0	112.2	112.8	113.6	113.2	110.4
2006	21001	22112	13014	20755	114.4	114.5	115.3	113.8	112.7	112.8	113.6	112.1
2007	24932	26620	15595	24058	118.7	120.4	119.8	115.9	113.6	115.2	114.6	110.9

客运量

（1978—2007）

单位：万人

年份	客运量总计	铁路	国家	地方	合资	公路	水运	民航
1978	253993	81491	80729	762		149229	23042	231
1980	341785	92204	91246	958		222799	26439	343
1985	620206	112110	110913	1197		476486	30863	747
1990	772682	95712	94888	824		648085	27225	1660
1991	806048	95080	94208	872		682681	26109	2178
1992	860855	99693	98788	905		731774	26502	2886
1993	996634	105458	104580	878		860719	27074	3383
1994	1092883	108738	108009	729		953940	26165	4038
1995	1172596	102745	102081	664		1040810	23924	5117
1996	1245356	94796	93550	612	634	1122110	22895	5555
1997	1326094	93308	91919	659	730	1204583	22573	5630
1998	1378717	95085	92991	629	1465	1257332	20545	5755
1999	1394413	100164	97725	528	1911	1269004	19151	6094
2000	1478573	105073	101847	519	2707	1347392	19386	6722
2001	1534122	105155	101680	558	2917	1402798	18645	7524
2002	1608150	105606	101741	516	3349	1475257	18693	8594
2003	1587497	97260	93634	412	3214	1464335	17142	8759
2004	1767453	111764	107346	378	4040	1624526	19040	12123
2005	1847018	115583	110651	319	4613	1697381	20227	13827
2006	2024158	125656	119728	423	5505	1860487	22047	15968
2007	2227761	135670	128712	451	6507	2050680	22835	18576

货运量

（1978—2007） 单位：万吨

年　份	货运量总计	铁路			
			国家	地方	合资
1978	248946	110119	107492	2627	
1980	546537	111279	108584	2695	
1985	745763	130709	127516	3193	
1990	970602	150681	146209	4472	
1991	985793	152893	147898	4995	
1992	1045899	157627	152317	5310	
1993	1115902	162794	156791	6003	
1994	1180396	163216	157278	5938	
1995	1234937	165982	159473	6509	
1996	1298421	171024	161787	7125	2112
1997	1278218	172149	162010	7854	2285
1998	1267427	164309	153435	8035	2839
1999	1293008	167554	157239	7296	3019
2000	1358682	178581	166056	8369	4156
2001	1401786	193189	179201	9542	4446
2002	1483447	204956	187578	11241	6137
2003	1564492	224248	199814	13064	11370
2004	1706412	249017	217816	14924	16277
2005	1862066	269296	231839	17802	19655
2006	2037060	288224	245476	19593	23154
2007	2275822	314237	262400	24390	27447

注：1. 从1979年起，公路运输包括社会车辆完成的数量，从1984年起，还包括私营运输完成的数量（下表同）。
2. 1993年及以后年份铁路货物运输指标口径有调整，增加了行包运量（下表同）。

货运量

（1978—2007）

单位：万吨

年　份	公路	水运	#远洋	民航	管道
1978	85182	43292	3659	6. 4	10347
1980	382048	42676	4292	8. 9	10525
1985	538062	63322	6627	19. 5	13650
1990	724040	80094	9408	37. 0	15750
1991	733907	83370	10567	45. 2	15578
1992	780941	92490	11191	57. 5	14783
1993	840256	97938	12508	69. 4	14845
1994	894914	107091	13421	82. 9	15092
1995	940387	113194	15251	101. 1	15274
1996	983860	127430	14213	115. 0	15992
1997	976536	113406	20287	124. 7	16002
1998	976004	109555	18892	140. 1	17419
1999	990444	114608	22621	170. 0	20232
2000	1038813	122391	22949	196. 7	18700
2001	1056312	132675	27573	171. 0	19439
2002	1116324	141832	29896	202. 1	20133
2003	1159957	158070	34002	219. 0	21997
2004	1244990	187394	39469	276. 7	24734
2005	1341778	219648	48549	306. 7	31037
2006	1466347	248703	54413	349. 4	33436
2007	1639432	281199	58903	401. 8	40552

主要农产品产量

（1978—2007）

单位：万吨

年份	粮食	谷物	#稻谷	#小麦	#玉米	豆类	薯类
1978	30476.50		13693.00	5384.00	5594.50		3174.00
1980	32055.50		13990.50	5520.50	6260.00		2872.50
1985	37910.80		16856.90	8580.50	6382.60		2603.60
1990	44624.30		18933.10	9822.90	9681.90		2743.30
1991	43529.30	39566.30	18381.30	9595.30	9877.30	1247.10	2715.90
1992	44265.80	40169.60	18622.20	10158.70	9538.30	1252.00	2844.20
1993	45648.80	40517.40	17751.40	10639.00	10270.40	1950.40	3181.10
1994	44510.10	39389.10	17593.30	9929.70	9927.50	2095.60	3025.40
1995	46661.80	41611.60	18522.60	10220.70	11198.60	1787.50	3262.60
1996	50453.50	45127.10	19510.27	11056.90	12747.10	1790.30	3536.00
1997	49417.10	44349.30	20073.48	12328.90	10430.87	1875.50	3192.29
1998	51229.53	45624.72	19871.30	10972.60	13295.40	2000.60	3604.21
1999	50838.58	45304.06	19848.73	11388.00	12808.63	1893.96	3640.56
2000	46217.52	40522.36	18790.77	9963.60	10599.98	2010.00	3685.16
2001	45263.67	39648.21	17758.03	9387.30	11408.77	2052.81	3563.07
2002	45705.75	39798.66	17453.85	9029.00	12130.76	2241.22	3665.87
2003	43069.53	37428.73	16065.56	8648.80	11583.02	2127.51	3513.27
2004	46946.95	41157.21	17908.76	9195.18	13028.71	2232.07	3557.67
2005	48402.19	42776.01	18058.84	9744.51	13936.54	2157.67	3468.51
2006	49804.23	45099.24	18171.83	10846.59	15160.30	2003.72	2701.26
2007	50160.28	45632.37	18603.40	10929.80	15230.05	1720.10	2807.80

主要农产品产量

（1978—2007）

单位：万吨

年份	棉花	油料	#花生	#油菜籽	#芝麻	麻类	#黄红麻
1978	216.70	521.79	237.70	186.79	32.24	135.10	108.78
1980	270.67	769.06	360.03	238.37	25.86	143.60	109.84
1985	414.67	1578.42	666.36	560.70	69.14	444.77	411.88
1990	450.77	1613.16	636.85	695.81	46.93	109.73	72.61
1991	567.50	1638.31	630.33	743.62	43.50	88.45	51.30
1992	450.84	1641.15	595.33	765.31	51.63	93.83	61.89
1993	373.93	1803.94	842.11	693.94	56.29	96.00	67.16
1994	434.10	1989.59	968.22	749.19	54.75	74.73	35.49
1995	476.75	2250.34	1023.46	977.71	58.27	89.70	37.12
1996	420.33	2210.61	1013.85	920.11	57.54	79.50	36.49
1997	460.27	2157.38	964.79	957.76	56.58	74.87	42.95
1998	450.10	2313.86	1188.62	830.10	65.61	49.50	24.80
1999	382.88	2601.15	1263.85	1013.18	74.31	47.17	16.45
2000	441.73	2954.83	1443.66	1138.06	81.12	52.95	12.59
2001	532.35	2864.90	1441.57	1133.14	80.41	68.14	10.60
2002	491.62	2897.20	1481.76	1055.22	89.52	96.37	15.90
2003	485.97	2811.00	1341.99	1142.00	59.28	85.30	9.98
2004	632.35	3065.91	1434.18	1318.17	70.38	107.36	8.69
2005	571.42	3077.14	1434.15	1305.23	62.54	110.49	8.28
2006	753.28	2640.31	1288.69	1096.61	66.17	89.09	8.68
2007	762.36	2568.74	1302.75	1057.26	55.72	72.83	9.91

主要农产品产量

(1978—2007)

单位：万吨

年　份	甘蔗	甜菜	烟叶	#烤烟	蚕茧	#桑蚕茧	茶叶
1978	2111.64	270.23	124.19	105.23	22.82	17.33	26.80
1980	2280.74	630.53	84.48	71.67	32.58	24.98	30.37
1985	5154.91	891.86	242.48	207.50	37.14	33.58	43.23
1990	5762.01	1452.45	262.71	225.89	53.44	48.02	54.01
1991	6789.80	1628.94	303.12	267.03	58.37	55.05	54.16
1992	7301.07	1506.91	349.86	311.89	69.22	65.95	55.98
1993	6419.38	1204.82	345.15	303.60	75.67	71.16	59.99
1994	6092.68	1252.56	223.80	194.05	81.31	77.69	58.85
1995	6541.74	1398.40	231.42	207.22	80.02	75.98	58.86
1996	6818.70	1541.55	323.40	294.57	50.83	47.09	59.34
1997	7889.68	1496.79	425.12	390.79	46.94	42.30	61.34
1998	8343.81	1446.61	236.40	208.85	52.57	47.55	66.50
1999	7470.27	863.86	246.93	218.51	48.47	44.73	67.59
2000	6827.98	807.35	255.23	223.80	54.76	50.06	68.33
2001	7566.27	1088.86	234.96	204.52	65.47	60.24	70.17
2002	9010.69	1281.99	244.65	213.52	69.76	64.49	74.54
2003	9023.48	618.17	225.74	201.48	66.74	61.10	76.81
2004	8984.94	585.71	240.60	216.27	73.10	67.70	83.52
2005	8663.80	788.11	268.30	243.50	78.02	71.30	93.49
2006	9709.22	750.75	245.56	225.50	88.21	82.00	102.81
2007	11295.05	893.12	239.55	217.84	94.68	87.95	116.55

主要农产品产量

（1978—2007）

单位：万吨

年　份	水果	#苹果	#柑橘	#梨	#葡萄	#香蕉
1978	656.97	227.52	38.27	151.70	10.39	8.54
1980	679.26	236.31	71.26	146.63	11.00	6.13
1985	1163.95	361.41	180.83	213.68	36.14	63.10
1990	1874.42	431.93	485.49	235.28	85.85	145.59
1991	2176.13	454.04	633.25	249.78	91.59	198.12
1992	2440.09	655.58	516.01	284.61	112.51	245.10
1993	3011.22	906.96	656.10	321.71	135.48	270.07
1994	3499.82	1112.90	680.54	404.29	152.21	289.78
1995	4214.63	1400.77	822.50	494.24	174.17	312.50
1996	4652.82	1704.73	845.66	580.66	188.31	253.56
1997	5089.32	1721.86	1010.22	641.48	203.28	289.23
1998	5452.85	1948.07	859.04	727.55	235.82	351.82
1999	6237.64	2080.16	1078.71	774.23	270.81	419.42
2000	6225.15	2043.12	878.31	841.24	328.17	494.15
2001	6658.00	2001.50	1160.70	879.60	368.00	527.20
2002	6951.98	1924.10	1199.01	930.94	447.95	555.73
2003	14517.41	2110.18	1345.37	979.84	517.59	590.33
2004	15340.88	2367.55	1495.83	1064.23	567.53	605.61
2005	16120.09	2401.11	1591.91	1132.35	579.44	651.81
2006	17101.97	2605.93	1789.83	1198.61	627.08	690.12
2007	18136.29	2785.99	2058.27	1289.50	669.68	779.67

货物进出口总额

(1978—2007)

年份	人民币(亿元)				美元(亿美元)			
	进出口总额	出口总额	进口总额	差额	进出口总额	出口总额	进口总额	差额
1978	355.0	167.6	187.4	-19.8	206.4	97.5	108.9	-11.4
1980	570.0	271.2	298.8	-27.6	381.4	181.2	200.2	-19.0
1985	2066.7	808.9	1257.8	-448.9	696.0	273.5	422.5	-149.0
1990	5560.1	2985.8	2574.3	411.5	1154.4	620.9	533.5	87.4
1991	7225.8	3827.1	3398.7	428.4	1357.0	719.1	637.9	81.2
1992	9119.6	4676.3	4443.3	233.0	1655.3	849.4	805.9	43.5
1993	11271.0	5284.8	5986.2	-701.4	1957.0	917.4	1039.6	-122.2
1994	20381.9	10421.8	9960.1	461.7	2366.2	1210.1	1156.1	54.0
1995	23499.9	12451.8	11048.1	1403.7	2808.6	1487.8	1320.8	167.0
1996	24133.8	12576.4	11557.4	1019.0	2898.8	1510.5	1388.3	122.2
1997	26967.2	15160.7	11806.5	3354.2	3251.6	1827.9	1423.7	404.2
1998	26849.7	15223.6	11626.1	3597.5	3239.5	1837.1	1402.4	434.7
1999	29896.2	16159.8	13736.4	2423.4	3606.3	1949.3	1657.0	292.3
2000	39273.2	20634.4	18638.8	1995.6	4742.9	2492.0	2250.9	241.1
2001	42183.6	22024.4	20159.2	1865.2	5096.5	2661.0	2435.5	225.5
2002	51378.2	26947.9	24430.3	2517.6	6207.7	3256.0	2951.7	304.3
2003	70483.5	36287.9	34195.6	2092.3	8509.9	4382.3	4127.6	254.7
2004	95539.1	49103.3	46435.8	2667.5	11545.5	5933.2	5612.3	320.9
2005	116921.8	62648.1	54273.7	8374.4	14219.1	7619.5	6599.5	1020.0
2006	140971.4	77594.6	63376.9	14217.7	17604.0	9689.4	7914.6	1774.8
2007	166740.2	93455.6	73284.6	20171.1	21737.3	12177.8	9559.5	2618.3

注：1. 货物进出口差额负数为逆差。

2. 1978 年为外贸业务统计数，1980 年起为海关进出口统计数。

邮电业务量

（1978—2007）

年 份	邮电业务总量（亿元）	邮政业务总量	电信业务总量	函件（亿件）	包裹（万件）	快递（万件）	报刊期发数（万份）
1978	34.09	14.92	19.17	28.35	7400.50		11250.00
1980	39.03	17.02	22.01	33.13	7153.20		16431.00
1985	62.21	25.70	36.51	46.78	7612.70		30172.00
1990	155.54	45.95	109.59	54.87	9690.10	343.30	20078.00
1991	204.38	52.75	151.63	52.11	9590.90	566.70	23277.00
1992	290.94	64.36	226.57	57.18	10948.00	959.20	25104.00
1993	462.71	80.26	382.45	68.70	13964.50	2156.20	25511.00
1994	688.19	95.89	592.30	76.50	15908.20	4019.50	24096.00
1995	988.85	113.34	875.51	79.55	15641.00	5562.70	21689.00
1996	1342.04	133.29	1208.75	78.68	14920.00	7096.60	21157.00
1997	1773.29	144.34	1628.95	68.55	9715.30	6878.90	21875.00
1998	2431.21	166.28	2264.94	65.51	9726.50	7667.70	22989.00
1999	3330.82	198.44	3132.37	60.52	9741.90	9091.30	25035.00
2000	4792.70	232.80	4559.90	77.71	9600.30	11031.40	20089.70
2001	4556.26	457.42	4098.84	86.93	9931.20	12652.70	21811.00
2002	5695.80	494.69	5201.12	106.01	10537.90	14036.20	17620.00
2003	7019.79	541.04	6478.75	103.84	11029.40	17237.80	16594.40
2004	9712.29	564.30	9147.99	82.81	9948.70	19771.90	14789.30
2005	12028.54	625.52	11403.02	73.51	9531.80	22880.30	14601.30
2006	15325.87	730.49	14595.38	71.31	9317.50	26988.04	14372.76
2007	19805.06	1213.73	18591.33	69.50	9103.30	120189.56	13030.60

邮电业务量

（1978—2007）

年份	汇票（万笔）	集邮业务（万枚）	固定电话长途通话时长（亿分钟）	移动电话长途通话时长（亿分钟）	IP 电话通话时长（亿分钟）	移动短信业务量（亿条）	互联网上网人数（万人）
1978	11852.40						
1980	13557.00						
1985	16355.10						
1990	16555.80	71233.00					
1991	17078.70	123523.00					
1992	19225.20	167303.00					
1993	21894.80	210885.00					
1994	23862.10	236849.00					
1995	23985.10	239250.00					
1996	23923.40	303436.00					
1997	23416.50	451729.00					
1998	23069.20	502850.00					
1999	22886.80	522475.00	546.60		1.00		
2000	22475.00	453500.00	671.50	17.70	31.50		2250.00
2001	21399.70	344114.00	628.20	312.10	201.90		3370.00
2002	21080.00	244158.70	539.90	428.60	591.60	583.30	5910.00
2003	20442.00	183421.00	587.50	473.40	834.20	1386.30	7950.00
2004	17895.40	149178.00	741.60	609.20	1149.00	2170.50	9400.00
2005	16052.00	121214.00	894.20	719.20	1340.20	3046.30	11100.00
2006	18928.00	104580.90	976.10	986.49	1492.20	4295.36	13700.00
2007	22875.20	113656.70	1040.63	1572.54	1494.88	5945.79	21000.00

邮电业务量

（1978—2007）

年份	移动电话年末用户（万户）	固定电话年末用户（万户）	城市电话用户	#住宅电话用户	农村电话用户	#住宅电话用户	公用电话（万户）
1978		192.54	119.15		73.39		1.16
1980		214.08	134.17		79.90		1.40
1985		312.03	218.96	4.08	93.07	2.05	2.75
1990	1.83	685.03	538.45	152.72	146.58	30.66	4.60
1991	4.75	845.06	670.83	239.00	174.23	49.55	5.38
1992	17.69	1146.91	920.57	415.41	226.34	79.01	8.41
1993	63.93	1733.16	1407.37	800.38	325.79	139.55	15.84
1994	156.78	2729.53	2246.78	1489.40	482.75	274.86	38.66
1995	362.94	4070.57	3263.56	2358.40	807.00	551.37	84.98
1996	685.28	5494.74	4277.82	3224.62	1216.92	907.27	138.04
1997	1323.29	7031.04	5244.40	4057.16	1786.63	1406.56	193.94
1998	2386.29	8742.09	6259.81	4911.08	2482.28	2070.75	259.49
1999	4329.60	10871.60	7463.30	5894.40	3408.40	2949.20	297.40
2000	8453.30	14482.90	9311.60	7219.40	5171.30	4597.80	352.00
2001	14522.20	18036.80	11193.70	8535.30	6843.10	6197.70	346.20
2002	20600.50	21422.20	13579.10	10196.70	7843.10	7183.80	985.50
2003	26995.30	26274.70	17109.70	12533.90	9165.00	8389.70	1561.40
2004	33482.40	31175.60	21025.10	15246.50	10150.50	9240.50	2215.00
2005	39340.60	35044.50	23975.30	17201.20	11069.20	10023.90	2681.20
2006	46105.80	36778.56	25132.93	17697.57	11645.63	10561.52	2960.71
2007	54730.60	36563.70	24859.80	16988.20	11704.00	10533.10	2991.90

各级各类学校数

（1978—2007）

单位：所

年份	普通高等学校	普通中学	高中	初中	职业中学	普通小学	特殊教育学校	学前教育
1978	598	162345	49215	113130		949323	292	163952
1980	675	118377	31300	87077	3314	917316	292	170419
1985	1016	93221	17318	75903	8070	832309	375	172262
1986	1054	92967	17111	75856	8187	820846	423	173376
1987	1063	92857	16930	75927	8381	807406	504	176775
1988	1075	91492	16524	74968	8954	793261	577	171845
1989	1075	89575	16050	73525	9173	777244	662	172634
1990	1075	87631	15678	71953	9164	766072	746	172322
1991	1075	85851	15243	70608	9572	729158	886	164465
1992	1053	84021	14850	69171	9860	712973	1077	172506
1993	1065	82795	14380	68415	9985	696681	1123	165197
1994	1080	82358	14242	68116	10217	682588	1241	174657
1995	1054	81020	13991	67029	10147	668685	1379	180438
1996	1032	79967	13875	66092	10049	645983	1428	187324
1997	1020	78642	13880	64762	10047	628840	1440	182485
1998	1022	77888	13948	63940	10074	609626	1535	181368
1999	1071	77213	14127	63086	9636	582291	1520	181136
2000	1041	77268	14564	62704	8849	553622	1539	175836
2001	1225	80432	14907	65525	7802	491273	1531	111706
2002	1396	80067	15406	64661	7402	456903	1540	111752
2003	1552	79490	15779	63711	6843	425846	1551	116390
2004	1731	79058	15998	63060	6478	394183	1560	117899
2005	1792	77977	16092	61885	6423	366213	1593	124402
2006	1867	76703	16153	60550	6100	341639	1605	130495
2007	1908	74790	15681	59109	6191	320061	1618	129086

注：职业中学包括职业高中和职业初中。

各级各类学校在校学生数

（1978—2007）

单位：万人

年份	普通高等学校	普通中学	高中	初中	职业中学	普通小学	特殊教育学校	学前教育
1978	85.60	6548.30	1553.10	4995.20		14624.00	3.10	787.70
1980	114.40	5508.10	969.80	4538.30	45.40	14627.00	3.30	1150.80
1985	170.30	4706.00	741.10	3964.80	229.50	13370.20	4.20	1479.70
1986	188.00	4889.90	773.40	4116.60	256.00	13182.50	4.70	1629.00
1987	195.90	4948.10	773.70	4174.40	267.60	12835.90	5.30	1807.80
1988	206.60	4761.50	746.00	4015.50	279.40	12535.80	5.80	1854.50
1989	208.20	4554.00	716.10	3837.90	282.30	12373.10	6.40	1847.70
1990	206.30	4586.00	717.30	3868.70	295.00	12241.40	7.20	1972.20
1991	204.40	4683.50	722.90	3960.60	315.60	12164.20	8.50	2209.30
1992	218.40	4770.80	704.90	4065.90	342.80	12201.30	12.95	2428.20
1993	253.60	4739.10	656.90	4082.20	362.60	12421.20	16.86	2552.50
1994	279.90	4981.70	664.90	4316.70	405.60	12822.60	21.14	2630.30
1995	290.60	5371.00	713.20	4657.80	448.30	13195.20	29.56	2711.20
1996	302.10	5739.70	769.30	4970.40	473.30	13615.00	32.11	2666.30
1997	317.40	6017.90	850.10	5167.80	511.90	13995.40	34.06	2519.00
1998	340.90	6301.00	938.00	5363.00	541.60	13953.80	35.84	2403.00
1999	413.40	6771.30	1049.70	5721.60	533.90	13548.00	37.16	2326.30
2000	556.09	7368.91	1201.26	6167.60	503.21	13013.25	37.80	2244.18
2001	719.07	7836.02	1404.97	6431.05	466.43	12543.47	38.64	2021.84
2002	903.36	8287.87	1683.81	6604.06	511.50	12156.71	37.45	2036.02
2003	1108.60	8583.20	1964.80	6618.40	528.17	11689.74	36.47	2003.90
2004	1333.50	8695.40	2220.40	6475.00	569.40	11246.20	37.20	2089.40
2005	1561.78	8580.90	2409.09	6171.81	625.57	10864.07	36.44	2179.03
2006	1738.80	8451.90	2514.50	5937.40	676.20	10711.50	36.30	2263.90
2007	1884.90	8243.30	2522.40	5720.90	740.54	10564.00	41.90	2348.83

注：职业中学包括职业高中和职业初中。

各级各类学校专任教师数

（1978—2007）

单位：万人

年份	普通高等学校	普通中学	高中	初中	职业中学	普通小学	特殊教育学校	学前教育
1978	20.60	318.20	74.10	244.10		522.60	0.40	27.70
1980	24.70	302.00	57.10	244.90	2.30	549.90	0.50	41.10
1985	34.40	265.20	49.20	216.00	14.10	537.70	0.70	55.00
1986	37.20	275.80	51.80	223.90	16.40	541.40	0.80	60.50
1987	38.50	287.00	54.40	232.70	18.50	543.40	0.90	65.10
1988	39.30	296.00	55.70	240.30	20.30	550.10	1.10	67.00
1989	39.70	298.00	55.40	242.70	21.40	554.40	1.20	70.90
1990	39.50	303.30	56.20	247.00	22.40	558.20	1.40	75.00
1991	39.10	309.00	57.30	251.70	23.50	553.20	1.60	76.90
1992	38.80	314.10	57.60	256.50	24.80	552.70	1.90	81.50
1993	38.80	316.70	55.90	260.80	26.20	555.20	2.00	83.60
1994	39.60	323.40	54.70	268.70	27.70	561.10	2.30	86.20
1995	40.10	333.40	55.10	278.40	29.20	566.40	2.50	87.50
1996	40.30	346.50	57.20	289.30	30.80	573.60	2.70	88.90
1997	40.50	358.70	60.50	298.20	32.20	579.40	2.90	88.40
1998	40.70	369.70	64.20	305.50	33.60	581.90	3.00	87.50
1999	42.60	384.10	69.20	314.80	33.60	586.10	3.10	87.20
2000	46.28	400.50	75.69	324.86	32.00	586.03	3.20	85.60
2001	53.19	418.84	84.00	334.84	30.59	579.77	2.85	63.01
2002	61.84	437.63	94.60	343.03	31.01	577.89	2.98	57.12
2003	72.50	453.70	107.10	346.70	28.90	570.30	3.00	61.30
2004	85.80	466.80	119.10	347.70	29.40	562.90	3.10	65.60
2005	96.58	477.13	129.95	347.18	30.27	559.25	3.19	72.16
2006	107.60	485.10	138.70	346.30	30.70	558.80	3.30	77.60
2007	116.83	490.74	144.31	346.43	31.74	561.26	3.50	82.68

注：职业中学包括职业高中和职业初中。

按行业分全部国有及规模以上非国有工业企业主要经济效益指标

（2002）

项　　目	总资产贡献率（%）	资产负债率（%）	流动资产周转次数（次/年）	工业成本费用利润率（%）
全国总计	9.45	58.72	1.80	5.62
按轻重工业分				
轻工业	10.88	58.30	1.88	4.83
重工业	8.81	58.90	1.76	6.10
按行业分				
煤炭采选业	6.61	56.95	1.21	4.51
石油和天然气开采业	28.21	35.63	2.94	57.33
黑色金属矿采选业	7.65	48.01	1.58	5.19
有色金属矿采选业	10.53	64.54	2.13	8.02
非金属矿采选业	6.90	56.73	1.57	4.25
木材及竹材采运业	3.32	66.07	0.61	3.23
食品加工业	7.60	65.35	2.85	2.62
食品制造业	9.33	58.25	2.02	4.75
饮料制造业	13.21	55.48	1.41	7.31
烟草加工业	47.51	46.69	1.36	20.59
纺织业	7.09	65.72	1.97	3.14
服装及其他纤维制品制造	10.22	56.58	2.30	4.25
皮革、毛皮、羽绒及其制品业	9.78	62.34	2.42	3.55
木材加工及竹、藤、棕、草制品业	7.84	61.05	2.18	3.21
家具制造业	8.95	55.27	2.15	4.16
造纸及纸制品业	8.20	63.71	1.73	5.24
印刷业记录媒介的复制	9.78	52.06	1.51	8.17
文教体育用品制造业	7.40	54.08	2.07	4.43
石油加工及炼焦业	12.45	56.44	3.76	1.10
化学原料及制品制造业	7.49	59.09	1.84	4.16
医药制造业	11.05	53.90	1.26	9.62
化学纤维制造业	5.70	59.53	2.12	2.75
橡胶制品业	8.67	62.42	1.62	4.42
塑料制品业	8.65	55.15	1.97	4.96
非金属矿物制品业	7.18	62.22	1.59	3.79
黑色金属冶炼及压延加工业	8.12	55.36	1.88	4.79
有色金属冶炼及压延加工业	6.83	63.41	1.80	3.30
金属制品业	8.69	60.89	1.91	4.17
普通机械制造业	8.00	62.65	1.32	5.02
专用设备制造业	7.39	63.73	1.28	4.91
交通运输设备制造业	10.15	61.24	1.56	6.49
电气机械及器材制造业	8.92	59.15	1.62	5.19
电子及通信设备制造业	7.62	58.46	1.97	4.44
仪器仪表文化办公用机械	10.83	55.19	2.24	4.70
电力蒸汽热水生产供应业	7.54	61.47	1.84	6.82
煤气的生产和供应业	1.90	47.52	1.45	-0.30
自来水的生产和供应业	2.23	42.03	0.84	1.29

按行业分全部国有及规模以上非国有工业企业主要经济效益指标

（2003）

项　　目	总资产贡献率（%）	资产负债率（%）	流动资产周转次数（次/年）	工业成本费用利润率（%）
全国总计	10.50	58.96	2.00	6.25
按轻重工业分				
轻工业	11.61	57.63	2.03	5.23
重工业	10.05	59.51	1.99	6.77
按行业分				
煤炭开采和洗选业	7.67	55.89	1.33	6.04
石油和天然气开采业	33.08	35.64	3.38	64.13
黑色金属矿采选业	11.79	51.86	2.04	8.20
有色金属矿采选业	13.47	61.09	2.53	10.55
非金属矿采选业	8.53	56.79	1.87	5.51
其他采矿业	4.36	50.11	0.79	8.61
农副食品加工业	8.31	65.30	2.97	3.06
食品制造业	10.26	57.39	2.10	5.52
饮料制造业	13.53	55.08	1.49	8.04
烟草制品业	49.98	42.33	1.39	24.62
纺织业	7.43	63.17	2.13	3.42
纺织服装、鞋、帽制造业	10.59	57.59	2.41	4.28
皮革、毛皮、羽毛（绒）及其制品业	11.15	59.43	2.69	3.89
木材加工及木、竹、藤、棕、草制品业	8.38	58.44	2.39	3.69
家具制造业	8.73	56.08	2.22	4.40
造纸及纸制品业	8.51	62.40	1.92	5.06
印刷业和记录媒介的复制	9.90	52.81	1.58	8.07
文教体育用品制造业	8.38	54.19	2.21	4.15
石油加工、炼焦及核燃料加工业	14.99	51.28	4.58	2.07
化学原料及化学制品制造业	9.45	57.49	2.09	5.53
医药制造业	11.44	53.94	1.34	10.38
化学纤维制造业	8.11	58.53	2.53	4.27
橡胶制品业	9.18	61.72	1.80	5.07
塑料制品业	8.37	54.41	2.06	4.64
非金属矿物制品业	9.01	60.88	1.74	5.77
黑色金属冶炼及压延加工业	10.84	58.06	2.28	6.39
有色金属冶炼及压延加工业	8.47	64.69	2.11	4.59
金属制品业	9.62	60.71	2.05	4.77
通用设备制造业	8.87	63.68	1.46	5.83
专用设备制造业	7.34	65.86	1.41	4.92
交通运输设备制造业	11.88	60.41	1.75	7.59
电气机械及器材制造业	9.20	60.31	1.75	5.25
通信设备、计算机及其他电子设备制造业	7.71	61.82	2.16	4.03
仪器仪表及文化、办公用机械制造业	9.34	56.88	1.79	5.69
工艺品及其他制造业	10.45	55.44	2.45	4.16
废弃资源和废旧材料回收加工业	8.06	68.37	3.00	1.69
电力、热力的生产和供应业	7.62	63.31	2.03	6.73
燃气生产和供应业	3.14	48.58	1.60	1.59
水的生产和供应业	2.12	43.60	0.86	0.36

按行业分全部国有及规模以上非国有工业企业主要经济效益指标

（2004）

项目	总资产贡献率（%）	资产负债率（%）	流动资产周转次数（次/年）	工业成本费用利润率（%）
全国总计	12.26	59.17	2.16	6.52
按行业分				
煤炭开采和洗选业	11.86	60.23	1.59	8.89
石油和天然气开采业	44.50	34.53	3.82	79.84
黑色金属矿采选业	27.29	50.96	2.28	18.05
有色金属矿采选业	23.76	55.08	2.80	17.87
非金属矿采选业	10.83	57.01	2.09	6.27
其他采矿业	17.44	68.03	1.94	9.18
农副食品加工业	9.70	62.83	3.23	3.12
食品制造业	11.05	57.70	2.13	5.20
饮料制造业	14.64	55.33	1.58	8.02
烟草制品业	58.45	37.59	1.44	29.99
纺织业	8.08	63.07	2.30	3.09
纺织服装、鞋、帽制造业	11.08	56.50	2.48	4.14
皮革、毛皮、羽毛（绒）及其制品业	12.01	59.76	2.64	4.04
木材加工及木、竹、藤、棕、草制品业	10.88	56.43	2.60	4.60
家具制造业	9.81	57.65	2.27	4.63
造纸及纸制品业	9.02	61.41	2.01	4.97
印刷业和记录媒介的复制	9.99	53.25	1.58	7.67
文教体育用品制造业	8.87	54.73	2.19	4.02
石油加工、炼焦及核燃料加工业	19.31	53.79	4.89	3.31
化学原料及化学制品制造业	13.30	56.54	2.37	7.73
医药制造业	11.75	52.83	1.39	9.53
化学纤维制造业	7.86	59.55	2.63	3.46
橡胶制品业	10.00	62.08	2.04	4.93
塑料制品业	8.24	56.28	2.11	4.03
非金属矿物制品业	10.63	60.57	1.89	6.01
黑色金属冶炼及压延加工业	14.02	59.24	2.63	7.03
有色金属冶炼及压延加工业	11.53	64.99	2.45	5.46
金属制品业	11.21	60.81	2.18	5.04
通用设备制造业	10.30	64.44	1.56	6.06
专用设备制造业	8.11	64.98	1.46	5.02
交通运输设备制造业	11.11	60.44	1.72	6.19
电气机械及器材制造业	10.25	61.09	1.88	5.10
通信设备、计算机及其他电子设备制造业	8.32	61.63	2.32	3.99
仪器仪表及文化、办公用机械制造业	8.99	58.15	1.91	4.94
工艺品及其他制造业	11.21	54.53	2.44	4.11
废弃资源和废旧材料回收加工业	10.38	70.33	3.71	1.55
电力、热力的生产和供应业	7.94	64.02	2.25	5.55
燃气生产和供应业	3.55	47.29	1.75	1.81
水的生产和供应业	2.23	45.22	0.83	1.06

按行业分全部国有及规模以上非国有工业企业主要经济效益指标

（2005）

行　业	工业增加值率（%）	总资产贡献率（%）	资产负债率（%）	流动资产周转次数（次/年）
全国总计	28.69	11.82	57.81	2.35
按行业分				
煤炭开采和洗选业	50.47	13.64	61.34	1.87
石油和天然气开采业	76.58	55.32	34.24	4.32
黑色金属矿采选业	43.10	19.65	48.24	2.16
有色金属矿采选业	37.50	28.45	51.05	2.91
非金属矿采选业	37.08	17.79	54.35	2.72
其他采矿业	31.46	27.64	43.23	4.02
农副食品加工业	25.87	12.24	59.53	3.64
食品制造业	30.91	12.38	56.01	2.41
饮料制造业	37.70	16.40	53.31	1.90
烟草制品业	72.52	57.68	32.94	1.43
纺织业	25.57	9.26	61.27	2.47
纺织服装、鞋、帽制造业	28.54	11.76	56.96	2.58
皮革、毛皮、羽毛（绒）及其制品业	27.27	12.79	58.68	2.83
木材加工及木、竹、藤、棕、草制品业	27.95	12.15	54.79	2.91
家具制造业	26.97	10.40	57.39	2.45
造纸及纸制品业	27.55	9.09	61.57	2.21
印刷业和记录媒介的复制	32.09	9.66	51.68	1.68
文教体育用品制造业	25.61	8.93	53.59	2.41
石油加工、炼焦及核燃料加工业	16.51	8.53	56.46	4.72
化学原料及化学制品制造业	26.85	11.93	56.30	2.53
医药制造业	35.99	11.63	51.81	1.57
化学纤维制造业	18.61	5.65	59.11	2.66
橡胶制品业	27.10	10.39	59.19	2.26
塑料制品业	25.10	8.87	55.66	2.20
非金属矿物制品业	30.54	9.55	60.02	2.05
黑色金属冶炼及压延加工业	26.91	11.31	60.30	2.80
有色金属冶炼及压延加工业	24.31	12.33	63.20	2.65
金属制品业	25.83	11.44	58.10	2.32
通用设备制造业	27.96	10.85	62.44	1.70
专用设备制造业	27.63	8.96	62.91	1.61
交通运输设备制造业	24.38	9.10	61.58	1.75
电气机械及器材制造业	25.71	9.90	60.85	1.99
通信设备、计算机及其他电子设备制造业	21.20	7.42	62.72	2.42
仪器仪表及文化、办公用机械制造业	26.36	10.44	54.69	2.02
工艺品及其他制造业	28.04	12.00	54.93	2.60
废弃资源和废旧材料回收加工业	20.46	12.36	64.81	3.46
电力、热力的生产和供应业	32.16	7.57	56.68	2.73
燃气生产和供应业	26.13	3.58	51.53	1.96
水的生产和供应业	45.19	1.83	47.84	0.83

按行业分全部国有及规模以上非国有工业企业主要经济效益指标

（2005）

行业	工业成本费用利润率（%）	全员劳动生产率（元/人/年）	产品销售率（%）
全国总计	6.42	104680	98.14
按行业分			
煤炭开采和洗选业	10.93	66273	98.39
石油和天然气开采业	102.76	562528	99.83
黑色金属矿采选业	16.88	105067	97.02
有色金属矿采选业	23.35	102115	98.09
非金属矿采选业	9.14	65304	97.78
其他采矿业	15.18	125975	96.67
农副食品加工业	4.06	123385	98.03
食品制造业	6.02	96536	97.83
饮料制造业	8.31	130862	97.78
烟草制品业	30.28	1047313	101.43
纺织业	3.68	54830	97.92
纺织服装、鞋、帽制造业	4.54	41030	97.48
皮革、毛皮、羽毛（绒）及其制品业	4.40	41268	97.90
木材加工及木、竹、藤、棕、草制品业	5.00	61303	96.94
家具制造业	4.72	54003	97.97
造纸及纸制品业	5.09	88091	97.64
印刷业和记录媒介的复制	7.21	69219	97.60
文教体育用品制造业	3.80	34583	98.04
石油加工、炼焦及核燃料加工业	-1.00	266352	99.05
化学原料及化学制品制造业	6.57	129176	98.02
医药制造业	9.29	123932	94.18
化学纤维制造业	1.84	113835	98.31
橡胶制品业	5.21	74758	97.39
塑料制品业	4.59	69404	97.72
非金属矿物制品业	5.02	67147	97.51
黑色金属冶炼及压延加工业	5.25	200941	97.97
有色金属冶炼及压延加工业	5.80	147594	98.10
金属制品业	5.19	75857	98.23
通用设备制造业	6.54	83548	97.37
专用设备制造业	5.79	76474	96.86
交通运输设备制造业	4.48	108699	99.38
电气机械及器材制造业	5.03	97332	97.58
通信设备、计算机及其他电子设备制造业	3.43	130156	97.81
仪器仪表及文化、办公用机械制造业	6.00	82682	98.41
工艺品及其他制造业	4.88	45480	98.13
废弃资源和废旧材料回收加工业	3.03	141313	96.48
电力、热力的生产和供应业	6.62	226353	99.78
燃气生产和供应业	2.53	90652	100.49
水的生产和供应业	-0.26	56691	97.05

按行业分全部国有及规模以上非国有工业企业主要经济效益指标

（2006）

行　　业	工业增加值率（%）	总资产贡献率（%）	资产负债率（%）	流动资产周转次数（次/年）	工业成本费用利润率（%）	产品销售率（%）
全国总计	28.77	12.74	57.46	2.50	6.74	98.18
按行业分						
煤炭开采和洗选业	49.77	13.29	60.65	1.89	10.57	98.61
石油和天然气开采业	77.56	57.65	37.13	4.29	100.00	99.61
黑色金属矿采选业	42.36	20.16	49.34	2.32	14.97	97.49
有色金属矿采选业	40.53	32.05	47.76	2.85	26.83	97.99
非金属矿采选业	36.73	18.22	54.00	2.99	8.99	97.82
其他采矿业	34.85	22.47	71.10	5.31	5.26	98.41
农副食品加工业	26.92	13.63	57.55	3.71	4.76	98.06
食品制造业	31.12	13.79	54.68	2.73	6.42	97.85
饮料制造业	36.91	17.65	53.35	2.10	8.80	98.10
烟草制品业	74.04	61.17	30.87	1.42	32.46	100.00
纺织业	25.88	10.04	60.24	2.59	3.95	98.02
纺织服装、鞋、帽制造业	29.77	12.47	53.74	2.71	4.90	97.19
皮革、毛皮、羽毛（绒）及其制品业	28.26	14.55	56.92	2.94	4.73	97.89
木材加工及木、竹、藤、棕、草制品业	28.22	13.65	54.23	3.13	5.36	97.17
家具制造业	26.61	11.44	55.99	2.60	5.03	97.40
造纸及纸制品业	27.54	10.22	60.12	2.33	5.67	98.36
印刷业和记录媒介的复制	32.68	10.52	51.15	1.77	7.57	97.56
文教体育用品制造业	26.43	9.41	53.79	2.48	3.54	98.01
石油加工、炼焦及核燃料加工业	15.28	6.20	57.02	4.70	-2.09	99.14
化学原料及化学制品制造业	26.40	11.43	55.70	2.62	5.99	97.88
医药制造业	36.03	11.59	50.89	1.63	8.65	94.92
化学纤维制造业	18.85	6.53	59.68	2.76	2.27	98.32
橡胶制品业	26.17	9.99	60.06	2.49	4.56	97.85
塑料制品业	26.15	9.72	56.70	2.29	4.62	97.86
非金属矿物制品业	31.19	11.21	57.17	2.32	5.83	97.66
黑色金属冶炼及压延加工业	27.57	11.61	61.04	2.81	5.63	98.89
有色金属冶炼及压延加工业	24.72	17.24	62.31	3.21	7.40	98.24
金属制品业	26.10	11.97	58.54	2.38	5.02	97.87
通用设备制造业	27.66	12.03	60.95	1.88	6.76	97.94
专用设备制造业	28.87	10.40	61.09	1.74	6.63	97.13
交通运输设备制造业	24.20	10.42	60.75	1.95	5.29	97.84
电气机械及器材制造业	25.42	10.93	61.52	2.17	5.03	97.86
通信设备、计算机及其他电子设备制造业	21.42	8.34	61.14	2.57	3.58	97.84
仪器仪表及文化、办公用机械制造业	27.35	11.60	55.13	2.11	6.24	98.09
工艺品及其他制造业	27.86	12.97	53.85	2.66	5.25	97.85
废弃资源和废旧材料回收加工业	22.55	15.32	68.74	3.68	3.57	97.28
电力、热力的生产和供应业	32.08	8.45	57.23	3.13	8.17	99.86
燃气生产和供应业	26.19	4.82	54.72	1.99	3.40	100.07
水的生产和供应业	44.09	2.82	50.46	0.80	3.61	97.35

按行业分规模以上工业企业主要经济效益指标

（2007）

行　业	工业增加值率（%）	总资产贡献率（%）	资产负债率（%）	流动资产周转次数（次/年）	工业成本费用利润率（%）	产品销售率（%）
全国总计	28.89	14.09	57.48	2.63	7.43	98.14
按行业分						
煤炭开采和洗选业	51.04	14.67	61.15	2.01	12.49	98.08
石油和天然气开采业	77.72	46.50	38.63	3.98	77.79	99.53
黑色金属矿采选业	43.59	26.89	48.32	2.45	21.25	97.52
有色金属矿采选业	42.53	31.83	47.91	2.80	24.39	97.43
非金属矿采选业	37.88	21.46	50.58	3.32	9.68	97.84
其他采矿业	29.78	28.16	57.07	6.68	4.72	98.63
农副食品加工业	26.53	16.08	56.80	3.99	5.64	97.93
食品制造业	30.66	15.84	52.80	2.82	7.39	97.51
饮料制造业	37.06	19.19	53.30	2.16	10.33	97.65
烟草制品业	77.29	69.91	24.74	1.62	38.83	100.41
纺织业	26.23	11.21	60.12	2.64	4.46	97.81
纺织服装、鞋、帽制造业	29.80	14.14	55.22	2.78	5.20	97.42
皮革、毛皮、羽毛（绒）及其制品业	28.73	16.47	56.62	3.11	5.51	97.74
木材加工及木、竹、藤、棕、草制品业	29.27	17.17	53.26	3.50	6.23	97.49
家具制造业	26.67	11.61	55.76	2.69	4.97	97.73
造纸及纸制品业	27.56	11.97	58.81	2.49	6.71	98.43
印刷业和记录媒介的复制	32.68	11.71	51.46	1.94	8.36	97.70
文教体育用品制造业	26.42	9.85	53.52	2.57	3.82	97.58
石油加工、炼焦及核燃料加工业	17.35	13.53	56.58	4.86	1.25	99.41
化学原料及化学制品制造业	27.39	14.05	55.25	2.74	7.53	97.78
医药制造业	35.94	14.59	48.83	1.84	10.93	94.37
化学纤维制造业	19.64	9.19	60.83	2.65	4.26	97.23
橡胶制品业	27.70	12.20	58.47	2.72	5.62	98.26
塑料制品业	26.32	11.63	56.19	2.44	5.47	97.83
非金属矿物制品业	31.17	14.24	56.77	2.61	7.56	97.67
黑色金属冶炼及压延加工业	26.73	13.70	60.96	3.03	6.42	99.12
有色金属冶炼及压延加工业	24.83	17.94	58.42	3.39	7.15	98.43
金属制品业	26.30	12.76	58.89	2.54	5.12	97.97
通用设备制造业	27.73	13.03	59.63	2.04	7.14	97.54
专用设备制造业	28.96	12.01	59.08	1.80	8.22	97.19
交通运输设备制造业	25.69	12.17	62.94	2.00	6.84	97.80
电气机械及器材制造业	25.20	12.36	60.88	2.25	5.66	97.42
通信设备、计算机及其他电子设备制造业	20.20	8.51	61.89	2.61	3.86	98.25
仪器仪表及文化、办公用机械制造业	27.00	12.74	53.34	2.16	7.12	98.39
工艺品及其他制造业	27.09	13.85	55.94	2.71	5.45	97.44
废弃资源和废旧材料回收加工业	23.81	17.06	66.35	3.91	3.88	98.51
电力、热力的生产和供应业	33.36	8.85	58.16	3.48	8.16	99.64
燃气生产和供应业	31.02	8.29	56.25	2.22	6.97	101.05
水的生产和供应业	45.91	3.08	51.46	0.83	4.19	97.51

国民经济和社会发展速度指标

(1978—2007)

指　　标	指数 Index (2007 为以下各年)				平均增长速度		
	1978	1990	2000	2006	1979—2007	1991—2007	2001—2007
人口与就业							
人口							
年底总人口	137.26	115.57	104.25	100.52	1.10	0.85	0.60
城镇人口	344.33	196.65	129.35	102.90	4.36	4.06	3.74
乡村人口	92.07	86.47	90.00	98.65	-0.28	-0.85	-1.49
男性人口							
女性人口							
就业							
就业人员数	191.75	118.91	106.80	100.77	2.27	1.02	0.94
#职工人数	120.30	81.28	101.49	102.38	0.64	-1.21	0.21
城镇登记失业人数	156.60	216.71	139.50	97.99	1.56	4.65	4.87
宏观经济							
国民经济核算							
国民总收入	1512.50	535.45	201.49	112.18	9.82	10.37	10.53
国内生产总值	1500.70	532.71	197.47	111.93	9.79	10.34	10.21
第一产业	365.80	191.85	132.06	103.70	4.57	3.91	4.05
第二产业	2307.70	758.82	213.32	113.39	11.43	12.66	11.43
第三产业	1956.30	540.21	204.62	112.55	10.80	10.43	10.77
支出法国内生产总值							
最终消费							
居民消费							
政府消费							
资本形成总额							
固定资本形成							
存货增加							
货物和服务净出口							
固定资产投资							
全社会固定资产投资总额	0.00	3040.16	417.17	124.84	0.00	22.40	21.60
#国有单位							
集体单位							
个体经济							
全社会施工房屋面积	0.00	399.90	206.77	118.56	0.00	8.49	10.94
全社会竣工房屋建筑面积	0.00	220.86	131.02	112.18	0.00	4.77	3.94
财政							
国家财政收入	4532.69	1747.36	383.13	132.41	14.06	18.33	21.15
中央	15787.20	2796.11	397.03	135.65	19.07	21.64	21.77
地方	2464.49	1212.16	367.97	128.79	11.68	15.81	20.46
国家财政支出	4436.48	1614.40	313.36	123.15	13.97	17.78	17.72
中央	2150.28	1139.11	207.29	114.52	11.16	15.39	10.98
地方	6498.52	1844.02	369.83	125.99	15.48	18.70	20.54
物价总指数（上年=100）							
商品零售　价格指数							
居民消费　价格指数							

国民经济和社会发展速度指标

（1978—2007）

指　　标	指数 Index（2007 为以下各年）				平均增长速度		
	1978	1990	2000	2006	1979—2007	1991—2007	2001—2007
农产品生产　价格指数							
工业品出厂　价格指数							
原材料、燃料、动力购进　价格指数							
固定资产投资　价格指数							
能源生产与消费							
能源生产总量	375.09	226.56	182.55	106.51	4.66	4.93	8.98
能源消费总量	464.76	269.07	191.68	107.84	5.44	6.00	9.74
产业							
农业							
农林牧渔业从业人员							
农林牧渔业总产值	553.60	271.51	141.40	103.89	6.08	6.05	5.07
主要农产品产量							
粮食	164.59	112.41	108.53	100.71	1.73	0.69	1.18
棉花	351.80	169.12	172.58	101.21	4.43	3.14	8.11
油料	492.29	159.24	86.93	97.29	5.65	2.77	-1.98
甘蔗	534.89	196.03	165.42	116.33	5.95	4.04	7.46
甜菜	330.51	61.49	110.62	118.96	4.21	-2.82	1.45
茶叶	434.89	215.81	170.56	113.37	5.20	4.63	7.93
水果	2760.60	967.57	291.34	106.05	12.12	14.28	16.50
肉类			114.16	96.85			1.91
水产品	1020.20	383.79	128.10	103.58	8.34	8.23	3.60
工业							
主要工业产品产量							
布	612.20	357.66	243.78	112.82	6.45	7.78	13.58
机制纸及纸板							
机制糖	560.08	218.45	181.63	133.96	6.12	4.70	8.90
家用电冰箱	157040.36	949.58	343.79	124.53	28.89	14.16	19.29
彩色电视机	2231055.26	820.69	215.40	101.23	41.24	13.18	11.58
家用洗衣机	10012750.00	604.38	277.56	112.49	48.74	11.16	15.70
房间空调器	40071400.00	33295.72	438.74	117.01	56.03	40.73	23.52
原煤	408.74	233.89	194.46	106.45	4.97	5.13	9.97
原油	179.07	134.71	114.31	100.84	2.03	1.77	1.93
发电量	1278.86	528.26	242.07	114.51	9.19	10.29	13.46
粗钢	1539.61	737.43	380.77	116.73	9.89	12.47	21.05
钢材	2561.63	1097.63	430.25	120.62	11.83	15.13	23.18
水泥	2086.41	649.07	228.00	110.06	11.04	11.63	12.50
国有及限额以上非国有工业企业主要指标							
工业增加值			460.91	128.52			24.40
资产总计			279.72	121.23			15.83

国民经济和社会发展速度指标

（1978—2007）

指　　标	指数 Index（2007 为以下各年）				平均增长速度		
	1978	1990	2000	2006	1979—2007	1991—2007	2001—2007
固定资产净值年平均余额							
利润总额			618.08	139.23			29.72
建筑业							
建筑业企业从业人员		310.05	157.13	108.88		6.88	6.67
建筑业总产值		3795.04	408.43	122.83		23.85	22.27
交通运输							
货运量	914.18	234.48	167.50	111.72	7.93	5.14	7.65
铁路	285.36	208.54	175.96	109.03	3.68	4.42	8.41
公路	1924.62	226.43	157.82	111.80	10.74	4.92	6.74
水运	649.54	351.09	229.75	113.07	6.66	7.67	12.62
管道	391.92	257.47	216.85	121.28	4.82	5.72	11.69
民航	6278.88	1086.08	204.30	115.00	15.34	15.06	10.74
客运量	877.10	288.32	150.67	110.06	7.78	6.43	6.03
铁路	166.48	141.75	129.12	107.97	1.77	2.07	3.72
公路	1374.18	316.42	152.20	110.22	9.46	7.01	6.18
水运	99.10	83.88	117.79	103.57		-1.03	2.37
民航	8041.65	1119.05	276.35	116.34	16.33	15.26	15.63
沿海主要港口货物吞吐量	1957.25	803.38	309.07	113.45	10.80	13.04	17.49
邮电通信业							
邮电业务总量	77972.83	17088.09	554.61	129.23	25.81	35.31	27.73
函件	245.16	126.67	89.44	97.46	3.14	1.40	-1.58
报刊期发数	115.83	64.90	64.86	90.66	0.51	-2.51	-6.00
本地电话局用交换机容量	12573.82	4143.03	286.30	101.50	18.14	24.49	16.21
本地电话年末用户	18989.79	5337.53	252.46	99.42	19.83	26.36	14.14
城市	20864.29	4616.92	266.98	98.91	20.22	25.29	15.06
乡村	15946.81	7984.67	226.33	100.50	19.11	29.39	12.38
公用电话	257058.17	64976.33	849.97	101.05	31.10	46.37	35.76
移动电话用户		2990743.17	647.45	118.71		83.35	30.58
国内商业							
社会消费品零售总额	5723.73	1074.81	228.13	116.75	14.98	14.99	12.50
对外贸易							
进出口总额	10531.62	1882.99	458.31	123.48	17.42	18.85	24.29
出口额	12490.01	1961.31	488.67	125.68	18.11	19.13	25.44
进口额	8778.24	1791.85	424.70	120.78	16.68	18.50	22.95
实际利用外资额							
外商直接投资		2144.19	183.64	118.64		19.76	9.07
外商其他投资		1332.84	41.34	88.09		16.46	-11.86
国际旅游							
入境旅游过夜者人数	7642.43	521.94	175.22	109.63	16.13	10.21	8.34

国民经济和社会发展速度指标

（1978—2007）

指　　标	指数 Index（2007 为以下各年）				平均增长速度		
	1978	1990	2000	2006	1979—2007	1991—2007	2001—2007
旅游外汇收入	15938.78	1889.95	258.44	123.48	19.11	18.87	14.53
金融业							
金融机构人民币各项存款余额	33711.50	2792.60	314.51	116.07	22.20	21.60	17.78
金融机构人民币各项贷款余额	13843.00	1494.40	263.35	116.13	18.50	17.18	14.84
股票筹资额			412.74	155.16			22.45
保险公司保费金额			440.29	124.74			23.58
保险公司赔款及给付金额			430.61	157.48			23.19
教育科技文化							
教育							
专任教师数							
普通高等学校	567.14	295.77	252.44	108.58	6.17	6.59	14.14
普通中学	154.22	161.80	122.53	101.16	1.51	2.87	2.95
普通小学	107.40	100.55	95.77	100.44	0.25		-0.62
在校学生数							
普通高等学校	2201.98	913.67	338.96	108.40	11.25	13.90	19.05
普通中学	125.88	179.75	111.87	97.53	0.80	3.51	1.61
普通小学	72.24	86.30	81.18	98.62	-1.12	-0.86	-2.93
教育经费支出							
科技							
科学家、工程师数			152.93	111.83			6.26
研究与试验发展经费支出			414.22	123.55			22.51
技术市场成交额		2964.75	342.15	122.46		22.06	19.21
文化							
图书出版数量	166.93	111.58	100.37	98.21	1.78	0.65	
故事影片产量	873.91	300.00	441.76	121.82	7.76	6.68	23.64
电视节目制作时间		2787.43	436.46	97.53		21.62	23.43
家庭、生活、环境							
家庭							
家庭总户数							
城镇居民平均每户家庭人口		83.14	92.97	98.64		-1.08	-1.04
农村居民平均每户家庭人口		83.96	95.95	99.51		-1.02	-0.59
婚姻							
结婚登记总数	165.84	104.24	116.84	104.91	1.76	0.24	2.25
离婚数	736.14	262.24	172.98	110.83	7.13	5.83	8.14
居住							
城市人均住宅建筑面积							
农村居民人均住房面积	390.49	177.70	127.54	103.20	4.81	3.44	3.54
生活							

国民经济和社会发展速度指标

（1978—2007）

指　　标	指数 Index（2007 为以下各年）				平均增长速度		
	1978	1990	2000	2006	1979—2007	1991—2007	2001—2007
城镇居民人均可支配收入	752.30	379.76	196.06	112.17	7.21	8.17	10.10
农村居民人均纯收入	734.40	235.99	151.92	109.50	7.12	5.18	6.16
城乡人民币储蓄存款余额	81925.07	2423.30	268.19	106.77	26.03	20.62	15.13
工资							
工资总额	4964.67	957.07	265.05	121.40	14.41	14.21	14.94
职工平均工资	699.90	446.65	237.50	113.58	6.94	9.20	13.15
离休、退休、退职费							
卫生							
医院、卫生院	94.12	97.43	91.58	100.82	-0.21	-0.15	-1.25
医生	194.87	114.18	96.97	100.90	2.33	0.78	-0.44
医院、卫生院床位数	186.14	132.64	118.23	105.11	2.17	1.68	2.42
市政建设							
自来水供应量	636.93	131.28	107.02	92.86	6.59	1.61	0.97
排水管道长度	1493.15	503.45	205.63	111.75	9.77	9.97	10.85
城市煤气和天然气供气量							
公共汽（电）车运营数	1346.80	561.29	153.98	110.13	9.38	10.68	6.36
实有道路长度	912.26	258.95	153.75	101.99	7.92	5.76	6.34
园林绿地面积	2090.90	359.79	197.57	129.37	11.05	7.82	10.22
环境、灾害							
环境污染治理投资总额							
环境污染与破坏事故次数							
环境污染直接经济损失							
环境污染事故赔罚款金额							
火灾发生数		285.37	86.43	73.43		6.36	-2.06
火灾损失		219.84	73.92	143.43		4.74	-4.23
交通事故发生数		130.76	53.03	86.38		1.59	-8.66
交通事故损失		339.01	45.53	80.48		7.45	-10.63

注：1. 本表价值指标除邮电业务总量按不变价格计算外，其余均按当年价格计算。邮电业务总量 2000 年及以前按 1990 年不变价格计算，以后按 2000 年不变价格计算。

2. 本表速度指标中，国民总收入、国内生产总值及三次产业增加值、物价指数、农林牧渔业总产值、限额以上工业增加值、邮电业务总量、城乡居民收入和平均工资指标均按可比价格计算。固定资产投资平均增长速度按累计法计算。

3. 职工人数 1997 年及以前为全部职工人数，以后为在岗职工人数，两者不可比。

4. 2000 年及以后保险业务包括外资公司。

各地区生产总值和指数

（1993—2007）

地　区	地区生产总值（亿元）			指数（上年=100）		
	1993	1994	1995	1993	1994	1995
北　京	863.54	1084.03	1394.89	112.10	113.50	112.40
天　津	536.10	725.14	920.11	112.10	114.30	114.90
河　北	1690.84	2187.49	2849.52	117.70	114.90	113.90
山　西	704.70	853.77	1092.48	112.20	109.40	111.10
内蒙古	532.71	681.92	832.88	110.60	110.10	109.10
辽　宁	2010.82	2461.78	2793.37	114.90	111.20	107.10
吉　林	717.95	936.78	1129.20	112.80	114.30	109.70
黑龙江	1203.22	1618.63	2014.53	107.60	108.80	109.60
上　海	1511.61	1971.92	2462.57	114.90	114.30	114.10
江　苏	2998.16	4057.39	5155.25	120.70	116.50	115.40
浙　江	1909.49	2666.86	3524.79	122.00	120.00	116.70
安　徽	1069.84	1488.47	2003.58	121.00	120.70	114.30
福　建	1133.49	1685.34	2160.52	125.20	121.70	115.20
江　西	723.06	948.16	1245.11	113.70	117.00	114.50
山　东	2779.49	3872.18	5002.34	118.50	116.30	114.20
河　南	1662.76	2224.43	3002.74	115.80	113.80	114.80
湖　北	1424.38	1878.65	2391.42	114.30	115.20	114.60
湖　南	1278.28	1694.42	2195.70	113.10	111.00	110.90
广　东	3225.30	4240.56	5733.97	122.30	119.10	114.90
广　西	893.58	1241.83	1606.15	121.20	116.00	115.30
海　南	258.08	330.95	364.17	120.90	111.90	104.30
重　庆						
四　川	2096.48	2777.88	3534.00	113.90	111.10	110.00
贵　州	416.07	521.17	610.71	109.90	108.50	107.50
云　南	779.21	973.97	1206.68	110.60	111.60	111.20
西　藏	37.28	45.84	55.98	108.20	115.60	117.90
陕　西	671.37	816.58	994.65	113.30	108.50	109.00
甘　肃	372.24	451.66	553.35	111.60	110.40	109.90
青　海	109.62	138.24	165.31	109.60	108.20	108.00
宁　夏	103.82	133.97	169.75	110.10	108.20	109.00
新　疆	505.63	673.68	825.11	110.30	110.90	109.00

注：本表绝对数按当年价格计算，指数按可比价格计算。

各地区生产总值和指数

（1993—2007）

地　区	地区生产总值（亿元）			指数（上年=100）		
	1996	1997	1998	1996	1997	1998
北　京	1615.73	1810.09	2011.31	109.20	109.60	109.80
天　津	1102.40	1235.28	1336.38	114.30	112.10	109.30
河　北	3452.97	3953.78	4256.01	113.50	112.50	110.70
山　西	1305.50	1480.13	1486.08	111.00	110.50	109.00
内蒙古	984.78	1099.77	1192.29	112.70	109.70	109.60
辽　宁	3157.69	3582.46	3881.73	108.60	108.90	108.30
吉　林	1337.16	1446.91	1557.78	113.70	109.20	109.00
黑龙江	2402.58	2708.46	2798.89	110.50	110.00	108.30
上　海	2902.20	3360.21	3688.20	113.00	112.70	110.10
江　苏	6004.21	6680.34	7199.95	112.20	112.00	111.00
浙　江	4146.06	4638.24	4987.50	112.70	111.10	110.10
安　徽	2339.25	2669.95	2805.45	114.40	112.70	108.50
福　建	2606.92	3000.36	3286.56	115.40	114.50	111.40
江　西	1517.26	1715.18	1851.98	113.40	111.50	108.20
山　东	5960.42	6650.02	7162.20	112.20	111.20	110.80
河　南	3683.41	4079.26	4356.60	113.90	110.40	108.70
湖　北	2970.20	3450.24	3704.21	113.20	113.00	110.30
湖　南	2647.16	2993.00	3118.09	112.60	110.80	109.10
广　东	6519.14	7315.51	7919.12	110.70	110.60	110.20
广　西	1869.62	1817.25	1903.04	110.30	108.10	109.10
海　南	389.53	409.86	438.92	104.80	106.70	108.30
重　庆		1350.10	1429.26		111.00	108.40
四　川	4215.00	3320.11	3580.26	109.80	110.20	109.10
贵　州	719.83	792.98	841.88	108.90	109.00	108.50
云　南	1491.62	1644.23	1793.90	110.40	109.40	108.00
西　藏	64.76	76.98	91.18	113.20	111.30	110.20
陕　西	1175.38	1300.03	1381.53	110.20	109.20	109.10
甘　肃	714.18	781.34	869.75	111.50	108.50	109.20
青　海	183.57	202.05	220.16	108.60	109.00	109.00
宁　夏	193.62	210.92	227.46	110.50	107.60	108.50
新　疆	912.15	1050.14	1116.67	106.40	111.00	107.30

注：本表绝对数按当年价格计算，指数按可比价格计算。

各地区生产总值和指数

（1993—2007）

地　区	地区生产总值（亿元）			指数（上年＝100）		
	1999	2000	2001	1999	2000	2001
北　京	2174.46	2478.76	3710.52	110.23	110.98	111.71
天　津	1450.06	1639.36	1919.09	110.04	110.77	112.02
河　北	4569.19	5088.96	5516.76	109.15	109.47	108.70
山　西	1506.78	1643.81	2029.53	105.10	107.78	110.10
内蒙古	1268.20	1401.01	1713.81	107.76	109.66	110.60
辽　宁	4171.69	4669.06	5033.08	108.22	108.94	108.98
吉　林	1660.91	1821.19	2120.35	108.14	109.16	109.30
黑龙江	2897.41	3253.00	3390.13	107.45	108.20	109.30
上　海	4034.96	4551.15	5210.12	110.19	110.77	110.50
江　苏	7697.82	8582.73	9456.84	110.12	110.64	110.15
浙　江	5364.89	6036.34	6898.34	110.02	111.03	110.65
安　徽	2908.58	3038.24	3246.71	108.10	108.27	108.89
福　建	3550.24	3920.07	4072.85	110.00	109.47	108.66
江　西	1853.65	2003.07	2175.68	107.80	107.99	108.78
山　东	7662.10	8542.44	9195.04	110.14	110.50	110.04
河　南	4576.10	5137.66	5533.01	108.05	109.45	109.01
湖　北	3857.99	4276.32	3880.53	108.27	109.26	108.86
湖　南	3326.75	3691.88	3831.90	108.25	108.98	109.03
广　东	8464.31	9662.23	12039.25	109.46	110.83	110.49
广　西	1953.27	2050.14	2279.34	107.71	107.27	108.30
海　南	471.23	518.48	558.41	108.55	108.75	109.08
重　庆	1479.71	1589.34	1765.68	107.60	108.49	109.00
四　川	3711.61	4010.25	4293.49	105.60	109.00	108.98
贵　州	911.86	993.53	1133.27	108.35	108.65	108.75
云　南	1855.74	1955.09	2138.31	107.22	107.12	106.82
西　藏	105.61	117.46	146.04	109.64	109.41	112.68
陕　西	1487.61	1660.92	2010.62	108.35	109.03	109.80
甘　肃	931.98	983.36	1125.37	108.35	108.71	109.76
青　海	238.39	263.59	300.13	108.16	108.96	111.71
宁　夏	241.49	265.57	337.44	108.70	109.76	110.09
新　疆	1168.55	1364.36	1491.60	107.07	108.22	108.55

注：本表绝对数按当年价格计算，指数按可比价格计算。

各地区生产总值和指数

(1993—2007)

地　区	地区生产总值（亿元）			指数（上年=100）		
	2002	2003	2004	2002	2003	2004
北　京	4330.40	5023.77	6060.28	111.52	110.99	114.10
天　津	2150.76	2578.03	3110.97	112.67	114.83	115.84
河　北	6018.28	6921.29	8447.63	109.65	111.60	112.90
山　西	2324.80	2855.23	3571.37	112.90	114.90	115.20
内蒙古	1940.94	2388.38	3041.07	113.18	117.60	120.90
辽　宁	5458.22	6002.54	6672.00	110.25	111.50	112.80
吉　林	2348.54	2662.08	3122.01	109.50	110.20	112.20
黑龙江	3637.20	4057.40	4750.60	110.24	110.25	111.68
上　海	5741.03	6694.23	8072.83	111.34	112.26	114.25
江　苏	10606.85	12442.87	15003.60	111.66	113.62	114.75
浙　江	8003.67	9705.02	11648.70	112.64	114.70	114.48
安　徽	3519.72	3923.10	4759.32	109.61	109.36	113.30
福　建	4467.55	4983.67	5763.35	110.16	111.50	111.83
江　西	2450.48	2807.41	3456.70	110.54	112.96	113.20
山　东	10275.50	12078.15	15021.84	111.73	113.41	115.35
河　南	6035.48	6867.70	8553.79	109.47	110.65	113.71
湖　北	4212.82	4757.45	5633.24	109.22	109.71	111.20
湖　南	4151.54	4659.99	5641.94	108.99	109.60	112.10
广　东	13502.42	15844.64	18864.62	112.37	114.84	114.79
广　西	2523.73	2821.11	3433.50	110.55	110.17	111.83
海　南	621.97	693.20	798.90	109.57	110.61	110.69
重　庆	1990.01	2272.82	2621.81	110.25	111.45	112.15
四　川	4725.01	5333.09	6379.63	110.25	111.35	112.73
贵　州	1243.43	1426.34	1677.80	109.06	110.08	111.40
云　南	2312.82	2556.02	3081.91	108.99	108.82	111.33
西　藏	166.56	189.09	220.34	112.88	111.95	112.06
陕　西	2253.39	2587.72	3175.58	111.06	111.80	112.86
甘　肃	1232.03	1399.83	1688.49	109.86	110.74	111.51
青　海	340.65	390.20	466.10	112.08	111.86	112.30
宁　夏	377.16	445.36	537.16	110.21	112.70	111.20
新　疆	1612.65	1886.35	2209.09	108.15	111.24	111.38

注：本表绝对数按当年价格计算，指数按可比价格计算。

各地区生产总值和指数

（1993—2007）

地　区	地区生产总值（亿元）			指数（上年=100）		
	2005	2006	2007	2005	2006	2007
北　京	6886.31	7861.04	9353.32	111.80	112.80	113.30
天　津	3697.62	4344.27	5050.40	114.70	114.50	115.20
河　北	10096.11	11515.76	13709.50	113.40	113.40	112.80
山　西	4179.52	4714.99	5733.35	112.60	111.80	114.40
内蒙古	3895.55	4841.82	6091.12	123.80	119.00	119.10
辽　宁	7860.85	9214.21	11023.49	112.30	113.80	114.50
吉　林	3620.27	4275.12	5284.69	112.10	115.00	116.10
黑龙江	5511.50	6201.45	7065.00	111.60	112.10	112.00
上　海	9164.10	10366.37	12188.85	111.10	112.00	114.30
江　苏	18305.66	21645.08	25741.15	114.50	114.90	114.90
浙　江	13437.85	15742.51	18780.44	112.80	113.90	114.70
安　徽	5375.12	6131.10	7364.18	111.60	112.80	113.90
福　建	6568.93	7584.36	9249.13	111.60	114.80	115.20
江　西	4056.76	4670.53	5500.25	112.80	112.30	113.00
山　东	18516.87	22077.36	25965.91	115.20	114.80	114.30
河　南	10587.42	12362.79	15012.46	114.20	114.40	114.60
湖　北	6520.14	7581.32	9230.68	112.10	113.20	114.50
湖　南	6511.34	7508.87	9200.00	111.60	112.20	114.50
广　东	22366.54	26159.52	31084.40	113.80	114.60	114.70
广　西	4075.75	4828.51	5955.65	113.20	113.60	115.10
海　南	894.57	1031.85	1223.28	110.20	112.50	114.80
重　庆	3066.92	3452.14	4122.51	111.50	112.20	115.60
四　川	7385.11	8637.81	10505.30	112.60	113.30	114.20
贵　州	1979.06	2270.89	2741.90	111.60	111.60	113.70
云　南	3472.89	3981.31	4741.31	109.00	111.90	112.50
西　藏	250.21	291.01	342.19	112.10	113.30	114.00
陕　西	3772.69	4520.07	5465.79	112.60	112.80	114.60
甘　肃	1933.98	2276.70	2702.40	111.80	111.50	112.30
青　海	543.32	639.50	783.61	112.20	112.20	112.50
宁　夏	606.26	710.76	889.20	110.90	112.70	112.70
新　疆	2604.19	3045.26	3523.16	110.90	111.00	112.20

注：本表绝对数按当年价格计算，指数按可比价格计算。

各地区工农业总产值

（1981）

单位：亿元

地　区	工农业总产值	农业总产值	工业总产值	工业总产值中：轻工业	重工业
全国总计	**7490**	**2312**	**5178**	**2663**	**2515**
北　京	235	18	217	101	116
天　津	218	19	199	117	82
河　北	332	114	218	104	114
山　西	172	53	119	38	81
内蒙古	102	42	60	27	33
辽　宁	535	84	451	163	288
吉　林	191	57	134	57	77
黑龙江	341	91	250	84	166
上　海	642	33	609	349	260
江　苏	674	208	466	285	181
浙　江	331	117	214	140	74
安　徽	246	116	130	72	58
福　建	140	58	82	52	30
江　西	168	76	92	47	45
山　东	543	199	344	194	150
河　南	368	164	204	112	92
湖　北	360	114	246	128	118
湖　南	307	131	176	82	94
广　东	370	120	250	162	88
广　西	154	72	82	52	30
四　川	467	192	275	141	134
贵　州	85	41	44	19	25
云　南	130	59	71	35	36
西　藏	7.4	6.3	1.1	0.4	0.7
陕　西	155	50	105	57	48
甘　肃	102	28	74	17	57
青　海	20	8	12	5	7
宁　夏	20	8	12	4	8
新　疆	75	34	41	19	22

注：本表按 1980 年不变价格计算。

各地区工农业总产值

（1982）

单位：亿元

地区	工农业总产值	农业总产值	工业总产值	工业总产值中：	
				轻工业	重工业
全国总计	**8206.60**	**2629.15**	**5577.45**	**2814.87**	**2762.58**
北京	249.63	20.94	228.69	104.60	124.09
天津	232.96	21.10	211.86	122.03	89.83
河北	365.24	135.30	229.94	109.38	120.56
山西	197.08	63.63	133.45	40.30	93.15
内蒙古	117.05	48.49	68.56	29.36	39.20
辽宁	566.66	90.35	476.31	168.80	307.51
吉林	204.60	60.65	143.95	60.54	83.41
黑龙江	364.11	95.71	268.40	91.02	177.38
上海	675.36	38.66	636.70	358.85	277.85
江苏	737.23	234.02	503.21	298.43	204.78
浙江	368.30	137.60	230.70	147.38	83.32
安徽	270.11	124.62	145.49	81.02	64.47
福建	149.99	62.36	87.63	55.36	32.27
江西	184.29	87.11	97.18	49.39	47.79
山东	593.50	225.92	367.58	206.06	161.52
河南	386.63	168.24	218.39	116.11	102.28
湖北	409.74	137.20	272.54	136.15	136.39
湖南	339.35	147.27	192.08	88.34	103.74
广东	414.99	142.81	272.18	175.91	96.27
广西	173.83	85.07	88.76	56.70	32.06
四川	534.63	233.20	301.43	149.73	151.70
贵州	101.89	49.41	52.48	20.94	31.54
云南	144.94	65.20	79.74	39.74	40.00
西藏	7.42	6.20	1.22	0.52	0.70
陕西	176.22	62.73	113.49	58.03	55.46
甘肃	112.76	32.01	80.75	18.83	61.92
青海	22.90	8.78	14.12	5.57	8.55
宁夏	21.88	7.66	14.22	4.21	10.01
新疆	83.31	36.91	46.40	21.57	24.83

注：本表按1980年不变价格计算。

各地区工农业总产值

（1983）

单位：亿元

地　区	工农业总产值	农业总产值	工业总产值	工业总产值中：轻工业	重工业
全国总计	**9046.25**	**2881.84**	**6164.41**	**3059.74**	**3104.67**
北　京	277.67	27.07	250.60	112.67	137.93
天　津	252.07	22.87	229.20	129.97	99.23
河　北	411.30	158.61	252.69	119.63	133.06
山　西	218.68	66.81	151.87	44.01	107.86
内蒙古	127.19	51.85	75.34	31.90	43.44
辽　宁	626.62	109.98	516.64	182.17	334.47
吉　林	242.17	77.10	165.07	65.25	99.82
黑龙江	400.48	111.98	288.05	95.94	192.56
上　海	719.38	40.80	678.58	377.24	301.34
江　苏	824.96	255.51	569.45	334.40	235.05
浙　江	409.57	141.46	268.11	169.97	98.14
安　徽	288.01	127.32	160.69	86.63	74.06
福　建	162.60	66.79	95.81	59.90	35.91
江　西	195.60	89.40	106.20	51.77	54.43
山　东	666.28	260.70	405.58	224.53	181.05
河　南	440.56	203.92	236.64	119.94	116.70
湖　北	452.87	140.21	312.66	152.85	159.81
湖　南	362.08	156.22	205.86	94.26	111.60
广　东	455.23	149.29	305.94	197.75	108.19
广　西	180.47	85.59	94.88	59.43	35.45
四　川	593.53	253.56	339.97	163.65	176.32
贵　州	114.20	51.97	62.23	23.15	39.08
云　南	158.64	69.48	89.16	44.93	44.23
西　藏	7.02	5.72	1.30	0.54	0.76
陕　西	192.53	63.08	129.45	61.95	67.50
甘　肃	124.28	36.17	88.11	20.21	67.90
青　海	23.31	9.04	14.27	5.98	8.29
宁　夏	24.96	8.84	16.12	4.66	11.46
新　疆	93.99	40.50	53.49	24.46	29.03

注：本表按1980年不变价格计算。

各地区社会总产值

（1984）

单位：亿元

地　区	生产总值	农业	工业	建筑业	运输业	商业
北　京	397.10	37.60	276.90	50.00	12.80	19.80
天　津	346.05	32.98	242.81	32.08	16.86	21.32
河　北	608.00	194.74	292.59	54.26	23.74	42.67
山　西	337.20	89.10	170.60	43.20	17.40	16.90
内蒙古	201.09	63.49	87.81	25.92	10.96	12.91
辽　宁	886.10	149.89	580.26	64.51	35.41	36.03
吉　林	356.34	98.30	199.53	27.86	11.99	18.66
黑龙江	554.88	130.74	327.34	56.22	22.27	18.31
上　海	876.38	49.60	706.50	34.94	31.13	54.21
江　苏	1173.34	351.44	647.30	90.66	26.03	57.91
浙　江	626.24	205.43	323.64	43.10	18.57	35.50
安　徽	460.16	181.82	192.26	46.39	13.83	25.86
福　建	267.40	97.83	113.94	28.30	10.46	16.87
江　西	291.10	108.94	125.93	30.28	10.98	14.97
山　东	1014.64	360.11	484.91	90.83	28.50	50.29
河　南	632.68	240.58	275.69	56.55	25.66	34.20
湖　北	664.36	193.65	356.87	49.86	21.56	42.42
湖　南	515.21	191.06	235.26	43.94	16.23	28.72
广　东	857.07	272.02	375.10	103.12	31.19	75.64
广　西	258.81	99.13	105.60	21.74	8.75	23.59
四　川	842.86	303.96	397.42	68.46	21.00	52.02
贵　州	179.88	69.76	74.74	17.24	8.17	9.97
云　南	243.83	83.37	106.26	26.03	9.23	18.94
西　藏	17.51	7.92	1.93	4.79	1.05	1.82
陕　西	276.68	82.95	141.44	28.66	9.53	14.10
甘　肃	181.54	42.35	99.33	17.09	7.96	14.81
青　海	44.02	11.15	17.24	9.63	2.53	3.47
宁　夏	41.35	11.50	18.60	6.61	2.19	2.45
新　疆	151.08	51.90	65.21	15.15	7.93	10.89

注：1. 本表按当年价格计算。

2. 各地区生产总值是由各地统计局计算的，在计算方法上同全国有不一致的地方，故各地区相加不等于全国总计。

各地区社会总产值

(1985)

单位：亿元

地　区	生产总值	农业	工业	建筑业	运输业	商业
北　京	482.20	25.90	338.70	66.70	18.40	32.50
天　津	426.82	20.44	319.47	37.53	20.74	28.64
河　北	751.30	167.33	435.82	69.82	26.11	52.22
山　西	404.50	62.90	238.10	60.60	22.30	20.60
内蒙古	252.53	73.20	112.94	35.36	13.89	17.14
辽　宁	1076.80	118.05	774.57	92.28	42.70	49.20
吉　林	422.24	85.89	256.75	40.27	14.43	24.90
黑龙江	629.79	114.31	391.95	72.12	27.39	24.02
上　海	1055.83	31.38	862.79	47.52	39.06	75.08
江　苏	1526.66	288.55	1019.26	120.85	30.73	67.27
浙　江	869.26	174.08	550.63	72.24	22.37	49.94
安　徽	577.83	198.24	277.27	55.99	17.52	28.31
福　建	345.03	99.05	173.13	37.78	12.00	23.34
江　西	363.03	114.50	181.10	36.62	12.41	18.40
山　东	1240.17	335.42	682.67	127.95	31.96	62.17
河　南	815.52	241.55	401.31	85.71	33.75	53.20
湖　北	806.42	192.32	467.22	68.15	27.11	51.62
湖　南	634.62	198.44	314.68	58.21	22.77	40.52
广　东	1113.92	275.99	549.29	136.47	40.17	112.00
广　西	315.69	108.02	139.39	30.28	10.14	27.86
四　川	1046.14	313.06	531.48	105.59	26.32	69.69
贵　州	213.76	70.24	98.19	22.78	10.14	12.41
云　南	276.10	88.88	123.10	33.49	10.43	20.20
西　藏	22.24	10.89	2.12	5.83	1.22	2.18
陕　西	343.05	79.58	192.08	39.58	12.63	19.18
甘　肃	232.68	48.82	126.33	25.06	13.25	19.22
青　海	54.96	12.25	22.65	12.62	3.10	4.34
宁　夏	51.44	12.01	24.29	9.45	2.73	2.96
新　疆	184.58	56.57	85.53	20.79	7.99	13.70

注：1. 本表按当年价格计算。

2. 各地区生产总值是由各地统计局计算的，在计算方法上同全国有不一致的地方，故各地区相加不等于全国总计。

各地区社会总产值

（1986）

单位：亿元

地　区	生产总值	农业	工业	建筑业	运输业	商业
北　京	525.90	28.10	371.20	70.30	22.50	33.80
天　津	473.45	26.92	344.73	42.46	26.03	33.31
河　北	847.73	174.39	506.19	79.78	29.05	58.32
山　西	430.72	58.82	261.72	61.63	24.76	23.79
内蒙古	276.26	77.25	126.46	36.06	16.45	20.04
辽　宁	1232.28	142.03	874.99	107.16	47.99	60.11
吉　林	473.59	98.43	282.48	44.32	18.41	29.95
黑龙江	790.84	137.18	518.58	76.45	29.43	29.22
上　海	1179.01	33.76	954.17	62.38	43.95	84.85
江　苏	1835.86	333.57	1234.40	144.78	40.23	82.88
浙　江	1036.72	192.04	669.85	86.70	27.91	60.22
安　徽	672.23	221.92	324.33	71.24	21.51	33.23
福　建	397.94	107.07	205.10	44.21	15.39	26.17
江　西	415.07	124.79	213.75	41.37	14.13	21.03
山　东	1409.42	361.19	784.33	153.92	38.30	71.68
河　南	932.07	259.49	478.09	99.83	36.03	58.63
湖　北	919.91	219.10	538.35	74.04	29.86	58.56
湖　南	733.67	222.68	368.88	68.27	25.42	48.42
广　东	1285.86	314.68	648.77	150.96	47.46	123.99
广　西	362.60	118.69	164.78	36.52	12.07	30.54
四　川	1159.88	338.98	598.61	111.92	31.03	79.34
贵　州	239.60	79.34	108.09	24.60	11.97	15.60
云　南	312.30	96.01	147.02	35.91	11.48	21.88
西　藏	20.31	9.92	2.02	3.60	1.36	3.41
陕　西	385.40	87.20	219.26	41.69	13.74	23.51
甘　肃	267.11	56.40	144.00	27.72	16.06	22.93
青　海	61.77	14.11	26.79	12.70	2.96	5.21
宁　夏	60.42	14.16	28.24	11.50	3.09	3.43
新　疆	211.30	65.52	97.71	23.18	8.69	16.20

注：1. 本表按当年价格计算。

2. 各地区生产总值是由各地统计局计算的，在计算方法上同全国有不一致的地方，故各地区相加不等于全国总计。

各地区社会总产值

(1987)

单位：亿元

地　区	生产总值	农业	工业	建筑业	运输业	商业
北　京	625.90	34.30	434.60	84.40	30.40	42.10
天　津	552.91	32.93	405.49	46.81	27.76	39.92
河　北	1032.20	200.66	640.85	88.08	35.18	67.48
山　西	486.77	61.42	304.29	69.63	23.34	28.09
内蒙古	316.84	87.74	150.84	37.26	17.51	23.49
辽　宁	1472.09	169.22	1043.73	130.60	53.95	74.59
吉　林	587.41	120.81	359.46	53.87	21.16	32.11
黑龙江	863.24	136.99	564.86	86.16	33.98	42.14
上　海	1361.47	38.84	1073.84	101.47	53.13	94.19
江　苏	2316.64	380.25	1587.78	181.54	62.93	104.14
浙　江	1302.43	228.06	853.10	113.46	33.67	74.14
安　徽	794.13	255.34	394.88	78.15	24.71	41.05
福　建	500.10	132.97	265.87	50.72	19.37	31.17
江　西	490.51	144.35	258.95	46.27	16.14	24.80
山　东	1752.75	413.18	1032.88	171.51	46.21	88.97
河　南	1146.13	323.62	594.65	115.67	41.76	70.88
湖　北	1100.37	249.68	659.19	86.92	35.28	69.30
湖　南	881.70	253.39	456.74	84.18	28.43	58.96
广　东	1679.76	389.87	899.82	169.49	63.35	157.23
广　西	436.82	137.92	207.45	40.29	15.01	36.15
海　南	85.12	41.24	21.50	10.13	4.22	8.03
四　川	1386.49	388.94	725.08	134.52	38.74	99.21
贵　州	279.87	92.25	126.53	31.15	12.96	16.99
云　南	369.55	111.25	181.85	39.28	12.53	24.64
西　藏	22.09	10.37	2.16	4.01	1.65	3.90
陕　西	452.14	103.39	258.44	47.85	16.31	26.15
甘　肃	304.44	65.52	159.88	30.93	18.60	29.51
青　海	70.34	15.94	31.30	13.81	3.32	5.97
宁　夏	68.68	14.76	33.38	12.70	3.66	4.18
新　疆	253.03	81.63	115.64	24.22	11.80	19.74

注：1. 本表按当年价格计算。

2. 各地区生产总值是由各地统计局计算的，在计算方法上同全国有不一致的地方，故各地区相加不等于全国总计。

各地区社会总产值

（1988）

单位：亿元

地　区	生产总值	农业	工业	建筑业	运输业	商业
北　京	818.20	52.50	571.60	101.10	34.40	58.70
天　津	707.15	44.49	521.10	53.40	34.02	54.14
河　北	1346.09	256.90	841.12	121.16	41.60	85.31
山　西	613.65	87.25	387.22	69.94	26.30	42.94
内蒙古	413.04	122.38	193.86	45.90	21.00	29.90
辽　宁	1861.40	227.39	1304.84	160.10	70.27	98.80
吉　林	725.78	140.91	454.24	62.69	23.74	44.20
黑龙江	1041.32	151.72	686.04	107.53	42.76	53.27
上　海	1657.05	53.12	1304.66	120.78	64.54	113.95
江　苏	3075.21	497.95	2149.74	217.88	82.81	126.83
浙　江	1710.41	282.62	1141.04	143.47	42.01	101.27
安　徽	1005.19	315.25	518.13	93.54	28.73	49.54
福　建	702.43	182.00	388.85	62.96	24.80	43.82
江　西	634.56	174.18	345.33	59.44	20.23	35.38
山　东	2345.89	494.35	1455.24	214.80	55.62	125.70
河　南	1436.82	370.67	779.90	149.40	46.89	89.96
湖　北	1355.95	297.51	834.84	100.79	36.29	86.52
湖　南	1107.76	303.01	581.85	108.34	34.53	80.03
广　东	2287.51	473.78	1318.92	219.29	69.29	206.23
广　西	556.05	168.94	272.00	53.24	16.96	44.91
海　南	118.56	57.62	31.26	14.23	4.49	10.96
四　川	1784.14	475.98	964.10	168.09	50.02	125.95
贵　州	360.58	123.39	166.81	31.91	16.45	22.02
云　南	473.32	135.39	244.63	48.32	12.91	32.07
西　藏	27.53	12.95	2.65	5.15	1.72	5.06
陕　西	581.48	130.52	331.74	59.66	25.27	34.29
甘　肃	389.04	84.72	203.94	39.36	21.78	39.24
青　海	89.71	19.49	42.51	16.57	3.68	7.46
宁　夏	87.14	19.66	44.00	12.51	4.64	6.33
新　疆	329.83	108.46	149.09	33.13	13.72	25.43

注：1. 本表按当年价格计算。

2. 各地区生产总值是由各地统计局计算的，在计算方法上同全国有不一致的地方，故各地区相加不等于全国总计。

各地区社会总产值

（1989）

单位：亿元

地　区	生产总值	农业	工业	建筑业	运输业	商业
北　京	972.14	60.35	700.92	118.18	37.99	54.70
天　津	828.38	51.82	634.24	58.57	37.42	46.33
河　北	1578.66	306.99	1026.09	117.42	46.96	81.20
山　西	732.06	104.94	487.65	65.03	30.02	44.42
内蒙古	479.08	128.32	243.13	47.84	27.81	31.98
辽　宁	2137.61	237.68	1546.43	158.33	77.38	117.79
吉　林	801.02	133.79	530.36	55.86	26.89	54.12
黑龙江	1224.41	162.18	804.77	151.66	45.37	60.53
上　海	1886.60	60.63	1524.67	120.60	74.65	106.05
江　苏	3465.70	522.25	2507.42	206.08	90.34	139.61
浙　江	1938.20	307.84	1333.87	142.67	45.06	108.76
安　徽	1141.77	341.53	627.72	76.05	28.72	67.75
福　建	851.75	209.92	488.96	65.58	35.28	52.01
江　西	735.22	197.93	406.16	60.81	24.79	45.53
山　东	2879.24	548.30	1920.94	228.03	64.38	117.60
河　南	1701.36	449.88	953.56	132.68	58.07	107.17
湖　北	1514.68	335.04	976.92	78.98	40.70	83.04
湖　南	1235.48	337.48	680.09	88.76	43.36	85.79
广　东	2757.17	548.60	1647.24	257.82	79.27	224.24
广　西	655.56	212.17	326.99	45.43	19.83	51.14
海　南	142.85	64.47	38.96	22.44	5.08	11.90
四　川	2041.17	527.67	1147.29	170.15	57.53	138.53
贵　州	408.18	133.69	201.45	31.75	19.50	21.79
云　南	555.38	152.68	304.91	48.88	14.92	33.99
西　藏	30.20	13.71	3.33	6.10	1.80	5.26
陕　西	681.02	147.81	406.71	61.88	30.10	34.52
甘　肃	455.73	89.12	249.22	44.06	25.30	48.03
青　海	102.88	21.60	54.18	14.58	4.59	7.93
宁　夏	104.77	21.43	58.53	12.03	6.01	6.77
新　疆	394.56	121.50	187.41	36.42	16.83	32.40

注：1. 本表按当年价格计算。

2. 各地区生产总值是由各地统计局计算的，在计算方法上同全国有不一致的地方，故各地区相加不等于全国总计。

各地区社会总产值

（1990）

单位：亿元

地　区	生产总值	农业	工业	建筑业	运输业	商业
北　京	1053.68	70.18	748.94	127.85	37.69	69.02
天　津	920.48	54.86	679.94	57.79	55.38	72.51
河　北	1749.45	357.63	1123.23	109.92	64.61	94.06
山　西	828.71	124.78	538.39	81.80	36.70	47.04
内蒙古	535.19	156.92	263.33	49.07	35.55	30.32
辽　宁	2246.69	273.75	1606.92	178.12	79.29	108.61
吉　林	874.73	189.09	552.36	63.69	25.08	44.51
黑龙江	1334.42	245.38	863.51	117.19	46.14	62.20
上　海	2042.17	68.16	1642.75	127.51	93.99	109.76
江　苏	3797.57	580.53	2764.10	214.41	93.60	144.93
浙　江	2070.54	336.04	1434.15	146.85	48.46	105.04
安　徽	1219.05	370.94	670.33	89.44	31.24	57.10
福　建	919.97	228.70	531.48	69.45	38.17	52.17
江　西	808.91	255.24	425.75	59.50	27.79	40.63
山　东	3248.54	647.49	2200.85	213.52	70.31	116.37
河　南	1858.65	502.01	1036.73	156.79	62.74	100.38
湖　北	1646.45	402.23	1008.20	92.71	42.63	100.68
湖　南	1332.49	397.42	712.67	97.19	47.44	77.77
广　东	3093.90	600.71	1902.25	258.54	108.75	223.65
广　西	722.56	252.23	353.43	45.13	21.94	49.83
海　南	155.64	68.72	44.32	24.91	5.94	11.75
四　川	2273.36	637.07	1222.96	195.72	64.00	153.61
贵　州	440.23	145.53	218.16	35.80	17.01	23.73
云　南	663.57	211.72	345.26	54.47	16.80	35.32
西　藏	34.44	14.99	3.72	7.05	2.24	6.44
陕　西	757.12	169.96	442.58	71.18	39.83	33.57
甘　肃	505.09	103.05	278.70	45.27	25.68	52.39
青　海	109.71	24.53	55.24	16.04	5.31	8.59
宁　夏	116.62	24.69	64.75	13.50	6.59	7.09
新　疆	458.65	144.65	219.92	43.02	17.76	33.30

注：1. 本表按当年价格计算。

2. 各地区生产总值是由各地统计局计算的，在计算方法上同全国有不一致的地方，故各地区相加不等于全国总计。

各地区社会总产值

(1991)

单位：亿元

地　区	生产总值	农业	工业	建筑业	运输业	商业
北　京	1206.85	76.47	886.85	112.19	47.61	83.73
天　津	1067.31	58.05	786.60	66.02	60.68	95.96
河　北	2058.38	377.64	1331.96	146.99	80.22	121.57
山　西	906.93	112.97	601.45	85.64	47.21	59.66
内蒙古	617.49	164.08	304.43	69.41	45.91	33.66
辽　宁	2577.57	302.29	1860.57	197.47	101.16	116.08
吉　林	957.44	188.38	614.33	73.26	28.97	52.50
黑龙江	1505.85	247.71	983.73	141.26	56.56	76.59
上　海	2403.22	73.65	1947.18	130.81	121.26	130.32
江　苏	4273.05	580.93	3161.60	254.99	109.16	166.37
浙　江	2539.10	368.64	1801.39	181.80	60.49	126.78
安　徽	1294.82	317.26	765.95	112.35	35.85	63.41
福　建	1118.51	256.74	658.86	88.47	44.60	69.84
江　西	912.56	271.55	497.94	64.78	30.67	47.62
山　东	3932.28	793.03	2599.17	269.42	102.45	168.21
河　南	2139.56	531.05	1222.68	190.23	76.00	119.60
湖　北	1813.14	405.04	1136.03	109.17	53.48	109.42
湖　南	1503.77	425.58	803.71	124.96	60.11	89.41
广　东	3890.09	654.82	2524.12	297.01	134.51	279.63
广　西	839.49	278.15	421.47	57.43	27.77	54.67
海　南	184.29	75.79	56.49	31.77	7.12	13.12
四　川	2591.77	680.13	1434.15	230.56	75.19	171.74
贵　州	498.92	165.34	246.76	40.97	18.63	27.22
云　南	746.14	222.93	393.63	67.66	18.60	43.32
西　藏	45.73	21.01	4.42	10.09	2.16	8.05
陕　西	859.95	185.37	508.81	82.73	42.03	41.01
甘　肃	552.75	108.36	313.17	46.74	27.16	57.32
青　海	118.65	25.24	60.51	17.57	5.60	9.73
宁　夏	133.04	26.95	73.10	17.57	7.39	8.03
新　疆	576.69	162.01	280.59	64.83	24.27	44.99

注：1. 本表按当年价格计算。

2. 各地区生产总值是由各地统计局计算的，在计算方法上同全国有不一致的地方，故各地区相加不等于全国总计。

各地区国内生产总值

（1993）

单位：亿元

地　区	生产总值	第一产业	第二产业	#工业	#建筑业	第三产业	#交通运输仓储邮电通讯业	#商业	人均生产总值（元）
北　京	863.54	53.58	414.79	334.00	80.79	395.17	37.58	113.88	8240.00
天　津	536.10	35.39	302.48	275.04	27.44	198.23	47.60	51.21	6075.00
河　北	1690.84	301.68	847.92	758.10	89.82	541.24	115.34	161.88	2682.00
山　西	704.70	97.30	366.40	326.90	39.50	241.00	56.20	52.50	2352.00
内蒙古	532.71	149.96	208.05	162.53	45.52	174.70	46.14	38.71	2382.00
辽　宁	2010.82	260.77	1039.29	920.55	118.74	710.76	127.43	237.37	5015.00
吉　林	717.95	156.05	351.99	308.10	43.89	209.91	39.98	52.81	2868.00
黑龙江	1203.22	203.31	649.73	580.40	69.33	350.18	56.90	113.58	2343.00
上　海	1511.61	38.21	900.33	844.71	55.62	573.07	119.21	158.82	11700.00
江　苏	2998.16	490.59	1598.05	1451.97	146.08	909.52	144.11	308.21	4308.00
浙　江	1909.49	317.84	980.42	873.92	106.50	611.23	110.33	239.58	4431.00
安　徽	1069.84	284.06	494.85	441.90	52.95	290.93	54.65	90.32	1672.00
福　建	1133.49	259.56	463.93	387.92	76.01	410.00	101.91	116.81	3649.00
江　西	723.06	225.58	282.46	233.76	48.70	215.02	39.43	44.68	1835.00
山　东	2779.49	596.63	1358.94	1204.58	154.36	823.92	151.35	188.93	3222.00
河　南	1662.76	410.45	768.89	681.65	87.24	483.42	103.82	101.64	1867.00
湖　北	1424.38	346.39	627.69	564.54	63.15	450.30	68.85	149.98	2565.00
湖　南	1278.28	383.63	488.98	417.52	71.46	405.62	72.47	123.71	2053.00
广　东	3225.30	559.67	1625.29	1318.82	306.47	1040.34	188.95	223.31	4938.00
广　西	893.58	266.62	321.96	273.89	48.07	305.00	61.16	101.66	2031.00
海　南	258.08	77.73	66.29	34.37	31.92	114.06	17.84	38.76	3815.00
四　川	2096.48	569.95	892.79	730.62	162.17	633.74	87.44	185.42	1911.00
贵　州	416.07	133.40	155.47	135.35	20.12	127.20	24.82	32.40	1034.00
云　南	779.21	191.71	327.06	283.64	43.42	260.44	30.41	93.55	2006.00
西　藏	45.84	21.10	7.92	3.43	4.49	16.82	1.82	5.12	1642.00
陕　西	671.37	148.67	289.36	241.88	47.48	233.34	48.33	37.18	1041.00
甘　肃	372.24	87.43	159.96	136.24	23.22	124.85	15.03	43.11	1600.00
青　海	109.62	21.61	48.39	36.77	11.62	39.62	6.47	10.32	2337.00
宁　夏	103.82	20.84	45.52	37.15	8.37	37.46	5.19	9.45	2123.00
新　疆	505.63	126.85	217.49	156.11	61.38	161.29	31.78	43.84	2980.00

注：本表按当年价格计算。

各地区国内生产总值

(1994)

单位：亿元

地　区	生产总值	第一产业	第二产业	#工业	#建筑业	第三产业	#交通运输仓储邮电通讯业	#商业	人均生产总值（元）
北　京	1084.03	74.77	499.84	405.31	94.73	509.42	61.51	146.62	10265.00
天　津	725.14	46.53	404.08	361.27	42.81	274.53	66.55	65.41	8164.00
河　北	2187.49	451.91	1053.12	926.36	126.76	682.46	126.94	205.75	3376.00
山　西	853.77	123.85	440.81	390.17	50.64	289.11	70.54	66.35	2819.00
内蒙古	681.92	208.53	261.79	205.98	55.81	211.60	53.56	48.15	3013.00
辽　宁	2461.78	318.95	1259.05	1109.88	149.17	883.78	160.20	287.61	6103.00
吉　林	936.78	259.40	398.83	354.70	44.13	278.55	54.47	72.61	3703.00
黑龙江	1618.63	316.32	852.97	764.27	88.70	449.34	70.70	144.77	4427.00
上　海	1971.92	48.59	1143.24	1069.31	73.93	780.09	148.44	206.44	15204.00
江　苏	4057.39	671.94	2186.77	2002.22	184.55	1198.68	187.19	389.41	5785.00
浙　江	2666.86	443.87	1388.06	1236.74	151.32	834.93	147.17	335.60	6149.00
安　徽	1488.47	336.72	744.16	680.76	63.40	407.59	77.30	120.96	2521.00
福　建	1685.34	372.58	739.52	629.88	109.64	573.24	139.04	146.83	5386.00
江　西	948.16	314.35	338.23	269.16	69.07	295.58	55.93	57.76	2376.00
山　东	3872.18	775.03	1900.46	1700.31	200.15	1196.69	214.36	325.90	4473.00
河　南	2224.43	546.68	1071.74	958.00	113.74	606.01	113.06	136.13	2475.00
湖　北	1878.65	501.44	812.56	733.25	79.31	564.65	87.46	175.32	3341.00
湖　南	1694.42	532.89	618.07	525.77	92.30	543.46	99.63	167.75	2701.00
广　东	4240.56	694.65	2139.89	1763.48	376.41	1406.02	272.27	305.24	6380.00
广　西	1241.83	357.74	485.57	420.35	65.22	398.52	69.52	130.96	2772.00
海　南	330.95	107.55	83.66	42.84	40.82	139.74	22.60	47.84	4820.00
四　川	2777.88	788.39	1166.22	950.22	216.00	823.27	108.94	235.54	2516.00
贵　州	521.17	183.52	195.76	172.89	22.87	141.89	17.13	39.16	1553.00
云　南	973.97	237.51	429.66	381.88	47.78	306.80	38.72	110.58	2490.00
西　藏	45.84	21.10	7.92	3.43	4.49	16.82	1.82	5.12	1984.00
陕　西	816.58	181.78	336.46	278.34	58.12	298.34	60.08	43.15	2344.00
甘　肃	451.66	103.81	199.32	174.62	24.70	148.53	20.22	50.26	1925.00
青　海	138.24	31.71	58.35	46.38	11.97	48.18	7.02	12.55	2910.00
宁　夏	133.97	29.93	55.78	45.89	9.89	48.26	6.14	11.72	2685.00
新　疆	673.68	187.69	265.38	190.47	74.91	220.61	42.24	58.69	3953.00

注：本表按当年价格计算。

各地区国内生产总值

（1996）

单位：亿元

地　区	生产总值	第一产业	第二产业			第三产业		
				工业	建筑业		交通运输仓储及邮电通信业	批发零售贸易及餐饮业
北　京	1615.73	83.46	683.14	541.41	141.73	849.13	113.78	187.59
天　津	1102.40	70.53	584.43	527.07	57.36	447.44	98.91	97.97
河　北	3452.97	700.94	1664.61	1463.18	201.43	1087.42	225.65	307.23
山　西	1305.50	198.29	670.41	599.48	70.93	436.80	101.98	104.36
内蒙古	984.78	312.82	387.29	322.53	64.76	284.67	83.43	71.13
辽　宁	3157.69	474.09	1537.68	1379.07	158.61	1145.92	194.56	391.25
吉　林	1337.16	376.01	543.17	471.34	71.83	417.98	86.27	113.71
黑龙江	2402.58	465.82	1280.95	1160.00	120.95	655.81	104.09	197.28
上　海	2902.20	71.58	1582.50	1439.14	143.36	1248.12	204.32	316.15
江　苏	6004.21	965.29	3074.12	2754.80	319.32	1964.80	314.91	621.01
浙　江	4146.06	609.18	2200.19	1962.80	237.39	1336.69	234.89	567.84
安　徽	2339.25	665.44	1097.37	1002.20	95.17	576.44	104.46	183.57
福　建	2606.92	560.47	1089.57	919.68	169.89	956.88	245.68	253.23
江　西	1517.26	440.00	588.82	483.35	105.47	488.44	101.64	108.31
山　东	5960.42	1200.17	2810.72	2500.07	310.65	1949.53	364.71	528.40
河　南	3683.41	959.87	1718.98	1525.96	193.02	1004.56	216.12	236.19
湖　北	2970.20	716.34	1344.36	1218.47	125.89	909.50	138.41	301.17
湖　南	2647.16	793.98	1008.43	871.11	137.32	844.75	168.88	245.95
广　东	6519.14	941.73	3269.35	2788.82	480.53	2308.06	497.68	671.22
广　西	1869.62	580.47	710.13	626.08	84.05	579.02	111.95	200.72
海　南	389.53	143.54	81.32	46.83	34.49	164.67	27.64	54.48
四　川	4215.00	1175.00	1773.41	1447.48	325.93	1266.59	164.45	375.46
贵　州	719.83	260.56	257.82	225.00	32.82	201.45	24.22	50.01
云　南	1491.62	364.27	672.82	595.26	77.56	454.53	66.87	151.75
西　藏	64.76	27.15	11.39	4.38	7.01	26.22	3.54	7.82
陕　西	1175.38	262.74	475.01	395.18	79.83	437.63	93.10	74.81
甘　肃	714.18	187.81	314.96	276.66	38.30	211.41	28.40	79.29
青　海	183.57	39.46	71.52	53.86	17.66	72.59	10.56	16.31
宁　夏	193.62	43.24	79.74	67.64	12.10	70.64	11.69	17.03
新　疆	912.15	249.31	336.89	239.46	97.43	325.95	66.75	90.36

注：本表按当年价格计算。

各地区国内生产总值

（1997）

单位：亿元

地区	生产总值	第一产业	第二产业			第三产业			
				工业	建筑业		农林牧渔服务业	地质勘查业水利管理业	交通运输仓储及邮电通信业
北京	1810.09	84.85	738.56	588.36	150.20	986.68	1.87	3.40	135.79
天津	1240.40	74.55	643.88	580.21	63.67	521.97	0.31	3.92	113.63
河北	3953.78	761.76	1934.38	1701.42	232.96	1257.64	5.78	16.09	276.61
山西	1480.13	191.84	789.45	703.02	86.43	498.84	5.10	7.98	111.31
内蒙古	1094.52	322.52	445.50	374.34	71.16	326.50	3.41	3.96	98.05
辽宁	3490.06	485.38	1743.87	1567.56	176.31	1260.81	8.91	13.47	224.03
吉林	1446.91	368.16	575.43	495.10	80.33	503.32	2.82	3.54	110.30
黑龙江	2708.46	484.81	1449.25	1304.86	144.39	774.40	7.32	9.03	143.16
上海	3360.21	75.80	1754.39	1580.15	174.24	1530.02	3.68	6.27	227.88
江苏	6680.34	1008.41	3411.86	3016.44	395.42	2260.07	27.39	17.44	369.54
浙江	4638.24	637.48	2509.56	2254.90	254.66	1491.20	6.18	5.94	288.93
安徽	2669.95	732.37	1260.90	1149.04	111.86	676.68	3.40	7.26	126.66
福建	3000.36	576.63	1293.50	1092.15	201.35	1130.23	5.12	4.92	298.72
江西	1715.18	475.18	658.25	548.39	109.86	581.75	5.64	5.79	115.41
山东	6650.02	1195.00	3185.05	2830.05	355.00	2269.97	9.66	10.59	424.36
河南	4079.26	1008.55	1920.05	1681.25	238.80	1150.66	3.75	20.17	268.26
湖北	3450.24	767.92	1606.98	1453.31	153.67	1075.34	4.23	7.16	167.68
湖南	2993.00	855.75	1166.97	1019.12	147.85	970.28	6.00	9.41	195.38
广东	7315.51	986.82	3647.82	3158.74	489.08	2680.87	14.93	23.52	629.34
广西	2015.20	631.62	759.54	669.96	89.58	624.04	3.60	3.68	120.06
海南	409.86	151.28	82.68	49.30	33.38	175.90	0.74	2.07	31.70
重庆	1350.10	304.51	563.40	477.13	86.27	482.19	4.03	1.71	72.43
四川	3320.11	919.28	1385.38	1175.27	210.11	1015.45	10.23	8.47	135.78
贵州	792.98	271.83	293.47	250.60	42.87	227.68	1.79	1.85	20.72
云南	1644.23	391.48	750.01	651.72	98.29	502.74	5.66	5.67	76.02
西藏	76.98	29.18	16.95	8.13	8.82	30.85	1.28	1.08	4.09
陕西	1326.04	271.52	555.86	456.94	98.92	498.66	5.44	8.98	106.78
甘肃	781.34	189.79	343.40	287.10	56.30	248.15	3.55	6.98	34.87
青海	202.05	40.65	78.80	57.69	21.11	82.60	1.15	2.53	12.14
宁夏	210.92	44.82	87.65	73.18	14.47	78.45	1.01	1.68	14.33
新疆	1050.14	279.73	413.29	303.49	109.80	357.12	5.80	8.42	75.67

注：本表按当年价格计算。

各地区国内生产总值

（1998）

单位：亿元

地区	国内生产总值	第一产业	第二产业	工业	建筑业	第三产业	农林牧渔服务业	地质勘查业水利管理业	交通运输仓储及邮电通信业
北京	2011.31	86.56	786.85	610.66	176.19	1137.90	1.94	4.50	154.45
天津	1336.38	74.03	660.00	587.83	72.17	602.35	0.33	6.49	133.16
河北	4256.01	790.60	2084.33	1822.05	262.28	1381.08	6.16	17.18	313.40
山西	1601.11	207.26	856.13	745.47	110.66	537.72	5.35	9.30	123.80
内蒙古	1192.29	341.62	479.53	399.42	80.11	371.14	3.78	4.26	106.05
辽宁	3881.73	531.46	1855.22	1664.05	191.17	1495.05	11.17	8.17	271.96
吉林	1557.78	429.50	597.29	504.12	93.17	530.99	2.84	3.61	109.37
黑龙江	2832.84	463.05	1506.76	1332.00	174.76	863.03	8.64	11.41	160.06
上海	3688.20	78.50	1847.20	1646.70	200.50	1762.50	3.64	6.67	244.42
江苏	7199.95	1016.27	3640.10	3157.69	482.41	2543.58	30.89	19.08	435.77
浙江	4987.50	631.31	2709.08	2445.43	263.65	1647.11	6.26	6.30	321.75
安徽	2805.45	739.70	1253.53	1112.97	140.56	812.22	4.13	8.87	152.29
福建	3330.18	610.04	1444.73	1208.75	235.98	1275.41	5.85	5.61	347.25
江西	1851.98	450.44	740.33	609.26	131.07	661.21	6.70	6.80	145.40
山东	7162.20	1215.81	3457.03	3052.44	404.59	2489.36	10.80	11.73	442.20
河南	4356.60	1071.39	2012.74	1742.18	270.56	1272.47	4.16	22.51	299.63
湖北	3704.21	748.22	1752.91	1579.26	173.65	1203.08	4.64	7.65	195.56
湖南	3211.40	828.31	1294.17	1117.61	176.56	1088.92	7.08	10.99	216.49
广东	7919.12	1004.92	3991.97	3463.12	528.85	2922.23	16.30	24.10	688.83
广西	1903.04	574.25	678.19	569.90	108.29	650.60	4.01	4.00	125.04
海南	438.92	164.00	90.63	55.70	34.93	184.29	0.80	2.07	35.03
重庆	1429.26	298.67	585.38	480.88	104.50	545.21	4.42	2.11	78.93
四川	3580.26	941.24	1527.07	1272.41	254.66	1111.95	11.18	9.42	196.27
贵州	841.88	264.89	326.03	273.16	52.87	250.96	2.01	2.03	25.04
云南	1793.90	408.43	828.37	699.46	128.91	557.10	6.43	6.08	88.90
西藏	91.18	31.31	20.24	9.02	11.22	39.63	1.91	0.98	5.08
陕西	1381.53	283.49	567.66	445.35	122.31	530.38	5.49	9.90	115.42
甘肃	869.75	202.21	382.00	311.80	70.20	285.54	3.97	7.80	39.32
青海	220.16	41.63	88.42	63.44	24.98	90.11	1.31	3.08	13.67
宁夏	227.46	48.69	94.01	76.07	17.94	84.76	1.10	2.10	16.11
新疆	1116.67	291.05	430.73	300.00	130.73	394.89	4.58	10.35	92.03

注：本表按当年价格计算。

各地区国内生产总值

(1998)

单位：亿元

地　区	批发零售贸易及餐饮业	金融、保险业	房地产业	社会服务业	卫生体育和社会福利业	教育、文化艺术及广播电影电视业	科学研究和综合技术服务事业	国家机关、政党机关和社会团体	其他行业
北　京	207.33	246.87	277.64	135.79	30.58	110.67	80.83	51.83	14.09
天　津	127.29	120.17	114.88	81.21	14.05	35.70	16.00	27.10	2.93
河　北	386.96	202.98	204.22	79.43	32.42	79.38	14.54	128.13	42.15
山　西	122.94	101.59	96.84	34.67	13.99	37.28	5.93	63.91	3.12
内蒙古	95.49	27.58	22.75	34.24	14.06	28.20	4.69	35.72	9.51
辽　宁	533.15	164.40	123.78	187.70	58.63	90.52	31.71	84.05	11.61
吉　林	130.80	52.49	62.26	38.15	21.82	44.53	25.78	48.49	14.22
黑龙江	246.57	109.18	115.32	68.71	34.55	58.08	13.52	72.05	21.17
上　海	412.04	459.63	512.21	160.45	43.51	89.93	48.55	48.63	7.05
江　苏	724.85	376.04	381.81	210.39	71.82	150.64	23.74	188.28	19.65
浙　江	665.80	157.94	172.19	147.16	52.44	78.16	10.90	93.05	9.45
安　徽	258.60	83.42	85.10	75.74	26.75	63.47	5.89	47.02	2.66
福　建	332.59	157.32	172.48	115.16	33.80	77.27	8.69	79.01	8.24
江　西	143.54	97.40	100.50	43.28	17.71	51.03	5.41	62.03	18.25
山　东	665.33	411.89	429.88	115.07	87.45	145.25	21.39	187.77	110.20
河　南	316.81	132.57	139.76	84.79	53.93	84.23	12.36	116.89	10.38
湖　北	373.04	161.84	180.14	101.58	58.00	80.53	21.61	100.69	5.16
湖　南	291.73	119.22	125.62	47.05	48.19	97.97	12.07	139.39	16.67
广　东	827.16	271.07	268.20	331.55	71.44	146.15	23.38	145.77	16.52
广　西	243.50	52.06	31.22	47.25	25.59	55.27	4.49	60.13	13.64
海　南	60.90	29.20	30.14	20.22	4.22	12.19	1.30	9.29	0.27
重　庆	138.43	68.31	73.84	79.98	18.42	43.30	20.01	48.48	0.72
四　川	328.46	204.49	144.45	101.21	43.01	74.22	15.85	90.60	11.05
贵　州	69.97	40.86	36.45	27.02	13.80	26.83	2.86	25.63	6.76
云　南	170.15	88.86	89.84	33.66	29.20	51.25	8.60	40.47	4.81
西　藏	11.13	0.67	1.69	1.94	2.95	5.02	0.89	7.59	0.17
陕　西	94.63	76.57	53.14	47.88	22.08	56.97	14.02	48.64	38.17
甘　肃	99.23	41.64	50.55	11.41	8.81	15.98	6.33	16.46	7.02
青　海	18.79	18.37	18.57	3.15	3.14	8.66	1.26	14.30	1.20
宁　夏	19.64	17.85	16.52	4.16	3.03	6.76	1.06	7.52	3.18
新　疆	103.34	49.19	50.20	28.14	11.82	37.95	4.52	39.49	3.53

各地区国内生产总值

（1999）

单位：亿元

地区	生产总值	第一产业	第二产业			第三产业			
				工业	建筑业		农林牧渔服务业	地质勘查业水利管理业	交通运输仓储及邮电通信业
北　京	2174.46	87.48	840.23	649.34	190.89	1246.75	2.27	4.60	167.54
天　津	1450.06	71.01	711.93	640.21	71.72	667.12	0.69	7.63	155.82
河　北	4569.19	805.97	2243.59	1950.21	293.38	1519.63	6.82	18.41	359.85
山　西	1506.78	159.96	760.72	650.62	110.10	586.10	6.98	11.80	137.67
内蒙古	1268.20	342.91	515.46	428.33	87.13	409.83	4.32	5.33	116.64
辽　宁	4171.69	520.80	2001.48	1795.71	205.77	1649.41	12.68	8.86	314.48
吉　林	1669.56	423.48	671.74	552.34	119.40	574.34	3.04	4.03	121.77
黑龙江	2897.41	377.23	1587.76	1399.85	187.91	932.42	9.64	13.51	169.95
上　海	4034.96	80.00	1953.98	1758.68	195.30	2000.98	3.93	7.51	271.97
江　苏	7697.82	1003.51	3920.15	3387.99	532.16	2774.16	33.86	20.76	484.86
浙　江	5364.89	631.94	2902.81	2630.00	272.81	1830.14	6.27	6.68	364.90
安　徽	2908.59	741.14	1278.91	1135.98	142.93	888.54	5.17	10.19	162.94
福　建	3550.24	628.86	1507.29	1268.95	238.34	1414.09	5.53	5.79	392.88
江　西	1962.98	464.40	758.15	613.12	145.03	740.43	7.16	7.83	167.74
山　东	7662.10	1221.00	3705.44	3251.77	453.67	2735.66	13.11	13.47	490.90
河　南	4576.10	1123.14	2070.88	1788.84	282.04	1382.08	5.80	22.28	333.49
湖　北	3857.99	653.99	1887.93	1692.46	195.47	1316.07	5.01	8.26	215.85
湖　南	3326.75	778.25	1297.74	1096.56	201.18	1250.76	7.96	12.75	240.40
广　东	8464.31	1021.30	4264.32	3705.88	558.44	3178.69	18.15	24.94	745.15
广　西	1953.27	554.48	695.83	579.26	116.57	702.96	4.97	4.05	145.30
海　南	471.23	176.42	94.95	59.43	35.52	199.86	0.92	2.34	42.37
重　庆	1479.71	284.28	604.39	492.39	112.00	591.04	4.53	2.50	87.22
四　川	3711.61	941.02	1556.68	1293.53	263.15	1213.91	12.41	10.31	220.25
贵　州	911.86	267.57	348.59	284.16	64.43	295.70	2.67	1.95	51.33
云　南	1855.74	412.17	825.12	680.01	145.11	618.45	7.42	7.88	107.95
西　藏	105.61	34.19	24.00	9.97	14.03	47.42	2.08	1.25	7.37
陕　西	1487.61	267.51	641.90	487.26	154.64	578.20	5.68	10.77	130.32
甘　肃	931.98	191.21	423.79	327.68	96.11	316.98	4.37	8.43	42.89
青　海	238.39	40.54	97.88	69.96	27.92	99.97	1.49	3.72	16.21
宁　夏	241.49	48.01	102.68	80.70	21.98	90.80	1.37	2.34	18.03
新　疆	1168.55	268.51	460.71	317.93	142.78	439.33	5.26	11.58	108.88

注：本表按当年价格计算。

各地区国内生产总值

（1999）

单位：亿元

地　区	批发零售贸易及餐饮业	金融、保险业	房地产业	社会服务业	卫生体育和社会福利业	教育、文化艺术及广播电影电视业	科学研究和综合技术服务事业	国家机关、政党机关和社会团体	其他行业
北　京	210.43	316.37	69.45	147.74	33.59	119.95	101.17	57.91	15.73
天　津	142.54	109.32	47.23	91.96	17.48	41.28	17.58	31.77	3.82
河　北	411.54	199.40	85.71	95.48	39.14	95.71	15.74	146.37	45.46
山　西	124.61	95.79	26.06	39.41	13.73	42.93	6.63	73.68	2.75
内蒙古	102.99	23.37	14.75	36.86	15.27	34.18	5.02	39.98	11.12
辽　宁	575.78	125.12	89.62	210.37	67.49	101.06	35.54	95.40	13.01
吉　林	139.13	65.44	34.08	40.67	22.36	48.27	27.22	52.45	15.88
黑龙江	255.70	117.75	57.61	84.20	37.55	69.78	14.73	78.78	23.22
上　海	445.77	577.56	210.53	191.77	54.72	115.69	55.46	58.68	7.39
江　苏	782.38	392.18	314.86	231.44	80.50	168.13	26.65	213.22	25.32
浙　江	712.42	190.91	92.87	166.26	59.29	102.84	12.93	104.21	10.56
安　徽	283.55	89.24	93.66	86.65	31.42	63.64	7.53	51.25	3.30
福　建	353.48	175.70	103.95	143.71	36.73	87.39	9.61	90.97	8.35
江　西	161.63	101.15	76.31	47.79	19.09	54.13	5.77	73.33	18.50
山　东	720.56	435.96	283.31	147.93	100.72	169.61	24.00	209.20	126.89
河　南	339.08	140.33	137.12	93.27	58.58	98.15	15.30	126.76	11.92
湖　北	403.66	193.68	76.23	118.47	65.23	90.63	24.30	113.24	1.51
湖　南	315.04	129.76	86.98	66.31	61.50	124.12	14.79	172.20	18.95
广　东	866.83	283.47	426.66	371.07	79.03	161.52	25.41	160.42	16.04
广　西	260.33	16.75	42.64	49.11	34.58	64.27	5.57	60.83	14.56
海　南	63.74	31.08	8.54	21.66	4.50	13.16	1.40	9.86	0.29
重　庆	145.32	69.79	40.68	92.39	20.53	48.78	23.91	54.42	0.97
四　川	348.12	155.32	93.17	112.29	48.41	83.08	17.62	102.13	10.80
贵　州	75.34	30.86	18.60	30.61	15.08	30.20	3.16	30.33	5.57
云　南	179.57	68.96	54.47	43.31	32.93	57.53	9.98	42.42	6.03
西　藏	12.71	2.13	0.34	3.11	3.30	5.41	1.02	8.51	0.19
陕　西	102.57	38.56	28.51	56.04	23.34	63.49	14.76	59.18	44.98
甘　肃	108.32	54.08	21.48	13.01	9.98	18.84	7.62	19.87	8.09
青　海	19.58	17.95	3.56	3.63	3.58	10.58	1.42	16.95	1.30
宁　夏	20.52	15.32	4.59	4.61	3.31	7.70	1.20	8.31	3.50
新　疆	108.72	48.50	10.24	36.47	14.12	42.80	4.83	44.29	3.64

各地区国内生产总值

（2000）

单位：亿元

地区	生产总值	第一产业	第二产业	工业	建筑业	第三产业	农林牧渔服务业	地质勘查业水利管理业	交通运输仓储及邮电通信业
北京	2478.76	89.97	943.51	745.32	198.19	1445.28	2.25	5.33	190.12
天津	1639.36	73.54	820.17	747.28	72.89	745.65	1.68	9.17	178.83
河北	5088.96	824.55	2559.96	2246.73	313.23	1704.45	7.12	21.61	415.79
山西	1643.81	179.86	827.59	706.39	121.20	636.36	7.67	12.97	146.01
内蒙古	1401.01	350.80	556.28	455.21	101.07	493.93	4.68	6.27	142.59
辽宁	4669.06	503.44	2344.40	2114.89	229.51	1821.22	14.01	8.29	350.46
吉林	1821.19	398.73	800.28	655.68	144.60	622.18	3.41	4.21	119.10
黑龙江	3253.00	357.00	1868.55	1664.35	204.20	1027.45	10.06	13.93	203.13
上海	4551.15	83.20	2163.68	1956.66	207.02	2304.27	4.55	8.55	315.42
江苏	8582.73	1031.17	4435.89	3848.52	587.37	3115.67	37.17	22.90	557.37
浙江	6036.34	664.16	3183.47	2883.37	300.10	2188.71	6.40	7.16	428.30
安徽	3038.24	732.19	1296.31	1100.45	195.86	1009.73	9.76	12.35	179.85
福建	3920.07	640.57	1711.16	1470.07	241.09	1568.34	6.14	6.18	444.13
江西	2003.07	485.14	700.76	539.78	160.98	817.17	7.23	8.22	194.98
山东	8542.44	1268.57	4244.40	3737.38	507.02	3029.47	15.52	17.85	553.17
河南	5137.66	1161.58	2413.78	2078.94	334.84	1562.30	6.10	30.30	391.88
湖北	4276.32	662.30	2123.70	1903.28	220.42	1490.32	5.38	8.89	256.94
湖南	3691.88	784.92	1461.86	1230.71	231.15	1445.10	9.12	15.00	277.69
广东	9662.23	1000.06	4868.75	4295.03	573.72	3793.42	18.97	25.19	908.45
广西	2050.14	538.69	748.00	619.84	128.16	763.45	5.21	4.30	160.87
海南	518.48	196.56	102.45	65.76	36.69	219.47	1.05	2.69	46.97
重庆	1589.34	283.00	657.51	527.48	130.03	648.83	4.83	3.07	98.19
四川	4010.25	945.58	1700.49	1393.84	306.65	1364.18	13.43	11.24	249.39
贵州	993.53	270.99	387.85	314.73	73.12	334.69	3.44	1.93	64.59
云南	1955.09	436.26	843.24	697.69	145.55	675.59	8.08	6.65	119.77
西藏	117.46	36.32	27.21	10.13	17.08	53.93	2.23	1.30	2.12
陕西	1660.92	279.12	731.90	549.58	182.32	649.90	6.32	11.86	156.18
甘肃	983.36	193.36	439.88	328.41	111.47	350.12	5.08	9.53	50.07
青海	263.59	38.53	114.00	80.55	33.45	111.06	1.59	4.11	19.19
宁夏	265.57	45.95	120.04	93.00	27.04	99.58	1.59	2.75	19.31
新疆	1364.36	288.18	586.84	422.08	164.76	489.34	5.83	13.12	121.79

注：本表按当年价格计算。

各地区国内生产总值

(2000)

单位：亿元

地区	批发零售贸易及餐饮业	金融、保险业	房地产业	社会服务业	卫生体育和社会福利业	教育、文化艺术及广播电影电视业	科学研究和综合技术服务事业	国家机关、政党机关和社会团体	其他行业
北京	218.54	378.89	77.37	191.18	43.19	148.42	102.87	70.01	17.11
天津	158.56	55.80	69.35	104.98	29.08	61.90	25.54	46.27	4.49
河北	459.00	183.77	99.53	115.47	47.79	113.93	19.25	169.25	51.94
山西	135.19	103.59	29.39	43.36	17.33	47.25	7.31	83.26	3.03
内蒙古	133.45	24.27	17.63	43.20	17.39	40.35	5.87	45.48	12.75
辽宁	631.64	127.91	103.56	237.97	75.34	111.75	40.19	107.01	13.09
吉林	153.74	62.15	45.83	52.60	24.27	53.43	30.30	56.15	16.99
黑龙江	320.00	32.04	104.70	104.35	41.90	74.43	16.21	84.02	22.68
上海	485.30	685.03	251.70	221.45	62.94	137.66	58.88	64.71	8.08
江苏	857.57	430.68	351.92	265.25	92.16	203.85	30.42	235.08	31.29
浙江	827.78	209.25	116.90	220.20	80.89	135.76	16.28	126.71	13.08
安徽	315.00	100.00	114.29	98.19	35.11	72.59	8.43	59.51	4.65
福建	384.17	187.85	118.02	159.83	41.82	100.96	11.75	98.21	9.28
江西	181.96	98.84	89.76	52.76	20.44	57.58	6.50	82.50	16.40
山东	785.68	450.94	309.99	174.51	111.41	209.50	28.75	243.84	128.31
河南	380.66	125.30	154.71	119.72	67.37	110.86	16.40	146.54	12.46
湖北	442.82	205.99	87.75	146.79	71.24	106.67	26.58	129.52	1.75
湖南	348.10	140.70	97.14	82.87	77.11	154.16	17.38	203.67	22.16
广东	968.99	371.53	515.52	477.01	94.36	183.81	32.15	162.23	35.21
广西	277.73	20.42	46.12	54.16	37.33	69.33	6.14	65.86	15.98
海南	68.97	33.56	9.32	23.68	5.14	14.89	1.56	11.29	0.35
重庆	154.46	68.62	51.92	101.67	23.40	51.09	27.49	63.08	1.01
四川	381.59	170.46	105.49	130.14	56.58	97.02	20.26	116.97	11.61
贵州	77.62	33.12	27.58	26.71	17.88	33.71	4.09	38.41	5.61
云南	199.63	69.00	71.09	44.00	35.50	60.45	10.00	44.51	6.91
西藏	14.15	2.45	2.18	3.96	3.46	6.89	0.85	14.29	0.05
陕西	113.21	29.51	35.85	65.61	24.55	71.68	15.39	66.36	53.38
甘肃	114.24	55.87	24.77	14.92	11.43	22.36	9.17	23.21	9.47
青海	21.37	16.20	4.06	6.26	4.07	11.98	1.58	19.14	1.51
宁夏	21.60	15.49	5.46	5.43	3.77	9.64	1.23	9.15	4.16
新疆	118.08	42.23	15.00	43.90	14.08	54.17	5.44	51.24	4.46

各地区国内生产总值

（2001）

单位：亿元

地　区	生产总值	第一产业	第二产业	工业	建筑业	第三产业	农林牧渔服务业	地质勘查业水利管理业	交通运输仓储及邮电通信业
北　京	2845.65	93.08	1030.60	816.24	214.36	1721.97	2.49	5.31	218.53
天　津	1840.10	78.55	904.64	821.18	83.46	856.91	1.70	9.82	203.98
河　北	5577.78	913.90	2767.41	2439.56	327.85	1896.47	8.16	22.04	498.81
山　西	1779.97	171.09	917.98	779.78	138.20	690.90	8.51	14.40	157.20
内蒙古	1545.79	358.89	626.47	506.69	119.78	560.43	4.97	7.01	162.79
辽　宁	5033.08	544.44	2440.55	2190.12	250.43	2048.09	16.02	8.43	394.50
吉　林	2032.48	409.10	880.84	724.73	156.11	742.54	3.76	4.52	129.06
黑龙江	3561.00	409.30	1998.74	1767.79	230.95	1152.96	10.68	14.46	239.10
上　海	4950.84	85.50	2355.53	2121.19	234.34	2509.81	4.83	9.36	344.85
江　苏	9511.91	1082.43	4907.46	4270.90	636.56	3522.02	42.05	27.06	644.87
浙　江	6748.15	695.15	3459.75	3106.29	353.46	2593.25	7.11	7.84	503.68
安　徽	3290.13	750.07	1415.32	1191.62	223.70	1124.74	10.70	12.46	195.30
福　建	4253.68	651.11	1904.21	1645.34	258.87	1698.36	6.84	6.79	468.49
江　西	2175.68	506.00	788.12	595.55	192.57	881.56	8.51	8.41	216.10
山　东	9438.31	1359.49	4654.51	4092.24	562.27	3424.31	23.18	23.21	668.49
河　南	5640.11	1234.34	2659.04	2279.89	379.15	1746.73	6.70	31.60	442.07
湖　北	4662.28	692.17	2313.66	2066.47	247.19	1656.45	6.38	9.73	282.45
湖　南	3983.00	825.73	1573.00	1309.50	263.50	1584.27	9.30	15.23	294.90
广　东	10647.71	1004.35	5341.61	4732.41	609.20	4301.75	21.89	27.76	1073.81
广　西	2231.19	562.52	791.85	648.19	143.66	876.82	5.66	4.88	187.66
海　南	545.96	201.79	111.25	71.59	39.66	232.92	1.07	2.92	50.76
重　庆	1749.77	293.03	727.66	576.58	151.08	729.08	5.70	2.83	109.48
四　川	4421.76	981.68	1756.86	1407.81	349.05	1683.22	18.05	14.11	313.78
贵　州	1084.90	274.17	419.74	335.00	84.74	390.99	4.32	2.71	75.37
云　南	2074.71	450.54	881.49	723.98	157.51	742.68	10.79	6.04	139.01
西　藏	138.73	37.47	32.18	10.84	21.34	69.08	2.18	2.33	4.79
陕　西	1844.27	287.24	816.34	606.12	210.22	740.69	6.93	12.90	188.91
甘　肃	1072.51	207.05	481.07	356.51	124.56	384.39	5.59	10.91	56.55
青　海	300.95	42.79	132.18	89.20	42.98	125.98	1.95	4.39	23.11
宁　夏	298.38	49.57	134.37	102.23	32.14	114.44	1.80	2.77	22.95
新　疆	1485.48	288.12	630.37	450.00	180.37	566.99	7.67	15.12	118.60

注：本表按当年价格计算。

各地区国内生产总值

(2001)

单位：亿元

地　区	批发零售贸易及餐饮业	金融、保险业	房地产业	社会服务业	卫生体育和社会福利业	教育、文化艺术及广播电影电视业	科学研究和综合技术服务事业	国家机关、政党机关和社会团体	其他行业
北　京	237.83	441.22	111.03	220.20	51.50	191.60	147.71	76.77	17.78
天　津	178.25	63.38	85.61	119.64	32.46	76.43	28.11	52.48	5.05
河　北	501.66	171.62	106.80	130.79	53.87	129.95	21.92	188.93	61.92
山　西	146.00	110.00	31.00	48.16	19.25	52.47	8.17	92.44	3.30
内蒙古	148.18	25.40	21.02	49.58	19.79	46.20	6.88	54.02	14.59
辽　宁	696.51	131.32	114.96	277.66	88.40	131.85	45.86	127.20	15.38
吉　林	267.37	24.17	49.62	55.57	29.45	63.78	34.28	64.16	16.80
黑龙江	350.20	33.74	108.16	118.12	47.90	86.70	18.51	97.40	27.99
上　海	550.35	619.99	316.85	272.06	71.86	164.03	65.71	79.48	10.44
江　苏	955.07	450.64	393.75	308.83	104.13	249.94	37.53	267.08	41.07
浙　江	908.83	243.94	146.31	277.35	109.03	198.20	21.95	149.56	19.45
安　徽	340.80	106.50	126.44	110.72	41.08	86.00	9.70	78.20	6.84
福　建	411.51	201.52	128.52	179.57	47.07	114.84	13.27	109.98	9.96
江　西	192.06	92.70	114.84	54.45	22.33	63.10	6.74	92.09	10.23
山　东	891.34	465.38	376.26	218.14	133.64	249.32	34.50	301.72	39.13
河　南	422.14	128.13	171.71	128.98	71.84	135.88	18.20	175.65	13.83
湖　北	473.35	232.78	106.46	175.43	79.08	117.44	30.11	141.95	1.29
湖　南	382.40	143.16	108.00	91.98	85.60	170.20	17.90	241.35	24.25
广　东	1044.40	369.20	559.66	616.07	118.69	198.23	37.97	189.10	44.99
广　西	295.15	25.76	60.83	66.75	38.99	82.52	7.96	83.58	17.08
海　南	72.58	34.12	10.12	25.49	5.54	16.10	1.66	12.19	0.37
重　庆	167.84	73.36	60.47	114.62	27.91	62.46	31.61	71.74	1.06
四　川	474.79	186.34	131.55	150.18	64.79	147.97	28.32	140.18	13.16
贵　州	84.08	34.53	33.19	28.96	23.39	46.58	4.14	48.13	5.59
云　南	202.22	72.45	79.57	44.28	40.14	74.60	11.40	55.49	6.69
西　藏	16.59	3.22	2.55	4.28	4.67	9.22	0.92	18.23	0.10
陕　西	124.73	31.15	41.48	71.06	27.42	83.92	17.88	80.45	53.86
甘　肃	123.04	57.53	27.44	17.08	13.09	25.60	10.50	26.57	10.49
青　海	23.06	15.27	4.34	7.79	5.03	14.56	1.77	23.05	1.66
宁　夏	23.45	14.72	7.65	6.70	4.81	12.65	1.66	10.81	4.47
新　疆	128.16	48.88	19.19	53.28	21.58	59.46	5.45	83.31	6.29

各地区国内生产总值

（2002）

单位：亿元

地　区	国内生产总值	第一产业	第二产业	工业	建筑业
北　京	3212.71	98.05	1116.53	874.15	242.38
天　津	2051.16	84.00	1001.90	909.24	92.66
河　北	6122.53	957.01	3046.00	2695.69	350.31
山　西	2017.54	197.80	1083.79	921.99	161.80
内蒙古	1734.31	374.69	728.34	573.30	155.04
辽　宁	5458.22	590.20	2609.85	2331.95	277.90
吉　林	2246.12	446.17	978.37	803.53	174.84
黑龙江	3882.16	447.00	2169.15	1916.04	253.11
上　海	5408.76	88.24	2564.69	2312.77	251.92
江　苏	10631.75	1119.12	5550.98	4826.58	724.40
浙　江	7796.00	694.00	3982.00	3580.00	402.00
安　徽	3569.10	772.55	1552.21	1290.52	261.69
福　建	4682.01	664.78	2159.94	1882.55	277.39
江　西	2450.48	535.98	951.77	693.18	258.59
山　东	10552.06	1390.00	5309.54	4629.54	680.00
河　南	6168.73	1288.36	2951.06	2531.72	419.34
湖　北	4975.63	707.00	2446.05	2168.42	277.63
湖　南	4340.94	847.25	1737.20	1440.80	296.40
广　东	11769.73	1032.80	5935.63	5288.53	647.10
广　西	2455.36	595.68	863.96	699.16	164.80
海　南	604.13	228.95	125.33	83.78	41.55
重　庆	1971.30	315.78	827.55	651.00	176.55
四　川	4875.12	1027.62	1982.44	1551.48	430.96
贵　州	1185.04	280.83	474.68	370.49	104.19
云　南	2232.32	470.50	951.48	780.33	171.15
西　藏	161.42	39.68	32.93	11.61	21.32
陕　西	2035.96	303.79	925.78	691.07	234.71
甘　肃	1161.43	214.45	530.36	390.61	139.75
青　海	341.11	44.90	154.01	100.19	53.82
宁　夏	329.28	52.84	151.16	114.80	36.36
新　疆	1598.28	305.00	672.10	473.00	199.10

注：本表按当年价格计算。

各地区国内生产总值

（2002）

单位：亿元

地　区	第三产业	交通运输仓储及邮电通信业	批发零售贸易及餐饮业	金融、保险业	房地产业	其他行业
北　京	1998.13	235.56	256.32	469.44	163.12	873.69
天　津	965.26	230.88	196.38	73.08	97.66	367.26
河　北	2119.52	554.91	550.06	184.25	115.16	715.14
山　西	735.95	177.60	157.98	95.50	33.50	271.37
内蒙古	631.28	188.08	164.12	26.62	22.79	229.67
辽　宁	2258.17	425.41	760.26	137.18	130.94	804.38
吉　林	821.58	138.92	287.78	23.63	60.02	311.23
黑龙江	1266.01	264.89	385.57	35.39	115.89	464.27
上　海	2755.83	382.82	602.29	584.67	373.63	812.42
江　苏	3961.65	717.76	1066.77	487.57	456.56	1232.99
浙　江	3120.00	602.00	1035.26	323.26	186.83	972.65
安　徽	1244.34	219.44	364.35	114.33	142.31	403.91
福　建	1857.29	491.00	444.20	227.94	142.17	551.98
江　西	962.73	243.61	214.19	91.93	125.27	287.73
山　东	3852.52	667.75	1047.83	457.20	429.32	1250.42
河　南	1929.31	491.57	466.38	132.50	185.60	653.26
湖　北	1822.58	306.43	510.53	250.35	124.23	631.04
湖　南	1756.49	322.58	422.55	145.63	125.46	740.27
广　东	4801.30	1157.75	1140.86	398.26	633.87	2470.56
广　西	995.72	225.81	318.46	32.20	69.43	349.82
海　南	249.85	54.62	76.95	35.03	11.07	72.18
重　庆	827.97	123.97	182.51	78.25	70.90	372.34
四　川	1865.06	348.78	519.46	200.48	147.02	649.32
贵　州	429.53	84.35	92.12	37.49	37.22	178.35
云　南	810.34	150.56	216.63	84.38	84.11	274.66
西　藏	88.81	10.93	20.76	2.78	3.42	50.92
陕　西	806.39	210.43	134.83	31.90	58.33	370.90
甘　肃	416.62	64.25	132.03	59.20	29.91	131.23
青　海	142.20	27.53	25.36	15.80	5.38	68.13
宁　夏	125.28	25.58	25.29	14.18	7.35	52.88
新　疆	621.18	131.43	135.21	52.57	22.79	279.18

地区生产总值

（2003）

单位：亿元

地 区	地区生产总值	第一产业	第二产业		
				工业	建筑业
北 京	3663.10	95.64	1311.86	1032.03	279.83
天 津	2447.66	89.66	1245.29	1136.24	109.05
河 北	7098.56	1064.33	3657.19	3212.96	444.23
山 西	2456.59	215.19	1389.33	1192.74	196.59
内蒙古	2150.41	420.10	973.94	721.59	252.35
辽 宁	6002.54	615.80	2898.89	2556.82	342.07
吉 林	2522.62	486.90	1143.39	929.28	214.11
黑龙江	4430.00	500.80	2532.45	2248.59	283.86
上 海	6250.81	90.64	3130.72	2865.85	264.87
江 苏	12460.83	1106.35	6787.11	6004.65	782.46
浙 江	9395.00	728.00	4941.00	4381.00	560.00
安 徽	3972.38	732.81	1780.60	1445.60	335.00
福 建	5232.17	692.94	2492.73	2147.00	345.73
江 西	2830.46	560.00	1227.38	849.32	378.06
山 东	12435.93	1480.67	6656.85	5860.63	796.22
河 南	7048.59	1239.70	3551.94	3034.14	517.80
湖 北	5401.71	798.35	2580.58	2254.50	326.08
湖 南	4638.73	886.47	1794.21	1452.86	341.35
广 东	13625.87	1093.52	7307.08	6532.98	774.10
广 西	2735.13	652.28	1007.96	813.81	194.15
海 南	670.93	248.33	151.16	102.52	48.64
重 庆	2250.56	336.36	977.30	768.37	208.93
四 川	5456.32	1128.61	2266.06	1771.41	494.65
贵 州	1356.11	298.37	579.31	457.12	122.19
云 南	2465.29	502.84	1069.29	872.14	197.15
西 藏	184.50	40.62	47.99	13.77	34.22
陕 西	2398.58	320.03	1133.56	834.76	298.80
甘 肃	1304.60	236.61	607.62	449.81	157.81
青 海	390.21	46.15	184.26	120.77	63.49
宁 夏	385.34	55.50	192.00	143.31	48.69
新 疆	1877.61	412.90	796.84	571.00	225.84

注：本表按当年价格计算。

地区生产总值

（2003）

单位：亿元

地　区	第三产业	交通运输仓储及邮电通信业	批发零售贸易及餐饮业	金融、保险业	房地产业	其他行业
北　京	2255.60	253.80	279.69	537.32	190.55	994.24
天　津	1112.71	244.48	215.89	107.02	125.43	419.89
河　北	2377.04	611.96	603.20	205.04	136.85	819.99
山　西	852.07	203.77	173.93	88.82	37.45	348.10
内蒙古	756.38	216.76	180.79	27.84	24.92	306.07
辽　宁	2487.85	495.67	803.21	145.38	188.49	855.10
吉　林	892.33	152.27	327.67	20.40	66.09	325.90
黑龙江	1396.75	278.32	424.51	37.46	123.24	533.22
上　海	3029.45	420.53	649.11	624.74	463.93	871.14
江　苏	4567.37	821.48	1204.61	537.77	549.50	1454.01
浙　江	3726.00	700.88	1159.25	416.97	238.50	1210.40
安　徽	1458.97	254.32	405.49	126.31	166.66	506.19
福　建	2046.50	532.04	492.59	252.01	158.21	611.65
江　西	1043.08	261.11	243.06	82.15	138.02	318.74
山　东	4298.41	724.62	1161.55	514.54	490.88	1406.82
河　南	2256.95	561.17	578.37	135.32	201.17	780.92
湖　北	2022.78	334.59	558.52	283.37	148.95	697.35
湖　南	1958.05	359.83	465.83	157.40	137.71	837.28
广　东	5225.27	1207.67	1246.24	418.57	731.57	1621.21
广　西	1074.89	248.22	344.78	56.15	81.67	344.07
海　南	271.44	58.19	83.68	37.76	12.45	79.36
重　庆	936.90	136.56	199.27	85.00	87.79	428.28
四　川	2061.65	381.25	575.13	229.25	187.36	688.66
贵　州	478.43	93.11	101.86	41.58	38.85	203.03
云　南	893.16	172.52	221.42	86.02	90.04	323.16
西　藏	95.89	19.21	20.41	4.69	4.35	47.23
陕　西	944.99	226.01	152.07	40.81	117.37	408.73
甘　肃	460.37	70.91	142.73	61.82	33.40	151.51
青　海	159.80	32.58	28.42	16.86	5.94	76.00
宁　夏	137.84	27.84	27.96	15.73	8.66	57.65
新　疆	667.87	121.24	155.60	65.43	24.67	300.93

地区生产总值

（2004）

单位：亿元

地　区	地区生产总值	第一产业	第二产业	工业	建筑业
北　京	4283.31	102.90	1610.37	1290.16	320.21
天　津	2931.88	102.29	1560.16	1436.73	123.43
河　北	8768.79	1370.40	4635.23	4086.43	548.80
山　西	3042.41	253.37	1810.08	1568.47	241.61
内蒙古	2712.08	506.07	1332.47	1015.66	316.81
辽　宁	6872.65	769.90	3278.88	2832.99	445.90
吉　林	2958.21	560.96	1379.31	1142.08	237.23
黑龙江	5303.00	587.76	3155.33	2814.42	340.92
上　海	7450.27	96.71	3788.22	3492.89	295.33
江　苏	15403.16	1315.38	8716.11	7714.40	1001.71
浙　江	11243.00	816.00	6045.00	5381.40	663.60
安　徽	4812.68	932.42	2169.82	1735.99	433.83
福　建	6053.14	777.87	2950.33	2532.68	417.65
江　西	3495.94	711.70	1595.74	1110.74	485.00
山　东	15490.73	1778.30	8724.52	7799.31	925.21
河　南	8815.09	1647.48	4515.35	3862.18	653.17
湖　北	6309.92	1020.09	2994.67	2593.88	400.79
湖　南	5612.26	1155.85	2214.41	1781.14	433.27
广　东	16039.46	1245.42	8890.29	8011.15	879.14
广　西	3320.10	811.38	1288.26	1044.83	243.43
海　南	769.36	283.84	180.41	119.68	60.73
重　庆	2665.39	431.32	1181.24	927.51	253.73
四　川	6556.01	1394.26	2690.00	2165.22	524.77
贵　州	1591.90	334.11	714.66	574.62	140.04
云　南	2959.48	604.33	1314.19	1053.36	260.83
西　藏	211.54	43.33	57.61	15.43	42.18
陕　西	2883.51	394.98	1416.82	1064.81	352.01
甘　肃	1558.93	281.40	758.18	576.22	181.96
青　海	465.73	57.81	227.06	158.64	68.42
宁　夏	460.35	65.13	239.42	186.30	53.12
新　疆	2200.15	444.70	1010.07	745.00	265.07

注：本表按当年价格计算。

地区生产总值

（2004）

单位：亿元

地区	第三产业	交通运输仓储及邮电通信业	批发零售贸易及餐饮业	金融、保险业	房地产业	其他行业
北京	2570.04	283.09	305.03	598.57	228.44	1154.91
天津	1269.43	285.05	242.07	129.72	146.51	466.08
河北	2763.16	724.34	689.24	231.59	154.38	963.61
山西	978.96	235.77	201.24	80.55	42.28	419.12
内蒙古	873.53	242.96	203.36	30.57	27.78	368.86
辽宁	2823.87	613.03	896.00	159.71	206.13	948.99
吉林	1017.94	180.21	368.30	21.52	67.32	380.59
黑龙江	1559.92	306.23	479.70	38.96	134.60	600.43
上海	3565.34	489.04	706.65	740.96	644.12	984.57
江苏	5371.68	945.43	1404.70	632.88	659.40	1729.26
浙江	4382.00	834.95	1335.40	479.93	288.29	1443.43
安徽	1710.44	312.22	457.80	140.53	193.35	606.54
福建	2324.94	601.42	559.35	292.50	176.70	694.97
江西	1188.50	300.27	274.17	88.39	174.74	350.93
山东	4987.91	990.65	1283.28	557.95	563.65	1592.38
河南	2652.26	678.73	668.02	137.49	217.06	950.96
湖北	2295.16	395.82	622.19	313.60	169.32	794.23
湖南	2242.00	425.38	527.61	171.83	154.66	962.52
广东	5903.75	1351.62	1378.72	461.80	824.66	1886.95
广西	1220.46	286.44	376.49	66.43	95.69	395.41
海南	305.11	66.81	94.16	40.84	14.56	88.74
重庆	1052.83	153.83	227.51	93.45	98.42	479.62
四川	2471.76	480.47	593.37	262.31	211.02	924.59
贵州	543.13	99.64	114.90	49.87	41.24	237.48
云南	1040.96	212.56	247.43	94.02	98.19	388.76
西藏	110.60	17.78	22.31	15.62	4.70	50.19
陕西	1071.71	277.54	168.19	41.76	122.49	461.73
甘肃	519.35	84.32	158.92	65.26	38.04	172.81
青海	180.86	36.65	31.97	17.71	6.38	88.15
宁夏	155.80	29.90	31.75	17.00	10.05	67.10
新疆	745.38	138.49	178.05	70.87	26.92	331.05

地区生产总值

（2005）

单位：亿元

地　区	地区生产总值	第一产业	第二产业			第三产业
				工业	建筑业	
北　京	6886.31	97.99	2026.51	1707.04	319.47	4761.81
天　津	3697.62	112.38	2051.17	1885.04	166.13	1534.07
河　北	10096.11	1503.07	5232.50	4665.21	567.29	3360.54
山　西	4179.52	262.42	2353.16	2117.68	235.48	1563.94
内蒙古	3895.55	589.56	1773.21	1477.88	295.33	1532.78
辽　宁	8009.01	882.41	3953.28	3489.58	463.70	3173.32
吉　林	3620.27	625.61	1580.83	1363.94	216.89	1413.83
黑龙江	5511.50	684.60	2971.68	2696.30	275.38	1855.22
上　海	9154.18	80.34	4452.92	4129.52	323.40	4620.92
江　苏	18305.66	1461.49	10355.03	9334.69	1020.34	6489.14
浙　江	13437.85	892.83	7166.15	6349.34	816.81	5378.87
安　徽	5375.12	966.49	2221.17	1818.45	402.72	2187.46
福　建	6568.93	841.20	3200.26	2842.43	357.83	2527.47
江　西	4056.76	727.37	1917.47	1455.50	461.97	1411.92
山　东	18516.87	1963.51	10628.62	9568.58	1060.04	5924.74
河　南	10587.42	1892.01	5514.14	4896.01	618.13	3181.27
湖　北	6520.14	1082.13	2810.01	2436.55	373.46	2628.00
湖　南	6511.34	1274.15	2596.71	2189.91	406.80	2640.48
广　东	22366.54	1428.27	11339.93	10482.03	857.90	9598.34
广　西	4075.75	912.50	1510.68	1264.84	245.84	1652.57
海　南	894.57	300.75	220.07	156.16	63.91	373.75
重　庆	3070.49	463.40	1259.12	1023.35	235.77	1347.97
四　川	7385.11	1481.14	3067.23	2527.08	540.15	2836.74
贵　州	1979.06	368.94	826.63	714.24	112.39	783.49
云　南	3472.89	669.81	1432.76	1180.83	251.93	1370.32
西　藏	251.21	48.04	63.52	17.48	46.04	139.65
陕　西	3675.66	435.77	1849.28	1553.60	295.68	1390.61
甘　肃	1933.98	308.06	838.56	685.80	152.76	787.36
青　海	543.32	65.34	264.61	203.94	60.67	213.37
宁　夏	606.10	72.08	281.23	229.07	52.16	252.79
新　疆	2604.19	509.99	1164.79	961.61	203.18	929.41

注：本表按当年价格计算。

地区生产总值

（2005）

单位：亿元

地　区	交通运输、仓储和邮政业	批发和零售业	住宿和餐饮业	金融业	房地产业	其他服务业	人均地区生产总值（元）
北　京	404.66	654.09	182.81	836.62	455.31	2228.32	45443.69
天　津	227.16	436.14	70.15	159.24	128.77	512.61	35783.19
河　北	702.00	598.56	115.22	211.17	291.51	1442.08	14782.26
山　西	351.19	261.24	109.39	122.09	106.48	613.55	12495.00
内蒙古	360.19	338.12	140.11	67.52	98.32	528.52	16330.82
辽　宁	509.37	850.33	178.84	212.72	243.99	1178.07	18983.20
吉　林	208.10	345.02	83.39	83.63	112.29	581.40	13348.00
黑龙江	318.39	413.16	103.35	33.48	163.47	823.37	14434.06
上　海	582.60	840.89	168.31	675.12	676.12	1677.88	51474.00
江　苏	741.06	1816.46	287.25	562.42	731.01	2350.94	24560.00
浙　江	512.94	1258.21	221.27	674.77	695.82	2015.86	27702.68
安　徽	358.71	397.70	99.25	112.86	219.19	999.75	8675.14
福　建	455.18	584.63	108.77	179.14	321.74	878.01	18645.84
江　西	300.60	288.52	67.11	69.55	171.88	514.26	9440.00
山　东	968.64	1387.22	441.26	467.59	653.66	2006.37	20096.45
河　南	625.87	616.25	302.23	181.74	298.19	1156.99	11346.50
湖　北	365.71	575.37	155.45	127.32	217.17	1186.98	11431.00
湖　南	366.72	516.51	127.60	123.31	234.93	1271.41	10426.00
广　东	990.53	2222.72	520.63	673.65	1456.14	3734.67	24435.02
广　西	225.20	389.43	111.82	90.83	164.26	671.03	8787.73
海　南	64.34	91.67	27.55	12.44	33.61	144.14	10871.00
重　庆	218.97	277.68	66.56	92.98	143.88	547.90	10982.00
四　川	380.28	475.16	221.42	262.26	286.23	1211.39	9060.00
贵　州	115.82	131.50	39.16	71.07	79.53	346.41	5051.96
云　南	163.08	271.48	74.10	131.66	143.87	586.13	7835.00
西　藏	11.10	19.85	10.96	6.70	9.93	81.11	9114.00
陕　西	242.12	293.83	74.67	97.04	105.53	577.42	9899.00
甘　肃	144.70	130.78	53.53	44.73	63.78	349.84	7476.53
青　海	31.88	35.63	9.38	20.36	14.10	102.02	10044.74
宁　夏	45.81	38.65	11.33	32.00	22.61	102.39	10239.00
新　疆	149.63	145.10	45.70	80.34	55.79	452.85	13108.00

地区生产总值

（2006）

单位：亿元

地区	地区生产总值	第一产业	第二产业			第三产业
				工业	建筑业	
北京	7870.28	98.04	2191.43	1821.86	369.57	5580.81
天津	4359.15	118.23	2488.29	2292.73	195.56	1752.63
河北	11660.43	1606.48	6115.01	5490.54	624.47	3938.94
山西	4752.54	276.77	2748.33	2485.06	263.27	1727.44
内蒙古	4791.48	649.62	2327.44	1978.19	349.24	1814.42
辽宁	9251.15	976.37	4729.50	4175.33	554.17	3545.28
吉林	4275.12	672.76	1915.29	1659.29	256.00	1687.07
黑龙江	6188.90	737.59	3365.31	3049.04	316.27	2086.00
上海	10366.37	93.80	5028.37	4670.11	358.26	5244.20
江苏	21645.08	1545.01	12250.84	11110.24	1140.60	7849.23
浙江	15742.51	925.10	8509.57	7590.57	919.00	6307.85
安徽	6148.73	1028.66	2648.13	2190.18	457.95	2471.94
福建	7614.55	896.17	3743.71	3311.59	432.12	2974.67
江西	4670.53	786.14	2320.74	1806.15	514.59	1563.65
山东	22077.36	2138.90	12751.20	11555.99	1195.21	7187.26
河南	12495.97	2049.92	6724.61	6031.21	693.40	3721.44
湖北	7581.32	1140.41	3365.08	2929.19	435.89	3075.83
湖南	7568.89	1332.23	3151.70	2694.11	457.59	3084.96
广东	26204.47	1577.12	13431.82	12500.22	931.60	11195.53
广西	4828.51	1032.47	1878.56	1592.33	286.23	1917.47
海南	1052.85	344.48	287.86	217.55	70.31	420.51
重庆	3491.57	425.81	1500.97	1234.12	266.85	1564.79
四川	8637.81	1595.48	3775.19	3144.72	630.47	3267.14
贵州	2282.00	393.17	980.78	855.56	125.22	908.05
云南	4006.72	749.81	1712.60	1408.76	303.84	1544.31
西藏	291.01	50.90	80.10	21.71	58.39	160.01
陕西	4523.74	488.48	2440.50	2094.02	346.48	1594.76
甘肃	2276.70	333.35	1043.19	868.13	175.06	900.16
青海	641.58	69.64	331.16	265.12	66.04	240.78
宁夏	710.76	79.54	349.83	289.33	60.50	281.39
新疆	3045.26	527.80	1459.30	1241.33	217.97	1058.16

注：本表按当年价格计算。

地区生产总值

（2006）

单位：亿元

地　区	交通运输、仓储和邮政业	批发和零售业	住宿和餐饮业	金融业	房地产业	其他服务业
北　京	458.29	751.91	219.61	974.06	559.82	2617.12
天　津	252.86	468.12	79.41	186.87	160.72	604.65
河　北	971.50	661.21	121.96	279.72	354.60	1549.95
山　西	383.38	295.61	112.95	138.26	118.06	679.18
内蒙古	426.16	390.90	170.03	87.81	122.32	617.20
辽　宁	565.67	952.66	202.99	250.13	294.70	1279.13
吉　林	236.82	402.37	97.39	100.75	131.01	718.73
黑龙江	325.08	460.90	116.00	67.74	195.24	921.04
上　海	669.01	929.16	194.08	825.20	688.10	1938.65
江　苏	928.41	2028.80	362.14	723.79	914.78	2891.31
浙　江	630.94	1435.97	253.89	846.63	807.52	2332.90
安　徽	409.64	449.63	112.17	130.25	247.76	1122.50
福　建	537.11	667.79	127.70	229.65	415.10	997.32
江　西	306.14	326.58	76.43	76.13	171.06	607.31
山　东	1212.33	1611.66	530.36	576.69	779.70	2476.51
河　南	739.29	682.40	377.94	219.72	348.70	1353.39
湖　北	425.37	649.37	179.51	174.99	264.73	1381.86
湖　南	426.09	558.88	151.39	184.70	268.52	1495.38
广　东	1113.77	2542.45	613.68	932.39	1784.68	4208.55
广　西	261.14	439.39	129.18	110.20	192.20	785.37
海　南	73.81	104.10	30.67	13.76	34.41	163.76
重　庆	259.59	314.33	77.24	106.56	158.20	648.87
四　川	451.19	541.68	259.18	299.49	336.18	1379.42
贵　州	134.63	148.10	45.53	83.21	87.00	409.58
云　南	175.98	306.20	80.87	144.03	168.64	668.59
西　藏	13.62	24.08	15.34	4.30	11.76	90.91
陕　西	281.54	337.60	87.11	114.67	117.34	656.50
甘　肃	169.58	145.89	59.56	50.51	73.21	401.41
青　海	35.27	38.90	11.13	22.67	15.86	116.95
宁　夏	50.46	39.69	13.04	35.93	24.70	117.57
新　疆	165.60	163.15	51.77	99.25	68.90	509.49

地区生产总值

（2007）

单位：亿元

地　区	地区生产总值	第一产业	第二产业			第三产业
				工业	建筑业	
北　京	9353.32	101.26	2509.40	2082.76	426.64	6742.66
天　津	5050.40	110.19	2892.53	2661.87	230.66	2047.68
河　北	13709.50	1804.72	7241.80	6555.24	686.56	4662.98
山　西	5733.35	269.68	3438.58	3141.89	296.68	2025.09
内蒙古	6091.12	762.10	3154.56	2742.67	411.89	2174.46
辽　宁	11023.49	1133.40	5853.10	5199.89	653.21	4036.99
吉　林	5284.69	783.80	2475.45	2170.74	304.71	2025.44
黑龙江	7065.00	915.38	3695.58	3326.90	368.68	2454.04
上　海	12188.85	101.84	5678.51	5298.08	380.43	6408.50
江　苏	25741.15	1816.24	14306.40	13016.84	1289.56	9618.52
浙　江	18780.44	986.02	10148.45	9095.65	1052.80	7645.96
安　徽	7364.18	1200.18	3289.12	2752.08	537.04	2874.88
福　建	9249.13	1002.11	4549.42	4018.42	531.00	3697.60
江　西	5500.25	905.77	2840.92	2277.69	563.23	1753.56
山　东	25965.91	2509.14	14776.53	13412.72	1363.81	8680.24
河　南	15012.46	2217.66	8282.83	7508.33	774.50	4511.97
湖　北	9230.68	1378.00	3966.68	3451.62	515.06	3886.00
湖　南	9200.00	1626.52	3916.44	3375.87	540.57	3657.04
广　东	31084.40	1695.57	15939.10	14910.03	1029.07	13449.73
广　西	5955.65	1241.35	2425.29	2090.10	335.19	2289.00
海　南	1223.28	361.07	364.26	278.37	85.89	497.95
重　庆	4122.51	482.39	1892.10	1572.26	319.84	1748.02
四　川	10505.30	2032.00	4641.30	3913.92	727.38	3832.00
贵　州	2741.90	446.38	1148.27	1007.75	140.52	1147.25
云　南	4741.31	837.35	2051.08	1711.78	339.30	1852.88
西　藏	342.19	54.89	98.48	27.62	70.86	188.82
陕　西	5465.79	592.63	2964.56	2544.42	420.14	1908.60
甘　肃	2702.40	385.97	1279.32	1063.84	215.48	1037.11
青　海	783.61	83.41	417.78	344.52	73.26	282.42
宁　夏	889.20	97.89	451.82	380.22	71.60	339.49
新　疆	3523.16	628.72	1647.55	1405.11	242.44	1246.89

注：本表按当年价格计算。

地区生产总值

(2007)

单位：亿元

地区	交通运输、仓储和邮政业	批发和零售业	住宿和餐饮业	金融业	房地产业	其他	人均地区生产总值（元）
北京	502.61	879.42	247.01	1286.28	644.24	3183.10	58204
天津	294.06	498.61	92.61	288.17	189.42	684.81	46122
河北	1161.63	714.84	132.55	353.22	409.64	1891.10	19877
山西	437.62	348.61	136.50	160.31	135.89	806.16	16945
内蒙古	510.42	458.42	204.09	137.81	148.04	715.67	25393
辽宁	642.83	1062.34	224.06	298.73	360.81	1448.22	25729
吉林	275.76	485.96	117.35	126.03	153.03	867.31	19383
黑龙江	364.63	530.02	130.90	135.70	226.60	1066.19	18478
上海	723.13	1077.76	219.36	1209.08	806.79	2372.38	66367
江苏	1039.46	2432.88	410.63	1202.10	1132.32	3401.13	33928
浙江	739.44	1711.20	305.96	1122.86	1004.62	2761.89	37411
安徽	483.04	525.71	132.62	154.73	294.99	1283.80	12045
福建	650.25	809.15	138.90	364.32	481.33	1253.65	25908
江西	337.60	362.72	86.92	85.72	189.35	691.25	12633
山东	1399.94	1958.24	609.68	841.86	935.55	2934.96	27807
河南	866.73	765.76	493.40	302.31	447.44	1636.33	16012
湖北	479.92	749.81	221.07	337.27	379.65	1718.28	16206
湖南	477.27	650.94	184.02	211.74	332.62	1800.45	14492
广东	1254.58	2805.16	716.18	1798.22	2141.47	4734.11	33151
广西	311.22	510.21	162.35	150.35	239.45	915.43	12555
海南	86.36	121.10	35.64	22.44	45.78	186.63	14555
重庆	265.74	366.19	91.85	122.54	196.06	705.64	14660
四川	511.50	624.74	309.75	359.11	396.84	1630.06	12893
贵州	164.38	174.26	64.19	109.73	105.22	529.47	6915
云南	196.06	354.32	97.47	169.27	192.12	843.64	10540
西藏	20.48	29.04	19.55	6.21	12.19	101.35	12109
陕西	311.86	392.84	106.64	175.50	138.95	782.81	14607
甘肃	181.24	166.85	68.21	61.60	83.52	475.69	10346
青海	40.90	44.75	12.35	25.91	17.96	140.55	14257
宁夏	55.56	48.11	16.11	47.81	28.07	143.83	14649
新疆	177.28	187.10	57.69	149.22	91.28	584.32	16999

各地区国内生产总值构成和指数

（1996）

地区	构成（%）			指数（上年=100）				人均地区生产总值(元/人)
	第一产业	第二产业	第三产业	国内生产总值	第一产业	第二产业	第三产业	
北京	5.20	42.30	52.50	109.20	97.00	107.40	112.30	15044
天津	6.40	53.00	40.60	114.30	108.20	114.30	115.40	12270
河北	20.30	48.20	31.50	113.50	105.50	116.60	113.00	5345
山西	15.20	51.30	33.50	111.00	111.80	112.30	108.60	4220
内蒙古	31.80	39.30	28.90	112.70	121.40	111.80	106.80	4259
辽宁	15.00	48.70	36.30	108.60	112.60	107.80	108.40	7730
吉林	28.10	40.60	31.30	113.70	116.50	113.30	112.00	5163
黑龙江	19.40	53.30	27.30	110.50	112.10	110.50	109.30	6468
上海	2.50	54.50	43.00	113.00	105.00	111.10	117.80	22275
江苏	16.10	51.20	32.70	112.20	107.70	112.30	114.30	8447
浙江	14.70	53.10	32.20	112.70	104.40	115.50	111.10	9455
安徽	28.50	46.90	24.60	114.40	107.60	119.30	110.60	3881
福建	21.50	41.80	36.70	115.40	110.00	117.60	115.60	8136
江西	29.00	38.80	32.20	113.40	108.50	117.10	113.20	3715
山东	20.10	47.20	32.70	112.20	106.60	114.10	112.70	6834
河南	26.00	46.70	27.30	113.90	111.30	116.00	112.60	4032
湖北	24.10	45.30	30.60	113.20	104.50	118.30	112.10	5122
湖南	30.00	38.10	31.90	112.60	106.20	117.20	112.60	4130
广东	14.40	50.20	35.40	110.70	105.00	112.40	109.90	9513
广西	31.00	38.00	31.00	110.30	108.00	113.40	108.30	4081
海南	36.80	20.90	42.30	104.80	105.40	102.00	105.70	5500
四川	27.90	42.10	30.00	109.80	105.20	112.50	109.80	3763
贵州	36.20	35.80	28.00	108.90	103.80	112.60	109.20	2093
云南	24.40	45.10	30.50	110.40	105.30	111.60	113.00	3715
西藏	41.90	17.60	40.50	113.20	104.20	90.70	134.90	2732
陕西	22.40	40.40	37.20	110.20	112.00	111.60	107.20	3313
甘肃	26.30	44.10	29.60	111.50	109.80	110.80	113.40	2901
青海	21.50	39.00	39.50	108.60	103.70	110.10	109.50	3748
宁夏	22.30	41.20	36.50	110.50	118.10	108.90	108.50	3731
新疆	27.30	36.90	35.80	106.40	103.50	108.20	107.10	5167

注：本表绝对数按当年价格计算，指数按可比价格计算。

各地区国内生产总值构成和指数

(1997)

地　　区	构成（%）			指数（上年=100）				人均地区生产总值(元/人)
	第一产业	第二产业	第三产业	国内生产总值	第一产业	第二产业	第三产业	
北　京	4.70	40.80	54.50	109.60	101.00	108.10	111.80	16735
天　津	6.00	51.90	42.10	112.10	107.70	111.70	113.40	13796
河　北	19.30	48.90	31.80	112.50	105.40	114.90	112.50	6079
山　西	13.00	53.30	33.70	110.50	95.00	114.60	110.20	4736
内蒙古	29.50	40.70	29.80	109.70	102.00	114.50	110.80	4691
辽　宁	13.90	50.00	36.10	108.90	101.30	110.50	109.20	8525
吉　林	25.40	39.80	34.80	109.20	99.60	109.10	117.30	5504
黑龙江	17.90	53.50	28.60	110.00	106.50	110.10	112.70	7243
上　海	2.30	52.20	45.50	112.70	104.20	110.60	117.70	25750
江　苏	15.10	51.10	33.80	112.00	105.00	112.60	114.10	9344
浙　江	13.70	54.10	32.20	111.10	104.50	112.80	110.50	10515
安　徽	27.40	47.20	25.40	112.70	109.20	114.70	111.30	4390
福　建	19.20	43.10	37.70	114.50	108.00	116.40	115.40	9258
江　西	27.70	38.40	33.90	111.50	106.80	113.00	114.00	4155
山　东	18.00	47.90	34.10	111.20	100.50	113.00	114.40	7590
河　南	24.70	47.10	28.20	110.40	107.60	111.00	112.00	4430
湖　北	22.20	46.60	31.20	113.00	106.90	115.80	112.90	5899
湖　南	28.60	39.00	32.40	110.80	106.10	113.50	111.50	4643
广　东	13.50	49.90	36.60	110.60	104.80	112.60	109.10	10428
广　西	31.30	37.70	31.00	109.00	111.30	108.60	107.30	4356
海　南	36.90	20.20	42.90	106.70	107.60	105.40	106.50	5698
四　川	22.60	41.70	35.70	111.00	103.40	112.40	114.50	4452
贵　州	27.70	41.70	30.60	110.20	105.30	113.70	109.20	4029
云　南	34.30	37.00	28.70	109.00	104.20	112.30	109.30	2215
西　藏	23.80	45.60	30.60	109.40	104.70	110.80	111.30	4042
	37.90	22.00	40.10	111.50	104.00	112.70	116.70	3194
陕　西	20.50	41.90	37.60	110.00	100.30	114.20	110.20	3707
甘　肃	24.30	43.90	31.80	108.50	98.00	110.40	112.70	3137
青　海	20.10	39.00	40.90	109.00	103.50	110.40	110.20	4066
宁　夏	21.20	41.60	37.20	107.60	103.30	108.10	109.40	4025
新　疆	26.60	39.40	34.00	111.00	110.80	113.20	108.70	5904

注：本表绝对数按当年价格计算，指数按可比价格计算。

各地区国内生产总值构成和指数

（1998）

地区	构成（%）			指数（上年=100）				人均地区生产总值(元/人)
	第一产业	第二产业	第三产业	国内生产总值	第一产业	第二产业	第三产业	
北京	4.30	39.10	56.60	109.80	101.50	109.60	110.80	18482
天津	5.50	49.40	45.10	109.30	106.70	107.40	113.00	14808
河北	18.60	49.00	32.50	110.70	106.20	112.20	110.60	6525
山西	12.90	53.50	33.60	109.00	110.50	110.20	106.40	5040
内蒙古	28.70	40.20	31.10	109.60	106.20	110.00	112.00	5068
辽宁	13.70	47.80	38.50	108.30	113.00	107.60	107.90	9333
吉林	27.60	38.30	34.10	109.00	113.30	107.60	108.00	5916
黑龙江	16.30	53.20	30.50	108.30	100.00	110.00	111.50	7544
上海	2.10	50.10	47.80	110.10	102.20	108.20	114.30	28253
江苏	14.10	50.60	35.30	111.00	102.10	112.00	112.90	10021
浙江	12.70	54.30	33.00	110.10	103.20	110.80	111.50	11247
安徽	26.40	44.70	29.00	108.50	102.60	109.30	111.70	4576
福建	18.30	43.40	38.30	111.40	105.00	113.90	111.00	10369
江西	24.30	40.00	35.70	108.20	96.20	113.10	112.50	4484
山东	17.00	48.30	34.80	110.80	105.60	112.00	111.60	8120
河南	24.60	46.20	29.20	108.70	107.00	109.20	109.40	4712
湖北	20.20	47.30	32.50	110.30	100.20	113.10	112.80	6300
湖南	25.80	40.30	33.90	109.10	100.90	112.60	111.00	4953
广东	12.70	50.40	36.90	110.20	103.90	112.20	108.70	11143
广西	30.20	35.60	34.20	109.10	105.80	114.10	106.40	4076
海南	37.40	20.60	42.00	108.30	108.30	109.00	108.00	6022
重庆	20.90	41.00	38.10	108.40	102.40	107.10	114.30	4684
四川	26.30	42.70	31.10	109.10	104.10	112.00	108.90	4339
贵州	31.50	38.70	29.80	108.50	101.50	111.90	110.50	2342
云南	22.80	46.20	31.10	108.00	103.00	109.50	109.60	4355
西藏	34.30	22.20	43.50	110.20	101.70	116.80	115.60	3716
陕西	20.50	41.10	38.40	109.10	107.90	112.40	105.10	3834
甘肃	23.20	43.90	32.80	109.20	105.10	109.40	111.20	3456
青海	18.90	40.20	40.90	109.00	103.50	111.20	109.00	4367
宁夏	21.40	41.30	37.30	108.50	109.80	107.70	108.90	4270
新疆	26.10	38.60	35.40	107.30	107.20	106.70	108.10	6229

注：本表绝对数按当年价格计算，指数按可比价格计算。

各地区国内生产总值构成和指数

(1999)

地区	构成（%）			指数（上年=100）				人均地区生产总值(元/人)
	第一产业	第二产业	第三产业	国内生产总值	第一产业	第二产业	第三产业	
北京	4.02	38.70	57.34	110.23	102.51	112.01	109.08	19846
天津	4.90	49.10	46.01	110.04	100.10	111.71	108.88	15976
河北	17.64	49.10	33.26	109.15	104.32	110.58	108.95	6932
山西	10.62	50.49	38.90	105.10	83.33	109.28	106.42	4727
内蒙古	27.04	40.65	32.32	107.76	101.01	110.33	109.96	5350
辽宁	12.48	47.98	39.54	108.22	105.14	108.46	108.90	10086
吉林	25.36	40.23	34.40	108.14	101.38	110.63	109.71	6341
黑龙江	13.02	54.80	32.18	107.45	103.00	107.57	109.94	7660
上海	1.98	48.43	49.59	110.19	102.16	108.96	112.98	30805
江苏	13.04	50.93	36.10	110.12	104.49	111.27	110.03	10665
浙江	11.78	54.11	34.11	110.02	103.28	111.35	109.83	12037
安徽	25.48	43.97	30.55	108.10	108.00	106.83	110.69	4707
福建	17.71	42.46	39.83	110.00	105.66	111.64	109.80	10797
江西	23.66	38.62	37.72	107.80	106.00	106.74	110.74	4661
山东	15.94	48.36	35.70	110.14	104.70	112.22	109.33	8673
河南	24.54	45.25	30.20	108.05	107.20	107.78	109.27	4894
湖北	16.95	48.94	34.11	108.27	101.94	109.66	109.90	6514
湖南	23.39	39.01	37.60	108.25	103.30	109.27	110.89	5105
广东	12.07	50.38	37.55	109.46	104.00	110.39	109.60	11728
广西	28.39	35.62	35.99	107.71	107.03	106.77	109.53	4148
海南	37.44	20.15	42.41	108.55	110.85	107.95	107.04	6383
重庆	19.21	40.85	39.94	107.60	100.40	110.33	108.10	4826
四川	25.35	41.94	32.71	105.60	103.20	104.45	109.52	4452
贵州	29.34	38.23	32.43	108.35	103.35	109.58	111.07	2475
云南	22.21	44.46	33.33	107.22	104.59	107.14	109.03	4452
西藏	32.37	22.73	44.90	109.64	105.30	116.02	110.30	4262
陕西	17.98	43.15	38.87	108.35	98.17	111.27	109.90	4101
甘肃	20.52	45.47	34.01	108.35	99.42	109.49	111.61	3668
青海	17.01	41.06	41.94	108.16	101.04	109.38	109.82	4662
宁夏	19.88	42.52	37.60	108.70	104.30	109.70	110.10	4473
新疆	22.98	39.43	37.60	107.07	102.73	107.30	110.87	6470

注：1. 人均地区生产总值，北京、天津和上海采用户籍人口计算，其他地区采用常住人口计算。

2. 本表绝对数按当年价格计算，指数按可比价格计算。

各地区国内生产总值构成和指数

（2000）

地区	构成（%）			指数（上年=100）				人均地区生产总值(元/人)
	第一产业	第二产业	第三产业	国内生产总值	第一产业	第二产业	第三产业	
北京	3.63	38.06	58.31	110.98	104.00	111.35	111.10	22460
天津	4.49	50.03	45.48	110.77	103.68	111.48	110.54	17993
河北	16.20	50.30	33.49	109.47	105.05	110.11	110.35	7663
山西	10.94	50.35	38.71	107.78	110.75	107.88	106.70	5137
内蒙古	25.04	39.71	35.26	109.66	102.60	112.11	111.77	5872
辽宁	10.78	50.21	39.01	108.94	98.39	110.73	109.62	11226
吉林	21.89	43.94	34.16	109.16	97.00	113.35	111.69	6847
黑龙江	10.97	57.44	31.58	108.20	96.80	109.80	111.80	8562
上海	1.83	47.54	50.63	110.77	103.43	109.80	112.93	34547
江苏	12.01	51.68	36.30	110.64	103.89	111.62	111.19	11773
浙江	11.00	52.74	36.26	111.03	104.55	111.73	111.85	13461
安徽	24.10	42.67	33.23	108.27	101.20	109.94	110.31	4867
福建	16.34	43.65	40.01	109.47	102.57	111.25	110.18	11601
江西	24.22	34.98	40.80	107.99	106.80	106.67	110.36	4851
山东	14.85	49.69	35.46	110.50	103.80	112.39	110.34	9555
河南	22.61	46.98	30.41	109.45	104.52	111.73	109.26	5444
湖北	15.49	49.66	34.85	109.26	102.50	110.79	110.60	7188
湖南	21.26	39.60	39.14	108.98	103.90	110.60	110.64	5639
广东	10.35	50.39	39.26	110.83	102.40	111.74	111.83	12885
广西	26.28	36.49	37.24	107.27	100.19	108.97	111.47	4319
海南	37.91	19.76	42.33	108.75	110.25	107.49	108.21	6894
重庆	17.81	41.37	40.82	108.49	101.50	110.49	109.53	5157
四川	23.58	42.40	34.02	109.00	103.34	111.12	110.16	4784
贵州	27.28	39.04	33.69	108.65	103.62	110.29	110.53	2662
云南	22.31	43.13	34.56	107.12	105.72	105.72	109.65	4637
西藏	30.92	23.17	45.91	109.41	102.09	114.07	112.88	4559
陕西	16.81	44.07	39.13	109.03	104.50	109.73	110.33	4549
甘肃	19.66	44.73	35.60	108.71	101.50	110.76	109.56	3838
青海	14.62	43.25	42.13	108.96	95.97	111.46	111.26	5087
宁夏	17.30	45.20	37.50	109.76	98.04	114.51	110.28	4839
新疆	21.12	43.01	35.87	108.22	104.84	108.96	110.32	7470

注：1. 人均地区生产总值，北京、天津和上海采用户籍人口计算，其他地区采用常住人口计算。

2. 本表绝对数按当年价格计算，指数按可比价格计算。

各地区国内生产总值构成和指数

（2001）

地　区	构成（%）			指数（上年＝100）				人均地区生产总值(元/人)
	第一产业	第二产业	第三产业	国内生产总值	第一产业	第二产业	第三产业	
北　京	3.30	36.20	60.50	111.23	104.49	109.42	112.84	25523
天　津	4.27	49.16	46.57	112.04	106.28	112.84	111.73	20154
河　北	16.40	49.60	34.00	108.70	105.30	108.30	111.00	8362
山　西	9.60	51.60	38.80	108.40	96.40	110.30	109.40	5460
内蒙古	23.22	40.53	36.26	109.56	101.98	111.46	112.79	6463
辽　宁	10.82	48.49	40.69	108.98	106.68	107.55	111.47	12041
吉　林	20.13	43.34	36.53	109.35	104.60	110.86	110.38	7640
黑龙江	11.49	56.13	32.38	109.30	107.99	109.84	108.78	9349
上　海	1.70	47.60	50.70	110.20	103.00	112.00	108.70	37382
江　苏	11.40	51.60	37.00	110.20	103.90	111.00	111.10	12922
浙　江	10.30	51.30	38.40	110.50	104.80	111.00	111.50	14655
安　徽	22.80	43.02	34.19	108.63	102.75	110.54	110.42	5221
福　建	15.30	44.80	39.90	109.00	103.50	110.70	109.30	12362
江　西	23.30	36.20	40.50	108.80	104.20	112.90	107.90	5221
山　东	14.40	49.30	36.30	110.05	104.20	111.34	110.69	10465
河　南	21.89	47.15	31.00	109.05	105.55	109.90	110.44	5924
湖　北	14.80	49.60	35.50	109.10	102.50	110.20	110.40	7813
湖　南	20.70	39.50	39.80	109.00	104.00	110.30	110.50	6054
广　东	9.43	50.17	40.40	109.61	102.30	110.43	110.48	13730
广　西	25.20	35.50	39.30	108.24	103.40	108.05	111.84	4668
海　南	37.00	20.40	42.70	108.87	109.68	108.66	108.25	7135
重　庆	16.70	41.60	41.70	109.00	102.20	111.80	109.10	5654
四　川	22.20	39.70	38.10	109.20	102.20	112.30	110.50	5250
贵　州	25.27	38.69	36.04	108.85	101.14	111.02	112.57	2895
云　南	21.70	42.50	35.80	106.50	103.90	104.30	110.90	4866
西　藏	27.00	23.20	49.80	112.80	103.10	117.60	116.60	5307
陕　西	15.60	44.30	40.20	109.10	102.50	109.90	111.00	5024
甘　肃	19.31	44.85	35.84	109.36	107.50	110.15	109.40	4163
青　海	14.22	43.92	41.86	112.03	105.76	115.53	110.62	5735
宁　夏	16.60	45.00	38.40	110.10	106.30	111.20	110.50	5340
新　疆	19.40	42.40	38.20	108.10	102.80	108.70	110.60	7913

注：1. 人均地区生产总值，北京、天津和上海采用户籍人口计算，其他地区采用常住人口计算。

2. 本表绝对数按当年价格计算，指数按可比价格计算。

各地区国内生产总值构成和指数

（2002）

地区	构成（%）			指数（上年=100）				人均地区生产总值(元/人)
	第一产业	第二产业	第三产业	国内生产总值	第一产业	第二产业	第三产业	
北京	3.00	34.80	62.20	110.40	105.00	108.50	112.00	28449
天津	4.10	48.80	47.10	112.50	106.10	114.30	111.20	22380
河北	15.60	49.80	34.60	109.60	105.40	110.60	110.20	9115
山西	9.80	53.70	36.50	111.70	113.60	114.40	107.70	6146
内蒙古	21.60	42.00	36.40	112.10	104.80	116.50	111.80	7241
辽宁	10.80	47.80	41.40	110.20	108.40	109.80	111.30	12986
吉林	19.90	43.50	36.60	109.50	106.30	110.50	110.10	8334
黑龙江	11.60	55.60	32.80	110.30	108.10	110.70	110.20	10184
上海	1.60	47.40	51.00	110.90	103.00	112.10	110.00	40646
江苏	10.50	52.20	37.30	111.60	103.50	113.70	111.20	14391
浙江	8.90	51.10	40.00	112.50	104.50	113.40	113.50	16838
安徽	21.60	43.50	34.90	108.90	103.90	110.70	109.90	5817
福建	14.20	46.10	39.70	110.50	102.70	114.20	109.50	13497
江西	21.90	38.80	39.30	110.50	104.40	118.50	106.90	5829
山东	13.20	50.30	36.50	111.60	102.50	114.80	110.60	11645
河南	20.90	47.80	31.30	109.50	104.50	111.50	110.00	6436
湖北	14.20	49.20	36.60	109.10	102.00	110.30	110.30	8319
湖南	19.50	40.00	40.50	109.00	102.60	110.90	110.50	6565
广东	8.80	50.40	40.80	111.70	104.40	113.40	111.30	15030
广西	24.30	35.20	40.50	110.50	107.30	111.30	111.90	5099
海南	37.90	20.70	41.40	109.30	109.10	112.50	108.10	7803
重庆	16.00	42.00	42.00	110.30	104.10	113.80	109.20	6347
四川	21.10	40.70	38.20	110.60	104.80	114.30	110.10	5766
贵州	23.70	40.10	36.20	109.10	102.20	113.60	109.10	3153
云南	21.10	42.60	36.30	108.20	103.90	109.40	109.40	5179
西藏	24.60	20.40	55.00	112.90	104.40	118.10	115.00	6093
陕西	14.90	45.50	39.60	109.70	104.20	112.20	109.20	5523
甘肃	18.40	45.70	35.90	109.40	105.80	110.80	109.60	4493
青海	13.20	45.10	41.70	112.40	104.50	116.60	110.40	6426
宁夏	16.10	45.90	38.00	110.20	106.10	112.50	109.40	5804
新疆	19.10	42.10	38.80	108.10	105.00	108.40	109.30	8382

注：1. 人均地区生产总值，北京、天津和上海采用户籍人口计算，其他地区采用常住人口计算。

2. 本表绝对数按当年价格计算，指数按可比价格计算。

各地区生产总值构成和指数

（2003）

地　　区	构成（%）			指数（上年＝100）				人均地区生产总值(元/人)
	第一产业	第二产业	第三产业	地区生产总值	第一产业	第二产业	第三产业	
北　京	2.61	35.81	61.58	110.67	103.31	111.92	110.27	32061
天　津	3.60	50.88	45.46	114.78	106.10	118.03	111.84	26532
河　北	14.99	51.52	33.49	111.60	106.10	114.30	110.00	10513
山　西	8.76	56.56	34.69	113.90	106.90	116.00	112.80	7435
内蒙古	19.54	45.29	35.17	116.80	105.95	127.90	111.22	8975
辽　宁	10.26	48.29	41.45	111.48	107.16	112.26	111.66	14258
吉　林	19.30	45.33	35.37	110.20	105.90	114.30	107.70	9338
黑龙江	11.30	57.17	31.53	110.25	102.35	111.88	110.09	11615
上　海	1.45	50.09	48.40	111.84	99.80	116.11	108.03	46718
江　苏	8.88	54.47	36.60	113.60	99.87	117.20	111.94	16809
浙　江	7.75	52.59	39.66	114.40	103.60	116.70	113.80	20147
安　徽	18.50	44.82	36.73	109.20	97.80	112.60	111.40	6455
福　建	13.30	47.64	39.11	111.64	103.30	116.02	109.55	14979
江　西	19.78	43.36	36.80	113.00	102.70	124.30	107.40	6678
山　东	11.91	53.53	34.56	113.74	105.55	117.01	112.00	13661
河　南	17.59	50.39	32.02	110.77	97.45	117.05	109.90	7570
湖　北	14.78	47.77	37.45	109.40	105.80	110.20	109.70	9011
湖　南	19.11	38.68	42.21	109.60	103.60	112.40	109.70	7554
广　东	8.03	53.63	38.40	114.29	102.32	120.01	109.53	17213
广　西	23.85	36.85	39.30	110.16	104.03	114.62	109.91	5969
海　南	37.01	22.53	40.46	110.51	108.99	119.05	107.75	8316
重　庆	15.00	43.42	41.63	111.50	104.20	116.00	109.40	7209
四　川	20.68	41.53	37.78	111.79	105.54	116.49	110.06	6418
贵　州	22.00	42.72	35.28	110.10	104.55	113.30	110.20	3603
云　南	20.40	43.37	36.23	108.60	105.50	110.50	108.30	5662
西　藏	22.02	26.01	51.97	112.10	103.40	134.70	106.90	6871
陕　西	13.34	47.26	39.40	110.90	105.10	114.80	108.50	6480
甘　肃	18.14	46.58	35.29	110.10	105.42	112.23	109.83	5022
青　海	11.83	47.22	40.95	112.07	103.80	116.44	109.71	7277
宁　夏	14.40	49.83	35.77	112.20	102.40	118.80	108.40	6691
新　疆	21.99	42.44	35.57	110.80	108.20	112.10	110.50	9700

注：1. 人均地区生产总值，北京、天津和上海采用户籍人口计算，其他地区采用常住人口计算。

2. 本表绝对数按当年价格计算，指数按可比价格计算。

各地区生产总值构成和指数

（2004）

地区	构成（%）			指数（上年=100）				人均地区生产总值(元/人)
	第一产业	第二产业	第三产业	地区生产总值	第一产业	第二产业	第三产业	
北京	2.40	37.60	60.00	113.23	101.91	116.65	111.60	37058
天津	3.49	53.21	43.30	115.72	105.14	119.80	111.69	31550
河北	15.63	52.86	31.51	112.53	106.74	114.19	112.45	12918
山西	8.33	59.49	32.18	114.09	104.50	116.76	112.66	9150
内蒙古	18.66	49.13	32.21	119.41	111.67	127.51	113.40	11305
辽宁	11.20	47.71	41.09	112.80	107.88	115.98	110.66	16297
吉林	18.96	46.63	34.41	112.16	107.97	114.79	111.10	10932
黑龙江	11.08	59.50	29.42	111.66	112.17	112.86	109.26	13897
上海	1.30	50.85	47.86	113.64	95.05	114.88	112.88	55307
江苏	8.54	56.59	34.87	114.89	106.00	117.09	113.69	20705
浙江	7.26	53.77	38.98	114.28	103.74	116.18	113.87	23942
安徽	19.37	45.09	35.54	112.52	108.55	113.77	112.96	7768
福建	12.85	48.74	38.41	112.08	104.50	115.19	110.84	17218
江西	20.36	45.65	34.00	113.16	108.00	118.63	109.64	8189
山东	11.48	56.32	32.20	115.35	106.86	119.24	112.33	16925
河南	18.69	51.22	30.09	113.74	112.81	116.20	110.58	9470
湖北	16.17	47.46	36.37	111.26	106.50	113.88	109.49	10500
湖南	20.60	39.46	39.95	112.02	107.40	116.21	110.20	9117
广东	7.76	55.43	36.81	114.22	104.20	118.36	110.40	19707
广西	24.44	38.80	36.76	111.83	105.40	117.06	110.61	7196
海南	36.89	23.45	39.66	110.39	107.96	115.79	109.60	9450
重庆	16.18	44.32	39.50	112.18	104.69	116.21	110.37	9608
四川	21.27	41.03	37.70	112.69	105.92	117.66	110.88	8113
贵州	20.99	44.89	34.12	111.43	105.30	114.17	112.04	4215
云南	20.42	44.41	35.17	111.53	105.60	114.96	110.74	6733
西藏	20.50	27.20	52.30	112.20	104.90	117.40	112.80	7779
陕西	13.70	49.14	37.17	112.92	109.80	116.78	109.48	7757
甘肃	18.05	48.63	33.31	110.92	106.50	112.57	110.99	5970
青海	12.41	48.75	38.83	112.29	103.83	116.36	110.21	8606
宁夏	14.20	52.01	33.84	111.04	103.83	114.08	109.82	7880
新疆	20.21	45.91	33.88	111.11	105.10	114.34	110.37	11199

注：1. 人均地区生产总值，北京、天津和上海采用户籍人口计算，其他地区采用常住人口计算。

2. 本表绝对数按当年价格计算，指数按可比价格计算。

各地区生产总值构成和指数

（2005）

地　　区	构成（%）			指数（上年＝100）				人均地区生产总值(元/人)
	第一产业	第二产业	第三产业	地区生产总值	第一产业	第二产业	第三产业	
北　京	1.40	29.50	69.10	111.83	99.24	110.13	113.01	45444
天　津	3.00	55.50	41.50	114.70	104.26	117.62	111.66	35783
河　北	14.90	51.80	33.30	113.43	106.20	115.44	113.22	14782
山　西	6.30	56.30	37.40	112.60	94.60	116.20	111.20	12495
内蒙古	15.10	45.50	39.40	123.83	109.11	134.88	118.11	16331
辽　宁	11.00	49.40	39.60	112.32	107.86	117.07	108.20	18983
吉　林	17.30	43.60	39.10	112.10	109.90	111.60	113.60	13348
黑龙江	12.40	53.90	33.70	111.61	108.74	112.63	110.76	14434
上　海	0.90	48.60	50.50	111.10	91.10	111.50	111.10	51474
江　苏	8.00	56.60	35.40	114.48	102.86	115.98	114.91	24560
浙　江	6.60	53.40	40.00	112.78	101.47	112.70	115.21	27703
安　徽	18.00	41.30	40.70	111.60	101.73	117.08	110.77	8675
福　建	12.80	48.70	38.50	111.64	104.16	112.97	112.49	18646
江　西	17.90	47.30	34.80	112.83	106.50	117.10	110.80	9440
山　东	10.60	57.40	32.00	115.24	104.85	117.88	114.43	20096
河　南	17.90	52.10	30.00	114.22	107.48	117.56	112.83	11346
湖　北	16.60	43.10	40.30	112.10	104.00	115.20	111.80	11431
湖　南	19.60	39.90	40.50	111.60	105.70	112.20	113.50	10426
广　东	6.40	50.70	42.90	113.80	104.92	115.03	113.68	24435
广　西	22.40	37.10	40.50	113.18	107.09	118.45	111.43	8788
海　南	33.60	24.60	41.80	110.24	106.02	116.87	110.15	10871
重　庆	15.10	41.00	43.90	111.50	104.50	112.90	112.30	10982
四　川	20.10	41.50	38.40	112.61	105.39	118.04	110.65	9060
贵　州	18.60	41.80	39.60	111.60	105.20	112.70	114.00	5052
云　南	19.30	41.20	39.50	109.00	106.10	108.10	111.40	7835
西　藏	19.10	25.30	55.60	112.10	105.50	123.60	109.70	9114
陕　西	11.90	50.30	37.80	112.60	107.70	115.80	110.10	9899
甘　肃	15.90	43.40	40.70	111.85	105.86	113.15	112.82	7477
青　海	12.00	48.70	39.30	112.17	104.98	115.93	110.22	10045
宁　夏	11.90	46.40	41.70	110.94	103.17	115.25	108.90	10239
新　疆	19.60	44.70	35.70	110.90	106.50	114.40	109.40	13108

注：本表绝对数按当年价格计算，指数按可比价格计算。

各地区生产总值构成和指数

（2006）

地 区	构成（%）			指数（上年=100）				人均地区生产总值(元/人)
	第一产业	第二产业	第三产业	地区生产总值	第一产业	第二产业	第三产业	
北 京	1.30	27.80	70.90	112.80	100.60	110.50	114.10	50467
天 津	2.70	57.10	40.20	114.50	103.30	117.70	111.10	41163
河 北	13.80	52.40	33.80	113.40	105.00	115.10	114.30	16962
山 西	5.80	57.80	36.40	111.80	105.10	115.40	107.60	14123
内蒙古	13.60	48.60	37.80	118.70	105.60	125.70	115.80	20053
辽 宁	10.60	51.10	38.30	113.80	106.90	118.60	110.00	21788
吉 林	15.70	44.80	39.50	115.00	104.20	117.00	117.40	15720
黑龙江	11.90	54.40	33.70	112.10	108.50	112.90	112.40	16195
上 海	0.90	48.50	50.60	112.00	100.80	112.30	112.00	57695
江 苏	7.10	56.60	36.30	114.90	105.00	116.00	115.50	28814
浙 江	5.90	54.00	40.10	113.90	103.20	114.30	115.20	31874
安 徽	16.70	43.10	40.20	112.80	106.40	117.30	110.90	10055
福 建	11.80	49.10	39.10	114.80	102.50	117.00	116.00	21471
江 西	16.80	49.70	33.50	112.30	106.50	116.30	109.90	10798
山 东	9.70	57.70	32.60	114.80	105.20	116.70	114.50	23794
河 南	16.40	53.80	29.80	114.40	107.30	117.70	112.90	13313
湖 北	15.00	44.40	40.60	113.20	105.10	115.90	113.70	13296
湖 南	17.60	41.60	40.80	112.20	104.80	116.50	111.70	11950
广 东	6.00	51.30	42.70	114.60	104.20	116.90	113.40	28332
广 西	21.40	38.90	39.70	113.60	106.50	119.30	112.20	10296
海 南	32.70	27.40	39.90	112.50	109.10	119.80	111.00	12654
重 庆	12.20	43.00	44.80	112.20	94.50	116.90	114.00	12457
四 川	18.50	43.70	37.80	113.30	102.60	120.00	111.80	10546
贵 州	17.20	43.00	39.80	111.60	104.60	114.20	112.30	5787
云 南	18.70	42.80	38.50	111.90	106.80	117.00	109.20	8970
西 藏	17.50	27.50	55.00	113.30	103.10	123.00	112.40	10430
陕 西	10.80	53.90	35.30	112.80	107.40	114.30	112.40	12138
甘 肃	14.70	45.80	39.50	111.50	105.20	114.20	111.10	8757
青 海	10.90	51.60	37.50	112.20	103.50	115.80	110.50	11762
宁 夏	11.20	49.20	39.60	112.70	106.20	117.70	109.10	11847
新 疆	17.30	48.00	34.70	111.00	105.70	111.20	113.60	15000

注：本表绝对数按当年价格计算，指数按可比价格计算。

各地区生产总值构成和指数

(2007)

地区	构成(%)			指数(上年=100)				人均地区生产总值(元/人)
	第一产业	第二产业	第三产业	地区生产总值	第一产业	第二产业	第三产业	
北京	1.10	26.80	72.10	113.30	102.20	112.70	113.80	58204
天津	2.20	57.30	40.50	115.20	101.40	116.50	114.30	46122
河北	13.20	52.80	34.00	112.80	104.00	114.10	114.10	19877
山西	4.70	60.00	35.30	114.40	99.80	117.10	111.90	16945
内蒙古	12.50	51.80	35.70	119.10	103.90	125.80	115.70	25393
辽宁	10.30	53.10	36.60	114.50	104.00	119.70	110.30	25729
吉林	14.80	46.80	38.30	116.10	101.20	121.20	116.40	19383
黑龙江	13.00	52.30	34.70	112.00	104.10	112.00	114.80	18478
上海	0.80	46.60	52.60	114.30	102.00	111.50	117.10	66367
江苏	7.10	55.60	37.40	114.90	103.10	115.50	116.20	33928
浙江	5.30	54.00	40.70	114.70	102.30	115.50	115.40	37411
安徽	16.30	44.70	39.00	113.90	103.60	119.50	112.20	12045
福建	10.80	49.20	40.00	115.20	103.90	118.80	114.00	25908
江西	16.50	51.70	31.90	113.00	104.10	117.30	111.10	12633
山东	9.70	56.90	33.40	114.30	104.00	115.80	114.70	27807
河南	14.80	55.20	30.10	114.60	103.80	118.10	114.10	16012
湖北	14.90	43.00	42.10	114.50	104.70	115.10	117.70	16206
湖南	17.70	42.60	39.80	114.50	104.00	118.10	115.00	14492
广东	5.50	51.30	43.30	114.70	103.20	117.00	113.40	33151
广西	20.80	40.70	38.40	115.10	105.50	120.70	114.60	12555
海南	29.50	29.80	40.70	114.80	108.00	125.80	113.00	14555
重庆	11.70	45.90	42.40	115.60	109.50	120.60	112.40	14660
四川	19.30	44.20	36.50	114.20	103.50	119.20	113.50	12893
贵州	16.30	41.90	41.80	113.70	103.30	114.00	118.00	6915
云南	17.70	43.30	39.10	112.50	105.50	115.20	112.60	10540
西藏	16.00	28.80	55.20	114.00	104.20	116.00	116.00	12109
陕西	10.80	54.20	34.90	114.60	105.00	117.20	113.80	14607
甘肃	14.30	47.30	38.40	112.30	104.00	116.80	110.50	10346
青海	10.60	53.30	36.00	112.50	104.40	114.90	111.70	14257
宁夏	11.00	50.80	38.20	112.70	106.50	116.10	110.40	14649
新疆	17.80	46.80	35.40	112.20	107.10	112.70	114.30	16999

注：本表绝对数按当年价格计算，指数按可比价格计算。

各地区消费情况

（1984）

地　区	消费总额（亿元）	居民消费（亿元）			社会消费（亿元）	以消费总额为100		以居民消费额为100	
			农民消费	非农业居民消费		居民消费	社会消费	农民消费	非农业居民消费
北　京	89.30	65.60	20.80	44.80	23.70	73.50	26.50	31.70	68.30
天　津	58.88	49.14	16.30	32.84	9.74	83.50	16.50	33.20	66.80
河　北	174.25	157.86	118.97	38.89	16.39	90.60	9.40	75.40	24.60
山　西	90.80	80.40	49.80	30.60	10.40	88.50	11.50	61.90	38.10
内蒙古	87.89	73.72	40.24	33.48	14.17	83.90	16.10	54.60	45.40
辽　宁	203.39	180.47	78.84	101.62	22.92	88.70	11.30	43.70	56.30
吉　林	116.30	106.45	54.44	52.01	9.85	91.50	8.50	51.10	48.90
黑龙江	162.13	148.06	62.60	85.46	14.07	91.30	8.70	42.30	57.70
上　海	105.76	87.42	30.43	56.99	18.34	82.70	17.30	34.80	65.20
江　苏	266.24	244.32	178.18	60.82	21.92	91.80	8.20	74.60	25.40
浙　江	164.12	145.22	107.87	37.35	18.90	88.50	11.50	74.30	25.80
安　徽	157.92	145.46	109.66	35.80	12.46	92.10	7.90	75.40	24.60
福　建	99.49	90.44	65.09	25.35	9.05	90.90	9.10	72.00	28.00
江　西	116.06	105.81	77.13	28.68	10.25	91.20	8.80	72.90	27.10
山　东	278.86	258.46	6.72	51.74	20.40	92.70	7.30	80.00	20.00
河　南	206.76	186.09	137.24	48.85	20.67	90.00	10.00	73.70	26.30
湖　北	205.81	187.37	131.09	56.28	18.44	91.00	9.00	70.00	30.00
湖　南	188.17	171.91	131.97	39.94	16.26	91.40	8.60	76.80	23.20
广　东	273.98	250.63	158.89	91.74	23.35	91.50	8.50	63.20	36.80
广　西	111.34	100.01	77.64	22.39	11.33	89.80	10.20	77.60	22.40
四　川	310.52	290.42	15.47	74.95	20.10	93.50	6.50	74.20	25.80
贵　州	81.57	75.25	56.00	19.25	6.32	92.30	7.70	74.40	75.60
云　南	99.35	92.52	66.93	25.59	6.83	93.10	6.90	72.30	27.70
西　藏	9.63	6.99	4.56	2.43	2.64	72.60	27.40	65.20	34.80
陕　西	100.69	87.98	59.41	28.57	12.71	87.40	12.60	67.50	32.50
甘　肃	59.36	50.18	29.59	20.59	9.18	84.50	15.50	59.00	41.00
青　海	18.47	14.94	6.68	8.26	3.53	80.90	19.10	44.70	55.30
宁　夏	16.78	13.07	8.05	5.02	3.71	77.90	22.10	61.60	38.40
新　疆	61.76	55.66	21.60	34.06	6.10	90.20	9.80	38.80	61.20

注：本表按当年价格计算。

各地区消费情况

（1985）

地　区	消费总额（亿元）	居民消费（亿元）			社会消费（亿元）	以消费总额为100		以居民消费额为100	
			农民消费	非农业居民消费		居民消费	社会消费	农民消费	非农业居民消费
北　京	103.70	79.40	24.10	55.30	24.30	76.60	23.40	30.40	69.60
天　津	69.63	58.37	18.45	39.92	11.26	83.80	16.20	31.60	68.40
河　北	214.57	195.58	147.29	48.29	18.99	91.10	8.90	75.30	24.70
山　西	105.10	93.30	54.50	38.80	11.80	88.80	11.20	58.40	41.60
内蒙古	101.36	84.48	45.34	39.14	16.88	83.30	16.70	53.70	46.30
辽　宁	244.91	216.33	88.95	127.38	28.58	88.30	11.70	41.10	58.90
吉　林	130.23	118.25	55.42	62.83	11.98	90.80	9.20	46.90	53.10
黑龙江	184.49	167.94	65.90	102.04	16.55	91.00	9.00	39.20	60.80
上　海	139.51	116.31	37.55	78.76	23.20	83.40	16.60	32.30	67.70
江　苏	313.48	288.60	213.68	74.92	24.88	92.10	7.90	74.00	26.00
浙　江	203.00	180.86	132.79	48.07	22.14	89.10	10.90	73.40	26.60
安　徽	190.87	173.10	128.31	44.79	17.77	90.70	9.30	74.10	25.90
福　建	124.76	113.90	80.91	32.99	10.86	91.30	8.70	71.00	29.00
江　西	139.64	125.92	90.49	35.43	13.72	90.20	9.80	71.90	28.10
山　东	317.29	289.64	223.10	66.54	27.65	91.30	8.70	77.00	23.00
河　南	251.37	225.36	163.82	61.54	26.01	89.70	10.30	72.70	27.30
湖　北	221.10	198.94	127.99	70.95	22.16	91.00	9.00	64.30	35.70
湖　南	226.23	206.97	157.22	49.75	19.26	91.50	8.50	76.00	24.00
广　东	337.27	306.74	187.59	119.15	30.53	90.90	9.10	61.20	38.80
广　西	133.39	119.33	89.87	29.46	14.06	89.50	10.50	75.30	24.70
四　川	370.65	343.73	250.25	93.48	26.92	92.70	7.30	72.80	27.20
贵　州	92.13	85.12	60.26	24.86	7.01	92.40	7.60	70.80	29.20
云　南	115.45	107.20	75.68	31.52	8.25	92.90	7.10	70.60	29.40
西　藏	11.29	8.33	5.32	3.01	2.96	73.80	26.20	63.90	36.10
陕　西	119.64	103.37	65.80	37.57	16.27	86.40	13.60	63.70	36.30
甘　肃	73.39	61.10	36.21	24.89	12.29	83.30	16.70	59.30	40.70
青　海	22.20	18.15	8.75	9.40	4.05	81.80	18.20	48.20	51.80
宁　夏	19.58	15.33	9.23	6.10	4.25	78.30	21.70	60.20	39.80
新　疆	72.74	66.18	24.85	41.33	6.57	91.00	9.00	37.50	62.50

注：本表按当年价格计算。

各地区消费情况

（1986）

地　区	消费总额（亿元）	居民消费（亿元）			社会消费（亿元）	以消费总额为100		以居民消费额为100	
			农民消费	非农业居民消费		居民消费	社会消费	农民消费	非农业居民消费
北　京	114.80	87.40	25.20	62.20	27.40	76.13	23.87	28.83	71.17
天　津	79.50	66.05	20.04	46.01	13.45	83.08	16.92	30.34	69.66
河　北	245.02	222.00	164.69	57.31	23.02	90.60	9.40	74.18	25.82
山　西	112.60	98.80	56.90	41.90	13.80	87.74	12.26	57.59	42.41
内蒙古	110.47	90.72	46.50	44.22	19.75	82.12	17.88	51.26	48.74
辽　宁	279.98	247.78	97.95	149.83	32.20	88.50	11.50	39.53	60.47
吉　林	147.00	132.55	59.42	73.13	14.45	90.17	9.83	44.83	55.17
黑龙江	210.62	190.18	74.27	115.91	20.44	90.30	9.70	39.05	60.95
上　海	164.36	135.74	43.33	92.41	28.62	82.59	17.41	31.92	68.08
江　苏	375.31	328.13	234.49	93.64	29.18	91.83	8.17	71.46	28.54
浙　江	240.04	214.63	159.71	54.92	25.41	89.41	10.59	74.41	25.59
安　徽	218.55	199.00	145.14	53.86	19.55	91.05	8.95	72.93	27.07
福　建	140.20	125.54	88.24	37.30	14.66	89.54	10.46	70.29	29.71
江　西	151.86	135.40	94.96	40.44	16.46	89.16	10.84	70.13	29.87
山　东	354.78	320.69	248.25	72.44	34.09	90.39	9.61	77.41	22.59
河　南	280.56	249.68	179.63	70.05	30.88	88.99	11.01	71.94	28.06
湖　北	269.64	241.92	156.12	85.80	27.72	89.72	10.28	64.53	35.47
湖　南	248.41	227.35	167.91	59.44	21.06	91.52	8.48	73.86	26.14
广　东	387.33	349.11	210.59	138.52	38.22	90.13	9.87	60.32	39.68
广　西	147.72	132.54	97.34	35.20	15.18	89.72	10.28	73.44	26.56
四　川	408.39	378.37	266.70	111.67	30.02	92.65	7.35	70.49	29.51
贵　州	105.08	94.91	67.20	27.71	10.17	90.32	9.68	70.81	29.19
云　南	124.62	114.28	78.81	35.47	10.34	91.70	8.30	68.96	31.04
西　藏	11.56	8.80	5.17	3.63	2.76	76.12	23.88	58.75	41.25
陕　西	132.95	113.26	68.75	44.51	19.69	85.19	14.81	60.70	39.30
甘　肃	90.78	72.43	40.79	31.64	18.35	79.79	20.21	56.32	43.68
青　海	25.89	20.79	9.36	11.43	5.10	80.30	19.70	45.02	54.98
宁　夏	22.69	17.71	10.67	7.04	4.98	78.05	21.95	60.25	39.75
新　疆	82.58	74.93	27.39	47.54	7.65	90.74	9.26	36.55	63.45

注：本表按当年价格计算。

各地区消费情况

（1987）

地　区	消费总额（亿元）	居民消费（亿元）			社会消费（亿元）	以消费总额为100		以居民消费额为100	
			农民消费	非农业居民消费		居民消费	社会消费	农民消费	非农业居民消费
北　京	135.10	101.60	28.30	73.30	33.50	75.20	24.80	27.85	72.15
天　津	92.59	74.40	22.07	52.33	18.19	80.35	19.65	29.66	70.34
河　北	297.26	268.45	197.13	71.32	28.81	90.31	9.69	73.43	26.57
山　西	125.46	109.73	60.66	49.07	15.73	87.46	12.54	55.28	44.72
内蒙古	122.83	100.94	49.94	51.00	21.89	82.18	17.82	49.47	50.53
辽　宁	322.61	286.23	110.27	175.96	36.38	88.72	11.28	38.52	61.48
吉　林	166.90	149.74	67.22	82.52	17.16	89.72	10.28	44.89	55.11
黑龙江	245.62	215.75	85.72	130.03	29.87	87.84	12.16	39.73	60.27
上　海	184.68	150.59	46.19	104.40	34.09	81.54	18.46	30.67	69.33
江　苏	406.71	371.68	263.57	108.11	35.03	91.39	8.61	70.91	29.09
浙　江	283.45	251.12	183.01	68.11	32.33	88.59	11.41	72.88	27.12
安　徽	246.11	224.84	162.13	62.71	21.27	97.36	8.64	72.11	27.89
福　建	162.96	145.03	102.35	42.68	17.93	89.00	11.00	70.57	29.43
江　西	167.73	150.05	103.05	47.00	17.68	89.46	10.54	68.68	31.32
山　东	415.76	365.71	279.22	86.49	50.05	87.96	12.04	76.35	23.65
河　南	312.00	275.34	195.14	80.20	36.66	88.25	11.75	70.87	29.13
湖　北	295.08	265.48	170.09	95.39	29.60	89.97	10.03	64.07	35.93
湖　南	280.63	256.28	187.12	69.16	24.35	91.32	8.68	73.01	26.99
广　东	462.04	417.46	242.66	174.80	44.58	90.35	9.65	58.13	41.87
广　西	165.64	148.60	107.05	41.10	17.04	89.71	10.29	72.34	27.66
海　南	—	—	—	—	—	—	—	—	—
四　川	476.54	441.31	308.31	133.00	35.23	92.61	7.39	69.86	30.14
贵　州	119.35	107.70	75.80	31.90	11.65	90.24	9.76	70.33	29.62
云　南	137.49	125.49	85.41	40.08	12.00	91.27	8.73	68.06	31.94
西　藏	12.86	10.23	6.17	4.06	2.63	79.55	20.45	60.31	39.69
陕　西	152.04	127.48	76.70	50.78	24.56	83.85	16.15	60.17	39.83
甘　肃	105.17	85.13	47.53	37.60	20.04	80.95	19.05	55.83	44.17
青　海	28.60	23.51	10.30	13.21	5.09	82.20	17.80	43.81	56.19
宁　夏	25.65	20.58	11.72	8.86	5.07	80.23	19.77	56.95	43.05
新　疆	95.21	86.15	31.57	54.58	9.06	90.48	9.52	36.65	63.35

注：本表按当年价格计算；广东省的数字包括海南省。

各地区消费情况

（1988）

单位：亿元

地区	消费额	居民消费	农民消费	自给性消费	商品性消费	文化生活服务及住房消费	非农业居民消费	商品性消费	文化生活服务消费	住房及水电消费	社会消费
北京	162.90	124.20	36.00	4.30	25.70	6.00	88.20	80.40	5.80	2.00	38.70
天津	115.58	94.53	28.16	4.67	21.59	1.90	66.37	56.17	8.33	1.87	21.05
河北	368.23	335.15	240.80	62.50	146.83	31.47	94.35	79.90	10.72	3.73	33.08
山西	159.70	139.85	75.86	19.11	52.05	4.70	63.99	61.57	1.32	1.10	19.85
内蒙古	151.07	126.30	64.34	23.41	37.15	3.78	61.96	56.04	4.65	1.27	24.77
辽宁	410.92	362.74	128.14	31.89	86.75	9.50	234.60	219.87	10.79	3.94	48.18
吉林	207.47	184.97	79.65	22.10	52.54	5.01	105.32	99.30	4.52	1.50	22.50
黑龙江	292.56	253.19	99.21	30.02	61.48	7.71	153.98	139.23	10.36	4.39	39.37
上海	227.44	199.19	52.75	4.85	45.00	2.90	146.44	127.26	15.90	3.28	28.25
江苏	524.86	473.91	334.14	118.16	180.18	35.80	139.77	125.55	10.09	4.13	50.95
浙江	371.76	329.69	233.73	52.12	164.29	17.32	95.96	85.17	8.08	2.71	42.07
安徽	301.47	277.25	193.87	57.89	117.74	18.24	83.38	73.16	7.77	2.45	24.22
福建	214.41	192.36	136.79	40.68	89.91	6.20	55.57	51.79	2.31	1.47	22.05
江西	198.07	179.56	119.15	41.01	66.67	11.47	60.41	55.39	3.38	1.64	18.51
山东	522.19	457.31	329.78	87.97	213.52	28.29	127.53	118.89	5.65	2.99	64.88
河南	366.18	323.91	219.59	79.64	114.07	25.88	104.32	93.93	7.17	3.22	42.27
湖北	362.40	321.76	201.39	65.09	113.17	23.14	120.37	108.65	8.96	2.76	40.64
湖南	338.26	308.79	217.11	76.25	123.37	17.49	91.68	82.27	7.59	1.82	29.47
广东	573.89	514.03	295.75	85.38	193.89	16.48	218.28	203.92	7.27	7.09	59.86
广西	208.29	187.09	127.64	40.35	79.52	7.77	59.45	53.05	4.54	1.86	21.20
海南	42.90	38.18	24.34	4.48	16.84	3.02	13.84	13.12	0.52	0.20	4.72
四川	665.05	555.03	387.72	149.36	216.14	22.22	167.31	147.60	14.31	5.40	50.62
贵州	136.98	123.98	83.53	43.61	37.02	2.90	40.45	36.51	3.26	0.68	13.00
云南	167.60	152.33	105.04	27.64	74.62	2.78	47.29	43.57	2.62	1.10	15.27
西藏	14.26	11.41	6.90	2.64	4.19	0.07	4.54	4.27	0.18	0.06	2.85
陕西	194.51	167.49	96.52	36.78	52.99	6.75	70.97	60.22	6.69	4.06	27.02
甘肃	126.85	102.51	56.90	21.85	31.20	3.85	45.61	41.04	3.92	0.65	24.34
青海	35.39	29.36	12.83	4.38	7.72	0.73	16.53	15.01	1.39	0.13	6.03
宁夏	29.92	24.09	13.73	4.38	8.32	1.03	10.36	9.26	0.84	0.26	5.83
新疆	118.19	106.79	40.36	17.00	21.91	1.45	66.43	59.98	5.46	0.99	11.40

注：本表按当年价格计算。

各地区消费情况

（1989）

单位：亿元

地区	消费额	居民消费	农民消费	自给性消费	商品性消费	文化生活服务及住房水电消费	非农业居民消费	商品性消费	文化生活服务消费	住房及水电消费	社会消费
北京	179.07	130.17	45.02	6.35	31.54	7.13	85.18	77.40	5.71	2.04	48.90
天津	132.03	106.27	31.39	5.36	23.72	2.31	74.88	62.57	10.23	2.08	25.76
河北	401.72	370.52	258.94	71.60	148.14	39.20	111.58	95.29	11.80	4.49	31.20
山西	183.04	157.28	87.12	23.10	58.11	5.91	70.16	66.69	2.01	1.46	25.76
内蒙古	170.43	144.27	74.70	25.29	45.61	3.80	69.57	61.35	6.66	1.56	26.16
辽宁	479.08	415.45	144.29	35.45	98.15	10.69	271.16	251.60	14.81	5.05	63.63
吉林	228.06	202.80	86.27	23.42	57.03	5.82	116.56	109.38	4.83	2.35	25.23
黑龙江	331.69	285.92	102.89	32.88	62.88	7.13	183.03	168.00	10.11	4.92	45.77
上海	266.12	233.11	59.86	4.56	51.89	3.41	173.25	150.39	18.90	3.96	33.01
江苏	583.91	526.82	366.69	136.33	193.07	37.29	160.13	142.79	12.41	4.93	57.09
浙江	407.53	360.41	255.90	55.69	175.28	24.93	104.51	91.73	9.36	3.42	47.12
安徽	342.89	311.40	217.65	71.76	125.05	20.84	93.75	80.83	10.09	2.83	31.49
福建	258.15	229.06	162.38	54.28	100.41	7.69	66.68	61.15	3.62	1.91	29.09
江西	227.16	207.03	136.71	49.78	72.83	14.10	70.32	64.67	3.59	2.06	20.13
山东	586.11	511.02	342.86	91.59	219.53	31.74	168.16	158.02	7.17	2.97	75.09
河南	427.25	372.65	251.19	84.97	134.62	31.60	121.46	110.07	7.64	3.75	54.60
湖北	427.97	381.52	246.59	84.37	143.60	18.62	134.93	123.45	7.81	3.67	46.45
湖南	370.61	331.78	228.34	76.63	130.48	21.23	103.44	92.16	8.28	3.00	38.83
广东	653.24	572.83	325.23	74.65	222.15	28.43	247.60	218.69	19.58	9.33	80.41
广西	238.78	216.94	149.65	45.67	94.55	9.43	67.29	59.03	5.87	2.39	21.84
海南	47.42	41.06	26.26	5.18	17.57	3.51	14.80	13.72	0.80	0.28	6.36
四川	662.59	606.59	417.54	157.03	233.58	26.93	189.05	167.34	15.01	6.70	56.00
贵州	154.14	138.46	97.20	55.03	38.45	3.72	41.26	36.55	3.95	0.76	15.68
云南	203.76	185.41	129.57	39.28	84.70	5.59	55.84	49.55	5.05	1.24	18.35
西藏	17.47	13.85	7.59	2.39	5.12	0.08	6.26	6.00	0.23	0.03	3.62
陕西	219.70	187.05	108.55	41.80	59.72	7.03	78.50	66.87	7.44	4.19	32.65
甘肃	150.05	120.83	65.25	25.98	35.00	4.27	55.58	50.77	4.10	0.71	29.22
青海	37.31	32.33	15.27	4.62	9.82	0.83	17.06	15.15	1.75	0.16	4.98
宁夏	34.21	27.50	15.13	5.16	8.76	1.21	12.37	10.85	1.21	0.31	6.71
新疆	138.27	124.32	47.29	22.58	22.57	2.14	77.03	67.44	8.48	1.11	13.95

注：本表按当年价格计算。

各地区消费情况

（1990）

单位：亿元

地区	消费额	居民消费	农民消费	自给性消费	商品性消费	文化生活服务及住房消费	非农业居民消费	商品性消费	文化生活服务消费	住房及水电消费	社会消费
北京	216.33	158.85	47.01	6.53	32.72	7.76	111.84	100.89	8.50	2.45	57.48
天津	146.87	112.46	30.91	6.61	21.54	2.76	81.55	67.51	11.93	2.11	34.41
河北	438.61	406.17	282.14	80.68	174.99	26.47	124.03	104.04	14.39	5.60	32.44
山西	201.11	170.68	95.05	31.38	56.65	7.02	75.63	69.99	3.91	1.73	30.43
内蒙古	183.53	151.77	77.03	35.71	36.18	5.14	74.74	66.03	6.84	1.87	31.76
辽宁	487.76	423.07	137.94	35.66	89.76	12.52	285.13	261.49	17.02	6.62	64.69
吉林	242.06	214.90	91.34	25.35	58.47	7.52	123.56	114.97	5.99	2.60	27.16
黑龙江	370.50	318.15	112.06	39.83	65.88	6.35	206.09	187.96	12.89	5.24	52.35
上海	279.28	244.17	57.38	5.13	47.68	4.57	186.79	156.25	25.88	4.66	35.11
江苏	327.48	566.45	372.74	144.96	191.79	35.99	193.71	163.47	24.80	5.44	61.03
浙江	445.97	386.01	273.52	69.36	178.79	25.37	112.49	97.74	10.57	4.18	59.96
安徽	364.49	327.48	228.23	81.35	122.55	24.33	99.25	84.36	12.00	2.89	37.01
福建	280.89	247.89	176.81	59.51	106.28	11.02	71.08	64.39	4.36	2.33	33.00
江西	270.01	244.72	169.17	78.74	72.99	17.44	75.55	67.39	5.58	2.58	25.29
山东	656.16	567.63	372.85	113.38	218.81	40.66	194.78	178.83	12.28	3.67	88.53
河南	484.09	427.49	297.73	115.85	143.86	38.02	129.76	113.94	11.47	4.35	56.60
湖北	451.81	402.33	254.88	90.32	144.10	20.46	147.45	132.59	11.51	3.35	49.48
湖南	447.58	403.57	285.11	130.86	131.20	23.05	118.46	105.76	8.99	3.71	44.01
广东	688.37	597.50	332.25	76.05	223.86	32.34	265.25	229.90	23.80	11.55	90.87
广西	267.10	242.43	167.53	65.72	90.86	10.95	74.90	65.04	6.89	2.97	24.67
海南	54.09	45.69	27.60	7.17	15.78	4.65	18.09	16.37	1.32	0.40	8.40
四川	728.52	663.50	456.15	191.20	236.56	28.39	207.35	183.76	16.01	7.58	65.02
贵州	168.20	142.66	98.96	56.37	38.60	3.99	43.70	38.04	4.77	0.89	25.54
云南	254.80	231.68	165.38	62.94	96.23	6.21	66.30	56.01	7.89	2.40	23.12
西藏	20.05	15.94	9.07	4.07	4.92	0.08	6.87	6.52	0.32	0.03	4.11
陕西	237.99	200.03	116.91	45.98	62.00	8.93	83.12	70.23	8.37	4.52	37.96
甘肃	152.15	121.92	70.33	30.54	34.96	4.83	51.59	46.04	4.65	0.90	30.23
青海	43.04	35.27	17.25	5.26	10.55	1.44	18.02	16.25	1.33	0.44	7.77
宁夏	36.75	29.36	15.59	5.35	8.86	1.38	13.77	12.12	1.34	0.31	7.39
新疆	154.25	134.94	51.29	25.53	23.40	2.36	83.65	72.27	9.73	1.65	19.31

注：本表按当年价格计算。

各地区消费情况

（1991）

单位：亿元

地　　区	消费额	居民消费	农民消费	自给性消费	商品性消费	文化生活服务及住房水电消费	非农业居民消费	商品性消费	文化生活服务消费	住房及水电消费	社会消费
北　京	206.38	139.69	34.87	4.20	23.30	7.37	104.82	88.57	12.38	3.87	66.69
天　津	169.79	126.34	33.81	7.43	22.83	3.55	92.53	76.96	12.56	3.01	43.45
河　北	482.50	443.68	298.70	83.93	184.98	29.79	144.98	118.05	20.71	6.22	38.82
山　西	220.74	187.02	97.32	34.09	54.32	8.91	89.70	81.45	6.41	1.84	33.72
内蒙古	204.79	170.51	84.56	36.71	41.98	5.87	85.95	75.15	8.44	2.36	34.28
辽　宁	544.59	472.49	149.93	40.95	91.74	17.24	322.56	292.67	19.88	10.01	72.10
吉　林	264.82	234.45	94.49	24.97	61.38	8.14	139.96	130.44	6.86	2.66	30.37
黑龙江	417.33	354.74	121.09	41.92	71.72	7.45	233.65	213.80	14.06	5.79	62.59
上　海	336.98	295.91	70.24	5.54	59.16	5.54	225.67	182.57	34.99	8.11	41.07
江　苏	700.21	623.97	400.58	149.83	208.63	42.12	223.39	188.14	28.41	6.84	76.24
浙　江	493.94	426.84	298.74	71.49	193.28	33.97	128.10	110.38	13.35	4.37	67.10
安　徽	361.50	318.76	214.88	50.64	136.17	28.07	103.88	88.53	11.56	3.79	42.74
福　建	323.21	284.41	197.37	60.62	122.11	14.64	87.04	77.60	5.04	4.40	38.80
江　西	292.04	262.83	179.76	82.97	75.95	20.84	83.07	73.51	6.83	2.73	29.21
山　东	767.68	643.31	407.65	133.99	234.31	39.35	235.66	209.64	21.33	4.69	124.37
河　南	528.45	465.10	319.40	121.63	154.01	43.76	145.70	127.55	12.31	5.84	63.35
湖　北	485.58	421.78	255.50	107.09	117.27	31.14	166.28	147.48	14.92	3.88	63.80
湖　南	493.12	440.38	306.83	138.99	141.70	26.14	133.55	118.17	11.19	4.19	52.74
广　东	810.86	700.18	363.88	85.85	242.18	35.85	336.30	291.40	31.69	13.21	110.68
广　西	304.94	279.11	188.38	72.58	101.98	13.82	90.73	79.19	8.16	3.38	25.83
海　南	65.60	54.87	33.27	8.70	18.06	6.51	21.60	19.16	1.76	0.68	10.73
四　川	805.58	732.71	492.94	200.79	261.56	30.59	239.77	214.52	15.12	10.13	72.87
贵　州	189.11	164.53	112.83	65.63	41.43	5.77	51.70	44.77	5.29	1.64	24.58
云　南	278.29	251.13	175.16	65.18	101.65	8.33	75.97	64.09	9.15	2.73	27.16
西　藏	23.23	18.47	10.58	5.73	4.75	0.10	7.89	7.52	0.32	0.05	4.76
陕　西	256.78	212.58	120.16	43.93	66.63	9.60	92.42	78.73	8.72	4.97	44.20
甘　肃	166.10	132.54	76.10	32.93	36.59	6.58	56.44	50.15	5.08	1.21	33.56
青　海	48.73	38.86	18.77	5.83	11.16	1.78	20.09	18.21	1.41	0.47	9.87
宁　夏	41.32	32.99	17.17	7.09	8.59	1.49	15.82	13.70	1.74	0.38	8.33
新　疆	180.70	156.60	60.58	30.06	27.74	2.78	96.02	83.34	10.74	1.94	24.10

注：本表按当年价格计算。

各地区消费情况

（1993）

地区	总消费（亿元）	居民消费	农民	非农业居民	社会消费	总消费=100 居民消费	总消费=100 社会消费	居民消费=100 农民	居民消费=100 非农业居民
北京	310.28	207.21	52.95	154.26	103.07	66.78	33.22	25.55	74.45
天津	244.85	186.31	47.11	139.20	58.54	76.09	23.91	25.29	74.71
河北	870.45	686.54	442.97	243.57	183.91	78.87	21.13	64.52	35.48
山西	418.50	333.20	166.00	167.20	85.30	79.62	20.38	49.82	50.18
内蒙古	342.11	254.52	120.42	134.10	87.59	74.40	25.60	47.31	52.69
辽宁	962.51	770.19	240.22	529.97	192.32	80.02	19.98	31.19	68.81
吉林	436.06	364.91	125.93	238.98	71.15	83.68	16.32	34.51	65.49
黑龙江	763.17	633.43	207.42	426.01	129.74	83.00	17.00	32.75	67.25
上海	679.35	537.71	114.48	423.53	141.64	79.15	20.85	21.23	78.77
江苏	1251.08	984.44	569.94	414.50	266.64	78.69	21.31	57.89	42.11
浙江	849.96	712.24	464.80	247.44	137.72	83.80	16.20	65.26	34.74
安徽	664.74	569.62	342.21	227.41	95.12	85.69	14.31	60.08	39.92
福建	673.39	524.15	364.11	160.04	149.24	77.84	22.16	69.47	30.53
江西	460.22	349.29	222.92	126.37	110.93	75.90	24.10	63.82	36.18
山东	1263.34	907.58	514.38	393.20	355.76	71.84	28.16	56.68	43.32
河南	869.25	673.10	453.61	219.49	196.15	77.43	22.57	67.39	32.61
湖北	870.27	700.07	370.94	329.13	170.20	80.44	19.56	52.99	47.01
湖南	885.05	706.55	442.35	264.20	178.50	79.83	20.17	62.61	37.39
广东	1617.35	1289.06	614.62	674.44	328.29	79.70	20.30	47.68	52.32
广西	586.55	422.30	257.72	164.58	164.25	72.00	28.00	61.03	38.97
海南	127.92	98.04	56.14	41.90	29.88	76.64	23.36	57.26	42.74
四川	1282.10	1045.49	656.33	389.16	236.61	81.55	18.45	62.78	37.22
贵州	302.10	243.69	162.24	81.45	58.41	80.67	19.33	66.58	33.42
云南	471.26	415.18	263.39	151.79	56.08	88.10	11.90	63.44	36.56
西藏	27.09	21.13	11.57	9.65	5.96	78.00	22.00	54.76	45.24
陕西	455.11	324.71	172.15	152.56	130.40	71.35	28.65	53.02	46.98
甘肃	263.00	194.69	105.48	89.21	68.31	74.03	25.97	54.18	45.82
青海	72.80	54.30	25.03	29.27	18.50	74.59	25.41	46.10	53.90
宁夏	72.16	50.51	24.42	26.09	21.65	70.00	30.00	48.35	51.65
新疆	300.75	228.61	81.96	146.65	72.14	76.01	23.99	35.85	64.15

注：本表按当年价格计算。

各地区消费情况

(1994)

地　区	总消费(亿元)	居民消费	农民	非农业居民	社会消费	总消费=100 居民消费	总消费=100 社会消费	居民消费=100 农民	居民消费=100 非农业居民
北　京	396.29	264.55	66.95	197.60	131.74	66.80	33.20	25.30	74.70
天　津	323.76	241.56	55.78	185.78	82.20	74.60	25.40	21.10	76.90
河　北	1019.29	799.97	505.45	294.52	219.32	78.50	21.50	63.20	36.80
山　西	494.91	378.57	183.15	195.42	116.34	76.50	23.50	48.40	51.60
内蒙古	406.88	313.88	144.06	169.82	93.00	77.10	22.90	45.90	54.10
辽　宁	1239.61	965.96	302.29	663.67	273.65	77.90	22.10	31.30	68.70
吉　林	577.59	473.63	156.13	317.50	103.96	82.00	18.00	33.00	67.00
黑龙江	1019.21	853.15	264.95	588.20	166.06	83.70	16.30	31.10	68.70
上　海	873.89	693.04	139.12	553.92	108.85	79.30	20.70	20.10	79.90
江　苏	1721.45	1350.89	782.19	568.70	370.56	78.50	21.50	57.90	42.10
浙　江	1173.68	975.36	616.70	358.66	198.32	83.10	16.90	63.20	36.80
安　徽	882.64	740.27	476.40	263.87	142.37	83.90	16.10	64.40	35.60
福　建	936.20	725.81	499.67	226.14	210.39	77.50	22.50	68.80	31.20
江　西	597.07	471.91	291.17	108.74	125.16	79.00	21.00	61.70	38.30
山　东	1889.34	1321.60	703.25	618.35	567.74	70.00	30.00	53.20	46.80
河　南	1191.90	929.14	597.12	332.02	262.76	78.00	22.00	64.30	35.70
湖　北	1058.13	858.77	445.95	412.82	199.36	81.20	18.80	51.90	48.10
湖　南	1113.62	883.46	534.34	349.12	230.16	79.30	20.70	60.50	39.50
广　东	2182.43	1793.72	826.92	966.80	388.71	82.20	17.80	46.10	53.90
广　西	817.21	588.47	336.66	251.81	228.74	72.00	28.00	57.20	42.80
海　南	156.47	124.55	66.93	57.62	31.92	79.60	20.40	53.70	46.30
四　川	1699.41	1392.52	877.19	515.33	306.89	81.90	18.10	63.00	37.00
贵　州	388.91	316.27	197.88	118.39	72.64	81.30	18.70	62.60	37.40
云　南	570.45	493.41	312.18	181.23	77.04	86.50	13.50	63.30	36.70
西　藏	32.74	25.65	13.81	11.84	7.09	78.30	21.70	53.80	46.20
陕　西	570.34	420.88	220.81	200.07	149.46	73.80	26.20	52.50	47.50
甘　肃	319.11	236.22	127.98	108.24	82.89	74.00	26.00	54.20	45.80
青　海	92.17	68.66	29.80	38.86	23.51	74.50	25.50	43.40	56.60
宁　夏	95.17	67.63	32.02	35.61	27.54	71.10	28.90	47.30	52.70
新　疆	375.20	281.05	109.62	171.43	94.15	74.90	25.10	39.00	61.00

注：本表按当年价格计算。

各地区消费情况

（1995）

地区	最终消费（亿元）	居民消费	农业居民	非农业居民	政府消费	最终消费=100 居民消费	最终消费=100 政府消费	居民消费=100 农业居民	居民消费=100 非农业居民
北京	506.58	375.46	78.53	296.93	131.12	74.10	25.90	20.90	79.10
天津	386.99	301.66	71.61	230.05	85.33	78.00	22.00	23.70	76.30
河北	1348.75	1081.09	684.96	396.13	267.66	80.20	19.80	63.40	36.60
山西	627.23	486.52	235.36	251.16	140.71	77.60	22.40	48.40	51.60
内蒙古	505.84	395.88	194.48	201.40	109.96	78.30	21.70	49.10	50.90
辽宁	1501.84	1177.59	350.38	827.21	324.25	78.40	21.60	29.80	70.20
吉林	703.38	586.17	191.08	395.09	117.21	83.30	16.70	32.60	67.40
黑龙江	1201.53	976.62	295.29	681.33	224.91	81.30	18.70	30.20	69.80
上海	1085.33	872.67	167.39	705.28	212.66	80.40	19.60	19.20	80.80
江苏	2250.66	1806.43	1029.92	776.51	444.23	80.30	19.70	57.00	43.00
浙江	1495.24	1235.98	762.32	473.66	259.26	82.70	17.30	61.70	38.30
安徽	1174.65	996.10	642.33	353.77	178.55	84.80	15.20	64.50	35.50
福建	1160.68	930.89	651.55	279.34	229.79	80.20	19.80	70.00	30.00
江西	790.36	629.78	401.86	227.92	160.58	79.70	20.30	63.80	36.20
山东	2479.05	1688.25	879.61	808.64	790.80	68.10	31.90	52.10	47.90
河南	1595.23	1253.06	819.64	433.42	342.17	78.60	21.40	65.40	34.60
湖北	1333.82	1122.60	564.83	557.77	211.22	84.20	15.80	50.30	49.70
湖南	1396.88	1108.78	674.09	434.69	288.10	79.40	20.60	60.80	39.20
广东	3189.84	2586.46	1140.81	1445.65	603.38	81.10	18.90	44.10	55.90
广西	1041.93	754.12	430.25	323.87	287.81	72.40	27.60	57.10	42.90
海南	188.50	153.09	82.87	70.22	35.41	81.20	18.80	54.10	45.90
四川	2193.23	1806.84	1122.12	684.72	386.39	82.40	17.60	62.10	37.90
贵州	513.46	427.66	269.16	158.50	85.80	83.30	16.70	62.90	37.10
云南	689.39	588.14	360.48	227.66	101.25	85.30	14.70	61.30	38.70
西藏	37.14	28.13	15.39	12.74	9.01	75.70	24.30	54.70	45.30
陕西	673.42	503.25	264.35	238.90	170.17	74.70	25.30	52.50	47.50
甘肃	376.81	283.40	151.39	132.01	93.41	75.20	24.80	53.40	46.60
青海	112.24	81.41	33.72	47.69	30.83	72.50	27.50	41.40	58.60
宁夏	113.31	83.81	41.01	42.80	29.50	74.00	26.00	48.90	51.10
新疆	495.56	371.63	147.50	224.13	123.93	75.00	25.00	39.70	60.30

注：本表按当年价格计算。

各地区消费情况

（1997）

地　区	最终消费（亿元）	居民消费	农村居民	城镇居民	政府消费	最终消费=100 居民消费	最终消费=100 政府消费	居民消费=100 农村居民	居民消费=100 城镇居民
北　京	703.36	492.88	97.25	395.63	210.48	70.10	29.90	19.70	80.30
天　津	554.40	422.52	103.09	319.43	131.88	76.20	23.80	24.40	75.60
河　北	1740.18	1399.02	874.51	524.51	341.16	80.40	19.60	62.50	37.50
山　西	852.46	620.47	291.42	329.05	231.99	72.80	27.20	47.00	53.00
内蒙古	639.84	496.29	236.46	259.83	143.55	77.60	22.40	47.60	52.40
辽　宁	1877.85	1419.79	425.90	993.89	458.06	75.60	24.40	30.00	70.00
吉　林	928.35	772.85	238.84	534.01	155.50	83.20	16.80	30.90	69.10
黑龙江	1552.62	1200.54	350.39	850.15	352.08	77.30	22.70	29.20	70.80
上　海	1423.63	1135.24	199.15	936.09	288.39	79.70	20.30	17.50	82.50
江　苏	3020.94	2417.77	1390.51	1027.26	603.17	80.00	20.00	57.50	42.50
浙　江	2004.31	1619.00	977.74	641.26	385.31	80.80	19.20	60.40	39.60
安　徽	1612.49	1383.75	893.87	489.88	228.74	85.80	14.20	64.60	35.40
福　建	1619.60	1239.84	866.27	373.57	379.76	76.60	23.40	69.90	30.10
江　西	1030.36	796.77	504.29	292.48	233.59	77.30	22.70	63.30	36.70
山　东	3293.88	2384.46	1207.38	1177.08	909.42	72.40	27.60	50.60	49.40
河　南	2154.98	1696.54	1083.22	613.32	458.44	78.70	21.30	63.80	36.20
湖　北	1785.40	1496.82	743.16	753.66	288.58	83.80	16.20	49.60	50.40
湖　南	1956.22	1540.67	970.95	569.72	415.55	78.80	21.20	63.00	37.00
广　东	4109.34	3172.80	1412.50	1760.30	936.54	77.20	22.80	44.50	55.50
广　西	1317.67	936.65	548.93	387.72	381.02	71.10	28.90	58.60	41.40
海　南	222.33	176.82	97.63	79.19	45.51	79.50	20.50	55.20	44.80
重　庆	827.15	670.51	339.75	330.76	156.64	81.10	18.90	50.70	49.30
四　川	2065.60	1689.39	1064.02	625.37	376.21	81.80	18.20	63.00	37.00
贵　州	652.57	529.65	331.11	198.54	122.92	81.20	18.80	62.50	37.50
云　南	983.77	806.33	514.51	291.82	177.44	82.00	18.00	63.80	36.20
西　藏	47.88	35.75	19.62	16.13	12.13	74.70	25.30	54.90	45.10
陕　西	884.58	656.35	338.33	318.02	228.23	74.20	25.80	51.50	48.50
甘　肃	516.84	405.68	196.38	209.30	111.16	78.50	21.50	48.40	51.60
青　海	132.67	97.64	40.26	57.38	35.03	73.60	26.40	41.20	58.80
宁　夏	130.72	97.02	47.27	49.75	33.70	74.20	25.80	48.70	51.30
新　疆	640.26	465.12	166.84	298.28	175.14	72.60	27.40	35.90	64.10

注：本表按当年价格计算。

各地区消费情况

（1998）

地　区	最终消费（亿元）	居民消费			政府消费	最终消费＝100		居民消费＝100	
		居民消费	农村居民	城镇居民		居民消费	政府消费	农村居民	城镇居民
北　京	809.82	563.62	109.26	454.36	246.20	69.60	30.40	19.40	80.60
天　津	622.72	470.08	111.56	358.52	152.64	75.50	24.50	23.70	76.30
河　北	1819.19	1415.78	876.35	539.43	403.41	77.80	22.20	61.90	38.10
山　西	791.29	579.34	262.59	316.75	211.95	73.20	26.80	45.30	54.70
内蒙古	663.98	503.68	243.82	259.86	160.30	75.90	24.10	48.40	51.60
辽　宁	2128.05	1578.49	462.27	1116.22	549.56	74.20	25.80	29.30	70.70
吉　林	969.22	794.43	234.53	559.90	174.79	82.00	18.00	29.50	70.50
黑龙江	1624.25	1232.41	340.12	892.29	391.84	75.90	24.10	27.60	72.40
上　海	1526.28	1201.84	202.23	999.61	324.44	78.70	21.30	16.80	83.20
江　苏	3161.88	2513.52	1370.53	1142.99	648.36	79.50	20.50	54.50	45.50
浙　江	2172.29	1678.15	1002.03	676.12	494.14	77.30	22.70	59.70	40.30
安　徽	1690.36	1453.35	920.87	532.48	237.01	86.00	14.00	63.40	36.60
福　建	1717.34	1284.42	884.42	400.00	432.92	74.80	25.20	68.90	31.10
江　西	1102.40	823.03	516.98	306.05	279.37	74.70	25.30	62.80	37.20
山　东	3533.34	2554.64	1301.15	1253.49	978.70	72.30	27.70	50.90	49.10
河　南	2235.11	1727.81	1073.08	654.73	507.30	77.30	22.70	62.10	37.90
湖　北	1941.16	1593.62	766.08	827.54	347.54	82.10	17.90	48.10	51.90
湖　南	2062.84	1601.83	1009.06	592.77	461.01	77.70	22.30	63.00	37.00
广　东	4375.41	3330.07	1415.08	1914.99	1045.34	76.10	23.90	42.50	57.50
广　西	1308.67	952.63	560.99	391.64	356.04	72.80	27.20	58.90	41.10
海　南	238.98	186.75	103.03	83.72	52.23	78.10	21.90	55.20	44.80
重　庆	862.15	678.54	333.41	345.13	183.61	78.70	21.30	49.10	50.90
四　川	2153.81	1758.19	1081.09	677.10	395.62	81.60	18.40	61.50	38.50
贵　州	685.14	548.69	334.68	214.01	136.45	80.10	19.90	61.00	39.00
云　南	1089.92	847.89	547.60	300.29	242.03	77.80	22.20	64.60	35.40
西　藏	52.94	38.06	19.78	18.28	14.88	71.90	28.10	52.00	48.00
陕　西	899.85	667.32	335.22	332.10	232.53	74.20	25.80	50.20	49.80
甘　肃	528.10	405.76	194.33	211.43	122.34	76.80	23.20	47.90	52.10
青　海	139.25	103.21	42.00	61.21	36.04	74.10	25.90	40.70	59.30
宁　夏	141.45	103.72	49.43	54.29	37.73	73.30	26.70	47.70	52.30
新　疆	677.19	492.09	167.34	324.75	185.10	72.70	27.30	34.00	66.00

注：本表按当年价格计算。

各地区消费情况

(1999)

地　区	最终消费（亿元）	居民消费	农村居民	城镇居民	政府消费	最终消费=100 居民消费	最终消费=100 政府消费	居民消费=100 农村居民	居民消费=100 城镇居民
北　京	954.14	633.76	112.52	521.24	320.38	66.42	33.58	17.75	82.25
天　津	716.80	503.82	118.15	385.67	212.98	70.29	29.71	23.45	76.55
河　北	1983.79	1523.64	905.58	618.06	460.15	76.80	23.20	59.44	40.56
山　西	857.14	584.40	256.19	328.21	272.74	68.18	31.82	43.84	56.16
内蒙古	724.54	540.19	232.41	307.78	184.35	74.56	25.44	43.02	56.98
辽　宁	2330.53	1707.30	491.98	1215.32	623.23	73.26	26.74	28.82	71.18
吉　林	1030.43	824.71	225.50	599.21	205.72	80.04	19.96	27.34	72.66
黑龙江	1730.80	1297.67	328.29	969.38	433.13	74.98	25.02	25.30	74.70
上　海	1719.48	1352.86	204.41	1148.45	366.62	78.68	21.32	15.11	84.89
江　苏	3339.79	2594.18	1328.04	1266.14	745.61	77.67	22.33	51.19	48.81
浙　江	2355.39	1727.94	987.42	740.52	627.45	73.36	26.64	57.14	42.86
安　徽	1861.17	1559.10	968.43	590.67	302.07	83.77	16.23	62.11	37.89
福　建	1830.58	1337.05	916.07	420.98	493.53	73.04	26.96	68.51	31.49
江　西	1171.61	865.87	532.56	333.31	305.74	73.90	26.10	61.51	38.49
山　东	3809.13	2821.87	1430.10	1391.77	987.26	74.08	25.92	50.68	49.32
河　南	2358.34	1778.88	1047.57	731.31	579.46	75.43	24.57	58.89	41.11
湖　北	1983.14	1593.94	728.12	865.82	389.20	80.37	19.63	45.68	54.32
湖　南	2212.47	1690.66	1021.56	669.10	521.81	76.42	23.58	60.42	39.58
广　东	4511.64	3435.00	1411.18	2023.82	1076.64	76.14	23.86	41.08	58.92
广　西	1342.88	978.81	566.36	412.45	364.07	72.89	27.11	57.86	42.14
海　南	258.53	201.49	113.30	88.19	57.04	77.94	22.06	56.23	43.77
重　庆	924.14	716.36	329.76	386.60	207.78	77.52	22.48	46.03	53.97
四　川	2247.20	1826.99	1103.39	723.60	420.21	81.30	18.70	60.39	39.61
贵　州	725.77	568.06	342.20	225.86	157.71	78.27	21.73	60.24	39.76
云　南	1256.46	975.26	668.66	306.60	281.20	77.62	22.38	68.56	31.44
西　藏	59.19	42.32	21.42	20.90	16.87	71.50	28.50	50.61	49.39
陕　西	903.79	683.46	337.67	345.79	220.33	75.62	24.38	49.41	50.59
甘　肃	547.75	419.19	195.83	223.36	128.56	76.53	23.47	46.72	53.28
青　海	151.45	109.91	43.55	66.36	41.54	72.57	27.43	39.62	60.38
宁　夏	153.97	108.72	50.07	58.65	45.25	70.61	29.39	46.05	53.95
新　疆	745.20	530.37	170.24	360.13	214.83	71.17	28.83	32.10	67.90

注：本表按当年价格计算。

各地区消费情况

（2000）

地　区	最终消费（亿元）	居民消费			政府消费	最终消费=100		居民消费=100	
			农村居民	城镇居民		居民消费	政府消费	农村居民	城镇居民
北　京	1221.33	808.53	125.92	682.61	412.80	66.20	33.80	15.57	84.43
天　津	804.71	557.34	129.91	427.43	247.37	69.26	30.74	23.31	76.69
河　北	2240.68	1682.76	974.53	708.23	557.92	75.10	24.90	57.91	42.09
山　西	946.04	651.84	283.48	368.36	294.20	68.90	31.10	43.49	56.51
内蒙古	787.21	578.67	248.84	329.83	208.54	73.51	26.49	43.00	57.00
辽　宁	2587.52	1867.36	535.84	1331.52	720.16	72.17	27.83	28.70	71.30
吉　林	1174.91	899.31	236.47	662.84	275.60	76.54	23.46	26.29	73.71
黑龙江	1871.54	1394.21	343.16	1051.05	477.33	74.50	25.50	24.61	75.39
上　海	1947.10	1521.05	213.74	1307.31	426.05	78.12	21.88	14.05	85.95
江　苏	3710.72	2815.51	1338.46	1477.05	895.21	75.88	24.12	47.54	52.46
浙　江	2774.65	1957.85	1134.31	823.54	816.80	70.56	29.44	57.94	42.06
安　徽	1947.78	1615.43	964.49	650.95	332.34	82.94	17.06	59.70	40.30
福　建	2052.41	1496.20	1020.49	475.71	556.21	72.90	27.10	68.21	31.79
江　西	1269.58	989.20	574.63	414.57	280.38	77.92	22.08	58.09	41.91
山　东	4099.74	3099.76	1546.85	1552.91	999.98	75.61	24.39	49.90	50.10
河　南	2758.60	2084.08	1216.60	867.48	674.52	75.55	24.45	58.38	41.62
湖　北	2146.54	1699.45	757.18	942.27	447.09	79.17	20.83	44.55	55.45
湖　南	2383.27	1782.77	1038.80	743.97	600.50	74.80	25.20	58.27	41.73
广　东	5336.22	3754.80	1471.03	2283.77	1581.42	70.36	29.64	39.18	60.82
广　西	1443.17	1019.36	578.22	441.14	423.81	70.63	29.37	56.72	43.28
海　南	284.51	218.38	123.81	94.57	66.13	76.76	23.24	56.69	43.31
重　庆	994.39	760.02	335.94	424.08	234.37	76.43	23.57	44.20	55.80
四　川	2522.87	2059.20	1254.76	804.44	463.67	81.62	18.38	60.93	39.07
贵　州	775.25	600.07	357.99	242.08	175.18	77.40	22.60	59.66	40.34
云　南	1481.81	1066.77	717.29	349.48	415.04	71.99	28.01	67.24	32.76
西　藏	66.16	46.97	23.90	23.07	19.19	70.99	29.01	50.88	49.12
陕　西	956.45	743.07	333.69	409.38	213.38	77.69	22.31	44.91	55.09
甘　肃	579.21	444.22	206.07	238.15	134.99	76.69	23.31	46.39	53.61
青　海	167.31	116.82	46.00	70.82	50.49	69.82	30.18	39.38	60.62
宁　夏	186.63	125.69	54.54	71.15	60.94	67.35	32.65	43.39	56.61
新　疆	899.90	585.69	182.05	403.64	314.21	65.08	34.92	31.08	68.92

注：本表按当年价格计算。

各地区消费情况

(2001)

地　区	最终消费(亿元)	居民消费	农村居民	城镇居民	政府消费	最终消费=100 居民消费	最终消费=100 政府消费	居民消费=100 农村居民	居民消费=100 城镇居民
北　京	1467.71	913.95	131.99	781.96	553.76	62.27	37.73	14.44	85.56
天　津	901.85	621.00	141.64	479.36	280.85	68.86	31.14	22.81	77.19
河　北	2509.30	1857.54	1052.77	804.77	651.76	74.03	25.97	56.68	43.32
山　西	1046.43	727.68	281.94	445.74	318.75	69.54	30.46	38.75	61.25
内蒙古	936.19	671.12	214.99	456.13	265.07	71.69	28.31	32.03	67.97
辽　宁	2828.09	2001.97	566.95	1435.02	826.12	70.79	29.21	28.32	71.68
吉　林	1331.32	971.22	286.99	684.23	360.10	72.95	27.05	29.55	70.45
黑龙江	2110.54	1534.64	374.68	1159.96	575.90	72.71	27.29	24.41	75.59
上　海	2149.07	1663.73	229.67	1434.06	485.34	77.42	22.58	13.80	86.20
江　苏	4295.96	3181.71	1412.61	1769.10	1114.25	74.06	25.94	44.40	55.60
浙　江	3306.10	2197.33	1229.92	967.41	1108.77	66.46	33.54	55.97	44.03
安　徽	2108.09	1725.80	1003.83	721.98	382.29	81.87	18.13	58.17	41.83
福　建	2225.23	1586.70	1057.52	529.18	638.53	71.30	28.70	66.65	33.35
江　西	1357.47	1041.96	578.29	463.67	315.51	76.76	23.24	55.50	44.50
山　东	4582.61	3382.64	1673.56	1709.08	1199.97	73.81	26.19	49.47	50.53
河　南	3114.13	2270.83	1314.40	956.43	843.30	72.92	27.08	57.88	42.12
湖　北	2408.84	1899.35	823.42	1075.93	509.49	78.85	21.15	43.35	56.65
湖　南	2553.14	1871.64	1065.00	806.64	681.50	73.31	26.69	56.90	43.10
广　东	5841.32	3907.02	1531.21	2375.81	1934.30	66.89	33.11	39.19	60.81
广　西	1597.05	1075.89	597.95	477.94	521.16	67.37	32.63	55.58	44.42
海　南	299.86	226.61	126.16	100.45	73.25	75.57	24.43	55.67	44.33
重　庆	1078.06	817.56	360.69	456.87	260.50	75.84	24.16	44.12	55.88
四　川	2691.47	2076.80	1194.73	882.07	614.67	77.16	22.84	57.53	42.47
贵　州	833.87	611.31	363.96	247.35	222.56	73.31	26.69	59.54	40.46
云　南	1430.44	934.60	591.99	342.61	495.84	65.34	34.66	63.34	36.66
西　藏	82.79	50.68	25.89	24.79	32.11	61.22	38.78	51.09	48.91
陕　西	1004.50	789.34	363.18	426.16	215.16	78.58	21.42	46.01	53.99
甘　肃	674.42	473.85	218.27	255.58	200.57	70.26	29.74	46.06	53.94
青　海	197.79	128.23	49.85	78.38	69.56	64.83	35.17	38.88	61.12
宁　夏	223.52	133.20	53.88	79.32	90.32	59.59	40.41	40.45	59.55
新　疆	854.60	541.09	176.00	365.09	313.51	63.32	36.68	32.53	67.47

注：本表按当年价格计算。

各地区消费情况

（2002）

地区	最终消费（亿元）	居民消费	农村居民	城镇居民	政府消费	最终消费=100 居民消费	最终消费=100 政府消费	居民消费=100 农村居民	居民消费=100 城镇居民
北京	1699.81	1049.21	147.41	901.80	650.60	61.70	38.30	14.00	86.00
天津	990.21	656.38	150.35	506.03	333.83	66.30	33.70	22.90	77.10
河北	2819.62	2051.65	1127.16	924.49	767.97	72.80	27.20	54.90	45.10
山西	1184.01	841.01	268.74	572.27	343.00	71.00	29.00	32.00	68.00
内蒙古	1092.48	827.03	233.62	593.40	265.45	75.70	24.30	28.20	71.80
辽宁	3031.47	2141.47	590.27	1551.20	890.00	70.60	29.40	27.60	72.40
吉林	1444.68	1042.78	296.66	746.12	401.90	72.20	27.80	28.40	71.60
黑龙江	2287.75	1653.11	391.74	1261.37	634.64	72.30	90.20	23.70	76.30
上海	2455.67	1902.19	241.82	1660.37	553.48	77.50	22.50	12.70	87.30
江苏	4801.91	3475.13	1505.92	1969.21	1326.78	72.40	27.60	43.30	56.70
浙江	3741.66	2553.86	1428.96	1124.90	1187.80	68.30	31.70	56.00	44.00
安徽	2262.95	1833.19	1010.70	822.49	429.76	81.00	19.00	55.10	44.90
福建	2434.05	1699.74	1115.15	584.59	734.31	69.80	30.20	65.60	34.40
江西	1459.65	1114.58	602.72	511.86	345.07	76.40	23.60	54.10	45.90
山东	5021.15	3581.27	1737.93	1843.34	1439.88	71.30	28.70	48.50	51.50
河南	3441.71	2473.85	1380.02	1093.83	967.86	71.90	28.10	55.80	44.20
湖北	2669.70	2114.11	886.53	1227.58	555.59	79.20	20.80	41.90	58.10
湖南	2762.95	1992.05	1105.18	886.87	770.90	72.10	27.90	55.50	44.50
广东	6701.15	4450.00	1551.55	2898.45	2251.15	66.40	33.60	34.90	65.10
广西	1698.54	1157.95	642.30	515.65	540.59	68.20	31.80	55.50	44.50
海南	331.22	247.57	135.28	112.29	83.65	74.70	25.30	54.60	45.40
重庆	1228.89	880.86	367.69	513.17	348.03	71.70	28.30	41.70	58.30
四川	2894.10	2216.29	1221.28	995.01	677.81	76.60	23.40	55.10	44.90
贵州	890.31	639.29	380.07	259.22	251.02	71.80	28.20	59.50	40.50
云南	1526.25	1024.60	644.15	380.45	501.65	67.10	32.90	62.90	37.10
西藏	99.95	61.27	32.11	29.16	38.68	61.30	38.70	52.40	47.60
陕西	1109.11	882.72	366.12	516.60	226.39	79.60	20.40	41.50	58.50
甘肃	679.32	510.47	220.12	290.35	168.85	75.10	24.90	43.10	56.90
青海	221.50	140.36	53.21	87.15	81.14	63.40	36.60	37.90	62.10
宁夏	249.26	146.57	56.30	90.27	102.69	58.80	41.20	38.40	61.60
新疆	948.92	600.67	190.85	409.82	348.25	63.30	36.70	31.80	68.20

注：本表按当年价格计算。

各地区消费情况

（2003）

地 区	最终消费（亿元）					最终消费=100		居民消费=100	
		居民消费			政府消费	居民消费	政府消费	农村居民	城镇居民
			农村居民	城镇居民					
北 京	1967.87	1209.27	163.18	1046.09	758.60	61.50	38.50	13.50	86.50
天 津	1134.69	722.86	162.93	559.93	411.83	63.70	36.30	22.50	77.50
河 北	3259.52	2331.08	1182.85	1148.23	928.44	71.50	28.50	50.70	49.30
山 西	1374.17	969.27	312.14	657.13	404.90	70.50	29.50	32.20	67.80
内蒙古	1218.20	896.64	251.25	645.39	321.56	73.60	26.40	28.00	72.00
辽 宁	3102.51	2172.06	487.16	1684.90	930.45	70.00	30.00	22.40	77.60
吉 林	1678.60	1231.20	284.20	947.00	447.40	73.30	26.70	23.10	76.90
黑龙江	2465.29	1771.63	405.63	1365.98	693.66	71.90	28.10	22.90	77.10
上 海	2769.74	2122.90	250.66	1872.24	646.84	76.60	23.40	11.80	88.20
江 苏	5484.04	3909.55	1440.63	2468.92	1574.49	71.30	28.70	36.80	63.20
浙 江	4368.50	3008.27	1622.25	1386.02	1360.23	68.90	31.10	53.90	46.10
安 徽	2520.31	2038.10	1086.61	951.50	482.21	80.90	19.10	53.30	46.70
福 建	2682.76	1859.60	1186.19	673.41	823.16	69.30	30.70	63.80	36.20
江 西	1515.64	1161.01	628.50	532.51	354.63	76.60	23.40	54.10	45.90
山 东	5787.76	3992.22	1873.07	2119.15	1795.54	69.00	31.00	46.90	53.10
河 南	3975.53	2913.36	1298.20	1615.16	1062.17	73.30	26.70	44.60	55.40
湖 北	3042.34	2388.96	927.31	1461.65	653.38	78.50	21.50	38.80	61.20
湖 南	2886.03	2016.88	1067.23	949.65	869.15	69.90	30.10	52.90	47.10
广 东	7566.13	4900.01	1416.37	3483.64	2666.12	64.80	35.20	28.90	71.10
广 西	1850.81	1244.70	663.06	581.64	606.11	67.30	32.70	53.30	46.70
海 南	355.22	264.27	141.32	122.95	90.95	74.40	25.60	53.50	46.50
重 庆	1415.31	1004.38	381.26	623.12	410.93	71.00	29.00	38.00	62.00
四 川	3155.90	2413.60	1303.26	1110.34	742.30	76.50	23.50	54.00	46.00
贵 州	942.97	665.97	388.68	277.29	277.00	70.60	29.40	58.40	41.60
云 南	1597.60	1086.23	664.71	421.52	511.37	68.00	32.00	61.20	38.80
西 藏	168.06	75.85	27.40	48.45	92.21	45.10	54.90	36.10	63.90
陕 西	1188.41	943.19	389.34	553.85	245.22	79.40	20.60	41.30	58.70
甘 肃	750.45	564.06	244.86	319.20	186.39	75.20	24.80	43.40	56.60
青 海	250.98	155.23	57.47	97.76	95.75	61.80	38.20	37.00	63.00
宁 夏	277.05	168.55	66.48	102.07	108.50	60.80	39.20	39.40	60.60
新 疆	1037.59	617.26	202.68	414.58	420.33	59.50	40.50	32.80	67.20

注：本表按当年价格计算。

各地区消费情况

（2004）

地区	最终消费（亿元）	居民消费			政府消费	最终消费=100		居民消费=100	
		居民消费	农村居民	城镇居民		居民消费	政府消费	农村居民	城镇居民
北　京	2264.55	1354.23	172.15	1182.08	910.32	59.80	40.20	12.70	87.30
天　津	1272.60	806.11	177.46	628.65	466.49	63.30	36.70	22.00	78.00
河　北	3743.05	2619.18	1368.78	1250.40	1123.87	70.00	30.00	52.30	47.70
山　西	1581.58	1147.27	356.32	790.95	434.31	72.50	27.50	31.10	68.90
内蒙古	1411.61	1019.05	310.39	708.66	392.56	72.20	27.80	30.50	69.50
辽　宁	3287.27	2344.99	522.69	1822.30	942.27	71.30	28.70	22.30	77.70
吉　林	1868.58	1389.86	312.76	1077.10	478.72	74.40	25.60	22.50	77.50
黑龙江	2793.53	1958.36	401.74	1556.62	835.17	70.10	29.90	20.50	79.50
上　海	3261.42	2476.19	252.18	2224.01	785.23	75.90	24.10	10.20	89.80
江　苏	6667.64	4581.50	1370.45	3211.05	2086.14	68.70	31.30	29.90	70.10
浙　江	4723.33	3216.42	1610.20	1606.22	1506.91	68.10	31.90	50.10	49.90
安　徽	2835.44	2296.38	1212.25	1084.12	539.06	81.00	19.00	52.80	47.20
福　建	3019.07	2078.72	1319.65	759.07	940.35	68.90	31.10	63.50	36.50
江　西	1822.14	1431.42	744.46	686.96	390.72	78.60	21.40	52.00	48.00
山　东	6810.20	4545.39	2075.17	2470.22	2264.81	66.70	33.30	45.70	54.30
河　南	4673.62	3422.11	1501.56	1920.55	1251.51	73.20	26.80	43.90	56.10
湖　北	3564.14	2814.42	806.77	2007.65	749.72	79.00	21.00	28.70	71.30
湖　南	3315.51	2301.57	1235.12	1066.45	1013.94	69.40	30.60	53.70	46.30
广　东	8774.75	5930.47	1415.60	4514.87	2844.28	67.60	32.40	23.90	76.10
广　西	2079.28	1395.28	720.77	674.51	684.00	67.10	32.90	51.70	48.30
海　南	401.85	294.74	154.64	140.10	107.11	73.30	26.70	52.50	47.50
重　庆	1579.20	1128.05	432.59	695.46	451.15	71.40	28.60	38.30	61.70
四　川	3824.88	2943.58	1201.78	1741.80	881.30	77.00	23.00	40.80	59.20
贵　州	1086.53	750.57	427.67	322.90	335.96	69.10	30.90	57.00	43.00
云　南	1889.20	1303.68	739.33	564.35	585.52	69.00	31.00	56.70	43.30
西　藏	187.11	86.08	31.02	55.06	101.03	46.00	54.00	36.00	64.00
陕　西	1336.39	1075.63	451.23	624.40	260.76	80.50	19.50	42.00	58.00
甘　肃	901.11	642.29	277.10	365.19	258.82	71.30	28.70	43.10	56.90
青　海	301.72	172.27	65.04	107.23	129.45	57.10	42.90	37.80	62.20
宁　夏	318.75	198.83	76.59	122.24	119.92	62.40	37.60	38.50	61.50
新　疆	1150.81	663.52	222.49	441.03	487.29	57.70	42.30	33.50	66.50

注：本表按当年价格计算。

各地区消费情况

（2005）

地　区	最终消费支出（亿元）	居民消费支出	农村居民	城镇居民	政府消费支出	最终消费支出=100 居民消费	最终消费支出=100 政府消费	居民消费支出=100 农村居民	居民消费支出=100 城镇居民
北　京	3539.49	2248.02	184.92	2063.10	1291.47	63.50	36.50	8.20	91.80
天　津	1506.91	980.05	122.32	857.73	526.86	65.00	35.00	12.50	87.50
河　北	4315.20	2944.38	1104.42	1839.96	1370.82	68.20	31.80	37.50	62.50
山　西	1955.19	1395.73	424.39	971.34	559.46	71.40	28.60	30.40	69.60
内蒙古	1713.92	1102.15	313.75	788.40	611.77	64.30	35.70	28.50	71.50
辽　宁	3822.95	2720.95	569.28	2151.67	1102.00	71.20	28.80	20.90	79.10
吉　林	1906.19	1392.42	318.40	1074.02	513.77	73.00	27.00	22.90	77.10
黑龙江	2660.75	1841.27	434.72	1406.55	819.48	69.20	30.80	23.60	76.40
上　海	4418.99	3271.64	184.02	3087.62	1147.35	74.00	26.00	5.60	94.40
江　苏	7538.04	5339.09	1588.27	3750.82	2198.95	70.80	29.20	29.70	70.30
浙　江	6373.24	4705.79	1354.46	3351.33	1667.45	73.80	26.20	28.80	71.20
安　徽	3020.70	2410.57	884.28	1526.29	610.13	79.80	20.20	36.70	63.30
福　建	3295.55	2393.17	700.94	1692.23	902.38	72.60	27.40	29.30	70.70
江　西	2117.30	1642.20	816.84	825.36	475.10	77.60	22.40	49.70	50.30
山　东	7954.47	5435.38	1580.90	3854.48	2519.09	68.30	31.70	29.10	70.90
河　南	5353.67	3817.86	1554.22	2263.64	1535.81	71.30	28.70	40.70	59.30
湖　北	3645.71	2785.42	815.32	1970.10	860.29	76.40	23.60	29.30	70.70
湖　南	4036.74	3056.07	1136.41	1919.66	980.67	75.70	24.30	37.20	62.80
广　东	11533.44	8989.70	1419.88	7569.82	2543.74	77.90	22.10	15.80	84.20
广　西	2477.08	1822.03	738.97	1083.06	655.05	73.60	26.40	40.60	59.40
海　南	468.71	341.06	126.43	214.63	127.65	72.80	27.20	37.10	62.90
重　庆	1803.43	1336.96	350.13	986.83	466.47	74.10	25.90	26.20	73.80
四　川	4357.69	3366.47	1328.28	2038.19	991.22	77.30	22.70	39.50	60.50
贵　州	1627.27	1230.07	449.45	780.62	397.20	75.60	24.40	36.50	63.50
云　南	2321.75	1661.64	603.77	1057.87	660.11	71.60	28.40	36.30	63.70
西　藏	184.72	83.22	33.87	49.35	101.50	45.10	54.90	40.70	59.30
陕　西	1684.12	1334.48	561.33	773.15	349.64	79.20	20.80	42.10	57.90
甘　肃	1217.63	893.15	331.22	561.93	324.48	73.40	26.60	37.10	62.90
青　海	360.72	210.29	64.15	146.14	150.43	58.30	41.70	30.50	69.50
宁　夏	390.92	261.23	77.34	183.89	129.69	66.80	33.20	29.60	70.40
新　疆	1266.52	764.26	238.98	525.28	502.26	60.30	39.70	31.30	68.70

注：本表按当年价格计算。

各地区消费情况

（2006）

地　区	最终消费支出（亿元）	居民消费支出			政府消费支出	最终消费支出=100		居民消费支出=100	
			农村居民	城镇居民		居民消费支出	政府消费支出	农村居民	城镇居民
北　京	4205.16	2615.26	191.21	2424.05	1589.90	62.20	37.80	7.30	92.70
天　津	1763.14	1118.76	129.18	989.58	644.38	63.50	36.50	11.50	88.50
河　北	4987.29	3399.15	1211.39	2187.76	1588.14	68.20	31.80	35.60	64.40
山　西	2251.87	1629.58	473.02	1156.56	622.29	72.40	27.60	29.00	71.00
内蒙古	2096.17	1385.90	350.46	1035.44	710.27	66.10	33.90	25.30	74.70
辽　宁	4126.50	2942.13	604.32	2337.81	1184.37	71.30	28.70	20.50	79.50
吉　林	2137.57	1552.90	381.48	1171.42	584.67	72.60	27.40	24.60	75.40
黑龙江	2961.21	1964.76	455.48	1509.28	996.45	66.30	33.70	23.20	76.80
上　海	5079.76	3763.15	202.19	3560.96	1316.61	74.10	25.90	5.40	94.60
江　苏	9005.61	6236.42	1801.63	4434.79	2769.19	69.30	30.70	28.90	71.10
浙　江	7435.94	5512.66	1532.47	3980.19	1923.28	74.10	25.90	27.80	72.20
安　徽	3384.94	2715.43	952.20	1763.23	669.51	80.20	19.80	35.10	64.90
福　建	3765.94	2775.43	796.54	1978.89	990.51	73.70	26.30	28.70	71.30
江　西	2372.91	1804.79	893.04	911.75	568.12	76.10	23.90	49.50	50.50
山　东	9515.68	6517.96	1787.04	4730.92	2997.72	68.50	31.50	27.40	72.60
河　南	6209.92	4347.50	1712.85	2634.65	1862.42	70.00	30.00	39.40	60.60
湖　北	4297.71	3154.40	912.15	2242.25	1143.31	73.40	26.60	28.90	71.10
湖　南	4612.97	3482.44	1209.26	2273.18	1130.53	75.50	24.50	34.70	65.30
广　东	12892.81	10015.29	1483.48	8531.81	2877.52	77.70	22.30	14.80	85.20
广　西	2803.20	2030.60	766.82	1263.78	772.60	72.40	27.60	37.80	62.20
海　南	547.33	394.02	140.01	254.01	153.31	72.00	28.00	35.50	64.50
重　庆	2046.98	1518.47	354.55	1163.92	528.51	74.20	25.80	23.30	76.70
四　川	4824.88	3686.82	1397.96	2288.86	1138.06	76.40	23.60	37.90	62.10
贵　州	1824.79	1379.60	468.28	911.32	445.19	75.60	24.40	33.90	66.10
云　南	2615.77	1820.22	670.60	1149.62	795.55	69.60	30.40	36.80	63.20
西　藏	149.97	81.32	40.86	40.46	68.65	54.20	45.80	50.20	49.80
陕　西	1871.51	1480.59	607.97	872.62	390.92	79.10	20.90	41.10	58.90
甘　肃	1387.87	990.76	340.02	650.74	397.11	71.40	28.60	34.30	65.70
青　海	423.49	230.69	70.51	160.18	192.80	54.50	45.50	30.60	69.40
宁　夏	454.61	306.73	83.87	222.86	147.88	67.50	32.50	27.30	72.70
新　疆	1584.53	853.89	253.58	600.31	730.64	53.90	46.10	29.70	70.30

注：本表按当年价格计算。

各地区消费情况

（2007）

地区	最终消费支出（亿元）	居民消费支出	农村居民	城镇居民	政府消费支出	最终消费支出=100 居民消费支出	最终消费支出=100 政府消费支出	居民消费支出=100 农村居民	居民消费支出=100 城镇居民
北　京	5082.80	3039.03	226.93	2812.10	2043.77	59.80	40.20	7.50	92.50
天　津	2064.39	1309.24	144.82	1164.42	755.15	63.40	36.60	11.10	88.90
河　北	5915.20	3951.08	1339.89	2611.19	1964.12	66.80	33.20	33.90	66.10
山　西	2586.56	1869.59	547.33	1322.26	716.97	72.30	27.70	29.30	70.70
内蒙古	2631.52	1693.96	398.90	1295.06	937.56	64.40	35.60	23.50	76.50
辽　宁	4583.20	3423.38	637.23	2786.15	1159.82	74.70	25.30	18.60	81.40
吉　林	2588.42	1819.80	431.12	1388.68	768.62	70.30	29.70	23.70	76.30
黑龙江	3514.32	2288.69	540.45	1748.24	1225.63	65.10	34.90	23.60	76.40
上　海	6016.31	4455.52	233.16	4222.36	1560.79	74.10	25.90	5.20	94.80
江　苏	10817.13	7328.19	2079.04	5249.15	3488.94	67.70	32.30	28.40	71.60
浙　江	8652.34	6309.51	1678.23	4631.28	2342.83	72.90	27.10	26.60	73.40
安　徽	3981.46	3226.91	1093.40	2133.51	754.55	81.00	19.00	33.90	66.10
福　建	4269.36	3131.13	886.43	2244.70	1138.23	73.30	26.70	28.30	71.70
江　西	2793.45	2047.13	976.65	1070.48	746.32	73.30	26.70	47.70	52.30
山　东	11239.14	7540.85	2064.03	5476.82	3698.29	67.10	32.90	27.40	72.60
河　南	6831.27	4820.00	1768.68	3051.32	2011.27	70.60	29.40	36.70	63.30
湖　北	4999.66	3709.69	1051.82	2657.87	1289.97	74.20	25.80	28.40	71.60
湖　南	5333.98	3961.61	1313.74	2647.87	1372.37	74.30	25.70	33.20	66.80
广　东	15166.71	11873.01	1554.61	10318.40	3293.70	78.30	21.70	13.10	86.90
广　西	3283.21	2365.63	840.93	1524.70	917.58	72.10	27.90	35.50	64.50
海　南	653.69	466.65	156.58	310.07	187.04	71.40	28.60	33.60	66.40
重　庆	2460.49	1840.40	410.79	1429.61	620.09	74.80	25.20	22.30	77.70
四　川	5671.56	4285.21	1563.20	2722.01	1386.35	75.60	24.40	36.50	63.50
贵　州	2134.39	1608.75	542.41	1066.34	525.64	75.40	24.60	33.70	66.30
云　南	2908.08	2048.36	789.86	1258.50	859.72	70.40	29.60	38.60	61.40
西　藏	241.08	90.84	43.36	47.48	150.24	37.70	62.30	47.70	52.30
陕　西	2471.16	1972.66	575.83	1396.83	498.50	79.80	20.20	29.20	70.80
甘　肃	1615.37	1116.31	367.34	748.97	499.06	69.10	30.90	32.90	67.10
青　海	509.45	273.64	81.36	192.28	235.81	53.70	46.30	29.70	70.30
宁　夏	527.94	353.04	94.50	258.54	174.90	66.90	33.10	26.80	73.20
新　疆	1930.76	1013.48	295.52	717.96	917.28	52.50	47.50	29.20	70.80

注：本表按当年价格计算。

国际收支平衡表

（1998）

单位：千美元

项　　目	差　额	贷　方	借　方
经常项目	**2932351**	**21783386**	**18851035**
货物	4661352	18352915	13691563
出口	18352915	18352915	
进口	-13691563		13691563
服务	-492474	2405993	2898467
运输	-661026	246442	907468
旅游	339630	1260174	920544
通讯服务	61143	81891	20748
建筑服务	-52561	59412	111973
保险服务	-137371	38441	175812
金融服务	-13647	2696	16343
计算机和信息服务	-19946	13350	33296
专有权利使用费和特许费	-35697	6269	41966
咨询	-24017	51797	75814
广告、宣传	-5405	21096	26500
电影、音像	-2366	1536	3903
其他商业服务	77644	621228	543584
别处未提及的政府服务	-18855	1661	20517
收益	-1664371	558414	2222785
职工报酬	-10740	9653	20392
投资收益	-1653631	548761	2202392
经常转移	427845	466065	38220
各级政府	9066	18298	9232
其他部门	418778	447767	28988
资本和金融账户	**-632144**	**8932679**	**9564823**
资本账户	-4683		4683
金融账户	-627461	8932679	9560140
直接投资	4111808	4564499	452692

国际收支平衡表

（1998）

单位：千美元

项　　目	差　　额	贷　　方	借　　方
我国在外直接投资	-263381	18224	281605
外国在华直接投资	4375189	4546275	171086
证券投资	-373264	189925	563189
资产	-383001	3505	386506
股本证券	9737	186420	176683
债务证券	-4366004	4178255	8544259
负债	-3504078	763076	4267155
股本证券	-2209184		2209184
债务证券	-141135	25250	166385
其他投资	63849	162605	98756
资产	-1217609	575221	1792830
贸易信贷	-861926	3415179	4277105
贷款			
货币和存款	-326718	2545046	2871764
其他资产	-528764	17588	546352
负债	-6444	852545	858988
贸易信贷	-1657607		
贷款	-642600		642600
货币和存款			
其他负债	-7400		7400
净误差与遗漏	**-128300**		**128300**
储备资产变动			
货币黄金	-506900		506900
外汇			

注：1. 本表贸易数据来自海关统计。

2. 本表直接投资贷方数据来自商务部统计和间接申报中的“与土地有关的土地批租和租赁”；借方数据来自间接申报统计。

3. 本表其余数据来自间接申报统计。

国际收支平衡表

（1999）

单位：千美元

项　　目	差　　额	贷　　方	借　　方
经常账户	**15667268**	**234434042**	**218766774**
货物	36206016	194715813	158509797
出口	194715813	194715813	
进口	-158509797		158509797
服务	-7509180	23779952	31289132
运输	-5477758	2420119	7897877
旅游	3233970	14098450	10864480
通讯服务	396199	589647	193448
建筑服务	-554578	985228	1539806
保险服务	-1728905	203922	1932827
金融服务	75529	166355	90826
计算机和信息服务	41711	265336	223625
专有权利使用费和特许费	-717081	74542	791623
咨询	-244033	280367	524400
广告、宣传	1589	220558	218969
电影、音像	-27301	6655	33956
其他商业服务	-1970027	4385536	6355563
别处未提及的政府服务	-538495	83237	621732
收益	-17973033	10571026	28544059
职工报酬	-376980	145653	522633
投资收益	-17596053	10425373	28021426
经常转移	4943465	5367251	423786
各级政府	107914	200511	92597
其他部门	4835551	5166740	331189
资本和金融账户	**7642392**	**91753939**	**84111547**
资本账户	-25525		25525
金融账户	7667917	91753939	84086022
直接投资	36978137	41014763	4036626

国际收支平衡表

（1999）

单位：千美元

项　目	差　额	贷　方	借　方
我国在外直接投资	-1774313	602763	2377076
外国在华直接投资	38752450	40412000	1659550
证券投资	-11233576	1808264	13041840
资产	-10534862	128864	10663726
负债	-698714	1679400	2378114
其他投资	-18076644	48930912	67007556
资产	-24395289	14256608	38651897
贸易信贷	-22898171		22898171
贷款	-3436344	491526	3927870
货币和存款	11270605	13373093	2102488
其他资产	-9331379	391989	9723368
负债	6318645	34674304	28355659
贸易信贷	13266685	13266685	
贷款	-547242	15021949	15569191
货币和存款	-1469006	15250	1484256
其他负债	-4931792	6370420	11302212
净误差与遗漏	**-14804340**		**14804340**
储备资产变动	**-8505320**	**1252000**	**9757320**
货币黄金			
特别提款权	-41000		41000
在基金组织的储备头寸	1252000	1252000	
外汇	-9716320		9716320
其他债权			

注：1. 本表贸易数据来自海关统计。
2. 本表直接投资贷方数据来自商务部统计和间接申报中的“与土地有关的土地批租和租赁”；借方数据来自间接申报统计。
3. 本表其余数据来自间接申报统计。

国际收支平衡表

（2000）

单位：千美元

项　　目	差　额	贷　方	借　方
经常账户	**20519248**	**298972814**	**278453565**
货物	34473606	249130638	214657032
出口		249130638	
进口			214657032
服务	-5600122	30430487	36030608
运输	-6725148	3670967	10396115
旅游	3117313	16231000	13113687
通讯服务	1103482	1345452	241970
建筑服务	-392131	602313	994444
保险服务	-2363620	107802	2471422
金融服务	-19637	77804	97441
计算机和信息服务	90934	355947	265013
专有权利使用费和特许费	-1200624	80348	1280972
咨询	-284016	355716	639732
广告、宣传	21018	223436	202418
电影、音像	-26122	11302	37424
其他商业服务	966651	7083865	6117214
别处未提及的政府服务	111778	284535	172757
收益	-14665541	12550854	27216395
职工报酬	-477490	201871	679361
投资收益	-14188051	12348983	26537034
经常转移	6311305	6860835	549530
各级政府	53573	147418	93845
其他部门	6257732	6713417	455685
资本和金融账户	**1922224**	**91986392**	**90064168**
资本账户	-35283		35283
金融账户	1957507	91986392	90028885
直接投资	37482887	42095575	4612688

国际收支平衡表

（2000）

单位：千美元

项　目	差　额	贷　方	借　方
我国在外直接投资	-915777	1323575	2239352
外国在华直接投资	38398664	40772000	2373336
证券投资	-3990732	7814483	11805215
资产	-11307470	54915	11362385
负债	7316738	7759568	442830
其他投资	-31534648	42076334	73610982
资产	-43863491	4643518	48507009
贸易信贷	-12959875		12959875
贷款	-18429647	91075	18520722
货币和存款	-6048944	1428243	7477187
其他资产	-6425024	3124200	9549224
负债	12328843	37432816	25103973
贸易信贷	18232379	18232379	
贷款	-2391224	12200369	14591593
货币和存款	-53564	8782	62347
其他负债	-3458748	6991286	10450033
储备资产变动	**-10548400**	**407000**	**10955400**
货币黄金			
特别提款权	-57000		57000
在基金组织的储备头寸	407000	407000	
外汇	-10898400		10898400
其他债权			
净误差与遗漏	**-11893073**		**11893073**

注：1. 本表贸易数据来自海关统计。

2. 本表直接投资贷方数据来自商务部统计和间接申报中的“与土地有关的土地批租和租赁”；借方数据来自间接申报统计。

3. 本表其余数据来自间接申报统计。

国际收支平衡表

（2001）

单位：千美元

项　　目	差　　额	贷　　方	借　　方
一、经常项目	**17405275**	**317924465**	**300519190**
A. 货物和服务	28086220	299410173	271323953
a. 货物	34017234	266075039	232057805
b. 服务	-5931014	33335135	39266148
1. 运输	-6689078	4635059	11324137
2. 旅游	3883174	17792000	13908826
3. 通讯服务	-54858	271121	325979
4. 建筑服务	-16815	830194	847009
5. 保险服务	-2483687	227327	2711014
6. 金融服务	21662	99076	77414
7. 计算机和信息服务	116752	461458	344706
8. 专有权利使用费和特许费	-1827964	110096	1938060
9. 咨询	-612844	889273	1502117
10. 广告、宣传	19228	277288	258060
11. 电影、音像	-22324	27895	50220
12. 其他商业服务	1538181	7281751	5743570
13. 别处未提及的政府服务	197558	432596	235038
B. 收益	-19173258	9389580	28562839
1. 职工报酬	-554145	297490	851635
2. 投资收益	-18619114	9092090	27711204
C. 经常转移	8492313	9124711	632398
1. 各级政府	-66628	138044	204672
2. 其他部门	8558941	8986667	427726
二、资本和金融项目	**34775427**	**99531135**	**64755708**
A. 资本项目	-53540		53540
B. 金融项目	34828966	99531135	64702169
1. 直接投资	37355893	47052421	9696528
1.1　我国在外直接投资	-6885398	206421	7091819
1.2　外国在华直接投资	44241291	46846000	2604709
2. 证券投资	-19405929	2403858	21809788
2.1　资产	-20654278	69208	20723487
2.1.1　股本证券	31586	31586	
2.1.2　债务证券	-20685864	37622	20723487
2.1.2.1　（中）长期债券	-5588004	37622	5625627
2.1.2.2　货币市场工具	-15097860		15097860
2.2　负债	1248349	2334650	1086301
2.2.1　股本证券	849000	849000	
2.2.2　债务证券	399349	1485650	1086301
2.2.2.1　（中）长期债券	399349	1485650	1086301

国际收支平衡表

(2001)

单位：千美元

项　　目	差　　额	贷　　方	借　　方
2.2.2.2　货币市场工具			
3. 其他投资	16879003	50074856	33195853
3.1　资产	20812758	33667201	12854442
3.1.1　贸易信贷	702329	702329	
长期			
短期	702329	702329	
3.1.2　贷款	15313555	15736290	422735
长期	-177000		177000
短期	15490555	15736290	245735
3.1.3　货币和存款	-3213816	301162	3514978
3.1.4　其他资产	8010691	16927419	8916729
长期	-5387298		5387298
短期	13397988	16927419	3529431
3.2　负债	-3933756	16407655	20341411
3.2.1　贸易信贷	-2441935		2441935
长期			
短期	-2441935		2441935
3.2.2　贷款	-1490082	10304541	11794623
长期	-1198193	7127414	8325607
短期	-291889	3177127	3469016
3.2.3　货币和存款	492185	567279	75093
3.2.4　其他负债	-493923	5535836	6029759
长期	-1105948	3797609	4903557
短期	612025	1738227	1126202
三、储备资产	**-47325130**		**47325130**
3.1　货币黄金			
3.2　特别提款权	-51830		51830
3.3　在基金组织的储备头寸	-682259		682259
3.4　外汇	-46591040		46591040
3.5　其他债权			
四、净误差与遗漏	**-4855572**		**4855572**

注：1. 本表贸易数据来自海关统计。

2. 本表直接投资贷方数据来自商务部统计和间接申报中的“与土地有关的土地批租和租赁”；借方数据来自间接申报统计。

3. 本表其余数据来自间接申报统计。

国际收支平衡表

（2002）

单位：千美元

项　　目	差　　额	贷　　方	借　　方
一、经常项目	**35421968**	**387534971**	**352113002**
A. 货物和服务	37382671	365395328	328012657
a. 货物	44166574	325650823	281484248
b. 服务	－6783903	39744505	46528408
1. 运输	－7891696	5720208	13611903
2. 旅游	4986584	20385000	15398416
3. 通讯服务	79688	550107	470419
4. 建筑服务	282587	1246448	963861
5. 保险服务	－3036793	208944	3245738
6. 金融服务	－38832	51009	89842
7. 计算机和信息服务	－494687	638167	1132854
8. 专有权利使用费和特许费	－2981182	132822	3114004
9. 咨询	－1345589	1284937	2630527
10. 广告、宣传	－21601	372846	394447
11. 电影、音像	－66350	29674	96024
12. 其他商业服务	3829110	8761083	4931974
13. 别处未提及的政府服务	－85142	363258	448400
B. 收益	－14945148	8344269	23289418
1. 职工报酬	－276575	673752	950327
2. 投资收益	－14668573	7670517	22339091
C. 经常转移	12984445	13795373	810928
1. 各级政府	－73650	86492	160142
2. 其他部门	13058095	13708881	650786
二、资本和金融项目	**32290837**	**128321306**	**96030469**
A. 资本项目	－49631		49631
B. 金融项目	32340469	128321306	95980838
1. 直接投资	46789569	53073619	6284050
1.1 我国在外直接投资	－2518407	330619	2849026
1.2 外国在华直接投资	49307977	52743000	3435023
2. 证券投资	－10342485	2286616	12629101
2.1 资产	－12094510	14734	12109244
2.1.1 股本证券			
2.1.2 债务证券	－12094510	14734	12109244
2.1.2.1 （中）长期债券	－3273190	14734	3287924
2.1.2.2 货币市场工具	－8821320		8821320
2.2 负债	1752025	2271882	519857
2.2.1 股本证券	2249000	2249000	
2.2.2 债务证券	－496975	22882	519857
2.2.2.1 （中）长期债券	－505077	480	505557

国际收支平衡表

（2002）

单位：千美元

项　　目	差　　额	贷　　方	借　　方
2.2.2.2　货币市场工具	8102	22402	14300
3. 其他投资	-4106616	72961072	77067687
3.1　资产	-3076740	13773383	16850123
3.1.1　贸易信贷	1098006	1098006	
长期			
短期	1098006	1098006	
3.1.2　贷款	-5391120	346619	5737739
长期	-29000		29000
短期	-5362120	346619	5708739
3.1.3　货币和存款	-2486288	1358664	3844951
3.1.4　其他资产	3702661	10970094	7267432
长期			
短期	3702661	10970094	7267432
3.2　负债	-1029876	59187689	60217564
3.2.1　贸易信贷	2849350	2849350	
长期			
短期	2849350	2849350	
3.2.2　贷款	-4139624	52077237	56216860
长期	-4531037	18369855	22900893
短期	391414	33707381	33315968
3.2.3　货币和存款	286818	4102502	3815685
3.2.4　其他负债	-26419	158600	185019
长期	7149	76656	69507
短期	-33568	81944	115512
三、储备资产	**-75507060**		**75507060**
3.1　货币黄金			
3.2　特别提款权	-143170		143170
3.3　在基金组织的储备头寸	-1121741		1121741
3.4　外汇	-74242150		74242150
3.5　其他债权			
四、净误差与遗漏	**7794255**	**7794255**	

注：1. 本表贸易数据来自海关统计。

2. 本表直接投资贷方数据来自商务部统计和间接申报中的“与土地有关的土地批租和租赁”；借方数据来自间接申报统计。

3. 本表其余数据来自间接申报统计。

国际收支平衡表

（2003）

单位：万美元

项　　目	差　额	贷　方	借　方
一、经常项目	**4587481**	**51958039**	**47370557**
A. 货物和服务	3607898	48500322	44892424
a. 货物	4465163	43826960	39361797
b. 服务	－857265	4673362	5530627
1. 运输	－1032643	790641	1823283
2. 旅游	221873	1740600	1518727
3. 通讯服务	21103	63841	42738
4. 建筑服务	10642	128966	118324
5. 保险服务	－425143	31278	456422
6. 金融服务	－8057	15196	23252
7. 计算机和信息服务	6636	110218	103581
8. 专有权利使用费和特许费	－344115	10698	354813
9. 咨询	－156459	188495	344954
10. 广告、宣传	2838	48626	45788
11. 电影、音像	－3609	3344	6954
12. 其他商业服务	859199	1505583	646384
13. 别处未提及的政府服务	－9530	35878	45408
B. 收益	－783836	1609469	2393305
1. 职工报酬	16236	128259	112023
2. 投资收益	－800072	1481210	2281282
C. 经常转移	1763420	1848248	84828
1. 各级政府	804	11377	10574
2. 其他部门	1762616	1836870	74255
二、资本和金融项目	**5272594**	**21963061**	**16690467**
A. 资本项目	－4808		4808
B. 金融项目	5277402	21963061	16685659
1. 直接投资	4722899	5550712	827813
1.1　我国在外直接投资	15227	200212	184984
1.2　外国在华直接投资	4707672	5350500	642828
2. 证券投资	1142676	1230668	87993
2.1　资产	298312	300016	1704
2.1.1　股本证券			
2.1.2　债务证券	298312	300016	1704
2.1.2.1　（中）长期债券	298312	300016	1704
2.1.2.2　货币市场工具			
2.2　负债	844364	930652	86288
2.2.1　股本证券	772900	772900	

国际收支平衡表

(2003)

单位：万美元

项　　目	差　　额	贷　　方	借　　方
2.2.2　债务证券	71464	157752	86288
2.2.2.1　(中) 长期债券	71679	153057	81378
2.2.2.2　货币市场工具	-215	4695	4910
3. 其他投资	-588173	15181681	15769854
3.1　资产	-1792152	5198558	6990709
3.1.1　贸易信贷	-146499		146499
长期			
短期	-146499		146499
3.1.2　贷款	1392740	2170081	777341
长期	-69300		69300
短期	1462040	2170081	708041
3.1.3　货币和存款	-655211	66287	721498
3.1.4　其他资产	-2383182	2962190	5345372
长期	-4500000		4500000
短期	2116818	2962190	845372
3.2　负债	1203979	9983124	8779145
3.2.1　贸易信贷	472030	472030	
长期			
短期	472030	472030	
3.2.2　贷款	661431	7887434	7226004
长期	-535588	1749928	2285516
短期	1197019	6137507	4940488
3.2.3　货币和存款	74244	879506	805262
3.2.4　其他负债	-3726	744153	747879
长期	-101580	393013	494593
短期	97854	351140	253286
三、储备资产	**-11702310**		**11702310**
3.1　货币黄金			
3.2　特别提款权	-9000		9000
3.3　在基金组织的储备头寸	-8900		8900
3.4　外汇	-11684410		11684410
3.5　其他债权			
四、净误差与遗漏	**1842235**	**1842235**	

注：1. 本表贸易数据来自海关统计。

2. 本表直接投资贷方数据来自商务部统计和间接申报中的“与土地有关的土地批租和租赁”；借方数据来自间接申报统计。

3. 本表其余数据来自间接申报统计。

国际收支平衡表

（2004）

单位：万美元

项　　目	差　　额	贷　　方	借　　方
一、经常项目	**6865916**	**70069701**	**63203785**
A. 货物和服务	4928364	65582658	60654293
a. 货物	5898228	59339251	53441024
b. 服务	-969863	6243407	7213270
1. 运输	-1247627	1206749	2454376
2. 旅游	658970	2573900	1914930
3. 通讯服务	-3174	44046	47220
4. 建筑服务	12866	146749	133883
5. 保险服务	-574279	38078	612357
6. 金融服务	-4415	9395	13810
7. 计算机和信息服务	38440	163715	125275
8. 专有权利使用费和特许费	-426025	23636	449661
9. 咨询	-158179	315252	473431
10. 广告、宣传	15029	84863	69834
11. 电影、音像	-13484	4099	17583
12. 其他商业服务	747262	1595075	847814
13. 别处未提及的政府服务	-15249	37850	53099
B. 收益	-352267	2054410	2406676
1. 职工报酬	63219	201436	138217
2. 投资收益	-415486	1852974	2268460
C. 经常转移	2289819	2432634	142815
1. 各级政府	-8906	9754	18659
2. 其他部门	2298725	2422880	124155
二、资本和金融项目	**11065976**	**34335015**	**23269040**
A. 资本项目	-6935		6935
B. 金融项目	11072910	34335015	23262105
1. 直接投资	5313143	6090578	777435
1.1　我国在外直接投资	-180505	27578	208083
1.2　外国在华直接投资	5493648	6063000	569352
2. 证券投资	1968987	2026212	57224
2.1　资产	648644	656701	8057
2.1.1　股本证券			
2.1.2　债务证券	648644	656701	8057
2.1.2.1　（中）长期债券	648644	656701	8057
2.1.2.2　货币市场工具			
2.2　负债	1320344	1369511	49168
2.2.1　股本证券	1092320	1092320	

国际收支平衡表

（2004）

单位：万美元

项　　目	差　　额	贷　　方	借　　方
2.2.2　债务证券	228024	277191	49168
2.2.2.1　（中）长期债券	228347	276432	48085
2.2.2.2　货币市场工具	-324	759	1083
3. 其他投资	3790780	26218226	22427446
3.1　资产	197966	5123602	4925636
3.1.1　贸易信贷	-1589700		1589700
长期	-133600		133600
短期	-1456100		1456100
3.1.2　贷款	-965794	10162	975955
长期	-105700		105700
短期	-860094	10162	870255
3.1.3　货币和存款	2020668	2124139	103471
3.1.4　其他资产	732792	2989301	2256510
长期			
短期	732792	2989301	2256510
3.2　负债	3592814	21094624	17501809
3.2.1　贸易信贷	1859500	1859500	
长期	286200	286200	
短期	1573300	1573300	
3.2.2　贷款	1375289	17453262	16077973
长期	481496	1859056	1377560
短期	893792	15594206	14700413
3.2.3　货币和存款	156102	1453894	1297792
3.2.4　其他负债	201923	327968	126045
长期	3246	15332	12086
短期	198677	312637	113960
三、储备资产	**-20636400**	**47800**	**20684200**
3.1　货币黄金			
3.2　特别提款权	-16100		16100
3.3　在基金组织的储备头寸	47800	47800	
3.4　外汇	-20668100		20668100
3.5　其他债权			
四、净误差与遗漏	**2704508**	**2704508**	

注：1. 本表贸易数据来自海关统计。

2. 本表直接投资贷方数据来自商务部统计和间接申报中的“与土地有关的土地批租和租赁”；借方数据来自间接申报统计。

3. 本表其余数据来自间接申报统计。

国际收支平衡表

（2005）

单位：万美元

项　　目	差　额	贷　方	借　方
一、经常项目	**16081831**	**90358179**	**74276348**
A. 货物和服务	12479770	83688783	71209013
a. 货物	13418910	76248373	62829464
b. 服务	－939139	7440410	8379549
1. 运输	－1302102	1542652	2844755
2. 旅游	753693	2929600	2175907
3. 通讯服务	－11817	48523	60340
4. 建筑服务	97357	259295	161938
5. 保险服务	－665014	54942	719956
6. 金融服务	－1424	14523	15948
7. 计算机和信息服务	21768	184018	162251
8. 专有权利使用费和特许费	－516385	15740	532125
9. 咨询	－86141	532213	618354
10. 广告、宣传	36052	107573	71521
11. 电影、音像	－2010	13386	15395
12. 其他商业服务	749703	1688478	938775
13. 别处未提及的政府服务	－12818	49466	62284
B. 收益	1063514	3895910	2832396
1. 职工报酬	151965	333706	181741
2. 投资收益	911549	3562204	2650655
C. 经常转移	2538547	2773486	234939
1. 各级政府	－17623	4885	22508
2. 其他部门	2556170	2768601	212431
二、资本和金融项目	**6296392**	**41895620**	**35599228**
A. 资本项目	410179	415515	5336
B. 金融项目	5886212	41480105	35593893
1. 直接投资	6782104	8607126	1825022
1.1 我国在外直接投资	－1130569	56486	1187055
1.2 外国在华直接投资	7912673	8550641	637967
2. 证券投资	－493284	2199744	2693027
2.1 资产	－2615689	7445	2623134
2.1.1 股本证券			
2.1.2 债务证券	－2615689	7445	2623134
2.1.2.1 （中）长期债券	－2548219	7445	2555664
2.1.2.2 货币市场工具	－67470		67470
2.2 负债	2122405	2192298	69893
2.2.1 股本证券	2034600	2034600	

国际收支平衡表

（2005）

单位：万美元

项　目	差　额	贷　方	借　方
2.2.2　债务证券	87805	157698	69893
2.2.2.1　（中）长期债券	56732	126332	69601
2.2.2.2　货币市场工具	31073	31366	293
3. 其他投资	-402608	30673235	31075843
3.1　资产	-4894736	1037124	5931860
3.1.1　贸易信贷	-2290528		2290528
长期	91621		91621
短期	-2198907		2198907
3.1.2　贷款	-1299313	83356	1382669
长期	-150500		150500
短期	-1148813	83356	1232169
3.1.3　货币和存款	-1031734	392166	1423900
3.1.4　其他资产	-273160	561602	834762
长期			
短期	-273160	561602	834762
3.2　负债	4492127	29636111	25143984
3.2.1　贸易信贷	2541152	2541152	
长期	116893	116893	
短期	2424259	2424259	
3.2.2　贷款	292403	22801334	22508931
长期	144438	1634177	1489739
短期	147965	21167157	21019192
3.2.3　货币和存款	1336554	3830371	2493817
3.2.4　其他负债	322017	463253	141236
长期	46145	59606	13461
短期	275872	403647	127775
三、储备资产	**-20701600**	**192900**	**20894500**
3.1　货币黄金			
3.2　特别提款权	-500		500
3.3　在基金组织的储备头寸	192900	192900	
3.4　外汇	-20894000		20894000
3.5　其他债权			
四、净误差与遗漏	**-1676623**		**1676623**

注：1. 本表贸易数据来自海关统计。

2. 本表直接投资贷方数据来自商务部统计和间接申报中的“与土地有关的土地批租和租赁”；借方数据来自间接申报统计。

3. 本表其余数据来自间接申报统计。

国际收支平衡表

（2006）

单位：万美元

项　　目	差　额	贷　方	借　方
一、经常项目	**24986600**	**114449894**	**89463294**
A. 货物和服务	20891215	106168154	85276940
a. 货物	21774606	96968231	75193625
b. 服务	-883391	9199924	10083315
1. 运输	-1335374	2101529	3436903
2. 旅游	962730	3394900	2432170
3. 通讯服务	-2620	73787	76407
4. 建筑服务	70292	275264	204972
5. 保险服务	-828292	54818	883109
6. 金融服务	-74604	14543	89147
7. 计算机和信息服务	121886	295771	173885
8. 专有权利使用费和特许费	-642958	20450	663408
9. 咨询	-55507	783414	838921
10. 广告、宣传	49007	144503	95496
11. 电影、音像	1595	13743	12148
12. 其他商业服务	843223	1969333	1126111
13. 别处未提及的政府服务	7231	57869	50638
B. 收益	1175461	5123976	3948515
1. 职工报酬	198950	431949	232999
2. 投资收益	976511	4692027	3715516
C. 经常转移	2919924	3157763	237839
1. 各级政府	-14654	6471	21126
2. 其他部门	2934578	3151292	216714
二、资本和金融项目	**1003677**	**65327625**	**64323949**
A. 资本项目	402012	410248	8236
B. 金融项目	601665	64917378	64315713
1. 直接投资	6026501	8728518	2702017
1.1　我国在外直接投资	-1782966	71777	1854743
1.2　外国在华直接投资	7809467	8656741	847274
2. 证券投资	-6755757	4560158	11315715
2.1　资产	-11041877	274038	11315915
2.1.1　股本证券	-145400	22400	167800
2.1.2　债务证券	-10896477	251638	11148115
2.1.2.1　（中）长期债券	-10673677	251638	10925315
2.1.2.2　货币市场工具	-222800		222800
2.2　负债	4286120	4286120	
2.2.1　股本证券	4286120	4286120	

国际收支平衡表

（2006）

单位：万美元

项　　目	差　　额	贷　　方	借　　方
2.2.2　债务证券			
2.2.2.1　（中）长期债券			
2.2.2.2　货币市场工具			
3. 其他投资	1330921	51628702	50297781
3.1　资产	-3180872	1575578	4756450
3.1.1　贸易信贷	-2614845		2614845
长期	-183039		183039
短期	-2431806		2431806
3.1.2　贷款	492757	831151	338395
长期	-294700		294700
短期	787457	831151	43695
3.1.3　货币和存款	-990424	119162	1109586
3.1.4　其他资产	-68359	625265	693624
长期			
短期	-68359	625265	693624
3.2　负债	4511793	50053124	45541331
3.2.1　贸易信贷	1322705	1322705	
长期	92589	92589	
短期	1230115	1320115	
3.2.2　贷款	1103786	43844750	42740964
长期	409326	1370778	961452
短期	594460	42473972	41779512
3.2.3　货币和存款	1070984	3399900	2328916
3.2.4　其他负债	1014318	1485770	171451
长期	628066	1056061	427994
短期			
三、储备资产	**-24702542**	**44659**	**24747200**
3.1　货币黄金			
3.2　特别提款权	13574	13574	
3.3　在基金组织的储备头寸	31084	31084	
3.4　外汇	-24747200		24747200
3.5　其他债权			
四、净误差与遗漏	**-1287734**		**1287734**

注：1. 本表贸易数据来自海关统计。

2. 本表直接投资贷方数据来自商务部统计和间接申报中的“与土地有关的土地批租和租赁”；借方数据来自间接申报统计。

3. 本表其余数据来自间接申报统计。

国际收支平衡表

（2007）

单位：万美元

项　　目	差　　额	贷　　方	借　　方
一、经常项目	**37183262**	**146788200**	**109604938**
A. 货物和服务	30747660	134220596	103472936
a. 货物	31538140	121999963	90461823
b. 服务	－790479	12220633	13011113
1. 运输	－1194692	3132382	4327074
2. 旅游	744695	3723300	2978605
3. 通讯服务	9289	117455	108167
4. 建筑服务	246728	537710	290982
5. 保险服务	－976043	90370	1066413
6. 金融服务	－32644	23049	55692
7. 计算机和信息服务	213668	434475	220807
8. 专有权利使用费和特许费	－784943	34263	819207
9. 咨询	72418	1158055	1085637
10. 广告、宣传	57535	191227	133692
11. 电影、音像	16257	31629	15372
12. 其他商业服务	867679	2691485	1823806
13. 别处未提及的政府服务	－30426	55234	85660
B. 收益	2568849	8303031	5734182
1. 职工报酬	434007	683313	249306
2. 投资收益	2134842	7619718	5484876
C. 经常转移	3866752	4264573	397820
1. 各级政府	－16596	3495	20091
2. 其他部门	3883348	4261078	377730
二、资本和金融项目	**7350925**	**92196070**	**84845145**
A. 资本项目	309908	331470	21562
B. 金融项目	7041018	91864600	84823583
1. 直接投资	12141833	15155369	3013536
1.1　我国在外直接投资	－1699485	192998	1892484
1.2　外国在华直接投资	13841319	14962371	1121053
2. 证券投资	1867199	6396924	4529725
2.1　资产	－232402	4264324	4496725
2.1.1　股本证券	－1518860	175320	1694180
2.1.2　债务证券	1286458	4089004	2802545
2.1.2.1　（中）长期债券	1059058	3861604	2802545
2.1.2.2　货币市场工具	227400	227400	
2.2　负债	2099600	2132600	33000
2.2.1　股本证券	1850961	1850961	

国际收支平衡表

（2007）

单位：万美元

项　目	差　额	贷　方	借　方
2.2.2　债务证券	248640	281640	33000
2.2.2.1　（中）长期债券	248640	281640	33000
2.2.2.2　货币市场工具			
3. 其他投资	-6968014	70312307	77280321
3.1　资产	-15148586	2987903	18136490
3.1.1　贸易信贷	-2380000		2380000
长期	-166600		166600
短期	-2213400		2213400
3.1.2　贷款	-2080551	29433	2109984
长期	-411900		411900
短期	-1668651	29433	1698084
3.1.3　货币和存款	-238176	1599486	1837662
3.1.4　其他资产	-10449859	1358985	11808844
长期			
短期	-10449859	1358985	11808844
3.2　负债	8180572	67324404	59143832
3.2.1　贸易信贷	2910000	2910000	
长期	203700	203700	
短期	2706300	2706300	
3.2.2　贷款	1729603	54896008	53166405
长期	698811	2088274	1389463
短期	1030792	52807734	51776943
3.2.3　货币和存款	3431694	9163418	5731724
3.2.4　其他负债	109275	354977	245702
长期	113231	116794	3563
短期	-3956	238183	242139
三、储备资产	**-46174410**	**23977**	**46198387**
3.1　货币黄金			
3.2　特别提款权	-7887		7887
3.3　在基金组织的储备头寸	23977	23977	
3.4　外汇	-46190500		46190500
3.5　其他债权			
四、净误差与遗漏	**1640223**	**1640223**	

注：1. 本表贸易数据来自海关统计。

2. 本表直接投资贷方数据来自商务部统计和间接申报中的“与土地有关的土地批租和租赁”；借方数据来自间接申报统计。

3. 本表其余数据来自间接申报统计。

各地区财政收入

（1996）

单位：万元

地　区	收入合计	工商税收	农业税和耕地占用税	企业所得税	国有企业上缴利润	国有企业亏损补贴
地方合计	**37469164**	**26766899**	**3694627**	**4219900**	**214587**	**-2802075**
北　京	1509030	1774797	18060	237816	-49028	-592887
天　津	790403	665775	8101	111764		-87900
河　北	1517776	942598	124303	231654	8488	-58954
山　西	841716	607103	51807	80007	-2756	-60526
内蒙古	572571	342301	113751	56853	5230	-27683
辽　宁	2116883	1654845	101689	201815	6755	-170986
吉　林	763998	496128	81494	68930	8098	-58792
黑龙江	1268755	922104	182582	65077	7471	-70696
上　海	2804733	2712792	80150	401141	-1200	-454969
江　苏	2231711	1634702	211776	283533	4944	-104637
浙　江	1396293	1275505	99008	246638	-1158	-301054
安　徽	1145934	680598	189856	139454	9962	-71114
福　建	1421160	854408	137393	137255	27949	-14017
江　西	770936	464709	109217	61146	7701	-6478
山　东	2416742	1575814	218475	365781	5990	-81169
河　南	1620619	872179	195766	198258	43918	-38047
湖　北	1245090	727572	165585	123997	5238	-109940
湖　南	1303559	755986	160227	63768	22993	-51672
广　东	4794470	3592082	219728	570691	27254	-173583
广　西	905102	506513	147328	77240	18796	-20141
海　南	307034	197651	39096	22451	1635	-4303
四　川	2090094	1244338	323471	199235	27914	-63728
贵　州	494609	270121	133913	35024	3218	-15544
云　南	1300129	738729	351684	94214	11494	-78216
西　藏	24388	20645	39	6814	1053	-11630
陕　西	676022	451069	104044	52884	5876	-44583
甘　肃	433733	279786	55634	32494	3622	-2255
青　海	95798	69519	11307	5991	1602	-9596
宁　夏	126807	84079	9948	11033	325	-1588
新　疆	483069	352451	49195	36942	1203	-15387

各地区财政收入

(1997)

单位：万元

地　区	收入合计	工商税收	农业税和耕地占用税	企业所得税	国有企业上缴利润
地方合计	**42631973**	**30661502**	**3974724**	**5349357**	**300554**
北　京	1823161	2146081	23652	221613	-261
天　津	899082	714212	9511	130950	
河　北	1760742	1100859	131656	266240	7846
山　西	928131	697329	49803	90183	4867
内蒙古	660777	418572	130023	60554	5964
辽　宁	2281632	1804507	109382	245470	9929
吉　林	828508	559589	72396	81024	8366
黑龙江	1361550	1014154	186279	67905	7815
上　海	3324672	3036435	112933	606551	
江　苏	2555850	1894651	210933	378324	5295
浙　江	1573296	1499230	100949	322316	52
安　徽	1405216	844461	214664	172868	10064
福　建	1629149	1013838	142031	176459	32140
江　西	884409	513134	121168	78419	10755
山　东	2903955	1917073	250978	484919	10885
河　南	1857268	1023862	212677	284316	37132
湖　北	1398901	850609	183581	131061	9707
湖　南	1371557	818836	170727	67967	9601
广　东	5439453	3978163	220843	748574	56446
广　西	991568	562252	154817	88657	22143
海　南	308698	198604	34512	17388	1356
重　庆	593060	397321	89715	47486	2112
四　川	1728966	1026119	240055	260616	24420
贵　州	558833	325758	147678	40549	3384
云　南	1504181	849048	405940	96969	7565
西　藏	29537	24045	50	7401	908
陕　西	765492	526603	113937	70073	7087
甘　肃	469143	318493	59291	39864	2671
青　海	109200	76885	12269	8824	1765
宁　夏	140738	97673	11832	15071	323
新　疆	545248	413106	50442	40746	217

各地区财政收入

（1998）

单位：万元

地　　区	收入合计	增值税	营业税	企业所得税	外商投资企业和外国企业所得税
地方合计	**49839483**	**9084424**	**13404986**	**5151356**	**1400143**
北　京	2294497	375807	1129996	269813	210670
天　津	1013963	189897	307117	127852	75723
河　北	2067587	393610	405390	270711	21964
山　西	1041941	248037	230963	89355	2254
内蒙古	776654	118543	171833	49581	4577
辽　宁	2646201	484868	685232	254045	47192
吉　林	936374	183132	235117	72173	5914
黑龙江	1572703	370320	286915	70352	8853
上　海	3806961	755814	1381028	508818	329437
江　苏	2965804	790618	748459	314476	81901
浙　江	1981028	584274	660672	360983	52021
安　徽	1591862	232721	284583	176677	5298
福　建	1879249	245803	479930	144074	52198
江　西	971561	123145	250849	69235	4260
山　东	3523912	701402	752239	468054	46780
河　南	2081962	360721	428282	226756	24140
湖　北	1689508	293620	340794	152467	14211
湖　南	1567662	229763	309621	84430	5245
广　东	6407547	927539	2139745	704950	342312
广　西	1196720	177321	258357	80076	8012
海　南	336719	21447	117290	18098	6121
重　庆	711287	119087	194290	42437	12492
四　川	1972882	295746	503646	225418	17990
贵　州	653426	99877	139299	43163	576
云　南	1682347	305672	297639	144691	6451
西　藏	36393	5962	14870	9855	4
陕　西	933309	163378	259652	56160	9330
甘　肃	540253	108318	142508	44537	1289
青　海	127718	25319	33788	11939	24
宁　夏	177525	32184	49809	12845	1376
新　疆	653928	120479	165073	47335	1528

各地区财政收入（续）

（1998）

单位：万元

地　区	个人所得税	城市建设维护税	农业税	国有企业亏损补贴	行政性收费收入
地方合计	**3381993**	**2919952**	**1760932**	**－2588146**	**1762890**
北　京	364938	141241	5847	－631096	39917
天　津	79102	58819	4778	－72900	37039
河　北	131852	105025	74204	－49111	149254
山　西	78413	59619	35132	－57482	34676
内蒙古	31381	37363	77640	－22912	38995
辽　宁	175556	176751	55220	－131434	98656
吉　林	45457	63115	47813	－40153	64683
黑龙江	64305	125590	110278	－44731	25811
上　海	387018	204110	19544	－459426	4875
江　苏	207337	185826	105518	－91478	12875
浙　江	169122	161586	52891	－378564	882
安　徽	116532	79267	110166	－54108	127035
福　建	178494	79661	21757	－7842	51551
江　西	34239	45675	57267	－4998	59854
山　东	166968	226211	96758	－49225	169040
河　南	88408	122831	96602	－26642	123721
湖　北	87933	97437	91847	－98302	135717
湖　南	93269	100772	98085	－51774	154579
广　东	477675	243045	96303	－136022	140559
广　西	68122	48476	58575	－13367	65821
海　南	33113	10179	5488	－6099	28481
重　庆	44069	40146	57229	－19274	31098
四　川	75678	109312	157744	－18891	67433
贵　州	27359	53896	48673	－14550	20119
云　南	45577	182175	53864	－32289	7076
西　藏	2319	1668		－11795	521
陕　西	31300	56785	47223	－40923	28809
甘　肃	14399	41129	26703	－5602	16533
青　海	4490	7338	5184	－4473	5506
宁　夏	6885	9859	9880	－1888	8930
新　疆	50683	45045	32719	－10795	12844

各地区财政收入

（1999）

单位：万元

地　区	收入合计	增值税	营业税	企业所得税	企业所得税退税	个人所得税	资源税
地方合计	**55948655**	**9743208**	**14537090**	**7812924**	**-282843**	**4128271**	**628578**
北　京	2813661	397193	1288567	530721	-70786	458826	1571
天　津	1128073	208331	338831	240409	-190	88643	4044
河　北	2232757	422917	420536	319005	-1091	140507	44507
山　西	1091785	229182	236452	106605	-6093	90517	46248
内蒙古	865714	123696	160415	80821	-1648	40393	25958
辽　宁	2796390	498163	717547	353895	-5269	202848	82737
吉　林	1012821	188921	238439	104054	-1785	57137	8991
黑龙江	1701276	384373	322517	99852	-69	75549	133178
上　海	4199513	835235	1431835	893126	-1070	491264	
江　苏	3433647	866519	802711	542562	-43	254140	8799
浙　江	2454721	667916	748949	514637	-60509	220576	1627
安　徽	1742917	245176	293954	169767	-32794	96737	22673
福　建	2089218	267097	524834	238314	-17946	217767	6496
江　西	1051371	125302	249255	86859	-17	43835	6469
山　东	4044829	782176	789669	631666	-1221	187585	59698
河　南	2233508	367249	472152	294666	-138	108309	26064
湖　北	1944425	299207	381447	215321	-7279	91594	12841
湖　南	1664994	238824	316154	118435	-20741	94424	6216
广　东	7661882	1048762	2424269	1314672	-807	650822	8501
广　西	1335647	188185	266099	128260	-4529	83612	5048
海　南	361441	23678	107487	27836		45255	6725
重　庆	767341	127845	211301	71611	-7675	56085	9531
四　川	2114756	311716	555021	265529	-393	103370	35473
贵　州	742618	110397	170021	54869	-6041	34547	6804
云　南	1726690	310594	339353	149479	-11179	59994	9029
西　藏	45731	6954	16758	12623	-10	2697	1534
陕　西	1064033	170020	282380	95813	-954	36891	10858
甘　肃	583657	111778	147031	66686	-11346	18349	8984
青　海	141736	27549	37694	13402	-4876	5764	3179
宁　夏	188393	34642	55197	18775	-5062	9204	601
新　疆	713110	123611	190215	52654	-1282	61030	24194

各地区财政收入

(1999)

单位：万元

地　区	固定资产投资方向调节税	城市维护建设税	房产税	印花税	城镇土地	土地增值税	车船使用和牌照税
地方合计	**1301102**	**3125677**	**1833568**	**670566**	**590592**	**68104**	**208637**
北　京	69530	152725	145275	37215	28054	3763	13723
天　津	18672	63957	41300	10419	6456		4925
河　北	56590	111979	68435	11102	29067	1306	8445
山　西	36526	61557	39621	7593	21033	130	3821
内蒙古	26087	41109	35253	5010	25199	437	4713
辽　宁	107101	164467	129404	24755	44436	3432	9736
吉　林	29640	66572	41955	5517	7859	487	2586
黑龙江	30756	144073	57236	7543	31646	1149	4755
上　海	36048	205861	128902	202912	21864	14434	10688
江　苏	37338	208296	93133	24744	16235	955	17354
浙　江	26974	190624	74587	15283	8879	3483	7373
安　徽	145177	87593	45407	8887	30970	3010	7772
福　建	23548	87284	81104	14803	13566	2341	5479
江　西	57716	46242	25157	4950	12818	740	2352
山　东	181415	238123	134879	19983	71806	3503	19400
河　南	32924	126949	65064	9254	20460	582	5433
湖　北	55627	105782	50084	11937	37528	742	6340
湖　南	42243	107955	39718	12197	20963	655	3385
广　东	49614	272772	212209	188467	39610	19607	41698
广　西	19323	51848	35749	3135	15406	1135	2802
海　南		11367	15472	1945	2857	303	1903
重　庆	14950	42297	22068	5173	5076	1131	1220
四　川	24100	119086	64322	9606	13201	1031	4402
贵　州	33746	51282	24161	2741	10841	971	1575
云　南	72915	189631	51351	10069	28206	1028	9812
西　藏		1912		151		437	
陕　西	35364	64998	42316	6022	13341	762	3667
甘　肃	9392	40114	24322	3132	5029	24	1378
青　海	3302	7749	6267	759	909	105	441
宁　夏	2625	10671	8084	1316	2934	286	445
新　疆	21859	50802	30733	3946	4343	135	1014

各地区财政收入

（1999）

单位：万元

地 区	屠宰税	筵席税	农业税	农业特产税	牧业税	耕地占用税	契税
地方合计	**285632**	**3990**	**1602771**	**1314276**	**27994**	**330256**	**959623**
北 京	434		5806	2767		8416	77235
天 津	270		4191	965		1666	15831
河 北	7637		52696	29504		22049	15507
山 西	2102		31279	8995		6927	2724
内蒙古	10768	3439	79491	32245	14732	4614	3289
辽 宁	5895	155	44053	31267		10668	49279
吉 林	3722		39375	23115		8258	13816
黑龙江	2312		101339	38760		6728	26753
上 海	1128		19017	1923		6944	117370
江 苏	19008		104647	36864		26783	82560
浙 江	7840		46948	19007		20235	58161
安 徽	17555	9	112445	75223	1895	16848	17543
福 建	5134		20892	86188		13617	47066
江 西	27677		56324	50862		2835	12904
山 东	11503		89021	159609		26471	24144
河 南	18952		80907	96714		15196	20472
湖 北	28582		93790	79133		14805	18108
湖 南	18801		90779	38455		12132	17094
广 东	19020		95931	31788		35048	241866
广 西	9122		52755	67565		14021	11288
海 南	1795		5758	28264		4698	6369
重 庆	9760		42799	15856		6348	8801
四 川	37812		135222	50456	105	11837	37083
贵 州	4773		41295	50736		7610	4865
云 南	4652		43864	146021	93	12760	13157
西 藏						17	
陕 西	1038	387	43240	68835	19	7825	6286
甘 肃	3355		25591	25849	3671	3164	3531
青 海	1847		4091	3558	2487	564	364
宁 夏	160		9153	706	253	493	2191
新 疆	2978		30072	13046	4739	679	3966

各地区财政收入

（1999）

单位：万元

地　　区	国有资产经营收益	国有企业计划亏损补贴	行政性收费收入	罚没收入	土地和海域有偿使用收入	专项收入	其他收入
地方合计	**459131**	**-2383816**	**2290629**	**2605548**	**795490**	**1993493**	**1298164**
北　京	1992	-570789	50242	59795	8563	91723	21100
天　津		-65000	36384	37946	15808	35964	18251
河　北	19680	-40991	183873	141944	24746	97239	45568
山　西	8010	-54277	41172	67854	31370	48788	20649
内蒙古	13766	-13696	58426	31261	15205	32797	11934
辽　宁	25114	-112000	98239	99812	69493	120176	20987
吉　林	3560	-54899	78361	62128	29195	39867	15950
黑龙江	14661	-35538	36163	64489	40325	88176	24550
上　海		-448451	4623	86448		103878	35534
江　苏	5715	-91507	31560	160390	21818	133355	29711
浙　江	125	-355434	17985	86092	2473	124411	6479
安　徽	13010	-36145	161695	73817	60301	48641	55751
福　建	37407	-5260	55766	104405	68360	57783	133173
江　西	12871	-3336	77001	83984	15151	27674	25746
山　东	25100	-58284	212480	123820	78380	172862	61041
河　南	28856	-21099	125200	170499	30450	84518	53875
湖　北	6362	-72435	183015	117986	34964	54909	124035
湖　南	11943	-54176	181147	160099	19342	64314	124636
广　东	80729	-98797	265297	360538	94480	181930	83856
广　西	48525	-12937	100135	100381	6318	47839	94562
海　南	7739	-4131	31180	23866	3343	6365	1367
重　庆	11696	-27264	38592	45507	22778	23203	8652
四　川	37046	-29363	86174	113833	14287	64905	48895
贵　州	7430	-11609	30256	38318	5253	31847	35930
云　南	7434	-31299	12372	63251	23835	70981	139287
西　藏	1014	-10076	689	1530	208	1153	8140
陕　西	14429	-36104	37222	62490	22269	60484	14135
甘　肃	4901	-11540	22034	19062	9155	31474	18537
青　海	4379	-784	5154	4183	1193	5407	7049
宁　夏	2865	-2153	10175	8231	6852	6387	3362
新　疆	2772	-14442	18017	31589	16575	34443	5422

各地区财政收入

（2000）

单位：万元

地　区	收入合计	增值税	营业税	企业所得税	企业所得税退税	个人所得税	资源税
地方合计	**64060557**	**11399679**	**16256742**	**10054992**	**-138525**	**5101814**	**636158**
北　京	3449968	459557	1490539	616582	-36314	563847	2213
天　津	1336069	261214	381590	292561	-85	113352	3722
河　北	2487621	436945	461942	354946	-208	169936	47591
山　西	1144762	255173	240567	111532	-6689	105842	50713
内蒙古	950320	133854	186796	105983	-1403	50865	20415
辽　宁	2956274	566997	800239	390181	-1034	220472	81230
吉　林	1038267	204117	255547	142840	-1502	69547	9024
黑龙江	1853379	461244	338898	133158	-2	97314	123510
上　海	4853777	935468	1538082	1031183	-928	602434	
江　苏	4483097	1086395	960024	886525		332823	9514
浙　江	3427745	900353	972052	879077	-32023	292230	1998
安　徽	1787187	262559	319719	233524	-4865	94675	18343
福　建	2341061	353461	582053	321959	-3243	247517	7007
江　西	1115536	150826	263986	95048		57271	7415
山　东	4636788	896895	876638	818659	-408	247492	62164
河　南	2464694	422382	481846	396014	-90	128764	24356
湖　北	2143450	337775	441120	254244	-4300	105913	15295
湖　南	1770403	260989	343357	135892	-16040	114397	6002
广　东	9105560	1321309	2724229	1674188	-13	847976	9702
广　西	1470539	206622	284979	147960	-322	101497	7795
海　南	391995	28575	115710	24774		42949	5359
四　川	872442	147717	242542	89999	-6185	72999	10477
重　庆	2338630	338425	566747	347832	-297	126431	37619
贵　州	852324	121820	203388	67843	-231	47324	7365
云　南	1807450	313725	359978	201689	-8829	78343	9235
西　藏	53848	7892	19390	16123	-8	3127	1654
陕　西	1149711	189980	317014	116123	-2293	44466	13046
甘　肃	612849	119471	158995	60957	-857	25921	8486
青　海	165843	29822	41495	22246	-6387	7141	3706
宁　夏	208244	35449	65682	26147	-2464	12531	605
新　疆	790724	152668	221598	59203	-1505	76418	30597

各地区财政收入

(2000)

单位：万元

地 区	固定资产投资方向调节税	城市维护建设税	房产税	印花税	城镇土地使用税	土地增值税
地方合计	**462837**	**3489588**	**2093819**	**989006**	**647648**	**83936**
北 京	21388	173539	190116	47729	28860	5284
天 津	8629	70994	46716	11616	6852	
河 北	18415	118616	73719	12083	29610	2583
山 西	23044	64317	41342	7894	21138	184
内蒙古	6935	46060	43785	6825	28918	1581
辽 宁	28165	176239	142784	27242	60668	5534
吉 林	10903	66332	44842	6700	7520	1664
黑龙江	20873	156717	60581	7731	31649	996
上 海	10251	220122	132416	331773	20098	6180
江 苏	15274	266210	118332	32734	15133	1478
浙 江	10604	235683	93244	22900	9949	3993
安 徽	3274	88339	46044	9275	33532	3529
福 建	8784	97646	95496	18309	15746	4326
江 西	11452	55555	26620	4517	12833	1211
山 东	107162	276205	155591	22440	88204	7423
河 南	18853	136424	67201	10749	18045	530
湖 北	16039	118426	55886	14048	39993	559
湖 南	9413	113841	44018	12686	21589	863
广 东	21122	299973	248071	329418	43320	26728
广 西	9600	57294	40889	3668	17190	1137
海 南		14831	23232	1998	2747	471
四 川	6703	47456	25366	5668	6464	932
重 庆	10209	132280	69798	10765	14827	3175
贵 州	9579	59654	27256	3210	12804	1545
云 南	32297	205483	57041	11475	28601	659
西 藏		2117		168		144
陕 西	10467	71585	50331	6364	17556	609
甘 肃	4055	41067	25834	2693	5409	46
青 海	1952	10483	6242	874	897	40
宁 夏	1119	12124	8874	1425	2965	275
新 疆	6276	53976	32152	4029	4531	257

各地区财政收入

（2000）

单位：万元

地　　区	车船使用和牌照税	屠宰税	筵席税	农业税	农业特产税	牧业税	耕地占用税	契税
地方合计	**234177**	**317660**	**4362**	**1654453**	**1307434**	**27245**	**353160**	**1310811**
北　京	14553	524		6074	2651		6972	133750
天　津	4354	210		3348	760		2086	29892
河　北	8284	6587		70928	28042		18220	25510
山　西	3674	1974		34899	8254		6156	4349
内蒙古	4873	11723	3805	66947	34290	14126	4382	6699
辽　宁	9726	5826	106	36821	33425		10099	69416
吉　林	3181	2061		30939	21627		9907	17644
黑龙江	5566	2854		102767	34638		5999	32224
上　海	10941	696		19088	1826		10727	143760
江　苏	17393	19710		104674	35324		30340	159564
浙　江	8138	7874		50455	24468		34747	117501
安　徽	7683	5186		260827	30003		10621	23493
福　建	6055	5051		18220	81425		13474	55799
江　西	2323	35022		55788	58859		2163	15592
山　东	31852	15091		76084	176148		31222	40160
河　南	6212	21348		81285	97672		12244	26601
湖　北	6984	30747		94921	83895	28	15329	22321
湖　南	4290	25219		84512	45314		12656	16591
广　东	47176	20617		72941	32677		36638	230025
广　西	3184	9494		42808	64394		13406	14129
海　南	2346	1830		5357	29744		7126	8107
四　川	1342	11967		41483	15519		5860	13140
重　庆	4819	52642		111741	53582	105	14887	50732
贵　州	1746	6014		37333	47991		8453	6837
云　南	9667	8163		38893	152967	106	12693	18955
西　藏							45	
陕　西	4697	1077	451	39320	73438	14	9330	9268
甘　肃	1340	3432		25470	22467	3795	3494	4549
青　海	395	1366		4230	2113	4635	380	1163
宁　夏	431	176		7454	607	178	1079	3235
新　疆	952	3179		28846	13314	4258	2425	9805

各地区财政收入

(2000)

单位：万元

地　　区	国有资产经营收益	国有企业计划亏损补贴	行政性收费收入	罚没收入	土地和海域有偿使用收入	专项收入	其他收入
地方合计	**601691**	**-2301464**	**2857709**	**3022454**	**37808**	**2259787**	**1295576**
北　京	1135	-541807	71791	73001	8592	101923	7469
天　津		-50000	56812	42987	1691	37624	9144
河　北	42192	-38442	245937	179019	4008	118147	53011
山　西	17165	-31298	43742	69410	63	50817	20500
内蒙古	19615	-6800	70349	36595	147	36734	16221
辽　宁	37002	-96570	86441	114121	4659	127109	19376
吉　林	4304	-63860	66226	64454	169	44389	19692
黑龙江	15565	-29919	50048	66969	296	108947	24756
上　海		-372325	3079	96811		111301	794
江　苏	5230	-75362	48458	219647	1103	162162	30412
浙　江	3021	-547970	53205	122881	2255	153498	7612
安　徽	13026	-26703	179404	69858	222	48925	56694
福　建	46372	-3553	74946	101764	695	64036	127716
江　西	14667	-2645	89973	88753	2	34159	34146
山　东	33382	-63177	305651	152440	6679	195281	77510
河　南	38386	-20593	144797	190951	526	95030	65161
湖　北	5184	-50036	185416	165092	573	59955	128043
湖　南	15266	-49152	185640	188953	258	68341	125508
广　东	76485	-59686	410541	407084	43	210140	74856
广　西	51579	-9420	125257	113996	134	62290	100979
海　南	9035	-5136	38475	19969	3554	8132	2810
四　川	17408	-25379	46241	57610	300	28658	8155
重　庆	66579	-31376	111452	131130	41	67373	47112
贵　州	23758	-6302	43044	41360		32141	48392
云　南	9014	-27211	15036	76332	1	75593	127544
西　藏	837	-10156	834	2029	402	1607	7643
陕　西	14469	-26890	45401	59881	319	65399	18289
甘　肃	6354	-13259	25057	20944	31	35065	22033
青　海	6852	-374	4847	4183	370	7307	9865
宁　夏	4534	-967	9535	8238		7662	1350
新　疆	3275	-15096	20074	35992	675	40042	2783

各地区财政收入

（2001）

单位：万元

地　区	收入合计	增值税	营业税	企业所得税	企业所得税退税	个人所得税
地方合计	**78032999**	**13416584**	**18490998**	**16361250**	**-77597**	**7160144**
北　京	4541676	589957	1813472	899075	-38354	795167
天　津	1636350	348737	429946	393829	-66	165772
河　北	2835023	488480	500222	541367	-26	233082
山　西	1327618	308705	261131	221608	-2143	90615
内蒙古	994313	148386	196127	151985	-123	66710
辽　宁	3704387	665132	878545	636167	-1159	294413
吉　林	1211015	242028	280301	206802	-709	87726
黑龙江	2136398	525551	363088	219392	-75	126150
上　海	6094719	1119511	1911225	1498156	-678	784443
江　苏	5721473	1319931	1094859	1408127		445417
浙　江	5006948	1024086	1248934	1756406	-3618	516942
安　徽	1921813	282788	326479	382527	-1602	113132
福　建	2742846	407776	614212	563513	-2815	364544
江　西	1319790	172324	266187	226096	-10	79102
山　东	5731793	1002918	926921	1491110		369925
河　南	2677459	443548	528903	608462	-70	192469
湖　北	2319410	371308	446806	365089	-51	166625
湖　南	2054078	293807	364410	227791	-2831	186663
广　东	11605126	1724793	3181606	2678119	-9	1178630
广　西	1786706	238650	328720	373009	-106	167500
海　南	437656	35186	127383	43037		43721
重　庆	1061243	177603	278403	118737	-601	106138
四　川	2711245	380085	628085	457425	-15	159951
贵　州	997494	142622	220764	123437	-2775	66684
云　南	1912799	336212	366782	262891	-5815	114532
西　藏	61108	8493	22617	13011	-5	4626
陕　西	1358109	233318	334989	207586	-540	73119
甘　肃	699485	133758	173483	104045	-417	38788
青　海	198241	38500	48664	28928	-10400	9387
宁　夏	275745	38530	75194	60084	-852	19764
新　疆	950933	173861	252540	93439	-1732	98407

各地区财政收入

(2001)

单位：万元

地　区	资源税	固定资产投资方向调节税	城市维护建设税	房产税	印花税	城镇土地使用税	土地增值税	车船使用和牌照税
地方合计	**671084**	**155715**	**3806212**	**2284249**	**711235**	**661542**	**103296**	**246069**
北　京	2431	11745	205316	214340	67447	30975	1874	17423
天　津	3851	2451	76875	50835	13325	6096		4121
河　北	49876	4380	122231	70590	13591	31928	884	6904
山　西	59428	4302	75565	44549	10685	19888	161	3206
内蒙古	20247	1452	48921	42363	7731	25587	1208	4555
辽　宁	87004	9250	192641	157925	34533	65468	5767	10680
吉　林	10198	2996	73527	45424	7872	8018	3730	3243
黑龙江	129349	1590	161031	66157	8322	31546	1371	7353
上　海		409	247477	146551	158268	20465	1516	11388
江　苏	9645	2950	304506	142038	43558	25955	2806	17317
浙　江	2769	602	284890	113013	30295	10649	5512	9833
安　徽	19327	546	98111	48121	10267	30709	3779	7456
福　建	7140	2929	97509	98498	19935	14797	5265	5888
江　西	8674	3501	57160	28788	5959	12131	1987	2382
山　东	64405	36530	290458	165321	26963	89095	10656	36376
河　南	24343	2140	137300	70309	11436	19098	938	5982
湖　北	15010	4039	114028	58800	15688	38042	682	6580
湖　南	6663	1201	118145	44161	13521	20684	860	4111
广　东	9603	6737	354286	287375	147806	42154	40398	49730
广　西	8041	3605	64830	43449	4817	18693	2218	3441
海　南	4173		17113	24356	3587	2803	1211	2436
重　庆	10944	2674	54482	28870	6758	8467	981	1375
四　川	31185	8121	136019	78044	12405	18727	5673	5651
贵　州	7291	1721	63307	30002	3644	12100	1545	1801
云　南	9390	28966	190847	56863	12338	26303	655	9002
西　藏	1906		2410		396		108	
陕　西	13592	4391	80401	50512	7994	18609	1040	4595
甘　肃	8448	655	48963	27210	3617	4433	55	1319
青　海	4273	1389	12490	6330	878	694	1	283
宁　夏	740	226	14399	9314	1603	2947	86	461
新　疆	41138	4217	60974	34141	5996	4481	329	1177

各地区财政收入

（2001）

单位：万元

地　区	屠宰税	农业税	农业特产税	牧业税	耕地占用税	契税	国有资产经营收益
地方合计	**246681**	**1639218**	**1219725**	**3943**	**383340**	**1570772**	**572086**
北　京	462	5880	2222		4271	126297	174
天　津	63	3227	482		3487	34989	
河　北	2963	64057	24857		14891	27813	18787
山　西	1229	29677	5538		4653	7587	7030
内蒙古	7794	44169	28209	12	4935	10728	19489
辽　宁	5439	36809	29705		8073	83131	35497
吉　林	1488	29219	19843		13041	24500	14292
黑龙江	2878	102353	31627		4808	35848	9924
上　海	532	16746	1692		12824	189180	
江　苏	1094	239778	14220		28670	137505	9817
浙　江	6888	49784	18688		66038	181319	84
安　徽	-17	256903	28703		8764	25655	8666
福　建	4079	11878	70102		15997	65058	28295
江　西	26438	47011	58868		3686	20739	21317
山　东	12189	97073	181590		30469	51423	54847
河　南	19452	67304	93672		11687	30070	41078
湖　北	27249	78291	83428		14682	33488	8825
湖　南	22573	77836	51579		16968	21302	27669
广　东	17639	70604	33333		41558	282855	70637
广　西	8818	41849	56017		11665	19149	40878
海　南	1806	4890	25676		3440	10036	13727
重　庆	6337	36811	12073		4833	19029	15587
四　川	48658	85858	47599	22	13682	64276	54693
贵　州	6048	30313	41132		12900	8995	19896
云　南	7527	34519	150541		12681	20964	5632
西　藏					25		822
陕　西	813	25010	71794	2	8809	13538	12913
甘　肃	2633	15621	22593	3505	3285	7801	6169
青　海	776	3313	2734	180	592	1701	14155
宁　夏	43	9381	397	125	957	3932	5039
新　疆	2790	23054	10811	97	969	11864	6147

各地区财政收入

（2001）

单位：万元

地　区	国有企业计划亏损补贴	行政性收费收入	罚没收入	海域场地矿区使用费收入	专项收入	其他收入
地方合计	**-2617594**	**3711483**	**3566920**	**35340**	**2510648**	**1198522**
北　京	-532229	84182	86547	10973	136227	5802
天　津	-40000	43444	49850	1561	39989	3486
河　北	-35354	263414	215931	4266	126067	43822
山　西	-48418	59683	81490	57	59673	21719
内蒙古	-14436	82459	47363		33623	14071
辽　宁	-47195	185029	165620	5875	141908	18130
吉　林	-62176	60550	74412	318	51123	13249
黑龙江	-24646	96518	85150	373	123281	27459
上　海	-362320	84653	121974		128095	2612
江　苏	-75366	54587	275463	1005	179664	37927
浙　江	-766221	75757	185879	693	177034	10692
安　徽	-68275	180850	76109		55147	27668
福　建	-4260	101136	114645	819	66175	69731
江　西	-2286	123165	88035		34891	33645
山　东	-88303	403697	200800	4493	216762	56075
河　南	-114599	140060	199806	501	106848	36722
湖　北	-47861	179925	192236	1263	56474	88764
湖　南	-59121	215082	212715	431	71671	116187
广　东	-52048	488865	474892	1027	257016	217520
广　西	-17988	148998	103231	110	51845	65267
海　南	-3129	43688	19282	814	9580	2840
重　庆	-27670	85956	67969	500	36678	8309
四　川	-27937	239235	143421	67	70976	49339
贵　州	-5242	76754	48793		36019	49743
云　南	-28677	40262	74567		76120	109697
西　藏	-9703	4908	2405	38	1833	7218
陕　西	-21169	48210	70609	91	69084	28413
甘　肃	-11942	24837	25602	2	37178	17844
青　海	-121	11040	6180	35	8786	7453
宁　夏	-557	14005	8785		9680	1462
新　疆	-18345	50534	47159	28	41201	5656

各地区财政收入

（2002）

单位：万元

地　区	收入合计	增值税	营业税	企业所得税	企业所得税退税	个人所得税	资源税
地方合计	**85150026**	**15473787**	**22950318**	**11181668**	**-27097**	**6058296**	**750832**
北　京	5339900	666884	2277893	1024446	-24464	612931	2876
天　津	1718323	387315	516467	262430		132035	4240
河　北	3023068	552968	576808	333815		215680	53880
山　西	1508245	381066	313308	125977	-149	99896	69803
内蒙古	1128546	174936	264715	90287		57077	17244
辽　宁	3996888	742733	1063832	413513	-14	283513	65918
吉　林	1314885	274441	305447	142299	-20	89923	12392
黑龙江	2318908	558545	401684	136383		125836	132332
上　海	7089518	1368252	2518486	1394646	-89	670803	
江　苏	6436966	1532276	1482248	948659		409339	13657
浙　江	5668522	1297221	1716867	1081388	-344	435493	4241
安　徽	2002154	325082	389374	207236	-233	94318	21824
福　建	2728867	474319	746873	370633	-989	235430	9853
江　西	1405457	187248	334960	105994		76773	10224
山　东	6102242	1112319	1176414	783934		310934	97605
河　南	2967179	492454	631409	319701	-23	178192	31425
湖　北	2434403	399715	511932	244294		130776	15147
湖　南	2311459	318967	484238	154343	-10	139322	7447
广　东	12016126	2057917	3748773	1820682		1004266	12343
广　西	1867320	263372	412792	143823		115996	9137
海　南	462385	39266	147203	32958		32478	4584
重　庆	1260674	207988	367459	92934		83492	16384
四　川	2918746	418605	753699	290009		153859	28290
贵　州	1082800	170156	269534	87717	-37	55567	8984
云　南	2067594	344231	414098	257779	-143	94454	11569
西　藏	73082	8585	33743	7277		2965	2118
陕　西	1502934	264657	401876	139069	-130	74085	21450
甘　肃	762432	150720	209747	66054	-39	40920	8787
青　海	210965	46057	57587	13412		8702	4909
宁　夏	264714	43850	92971	18412		14492	1271
新　疆	1164724	211642	327881	71564	-413	78749	50898

各地区财政收入

(2002)

单位：万元

地　区	固定资产投资方向调节税	城市维护建设税	房产税	印花税	城镇土地使用税	土地增值税	车船使用和牌照税
地方合计	**80098**	**4671136**	**2823827**	**707950**	**768328**	**205104**	**289269**
北　京	2387	249144	251121	78327	32944	13971	22384
天　津	3093	87309	64496	15860	7545		7415
河　北	477	165106	82934	16746	35172	1363	7648
山　西	1561	100959	49556	13986	21396	51	3430
内蒙古	6025	56654	49408	9686	29312	1886	5138
辽　宁	2856	222445	190330	37843	70555	16762	11416
吉　林	891	80054	55768	11429	8077	3625	3447
黑龙江	899	186841	81804	10852	34555	1656	8961
上　海	60	302081	196848	90666	21471	1275	12338
江　苏	484	367332	201667	58247	34474	5432	19168
浙　江	1166	363252	151214	41949	13043	10996	12974
安　徽	33	118212	55054	13404	33390	6476	7812
福　建	655	121099	118207	26931	17509	7890	7300
江　西	1043	69931	31788	6825	12875	3013	2886
山　东	41006	373978	209770	37256	117198	19776	43618
河　南	866	172426	87510	13812	21170	1150	6311
湖　北	872	150032	70181	20101	45124	1722	7775
湖　南	242	145369	54225	14107	23767	1756	4832
广　东	808	421643	366778	109701	52372	82872	58375
广　西	1880	91206	53729	5897	23767	4462	4044
海　南		19688	27445	3665	2962	706	2609
重　庆	344	73903	36414	9803	9598	2039	1844
四　川	64	175200	88231	17094	20692	11681	7158
贵　州	511	70376	34769	5323	13398	1940	2003
云　南	8199	215152	66920	14071	28936	489	10313
西　藏		2765		390		276	
陕　西	2651	104725	58926	9048	23155	848	4455
甘　肃	462	59061	30612	4437	5587	100	1373
青　海	882	13221	7207	1471	873	8	375
宁　夏	76	15134	10404	2103	3175	611	484
新　疆	-395	76838	40511	6920	4236	272	1383

各地区财政收入

（2002）

单位：万元

地　区	屠宰税	筵席税	农业税	农业特产税	牧业税	耕地占用税	契税
地方合计	**98266**	**131**	**3200675**	**999531**	**14234**	**573390**	**2390709**
北　京	264		5879	2638		10399	168680
天　津	121		4280	709		8041	46775
河　北	2050		255562	8991		14202	37930
山　西	1182		39380	6254		8553	11617
内蒙古	1530	68	79857	16758	196	7294	17723
辽　宁	4641		46312	33341		9623	114785
吉　林	1019		63535	19887		12695	34842
黑龙江	2181		187675	24450		6692	43852
上　海	148		12572	16		31645	368460
江　苏			250268	15538		76215	238031
浙　江	2063		50348	7490		123058	301505
安　徽			272288	21087		17510	37152
福　建	4645		16134	84127		15489	84010
江　西	370		125895	28865		4696	37165
山　东	8324		352049	131572		47761	86752
河　南	5831		373122	39181		9046	38819
湖　北	1548		230660	21164		14114	45000
湖　南	5442		174252	53403		22408	36284
广　东	19128		80191	33495		59188	394740
广　西	9527		45356	92387		9019	26338
海　南	1799		5452	30424		1580	10978
重　庆	2898		69608	9915		4594	27079
四　川	9274		203169	27720	106	16345	81431
贵　州	2772		53330	46634		11430	12087
云　南	8013		38860	171916		14929	33849
西　藏						21	
陕　西	301	63	71206	45862	107	11637	20982
甘　肃	318		51181	10967	3165	2412	8419
青　海	89		6052	1284	6567	399	2498
宁　夏			8595	146	16	1158	6208
新　疆	2788		27607	13310	4077	1237	16718

各地区财政收入

(2002)

单位：万元

地　　区	国有资产经营收益	国有企业计划亏损补贴	行政性收费收入	罚没收入	海域场地矿区使用费收入	专项收入	其他收入
地方合计	**851158**	**-2140098**	**5140962**	**3947191**	**33405**	**2945679**	**1161277**
北　京	8270	-516958	149064	93550	11622	185259	10389
天　津		-30000	73124	62545	1103	49095	14325
河　北	24199	-20581	253454	220065	2898	140103	41598
山　西	11172	-21335	81290	96371	13	75808	17100
内蒙古	40610	-3463	93463	53965		42540	15637
辽　宁	67029	-35166	277144	168087	4623	161274	23493
吉　林	7500	-60074	83340	93879	231	61173	9085
黑龙江	8580	-22525	120373	98933	18	149876	18455
上　海		-355213	152313	135222		160703	6815
江　苏	10776	-73069	324279	293839	1076	201826	25204
浙　江	7883	-590513	135591	277498	619	217226	6294
安　徽	20866	-21486	200403	86510		62785	33057
福　建	25699	-3088	121961	136324	167	68129	39560
江　西	22857	-636	150443	106136		39715	46391
山　东	99857	-64039	540173	231927	4491	243128	96439
河　南	52782	-22443	216873	159144	329	114046	24046
湖　北	10268	-41138	229330	197378	222	64158	64028
湖　南	42137	-54789	279415	212688	1035	82387	108192
广　东	119271	-56199	653888	489853	1605	297316	187120
广　西	66082	-16055	193475	174265	95	66098	70628
海　南	12887		46789	19391	2718	10500	6303
重　庆	21403	-26344	130665	66281	401	41145	10827
四　川	71575	-27809	262471	154775	2	96590	58515
贵　州	10875	-5533	87964	57567		39766	45667
云　南	6814	-19829	70533	88092		84670	103679
西　藏	668	-8522	5261	2018	35	2078	13404
陕　西	39207	-24531	65834	79259	102	70538	17552
甘　肃	5302	-12964	34027	24564		42137	15083
青　海	5968	-40	14332	6140		8082	4890
宁　夏	5421	-241	15752	11299		10640	2737
新　疆	25200	-5515	77938	49626		56888	24764

各地区财政收入

（2003）

单位：万元

地　区	收入合计	增值税	营业税	企业所得税	企业所得税退税	个人所得税	资源税	固定资产投资方向调节税	城市维护建设税
地方合计	**98499846**	**18109890**	**27675640**	**10435041**	**-1403**	**5672469**	**832961**	**48158**	**5467076**
北　京	5925388	752553	2636946	937007		572106	2848	631	288542
天　津	2045295	451925	643231	238022	-6	125347	3755	91	107987
河　北	3358263	687193	653546	286917	-1	181460	58092	281	187733
山　西	1860547	513574	366306	142312	-2	85860	80305	541	129631
内蒙古	1387157	225940	363318	71615	-5	54288	20144	1996	69675
辽　宁	4470490	854907	1190908	359313	-38	235562	61245	3502	257669
吉　林	1540033	306877	350192	118021	-72	78070	14776	77	93277
黑龙江	2488643	586400	461394	107808	-2	109793	144485	1921	210205
上　海	8862277	1701998	3323140	1461501		718127		168	356155
江　苏	7981065	1814325	2072215	926878		401547	17731	2609	463216
浙　江	7065607	1550060	2200657	1065165		457895	6338	836	421743
安　徽	2207487	369517	459731	190470	-29	82408	26472	12	133121
福　建	3047095	543961	847298	368133	-63	212552	14501	69	139206
江　西	1681670	230683	431628	97435	-7	72763	12664	49	82215
山　东	7137877	1260824	1447077	664382		260262	104760	24299	444019
河　南	3380535	579478	753089	291370	-49	156041	35884	59	205386
湖　北	2597636	456411	574219	213471		114805	18995		173749
湖　南	2686469	361183	602304	134574		121622	9089	3	163264
广　东	13155151	2336835	4158122	1700183		947674	15274	1976	477462
广　西	2036578	286917	479121	130545		103496	11294	659	95192
海　南	513205	63637	160617	26044		27801	5494		27447
重　庆	1615618	246601	466392	87694		78711	20172		86520
四　川	3365917	480965	896047	247547		143575	29744	-33	206002
贵　州	1245552	194261	314589	84133	-828	54412	9731	127	86919
云　南	2289992	391100	451702	214963	-3	83851	14585	6381	235834
西　藏	81499	9364	40160	7160	-1	2851	1999		3168
陕　西	1773300	316393	510441	127942		68506	26337	1506	122833
甘　肃	876561	181230	240705	53111	-31	36776	12331	72	70085
青　海	240411	52503	73079	12177	-1	7831	6252	25	15483
宁　夏	300310	50424	108953	16846		13021	1301	4	18485
新　疆	1282218	251851	398513	52302	-265	63456	46363	297	94853

各地区财政收入

（2003）

单位：万元

地　　区	房产税	印花税	城镇土地使用税	土地增值税	车船使用和牌照税	屠宰税	筵席税	农业税	农业特产税	牧业税
地方合计	**3238610**	**911130**	**915681**	**372812**	**321492**	**22892**	**42**	**3365576**	**896001**	**14865**
北　京	307915	73524	32911	30689	25763	39		5609	906	
天　津	71989	20708	7510		6262	70		3595	138	
河　北	90009	23300	39236	2380	7608	1		249978	8306	
山　西	52527	17682	21206	100	3494	709		39350	941	
内蒙古	58620	12052	41839	3688	5760	25	41	70152	10450	1576
辽　宁	207190	47453	75689	27589	14154	2401		72322	30935	
吉　林	63792	14564	18876	3833	3920			101705	20622	
黑龙江	90352	12362	32298	1630	8783			162802	16652	
上　海	224086	131908	22519	16609	12497			1186		
江　苏	231595	79339	38232	26544	19880			265992		
浙　江	172580	64799	16313	29836	16666	19		54442	14	
安　徽	59682	16674	33547	11088	7091			266789	166	
福　建	131463	34770	20168	9874	9804	601		11785	37141	
江　西	35392	9698	16267	5494	3760			156977	3181	
山　东	244706	46613	198074	54899	48420	28		424030	120176	
河　南	91636	16398	24270	2095	6747	56		377052	27121	
湖　北	82399	24721	46881	5970	9975			231984	26792	
湖　南	65418	18550	23111	4317	5601	20		181682	80452	
广　东	455607	141344	58690	84434	65869	6710		79777	13801	
广　西	59819	8728	23805	19106	4385	2752		67753	111904	
海　南	26268	4439	3745	1371	2621	1145		4816	35025	
重　庆	42134	12939	11890	4104	1775			62348	13848	
四　川	94439	23067	25196	19089	8678			211223	18501	125
贵　州	36655	5653	14558	2755	2184	4		51639	49668	
云　南	69915	16015	28732	2468	11440	6438		47912	200736	
西　藏		482		182						
陕　西	65942	12825	25646	701	4568	18	1	66480	42066	5
甘　肃	34316	6754	5358	22	1709	2		52691	11092	3238
青　海	8401	1538	883	8	365	6		5043	2703	6242
宁　夏	12012	2482	3417	364	507			7438	42	
新　疆	51751	9749	4814	1573	1206	1848		31024	12622	3679

各地区财政收入

（2003）

单位：万元

地　区	耕地占用税	契税	国有资产经营收益	国有企业计划亏损补贴	行政性收费收入	罚没收入	海域场地矿区使用费收入	专项收入	其他收入
地方合计	**898968**	**3580454**	**1354356**	**－1940433**	**7141324**	**4312379**	**51664**	**3417288**	**1384913**
北　京	17589	203975	6992	－510546	181240	102177	13756	215243	26973
天　津	12474	82543	5000	－30000	147274	59786	1538	60031	26025
河　北	18644	59877	37565	－15560	294368	259740	3315	166549	57726
山　西	5807	15613	12170	－17987	134890	122860	3	109097	23558
内蒙古	26132	28108	60521	－6149	123014	61011		51762	31584
辽　宁	15921	156920	91424	－33307	378573	204765	4716	180998	29679
吉　林	20485	48553	24076	－62948	150066	96015	264	60639	14353
黑龙江	12302	55374	48254	－21795	151960	105347	4	140902	49412
上　海	32059	634831		－361866	227976	141381		197772	20230
江　苏	143228	402796	27265	－73058	508231	349877	1134	234098	27391
浙　江	199110	478227	7451	－472124	203224	312889	694	259011	19762
安　徽	39974	71027	24154	－22920	229728	103739		76418	28628
福　建	20931	115484	25143	－2944	214450	165018	1442	82689	43619
江　西	3808	68503	30404	－2192	182076	133723		49309	57840
山　东	86975	153276	207506	－48894	757389	251479	6592	285982	95003
河　南	18329	59071	78914	－17060	300409	191958	282	141795	40204
湖　北	15902	57511	12736	－42408	243369	192457	357	76810	60530
湖　南	39369	55541	52136	－39804	348640	228507	228	99509	131153
广　东	66007	485211	207825	－28582	876579	448339	12774	335068	208172
广　西	13740	45355	92251	－15372	220037	141645	1482	65425	66539
海　南	1006	13949	14978		47247	25144	3009	13822	3580
重　庆	16641	41920	36510	－23319	259343	79978		48764	20653
四　川	21182	116586	91972	－27401	422951	179529		111470	45463
贵　州	10425	17562	19503	－5369	117114	67559		52411	59887
云　南	21670	40530	17793	－23597	123962	111629		88781	127155
西　藏	22		872	－9186	6318	2928	28	2580	12572
陕　西	13680	25364	90440	－13006	102627	74630	40	67904	19411
甘　肃	2541	10432	7343	－12904	57503	31427	6	49334	21418
青　海	919	2814	4885	－40	12467	5798		14557	6473
宁　夏	831	8046	5904	－11	20394	12942		11846	5062
新　疆	1265	25455	12369	－84	97905	48102		66712	4858

各地区财政收入

（2004）

单位：万元

地　　区	收入合计	增值税	营业税	企业所得税	企业所得税退税	个人所得税	资源税	固定资产投资方向调节税
地方合计	**116933709**	**22044306**	**34709830**	**13733391**	**-671**	**6948198**	**988015**	**33950**
北　京	7444874	831922	3331645	1216973		733357	2466	312
天　津	2461800	527313	783942	321246		159822	3540	
河　北	4078273	948119	855106	381060	-2	221514	81144	368
山　西	2563634	751383	483454	224324	-271	104033	87022	32
内蒙古	1967589	328885	550223	86995	-40	73640	25921	1968
辽　宁	5296405	963291	1416704	499919		281574	82991	4742
吉　林	1662807	343569	407799	123628		92653	14399	69
黑龙江	2894200	754995	522784	121106		132963	122310	335
上　海	11061932	1993832	4424582	2049897		886865		1
江　苏	9804939	2289088	2824927	1385871		528318	23504	408
浙　江	8059479	1717155	2862683	1477859	-11	562055	14006	2381
安　徽	2746284	457877	602792	258301		102995	34280	
福　建	3335230	626652	1017528	479272		245318	17485	52
江　西	2057667	282633	553126	135057	-12	92291	16468	140
山　东	8283306	1548971	1764502	860624		319637	135148	14679
河　南	4287799	716233	928070	384296	-12	193216	44902	655
湖　北	3104464	543408	722562	282533	-1	137089	23839	
湖　南	3206279	485920	786115	176657	-16	142830	10566	
广　东	14185056	2772410	4847764	1944269		1115740	19573	232
广　西	2377721	345222	613483	151845		122809	14054	1793
海　南	570358	81156	190337	33856		31467	6445	
重　庆	2006241	293187	585417	111487		89359	24742	
四　川	3857848	575859	1102487	310529		176902	31189	
贵　州	1492855	246900	379489	121020	-71	70546	11999	109
云　南	2633618	483105	565676	277797	-6	100448	17920	4391
西　藏	100188	11125	43139	7514		3542	2297	
陕　西	2149586	431844	619259	144941		82201	43030	594
甘　肃	1041600	229028	270531	63182	-142	43112	15912	3
青　海	269960	64392	85068	16940		8447	7448	74
宁　夏	374677	72155	134373	21364		18664	1490	
新　疆	1557040	326677	434263	63029	-87	74791	51925	612

注：根据《财政部关于下达出口退税免抵未调库影响地方财政收入资金的通知》，2004 年中央本级出口退税增列 200 亿元，增加地方财政本级收入中增值税 200 亿元，这一增加额未在该表中反映。

各地区财政收入

（2004）

单位：万元

地　区	城市维护建设税	房产税	印花税	城镇土地使用税	土地增值税	车船使用和牌照税	屠宰税	筵席税
地方合计	**6697446**	**3663167**	**1236184**	**1062260**	**750391**	**357578**	**262**	**21**
北　京	347203	319733	89476	32732	18496	28544	1	
天　津	130921	80947	30489	8711		7008		
河　北	229806	95302	32126	39373	2664	7461		
山　西	168322	54051	22838	24781	214	3365	87	
内蒙古	107499	69883	18570	52895	5941	7622	6	21
辽　宁	317325	219674	60937	83446	48873	14369	2	
吉　林	115747	70680	14600	22149	5831	5200	1	
黑龙江	278142	101061	16817	38798	2744	8717		
上　海	434552	270791	169841	21284	96549	14093		
江　苏	586375	291913	130332	44365	124041	20893		
浙　江	517544	219382	92948	23574	83269	21421	3	
安　徽	160472	61584	22469	33181	18293	9099		
福　建	159994	144535	43997	22900	16100	12105		
江　西	102861	39378	12241	19208	14245	5612		
山　东	549266	267768	62914	211717	90831	49347		
河　南	246031	102821	27188	51925	17033	7314		
湖　北	208537	88232	31639	45121	9264	11556		
湖　南	196356	75816	23632	25119	4791	7010		
广　东	552389	547713	198600	70368	94499	71767	157	
广　西	113492	62593	10640	24919	27161	4693		
海　南	33901	28599	5174	5359	8870	2860	1	
重　庆	111971	46536	17915	15877	15688	3551		
四　川	235158	110173	32812	43568	32069	9799		
贵　州	104899	38307	6800	15380	4529	2335	3	
云　南	283606	69715	19933	25917	3371	12132		
西　藏	3768		641		246			
陕　西	155791	67895	16239	29278	513	5417	1	
甘　肃	83106	37841	8222	12857	103	2187		
青　海	18052	9153	2288	904	36	476		
宁　夏	24260	13189	3558	4145	1043	626		
新　疆	120100	57902	10308	12409	3084	999		

各地区财政收入

(2004)

单位：万元

地区	农业税	农业特产税	牧业税	耕地占用税	契税	国有资产经营收益	国有企业计划亏损补贴
地方合计	**1978986**	**432861**	**8102**	**1200850**	**5401041**	**2227250**	**-1819751**
北　京	40			18363	436836	9035	-506057
天　津	3585			10698	123768		-25000
河　北	135580	776		23155	104314	71622	-12545
山　西	26028	199		7930	25036	9287	-18313
内蒙古	49968	5018	348	39170	37982	147494	-3990
辽　宁	51615	9279		21174	233455	129939	-28718
吉　林	20091	5744		19614	64954	27024	-53227
黑龙江	9665	8221		15908	75013	198379	-20653
上　海				36646	870043		-275106
江　苏	151717			138728	604384	106001	-132037
浙　江	9121	5		213678	587082	7476	-462042
安　徽	188656			62454	103944	39153	-21107
福　建	7835	39307		27668	168277	50214	-2472
江　西	82209	3742		7313	112631	47203	-2025
山　东	251102	12699		183219	340488	264645	-43871
河　南	240728	26990		28458	113783	199377	-13681
湖　北	142595	16203		36310	139727	30002	-26059
湖　南	105097	33824		64694	100445	78839	-35596
广　东	35150	4862		92377	631259	187595	-22599
广　西	56856	22719		33286	64203	167380	-9772
海　南	4103	5624		2796	17482	21785	
重　庆	49115	10852		24488	83035	48055	-21114
四　川	104290	16388	22	33210	181796	120976	-25899
贵　州	41071	51952		14687	24278	29492	-3825
云　南	43493	150975		18569	44081	31124	-17891
西　藏				45		1169	-9123
陕　西	63326	5828		19183	42023	140277	-14531
甘　肃	43898	1636	739	3912	20131	17422	-12192
青　海	6032		2627	929	3815	3298	-41
宁　夏	5440			559	12209	8343	
新　疆	50580	18	4366	1629	34567	34644	-265

各地区财政收入

（2004）

单位：万元

地　　区	行政性收费收入	罚没收入	海域场地矿区使用费收入	专项收入	其他收入	外贸企业出口退税
地方合计	**9046327**	**5226014**	**54108**	**4907372**	**1523813**	**-5477592**
北　京	216127	132182	10999	277055	40559	-143125
天　津	294509	65998	1851	72140	35907	-175595
河　北	342481	322612	5696	226207	79394	-115060
山　西	183247	157007	4	278083	23135	-51644
内蒙古	170085	73347		112404	27859	-22125
辽　宁	570059	242436	8012	224418	35853	-194964
吉　林	181615	107155	210	79446	15480	-21624
黑龙江	175977	107189		215993	27738	-20002
上　海	294492	162529		258817	30544	-678320
江　苏	646970	418164	1784	381625	45317	-807749
浙　江	253018	428669	562	344491	34151	-951001
安　徽	390957	139479		117114	32392	-68101
福　建	253209	180686	2562	98182	47886	-324062
江　西	244351	166109		73792	77377	-28283
山　东	909921	437059	8371	353922	78928	-388581
河　南	511317	233684	718	241639	43595	-58481
湖　北	354361	214353	291	83699	55968	-46765
湖　南	421000	243371	1217	151525	158916	-51849
广　东	949476	497651	6898	440758	209761	-1083613
广　西	250825	161469	3486	90047	78583	-34065
海　南	49111	25891	1100	18440	7284	-11283
重　庆	333932	88337	31	84495	22991	-33706
四　川	422434	190946	191	159445	45746	-52242
贵　州	129896	80148		70729	60020	-7838
云　南	136204	125373		135221	129951	-27487
西　藏	10505	7941		3106	14673	-400
陕　西	117248	94826	125	100424	21304	-37450
甘　肃	79494	39755		72133	21606	-12876
青　海	12752	6385		15108	10324	-4547
宁　夏	24954	14589		19100	3989	-9373
新　疆	115800	60674		107814	6582	-15381

各地区财政收入

(2005)

单位：万元

地　区	收入合计	增值税	营业税	企业所得税	企业所得税退税	个人所得税	资源税
地方合计	**148842198**	**26442211**	**41028163**	**17459018**	**-7612**	**8379693**	**1421990**
北　京	9192098	975976	3837623	1647615		845232	2855
天　津	3318507	642377	964545	414157	-3026	188224	4679
河　北	5157017	1210346	1052792	533681		282403	110338
山　西	3683437	1026952	606999	369947	-2	136805	181699
内蒙古	2774553	484469	782709	193550	-4	100684	66395
辽　宁	6752768	1130567	1646848	721990	-114	328052	120494
吉　林	2071520	395328	475904	139160	-298	111221	18136
黑龙江	3182056	850156	595595	185764	-97	155623	111357
上　海	14173976	2261236	5129265	2491494		1119241	
江　苏	13226753	2655705	3428176	1776961		661954	28336
浙　江	10665964	2042343	3243348	1679185	-170	661194	33668
安　徽	3340170	577244	781042	300808		124964	45691
福　建	4326003	731267	1246076	542646		274137	21436
江　西	2529236	338739	628395	174115	-149	112649	22884
山　东	10731250	1930040	2177928	1108282		388938	182437
河　南	5376514	879692	1115960	515639	-57	220453	87137
湖　北	3755217	659098	913346	390641		174623	32889
湖　南	3952651	589327	942450	218340	-488	167566	12247
广　东	18072044	3235854	5557670	2364478		1324252	24270
广　西	2830359	393267	683811	185408	-343	145763	19683
海　南	686802	97395	236794	45265		35689	5730
重　庆	2568072	336548	702018	139817		106662	29945
四　川	4796635	710737	1347643	399414	-100	220842	39009
贵　州	1824963	313700	463060	160814	-2078	88973	19754
云　南	3126490	560191	676429	333481	-6	119435	31904
西　藏	120312	11824	48721	8879		4475	2399
陕　西	2753183	553438	692717	205939	-435	102237	68213
甘　肃	1235026	253337	315890	84320	-235	51793	21100
青　海	338222	78378	100177	25396		10289	14205
宁　夏	477216	87318	157580	26077		22199	2290
新　疆	1803184	429362	476652	75755	-10	93121	60810

注：2005 年中央本级出口退税增列 216.54 亿元，增加地方财政本级收入中增值税 216.54 亿元，这一增加额未在本表中反映。

各地区财政收入

（2005）

单位：万元

地区	固定资产投资方向调节税	城市维护建设税	房产税	印花税	城镇土地使用税	土地增值税	车船使用和牌照税
地方合计	**16816**	**7910187**	**4359577**	**1614651**	**1373444**	**1403140**	**388975**
北京	6	388336	352058	108870	32986	23831	31744
天津	51	158763	103040	38301	10124	3555	8791
河北	208	292508	110806	51500	44924	8539	9128
山西	40	213095	65997	32805	44980	1530	2922
内蒙古	3031	142453	72100	32516	62537	12422	9362
辽宁	2001	399204	248284	75072	97590	59491	16836
吉林	59	131567	76606	16084	23881	6927	5610
黑龙江	5	276040	112187	22985	36485	6149	8643
上海	1927	497914	341042	260311	20865	246277	14160
江苏		706573	401319	164700	67111	227335	23638
浙江	208	616358	306006	119864	66906	154734	21535
安徽		204860	73518	29979	43533	30049	10874
福建	103	185544	169576	55267	29400	40785	12662
江西	44	112715	46618	17435	23083	20895	6847
山东	5376	659514	327950	92515	294438	143916	56022
河南	1	291771	117917	35940	72363	28387	7626
湖北		240276	107289	40502	50634	15834	11076
湖南		250221	92390	32638	29098	5796	8079
广东	133	643373	619228	205723	86288	188995	71681
广西	778	129157	75414	14113	29218	47896	4704
海南		37005	29702	6232	7007	18340	2691
重庆		131586	57507	24646	20740	29273	3913
四川	213	280858	132234	44559	57787	51374	11052
贵州	17	129134	42836	8443	17573	8724	2849
云南	2251	295727	79107	26762	29899	5567	13441
西藏		4114		654		296	
陕西	197	207660	69411	22562	35153	8070	8277
甘肃		93582	41993	12475	13880	55	2225
青海	11	23195	9468	2905	984	5	512
宁夏		30388	13553	4304	4939	1783	845
新疆	156	136696	64421	13989	19038	6310	1230

各地区财政收入

(2005)

单位：万元

地　区	屠宰税	筵席税	农业税	农业特产税	牧业税	耕地占用税
地方合计	**49**	**16**	**127959**	**466042**	**87**	**1418490**
北　京						7405
天　津						8255
河　北	7		47204	558		27780
山　西	30		2	308		11477
内蒙古		16	527	1531		60179
辽　宁			5346	6321		36925
吉　林	2		996	5024		19660
黑龙江			675	9308		14344
上　海						33916
江　苏			438			121566
浙　江			837			122793
安　徽			3048			41695
福　建				22021		32003
江　西				4615		48703
山　东			54376	11199		310785
河　南			74	36016		53544
湖　北			200	17648		32745
湖　南				52831		83729
广　东	10		291	7562		121258
广　西			2669	6167		57559
海　南			488	30		3078
重　庆			791	13697		31325
四　川			287	21780		59798
贵　州			103	66828		17211
云　南			5834	172260		25930
西　藏						96
陕　西				8085		25694
甘　肃			395	2236		4286
青　海			21			2707
宁　夏			333			698
新　疆			3024	17	87	1346

各地区财政收入

（2005）

单位：万元

地区	契税	国有资产经营收益	国有企业计划亏损补贴	行政性收费收入	罚没收入	海域场地矿区使用费收入	专项收入	其他收入
地方合计	**7351400**	**3947475**	**-1665673**	**10736983**	**6171631**	**63201**	**6487539**	**1946746**
北京	606775	15442	-502900	245235	188420	11090	329862	43637
天津	163175	82	-25000	458474	67835	3026	89995	19084
河北	148178	108702	-13901	384858	346513	4050	328512	67383
山西	31881	31929	-18243	246150	187501	2	480872	27759
内蒙古	45345	147758	-2479	170942	113281		240019	35210
辽宁	389349	244525	-30478	630022	271868	8532	288998	55045
吉林	76259	159719	-55890	201239	115997	207	109115	39007
黑龙江	86716	158829	-21019	202661	115254		225915	28481
上海	1110419	7	-179869	340636	162068		290350	32717
江苏	808849	371646	-100212	815291	530529	1651	486895	48292
浙江	691432	12918	-424666	265531	584372	743	418430	48395
安徽	178145	46640	-51917	510006	159997		182499	47495
福建	209093	77751	-2477	290876	213993	4897	120693	48254
江西	149640	128975	-2025	309246	193782		96294	95736
山东	520896	390287	-42741	1080665	424524	15227	497050	101626
河南	194269	364102	-8807	634921	298045	186	303300	128035
湖北	150295	70763	-20073	419491	248581	803	117526	81030
湖南	194456	146547	-37725	469569	276875		229895	188810
广东	818646	310727	-17660	1034117	603254	7244	524155	340495
广西	111791	267677	-6926	275233	193485	4056	106123	83656
海南	19703	24816		53947	28458	1297	21133	12002
重庆	141390	96751	-22477	480942	90923	3	123271	28801
四川	239008	198651	-21932	505568	212321	1	227695	57836
贵州	35059	43352	-3761	137595	100969		103746	70062
云南	83277	86476	-18405	153927	158018		167894	117091
西藏		1683	-9149	16289	5841		3469	20721
陕西	59015	291985	-12082	130873	126338	186	119655	29995
甘肃	22283	80741	-12769	98309	44641		84942	19547
青海	5788	3287	-40	14249	7985		24273	14427
宁夏	15712	22073		33512	19466		26914	7232
新疆	44556	42634	-50	126609	80497		118049	8885

各地区财政收入

（2006）

单位：万元

地　　区	收入合计	增值税	营业税	企业所得税	企业所得税退税	个人所得税	资源税
地方合计	**183035800**	**31963804**	**49681725**	**21824991**	**-18221**	**9815402**	**2071078**
北　京	11171514	1177984	4609912	2138573		1022754	3052
天　津	4170479	806681	1159176	534939	-2976	212141	5004
河　北	6205340	1405500	1336099	663664		293536	175241
山　西	5833752	1188365	744806	527204		156988	203968
内蒙古	3433774	594813	888508	272831	-1	120836	127755
辽　宁	8176718	1244029	2053699	739961	-1018	356348	187420
吉　林	2452045	429738	596923	178791		117041	23888
黑龙江	3868440	1031951	732253	237909	-123	160201	145207
上　海	15760742	2702130	5586744	2714672	-8393	1310730	
江　苏	16566820	3294346	4318092	2208691		817307	38816
浙　江	12982044	2486339	3868717	2042473	-166	809783	46468
安　徽	4280265	691811	1025791	410851	-1043	139687	60493
福　建	5411707	878301	1576820	712277		334377	31764
江　西	3055214	411759	755107	246651		123580	34562
山　东	13562526	2428345	2717252	1482753		458361	261376
河　南	6791715	1058397	1433424	702140	-846	240540	165884
湖　北	4760823	778051	1152962	475696	-96	195529	42462
湖　南	4779274	692813	1158144	300567	-1117	202224	20639
广　东	21794608	3979834	6617029	2974640		1569193	41807
广　西	3425788	469098	810494	234998	-210	147318	25328
海　南	818139	104951	287308	57109		39644	8568
重　庆	3177165	387112	858695	171603	-123	122390	37745
四　川	6075850	847362	1786426	543877	-146	268400	53103
贵　州	2268157	381878	557303	214095	-800	110417	30665
云　南	3799702	675019	894891	413009		144562	46110
西　藏	145607	15065	51077	8747		4466	2985
陕　西	3624805	730518	879989	341000	-639	132886	114459
甘　肃	1412152	314071	372674	106902	-293	57884	31202
青　海	422437	97547	112690	36066		14567	19422
宁　夏	613570	110274	188223	32246	-229	24599	6143
新　疆	2194628	549722	550497	100056	-2	107113	79542

注：1. 本表数据为预算执行数。

2. 本表数据为地方财政本级收入，不含财政部调整数。

各地区财政收入

（2006）

单位：万元

地　区	固定资产投资方向调节税	城市维护建设税	房产税	印花税	城镇土地使用税	土地增值税	车船使用和牌照税
地方合计	**7427**	**9334307**	**5148467**	**2025522**	**1768092**	**2314724**	**499738**
北　京	15	451704	432935	135456	40022	56692	35137
天　津	128	192174	126191	49909	11000	35894	11601
河　北	159	334231	130461	67192	53728	36379	11205
山　西	1	256610	77599	39577	50608	4241	3271
内蒙古	747	180537	92741	45670	83743	34780	13084
辽　宁	3455	438653	298039	96161	168347	115401	22323
吉　林	21	143760	87345	21888	24757	15182	6347
黑龙江	4	316421	111264	26317	34560	8803	14500
上　海		529671	426773	269076	25815	356819	17269
江　苏	3	849160	488665	200771	85749	329167	28692
浙　江	700	770924	399495	175063	105653	202541	30605
安　徽		234844	84251	36685	56021	46022	15629
福　建	72	231489	185839	71446	56743	105348	14918
江　西		134563	52297	22722	29043	40464	7814
山　东	1566	784298	387000	123031	359719	220164	64233
河　南		350236	140178	57905	94996	45893	11635
湖　北	45	301641	117286	53469	51164	36389	12977
湖　南		297009	100861	40159	34439	10536	8867
广　东	113	775903	718371	251669	112419	304612	94759
广　西	-1	151663	81064	17670	36407	76474	6575
海　南		37559	35106	7799	9811	27888	3209
重　庆		155131	65549	31553	44602	43845	6381
四　川	45	332305	150411	58536	64538	87681	12206
贵　州	20	154212	51224	12534	20407	14304	3312
云　南	10	343424	85165	33853	34647	20286	18011
西　藏		4984		893		243	
陕　西	60	245048	78862	31387	37729	22470	11493
甘　肃	161	109908	46368	16895	15438	1829	2650
青　海	5	26563	9576	3771	903	401	458
宁　夏		35841	14050	6946	7779	2477	1160
新　疆	98	163841	73501	19519	17305	11499	9417

各地区财政收入

（2006）

单位：万元

地　区	屠宰税	农业税	农业特产税	耕地占用税	契税	国有资产经营收益	国有企业计划亏损补贴
地方合计	**5**	**1314**	**35163**	**1711174**	**8676745**	**5004654**	**-1490711**
北　京				15204	648741	23342	-484220
天　津				4932	279686		-25000
河　北		18		39003	173577	163490	-8752
山　西				12442	38885	38155	-24026
内蒙古		89	1250	71987	76906	188849	-9329
辽　宁	3	1	988	52882	483166	409094	-30021
吉　林			4347	44825	93339	146214	-54049
黑龙江		930	2077	11168	180069	194578	-16954
上　海				36059	831259		-48385
江　苏				177468	1054359	439059	-99838
浙　江			6	121797	781402	7777	-432896
安　徽				81660	238502	75667	-30908
福　建			1884	38836	252772	77356	-2702
江　西			611	37454	185275	120448	-1995
山　东		2	1035	396537	661374	584076	-44610
河　南			3661	108989	269748	429601	-10400
湖　北		1	269	33905	214948	139022	-21705
湖　南			4233	97905	229795	213597	-38180
广　东	2		910	68404	987319	358976	-9014
广　西		23	162	40024	149983	371691	-7003
海　南		59	31	7212	31279	37109	
重　庆		82	897	43001	173331	149408	-10050
四　川			3913	83916	329330	244234	-25215
贵　州		5	2598	23140	47078	69034	-3747
云　南		30	3258	27269	77860	80930	-17479
西　藏				26		3016	-2922
陕　西			2921	26681	72257	342806	-17848
甘　肃		32	102	3286	27458	22626	-13423
青　海				2351	6872	3626	-40
宁　夏				829	18945	38794	
新　疆		42	10	1982	61230	32079	

各地区财政收入

（2006）

单位：万元

地　区	行政性收费收入	罚没收入	海域场地矿区使用费收入	专项收入	其他收入
地方合计	**13202703**	**7063144**	**110398**	**9518845**	**2765310**
北　京	228257	207840	10618	354845	62651
天　津	535075	89009	10609	109381	24925
河　北	431923	382850	12391	423728	79717
山　西	277500	218823	4	1969464	49267
内蒙古	277816	133562		184955	51645
辽　宁	811395	298216	16939	344990	66247
吉　林	275928	130750	426	122859	41725
黑龙江	223867	132767		285213	35458
上　海	363982	202582		330676	113263
江　苏	1027043	614309	1560	615232	78169
浙　江	383911	590772	3260	527201	60219
安　徽	645101	184195		228934	56072
福　建	345432	231640	11223	170931	84941
江　西	383546	237567		133501	100245
山　东	1332044	557499	20375	608806	157290
河　南	798994	385932	401	368617	135790
湖　北	611654	273018	573	197765	93798
湖　南	554936	332835		252462	266550
广　东	1259042	662477	9982	629308	386853
广　西	354119	217527	6420	140641	95323
海　南	53849	28758	4878	23694	12318
重　庆	595151	95370	581	156487	48424
四　川	579537	240033		314933	100425
贵　州	167703	121475		139163	152137
云　南	206878	196072		262609	253288
西　藏	13094	7003		4262	32668
陕　西	150076	115421	158	251484	55587
甘　肃	100674	52726		113194	29788
青　海	23713	10394		37407	16145
宁　夏	40288	25628		50935	8642
新　疆	150175	86094		165168	15740

各地区财政收入

（2007）

单位：万元

地　区	一般预算收入	税收收入					
			国内增值税	营业税	企业所得税	个人所得税	资源税
地方合计	**235726181**	**192521159**	**38676217**	**63795064**	**31322887**	**12737821**	**2611457**
北　京	14926380	14356708	1348424	6010580	3093437	1351997	3146
天　津	5404390	4383644	948117	1463822	764129	293615	5765
河　北	7891198	6182963	1680787	1783476	921078	366141	240888
山　西	5978870	4305002	1461136	950788	843466	207426	258857
内蒙古	4923615	3479057	788928	1152259	418011	175951	166767
辽　宁	10826948	8156685	1491115	2520123	1080575	457779	242627
吉　林	3206892	2373862	529222	758638	294126	151219	34794
黑龙江	4404689	3349661	1059445	858457	308568	203395	153694
上　海	20744792	19754796	3134205	7146039	4256325	1694351	
江　苏	22377276	18947700	4138088	5740225	3162171	1109503	43206
浙　江	16494981	15353548	3062238	4950505	2741822	1024993	61092
安　徽	5436973	4018799	823766	1366197	558515	182886	74296
福　建	6994577	5940236	1070785	2087305	925849	414223	43128
江　西	3898510	2818573	530534	973988	378106	148271	53694
山　东	16753980	13083516	2907862	3397121	1980218	568145	289858
河　南	8620804	6250156	1299605	1842366	1029228	302578	213059
湖　北	5903552	4339759	936384	1395925	652394	246788	45550
湖　南	6065508	4106600	863642	1486380	433123	250040	28286
广　东	27858007	24154724	4795115	8323188	4286939	2000756	59392
广　西	4188265	2826809	588429	1031216	300304	192112	31740
海　南	1082935	879935	131349	387380	82453	51239	7705
重　庆	4427000	2944592	486387	1171243	258308	160401	42711
四　川	8508606	6289529	1031014	2456712	807322	381490	78320
贵　州	2851375	2118512	459414	682742	298409	147230	43195
云　南	4867146	3786361	857223	1124655	557104	191915	63030
西　藏	201412	116667	20874	64421	12529	5807	5012
陕　西	4752398	3555047	895537	1175461	465704	176297	145312
甘　肃	1909107	1420532	403624	434006	179107	71513	41972
青　海	567083	432855	124811	147086	47479	21406	27063
宁　夏	800312	587871	141997	230485	45549	35107	12557
新　疆	2858600	2206460	666160	682275	140539	153247	94741

各地区财政收入

（2007）

单位：万元

地区	城市维护建设税	房产税	印花税	城镇土地使用税	土地增值税	车船税	耕地占用税
地方合计	**11486986**	**5754590**	**3166024**	**3854863**	**4030975**	**681635**	**1850376**
北京	566323	517527	177726	146499	243401	81650	13045
天津	233306	146712	74510	54990	56015	12639	12689
河北	402442	140653	90866	172635	77585	27665	41515
山西	298619	85946	52408	57295	11311	3081	17933
内蒙古	235883	107348	56054	154449	72772	13097	37356
辽宁	515751	298550	126599	494187	182388	30246	59680
吉林	187390	94082	29418	60113	31126	9778	32771
黑龙江	342113	126832	31953	70432	19137	13483	14806
上海	655318	428292	655125	107061	473977	25038	20276
江苏	1089427	542621	273987	558464	513894	34360	147576
浙江	983666	494883	233113	189053	340815	36620	152882
安徽	303710	96943	49122	73173	89167	19689	64702
福建	289389	212451	92309	88823	197014	19167	65264
江西	170098	57824	31799	44021	101421	8767	50805
山东	924642	443522	159005	659581	325263	75274	413826
河南	428733	156560	78004	182303	149975	17043	171054
湖北	356182	127562	61502	99165	73483	19144	38516
湖南	353798	111268	49527	41246	36338	13605	98497
广东	942307	796429	519662	183858	483461	114966	115810
广西	185412	86254	26670	39211	105211	8734	39951
海南	46902	37223	10666	11299	47421	2673	8647
重庆	198644	71509	39248	84565	73648	11749	44941
四川	399326	166581	77363	93494	180897	20157	84706
贵州	188938	57750	17756	33336	30121	5847	27885
云南	416000	96449	41630	39302	37275	21561	31693
西藏	5843		1261		832		88
陕西	321814	92239	48510	48633	41270	17193	33775
甘肃	134391	57447	21872	27473	7786	3838	5490
青海	34507	10194	5296	2431	1454	909	2008
宁夏	46813	14558	8365	18306	4826	2411	699
新疆	229299	78381	24698	19465	21691	11251	1490

各地区财政收入

(2007)

单位：万元

地　　区				非税收入				
	契　税	烟叶税	其他税收收入		专项收入	行政事业性收费收入	罚没收入	其他收入
地方合计	**12062460**	**478020**	**11784**	**43205022**	**10881574**	**15436908**	**8120095**	**8766445**
北　京	802950		3	569672	374795	304527	213263	-322913
天　津	317237		98	1020746	134613	722168	78833	85132
河　北	236519	628	85	1708235	479234	507118	425015	296868
山　西	55753	874	109	1673868	960966	370527	252054	90321
内蒙古	97385	2099	698	1444558	624687	307863	185318	326690
辽　宁	647395	4614	5056	2670263	508452	965376	329050	867385
吉　林	157483	3485	217	833030	171692	306079	167612	187647
黑龙江	137785	9461	100	1055028	337144	243007	169420	305457
上　海	1158789			989996	405937	344476	247156	-7573
江　苏	1594174		4	3429576	768617	1190164	717628	753167
浙　江	1081197	646	23	1141433	632037	293740	638367	-422711
安　徽	313501	3132		1418174	238569	678399	224079	277127
福　建	406880	27499	150	1054341	213206	368661	275598	196876
江　西	261647	7585	13	1079937	165149	426512	268902	219374
山　东	924584	12319	2296	3670464	729652	1444439	619683	876690
河　南	350698	28947	3	2370648	548857	837913	479368	504510
湖　北	270874	16180	110	1563793	237615	628123	306158	391897
湖　南	307154	33696		1958908	292169	769610	367708	529421
广　东	1523815	9012	14	3703283	738799	1365060	747273	852151
广　西	184189	6703	673	1361456	163642	404737	229299	563778
海　南	54973		5	203000	48649	62424	27066	64861
重　庆	290834	10194	210	1482408	182646	812049	99143	388570
四　川	482939	28600	608	2219077	364914	1013607	298394	542162
贵　州	63436	62403	50	732863	248499	184804	129042	170518
云　南	106035	201804	685	1080785	360549	279138	251475	189623
西　藏				84745	10618	12471	10581	51075
陕　西	86178	6863	261	1197351	357529	182275	160416	497131
甘　肃	30957	1056		488575	122819	165394	61663	138699
青　海	8211			134228	69465	30419	13754	20590
宁　夏	26087	61	50	212441	105466	48954	26320	31701
新　疆	82801	159	263	652140	284588	166874	100457	100221

各地区社会消费品零售总额

（1998）

单位：亿元

地　区	社会消费品零售总额	按销售单位所在地分			按行业分				
		市	县	县以下	批发零售贸易业	餐饮业	制造业	农业生产者	其他行业
全　国	**29152.50**	**17825.20**	**3681.90**	**7645.40**	**19185.80**	**2816.40**	**2037.60**	**4088.70**	**1024.00**
北　京	1167.20	905.00	111.60	150.60	758.70	95.20	58.80	166.40	88.10
天　津	587.10	466.40	36.90	83.80	333.40	50.00	26.70	54.20	122.80
河　北	1332.60	626.00	249.70	456.90	925.20	116.40	118.40	136.70	35.90
山　西	547.10	318.60	114.90	113.60	357.70	45.80	34.90	85.30	23.40
内蒙古	399.50	237.70	95.60	66.20	259.00	34.30	32.30	59.30	14.60
辽　宁	1568.70	1286.00	87.00	195.70	1123.90	159.50	52.70	206.20	26.40
吉　林	680.50	518.90	72.00	89.60	426.30	62.00	24.90	151.70	15.60
黑龙江	949.70	679.90	138.00	131.80	734.10	77.20	36.90	87.20	14.30
上　海	1471.10	1179.20	71.50	220.40	1189.80	92.80	42.00	138.20	8.30
江　苏	2238.00	1353.40	156.20	728.40	1540.50	175.60	184.50	289.00	48.40
浙　江	1909.20	1036.00	183.60	689.60	1319.30	134.40	129.80	242.90	82.80
安　徽	924.80	430.20	207.10	287.50	588.90	77.90	82.30	151.20	24.50
福　建	1132.50	642.40	145.40	344.70	806.10	123.70	54.90	89.30	58.50
江　西	605.10	278.40	141.60	185.10	366.40	48.70	45.50	131.70	12.80
山　东	2127.20	1304.90	204.90	617.40	1328.40	198.80	272.30	224.60	103.10
河　南	1496.20	728.30	325.10	442.80	941.40	169.20	195.70	142.80	47.10
湖　北	1481.40	896.10	156.10	429.20	916.60	141.20	89.90	266.70	67.00
湖　南	1125.30	556.80	218.00	350.50	718.80	97.90	67.00	208.20	33.40
广　东	3248.60	2143.80	182.70	922.10	2141.30	470.90	169.20	368.70	98.50
广　西	734.00	352.30	146.80	234.90	469.70	80.60	51.40	110.10	22.20
海　南	147.80	97.20	12.40	38.20	84.40	18.90	3.40	34.10	7.00
重　庆	553.70	304.80	77.70	171.20	298.20	43.70	36.30	164.90	10.60
四　川	1298.60	620.70	218.20	459.70	749.30	155.80	89.60	250.60	53.30
贵　州	289.90	161.30	58.40	70.20	193.70	24.70	17.50	41.20	12.80
云　南	500.20	260.30	119.30	120.60	332.00	50.50	24.60	81.30	11.80
西　藏									
陕　西	518.80	337.40	89.70	91.70	321.20	48.70	49.70	86.40	12.80
甘　肃	303.70	192.70	50.30	60.70	188.00	35.50	18.70	50.90	10.60
青　海	70.60	42.90	17.20	10.50	47.20	9.00	4.10	8.90	1.40
宁　夏	77.10	49.70	14.30	13.10	46.70	7.00	4.10	18.10	1.20
新　疆	327.50	197.90	59.90	69.70	206.90	27.80	23.70	50.10	19.00

注：1. 1992 年以前为社会商品零售总额。

2. 各地区相加不等于全国总计，原因是全国数据进行了修正。

各地区社会消费品零售总额

(1999)

单位：亿元

地区	社会消费品零售总额	按销售单位所在地分			按行业分				
		市	县	县以下	批发零售贸易业	餐饮业	制造业	农业生产者	其他行业
全　国	**31134.70**	**19091.60**	**3892.50**	**8150.60**	**20551.80**	**3199.60**	**2094.50**	**4205.00**	**1083.80**
北　京	1313.30	1035.20	86.50	191.60	926.20	81.30	79.80	7.50	218.50
天　津	657.30	499.20	52.10	106.00	350.60	67.40	27.20	54.40	157.70
河　北	1458.80	675.20	279.80	503.80	1011.80	138.40	127.60	139.30	41.70
山　西	587.10	344.50	121.20	121.40	387.10	48.20	33.20	91.30	27.30
内蒙古	437.40	261.30	104.50	71.60	279.30	40.60	33.60	61.60	22.30
辽　宁	1696.10	1401.50	92.30	202.30	1222.30	188.20	51.40	206.80	27.40
吉　林	734.00	559.20	77.00	97.80	469.60	73.00	26.70	154.80	9.90
黑龙江	1016.20	725.80	150.50	139.90	778.40	86.90	41.60	91.10	18.20
上　海	1590.40	1279.60	74.80	236.00	1274.20	110.10	43.60	150.40	12.10
江　苏	2394.10	1455.00	171.80	767.30	1695.40	205.60	178.30	265.60	49.20
浙　江	2075.80	1132.00	201.20	742.60	1445.90	169.50	140.10	251.80	68.50
安　徽	979.10	460.80	218.70	299.60	620.00	92.40	83.90	161.30	21.50
福　建	1246.30	705.80	161.30	379.20	897.00	140.60	58.80	90.10	59.80
江　西	650.50	302.40	150.40	197.70	397.70	52.90	47.20	130.50	22.20
山　东	2310.10	1418.30	221.80	670.00	1452.10	226.70	277.00	243.90	110.40
河　南	1616.00	789.20	347.70	479.10	1018.40	182.60	210.40	152.40	52.20
湖　北	1617.10	1019.60	150.90	446.60	997.40	157.10	92.40	273.80	96.40
湖　南	1229.20	625.80	235.10	368.30	780.00	117.20	70.70	228.20	33.10
广　东	3656.00	2396.20	200.20	1059.60	2433.40	559.20	184.40	382.40	96.60
广　西	791.30	381.40	157.90	252.00	526.90	88.50	41.70	109.60	24.60
海　南	157.70	104.30	13.90	39.50	93.30	20.20	3.80	33.60	6.80
重　庆	596.30	331.60	82.00	182.70	340.50	48.60	35.60	161.10	10.50
四　川	1382.60	654.00	239.20	489.40	793.60	183.90	87.10	264.10	53.90
贵　州	313.80	176.80	62.80	74.20	206.90	31.30	19.30	42.30	14.00
云　南	539.00	283.40	129.70	125.90	353.50	61.80	25.70	83.90	14.10
西　藏									
陕　西	557.00	363.40	96.00	97.60	346.00	54.80	50.60	92.50	13.10
甘　肃	331.60	212.00	53.20	66.40	203.80	41.60	20.60	53.50	12.10
青　海	75.20	45.70	18.30	11.20	50.70	10.40	4.00	8.10	2.00
宁　夏	82.70	53.60	15.30	13.80	47.80	9.40	3.80	19.90	1.80
新　疆	347.40	214.00	61.50	71.90	222.60	32.80	22.30	49.60	20.10

注：1. 1992 年及以前为社会商品零售总额。

2. 各地区相加不等于全国总计，原因是全国数据进行了修正。

各地区社会消费品零售总额

（2000）

单位：亿元

地区	社会消费品零售总额	按销售单位所在地分			按行业分				
		市	县	县以下	批发零售贸易业	餐饮业	其他行业	#制造业	#农业生产者
全国	**34152.60**	**21110.30**	**4217.20**	**8825.10**	**23042.30**	**3752.60**	**7357.70**	**2191.80**	**4035.80**
北京	1443.30	1138.50	92.60	212.20	1025.50	86.40	331.40	86.90	6.40
天津	736.60	564.50	58.60	113.50	379.20	79.00	278.40	31.00	61.00
河北	1613.90	749.50	312.80	551.60	1121.10	162.60	330.20	140.40	147.00
山西	629.10	369.20	132.50	127.40	423.30	54.30	151.50	36.70	88.40
内蒙古	484.00	288.40	117.10	78.50	314.50	48.10	121.40	34.70	66.10
辽宁	1847.60	1529.90	102.30	215.40	1355.10	219.70	272.80	52.40	188.30
吉林	810.90	596.40	55.60	158.90	674.60	98.70	37.60	12.90	18.70
黑龙江	1094.00	785.10	160.60	148.30	848.60	98.50	146.90	39.70	88.10
上海	1722.30	1398.90	81.20	242.20	1368.20	127.70	226.40	45.40	168.00
江苏	2604.10	1598.10	187.00	819.00	1905.30	241.40	457.40	182.40	225.20
浙江	2298.80	1255.20	225.40	818.20	1600.50	214.00	484.30	150.90	260.60
安徽	1054.30	499.00	234.50	320.80	666.20	117.10	271.00	85.30	163.80
福建	1372.80	778.00	178.60	416.20	991.50	157.20	224.10	67.50	93.30
江西	704.90	333.70	159.80	211.40	433.20	60.10	211.60	48.20	139.60
山东	2545.90	1573.00	243.60	729.30	1618.70	265.40	661.80	280.30	259.50
河南	1786.70	874.20	381.30	531.20	1113.00	209.60	464.10	234.40	168.70
湖北	1789.40	1128.50	177.70	483.20	1107.40	192.40	489.60	98.10	307.70
湖南	1364.70	710.10	255.10	399.50	885.00	139.60	340.10	69.80	243.20
广东	4071.90	2685.70	221.80	1164.40	2894.30	646.60	531.00	180.10	259.90
广西	859.20	416.40	176.40	266.40	590.90	96.30	172.00	44.10	109.00
海南	172.50	113.60	14.80	44.10	103.90	22.90	45.70	4.50	35.20
重庆	643.40	361.60	88.90	192.90	383.20	54.60	205.60	38.30	15.50
四川	1523.70	713.10	271.20	539.40	885.30	222.40	416.00	89.90	275.80
贵州	343.70	197.40	66.80	79.50	232.40	42.30	69.00	18.00	43.10
云南	583.20	309.30	139.10	134.80	376.50	74.90	131.80	27.00	90.00
西藏	42.90	16.30	18.50	8.10	33.90	4.20	4.80	1.80	2.10
陕西	607.60	400.70	103.10	103.80	380.70	63.10	163.80	52.50	97.90
甘肃	362.70	234.00	57.50	71.20	235.20	46.60	80.90	16.70	46.40
青海	82.10	50.70	19.80	11.60	56.90	11.30	13.90	3.60	8.10
宁夏	90.20	58.90	16.60	14.70	54.00	10.90	25.30	3.70	19.90
新疆	374.50	233.70	65.10	75.70	242.30	38.20	94.00	22.00	51.20

注：1. 1992 年及以前为社会商品零售总额。

2. 各地区相加不等于全国总计，原因是全国数据进行了修正。

各地区社会消费品零售总额

(2001)

单位：亿元

地区	社会消费品零售总额	按销售单位所在地分			按行业分				
		市	县	县以下	批发零售贸易业	餐饮业	其他行业	#制造业	#农业生产者
全国	**37595.20**	**23543.40**	**4583.20**	**9468.60**	**25510.80**	**4368.90**	**7715.50**	**2304.70**	**4191.70**
北京	1593.50	1251.90	102.00	239.60	1128.30	96.60	368.60	96.50	8.10
天津	832.70	651.20	62.40	119.10	441.80	91.00	299.90	34.00	65.90
河北	1778.30	837.30	346.30	594.70	1240.00	189.20	349.10	151.70	153.10
山西	679.90	408.30	135.70	135.90	458.70	65.70	155.50	38.70	94.50
内蒙古	537.30	324.30	128.90	84.10	349.10	56.50	131.70	37.90	71.50
辽宁	2034.90	1683.60	114.20	237.10	1500.30	259.30	275.30	57.50	176.10
吉林	909.10	678.00	63.90	167.20	759.30	120.50	29.30	11.30	11.80
黑龙江	1198.90	867.40	171.80	159.70	929.00	115.90	154.00	46.00	85.30
上海	1861.30	1531.90	73.50	255.90	1482.80	141.60	236.90	46.90	175.60
江苏	2869.00	1898.90	198.60	771.50	2117.50	289.90	461.60	187.90	219.80
浙江	2555.50	1434.80	247.60	873.10	1792.50	250.20	512.80	165.50	272.10
安徽	1142.80	546.70	254.00	342.10	735.40	131.20	276.20	85.90	166.30
福建	1499.50	844.90	198.60	456.00	1086.90	171.10	241.50	74.50	93.50
江西	763.30	368.90	171.20	223.20	471.90	66.90	224.50	50.60	147.70
山东	2834.90	1758.40	273.70	802.80	1825.00	312.80	697.10	283.70	277.70
河南	1979.80	976.70	416.60	586.50	1235.90	246.30	497.60	251.90	178.50
湖北	1975.20	1267.10	194.20	513.90	1221.60	225.70	527.90	99.50	317.50
湖南	1511.10	800.10	278.00	433.00	985.10	161.10	364.90	77.90	257.60
广东	4515.30	2974.40	239.50	1301.40	3234.30	739.50	541.50	183.90	287.40
广西	935.90	463.10	194.60	278.20	628.80	112.70	194.40	47.00	125.20
海南	187.50	124.10	16.00	47.40	113.20	26.10	48.20	4.90	36.30
重庆	699.30	397.40	96.10	205.80	427.30	60.50	211.50	41.20	161.30
四川	1680.40	790.70	292.00	597.70	976.40	262.00	442.00	97.20	296.20
贵州	378.00	220.00	72.30	85.70	253.50	52.40	72.10	18.90	45.40
云南	655.40	351.20	153.70	150.50	416.00	92.80	146.60	29.70	100.10
西藏	49.00	21.70	21.60	5.70	38.10	5.60	5.30	2.20	2.40
陕西	665.10	443.50	110.50	111.10	418.20	72.20	174.70	56.00	104.10
甘肃	395.40	255.90	62.80	76.70	259.00	51.90	84.50	17.60	48.80
青海	90.40	56.50	21.50	12.40	63.00	12.80	14.60	3.80	8.50
宁夏	98.90	64.80	18.10	16.00	59.80	13.80	25.30	3.70	19.30
新疆	406.30	256.60	69.70	80.00	266.40	44.50	95.40	22.00	52.30

注：1. 1992 年及以前为社会商品零售总额。

2. 各地区相加不等于全国总计，原因是全国数据进行了修正。

各地区社会消费品零售总额

（2002）

单位：亿元

地区	社会消费品零售总额	按销售单位所在地分			按行业分		
		市	县	县以下	批发零售贸易业	餐饮业	其他行业
全国	**40910.50**	**25897.60**	**4880.40**	**10132.50**	**27859.60**	**5092.30**	**7958.60**
北京	1744.80	1374.50	98.00	272.30	1258.90	112.40	373.40
天津	941.40	739.40	71.10	130.80	514.70	102.60	324.10
河北	1968.30	941.60	382.70	643.90	1382.90	216.20	369.10
山西	755.40	454.60	149.80	150.90	520.30	78.30	156.80
内蒙古	606.00	370.90	143.40	91.70	398.80	66.90	140.30
辽宁	2258.40	1889.30	115.60	253.40	1667.10	305.20	286.10
吉林	1008.10	771.00	69.80	167.30	839.40	141.90	26.80
黑龙江	1320.00	959.60	186.60	173.80	1030.10	135.70	154.20
上海	2035.20	1740.40	16.70	278.10	1609.60	184.20	241.40
江苏	3215.80	2221.10	202.90	791.90	2369.30	361.30	485.30
浙江	2877.50	1650.70	286.80	940.10	2022.10	309.30	546.10
安徽	1228.70	599.00	271.70	357.90	807.40	143.30	278.00
福建	1663.30	965.30	217.70	480.30	1209.30	194.10	259.90
江西	832.70	406.20	186.80	239.70	520.80	75.00	236.80
山东	3181.90	2011.50	295.30	875.20	2100.10	372.60	709.20
河南	2189.80	1100.80	450.30	638.70	1367.40	298.70	523.80
湖北	2198.40	1462.10	206.90	529.30	1376.10	266.90	555.40
湖南	1678.90	903.10	307.00	468.80	1100.00	187.50	391.30
广东	5013.60	3310.50	262.60	1440.50	3638.50	829.60	545.40
广西	1025.50	512.50	215.60	297.40	688.00	127.60	209.90
海南	204.40	135.00	17.30	52.10	125.30	28.70	50.30
重庆	763.10	434.70	106.50	221.90	481.10	69.70	212.20
四川	1850.10	874.60	315.10	660.40	1108.60	296.70	444.70
贵州	416.20	244.20	78.60	93.30	281.90	65.20	69.10
云南	711.30	384.60	165.80	160.90	444.20	106.60	160.40
西藏	53.20	23.70	22.90	6.60	40.00	7.50	5.70
陕西	728.20	489.10	119.70	119.40	461.90	85.00	181.20
甘肃	433.50	281.20	69.10	83.30	288.70	58.40	86.40
青海	101.00	63.70	24.00	13.30	71.00	14.70	15.30
宁夏	108.80	72.20	19.50	17.00	65.80	17.10	25.80
新疆	442.90	284.70	74.30	83.80	296.10	53.00	93.70

注：1. 1992 年及以前为社会商品零售总额。

2. 各地区相加不等于全国总计，原因是全国数据进行了修正。

各地区社会消费品零售总额

（2003）

单位：亿元

地区	社会消费品零售总额	按销售单位所在地分			按行业分		
		市	县	县以下	批发零售贸易业	餐饮业	其他行业
全国	**45842.00**	**29777.30**	**5247.80**	**10816.90**	**37692.50**	**6065.70**	**2083.80**
北京	1916.72	1535.80	88.75	292.16	1611.22	121.44	184.05
天津	922.27	859.19	35.26	27.82	727.10	109.91	85.25
河北	2177.87	1064.38	421.12	692.38	1894.76	233.49	49.63
山西	729.30	471.34	135.19	122.77	614.24	81.71	33.35
内蒙古	726.76	449.46	166.53	110.77	592.24	99.20	35.32
辽宁	2330.80	1963.66	111.96	255.18	1935.63	338.88	56.30
吉林	1110.28	857.68	76.82	175.78	951.04	153.83	5.41
黑龙江	1376.45	1019.42	186.63	170.40	1191.93	152.29	32.24
上海	2220.64	1905.90	17.62	297.11	1990.24	214.83	15.57
江苏	3566.48	2516.34	217.82	832.32	3072.62	434.44	59.42
浙江	3157.09	1999.88	329.46	827.74	2696.42	358.88	101.78
安徽	1331.25	666.60	285.64	379.00	1143.68	159.37	28.20
福建	1740.45	1057.54	218.33	464.58	1423.06	211.22	106.16
江西	923.21	455.31	206.61	261.29	812.02	85.25	25.94
山东	3936.52	2525.62	396.35	1014.55	3251.68	497.22	187.62
河南	2426.41	1234.76	494.21	697.44	2009.72	343.11	73.58
湖北	2358.69	1603.34	222.86	532.49	1884.70	298.30	175.69
湖南	1816.31	997.12	332.48	486.70	1558.40	224.57	33.33
广东	5606.02	3718.27	269.42	1618.33	4681.08	877.29	47.65
广西	857.71	458.52	169.69	229.50	716.79	115.28	25.64
海南	191.64	128.10	16.64	46.89	150.53	30.99	10.11
重庆	835.53	482.31	112.71	240.51	719.13	107.32	9.07
四川	2091.05	1004.16	357.27	729.62	1621.48	349.41	120.16
贵州	458.76	271.95	85.80	101.01	374.29	75.46	9.02
云南	782.46	425.26	180.49	176.71	635.42	124.63	22.41
西藏	58.30	26.08	25.01	7.21	46.58	8.17	3.55
陕西	853.23	565.55	149.14	138.53	646.28	184.34	22.60
甘肃	474.60	307.95	76.25	90.40	388.27	66.88	19.46
青海	102.66	66.14	24.70	11.82	83.37	16.44	2.85
宁夏	120.75	81.54	20.75	18.46	98.78	19.65	2.33
新疆	421.17	311.34	49.20	60.63	341.91	60.64	18.62

注：1. 1992年及以前为社会商品零售总额。

2. 各地区相加不等于全国总计，原因是全国数据进行了修正。

各地区社会消费品零售总额
（2004）

单位：亿元

地　区	社会消费品零售总额	按销售单位所在地分			按行业分		
		市	县	县以下	批发零售贸易业	餐饮业	其他行业
全　国	**53950.10**	**35573.20**	**6161.40**	**12215.50**	**44839.90**	**7486.00**	**1624.20**
北　京	2191.81	1746.44	109.47	335.90	1778.66	190.21	222.95
天　津	1052.70	982.87	39.35	30.48	831.90	132.87	87.93
河　北	2522.89	1240.65	486.38	795.86	2177.96	289.18	55.74
山　西	884.76	563.47	168.85	152.43	738.22	102.40	44.14
内蒙古	891.96	563.82	200.36	127.78	718.89	134.55	38.53
辽　宁	2642.84	2223.57	127.62	291.64	2184.55	396.95	61.34
吉　林	1252.62	976.31	86.93	189.39	1065.00	182.60	5.02
黑龙江	1555.39	1159.34	205.74	190.31	1341.39	178.14	35.86
上　海	2454.61	2117.74	18.67	318.20	2137.46	300.17	16.98
江　苏	4159.70	2968.65	242.09	948.96	3543.03	555.62	61.05
浙　江	3645.38	2313.01	407.09	925.28	3087.72	445.27	112.39
安　徽	1503.08	768.89	319.75	414.44	1289.08	184.14	29.87
福　建	1995.82	1239.90	248.55	507.36	1638.39	252.65	104.79
江　西	1059.92	533.27	232.80	293.85	934.81	101.34	23.78
山　东	4483.45	2903.72	445.47	1134.25	3695.22	586.95	201.27
河　南	2808.17	1480.83	558.94	768.40	2303.21	427.64	77.33
湖　北	2667.48	1829.44	250.39	587.66	2128.54	353.82	185.12
湖　南	2069.84	1145.59	382.08	542.17	1763.78	269.87	36.19
广　东	6370.42	4268.24	310.53	1791.65	5338.79	997.51	34.12
广　西	973.41	531.05	187.03	255.33	811.38	137.12	24.91
海　南	220.20	148.63	19.89	51.68	174.36	35.43	10.41
重　庆	955.01	555.13	129.51	270.36	812.91	132.11	9.98
四　川	2383.95	1130.12	425.94	827.89	1834.05	436.33	113.58
贵　州	517.56	308.07	98.62	110.87	405.85	102.31	9.39
云　南	884.87	482.05	204.10	198.71	707.52	149.91	27.44
西　藏	63.70	28.24	27.40	8.05	50.38	9.70	3.62
陕　西	966.49	647.76	163.70	155.04	724.87	216.93	24.69
甘　肃	535.84	349.52	84.88	101.44	435.62	79.27	20.95
青　海	115.60	74.95	27.45	13.20	94.51	18.10	2.99
宁　夏	137.76	94.66	22.85	20.24	110.10	25.21	2.45
新　疆	482.07	362.79	54.07	65.22	384.39	78.61	19.07

注：1. 1992 年及以前为社会商品零售总额。

2. 各地区相加不等于全国总计，原因是全国数据进行了修正。

各地区社会消费品零售总额

(2005)

单位：亿元

地　区	社会消费品零售总额	按销售单位所在地分			按行业分		
		市	县	县以下	批发和零售业	餐饮业	其他行业
全　国	**67176.60**	**45094.30**	**7485.40**	**14596.90**	**56589.20**	**8886.80**	**1700.60**
北　京	2902.80	2459.70	59.40	383.70	2529.40	268.00	105.40
天　津	1190.10	1113.00	42.20	34.90	958.40	159.50	72.20
河　北	2952.90	1398.80	588.40	965.70	2535.20	354.30	63.40
山　西	1401.20	902.80	262.30	236.10	1187.40	163.30	50.50
内蒙古	1344.10	903.40	275.90	164.80	1071.70	229.60	42.80
辽　宁	2999.00	2523.80	145.50	329.70	2479.20	453.10	66.70
吉　林	1460.80	1140.70	106.70	213.40	1238.60	217.10	5.10
黑龙江	1760.10	1323.00	226.40	210.70	1518.00	204.20	37.90
上　海	2973.00	2588.90	21.30	362.80	2611.30	350.30	11.40
江　苏	5699.90	4126.20	327.20	1246.50	4964.80	629.10	106.00
浙　江	4631.70	3046.70	460.60	1124.40	4020.80	533.20	77.70
安　徽	1765.00	941.20	360.60	463.20	1497.10	240.70	27.20
福　建	2345.80	1479.40	272.90	593.50	2011.90	286.80	47.10
江　西	1236.20	651.70	271.40	313.10	1096.50	123.30	16.40
山　东	6126.40	4004.50	605.90	1516.00	5116.70	753.00	256.70
河　南	3358.40	1805.20	657.40	895.80	2780.40	497.50	80.50
湖　北	2964.60	2057.30	279.10	628.20	2402.40	386.60	175.60
湖　南	2459.10	1371.40	453.60	634.10	2104.50	317.40	37.20
广　东	7882.60	5617.90	332.70	1932.00	6575.30	1174.30	133.00
广　西	1397.00	819.20	245.30	332.50	1203.70	166.50	26.80
海　南	268.60	190.70	19.70	58.20	210.90	46.10	11.60
重　庆	1215.80	714.80	163.00	338.00	1042.60	162.00	11.20
四　川	2981.40	1446.90	525.90	1008.60	2337.60	545.60	98.20
贵　州	606.90	362.70	115.80	128.40	531.80	64.70	10.40
云　南	1034.40	564.50	239.30	230.60	823.80	155.50	55.10
西　藏	73.10	33.00	30.80	9.30	57.90	11.20	4.00
陕　西	1322.40	867.00	233.10	222.30	1151.50	144.30	26.60
甘　肃	632.80	413.30	99.70	119.80	512.10	99.80	20.90
青　海	160.50	105.60	36.40	18.50	132.10	24.40	4.00
宁　夏	174.30	131.20	19.60	23.50	141.20	30.00	3.10
新　疆	637.80	442.40	95.30	100.10	509.80	90.60	37.40

注：1. 1992 年及以前为社会商品零售总额

2. 1993 年及以后社会消费品零售总额是根据第一次经济普查结果调整的数据。

3. 各地区相加不等于全国总计，原因是全国数据进行了修正。

各地区社会消费品零售总额

（2006）

单位：亿元

地区	社会消费品零售总额	按销售单位所在地分			按行业分		
		市	县	县以下	批发和零售业	住宿和餐饮业	其他
全国	**76410.00**	**51542.60**	**8477.90**	**16389.50**	**64325.50**	**10345.50**	**1739.00**
北京	3275.22	2831.36	26.19	417.67	2865.60	362.40	47.30
天津	1356.79	1275.38	44.27	37.13	1143.00	210.00	3.80
河北	3397.42	1612.07	680.11	1105.24	2913.10	419.40	64.90
山西	1613.44	1038.62	307.75	267.07	1358.20	191.30	63.90
内蒙古	1595.27	1080.59	326.28	188.39	1263.80	284.30	47.20
辽宁	3434.65	2872.49	163.95	398.21	2870.30	513.00	51.40
吉林	1675.84	1304.10	127.45	244.29	1440.10	230.10	5.70
黑龙江	1997.71	1524.72	237.76	235.23	1718.60	241.20	37.90
上海	3360.41	2938.73	23.85	397.83	2896.30	452.20	12.00
江苏	6623.18	4822.93	413.50	1386.75	5815.80	746.50	60.90
浙江	5325.35	3519.01	519.42	1286.92	4658.80	609.90	56.70
安徽	2029.40	1106.22	406.26	516.91	1719.50	283.80	26.10
福建	2704.23	1743.20	306.24	654.79	2324.30	329.70	50.20
江西	1428.02	748.86	312.63	366.52	1262.70	149.10	16.20
山东	7122.55	4534.00	788.37	1800.17	6000.10	887.20	235.30
河南	3880.47	2119.87	753.56	1007.04	3221.60	588.70	70.20
湖北	3412.00	2395.58	321.04	695.38	2783.20	455.70	173.10
湖南	2834.22	1630.35	480.33	723.54	2386.60	404.30	43.30
广东	9118.08	6472.49	383.33	2262.26	7642.30	1321.10	154.60
广西	1600.84	943.83	280.06	376.95	1380.20	192.30	28.40
海南	308.30	221.09	22.49	64.72	241.10	55.30	11.80
重庆	1403.58	833.83	187.21	382.54	1196.40	194.30	12.90
四川	3421.65	1651.27	604.35	1166.03	2676.90	625.50	119.20
贵州	689.77	411.52	130.68	147.57	601.70	76.10	12.00
云南	1188.88	651.05	275.40	262.43	949.80	178.70	60.40
西藏	89.70	43.80	35.59	10.32	71.60	15.80	2.34
陕西	1522.00	992.83	272.15	257.02	1326.70	165.50	29.80
甘肃	717.47	462.53	114.46	140.49	579.00	116.00	22.40
青海	180.11	122.78	37.74	19.59	146.00	30.30	3.90
宁夏	198.96	148.43	25.46	25.08	162.90	32.80	3.30
新疆	727.59	509.19	106.85	111.54	577.80	110.70	39.10

注：1. 1992 年及以前为社会商品零售总额。

2. 1993 年及以后社会消费品零售总额是根据第一次经济普查结果调整的数据。

3. 各地区相加不等于全国总计，原因是全国数据进行了修正。

各地区社会消费品零售总额

(2007)

单位：亿元

地　区	社会消费品零售总额	按销售单位所在地分			按行业分		
		市	县	县以下	批发和零售业	住宿和餐饮业	其他行业
北　京	3800.20	3300.30	31.70	468.20	3335.70	427.90	36.60
天　津	1603.70	1505.20	53.60	45.00	1350.60	249.00	4.20
河　北	3986.20	1909.30	802.40	1274.40	3413.00	503.60	69.70
山　西	1914.10	1256.10	348.10	309.90	1617.70	229.10	67.30
内蒙古	1904.10	1302.50	379.60	222.00	1503.60	357.50	43.00
辽　宁	4030.10	3372.00	194.50	463.60	3361.70	606.50	61.90
吉　林	1999.20	1568.50	148.80	281.90	1711.00	282.40	5.90
黑龙江	2331.10	1799.90	273.00	258.20	2008.50	284.40	38.20
上　海	3847.80	3379.80	26.60	441.30	3278.30	556.50	13.10
江　苏	7838.10	5751.10	494.30	1592.70	6875.70	893.10	69.40
浙　江	6214.00	4117.20	604.70	1492.10	5437.80	717.40	58.90
安　徽	2403.70	1325.00	478.60	600.10	2032.20	342.80	28.80
福　建	3187.90	2102.50	355.00	730.50	2733.80	398.30	55.90
江　西	1683.10	890.80	365.90	426.40	1485.90	179.70	17.50
山　东	8438.80	5416.70	946.80	2075.30	7092.70	1095.90	250.20
河　南	4597.50	2539.30	896.90	1161.40	3754.30	764.40	78.90
湖　北	4028.50	2827.80	385.00	815.70	3312.80	529.50	186.20
湖　南	3356.50	1942.50	577.00	836.90	2831.60	479.80	45.10
广　东	10598.10	7511.60	452.40	2634.20	8937.70	1544.30	116.20
广　西	1897.90	1125.90	330.40	441.60	1640.30	228.20	29.40
海　南	362.00	260.70	26.40	74.90	284.60	64.60	12.80
重　庆	1661.20	999.70	219.00	442.60	1386.20	235.70	39.30
四　川	4015.60	1977.10	716.60	1321.90	3126.90	761.60	127.10
贵　州	821.80	475.60	164.00	182.30	690.20	116.30	15.20
云　南	1394.60	771.30	318.30	304.90	1070.90	231.90	91.70
西　藏	112.00	56.40	44.00	11.70	88.60	18.80	4.60
陕　西	1800.90	1197.10	305.60	298.20	1566.50	200.30	34.10
甘　肃	833.30	539.10	132.50	161.80	671.90	136.70	24.70
青　海	208.30	146.20	40.80	21.30	170.40	34.10	3.80
宁　夏	233.30	175.00	30.40	28.00	190.90	39.60	2.80
新　疆	847.70	599.80	122.20	125.70	678.10	129.00	40.60

注：1. 1992 年及以前为社会商品零售总额。
2. 1993 年及以后社会消费品零售总额是根据第一次经济普查结果调整的数据。
3. 各地区相加不等于全国总计，原因是全国数据进行了修正。

各地区农、林、牧、渔业总产值

（1981）

单位：亿元

地区	农业总产值	农业（作物栽培）	林业产值	牧业产值	渔业产值	副业产值	
							队办工业产值
全国总计	**2311.94**	**1488.68**	**94.68**	**356.85**	**40.54**	**331.19**	**274.54**
北京	18.33	8.43	0.45	3.99	0.05	5.41	5.04
天津	18.16	5.50	0.08	1.68	0.28	10.62	10.56
河北	113.78	75.21	2.49	15.05	0.60	20.43	18.91
山西	53.36	30.86	2.79	5.43		14.28	13.00
内蒙古	41.69	22.94	2.96	11.38	0.16	4.25	2.13
辽宁	84.34	50.53	3.24	13.89	3.35	13.33	11.68
吉林	57.34	39.02	2.92	7.72	0.16	7.52	4.32
黑龙江	90.71	66.04	5.72	10.29	0.40	8.26	5.94
上海	33.09	11.94	0.15	5.71	1.50	13.79	13.76
江苏	207.62	122.97	2.01	27.95	4.80	49.89	48.90
浙江	117.42	62.44	3.79	18.48	6.10	26.61	23.52
安徽	116.19	88.94	2.52	15.07	0.98	8.68	6.16
福建	57.63	32.82	4.32	6.77	3.58	10.14	7.61
江西	76.54	48.89	5.00	9.78	1.07	11.80	5.02
山东	199.00	138.88	3.19	28.74	4.94	23.25	23.00
河南	163.52	120.62	3.68	17.17	0.34	21.71	19.01
湖北	114.08	82.35	5.67	15.07	1.83	9.16	8.18
湖南	131.43	86.05	6.70	23.32	2.18	13.18	9.48
广东	120.27	68.57	11.76	18.05	6.14	15.75	12.22
广西	71.91	45.44	4.95	12.21	0.99	8.32	3.51
四川	191.59	126.70	7.59	43.48	0.69	13.13	10.16
贵州	40.79	26.06	2.16	7.52	0.07	4.98	1.30
云南	58.90	37.79	4.55	10.69	0.20	5.67	3.55
西藏	6.24	2.09	0.05	3.62		0.48	
陕西	50.03	34.50	3.09	7.21	0.03	5.20	3.76
甘肃	28.02	20.28	1.19	4.57		1.98	1.68
青海	8.15	3.74	0.15	3.74	0.01	0.51	0.42
宁夏	7.55	5.64	0.38	0.92	0.01	0.60	0.49
新疆	34.26	23.44	1.13	7.35	0.08	2.26	1.23

注：本表按1980年不变价格计算。

各地区农、林、牧、渔业总产值

（1982）

单位：亿元

地区	农业总产值	农业（作物栽培）	林业产值	牧业产值	渔业产值	副业产值	
							队办工业产值
全国总计	**2629.15**	**1649.91**	**106.81**	**406.98**	**45.44**	**420.01**	**304.22**
北京	20.94	8.82	0.46	4.62	0.05	6.99	6.48
天津	21.10	6.37	0.09	1.73	0.32	12.59	11.47
河北	135.30	88.37	3.85	17.01	0.70	25.37	18.75
山西	63.63	38.00	3.46	6.11	0.01	16.05	13.94
内蒙古	48.49	26.44	3.37	12.73	0.17	5.78	2.56
辽宁	90.35	49.58	3.36	16.53	3.60	17.28	14.03
吉林	60.65	41.30	3.10	8.52	0.19	7.54	4.43
黑龙江	95.71	67.59	5.88	13.32	0.43	8.49	5.72
上海	38.66	14.34	0.13	6.93	1.65	15.61	14.86
江苏	234.02	138.60	2.13	34.86	5.05	53.38	50.96
浙江	137.60	73.99	3.71	21.28	6.48	32.14	26.62
安徽	124.62	93.85	2.63	17.03	1.29	9.82	6.42
福建	62.36	34.73	4.51	7.34	3.94	11.84	7.75
江西	87.11	54.18	4.85	11.87	1.21	15.00	6.19
山东	225.92	150.86	5.32	30.37	5.63	33.74	30.31
河南	168.24	113.31	3.42	17.95	0.40	33.16	22.25
湖北	137.20	93.77	6.16	17.85	2.14	17.28	10.95
湖南	147.27	95.95	6.45	26.26	2.46	16.15	7.66
广东	142.81	79.97	13.54	21.28	7.23	20.79	12.20
广西	85.07	52.32	5.18	15.12	1.25	11.20	3.96
四川	233.20	151.88	10.89	48.17	0.83	21.43	12.99
贵州	49.41	30.66	2.46	8.79	0.07	7.43	1.46
云南	65.20	40.51	4.76	12.76	0.21	6.96	3.93
西藏	6.20	2.05	0.10	3.39		0.66	
陕西	62.73	44.32	3.54	8.00	0.03	6.84	4.55
甘肃	32.01	22.18	1.67	5.59		2.57	1.57
青海	8.78	4.39	0.19	3.62	0.01	0.57	0.44
宁夏	7.66	5.54	0.39	0.96	0.01	0.76	0.52
新疆	36.91	26.04	1.21	6.99	0.08	2.59	1.25

注：本表按1980年不变价格计算。如按当年价格计算，1982年全国农业总产值为2785亿元，其中：农业（作物栽培）1747亿元，林业110亿元，牧业456亿元，渔业51亿元，副业421亿元。

各地区农、林、牧、渔业总产值

（1983）

单位：亿元

地　区	农　业 总产值	农　业 （作物栽培）	林业产值	牧业产值	渔业产值	副业产值	
							队办工业产值
全国总计	**2881.84**	**1789.43**	**117.66**	**423.02**	**49.39**	**502.34**	**370.96**
北　京	27.07	9.77	0.50	5.53	0.07	11.20	10.55
天　津	22.87	6.24	0.11	2.02	0.38	14.12	13.11
河　北	158.61	107.17	3.88	16.71	0.65	30.20	25.55
山　西	66.81	36.65	4.96	6.66	0.01	18.53	16.18
内蒙古	51.85	28.24	4.06	12.69	0.18	6.68	2.61
辽　宁	109.98	62.84	3.42	16.70	3.72	23.20	19.62
吉　林	77.10	57.74	3.12	8.22	0.22	7.80	3.86
黑龙江	111.98	80.12	7.56	13.66	0.56	10.08	7.07
上　海	40.80	12.66	0.10	6.81	1.90	19.33	18.53
江　苏	255.51	147.38	2.36	34.21	5.03	66.53	61.61
浙　江	141.46	68.69	3.83	21.44	6.30	41.20	34.00
安　徽	127.32	94.56	2.88	16.49	1.53	11.86	7.15
福　建	66.79	34.20	5.28	8.31	4.63	14.37	9.52
江　西	89.40	54.44	5.06	12.23	1.51	16.16	8.74
山　东	260.70	175.69	5.04	31.43	5.87	42.67	36.91
河　南	203.92	146.56	3.83	17.26	0.42	35.85	25.01
湖　北	140.21	93.52	6.03	18.31	2.46	19.89	13.81
湖　南	156.22	100.60	6.43	27.87	2.88	18.44	9.32
广　东	149.29	79.40	14.51	24.26	8.17	22.95	12.61
广　西	85.59	52.03	4.79	15.50	1.40	11.87	3.93
四　川	253.56	161.25	12.51	54.27	1.02	24.51	14.44
贵　州	51.97	30.09	3.44	9.51	0.10	8.83	2.80
云　南	69.48	40.62	5.54	13.81	0.23	9.28	4.82
西　藏	5.72	1.61	0.12	3.14		0.85	0.59
陕　西	63.08	42.61	4.11	7.80	0.04	8.52	4.63
甘　肃	36.17	25.19	2.01	6.04		2.93	1.67
青　海	9.04	4.53	0.22	3.61	0.01	0.67	0.50
宁　夏	8.84	6.48	0.55	0.99	0.01	0.81	0.46
新　疆	40.50	28.55	1.41	7.54	0.09	2.91	1.36

各地区农、林、牧、渔业总产值

（1984）

单位：亿元

地　　区	农　业 总产值	农作物种 植业产值	林业产值	牧业产值	副业产值	渔业产值
全国总计	**3180.37**	**2181.65**	**158.01**	**583.48**	**170.93**	**86.30**
北　京	22.15	13.51	0.86	6.66	0.91	0.21
天　津	16.69	11.42	0.25	3.70	0.76	0.56
河　北	153.07	121.67	5.07	20.56	4.83	0.94
山　西	65.15	46.94	6.82	9.05	2.31	0.03
内蒙古	61.28	34.20	4.44	15.72	6.68	0.24
辽　宁	117.62	78.02	4.08	22.80	7.81	4.91
吉　林	88.99	69.03	3.55	11.94	4.08	0.39
黑龙江	121.54	90.55	7.83	18.36	3.50	1.03
上　海	26.59	16.41	0.22	8.06	0.51	1.39
江　苏	253.82	179.57	4.33	46.97	13.91	9.04
浙　江	147.51	90.11	6.67	26.81	12.91	11.01
安　徽	162.11	119.94	6.28	26.88	6.49	2.52
福　建	80.66	44.63	7.07	14.38	6.19	8.39
江　西	98.34	62.13	7.69	16.99	9.24	2.29
山　东	310.11	236.64	8.60	48.20	8.55	8.12
河　南	208.38	165.06	6.88	24.78	11.03	0.63
湖　北	169.20	123.09	7.54	26.51	7.27	4.79
湖　南	171.26	112.38	8.58	38.11	6.85	5.34
广　东	195.40	104.59	17.93	41.26	12.89	18.73
广　西	94.20	52.26	6.22	24.38	8.39	2.95
四　川	281.84	186.52	16.26	63.96	13.08	2.02
贵　州	62.99	40.06	4.44	12.93	5.28	0.28
云　南	77.35	48.77	5.97	15.79	6.55	0.27
西　藏	7.92	3.33	0.12	3.75	0.71	0.01
陕　西	73.96	52.77	4.33	10.90	5.88	0.08
甘　肃	40.86	27.98	3.11	8.71	1.06	
青　海	10.50	6.30	0.19	3.79	0.20	0.02
宁　夏	10.99	8.22	0.94	1.47	0.33	0.03
新　疆	49.89	35.55	1.74	9.79	2.73	0.08

注：本表按当年价格计算。

各地区农、林、牧、渔业总产值

（1985）

单位：亿元

地 区	农 业 总产值	农作物种植业产值	林业产值	牧业产值	副业产值	渔业产值
全国总计	**3619.49**	**2279.80**	**188.68**	**796.94**	**227.96**	**126.11**
北 京	25.94	15.25	0.77	8.53	0.95	0.44
天 津	20.44	12.76	0.27	5.10	1.06	1.25
河 北	167.33	123.42	6.15	31.15	5.24	1.37
山 西	62.92	45.64	4.12	10.29	2.80	0.07
内蒙古	73.20	40.12	4.83	21.40	6.45	0.40
辽 宁	118.05	65.68	4.24	31.26	8.90	7.97
吉 林	85.89	59.03	3.32	18.12	4.88	0.54
黑龙江	114.31	80.61	7.01	21.43	4.03	1.23
上 海	31.38	15.63	0.21	12.25	0.47	12.82
江 苏	288.55	183.66	4.63	66.30	18.43	15.53
浙 江	174.05	92.85	8.87	37.80	18.39	16.14
安 徽	198.24	136.82	8.04	40.89	8.50	3.99
福 建	99.05	50.14	9.13	19.60	9.22	10.96
江 西	114.50	67.70	9.18	22.78	11.33	3.51
山 东	335.42	236.62	11.07	62.78	11.59	13.36
河 南	241.54	175.49	10.29	41.16	13.33	1.27
湖 北	192.32	129.61	8.15	39.08	7.30	8.18
湖 南	198.44	116.61	12.54	51.40	11.41	6.98
广 东	275.99	136.05	23.81	61.45	31.66	23.02
广 西	108.02	57.41	8.09	30.30	9.06	3.16
四 川	313.06	200.65	17.90	80.04	11.76	2.71
贵 州	70.23	39.22	5.36	17.04	8.22	0.39
云 南	88.88	52.02	7.90	20.33	8.23	0.40
西 藏	10.58	4.31	0.23	4.91	1.13	
陕 西	79.57	54.37	5.08	13.13	6.86	0.13
甘 肃	48.82	32.23	3.63	10.30	2.65	0.01
青 海	12.25	6.20	0.47	5.01	0.52	0.05
宁 夏	12.02	8.46	0.80	2.29	0.41	0.06
新 疆	58.50	41.74	2.59	10.82	3.18	0.17

注：本表不包括村及村以下办工业产值，是按当年价格计算的。

各地区农、林、牧、渔业总产值

（1986）

单位：亿元

地　区	农　业总产值	农作物种植业产值	林业产值	牧业产值	副业产值	渔业产值
全国总计	**4013.01**	**2498.30**	**201.19**	**873.54**	**275.62**	**164.36**
北　京	28.14	16.31	0.80	9.39	0.95	0.69
天　津	26.92	17.14	0.32	5.67	1.65	2.14
河　北	174.38	125.24	5.82	33.28	7.18	2.86
山　西	58.82	42.24	3.62	10.23	2.63	0.10
内蒙古	77.25	40.28	4.37	23.99	8.07	0.54
辽　宁	142.03	84.47	4.19	32.31	10.51	10.55
吉　林	98.43	70.70	2.94	18.55	5.40	0.84
黑龙江	137.17	101.67	6.36	22.36	4.76	2.02
上　海	33.76	16.83	0.24	12.75	0.49	3.45
江　苏	332.67	211.51	5.15	69.47	23.93	22.61
浙　江	192.04	101.00	9.26	40.03	22.03	19.72
安　徽	221.92	155.87	8.99	41.19	10.46	5.41
福　建	107.07	49.72	10.29	21.98	11.08	14.00
江　西	124.79	69.70	9.66	29.11	12.05	4.27
山　东	361.18	255.92	12.67	62.82	13.60	16.17
河　南	259.49	183.65	12.92	42.12	19.30	1.50
湖　北	219.10	146.79	8.75	43.86	8.93	10.77
湖　南	222.68	129.63	13.89	58.40	12.50	8.26
广　东	314.86	154.28	27.49	68.41	36.11	28.57
广　西	118.69	61.24	10.34	33.24	9.99	3.88
四　川	338.98	206.50	17.37	94.08	16.90	4.13
贵　州	79.31	44.37	5.27	20.03	9.16	0.48
云　南	96.01	51.79	7.40	26.14	9.96	0.72
西　藏	9.92	3.53	0.16	5.36	0.87	
陕　西	87.20	59.45	5.60	13.95	7.97	0.23
甘　肃	56.40	37.29	3.41	12.53	3.15	0.02
青　海	14.11	6.33	0.70	6.11	0.93	0.04
宁　夏	14.16	10.07	0.65	2.82	0.51	0.11
新　疆	65.53	44.78	2.56	13.36	4.55	0.28

注：本表不包括村及村以下办工业产值，是按当年价格计算的。

各地区农、林、牧、渔业总产值

（1987）

单位：亿元

地　区	农　业 总产值	农作物种 植业产值	林业产值	牧业产值	副业产值	渔业产值
全国总计	**4675.70**	**2837.93**	**221.98**	**1065.78**	**325.15**	**224.86**
北　京	34.42	19.12	0.80	12.24	1.21	1.05
天　津	32.93	20.24	0.37	7.22	2.23	2.87
河　北	200.66	137.80	6.83	43.63	8.11	4.29
山　西	61.42	42.36	3.37	12.36	3.19	0.14
内蒙古	87.74	45.06	3.63	29.02	9.38	0.65
辽　宁	160.22	96.10	4.86	39.58	12.26	16.24
吉　林	120.81	86.12	2.93	23.40	7.08	1.28
黑龙江	137.00	99.75	6.69	22.82	5.20	2.54
上　海	38.84	17.69	0.34	15.48	0.54	4.79
江　苏	380.25	228.11	6.02	87.45	30.29	28.38
浙　江	228.12	113.91	11.61	49.45	27.24	25.91
安　徽	255.34	176.15	10.88	49.33	11.68	7.30
福　建	132.97	60.03	13.57	27.71	12.09	19.57
江　西	144.35	79.76	10.87	34.33	14.16	5.23
山　东	413.18	299.05	12.11	64.13	14.73	23.16
河　南	323.62	229.74	13.24	51.11	27.62	1.91
湖　北	249.68	160.13	9.97	54.86	10.53	14.19
湖　南	253.39	138.31	18.14	72.40	13.96	10.58
广　东	389.87	189.94	30.82	85.32	42.08	41.71
广　西	137.92	73.34	9.54	39.52	10.58	4.94
四　川	388.94	227.22	17.73	118.48	20.15	5.36
贵　州	92.25	51.53	5.50	24.19	10.46	0.57
云　南	111.25	61.75	8.85	29.42	10.28	0.95
西　藏	10.29	3.64	0.15	5.62	0.88	
陕　西	103.39	69.29	6.13	18.81	8.79	0.37
甘　肃	65.51	41.84	3.45	15.85	4.31	0.06
青　海	15.94	7.03	0.66	6.84	1.39	0.02
宁　夏	14.76	10.40	0.44	3.22	0.51	0.19
新　疆	81.64	52.52	2.48	21.99	4.22	0.43

注：本表不包括村及村以下办工业产值，是按当年价格计算的。

各地区农、林、牧、渔业总产值

(1988)

单位：亿元

地　区	农　业 总产值	农作物种 植业产值	林业产值	牧业产值	副业产值	渔业产值
全国总计	**5865.27**	**3276.88**	**275.30**	**1597.57**	**393.05**	**322.47**
北　京	52.49	30.15	0.86	18.58	1.23	1.67
天　津	44.49	26.47	0.72	10.09	2.92	4.29
河　北	256.90	161.93	7.85	69.82	10.04	7.26
山　西	87.25	58.23	4.29	21.12	3.28	0.33
内蒙古	122.40	61.40	3.90	44.80	11.50	0.80
辽　宁	227.39	117.53	4.97	67.76	14.27	22.86
吉　林	140.91	100.03	2.84	29.47	6.40	2.17
黑龙江	151.72	106.84	6.82	29.23	5.66	3.17
上　海	53.07	22.47	0.45	22.18	0.54	7.43
江　苏	497.95	274.26	7.29	139.98	36.45	39.97
浙　江	282.62	129.89	14.40	71.93	32.98	33.42
安　徽	315.25	200.80	16.63	74.19	14.11	9.52
福　建	182.00	79.34	17.50	39.59	14.80	30.77
江　西	174.18	82.80	12.99	51.80	19.37	7.22
山　东	494.53	313.98	14.80	108.06	17.62	40.07
河　南	370.67	239.90	17.25	79.66	31.13	2.73
湖　北	297.51	175.12	10.98	80.80	11.78	18.83
湖　南	303.01	140.71	21.79	109.60	17.71	13.20
广　东	473.78	226.97	27.66	113.75	50.94	54.46
广　西	168.94	81.14	12.26	56.19	12.78	6.57
海　南	57.64	22.50	15.46	11.31	4.22	4.15
四　川	475.99	254.67	20.91	168.91	24.04	7.46
贵　州	123.39	65.61	6.13	37.52	13.32	0.81
云　南	135.39	76.11	10.05	37.01	10.66	1.56
西　藏	12.95	4.19	0.18	6.77	1.81	
陕　西	130.52	80.46	8.37	29.88	11.23	0.58
甘　肃	84.72	51.14	3.82	24.29	5.35	0.12
青　海	19.49	8.01	0.67	9.17	1.61	0.03
宁　夏	19.66	13.11	0.57	5.14	0.51	0.33
新　疆	108.46	71.12	2.89	28.97	4.79	0.69

注：本表按当年价格计算。

各地区农、林、牧、渔业总产值

（1989）

单位：亿元

地　区	农　业 总产值	农作物种 植业产值	林业产值	牧业产值	副业产值	渔业产值
全国总计	**6534.73**	**3674.46**	**284.92**	**1797.41**	**429.09**	**348.85**
北　京	60.35	32.88	0.70	23.22	1.34	2.21
天　津	51.82	31.45	0.33	12.83	3.26	3.95
河　北	306.99	193.43	8.75	79.83	17.43	7.55
山　西	104.94	71.59	4.43	24.75	3.74	0.43
内蒙古	126.72	63.98	4.00	45.33	12.37	1.04
辽　宁	222.82	109.87	4.77	69.83	15.52	22.83
吉　林	133.79	86.61	3.46	36.23	4.93	2.56
黑龙江	162.18	111.48	7.28	33.92	5.81	3.69
上　海	60.63	25.54	0.39	26.41	0.42	7.87
江　苏	522.26	286.55	7.02	147.80	38.81	42.08
浙　江	307.84	145.97	13.60	78.94	35.37	33.96
安　徽	341.53	220.20	17.78	77.67	16.14	9.74
福　建	209.92	93.29	18.41	51.86	14.90	31.46
江　西	197.93	96.57	12.75	59.59	20.91	8.11
山　东	548.30	347.61	14.28	125.34	18.64	42.43
河　南	449.88	302.22	19.80	90.39	34.60	2.87
湖　北	335.04	198.55	11.75	91.47	12.61	20.66
湖　南	337.48	164.86	21.67	116.86	18.81	15.28
广　东	548.60	266.53	28.00	133.98	57.24	62.85
广　西	212.17	100.91	13.53	75.73	13.82	8.18
海　南	64.47	27.08	15.36	12.93	3.85	5.25
四　川	527.67	284.73	21.66	187.63	24.73	8.92
贵　州	133.68	70.75	5.90	41.21	14.97	0.85
云　南	152.68	84.30	12.97	41.68	11.80	1.93
西　藏	13.58	4.94	0.16	7.07	1.41	
陕　西	147.81	94.24	8.45	31.62	12.81	0.69
甘　肃	89.12	55.25	3.32	25.21	5.17	0.17
青　海	21.60	9.65	0.69	9.77	1.44	0.05
宁　夏	21.43	15.03	0.62	4.91	0.48	0.39
新　疆	121.50	78.40	3.09	33.40	5.76	0.85

注：本表按当年价格计算。

各地区农、林、牧、渔业总产值

（1990）

单位：亿元

地　　区	农　业 总产值	农作物种 植业产值	林业产值	牧业产值	副业产值	渔业产值
全国总计	**7662.10**	**4481.70**	**330.30**	**1964.10**	**475.50**	**410.60**
北　京	70.20	37.80	0.90	28.00	1.20	2.30
天　津	54.90	31.00	0.50	14.70	3.70	5.00
河　北	357.60	238.60	9.60	83.30	16.30	9.90
山　西	124.80	86.40	7.80	27.60	2.50	0.40
内蒙古	156.90	88.80	6.20	46.40	14.30	1.20
辽　宁	273.80	146.20	6.60	75.50	17.30	28.20
吉　林	189.10	135.30	4.20	41.40	5.40	2.80
黑龙江	245.40	178.00	7.60	49.20	5.90	4.70
上　海	68.20	29.10	0.40	30.30	0.40	8.00
江　苏	580.50	321.20	7.90	160.50	41.60	49.40
浙　江	336.80	163.90	14.80	79.60	37.60	40.90
安　徽	370.90	243.70	17.00	82.00	17.10	11.10
福　建	228.70	102.50	21.50	53.40	15.90	35.30
江　西	255.20	136.50	16.00	67.30	25.10	10.40
山　东	647.50	397.90	20.50	151.90	21.70	55.60
河　南	502.00	333.70	20.80	104.90	38.70	3.90
湖　北	402.20	252.90	14.20	98.00	13.20	23.90
湖　南	397.40	219.20	21.90	117.20	22.00	17.10
广　东	600.70	298.00	28.50	143.00	62.10	69.20
广　西	252.20	136.20	18.10	75.40	13.70	9.00
海　南	68.70	26.80	16.80	13.70	4.00	7.40
四　川	637.10	363.20	24.10	209.60	30.10	10.10
贵　州	145.50	78.20	7.90	41.30	17.10	1.00
云　南	211.70	119.60	18.30	54.00	18.40	1.40
西　藏	17.20	7.40	0.30	8.30	1.30	
陕　西	170.00	109.20	9.00	35.70	15.20	0.90
甘　肃	103.10	67.60	3.30	26.30	5.60	0.20
青　海	24.50	11.50	0.70	11.00	1.30	0.10
宁　夏	24.70	17.10	1.30	5.40	0.40	0.50
新　疆	144.70	104.40	3.80	29.40	6.20	0.90

注：本表按当年价格计算。

各地区农、林、牧、渔业总产值

（1991）

单位：亿元

地　区	农　业 总产值	农作物种 植业产值	林业产值	牧业产值	副业产值	渔业产值
全国总计	**8157.00**	**4662.80**	**367.90**	**2156.30**	**486.60**	**483.50**
北　京	76.50	38.30	1.50	32.80	1.30	2.60
天　津	58.10	32.60	0.30	16.40	4.10	4.70
河　北	377.60	242.90	12.40	94.80	16.50	11.10
山　西	113.00	70.30	7.90	30.10	2.20	0.60
内蒙古	164.10	91.90	6.70	49.50	14.70	1.40
辽　宁	302.30	158.30	6.90	86.60	17.40	33.10
吉　林	188.40	129.40	4.40	45.20	6.40	3.10
黑龙江	247.70	170.90	8.20	59.10	4.30	5.20
上　海	73.70	30.50	0.40	33.40	0.40	9.00
江　苏	580.90	316.20	7.60	168.10	38.50	50.70
浙　江	368.60	180.00	17.40	82.10	37.30	51.80
安　徽	317.30	189.30	18.70	79.50	17.00	12.80
福　建	256.70	117.70	25.40	57.40	15.80	40.40
江　西	271.60	143.30	20.80	68.70	26.20	12.60
山　东	793.00	471.50	22.20	200.40	20.30	78.70
河　南	531.10	340.90	22.20	123.00	40.80	4.20
湖　北	405.00	247.00	16.80	102.20	14.00	25.10
湖　南	425.60	234.70	24.60	122.60	23.50	20.20
广　东	654.80	321.80	29.60	155.20	67.90	80.20
广　西	278.20	149.40	20.90	81.80	15.50	10.60
海　南	75.80	28.70	18.90	14.90	4.40	8.80
四　川	680.10	387.00	25.50	255.00	31.20	11.40
贵　州	165.30	94.90	9.40	42.70	17.20	1.10
云　南	222.90	130.70	18.70	55.70	16.50	1.40
西　藏	20.90	8.30	0.30	11.00	1.30	
陕　西	185.40	117.10	10.50	40.20	16.50	1.00
甘　肃	108.40	69.30	3.50	28.20	7.00	0.30
青　海	25.20	11.60	0.70	11.70	1.30	0.10
宁　夏	27.00	18.70	1.30	6.00	0.40	0.50
新　疆	162.00	117.60	4.20	32.20	7.00	1.00

注：本表按当年价格计算。

各地区农、林、牧、渔业总产值

(1992)

单位：亿元

地区	农业总产值	农作物种植业产值	林业产值	牧业产值	副业产值	渔业产值
全国总计	**9084.70**	**5040.20**	**422.60**	**2457.30**	**551.00**	**613.60**
北京	84.50	41.60	1.60	36.30	1.60	3.40
天津	62.20	34.00	0.50	17.10	5.30	5.40
河北	419.80	262.30	13.90	108.40	20.20	14.90
山西	131.40	86.40	8.80	33.10	2.40	0.60
内蒙古	180.30	100.50	7.80	55.30	15.10	1.50
辽宁	340.80	176.10	7.50	97.80	19.10	40.20
吉林	204.30	138.90	5.10	50.00	7.10	3.30
黑龙江	285.20	199.90	10.30	64.30	4.40	6.30
上海	80.00	32.80	0.40	37.20	0.40	9.20
江苏	673.50	356.80	9.90	188.40	54.50	63.90
浙江	404.80	179.90	21.00	93.00	46.60	64.20
安徽	390.10	242.40	20.80	92.90	20.00	14.00
福建	300.70	133.30	29.20	67.00	17.90	53.60
江西	298.40	148.50	23.40	82.90	28.20	15.40
山东	840.70	437.00	23.70	240.80	25.60	113.60
河南	573.70	357.70	25.10	139.80	46.20	4.90
湖北	435.40	265.50	17.40	110.40	14.60	27.60
湖南	471.20	248.10	28.10	146.00	25.30	23.70
广东	737.10	360.80	32.90	174.80	68.80	99.90
广西	333.10	172.80	26.80	100.50	16.10	17.00
海南	87.20	33.30	20.70	17.30	4.70	11.20
四川	744.80	417.70	29.20	251.70	33.20	13.00
贵州	176.70	96.60	12.20	47.20	19.50	1.30
云南	250.40	146.70	22.80	61.50	17.30	2.00
西藏	22.50	8.50	0.40	12.00	1.60	
陕西	205.30	127.50	13.00	45.30	18.20	1.30
甘肃	122.70	79.50	4.10	31.10	7.60	0.30
青海	27.30	12.10	0.70	13.00	1.50	0.10
宁夏	28.40	19.50	1.00	6.60	0.50	0.60
新疆	172.40	123.80	4.20	35.80	7.50	1.20

注：本表按当年价格计算。

各地区农、林、牧、渔业总产值及指数

（1994）

地　区	绝对数（亿元）					指数（上年=100）				
	农林牧渔业总产值	农业	林业	牧业	渔业	农林牧渔业总产值	农业	林业	牧业	渔业
北　京	144.29	72.52	3.06	64.00	4.70	107.50	105.70	120.10	109.60	104.00
天　津	94.97	57.71	0.60	29.14	7.52	107.70	104.30	103.30	114.30	108.40
河　北	796.33	518.27	19.44	238.17	20.45	116.20	113.10	105.40	123.60	120.30
山　西	219.02	142.12	10.72	65.16	1.01	106.40	101.10	105.80	120.80	110.30
内蒙古	309.32	189.22	10.34	107.00	2.77	102.70	99.30	104.70	108.40	125.00
辽　宁	602.12	301.35	10.97	220.08	69.73	103.40	88.30	108.50	129.00	103.20
吉　林	405.48	270.81	8.54	120.14	5.99	110.20	103.70	106.00	130.50	107.20
黑龙江	537.87	381.45	12.35	134.41	9.66	114.70	109.70	113.80	129.10	115.20
上　海	140.24	60.19	0.49	62.04	17.52	107.80	102.00	100.30	107.40	128.80
江　苏	1335.23	777.94	18.38	390.70	148.21	112.10	108.00	112.40	117.50	119.00
浙　江	707.21	372.97	41.92	151.79	140.53	109.40	103.80	117.60	101.30	134.00
安　徽	774.43	507.36	34.78	198.57	33.71	103.20	96.30	112.90	117.50	126.50
福　建	591.35	260.69	46.96	130.65	153.06	114.60	108.70	112.40	115.70	127.00
江　西	527.86	276.27	37.52	177.66	36.41	110.20	104.40	108.00	117.80	127.90
山　东	1387.03	660.13	36.78	453.56	236.56	117.60	107.90	116.00	133.80	120.00
河　南	883.32	609.62	29.37	237.76	6.57	103.90	97.60	105.70	120.90	111.90
湖　北	786.84	481.82	26.47	219.53	59.01	109.80	103.90	116.50	115.10	128.80
湖　南	838.16	479.64	37.75	275.85	44.92	107.80	103.90	105.30	114.70	114.40
广　东	1151.38	628.17	41.07	279.98	202.16	104.50	102.70	102.20	104.10	111.10
广　西	537.21	283.71	31.78	184.77	36.95	108.00	102.40	108.00	114.00	136.00
海　南	169.99	74.00	39.11	31.57	25.31	114.00	107.70	113.60	115.60	129.60
四　川	1228.93	689.43	37.46	479.62	22.42	104.00	100.20	104.80	109.20	113.20
贵　州	277.13	180.26	13.61	81.18	2.08	103.70	104.00	100.70	103.60	109.70
云　南	356.78	228.99	30.42	92.12	5.25	103.10	101.00	106.60	105.90	124.10
西　藏	23.06	10.05	0.57	12.43	0.02	100.00	100.00	100.50	100.00	87.00
陕　西	302.38	209.50	17.10	73.82	1.97	99.60	93.90	101.70	115.60	107.80
甘　肃	225.41	157.91	5.80	61.15	0.56	105.30	104.30	104.00	107.90	112.70
青　海	44.87	21.81	0.77	22.16	0.13	103.60	103.80	94.80	103.80	118.10
宁　夏	45.80	31.55	0.99	12.29	0.98	102.10	97.80	93.10	115.30	111.30
新　疆	306.47	233.78	5.98	64.69	2.02	110.90	111.60	110.40	108.10	119.00

注：本表绝对数按当年价格计算，指数按可比价格计算。

各地区农、林、牧、渔业总产值及指数

（1995）

地区	绝对数（亿元）					指数（上年=100）				
	农林牧渔业总产值	农业	林业	牧业	渔业	农林牧渔业总产值	农业	林业	牧业	渔业
北京	164.47	86.84	2.70	68.79	6.14	99.00	100.70	105.10	94.90	122.30
天津	133.25	85.25	0.85	36.58	10.58	112.40	113.50	99.00	105.10	133.40
河北	1147.83	753.52	23.50	344.18	26.63	111.90	110.50	105.40	114.00	124.30
山西	299.68	203.39	13.31	81.75	1.23	104.10	98.30	119.60	114.50	112.30
内蒙古	373.59	231.17	12.12	127.16	3.14	104.10	100.00	106.70	110.90	111.70
辽宁	761.80	391.90	12.92	266.78	90.20	111.50	110.00	106.50	110.80	117.90
吉林	490.28	301.44	8.28	173.32	7.24	105.90	97.40	92.80	127.40	105.50
黑龙江	670.03	462.16	14.66	180.82	12.39	109.20	100.70	118.90	127.30	124.10
上海	182.47	77.71	0.45	81.48	22.83	111.70	109.30	96.00	112.20	116.50
江苏	1686.78	986.15	21.42	475.67	203.54	113.70	112.90	117.00	110.80	124.00
浙江	891.71	481.15	50.02	164.98	194.81	109.80	107.10	106.80	100.90	125.60
安徽	980.26	637.91	39.59	246.19	56.57	114.20	111.50	106.70	113.20	164.70
福建	765.38	340.48	59.24	171.19	194.47	114.00	111.00	110.20	114.20	121.20
江西	631.71	331.64	41.46	209.53	49.08	105.20	100.20	100.30	109.90	125.70
山东	1857.48	931.89	41.81	612.94	270.85	112.50	107.50	103.90	122.80	107.80
河南	1304.25	865.82	38.32	391.09	9.03	123.70	117.20	106.10	141.30	115.40
湖北	988.53	612.12	28.33	268.09	79.98	114.10	111.60	102.60	115.90	127.20
湖南	1046.97	579.74	42.58	369.72	54.93	108.80	104.30	102.30	115.40	121.40
广东	1445.48	777.72	46.12	349.11	272.54	108.30	108.00	105.30	106.90	111.60
广西	743.50	384.17	32.56	270.79	55.97	117.20	114.00	96.20	125.20	135.90
海南	202.10	86.12	47.06	36.51	32.40	112.50	110.40	110.80	112.60	120.00
四川	1520.26	886.93	45.22	558.52	29.59	107.80	107.30	108.10	108.00	120.00
贵州	344.85	224.16	15.29	102.54	2.86	103.00	100.80	100.30	108.90	116.60
云南	474.46	299.48	40.54	127.19	7.26	106.50	107.20	102.30	106.00	120.60
西藏	35.90	17.79	0.72	17.38	0.01	109.90	110.10	116.10	106.20	114.90
陕西	381.65	257.87	16.88	104.65	2.24	104.00	104.80	99.90	102.80	113.10
甘肃	289.37	200.24	6.50	81.84	0.78	101.10	98.60	97.40	107.40	128.40
青海	55.10	26.55	0.86	27.57	0.12	99.80	97.20	102.30	102.50	78.70
宁夏	56.55	38.13	0.97	16.29	1.16	105.60	100.50	101.50	118.90	109.90
新疆	415.19	324.46	5.64	82.34	2.75	109.30	109.90	88.50	109.00	127.00

注：本表绝对数按当年价格计算，指数按可比价格计算。

各地区农、林、牧、渔业总产值及指数

（1996）

地区	绝对数（亿元）					指数（上年=100）				
	农林牧渔业总产值	农业	林业	牧业	渔业	农林牧渔业总产值	农业	林业	牧业	渔业
全国总计	**23428.66**	**13547.15**	**778.07**	**7082.98**	**2020.46**	**109.40**	**107.80**	**105.70**	**111.40**	**114.00**
北京	168.92	89.15	2.83	71.10	5.84	99.10	97.30	106.20	102.30	86.60
天津	142.29	90.17	0.96	39.03	12.13	107.20	108.50	110.30	103.50	110.60
河北	1298.04	801.26	24.80	437.59	34.38	109.40	104.00	103.00	119.10	123.20
山西	352.63	241.18	15.30	94.74	1.41	114.30	114.90	111.30	113.70	111.80
内蒙古	465.33	299.53	13.97	148.56	3.27	123.70	131.40	103.80	114.90	99.70
辽宁	892.64	455.14	13.90	306.96	116.63	117.80	119.90	106.40	114.80	120.20
吉林	595.83	363.67	7.57	216.79	7.80	119.10	117.60	94.50	123.80	109.80
黑龙江	805.66	558.68	16.80	216.38	13.80	112.70	111.00	110.00	116.00	115.80
上海	200.96	87.64	0.67	85.46	27.18	108.30	110.10	134.60	107.20	106.80
江苏	1824.19	1062.39	23.48	498.97	239.35	107.40	108.70	107.50	103.10	111.80
浙江	961.97	517.29	54.76	184.99	204.92	106.70	107.90	105.80	103.20	107.20
安徽	1124.51	683.66	43.87	302.63	94.36	111.60	105.60	115.60	114.90	151.00
福建	891.89	383.18	66.94	206.71	235.05	111.80	109.60	109.50	111.90	116.40
江西	733.49	386.32	46.33	231.18	69.65	108.40	107.50	105.30	103.10	133.60
山东	2180.23	1090.64	49.97	730.71	308.91	108.10	108.20	107.90	108.60	106.70
河南	1639.52	1085.55	41.61	501.69	10.67	114.70	109.80	110.70	124.40	115.10
湖北	1140.76	670.27	33.62	337.02	99.86	106.80	101.40	108.00	114.20	113.20
湖南	1226.32	649.19	45.71	461.01	70.41	108.30	103.10	103.20	115.10	120.70
广东	1577.89	825.59	49.64	398.12	304.53	106.10	103.40	103.00	109.60	110.40
广西	899.58	450.52	38.14	341.84	69.09	108.10	99.60	100.30	121.40	120.40
海南	224.54	102.30	43.80	42.71	35.73	105.40	108.80	95.40	107.40	111.60
四川	1734.35	1028.85	50.18	620.06	35.24	105.50	105.00	106.70	105.70	113.20
贵州	398.17	265.57	14.99	114.46	3.15	104.50	105.60	94.50	103.90	107.20
云南	567.51	369.36	43.21	146.03	8.91	107.40	107.40	106.30	107.40	118.40
西藏	38.53	19.22	0.88	18.41	0.03	103.20	104.80	134.50	100.10	100.00
陕西	458.51	322.93	19.07	113.68	2.83	113.30	117.40	104.50	105.10	116.90
甘肃	328.12	235.24	6.58	85.46	0.85	112.60	115.70	101.20	107.40	106.60
青海	56.16	29.98	0.91	25.14	0.12	103.90	111.80	105.20	96.10	93.10
宁夏	69.17	48.61	1.38	17.98	1.19	119.20	120.70	151.50	114.00	106.60
新疆	430.96	334.07	6.19	87.56	3.14	102.10	100.60	101.00	107.70	112.30

注：本表绝对数按当年价格计算，指数按可比价格计算。

各地区农、林、牧、渔业总产值及指数

(1997)

地区	绝对数（亿元）					指数（上年=100）				
	农林牧渔业总产值	农业	林业	牧业	渔业	农林牧渔业总产值	农业	林业	牧业	渔业
全国总计	**24587.68**	**13866.94**	**817.77**	**7620.28**	**2282.69**	**105.10**	**104.60**	**103.30**	**104.20**	**111.50**
北京	170.86	86.98	2.86	74.80	6.21	100.90	103.80	104.80	97.40	100.50
天津	148.83	89.77	1.00	43.60	14.46	106.60	105.10	102.60	108.40	109.80
河北	1437.29	845.18	26.38	523.14	42.58	107.50	105.00	105.20	110.70	120.00
山西	340.77	226.93	15.61	96.64	1.59	94.70	97.00	101.30	88.80	109.50
内蒙古	489.43	300.99	15.26	169.41	3.78	102.40	97.10	110.60	112.00	107.30
辽宁	920.50	433.62	15.15	333.10	138.63	102.80	93.10	106.70	109.40	112.90
吉林	584.81	315.45	7.99	252.65	8.71	97.90	86.30	108.00	116.90	109.20
黑龙江	844.60	571.10	17.10	241.00	15.40	106.90	107.90	102.10	105.30	111.60
上海	204.41	85.20	0.47	88.37	30.37	105.60	107.60	79.40	103.90	106.90
江苏	1816.37	1085.26	22.56	430.57	277.98	99.60	106.40	92.60	82.30	109.50
浙江	1004.88	516.21	59.26	190.03	239.38	102.40	100.70	106.30	94.80	110.40
安徽	1226.54	701.10	52.11	357.62	115.71	110.30	106.70	103.90	115.40	121.80
福建	925.56	391.30	75.80	193.66	264.80	108.20	107.60	110.00	92.10	120.10
江西	785.51	394.61	46.86	255.86	88.19	107.00	106.20	98.50	105.70	120.30
山东	2232.34	1117.19	49.85	744.60	320.69	103.10	102.50	100.50	104.20	102.50
河南	1710.12	1105.73	47.20	544.05	13.14	106.00	107.00	103.30	104.30	117.30
湖北	1243.68	711.91	37.33	381.40	113.04	109.50	107.80	106.40	109.90	115.90
湖南	1322.26	660.03	47.98	538.15	76.10	108.30	108.10	101.50	109.20	110.40
广东	1656.46	851.34	52.10	425.67	327.34	106.80	107.60	101.10	104.90	108.00
广西	980.24	496.89	38.64	363.90	80.81	111.60	114.50	97.40	107.70	120.40
海南	233.94	107.49	41.70	45.24	39.50	109.60	109.80	113.30	106.30	107.30
重庆	444.93	267.89	11.73	152.47	12.84	97.60	102.00	95.70	91.00	115.70
四川	1395.43	798.22	41.32	527.60	28.30	104.90	104.10	102.60	105.90	112.00
贵州	417.53	289.20	15.39	109.36	3.58	102.30	105.00	101.40	95.80	120.60
云南	612.01	397.09	40.40	163.93	10.59	108.20	108.00	106.90	109.10	111.40
西藏	41.45	21.82	0.86	18.76	0.02	103.40	104.20	85.10	104.50	138.70
陕西	463.59	321.41	18.63	120.48	3.07	101.10	100.10	94.90	105.00	109.40
甘肃	325.05	223.07	7.42	93.63	0.93	101.40	100.40	95.50	104.40	110.00
青海	59.01	30.62	0.97	27.34	0.09	105.70	106.00	102.10	105.80	58.70
宁夏	72.82	49.48	1.34	20.66	1.34	104.10	100.70	97.70	112.20	111.00
新疆	476.47	373.86	6.49	92.59	3.53	109.50	109.60	100.60	110.20	108.40

注：本表绝对数按当年价格计算，指数按可比价格计算。

各地区农、林、牧、渔业总产值及指数

（1998）

地　区	绝对数（亿元）					指数（上年=100）				
	农林牧渔业总产值	农业	林业	牧业	渔业	农林牧渔业总产值	农业	林业	牧业	渔业
全国总计	**24516.70**	**14241.90**	**851.30**	**7000.70**	**2422.90**	**106.00**	**104.90**	**102.90**	**107.40**	**108.80**
北　京	176.58	89.16	3.23	76.60	7.59	103.40	102.30	89.20	104.50	113.00
天　津	156.17	98.83	1.20	38.10	18.05	112.60	108.20	140.10	115.50	127.60
河　北	1505.94	885.88	27.36	547.60	45.09	107.80	107.40	102.10	108.50	110.40
山　西	359.15	249.46	13.34	94.80	1.55	111.50	116.50	89.60	105.20	105.40
内蒙古	534.39	335.32	16.88	177.40	4.79	108.10	110.30	104.90	104.60	122.30
辽　宁	969.79	534.71	17.35	269.60	148.13	116.00	124.00	111.20	109.70	109.80
吉　林	666.47	394.86	8.08	254.10	9.43	117.90	125.70	104.00	108.50	107.30
黑龙江	736.34	517.59	17.70	184.50	16.55	100.10	96.10	97.80	109.90	110.30
上　海	206.78	89.10	0.84	87.30	29.54	102.40	105.10	139.30	101.90	96.70
江　苏	1849.19	1096.88	24.16	435.50	292.65	104.00	103.00	109.90	104.20	107.20
浙　江	1003.71	522.98	59.46	165.90	255.37	103.80	100.40	96.50	103.60	112.30
安　徽	1202.27	679.61	58.52	335.70	128.44	102.70	97.20	108.40	109.30	114.30
福　建	973.39	410.96	78.35	200.20	283.88	106.00	103.40	103.00	108.30	109.60
江　西	734.87	361.54	47.62	238.30	87.41	98.20	92.10	101.00	104.40	105.80
山　东	2174.54	1219.85	45.91	583.40	325.38	109.90	111.30	96.00	111.60	104.90
河　南	1822.99	1159.55	50.20	597.10	16.13	106.90	105.30	104.70	109.70	114.70
湖　北	1147.51	688.06	41.29	296.30	121.86	101.10	98.00	114.20	101.70	107.80
湖　南	1232.75	628.69	48.20	476.29	79.57	102.90	98.60	102.40	108.70	107.10
广　东	1614.64	861.98	54.65	350.80	347.21	104.80	103.40	103.60	105.20	108.40
广　西	865.91	476.24	37.75	263.96	87.95	105.20	106.50	95.50	102.90	110.10
海　南	242.54	117.73	42.65	37.70	44.47	108.50	109.20	104.30	107.60	113.50
重　庆	434.41	254.94	15.09	150.00	14.38	102.50	101.50	117.20	101.70	112.40
四　川	1394.14	823.71	45.87	493.10	31.45	104.40	102.70	103.00	106.60	111.70
贵　州	402.29	274.55	15.48	108.10	4.17	100.30	97.30	102.20	107.00	118.90
云　南	614.50	381.26	41.77	179.30	12.16	104.50	100.60	105.20	112.60	124.20
西　藏	42.34	22.43	0.88	19.00	0.03	102.30	104.50	103.20	100.70	188.00
陕　西	479.36	340.87	19.23	115.90	3.35	108.90	109.20	109.80	107.70	105.10
甘　肃	335.79	252.55	8.78	73.30	1.16	115.90	119.10	98.90	108.90	119.00
青　海	60.78	31.42	1.00	28.30	0.07	104.70	103.40	101.80	106.40	83.00
宁　夏	78.76	53.81	1.00	22.40	1.55	109.30	109.90	66.80	111.60	119.60
新　疆	498.41	387.36	7.40	100.10	3.54	110.80	111.50	105.70	109.00	101.80

注：本表绝对数按当年价格计算，指数按可比价格计算。

各地区农、林、牧、渔业总产值及指数

(1999)

地　区	绝对数（亿元）					指数（上年=100）				
	农林牧渔业总产值	农业	林业	牧业	渔业	农林牧渔业总产值	农业	林业	牧业	渔业
全国总计	**24519.06**	**14106.22**	**886.30**	**6997.58**	**2529.04**	**104.66**	**104.32**	**103.20**	**104.55**	**107.19**
北　京	184.34	91.20	4.20	81.10	7.90	106.53	101.71	113.84	109.90	128.72
天　津	150.11	91.60	1.40	39.00	18.20	100.34	93.74	115.87	113.55	103.02
河　北	1539.77	879.60	28.10	583.00	49.00	104.86	102.18	102.90	108.68	110.45
山　西	305.34	206.30	12.20	85.40	1.60	90.95	87.03	85.33	101.05	111.83
内蒙古	532.32	318.70	21.00	187.20	5.40	101.31	97.41	111.63	105.99	113.70
辽　宁	977.05	510.90	18.50	282.40	165.20	103.34	96.85	104.41	107.60	111.81
吉　林	675.31	388.40	10.50	266.80	9.60	101.96	99.13	127.39	105.15	102.34
黑龙江	660.52	460.00	18.30	165.90	16.40	103.02	102.63	107.00	102.97	106.31
上　海	206.90	87.90	1.00	86.40	31.70	102.56	102.97	139.47	101.53	103.78
江　苏	1837.43	1095.10	26.10	414.00	302.20	105.34	105.92	100.00	103.47	106.50
浙　江	1005.22	519.00	62.30	157.00	266.90	104.71	104.37	107.16	105.19	104.45
安　徽	1234.32	706.80	60.90	340.10	126.60	108.20	110.86	106.32	104.08	106.43
福　建	1010.82	425.20	80.20	202.00	303.50	106.37	108.92	103.10	103.46	105.93
江　西	750.29	388.20	49.60	224.00	88.50	104.90	111.00	98.39	96.26	107.20
山　东	2203.00	1254.90	45.00	573.00	330.20	105.49	104.42	100.18	106.81	107.18
河　南	1906.75	1231.90	51.80	605.60	17.50	107.74	108.82	103.66	106.32	108.98
湖　北	1126.10	646.00	40.90	311.40	127.80	104.20	105.33	96.16	103.08	104.90
湖　南	1173.27	624.50	48.20	431.20	69.40	103.45	104.93	105.54	100.03	107.76
广　东	1653.41	859.70	58.80	365.90	369.10	105.47	105.18	105.32	105.00	106.60
广　西	844.78	454.90	37.50	261.90	90.60	107.90	111.38	99.78	103.57	106.20
海　南	279.23	131.70	47.60	44.30	55.70	113.95	113.82	110.31	109.80	122.04
重　庆	416.95	249.60	11.60	141.00	14.70	99.90	100.71	75.70	100.49	109.18
四　川	1376.90	792.80	45.30	504.70	34.10	103.39	102.01	98.73	105.33	111.87
贵　州	407.12	278.70	16.00	108.10	4.40	103.56	103.60	99.55	104.09	109.39
云　南	642.47	395.00	45.60	188.80	13.10	105.49	104.20	102.74	109.05	111.03
西　藏	48.22	26.10	0.90	21.20		107.43	110.81	97.98	105.70	100.00
陕　西	452.47	327.70	22.30	99.00	3.60	99.77	100.77	111.44	93.92	113.50
甘　肃	320.56	242.70	9.30	67.50	1.10	99.04	98.34	112.22	99.46	120.45
青　海	59.02	29.30	1.40	28.20	0.10	100.06	97.54	139.51	100.81	100.00
宁　夏	77.95	51.30	2.60	22.60	1.50	104.60	101.86	150.00	105.85	122.02
新　疆	461.15	340.90	7.60	109.20	3.40	104.75	103.87	100.86	108.11	106.36

注：本表绝对数按当年价格计算，指数按可比价格计算。

各地区农、林、牧、渔业总产值及指数

（2000）

地区	绝对数（亿元）					指数（上年=100）				
	农林牧渔业总产值	农业	林业	牧业	渔业	农林牧渔业总产值	农业	林业	牧业	渔业
全国总计	**24915.80**	**13873.60**	**936.50**	**7393.10**	**2712.60**	**103.60**	**101.40**	**105.40**	**106.30**	**106.50**
北京	195.19	91.09	5.40	90.56	8.13	113.06	110.25	122.70	116.02	111.57
天津	156.30	83.42	1.37	51.75	19.76	104.18	95.64	93.75	119.60	106.10
河北	1544.65	846.72	25.37	613.68	58.89	105.67	105.35	98.39	106.19	108.68
山西	322.35	218.33	12.73	89.67	1.63	109.33	111.58	105.35	105.37	102.89
内蒙古	543.16	308.36	23.61	205.46	5.73	102.47	100.32	115.04	104.10	104.88
辽宁	967.36	463.54	19.66	304.20	179.96	99.19	91.69	102.27	105.91	104.05
吉林	609.37	320.28	11.38	268.71	9.00	94.40	86.16	102.12	105.81	97.39
黑龙江	625.13	414.36	18.32	175.66	16.79	99.31	95.29	100.14	108.13	102.98
上海	216.50	89.81	1.41	87.35	37.92	103.89	105.97	160.66	99.19	111.30
江苏	1869.73	1096.02	30.17	430.53	313.01	105.02	103.07	119.89	107.51	107.39
浙江	1062.87	520.39	67.79	177.34	297.36	104.60	98.64	111.15	108.61	110.89
安徽	1219.96	675.27	64.02	349.38	131.28	101.66	98.60	107.58	105.51	105.03
福建	1037.27	420.98	82.29	208.18	325.82	103.13	98.29	105.89	105.46	107.28
江西	760.27	387.27	51.11	221.80	100.09	102.82	101.75	108.04	99.84	108.96
山东	2294.35	1300.44	47.62	599.17	347.12	103.87	103.98	106.16	105.44	100.50
河南	1981.54	1264.30	56.18	641.56	19.51	105.42	104.25	105.58	107.19	112.10
湖北	1125.64	615.74	40.24	338.77	130.89	102.77	102.76	98.47	103.62	102.40
湖南	1221.69	633.84	51.01	455.93	80.91	104.16	103.29	104.29	103.57	111.45
广东	1640.70	807.95	59.64	389.70	383.42	104.00	100.60	103.52	109.80	107.49
广西	828.97	418.83	38.76	275.33	96.05	100.20	94.65	101.92	109.37	105.31
海南	311.94	145.03	48.08	50.27	68.57	111.46	110.45	101.64	116.95	120.94
重庆	412.63	244.74	10.82	141.99	15.08	100.90	100.31	86.64	102.73	103.78
四川	1413.29	785.37	49.13	541.54	37.25	104.91	102.86	103.10	107.43	112.59
贵州	412.97	279.62	18.04	110.67	4.65	103.80	103.13	110.95	103.67	113.43
云南	680.86	416.36	49.75	201.49	13.26	106.50	106.07	104.11	108.52	102.75
西藏	51.22	26.36	1.31	23.53		101.87	102.21	103.55	101.58	
陕西	464.89	327.78	27.22	106.39	3.51	104.60	103.84	105.44	106.83	99.77
甘肃	323.03	238.97	11.15	71.72	1.19	104.92	103.44	122.37	107.11	109.57
青海	56.98	24.91	1.51	30.49	0.08	97.46	90.66	103.75	104.29	128.03
宁夏	77.75	46.99	3.11	25.75	1.90	103.79	97.67	128.54	112.46	114.77
新疆	487.20	360.54	8.35	114.51	3.80	105.25	104.20	110.33	108.04	116.23

注：本表绝对数按当年价格计算，指数按可比价格计算。

各地区农、林、牧、渔业总产值及指数

（2001）

地区	绝对数（亿元）					指数（上年=100）				
	农林牧渔业总产值	农业	林业	牧业	渔业	农林牧渔业总产值	农业	林业	牧业	渔业
全国总计	**26179.60**	**14462.80**	**938.80**	**7963.10**	**2815.00**	**104.20**	**103.60**	**99.28**	**106.26**	**103.90**
北京	214.07	89.70	9.53	105.24	9.60	107.45	100.10	223.07	109.84	111.44
天津	169.51	86.73	1.46	60.76	20.56	107.97	104.07	107.26	115.88	103.04
河北	1680.48	899.38	34.02	685.92	61.16	105.31	105.24	122.06	104.71	104.27
山西	301.53	191.26	12.28	96.26	1.73	93.02	88.88	86.44	102.86	105.92
内蒙古	555.90	307.57	26.07	216.24	6.02	102.04	99.34	109.51	104.89	105.50
辽宁	1045.70	503.15	21.79	332.26	188.50	106.64	108.47	109.29	106.66	103.09
吉林	659.30	405.85	11.31	236.36	5.77	106.86	105.19	105.00	109.64	85.08
黑龙江	711.04	450.59	15.73	224.65	20.07	106.47	106.53	80.94	109.88	105.00
上海	227.61	95.53	3.52	88.43	40.13	107.58	103.08	228.51	104.58	121.76
江苏	1956.10	1142.67	30.76	448.51	334.17	104.55	104.99	99.15	102.37	106.73
浙江	1107.98	529.47	73.72	195.94	308.84	103.20	100.51	97.93	111.57	103.71
安徽	1258.06	687.97	66.21	371.59	132.30	102.79	101.68	103.06	105.33	101.72
福建	1061.61	433.24	82.34	215.50	330.52	103.95	105.27	98.82	103.84	104.23
江西	790.27	405.92	53.98	226.11	104.27	103.00	103.40	101.24	101.63	105.09
山东	2453.96	1401.34	47.23	654.70	350.69	103.98	104.14	93.84	107.36	98.65
河南	2102.79	1331.55	57.00	693.82	20.43	105.56	105.40	101.26	106.24	104.45
湖北	1172.82	658.26	27.11	352.63	134.82	103.01	105.50	72.95	102.94	102.50
湖南	1283.08	665.70	51.88	480.28	85.23	104.00	103.51	103.15	104.46	105.51
广东	1688.03	817.95	56.78	423.24	390.06	104.27	102.43	104.52	109.54	103.85
广西	872.90	439.93	39.45	292.34	101.19	104.93	105.20	100.42	105.98	103.42
海南	325.13	141.27	43.32	58.22	82.32	112.56	113.74	105.79	110.62	118.46
重庆	431.17	250.40	11.20	154.40	15.16	102.06	100.33	109.65	104.15	101.89
四川	1466.83	769.95	50.85	605.03	41.00	102.63	97.30	100.23	109.40	110.41
贵州	418.61	279.95	15.08	118.46	5.13	101.16	99.93	84.04	106.93	110.38
云南	703.53	431.31	47.21	210.63	14.38	103.59	103.80	96.42	105.58	107.02
西藏	52.78	27.61	1.28	23.87		105.44	108.50	84.75	104.51	
陕西	478.84	337.42	23.59	114.07	3.75	102.46	102.85	85.66	105.64	105.10
甘肃	344.61	253.99	8.65	80.88	1.09	107.81	109.93	71.19	107.14	104.29
青海	63.30	28.90	1.82	32.47	0.11	105.38	106.51	100.30	104.51	159.10
宁夏	85.30	49.39	3.50	30.29	2.12	107.98	105.90	109.30	111.01	111.76
新疆	496.81	348.84	10.08	134.02	3.86	104.54	103.88	116.09	105.83	104.19

注：本表绝对数按当年价格计算，指数按可比价格计算。

各地区农、林、牧、渔业总产值及指数

（2002）

地区	绝对数（亿元）					指数（上年=100）				
	农林牧渔业总产值	农业	林业	牧业	渔业	农林牧渔业总产值	农业	林业	牧业	渔业
全国总计	**27390.80**	**14931.50**	**1033.50**	**8454.60**	**2971.10**	**104.90**	**103.90**	**107.10**	**106.00**	**106.10**
北京	230.40	90.10	12.80	117.20	10.30	111.10	105.20	140.60	115.30	102.40
天津	181.10	86.10	1.50	69.20	24.30	106.00	91.10	113.30	114.90	136.20
河北	1729.20	918.60	37.50	707.10	65.90	105.00	104.00	110.90	106.50	103.30
山西	351.60	227.10	24.90	97.80	1.90	116.40	120.00	156.00	104.70	106.10
内蒙古	587.00	332.10	28.80	220.60	5.40	104.90	106.50	110.80	102.00	102.00
辽宁	1132.50	540.10	27.90	361.30	203.20	108.30	107.30	125.90	108.80	107.30
吉林	678.50	419.70	14.30	238.80	5.70	113.70	123.90	111.60	102.60	97.70
黑龙江	776.70	487.50	16.20	252.10	20.90	108.10	107.50	102.20	110.50	104.00
上海	233.60	97.20	7.70	83.50	45.10	103.00	100.30	245.50	96.00	112.90
江苏	2011.50	1165.50	36.30	456.00	353.70	103.80	102.30	115.70	103.90	108.00
浙江	1136.30	532.20	74.50	205.10	324.50	100.70	97.70	102.50	104.20	102.40
安徽	1305.60	712.40	69.30	391.70	132.20	104.40	104.50	102.60	104.90	103.50
福建	1088.70	444.20	84.20	222.70	337.60	103.50	103.10	102.10	104.30	104.00
江西	824.50	421.50	59.20	233.90	110.00	104.00	102.70	105.90	103.30	108.50
山东	2526.00	1420.90	48.30	698.40	358.50	101.10	97.50	95.50	106.80	102.30
河南	2194.80	1360.30	60.50	750.70	23.40	104.60	103.90	103.20	105.40	119.30
湖北	1203.30	671.20	28.30	354.80	148.90	102.00	97.60	103.00	104.60	112.40
湖南	1319.90	666.60	54.80	508.70	89.80	102.70	100.20	104.60	105.10	105.90
广东	1764.80	841.80	57.10	449.70	416.30	107.50	109.40	97.20	105.90	106.50
广西	916.50	465.50	39.80	306.50	104.70	107.80	111.20	100.70	105.20	102.70
海南	360.20	151.50	49.10	65.00	94.60	105.40	97.40	107.00	109.80	114.00
重庆	461.00	264.10	13.50	166.20	17.20	105.50	105.70	119.80	104.20	105.60
四川	1600.60	807.40	54.60	692.90	45.60	107.40	105.10	105.70	109.90	112.10
贵州	431.40	278.90	18.20	128.80	5.50	102.50	98.50	116.90	108.50	108.30
云南	737.50	445.30	53.50	223.50	15.20	104.60	103.50	109.00	105.10	109.30
西藏	55.90	29.10	1.20	25.60		103.80	103.00	119.80	103.60	
陕西	509.10	353.20	26.60	125.10	4.10	106.20	105.90	110.60	106.10	108.70
甘肃	359.40	257.30	13.90	87.30	1.00	105.80	103.70	163.60	106.10	100.40
青海	65.50	28.60	2.70	34.10	0.10	103.50	98.50	145.80	105.20	98.60
宁夏	92.50	52.90	5.10	32.00	2.40	107.80	106.70	152.60	104.10	117.70
新疆	525.00	362.80	11.10	148.00	3.10	105.20	103.90	111.50	108.90	102.10

注：本表绝对数按当年价格计算，指数按可比价格计算。

各地区农、林、牧、渔业总产值及指数

(2003)

地区	绝对数(亿元)					指数(上年=100)				
	农林牧渔业总产值	#农业	#林业	#牧业	#渔业	农林牧渔业总产值	#农业	#林业	#牧业	#渔业
全国总计	**29691.80**	**14870.10**	**1239.90**	**9538.80**	**3137.60**	**103.90**	**100.50**	**106.90**	**107.30**	**105.30**
北京	246.76	88.75	13.49	125.49	10.17	104.06	98.22	116.11	108.55	104.58
天津	213.88	88.20	1.61	77.22	26.41	106.90	100.02	103.80	113.63	106.71
河北	1956.87	958.30	41.27	820.58	57.72	106.33	105.55	111.71	107.27	99.43
山西	403.59	249.45	20.36	111.93	1.97	104.66	104.02	79.66	110.14	106.32
内蒙古	666.38	335.96	47.94	267.10	4.94	106.24	94.82	112.95	122.02	87.16
辽宁	1214.98	497.33	38.35	422.01	223.99	107.07	104.20	114.24	108.98	107.07
吉林	792.14	438.34	33.77	298.44	13.56	106.31	104.97	102.40	108.60	106.36
黑龙江	903.27	502.93	59.06	294.16	23.13	102.99	96.46	102.54	115.42	105.95
上海	247.29	98.16	13.05	81.13	49.21	101.13	92.93	133.42	95.05	123.04
江苏	1952.20	981.25	31.49	458.86	371.56	101.05	94.33	119.97	102.83	106.64
浙江	1184.04	529.44	65.67	233.01	337.11	104.17	105.05	102.69	101.95	103.05
安徽	1305.36	617.92	73.36	443.46	129.68	94.00	83.28	95.05	109.15	99.66
福建	1151.16	466.75	79.25	237.34	351.85	103.73	102.58	101.50	105.45	104.75
江西	841.63	383.71	70.48	254.01	118.55	102.74	99.50	106.97	103.60	107.93
山东	2902.45	1599.32	53.70	831.34	370.04	105.54	106.46	107.61	105.67	101.70
河南	2193.09	1137.74	69.11	835.93	23.31	97.95	90.43	103.80	106.86	108.33
湖北	1342.09	733.36	34.78	383.71	170.43	105.25	101.77	107.94	104.38	105.49
湖南	1452.96	671.66	81.73	575.08	96.97	103.74	102.65	104.04	104.08	107.26
广东	1908.66	851.72	55.72	482.83	432.74	103.85	102.54	97.20	107.05	104.34
广西	1030.89	500.82	53.80	342.83	115.53	104.33	100.02	114.83	109.20	106.87
海南	379.98	152.71	53.33	64.77	103.11	108.98	107.46	107.83	107.02	112.74
重庆	488.57	270.12	14.58	177.64	18.33	106.73	103.51	119.59	104.80	106.80
四川	1784.49	804.70	59.26	832.34	53.34	106.21	101.89	109.74	109.24	118.40
贵州	466.72	275.47	25.87	139.48	6.08	105.36	104.87	100.95	108.84	106.41
云南	799.33	433.91	73.17	242.53	16.56	106.65	104.70	114.40	107.16	113.71
西藏	58.63	25.27	5.31	27.09		104.99	96.05	187.19	101.41	41.98
陕西	534.96	334.35	26.83	145.60	4.48	106.38	104.33	107.10	111.32	106.64
甘肃	400.80	275.82	19.81	93.88	0.96	105.85	103.18	148.36	107.41	97.20
青海	76.95	29.74	2.64	40.71	0.09	102.96	102.33	82.70	106.07	73.60
宁夏	103.39	54.13	7.46	36.35	2.59	105.98	101.19	156.12	106.05	106.13
新疆	688.32	482.76	13.69	161.98	3.21	106.29	105.16	120.70	108.66	101.70

注:本表绝对数按当年价格计算,指数按可比价格计算。

各地区农、林、牧、渔业总产值及指数

（2004）

地　区	绝对数（亿元）					指数（上年=100）				
	农林牧渔业总产值	#农业	#林业	#牧业	#渔业	农林牧渔业总产值	#农业	#林业	#牧业	#渔业
全国总计	**36238.99**	**18138.36**	**1327.12**	**12173.80**	**3605.60**	**107.45**	**108.50**	**102.00**	**107.19**	**106.05**
北　京	262.00	92.68	12.74	138.69	9.86	100.43	100.39	92.06	103.04	89.05
天　津	241.01	95.29	1.66	92.55	31.85	104.30	103.08	102.63	105.83	110.49
河　北	2375.89	1135.75	40.02	1037.72	72.08	106.82	107.29	92.97	106.64	107.75
山　西	481.82	290.53	19.14	141.17	2.45	106.78	105.12	88.27	108.21	113.85
内蒙古	851.30	411.54	46.58	374.69	5.95	114.96	109.40	93.01	125.96	107.36
辽　宁	1510.52	611.32	40.65	548.31	272.21	107.91	106.50	106.11	109.72	107.56
吉　林	940.67	486.23	32.85	399.06	13.44	105.42	96.98	97.28	118.93	99.11
黑龙江	1136.64	620.19	65.78	400.65	25.02	119.26	122.73	111.38	117.71	103.47
上　海	248.89	109.32	13.14	70.77	49.90	92.81	100.57	100.71	79.88	95.94
江　苏	2417.63	1242.41	40.15	563.44	449.47	108.91	113.66	116.69	99.04	108.30
浙　江	1332.27	592.59	78.36	277.89	361.99	104.38	105.08	106.69	101.34	104.64
安　徽	1644.42	842.02	71.93	540.78	146.90	108.92	118.10	95.72	100.52	104.22
福　建	1317.28	525.80	86.18	291.69	397.54	105.02	103.77	105.83	106.09	106.17
江　西	1054.96	491.06	79.08	324.98	143.17	108.05	110.67	104.53	105.32	108.02
山　东	3453.91	1891.73	59.49	1022.84	426.09	105.97	105.60	104.30	107.38	104.41
河　南	2963.92	1602.88	75.85	1117.23	27.96	112.87	118.77	105.45	106.73	109.88
湖　北	1695.44	921.59	31.78	514.52	205.68	105.47	106.02	91.30	105.14	106.17
湖　南	1913.31	874.00	91.31	796.95	119.92	107.54	109.36	107.28	105.56	107.09
广　东	2154.79	959.97	61.72	571.09	466.45	104.51	105.65	103.36	101.82	104.77
广　西	1294.53	623.09	58.07	460.68	133.77	106.18	105.74	103.44	108.25	104.02
海　南	438.73	170.92	59.79	83.87	116.63	109.19	107.48	105.38	111.98	111.51
重　庆	612.77	332.95	18.48	230.94	21.25	105.24	105.22	106.15	104.99	108.00
四　川	2252.28	987.70	62.65	1097.62	65.75	107.09	104.06	103.69	109.96	112.82
贵　州	524.64	317.69	23.25	168.80	7.02	102.64	105.44	85.67	109.22	108.72
云　南	965.22	516.92	86.40	305.42	19.14	106.78	106.14	103.70	108.74	109.46
西　藏	62.74	26.56	5.72	29.12		107.00	105.11	107.73	107.51	111.50
陕　西	651.21	413.74	26.35	179.44	5.12	109.13	112.13	98.55	104.52	102.31
甘　肃	477.35	331.37	16.19	117.68	1.02	107.00	107.54	80.94	111.10	107.05
青　海	86.65	34.22	1.80	46.50	0.07	105.15	105.81	68.17	107.21	79.51
宁　夏	125.52	71.30	6.20	41.24	3.59	108.35	114.70	83.11	103.93	110.46
新　疆	750.68	515.00	13.82	187.47	4.30	106.39	104.48	100.74	111.97	108.18

注：本表绝对数按当年价格计算，指数按可比价格计算。

各地区农、林、牧、渔业总产值及指数

(2005)

地区	绝对数(亿元)					指数(上年=100)				
	农林牧渔业总产值	#农业	#林业	#牧业	#渔业	农林牧渔业总产值	#农业	#林业	#牧业	#渔业
全国总计	**39450.89**	**19613.37**	**1425.54**	**13310.78**	**4016.12**	**105.66**	**104.15**	**103.19**	**107.84**	**106.55**
北京	268.85	100.59	13.34	135.75	9.73	100.29	102.75	102.70	97.33	102.82
天津	258.41	97.49	1.89	102.71	36.26	104.49	100.23	113.56	107.47	110.59
河北	2600.83	1258.00	40.13	1124.43	79.44	106.54	105.95	96.91	107.65	104.06
山西	483.80	281.74	16.52	148.59	2.69	97.17	93.01	84.07	103.22	107.42
内蒙古	980.21	473.89	39.79	444.58	7.24	111.17	110.61	82.57	115.16	116.02
辽宁	1671.57	640.12	44.47	636.43	306.73	107.52	103.81	111.00	111.12	107.90
吉林	1050.49	518.13	39.90	467.59	14.87	111.72	106.16	116.90	118.19	110.06
黑龙江	1294.41	718.59	67.33	461.16	27.43	110.16	108.96	100.66	115.85	105.50
上海	233.39	111.25	11.11	54.34	51.64	89.47	94.24	84.52	76.45	99.10
江苏	2576.98	1291.06	45.27	599.14	511.86	103.70	101.10	107.50	103.58	110.65
浙江	1428.28	654.81	83.51	285.96	380.81	102.43	102.69	101.09	105.19	99.90
安徽	1666.19	818.48	78.41	553.56	165.62	101.41	97.85	105.18	103.91	106.68
福建	1396.15	571.01	96.92	276.48	434.37	102.22	102.66	107.52	95.47	105.35
江西	1142.99	510.47	87.37	365.10	162.56	106.82	103.44	104.42	112.26	107.87
山东	3741.81	2033.95	57.57	1125.04	465.52	105.23	103.94	96.33	107.30	106.67
河南	3309.70	1790.37	83.92	1251.65	35.26	107.54	107.66	104.68	107.62	122.53
湖北	1775.58	932.15	37.30	545.40	236.49	104.16	103.05	106.39	105.12	105.88
湖南	2056.24	947.72	100.96	834.52	138.37	105.83	104.48	109.76	106.25	109.64
广东	2447.57	1109.17	66.25	638.61	523.79	104.80	103.38	102.89	105.52	105.66
广西	1448.37	711.89	61.68	511.60	143.62	107.43	105.84	107.01	110.59	105.04
海南	475.88	179.63	58.93	95.21	132.18	106.74	105.78	91.61	115.02	108.56
重庆	662.19	358.30	19.97	249.50	23.80	105.15	103.89	100.85	106.92	105.99
四川	2457.46	1037.20	69.94	1230.18	78.49	106.51	102.64	109.09	109.46	112.74
贵州	571.84	335.53	23.91	194.21	9.41	105.93	104.26	99.87	109.78	106.72
云南	1068.58	559.32	105.53	339.68	22.97	106.90	104.31	108.79	110.25	111.44
西藏	67.74	25.48	10.11	30.05		101.89	93.39	176.72	92.52	156.69
陕西	730.72	472.90	25.01	199.00	5.49	108.10	107.71	93.76	111.61	110.40
甘肃	521.53	362.89	15.90	129.11	1.10	106.57	106.96	92.05	108.36	100.00
青海	94.04	36.44	1.75	51.70	0.06	105.30	104.07	97.45	107.14	89.20
宁夏	138.00	78.94	5.56	46.00	3.98	106.21	106.88	89.78	107.53	104.22
新疆	831.06	595.85	15.29	183.52	4.34	107.40	106.97	105.77	109.00	105.35

注：本表绝对数按当年价格计算，指数按可比价格计算。2003 年执行新国民经济行业分类标准，总产值包括农林牧渔服务业产值。

各地区农、林、牧、渔业总产值及指数

（2006）

地　区	绝对数（亿元）					指数（上年=100）				
	农林牧渔业总产值	#农业	#林业	#牧业	#渔业	农林牧渔业总产值	#农业	#林业	#牧业	#渔业
全国总计	**42424.38**	**21549.13**	**1602.01**	**13640.15**	**4432.96**	**105.42**	**105.39**	**105.58**	**105.00**	**105.99**
北　京	269.97	109.33	14.79	123.56	9.79	101.24	107.48	105.06	94.22	100.35
天　津	270.99	105.45	1.98	104.15	38.70	103.45	103.96	104.62	102.86	104.84
河　北	2771.83	1394.72	44.26	1136.78	86.90	105.50	106.03	92.79	104.86	108.31
山　西	512.40	303.97	15.34	150.40	3.54	105.71	107.05	89.52	103.37	113.87
内蒙古	1085.86	532.40	41.83	487.26	8.27	106.78	105.92	96.31	108.63	105.38
辽　宁	1841.31	715.11	52.27	654.62	366.36	106.97	103.59	110.14	108.49	108.64
吉　林	1155.50	597.02	44.35	483.46	16.98	107.50	109.64	98.10	105.15	114.02
黑龙江	1387.74	787.45	68.02	480.66	30.10	106.39	106.51	101.03	106.88	108.42
上　海	237.01	119.99	10.43	46.29	55.25	100.73	103.18	93.92	92.52	105.77
江　苏	2707.06	1389.61	54.25	571.43	552.21	104.92	105.39	115.74	101.24	106.82
浙　江	1514.56	712.54	86.04	287.34	403.52	103.55	104.63	105.46	101.52	102.56
安　徽	1779.93	905.56	88.38	540.40	191.13	106.48	108.65	107.29	103.01	106.72
福　建	1496.35	628.67	105.78	279.70	463.44	102.96	102.63	104.89	102.09	103.36
江　西	1228.32	556.92	104.61	368.22	178.66	106.09	105.45	118.35	103.13	107.45
山　东	4056.58	2221.38	65.48	1160.37	537.67	105.20	105.40	110.69	104.38	103.88
河　南	3589.69	1996.16	94.92	1299.13	43.99	107.43	108.14	107.71	106.63	119.02
湖　北	1871.00	1018.76	40.50	523.79	259.82	104.89	105.58	99.46	103.33	105.74
湖　南	2131.91	1023.51	112.45	808.29	150.46	104.88	105.48	106.06	103.43	108.08
广　东	2678.26	1261.06	67.60	656.84	570.37	104.00	103.56	95.01	103.07	106.00
广　西	1648.07	829.43	79.75	564.54	153.58	107.28	106.06	121.59	107.81	105.59
海　南	543.90	214.60	70.50	99.31	148.31	109.43	111.10	104.69	107.12	110.84
重　庆	637.24	340.95	22.31	240.31	21.86	96.06	94.20	99.12	98.85	88.35
四　川	2602.10	1075.08	76.75	1317.41	87.16	103.71	98.83	107.28	107.12	109.09
贵　州	610.62	354.58	25.85	207.64	12.45	104.84	102.37	104.37	108.25	119.82
云　南	1209.76	630.19	142.59	362.89	26.30	108.44	107.77	113.22	107.36	117.09
西　藏	70.04	31.80	2.84	33.04	0.18	100.80	120.84		107.61	
陕　西	818.74	531.62	28.95	221.93	5.55	107.34	107.87	102.28	106.83	111.48
甘　肃	561.36	395.44	14.99	135.60	1.16	104.61	103.58	85.55	109.04	105.29
青　海	100.60	38.07	1.99	56.25	0.10	103.73	96.63	113.68	108.57	168.14
宁　夏	152.18	89.16	5.02	49.42	4.44	106.83	106.45	90.26	108.19	114.08
新　疆	883.50	638.60	17.20	189.10	4.70	107.50	107.65	106.64	107.78	105.98

注：1. 西藏林业产值2005年与2006年口径不一致，故指数不可比。

2. 本表绝对数按当年价格计算，指数按可比价格计算。2003年执行新国民经济行业分类标准，总产值包括农林牧渔服务业产值。

各地区农、林、牧、渔业总产值及指数

（2007）

地区	绝对数（亿元）					指数（上年=100）				
	农林牧渔业总产值	#农业	#林业	#牧业	#渔业	农林牧渔业总产值	#农业	#林业	#牧业	#渔业
北京	272.30	115.48	17.78	122.38	10.16	100.84	103.39	111.15	96.74	99.16
天津	240.74	117.60	2.08	76.93	36.13	101.48	102.12	104.62	98.87	104.03
河北	3075.77	1639.07	52.37	1146.99	85.14	103.87	104.23	109.56	102.11	105.07
山西	498.39	322.65	17.59	140.18	3.49	100.11	98.55	104.47	102.05	115.00
内蒙古	1276.44	620.42	63.69	559.65	10.95	104.00	100.72	117.10	106.03	117.92
辽宁	2128.00	837.50	60.30	830.80	326.10	104.09	104.45	104.75	103.45	104.48
吉林	1359.76	641.50	48.80	635.30	18.80	101.20	98.00	89.70	105.00	105.80
黑龙江	1700.65	971.94	79.05	584.96	25.10	101.94	99.18	106.93	105.90	103.45
上海	255.98	126.74	10.05	58.00	54.19	101.54	101.28	96.32	104.48	97.60
江苏	3064.72	1542.53	58.88	704.38	579.00	103.06	102.58	109.89	100.71	104.42
浙江	1597.15	735.92	95.47	367.60	369.90	102.28	102.63	104.04	101.00	101.75
安徽	2070.09	1054.01	100.50	637.36	195.02	103.79	103.68	106.76	101.99	105.05
福建	1692.16	685.30	120.72	340.60	473.29	104.22	105.97	106.55	96.39	105.99
江西	1426.93	621.26	126.46	435.58	182.20	104.24	103.35	108.65	102.95	105.95
山东	4766.23	2604.07	81.98	1313.00	580.35	103.26	103.38	107.76	100.79	104.67
河南	3879.93	2254.52	104.85	1326.09	44.47	103.88	104.70	105.01	101.95	113.05
湖北	2296.84	1152.09	41.86	686.19	310.83	103.93	104.27	99.50	102.92	105.14
湖南	2632.19	1243.15	144.12	1013.82	154.70	104.90	104.31	108.10	102.20	105.81
广东	2821.24	1328.70	73.45	775.62	541.87	103.28	102.70	103.74	102.99	104.10
广西	2026.22	970.55	99.78	710.17	178.32	105.84	108.14	110.27	102.02	105.21
海南	548.32	224.17	80.49	106.13	121.34	108.29	108.73	109.70	105.67	110.12
重庆	720.73	401.48	25.92	264.48	18.44	109.46	114.77	105.14	101.63	110.21
四川	3377.00	1316.60	87.20	1827.10	85.80	103.50	104.70	105.20	102.00	108.50
贵州	697.02	392.20	27.77	231.60	9.04	103.39	103.64	102.32	102.45	106.59
云南	1331.70	683.80	156.00	438.40	25.40	105.57	106.30	108.00	103.00	110.00
西藏	79.80	39.49	2.73	34.91	0.11	104.79	105.03	89.94	98.99	55.55
陕西	1002.85	629.34	33.77	274.05	4.24	106.27	104.93	111.40	104.00	106.70
甘肃	686.10	458.73	19.43	131.17	0.87	104.31	104.17	130.96	96.83	107.17
青海	121.25	49.16	1.96	67.01	0.11	108.19	113.79	98.44	105.01	105.95
宁夏	182.95	111.12	5.69	53.28	5.16	107.03	106.24	111.70	107.01	110.14
新疆	1063.50	767.00	20.90	231.50	7.00	105.30	108.00	107.70	100.10	103.50

注：1. 2006 年农林牧渔业总产值根据农业普查数据进行了修正。

2. 本表绝对数按当年价格计算，指数按可比价格计算。2003 年执行新国民经济行业分类标准，总产值包括农林牧渔服务业产值。

各地区城镇登记失业人员及失业率

（1990—2007）

地　区	失业人员（万人）				失业率（%）			
	1990	2005	2006	2007	1990	2005	2006	2007
北　京	1.7	10.6	10.4	10.6	0.4	2.1	2.0	1.8
天　津	8.1	11.7	11.7	15.0	2.7	3.7	3.6	3.6
河　北	7.7	27.8	28.7	29.3	1.1	3.9	3.8	3.8
山　西	5.5	14.3	15.6	16.1	1.2	3.0	3.2	3.2
内蒙古	15.2	17.7	18.0	18.5	3.8	4.3	4.1	4.0
辽　宁	23.7	60.4	54.1	44.5	2.2	5.6	5.1	4.3
吉　林	10.5	27.6	26.3	23.9	1.9	4.2	4.2	3.9
黑龙江	20.4	31.3	31.2	31.5	2.2	4.4	4.4	4.3
上　海	7.7	27.5	27.8	26.7	1.5		4.4	4.2
江　苏	22.5	41.6	40.4	39.3	2.4	3.6	3.4	3.2
浙　江	11.2	29.0	29.1	28.6	2.2	3.7	3.5	3.3
安　徽	15.2	27.8	28.2	27.2	2.8	4.4	4.3	4.1
福　建	9.0	14.9	15.1	14.9	2.6	4.0	3.9	3.9
江　西	10.3	22.8	25.3	24.3	2.4	3.5	3.6	3.4
山　东	26.2	42.9	43.7	43.5	3.2	3.3	3.3	3.2
河　南	25.1	33.0	35.4	33.1	3.3	3.5	3.5	3.4
湖　北	12.7	52.6	52.6	54.1	1.7	4.3	4.2	4.2
湖　南	15.9	41.9	43.3	44.4	2.7	4.3	4.3	4.3
广　东	19.2	34.5	36.2	36.2	2.2	2.6	2.6	2.5
广　西	13.9	18.5	20.0	18.5	3.9	4.2	4.2	3.8
海　南	3.5	5.1	5.2	5.4	3.0	3.6	3.6	3.5
重　庆		16.9	15.4	14.1		4.1	4.0	4.0
四　川	38.0	34.3	36.1	34.5	3.7	4.6	4.5	4.2
贵　州	10.7	12.1	12.1	12.1	4.1	4.2	4.1	4.0
云　南	7.8	13.0	13.8	14.0	2.5	4.2	4.3	4.2
西　藏								
陕　西	11.2	21.5	21.5	21.0	2.8	4.2	4.0	4.0
甘　肃	12.5	9.3	9.7	9.5	4.9	3.3	3.6	3.3
青　海	4.2	3.6	3.7	3.7	5.6	3.9	3.9	3.8
宁　夏	4.0	4.4	4.2	4.4	5.4	4.5	4.3	4.3
新　疆	9.6	11.1	11.6	11.7	3.0	3.9	3.9	3.9

全国和35个大中城市房地产价格指数

（2000—2007）

地区	房屋销售价格指数（上年=100）						
	2000	2002	2003	2004	2005	2006	2007
总计	101.1	103.7	104.8	109.7	107.6	105.5	107.6
北京	99.5	100.3	100.3	103.7	106.7	108.8	111.4
天津	100.0	101.6	104.1	113.5	106.0	106.7	106.9
石家庄	101.8	101.4	100.3	103.6	105.6	104.3	107.6
太原	101.1	103.3	102.8	106.4	105.6	103.9	104.4
呼和浩特	102.0	102.3	100.7	105.2	111.8	109.5	104.4
沈阳	103.0	100.1	107.6	115.9	107.5	106.6	106.1
大连	100.2	98.4	100.7	104.6	109.2	110.9	107.2
长春	106.6	97.2	100.2	100.2	101.9	101.6	106.4
哈尔滨	101.8	101.1	100.2	104.7	104.6	103.3	106.8
上海	98.6	107.3	120.1	115.9	109.7	98.7	103.4
南京	101.6	103.0	109.8	115.3	108.1	104.3	106.6
杭州	104.9	106.9	106.1	111.7	109.7	102.6	107.3
宁波	105.5	116.4	116.6	113.9	106.4	102.2	108.6
合肥	100.0	104.0	104.1	105.6	106.2	101.3	101.8
福州	100.3	101.1	101.1	103.6	104.4	106.7	106.8
厦门	100.1	103.0	102.8	107.3	108.0	107.0	107.0
南昌	103.2	111.6	104.8	107.3	108.3	106.2	106.8
济南	102.8	102.5	103.1	110.3	107.6	104.3	105.2
青岛	102.3	107.6	114.6	115.3	110.9	106.9	106.5
郑州	99.5	101.9	102.0	104.0	107.0	105.7	106.3
武汉	101.5	101.9	103.8	108.4	106.8	103.0	105.2
长沙	99.6	101.1	100.5	103.3	102.8	105.3	108.4
广州	97.3	99.6	99.3	102.7	104.7	106.2	106.6
深圳	99.2	100.4	102.2	104.6	107.2	112.3	116.3
南宁	99.3	102.5	102.1	105.7	104.9	104.1	107.6
海口	99.4	101.9	102.7	105.9	102.5	102.8	106.6
重庆	101.8	102.1	106.1	113.9	107.2	103.0	106.9
成都	101.3	101.3	102.9	107.9	109.8	107.1	107.6
贵阳	103.9	101.6	101.3	102.6	102.6	104.4	106.9
昆明	100.2	100.0	99.1	102.3	102.9	101.3	103.5
西安	101.3	101.1	101.4	105.0	104.3	103.6	106.4
兰州	100.5	104.3	101.8	108.7	105.6	104.7	106.0
西宁	101.1	102.2	101.9	104.0	103.4	102.8	103.8
银川	102.2	103.6	102.1	104.4	102.7	102.3	103.9
乌鲁木齐	102.4	99.2	99.9	100.7	100.9	101.2	109.0

全国和35个大中城市房地产价格指数

（2000—2007）

地区	土地交易价格指数（上年=100）						
	2000	2002	2003	2004	2005	2006	2007
总计	100.2	106.9	108.3	110.1	109.1	105.8	112.3
北京	100.0	100.0	100.6	102.5	103.8	105.2	109.4
天津	100.5	102.2	103.0	116.3	103.9	103.9	122.1
石家庄	107.7	99.7	99.4	100.3	100.2	100.3	101.6
太原	100.0	126.7	121.9	100.7	102.8	102.6	102.2
呼和浩特	102.5	103.4	102.4	104.1	114.7	112.8	108.7
沈阳	101.8	83.1	116.1	116.2	111.4	107.3	106.6
大连	100.0	100.0	103.5	112.9	124.7	103.8	105.9
长春	100.2	113.7	103.7	104.6	103.9	112.1	100.7
哈尔滨	101.1	100.0	101.6	100.0	107.8	106.7	108.2
上海	91.9	106.3	115.1	120.3	106.9	101.2	107.9
南京	101.9	103.9	104.7	103.0	102.8	103.0	103.9
杭州	103.2	125.0	138.1	139.4	124.8	107.1	155.2
宁波	100.4	109.2	113.2	108.3	115.9	109.2	138.3
合肥	100.3	103.7	107.0	105.4	110.6	101.4	104.1
福州	100.0	106.0	107.7	108.8	118.6	107.9	117.1
厦门	100.0	101.7	102.3	110.2	108.5	108.3	111.3
南昌	103.0	125.2	110.1	118.8	104.2	105.1	103.9
济南	102.3	102.1	103.5	104.4	105.9	104.9	105.0
青岛	100.4	104.3	101.8	101.8	103.4	103.2	101.8
郑州	102.1	101.4	101.0	103.9	110.9	104.0	105.3
武汉	100.1	100.7	103.7	102.9	102.6	101.5	100.9
长沙	102.7	101.4	100.9	102.1	105.4	118.6	122.1
广州	99.9	100.0	100.0	100.0	100.0	100.0	100.0
深圳	101.5	100.0	102.0	103.9	118.1	100.3	100.1
南宁	66.7	106.0	101.4	100.0	103.6	102.6	121.5
海口	97.1	100.5	100.4	102.7	110.0	115.1	118.5
重庆	100.0	101.7	115.5	105.3	102.9	100.6	109.7
成都	101.9	106.4	109.1	116.3	107.8	106.2	110.2
贵阳	100.3	100.6	100.3	100.6	101.5	101.6	109.9
昆明	100.0	100.0	100.0	100.0	103.7	100.6	101.3
西安	100.0	100.5	100.7	102.8	105.9	104.5	106.8
兰州	100.0	100.0	100.0	100.0	100.0	100.0	100.0
西宁	100.4	102.7	106.2	106.1	102.9	102.5	103.2
银川	103.6	102.9	103.4	105.8	103.4	103.1	105.7
乌鲁木齐	99.4	102.3	101.0	102.1	101.4	100.2	102.6

全国和35个大中城市房地产价格指数

（2000—2007）

地区	房屋租赁价格指数（上年=100）						
	2000	2002	2003	2004	2005	2006	2007
总计	102.4	100.8	101.9	101.4	101.9	101.4	102.6
北京	166.6	107.6	108.5	103.4	102.4	102.9	102.7
天津	100.1	106.0	100.7	101.2	101.3	100.2	100.3
石家庄	102.2	100.4	99.3	100.1	100.6	100.5	100.6
太原	105.6	106.1	102.3	99.6	107.5	105.4	105.6
呼和浩特	97.1	102.7	98.5	101.5	104.7	105.6	105.4
沈阳	102.3	99.5	101.4	99.0	101.5	102.3	101.8
大连	105.4	98.1	100.0	98.2	99.0	99.7	99.8
长春	106.4	104.6	104.0	100.9	100.5	100.3	100.0
哈尔滨	101.0	100.0	98.6	100.6	103.6	102.7	100.2
上海	95.8	99.0	102.2	105.5	103.6	104.0	105.1
南京	101.1	100.6	104.4	105.0	100.0	100.4	101.8
杭州	103.3	103.0	106.7	107.6	102.4	101.1	102.7
宁波	92.5	102.8	106.0	104.3	104.1	103.4	103.8
合肥	99.1	102.0	102.3	100.7	100.3	101.7	100.6
福州	99.5	98.6	98.7	99.6	101.4	101.7	102.6
厦门	96.2	98.0	100.3	102.3	104.2	102.5	103.8
南昌	113.2	104.2	103.3	101.4	102.5	101.3	101.3
济南	101.6	103.2	100.0	103.4	101.0	101.2	101.2
青岛	95.8	94.4	99.4	98.6	103.3	110.1	108.3
郑州	103.7	103.0	99.1	99.7	100.1	100.5	100.9
武汉	97.3	98.6	98.5	100.7	100.2	100.3	100.3
长沙	99.1	101.6	101.0	103.1	101.7	102.8	102.5
广州	98.0	102.0	99.9	101.6	103.0	102.2	102.8
深圳	95.7	100.2	100.0	100.0	101.0	102.5	104.8
南宁	102.1	99.5	102.3	100.6	101.6	103.6	99.6
海口	92.7	94.6	92.6	96.1	101.9	100.7	100.6
重庆	95.1	97.5	100.3	105.9	103.6	102.8	104.2
成都	99.3	100.9	100.3	102.4	100.4	101.1	100.9
贵阳	104.1	98.0	101.6	99.9	102.5	101.7	101.1
昆明	97.8	98.4	100.4	104.2	101.4	100.1	100.4
西安	101.2	100.6	98.9	103.2	100.7	101.2	106.4
兰州	100.0	100.3	97.8	97.8	100.0	99.7	100.3
西宁	114.3	107.3	103.1	100.4	99.8	101.1	104.2
银川	118.0	106.4	99.8	106.1	104.3	101.7	101.3
乌鲁木齐	99.2	100.1	99.9	104.2	100.4	100.3	100.8

全国和35个大中城市房地产价格指数

地 区	物业管理价格指数（上年=100）		
	2005	2006	2007
总 计	100.0	100.3	100.5
北 京	100.5	100.8	100.1
天 津	100.2	100.0	100.0
石家庄	100.2	100.0	100.0
太 原	100.0	101.6	102.6
呼和浩特	100.0	100.0	100.0
沈 阳	100.5	100.5	100.2
大 连	98.4	100.9	100.3
长 春	100.0	100.0	99.5
哈尔滨	100.0	100.0	100.0
上 海	100.5	100.0	100.0
南 京	101.0	100.3	101.4
杭 州	100.4	100.1	100.4
宁 波	100.5	102.3	102.3
合 肥	102.5	100.0	100.0
福 州	100.3	100.0	100.1
厦 门	100.4	100.1	100.0
南 昌	100.3	100.4	101.8
济 南	100.0	100.1	100.1
青 岛	100.2	99.8	100.4
郑 州	100.2	100.1	100.6
武 汉	98.9	100.0	100.1
长 沙	99.9	100.0	100.1
广 州	102.1	100.5	100.5
深 圳	99.2	100.0	100.2
南 宁	100.2	100.1	100.0
海 口	100.0	100.0	100.0
重 庆	100.1	100.7	99.7
成 都	101.2	100.4	100.2
贵 阳	99.5	103.1	100.2
昆 明	100.0	100.0	100.0
西 安	100.4	100.2	100.7
兰 州	101.4	100.2	102.0
西 宁	100.0	100.0	100.8
银 川	100.0	100.0	99.8
乌鲁木齐	99.8	100.1	100.1